细看历史有学问

乔楚⊙主编

中国华侨出版社
北京

图书在版编目 (CIP) 数据

细看历史有学问 / 乔楚主编 . —北京：中国华侨出版社，2014.10（2019.9 重印）
ISBN 978-7-5113-4960-6

Ⅰ.①细… Ⅱ.①乔… Ⅲ.①中国历史—文集 Ⅳ.① K209

中国版本图书馆 CIP 数据核字（2014）第 241020 号

细看历史有学问

主　　编：乔　楚
责任编辑：岚　兮
封面设计：韩立强
文字编辑：张丽鑫
美术编辑：盛小云
经　　销：新华书店
开　　本：720mm×1020mm　　1/16　　印张：27　　字数：620 千字
印　　刷：北京鑫海达印刷有限公司
版　　次：2015 年 2 月第 1 版　　2019 年 9 月第 3 次印刷
书　　号：ISBN 978-7-5113-4960-6
定　　价：68.00 元

中国华侨出版社　北京市朝阳区静安里 26 号通成达大厦 3 层　邮编：100028
法律顾问：陈鹰律师事务所
发 行 部：（010）58815874　　传　真：（010）58815857
网　　址：www.oveaschin.com　E－m a i l：oveaschin@sina.com

如果发现印装质量问题，影响阅读，请与印刷厂联系调换。

前言

英国哲人培根说过："读史使人睿智。"历史蕴含着经验与真知。学习历史，不是为获得展示儒雅、炫耀渊博的一种资本，也不只是为了掌握过去、了解昨天，更重要的是为了把握今天、创造明天，是为了充实自己的头脑、汲取宝贵的人生启迪。

那么，历史到底是什么？一位著名的史学家这样说："历史不是秦皇汉武，不是唐宗宋祖，更不是强权暴力和阴谋诡计。历史是一种文化，是一种大智慧。谁掌握了这种文化和智慧，谁就掌握了历史，谁就能够创造历史。"历史是一门学问，而且是一门会使人聪明的学问，是"察古知今、鉴往思来"的学问，是"为天地立心、为生民立命"的学问……如果能积极参与学习与探究，我们就会发现，历史同人类的现在和未来紧密相连。

可是，不容忽视的是，历史也有可能欺骗我们。鲁迅先生曾经指出，历史往往是不可靠的，同时代人所写的历史尤其不可靠。这是因为历史大多成书于君主专制的封建王朝，修撰史书的都是御用史官。这种史书重视帝王将相，忽视民族群体；重视军事、政治，忽视经济、文化；重视汉族以及入主中原的少数民族，忽视其他少数民族；重视权力、权术，忽视知识、技术；只记国内史事，忽视海外华人。有了这样显著的五种偏颇，就不可能真实或者比较真实地反映当时的历史真面目。

或许有人会说：相对而言，正史还是较为可靠的。然而正史就句句属实，篇篇可信吗？以大圣人孔子为例，他一面为《春秋》立褒贬大法，为真实史学树立楷模；一面却又宣扬"为尊者讳，为亲者讳，为贤者讳"，即隐恶扬善，不言人之过。仅这一观念就使史官们故意隐去了许多本来不应该避而不提的事实。考察正史之所以会失实的根源，无非出在执笔者和删改者的身上，有的因为害怕秉公直书会得罪权贵，会招致文字狱之类的灾祸，故意隐瞒；有的为了某种私利或者偏见，对事实进行黑白颠倒式的记述和描绘；有的对正面的和反面的东西都肆无忌惮地加以放大，添油加醋；还有的或轻信权威，或道听途说，不做调查研究，不加考证，把演义、衍义和稗官野史、街谈巷议都当作正史，人云亦云地记录；甚至有的公然编造历史，虚构故事情节，或故意张冠李戴，或干脆无中生有。误人百代，贻害千秋。由此可见，"正史"不正、"实录"不实是非常有可能的。正因如此，我们精心选取了众多史家之杰作，打造出《细看历史有学问》一书，以飨爱史之人。

本书选录了150余篇历史随笔性文章，按不同侧重分为"历史不忍细看""历史现场调查""往事新知""历史开卷有疑""名人新探""韵事追踪"和"海外纵横"七个部分，这些文章将作为观察历史的放大镜、透视镜和显微镜，不求从宏观上把握历史，但求从细微之处发现历史，帮助读者学习历史、增长见识。在尊重史实的前提下，以生动有趣的语言讲述一个个历史人物、事件或场景，通过一篇篇小文章反映大历史，展现5000年世界风貌。

《细看历史有学问》主要以大众为阅读对象，拒绝枯燥乏味，注重文采内涵，把平民化、生动性、可读性和趣味性作为遴选的取向，所收录的文章不求学术深度，也不一定是前沿研究，但必须思想开放，无论观点还是材料，都有很多新鲜感，虽是一家之言，却言之有理，言之有物；文字灵动优雅，叙述有节奏并引人入胜。传统的史学中，历史研究的焦点在于王朝的更替、社会的变迁、英雄造时世等，本书中的历史随笔性文章，多是从某个特定历史片断或某些历史人群中进行微观探究，更加关注历史中的个案。在表述上，除了侧重历史解释的故事性和情节性，还强调历史叙事的分析性，即在对史料收集、综合、分析的基础上运用历史逻辑对客观历史进行新的解构与重塑，不但向读者提供丰饶的精神资源而且给人们以冲击、震撼和思索，使僵硬的历史充满活力，对发现保持好奇之心。

当然，这些文章只是作者的一家之言，并不能完全代表编者和出版者的观点而且需要我们咀嚼和回味。但是我们坚信，只有仔细地把历史的问题一个一个提出，我们才会感受到历史因为探寻而富有价值。希望本书能给喜爱历史的朋友一些启迪、一些裨益，在研习历史的路上走得更远更顺畅。

目录

第一篇

历史不忍细看

【从"诛十族"到"瓜蔓抄"】

王者觉仁

朱棣夺取皇位后，马上颁布了一个奸臣榜，建文朝廷的六部九卿大臣全部榜上有名。他举起屠刀，一批批屠杀了那些不愿投降于他的人。在这场血腥镇压和大屠杀中，死得最惨烈的当属方孝孺。为了捍卫他的价值观与道德理想，方孝孺付出了"十族"的代价。这是"靖难之役"中最惨绝人寰的一幕。

早在燕王离开北平挥师南下的那一天，道衍和尚就曾跪地向燕王请求："方孝孺学问精深、品行高洁，南京城破之日，他必定不会投降，请殿下不要杀他。杀了他，天下的读书种子就断绝了！"朱棣答应了道衍的请求。

南京陷落时，方孝孺闭门不出，身着丧服，日夜号哭。朱棣召他进宫，他坚决不从。朱棣将他逮捕下狱，轮番派人劝说，其中包括他的学生，可都被他大骂而回。朱棣即位时要草拟诏书，群臣纷纷推荐方孝孺。朱棣召他上殿，披麻戴孝的方孝孺在殿上号啕大哭。朱棣有些动容，离座劝慰他说："先生勿忧，我只是效法周公辅成王而已！"

方孝孺说："成王安在？"

朱棣说："他自焚而死。"

方孝孺说："何不立成王之子？"

朱棣说："国赖长君。"

方孝孺说："何不立成王之弟？"

朱棣语塞，脸色一沉："此乃朕之家事，先生不必操心！"然后命左右递上纸笔，说："诏天下，非先生草不可！"

如果说朱棣此前让方孝孺草诏是钦慕于他的文名，那么此刻就是要逼迫他臣服了。

方孝孺愤而掷笔于地，且哭且骂说："死即死尔，诏不可草！"

朱棣勃然大怒："哪那么容易死！你就不怕灭九族？"

方孝孺厉声喊道："便十族奈我何！"

就是这一声喊，喊出了中国历史上绝无仅有的"十族之诛"，也喊落了方孝孺的家人宗亲连同门生故旧共计873颗人头。

十族！历朝历代，最严酷的刑罚莫过于诛"九族"，如今，这一介书生竟敢公然在朝堂上对着自己咆哮，说灭他"十族"又怎么样！那我就成全你！用你十族的鲜血，来成全你的赤胆忠心和高尚情操！用你十族的头颅，来成全你的君臣大义与千古名节！

朱棣命人割开了方孝孺的嘴，一直割到双耳，他不想再听到从这张嘴里吐出的任何一个字。紧接着开始大肆搜捕他的九族外加"门生故旧"这一旷古未闻的第十族。

不久，这873人便被磔杀于市，整个行刑过程持续了七天，同时株连的一千多人被发配充军。大搜捕之前，方孝孺的妻子郑氏和儿子们自缢身亡，两个未成年的女儿投水而死。十族全部清理完后，朱棣才对方孝孺本人下手。

1402年农历六月二十五日，时年46岁的方孝孺被磔杀于聚宝门外（今南京雨花台东麓）。

"十族之诛"在中国历史上已属空前绝后，却仍然不足以展现明成祖朱棣那只铁腕的力量，其后由景清一案所引发的"瓜蔓抄"才真正把永乐初年的恐怖统治推向了登峰造极之境。

景清是建文朝的御史大夫，朱棣即位后未被罢官，仍任原职。有一天早朝时，朱棣忽然发现他穿上了重大庆典时专用的大红朝服。朱棣觉得那刺目的红色十分诡异，便命人搜身，果然从景清身上搜出一把匕首。朱棣诘问他为何行刺，景清大喊着为故主报仇并且詈骂不休。朱棣大怒，命人将他牙齿全部打落。景清将一口血水喷上殿，溅满了朱棣的龙袍。朱棣盛怒之下命人剥了他的皮，并将他系于长安门上一寸寸剐下他的肉，最后又敲碎他的骨头。

随后朱棣仍不解恨，便发明了中国历史上著名的"瓜蔓抄"，即"赤其族，籍其乡，转相攀染，村里为墟"。

"十族之诛"尚有一个明确的打击范围，而"瓜蔓抄"则是撒开了一张无边无际的株连之网，任何人随时随地都有可能被它罩入网中而且根本不明白自己究竟为何而死。无数人烟稠密的村落一夜之间变成了人迹罕至的废墟，无数欢声笑语的深宅大院一夜之间变成了空荡荒凉的鬼屋……吕毖《明朝小史》记载了大理寺少卿胡闰遭"瓜蔓抄"后的惨况——胡闰全族男女217人被诛，"所居之地，在府城西隅硕铺坊，一路无人烟。雨夜闻哀号声，时见光怪。尝有一猿，独哀鸣彻夜。东西皆污池，黄茅白苇。稍夜，人不敢行"。

"瓜蔓抄"发展到最后，除了流于滥杀无辜之外，还助长了政治迫害和告密求官之风。朝野上下，人人为了政绩，为了利益，为了公报私仇，为了种种不可告人的目的，无不争先恐后地进行诬告和陷害……

这场由朱棣亲手掀起的血雨腥风在整个大明帝国整整席卷了十年之久，最终朱棣本人也意识到了它的严重危害，可他频频下诏却屡禁不止……

【"黔首"的户口本】

史杰鹏

我们古代称呼老百姓的有些词是颇有趣的，比如"编户齐民"。

初中学历史，知道有一本《齐民要术》是北魏贾思勰写的。我还稍稍有些地理知识，知道"齐"是指今天山东一带，可是偶然想到，这贾思勰显然是山东人而特意写一本指导家乡人民发家致富的书，未免显得太自私，太地方保护主义了。后来才明白，这个"齐民"原来是"编户齐民"中的"齐民"。

编户也就是古代的户口制度，每个老百姓都要登记，只不过是否分城镇户口、农村户口我不知道。户口簿上要写"名数"，也就是姓名和年龄之类。这点可重要了，这样君王要急着找你去当炮灰，临时找资料就方便。像秦昭襄王听到秦兵和赵军在长平相持，兵力不足，马上亲自驰马河东，大"料民"，也就是检查当地政府的户口本，让十六岁以上能扛得动戈的人"悉诣长平"，实行人海战术，一下子就击溃赵国，坑杀四十万降卒，致使赵国在很长一段时间内炮灰缺乏，从此一蹶不振。由此可见户口本的重要。

齐民呢，古人是这样解释的，"齐，等也。无有贵贱，谓之齐民。若今言平民矣"。那时候，金字塔下的老百姓都是平等的，都是身份相同的纳税人。反正我通过这些词汇认识了贾思勰的高风亮节，他并没那么自私，不是吗？

但是除"编户齐民"之外，对老百姓的另一个称呼也是很可爱的，那就是"黔首"，也有叫"苍头"的，不管是"黔"还是"苍"都是黑的意思。当然我不是说我们的祖宗是黑人。我猜想是因为老百姓天天在外耕作，在烈日和土气的蒸浴下自然显现黑亮的肤色。这在当时的户口本上是有反映的，比如居延汉简的两条简文：

东郡田卒清灵里一里大夫聂德，年廿四，长七尺三寸，黑色。

河南郡河南县北中里公乘史存，年卅二，长七尺二寸，黑色。

这俩小子，都是河南人，后一个年龄大一些，所以资历厚，到了平民的最高爵位"公乘"，意思是够享用公车待遇了。前一个身高167厘米，后一个身高165厘米。最滑稽的是，还注明"黑色"，因为户口簿上有一栏是"色"，就是要求填写肤色。这两个家伙明摆着是"黔首"，平时是上好的耕作工具，战时是上好的炮灰。遥想当年在课堂上读《陌上桑》，读到罗敷自吹自擂，说自己的丈夫"为人洁白皙，廉廉颇有须"这句，哪里知道隐藏有这么丰富的背景呢？

就像我们把家乡称作"桑梓"，书上解释说是古人喜欢在家门口种这两种树，所以用来指代家乡。可是当你知道古人同时认为桑木和梓木是打制棺材的上好木材，因为这两种木材鬼很畏惧，才会发现这简单的词语中也蕴含那么浓郁的文化色彩，生和死的准备早在这么不经意中就都做好了。

再如这《陌上桑》里，罗敷闭着眼睛夸自己丈夫"洁白皙"，那自然不在"黔首"之列，可是那调戏她的太守就这么傻？一个非"黔首"的老婆还需要亲自采桑？（当然，那个时代皇后亲自采桑的也有，不过多是装装样子）我要是那太守，就要向罗敷两手一摊："拿户口本来看"——那么一切都真相大白了。

记得以前读本什么书，里面提到治水的大禹也是"黑色"的，那当然是他东奔西跑的缘故。可笑的是孔子的弟子曾点，他的"点"就是黑色的意思，可取表字却硬要叫"皙"。唉！他是多么希望永远逃出那"黔首"的行列啊。

【 "两朵金莲" 的咒语 】

李阳泉

观看一个小脚女人走路，就像在看一个走钢丝绳的演员，使你每时每刻都在被她揪着心。

——林语堂《中国人·缠足》

有句经典的骂人话，用以批评演说者大而无当的演说，那就是："王母娘娘的裹脚布。"这实际上是个歇后语，后半句是"又臭又长"。臭而且长的裹脚布，自然是懒人所为，为什么会给"王母娘娘"扣上，实在令人费解。难道这句歇后语中蕴含了裹脚的历史？中国女人裹脚的历史，要从王母娘娘那时候算起吗？如果依照考古学的观点，认定王母娘娘便是西王母，那么，这裹脚的历史当在5000年前。

可是，考古学的发掘证明，一千年前的女尸脚骨并不弯曲，依旧是天足。于是这个漫无边际的考证宣告失败。那么，裹脚的历史究竟应该从哪里算起呢？

史学家依据现有的文献提出了一个假说，如果这假说不被某个突然出土的时代更加久远的小脚女人的尸体驳诘的话，则会成为公认的事实。这事实的残酷之处在于：我们不得不对那个毫无政绩的天才词人皇帝——南唐后主李煜产生一个全新的认识。

陶宗仪《南村辍耕录》告诉我们，南唐后主李煜在唐人对"弓鞋"痴迷的审美基础上，别出心裁地将这种弓鞋用长长的布帛缠起来以代替袜子，并在他的妃子娘娘身上做试验，始行缠足之法，开创了中国女性缠足的纪录。

也有一种说法，认为缠足一事自唐代开始，起源于波斯人的舞蹈。南唐与大唐相距不远，况且，缠足起源于舞蹈一说的可信性也较之前者尤甚。或许李后主的娘娘只是一个著名的缠足者，而非开创者？

小脚与天足相比，究竟有何不同凡响之处，居然成为一种风尚，流传了如许漫长的年代？又是如何停下它的脚步的？

小脚文学

在男人们呼喊着"身体发肤受之于父母"而不肯伤及自己一根毫毛的时候，却被一种近乎变态的性心理驱使着，口耳相传着女人小脚的千般妙处，"瘦欲无形，看越生怜惜""三寸金莲""柔若无骨，愈亲愈耐摩抚"。更有人将两只严重变形了的小脚中部所形成的塌陷，形容为"两轮弯月"，实在是处心积虑到极点了。吴承恩在《西游记》里把本是男身的观音菩萨化为美丽的女子而且是小足观音："玉环穿绣扣，金莲足下深。"可见明朝的风气对小足是何等着魔！明朝时期男子择偶第一标准，就是看女人的脚是否够小。男子嫖妓也多玩妓女的一双纤足，因此被戏称为"逐臭之夫"。

更有甚者，清朝有个叫方绚的，自称"评花御史"，又称"香莲博士"，对古代女子缠足一事从诸多角度和方位予以分题描绘，可以说是关于中国女子小足的"专著"。同时，这也反映了封建文人和士大夫们对女子"香莲"充满丰富联想意会和封建历史积累的"审美欣赏""审美感受"及"审美要求"。从这个意义上说，《品藻》亦可谓是一部"香莲美学"之作。如此书中《香莲五观》一节说：

观水有术，必观其澜；观莲有术，必观其步。然小人闲居工于屝著，操此五术，攻其无备，乃得别戴伪体，毕露端倪。

所谓五术，就是：临风，踏梯，下阶，上轿，过桥。

什么意思呢？方大博士说：观察大海有术的人，必观察其波涛；观察小脚有术的人，必观察其步姿。然而小人家居无事，只会掩盖其坏处而显示其好处。如果操此五术，攻其不备，就可"取真去伪"，使其端倪毕露。"五术"分别为：临风行走之步，登楼梯之步，下台阶之步，上轿之步，过桥之步。这可以说是体现他作为"评花御史"和"香莲博士"水平的一段文字，是教给众人在什么时机看女人的小脚可以看到"毕露端倪"的真货。细想来，这"五术"原本是人的脚最无处躲藏的地方。方绚对生活观察之细致、用心之良苦、非常人所能及。

他在书中把女人的小脚按照品相高下，作了比较细致的分类：曰"四照莲"，即端端正正、瘦瘦削削，在三四寸之间者；曰"锦边莲"，即苗苗条条、整整齐齐，四寸以上五寸以下的小脚也；曰"钗头莲"，即瘦削而更修长的小脚，所谓竹笋式者；

曰"单叶莲"，即瘦长而弯弯的小脚也；曰"佛头莲"，即脚背丰满隆起，如佛头绾髻，所谓菱角式者，即江南所称之鹅头脚；曰"穿心莲"，即穿有里高底鞋者；曰"碧台莲"，即穿外高底鞋者；曰"并头莲"，即走起路来呈八字的小脚；曰"并蒂莲"，即大拇指翘起来的小脚；曰"倒垂莲"，即鞋跟往后倒的小脚；曰"朝日莲"，即用后跟走路的小脚；曰"分香莲"，即两条腿往外拐的小脚；曰"同心莲"，即两条腿往里拐的小脚；曰"合影莲"，即走起路来歪歪斜斜的小脚；曰"缠枝莲"，即走起路来成一条线的小脚；曰"千叶莲"，即长六寸七寸八寸的小脚；曰"玉井莲"，即跟船一样的小脚；曰"西番莲"，即半路缠过的小脚或根本没缠过的小脚。

如果说"五术"是一种了不起的发现，那么，这"香莲十八名"则称得上是伟大的发明了，同时也将小脚文学的成就推向了最高峰。

"两朵金莲"的咒语

严重跟风的女性们为了这"两朵金莲"所暗含的审美趣味，付出了自由的代价。受人尊重的朱熹朱老爷子极力倡导缠足，认为这是天下大治的基础，因为女人缠了足，便可做到男女隔离、"授受不亲""静处深闺"。是啊，连走路都走不稳了，女人岂不就十分"老实"了？然而，正如《夜雨秋灯录》所称："人间最惨的事，莫如女子缠足声。主之督婢，鸨之叱雏，惨尤甚焉。"这种痛苦又有谁去"怜惜"？曾在中国生活了多年的英国传教士阿绮波德·立德（一称立德夫人），用女性的细腻记录下了缠足的中国女孩的悲惨童年——"在这束脚的三年里，中国女孩的童年是最悲惨的。她们没有欢笑……可怜啊！这些小女孩重重地靠在一根比她们自己还高的拐棍上，或是趴在大人的背上，或者坐着悲伤地哭泣。她们的眼睛下面有几道深深的黑线，脸庞上有一种特别奇怪的只有与束脚联系起来才能看到的惨白。她们的母亲通常在床边放着一根长竹竿，用这根竹竿帮助女孩站立起来，并用来抽打日夜哭叫使家人烦恼的女儿……女儿得到的唯一解脱要么吸食鸦片，要么把双脚吊在小木床上以停止血液循环。中国女孩在束脚的过程中简直是九死一生。然而更为残酷的是……一些女婴由于其父母的感情受到了束脚的伤害，往往在摇篮中就被处死……束脚痛苦，因合了中年的父亲那非自然的口味而加在了女孩身上。"

"两朵金莲"不啻为一个阴险的咒语，让历史的另一半呻吟了上千年。

放足之艰难

康熙帝曾经诏禁汉人裹脚，违者拿其父母问罪。有个大员上奏说，"奏为臣妻先放大脚事"，一时传为笑柄（见《菽园赘谈》）。可见缠足"魅力"之强大。尽管雷厉风行，收效却不大。到康熙七年（1668 年），大臣王熙上奏请求解除禁令获准。于是民间缠足之风又大盛，影响到满族女子也纷纷起而裹足。乾隆又多次降旨严禁，乾隆的禁令只刹住了满族女子的裹足之风，汉族民间女子依然裹足如故。近代改革家康有为写了一篇《戒缠足会檄》，希望家乡人放弃缠足陋习，并下决心不给自己的女儿缠足，这一举措使康有为在家乡受到很大排挤。

英国传教士立德夫人在20世纪初的中国南方发动了"天足运动"并成立了"天足会"。在汉口的维多利亚剧院，商会会长亲自安排座位，让政府官员都来听立德夫人的讲演。她的听众穿着官服，带着随从，端着很大的架子。他们感到，由一个女人来和他们讨论一个中国人敏感的话题——女人的小脚，是不可思议的。官员的威慑力吓得她的翻译临阵怯场。幸好一位中文讲得极好的传教士赶来救场，立德夫人的讲演才得以进行。立德夫人还借助权威，她让人把张之洞反对缠足的语录用红纸写了贴在会场里，起到了很大作用。她认为张之洞是中国最有学问的总督。在汉阳，她在宣传集会上，让放了足的妇女们站起来。当这些妇女当着大家的面笑着站起来时，立德夫人便感到她的湖北之行成功了。

她几乎走遍了中国南方，去了武昌、汉阳、广州和香港，又去了澳门、汕头、厦门、福州、杭州和苏州。这对于一个外国妇女来说，的确需要极大的勇气。她说："如果你还记得小时候第一次踏进冰冷的海水时的感觉，那么你就能体会到我现在动身去中国南方宣传反对裹足时的心情。对那里我十分陌生，而裹足是中国最古老、最根深蒂固的风俗之一。"但是她还是一脚踏进了冰窟。缠足这种折磨中国妇女一生的野蛮习俗，给了她很深的刺激。她得到了回报，许多男人和女人当场捐款参加天足会，女人表示自己不缠足，也要劝别的女子不再缠足。在广州的集会上，有9名妇女当场扔掉了裹脚布。

当然，中国妇女不缠足并非因了立德夫人一人之力，但作为"帝国主义"那里来的人，她能够这样做，是值得称道的。这一行为甚至直接影响了慈禧太后，慈禧"新政"中的最初几项改革就包括在1902年2月1日发布谕令，说官员可以劝止缠足。

【 "矫诏"为什么如此容易 】

黄 波

"矫诏"，这是个中国旧史中的专有名词。旧到什么程度呢？旧到商务印书馆出版的《现代汉语词典》中都没有收录它，今之新新人类更是闻所未闻。然而，这个词语在中国历史上曾拖出了一道巨大的阴影，凡有人心者怎能忘却？

"矫诏"，通俗点说，略等于当代古装戏中常常出现的"假传圣旨"。不过，细细思量，可能还有微妙的差异。假传圣旨，有时是凭空白话却硬说出于上意，而"矫诏"显然困难得多，因为它需要通过一系列严格的程序并有加盖皇帝玉玺的诏书为凭，只是在事后，人们才有幸被告知，原来那诏书上所说的并不是皇帝的本意。

读《明史》，到了所谓太监擅权的时候，矫诏堪称家常便饭。《明史纪事本末》"刘瑾用事""魏忠贤乱政"那两卷，几乎每隔一两行，"矫诏"二字就会撞入眼帘，不是刘瑾他们今天"矫诏"罢了哪位忠臣的官，就是明天"矫诏"把一个批评者打入了大狱，或者后天"矫诏"又让亲信占据了哪个重要位置，简直相当于一部"矫诏史"。

《明史》中密密麻麻的"矫诏"让人烦躁，烦躁中就禁不住要恨恨地问一声："矫诏"为什么如此容易？

是啊，在礼法的威严下，昔日代表天宪的"诏"会这么容易被几个刑余之人浑水摸鱼吗？稍有智识的人都会明白，要经过那么多道关口太难太难了！可事实是那几个阉人却拿"矫诏"当好玩儿似的，这究竟是为什么？

读《明史》还有一个困惑。因为"矫诏"如此容易，所以刘瑾也好，魏忠贤也罢，他们当年权势熏天的时候，举凡内政、军事、外交，几乎每个重要部门的重要岗位都为其私人所把持，读史者乃至常有"即将变天"的感觉，可是到了他们倒台的时候，却"息若败叶"，几乎无声无息。刘瑾是明武宗听了臣下的劝告，沉吟了一会儿，说那就逮了吧，"即命禁兵逮瑾"；魏忠贤，明熹宗初死，在通常认为发动政变的最好时机中并无动作，后来新登基的崇祯一步步剪除其势力的时候，也是乖乖地束手就缚。于是问题又来了：既然刘瑾、魏忠贤这么容易"矫诏"，也通过"矫诏"积累了深厚的权力基础，而且据史书上说这两人都"有异谋"，那么为什么一旦到了生死关头，却连一丝反抗的余地也没有呢？

答案很简单，相对于表面不可一世的刘瑾、魏忠贤，刘瑾时期的明武宗和魏忠贤时期的明熹宗，虽然斗鸡走马、太不成器，但其根基未倒，他们还是最有力量的人。只有看清了这一点，我们才能弄懂刘瑾们矫诏如此容易的谜底。

根本不是什么"矫诏"。我们看刘瑾、魏忠贤们必欲排挤打倒的人，他们在儒家理想人格的熏染下，不忍民穷政敝，词锋所及，固然为刘瑾们所不容，可昏庸之君主又哪里会爱听呢？也许皇帝并不准备如刘瑾们期待的那样，对其残酷打击乃至肉体消灭，但既然批了寡人的逆鳞，让我老大不痛快，为什么不借刘瑾他们之手，给这些偏爱唠唠叨叨的家伙一个下马威？

真有力量的"乱臣贼子"是不需要"矫诏"的，他们推翻旧主人，自己发诏书就得了。所谓"矫诏"，实际上是史家的一个避讳语，这种避讳自然有很多好处，首要的一点是可以让人们知道皇帝总是圣明的，其次是安慰那些惨遭羞辱和残害的臣子的人心，他们在抚摸心灵和肉体创伤的时候，终于可以说："骂我、打我、杀我，那可不是圣上的意思啊。"

【笨法制胜】

杨自强

太平天国失败后，安徽、山东一带捻军四起，严重威胁清王朝统治。朝廷先后派出僧格林沁和曾国藩进行镇压。

僧格林沁在镇压太平天国中，立下过战功，此次以钦差大臣身份，节制调遣直、鲁、豫、鄂、皖五省兵马，倚重骑兵优势和五省提供的兵力，对付组织不严、纪律不整的捻军，简直有点专业对业余的感觉。开始时，僧格林沁接连打了几个胜仗，随后，捻军发挥他们擅长运动战的优势，往来奔驰，飘狂如风，数次逆袭清军。同治四年（1865年），捻军佯装失败，狂逃一千余里。僧格林沁率蒙古马队穷追不舍，脱离了大部队，在山东陷入捻军预设的包围圈，全军覆没，僧格林沁也被击毙。

清廷无奈之下，只得调曾国藩来对付捻军。曾国藩认真研究捻军特点，分析僧格林沁失败的原因。他认为，捻军的长处是灵活机动，他们数万精骑，行踪飘忽，神出鬼没，如果像僧格林沁一样四处追击，那就给了捻军可乘之机，唯一的办法是以静制动，以不变应万变，以己之"逸"来待捻军之"劳"。

曾国藩采纳大将刘铭传等人的建议，实施"河防之策"。这一战略的基本思路就是湘军与地方武装一起，在黄河、运河、沙河、贾鲁河、淮河分兵把守，把捻军围在其中，捻军不习水战，很难突破重兵把守的河道险要。

清军不再追击捻军，捻军马快善跑的特长无从发挥。清军稳扎稳打、步步推进，在整体实力大大强于捻军的情况下，可以牢牢掌握战争主动权。这样取胜时间可能会很长，也打不出轰轰烈烈的漂亮仗，但十分稳妥。

"河防之策"看起来笨了一点，但战略针对性十分明确。实施"河防之策"后不久，清军就消灭捻军张宗禹部六千余人，打了一个大胜仗。不料，由于防线太长，清军各部又协调不力，竟被张宗禹率捻军在贾鲁河一带突破，进入山东。曾国藩由此遭到弹劾，被调离战场，"河防之策"也遭到否定。

李鸿章接任后，开始对"河防之策"不以为然，他甚至讽刺地把"河防"比作秦始皇的万里长城。李鸿章采取以大兵团寻求决战的方式，企图利用优势兵力，一举击垮捻军。

不料几个月下来，清军屡战屡败，连吃四五个败仗，大将张树珊竟然丧命。李鸿章痛定思痛，重新审视曾国藩的"河防之策"，方才觉得这是遏制捻军的唯一选择。李鸿章坚定信心，在朝野一片"河防不可恃"的反对声中，坚决贯彻"河防之策"，以逸待劳，镇压了捻军。

【成败皆由私家兵】

王石安

曾国藩组建湘军成为清军主力，他采取"兵归将有"的私兵制度，使得正在解体中的清王朝出现外重内轻之势。袁世凯继承曾国藩的衣钵，训练北洋六镇新军，那是当时中国唯一有战斗力的军事力量。武昌起义后，清廷指挥不动新军，不得不让已被罢免的袁世凯出山。袁世凯利用革命党人的声势，在列强支持下，依靠掌握的军事力量，取代清王朝掌握了中央政权。

当时，北洋军人抱着这样的观念："北洋军源于小站，故袁总统为北军之父母……无论何人，有反对袁总统者，必出死力与之抵抗。"这种军事派系观念一直流行到民国结束。私兵制度造成了骄兵悍将，袁世凯后来对自己的部将也失去有效指挥。袁世凯称帝失败，究其原因，不能排除是私兵制度下将领们背叛的结果，他的命运其实是步清朝的后尘。

孙中山对中国社会的私兵制度缺乏充分的认识。1912年8月，孙中山在北京时，就以为："近来嚣嚣之口，或不免恐军队干预政治。吾则谓我爱国军人，既造成此庄严灿烂之中华民国，决不至有此破坏之举。"他虽然一直致力于培养一支忠于革命的军队，但出于对共和制的忠诚，在很长时间内，一直没有按传统的方法亲自去训练和控制一支忠于自己个人的军队。因此，当他的政治目标和他培植起来的部队利益不一致时，他就无法控制那支军队。孙中山在二次革命动员遭到困难时，曾抱怨说："此我错认袁世凯之过也。若有两师兵，当亲率问罪。"当时，属于革命党人系统的部队当然不止两个师，但孙中山本人连一个师都指挥不动。

1918年，孙中山辞去大元帅之职，他终于明白过来："顾吾国之大患，莫大于武人之争雄，南与北如一丘之貉。虽号称护法之省，亦莫肯俯首于法律及民意之下。"

1924年之后，国共合作，孙中山学习苏联，开办黄埔军校，建立军队中的政治工作制度，组建的国民革命军也号称党军。但国民党并没有真正学会以党治军。南京政府成立后，黄埔系就成了蒋介石的部队，服从蒋介石的指挥，构成所谓嫡系部队。蒋介石无论担任什么职务甚或下野，他都能控制黄埔系部队，而对其他部队，蒋介石无法直接指挥，必须同其将领在政治上协调，建立政治同盟，才能为己所用。私兵制度在北洋时期是难以改变的，蒋介石统治时期，也始终未能达到削平群雄、重建中央集权体制的目的。

1927年之后，除黄埔系外，桂系、粤系、阎锡山的晋系、冯玉祥的西北军系等都不是蒋介石能够直接指挥的。即使是原本亲蒋的陈铭枢指挥的十九路军——由孙中山命令邓铿组建的粤军第一师发展而来,属于国民党系统的部队,在北伐时期归属蒋介石。但是这支部队是陈铭枢训练出来的,蒋介石不可能越过陈铭枢去直接指挥。所以,在"九一八事变"后,因为调停宁汉冲突,十九路军进驻上海、苏南,没有听蒋介石的命令,英勇地抵抗日军侵略。

直到解放战争时期,非黄埔系部队,蒋介石仍然无法直接指挥。傅作义只是国民党军中的一个小派系,在平津战役期间,蒋介石要调动傅作义系统的部队,也只能同傅作义协商。傅作义在1948年6月间的一次谈话中曾透露:"华北局势,将来能守则守,不能守则由西向察绥与宁青会合(傅与西北二马有约,一面听命于中央,一面保存自己实力)。"原国民党将领郭汝瑰回忆说,1949年11月5日,傅作义在南京与何应钦等讨论作战计划时说:"华北剿总仅有部队五十五万(傅作义此时共辖四个兵团,十二个军),兵力十分薄弱,如果东北共军百余万蜂拥入关,华北局势必急剧恶化,我实在负不起这样大的责任。俗话说'知难而退',我只好将原拨给我的中央军全部交出,请总统改派他人前往北平指挥,我只带我的基本部队退回绥远进行游击作战,以免贻误华北战局。"

这种军事派系,使国民党系统的军队将领养成了保存实力的意识,不关系到自己的生死存亡就不肯力战。

【双枪兵与双枪将】

张 鸣

说历史的书在谈及军阀的时候,双枪兵和双枪将永远是个能逗起兴致的话题。所谓的双枪,就是一支步枪(或者别的什么枪)再加一根烟枪,意指那些抽大烟的军人们的"装备"。

按比例而言,在军阀的队伍里面,双枪将的比例要比双枪兵高,即使在那些士兵没有抽大烟习惯的军队里,军官也不乏瘾君子。生活稍微好一点,就要抽大烟,这是当时的风俗。北京的小富之家,每每鼓励孩子熏一口,说是可以让孩子踏实、不招事儿。那时,人们管鸦片叫芙蓉膏、福寿膏,其社会声誉或许并不像我们今天想象的那么差。

同样,双枪兵的产生也跟风俗有关。那个时候,西南和西北地区盛产烟土(论品质,西南的烟土优于西北),统治这些地区的大小军阀,为了多收税,鼓励甚至强迫农民种罂粟,而农民为了提高收入,也多半乐于种植。种得多了又没有人禁,价钱也就降下来了,谁都抽得起,抽大烟就跟现在吸烟卷一样了。在西南和西北地方,实际上社会各界,上下层人士都在抽。多少个文人回忆都提到,到了西南,轿夫和脚夫在路上休息时，首先做的事情是抽烟，饭吃不吃倒在其次。由于鸦片这种东西一沾就上瘾，跟饭和盐一样，离不开，所以，鸦片的种植，也就成为农民的一种对经济作物的追求，不断地可以生利（当然大头还是让掌权的军阀收去了），维持生计。鄂豫皖的红军到了川北，发现最大的问题是没有兵源可以补充，当地的农民无论贫富，凡是男性个个都是烟鬼。

那个时候，抽大烟实际上是一种文化，跟我们的饮食一样，不仅有"食"的内容及形式的讲究，而且有器皿的追求（烟枪、烟具），还有吸食环境的建设。稍微讲究点的家庭，待客之具，少不了烟枪若干。烟枪的档次，代表着家庭的地位。达官贵人，吃花酒是交际，但真正谈事，必须躲进密室，伴着烟枪来。雏妓学生意，首先不是学唱而是学如何烧烟。烧烟泡，也是名妓色艺中艺的内容之一。那些将这种毒物输入中国的老外，居然把小脚、辫子和烟枪同列为中国人的象征，反复展出，可恨固然可恨，但扣去源头不论，其实倒也是不可回避的事实。

军人也是人，逃不出食文化和烟文化的习染。漫说士兵，就是那些当日怀着一腔救国之志、留学日本回来的士官生，回国之后，过不了多久也开始喷云吐雾，士兵自然也就拿烟泡当干粮了。那个时候发军饷，经常是半为大洋半为烟土，没有大洋，光是烟土也无不可。士兵也跟抬轿子的苦力一样，不吃饭行，不抽烟不行。仗打败了，交枪可以，交烟枪不行。

按云南军阀龙云的公子（也是龙云的爱将）龙绳武的说法，抽大烟对部队的战斗力其实影响不大。过足了瘾，打仗特别疯，如果战斗正在进行中，士兵也知道不打完抽不上烟，所以往往会拼命地打，另外一个好处就是抽烟可以治病，西南地区，烟瘴之地，各种病特多，抽烟人在这方面感觉好得多。

龙公子是法国圣西尔军校的毕业生，可是在大烟问题上，却不按操典说话，其实抽大烟对士兵的战斗力还是有影响的。虽然抽大烟跟吸食（注射）海洛因不一样，但也是吸毒，只不过对身体毒害的过程要慢一些。不错，一般的头痛脑热，瘾君子是不得的，在军队里有了病，同僚们首选的方法是劝你吸烟，不分官兵都是如此。但用鸦片来治病，在当时的条件下，治死的也很多，特别是当患痢疾的时候，用鸦片治，一治一个死。

悬赏烟土五两固然可以激励士兵冲锋，但定期的烟瘾发作，毕竟是双枪兵的阿基里斯之踵。只要对方了解了行情，在瘾发或者过瘾的时候攻击，部队多半是要崩溃的。红四方面军入川总是打胜仗，跟摸清了川军的烟瘾规律不无关系，这一点，看看徐向前的回忆文章就知道。

所以，随着军阀混战的烈度增加，大家一致的看法还是不抽烟的好。在这个认识前提下，中国军阀军队的双枪兵和双枪将们总量一直在减少。抗战爆发以后，无论是川军还是滇军，将领们纷纷带头戒烟，要一雪内战之耻，所以，战绩相当不错，与此同时，中国的大烟文化也开始衰败，公共场所，烟具逐渐销声匿迹，虽然抽大烟的人还有，但已经转入地下，不再是一种炫耀了。

【美人计的成本和风险】

傅　谨

美人计和性贿赂不是一回事

沉鱼落雁、闭月羞花，中国古代最著名的四大美女都与政治、军事的大历史有关，而且其中至少有两位因为被用来施美人计而名播天下。无论是戏剧还是实际的战争中，美人计都专指用美女去迷惑敌人以扭转对自己不利局面的计谋。它有些像和亲，但又与之本质不同。像王昭君那样被送到番邦和亲，基本上可以理解为变相的性贿赂。贿赂之所以存在有一个前提，那就是贿赂者的预期获益将大于付出，多半还是远远超过付出，否则有谁愿意行贿？就以和亲为例，四大美人中的王昭君，本是宫中一位多年没有得到汉帝临幸的宫女，汉元帝欲用以为和亲，只不过是把一笔长期闲置着的资产盘活了。把这样的姑娘嫁到番邦换取和平，怎么看都是一笔蛮上算的投资。元杂剧《汉宫秋》里，汉元帝一见王昭君明艳动人的模样，突然觉得这桩和亲生意的"投入产出比"有些问题，心中的算盘立马噼里啪啦响起，痛感这次他亏大发啦！居然送出去这样一位绝色女子！

美人计不是这样。施行美人计的男主人公们不会有汉元帝这种伤痛——既然以美人设计，不用绝色美女，怎能顺利达成目标？西施就这样被送到吴宫去了，并且因此成为无数诗词和戏剧作品咏唱的对象。西施被送到吴宫去做什么？她完全是被当作一位纯粹的美女，当作纯粹肉体的存在，作为性消费的对象送给好色的吴王夫差的。送一位美女给别人就能叫作美人计吗？我们在有名的007系列电影里见多了各种各样的美人计，以詹姆斯·邦德为代表的英国情报系统英雄们经常要面对他们的敌国——多半是苏联——派出的美女，这些美女身怀绝技，除了惯用美色诱人以外还精通十八般武艺，邦德在与她们调情时还需要时时防备美女们暗使出各式阴招置他于死地。真正的美人计不是这样的，西施不是这样的。西施只是一个弱女子，除了美色一无所长——且慢，这样说有点不准确，在《浣纱记》里，梁辰鱼笔下的勾践看到西施时有点激动，他说："寡人亲令夫人教演歌舞，即欲献之吴王。看她蛾眉不肯让人，狐媚必能惑主。虽为女流之辈，实有男子之谋。"所以，西施还在越王宫里学会了轻歌曼舞，但歌舞只不过为了给西施的美貌增添内涵，用今人的说法，是要对这位乡村美女强化艺术教育，赋予她的身体以更饱满的文化质地。勾践挑选美女，首先要迎合吴国君臣的喜好。在戏里，吴王见到西施十分欢喜，他麾下的奸臣伯嚭就连忙感慨万千地为越王做说客，他说："我伯嚭见了妇人万千，从不曾见这样娉婷袅娜的。范大夫，你们都是好人。若像我做伯嚭的，留在本国受用，怎肯送与别人。"

这位美人到吴宫去要做的，既不是扰乱后宫，更不是行刺吴王，她的任务只有一件，那就是让吴王尽量享受她的身体——她的美色以及歌喉舞姿。在这背后隐含着一种耐人寻味的社会学理念，就像斯巴达人要经受严酷的训练一样，古今中外的人们对人性有同样的理解，以为只有吃尽苦头才有可能成就伟大的事业，日子过舒坦了，人们就一定会放弃远大的理想，在这里，以消费主义为标志的身体叙事被设定为宏大叙事的天敌。

西施只做一个本本分分的美女，就把吴国给灭了

西施戏和另一出以美人计著称的戏剧作品《进骊姬》不一样。二十四回的秦腔《进骊姬》演绎的是，骊戎国主大败于晋国公子重耳，于是送美貌的女儿骊姬以请和，秦腔剧本里的道白把这叫作"进美和国"。骊姬说她"泪汪汪离了宫院内，不由叫人好凄惨"。晋献公殿上一见这位绝色美女马上为之倾倒，纳她为妃，果然对送美人的骊隆表态，"你妹妹坐了孤家的晋龙宫院，每日侍奉孤家。你我两家割袍换带，永不能动起干戈"。

自从骊姬进宫，晋国再无宁日，重耳被逐，国母遭囚，晋献公自己后来也命丧骊姬之手，一个原本很强盛的晋国被折腾得七颠八倒。晋国之患，不仅仅在于晋献公好色，更重要的是骊姬从中有意耍奸使坏，陷害忠良。西施不是这样。

西施是美人，但西施不是一般的美人。说她不一般，是因为在美人计里的她，不必有骊姬那样的心计，当然，也不像其他美人计的女主角，比如妲己还有貂蝉。

泉州傀儡戏至今存有完整的剧本《武王伐纣》，长达四十出，可以连续演出15小时。纣王得妲己，大喜，"一见娇媚，胜似仙女落凡世。玉骨冰肌，且含秋水一池。幸得今妲相随侍，朕心乜欢喜。"有了妲己，商纣王治国就乱了方寸，"九重至尊位临，国政多端无心整，受仙宫里无限情。夜继日，且遣兴，花前月下弄金钟"。纣王是因妲己而亡了国，但妲己是纣王属下侯伯苏护的女儿，被商纣如横征暴敛般强行索要来的，无论最后迷了纣王的那位妲己是原装正版的还是如小说戏剧所言是九尾狐狸幻化而成，迷上妲己都是商纣王自己的问题，妲己可不是苏护使美人计送入宫廷的，假如纣王不昏庸，何至于此？

至于貂蝉，那当然是最为典型的美人计的工具。京剧有名剧《凤仪亭》，也有干脆称《吕布与貂蝉》的。戏里貂蝉有段南梆子很能表现她的心机："领群芳卖风流筵前立定，似嫦娥离月府降下凡尘。两旁里陪衬着佳人红粉，故意儿争献媚眉眼传情。

似蝴蝶穿花丛飞翔隐隐，又好似莲池出水的蜻蜓。弄花枝指翠袖筵前舞定……"貂蝉是东汉司徒王允府上的歌女，颇有忧国忧民之心，王允为挽汉室颓势，说动貂蝉定下连环美人计，先将貂蝉许配给英雄吕布，再将她献给认吕布为义子的权奸董卓，这段唱就是貂蝉引诱董卓上钩的手段。吕布误以为董卓恶意霸占了他看中的美人，心怀不满。董卓府中，凤仪亭上，貂蝉假意向吕布哭诉，惹得吕布大怒，终于出手杀了董卓，遂了王允的心愿。《凤仪亭》之所以成为一出名剧，是由于其中俗称"吕布戏貂蝉"的表演很是一个卖点。但是假如我们推敲一下前因后果就不难明白，这哪里是什么吕布戏貂蝉，分明是貂蝉在戏吕布呢，舞台上的演出也不会放过展现貂蝉万种风情的机会，吕布对她的调戏与她对吕布的勾引真叫珠联璧合，貂蝉可一点都不像是在遭受吕布的性骚扰。吕布英雄末路的《白门楼》一出，他最终兵败落入曹操手中，见到貂蝉，开口就是大骂，"见貂蝉不由我心中冒火，骂一声无耻妇胆大贼婆。你本是老王允许配与我，为什么暗地里又嫁董卓。自那日打从那凤仪亭过，你那里使眼色暗送秋波。我为你丁建阳被我刺过，我为你二次里又杀董卓。实指望你那里真心待我，又谁知你竟是里应外合。恨不得用铁锁将尔的头打破……"可惜此时觉悟已经晚矣，吕布盖世英雄，似乎从头到尾都被美女貂蝉玩弄于股掌之中。

如此看来，只要有西施、妲己、貂蝉这样的美女，要灭人家的国是很容易的。美人计的成本是如此之低，只要君王舍得美女，几乎是无往而不利。但是，在所有美人计里，我们还需要考虑这其中的另一个主角，那就是中计的人。假如换个角度，从吴王夫差的立场看这桩美人计，他将会如何评价西施？在梁辰鱼的《浣纱记》里，吴王夫差对西施确实是一往情深的，直到夫差已经因宠爱西施而走到亡国边缘时也仍然如此。这里还有一个重要的细节，那就是夫差北征伐齐得胜，正要与晋、鲁会盟称霸，而他的基业吴国却被越兵乘机攻破，探子飞马来报，述说国都沦丧太子身亡的消息，夫差想到的却是西施："佳人日夜住其中，多娇怯，怕边烽。兵戎难道也曾骚动？"所以，这桩美人计的要义在于，夫差必须如此深情且真诚地爱上西施，然而西施却不能被他感动。

西施没有用什么阴谋诡计，没有挑拨离间，甚至都没有争风吃醋，她只是做一位本分的美女，就这样轻轻松松简简单单地就把别人好端端的一国给灭了。

在所有被看成祸国之祟的美女里，无论妲己、杨玉环还是貂蝉，只有西施不需要任何的手段，她在不经意之间就做到了越国让她做的一切。说她是美女中的美女，这可以算佐证。

孙权的美人计在关键的一环掉了链子

戏是戏，人是人。戏可以不顾及西施的心情和难处，但如果要在现实人生中把这计谋坐实了，困难不知道要比戏剧多多少倍。现实地看，无论是越王勾践还是西施，这桩计谋最大的困难就在于既要让吴王夫差对美人入迷，美人千娇百媚地向吴王投怀送抱，同时她的心里还必须想着自己的越国，想着情郎范大夫，更重要的是她的故国之思绝不能让吴王察觉半分。没有人考虑过做一个西施这样的美人是多么高难度的差使，她每天都在用她的高超表演赢得对方的情爱，内心却不能动丝毫真情；假戏不能真做，始终需要保持感情的分际。

一个普普通通的山村女子，哪怕她貌如天仙、心比石坚，在几年里被一位君王喜欢着宠爱着，她会不会也有弄假成真的一瞬间？换句话说，假如西施哪怕是因那么一两件大事小事，有那么一天两天，猛然心里一动，想着夫差对她真好，那样，美人计是不是就要破产？于是我们才明白为什么妲己被说成是狐狸的化身，原来平凡的女子要担当美人计里的主角，实在不是件容易的事，吴国既破，西施归国，她却也不无惆怅，"回首姑苏，欢娱未终，树梢留得残红。国恩虽报尚飘蓬，犹恐相逢是梦中。青山路，绕故宫，不堪清漏往时同。浮去尽，世事空，错教人恨五更风"。假如西施这段唱词被安在越王破吴之前，恐怕历史就应该重写了。

戏剧里的美人计，就真有这样结局的，那就是同样有名的《龙凤呈祥》。

《龙凤呈祥》把《三国演义》里刘备东吴招亲的故事敷衍成一部大戏，分别由《甘露寺》《美人计》《回荆州》三出连缀而成。刘备向孙权借荆州，有借无还，周瑜为孙权设计，假意说要将她妹妹——吴国郡主孙尚香许配刘备，想借机把刘备诓到东吴，用这美人计将他羁押在东吴，逼他就范。

这桩美人计与越王勾践所设的美人计最为关键的区别，在于孙权不是将一位籍籍无名的民间女子作为钓饵，而是将自己金枝玉叶的妹妹用作工具，他就没有想到自己的母亲不情愿。吴太后得到消息后召来孙权，劈头一顿臭骂，在太后看来，江山固然重要，女儿的前程和名节同样重要。她勃然大怒，斥责孙权："既为荆州把怨构，你就该与周郎善敌良谋。将胞妹定巧计世间少有，岂不怕骂名儿万古传流？"而且更绝的是太后听从了乔国丈的劝说，索性要求在甘露寺面相刘备。孙权急坏了，"倘若相上，岂不弄假成真！"孙权想在席间做些手脚，未能得逞，太后见了刘备，很是满意，"龙眉凤目帝王体，两耳垂肩手过膝。回头来叫声乔太尉，哀家言来听端的：冰人月老就是你，选择良辰记佳期"。

更绝的是，这美人计在最关键的一环掉了链子，那位孙权本来只想用来做鱼饵的妹妹，本就高不成低不就地几乎要成大龄"剩女"，这回有机会嫁给一位皇帝贵胄且是一位眼见得会有点前程的好主儿，恨不得那鱼儿反将她一口吞下，对这桩从天而降的美姻缘竟是求之不得地心甘情愿。

这一方孙尚香既然是心甘情愿，另一方刘备更是受之泰然，两夫妻一个说是"千里遥途来配凤"，一个说是"且喜佳期得乘龙"，洞房花烛，哪里还有那煞风景的阴谋诡计在背后？

　　眼见得这美人计被太后与郡主弄假成真，周瑜索性将错就错，将美人计向下延伸，"命人盖起新府，每日弹唱歌舞，那刘备贪受酒色，不回荆州，岂不老死东吴？"就是这个主意。

　　至于最后的结局，无论是看戏的观众还是《三国演义》的读者，想必都不陌生。我们都知道"三国戏"的套路，在诸葛亮面前，东吴的种种计策都是要破产的，美人计当然也不例外，即使刘备情愿中这美人计，还有诸葛亮等一干想建功立业的文官武将在后面盯着呢。假如刘备自己真像商纣王和吴王夫差那样老死在温柔乡里，这帮光脚兄弟怎么办呀？哪怕他想让美人误国，那至少也得先和下属们一道，给自己弄上一个可以误的国才是，就为了这个未来的国，刘备回归荆州，郡主毅然同行，想要沿途拦截的周瑜，处处被诸葛亮抢得先机，弄得一个灰头土脸，他那似乎十分精巧的计谋，全是弄巧成拙。

　　孙权和周瑜的美人计留给观众的只是笑柄，这好像是中国传统戏剧里各种各样的美人计里罕见的失算的例子。但我们还要看到，在《龙凤呈祥》里，孙尚香让他的哥哥孙权和都督周瑜"赔了夫人又折兵"，并不完全是由于诸葛亮棋高一着的机智。假如吴王夫差有英俊的詹姆斯·邦德十分之一的本领，用007的路子对付送上门来的美人，既将美人收归帐中，又顺利地达成他的任务；或如同民间流传的当代笑话里那位操山东方言的英雄那样，"老虎凳，不招；辣椒水，不招；最后敌人使美人计，俺就将计就计，还是没招"，那勾践和范蠡岂不是也要像周瑜那样吐血身亡？

　　孙尚香是幸福的，当她为了自己一生的幸福，毅然决然地把自己从美人计里的钓饵变成一位找到了如意郎君的真正的新娘时，她有更好的理由可以自我安慰，除了国太的旨意，还有刘备皇室正统的身份以及孙刘两家结盟的政治利益为她颇有叛国背兄之嫌的选择背书。但《浣纱记》和众多以西施为主角的戏剧作品里，都没有西施们伸展自我的空间，她们的身体仅仅是用来迷惑敌人的，因而，她们可以获得最大限度的身体享乐，每天都沉溺于男欢女爱却不能有自由意志和情感诉求。

　　美人计成本虽小，风险实大。在三十六计中，它可能是智慧含量最小的计谋，因而也可能是最易于破产的计谋。而优秀的艺术总是有能力在不经意之间让我们体会到人生的真相。西施功成身退，重新回到情郎怀抱，范蠡携西施泛舟归隐："功成不受上将军，一艇归来笠泽云。载去西施岂无意，恐留倾国更迷君。"如此"我不入地狱谁入地狱"未免矫情。另一面，西施心里却满是迷茫，"双眉蹙处恨匆匆，转眼兴亡一瞥中。若泛扁舟湖上去，不宜重过馆娃宫"。她为什么不愿意路过曾经生活多年的旧地？假如重睹夫差为她建造的华屋，她的身体记忆会不会被重新唤醒，她会不会回忆起自己的青春岁月和吴王夫差对她的深情，会不会为那样的日子一去不再而生出几丝遗憾？

【 "高贵"的无知 】

徐怀谦

　　唐太宗的文治武功在皇帝中是名列前茅的，可是他对太子的教育并不成功，其中的道理他悟得很清楚，可就是无法产生积极的效果，恰恰相反，事物的轨迹总是朝他最不愿意看到的方向发展。

　　他先立的太子是李承乾。为了太子的健康成长，太宗可谓煞费苦心——他为儿子挑选了最优秀的老师——于志宁、杜正伦、孔颖达、张玄素等都是一时俊彦。贞观七年，太宗对于志宁、杜正伦说："你们辅导太子，应经常给他讲些老百姓的真实生活状况。太子生于深宫，不曾闻见百姓的疾苦，而且国君是国家安危的关键，更不能骄矜放纵。"他责令两个老师若遇到不正当的事情，要严肃恳切地劝谏太子，使他从中受益。

　　贞观十年，太宗对房玄龄说："我历观前代创业的国君，他们都生长在民间，所以深知民间的真实情况，很少会败亡。到了即位的守成之君，他们生而富贵，不知疾苦，所以很容易导致败亡。我从小就经历过各种磨难，对天下事知道得很清楚，还担心有考虑不到的地方。像我的这些皇子，生于深宫，见识不远，哪里会明白这些道理？我每次吃饭，就想到种地的艰难；每次穿衣，就想到纺织的辛苦。皇子们什么时候能学得像我一样呢？"

　　"生于深宫之中，长于妇人之手"，这句话被唐太宗屡次提及，可以说他看到了问题的症结所在。可是太子不能重返民间，爷爷辈、父辈打天下时的艰辛对他来说已经有些隔膜，加之他喜声色和畋猎，生活奢靡，老师的话被当做耳旁风，竟至于干出很多荒唐的事来。结果后来他被废为平民，在流放地黔州死去。

　　接下来，太宗册立晋王李治为太子。贞观十八年，太宗对身边的大臣们说："我没有工夫顾及太子的教育，但最近自从改立太子之后，每遇到一件事，总要向他讲一番道理。见他将要吃饭，问他，你知道吃饭的道理吗？他回答说，不知道。我就跟他讲，种庄稼很艰难，花费了农民很大气力。国家政策不违背农时，才能有饭吃。见他骑马，就问他，你知道骑马的道理吗？他回答说，不知道。我就对他讲，马是替人干苦活，出劳力的，要让它按时休息，不要竭尽它的力气，这样才能常有马骑。见他乘船，就问他，你知道乘船的道理吗？他回答说，不知道。我就对他讲，船可以比作国君，水可以比作百姓。水能载舟，也能覆舟。你将来要做国君，对这个道理怎能不感到畏惧呢？见他在一棵弯树下休息，就又问他，你知道这棵弯树的道理吗？他回答说，不知道。我就对他讲，这棵树虽然弯曲，但用绳墨矫正，就可加工成笔直的木材。作为国君，即使道德不高，只要多接纳规谏，也能变得圣明。"

这段话中，太宗问了四个问题，李治回答了四个"不知道"，是真不知道还是故意装糊涂？我看前者的成分居多。正是这个优柔寡断的李治最终把大唐江山拱手送给了悍妻武则天。

那个听说百姓没有饭吃就问大臣"何不食肉糜"的晋惠帝，那个"隔江犹唱后庭花"的陈后主，那个"问君能有几多愁"的李煜，都可以说是吃了"生于深宫之中，长于妇人之手"的亏。

春秋时期的曹刿曾经说过："肉食者鄙。"其实，贫富贵贱的两极在任何时代都是有隔膜的。贫贱者无法想象富贵人的生活，他所能幻想的富贵就是天天有大油饼吃；而富贵人也永远无法了解贫贱者的疾苦，他们会把老百姓天天吃粗粮称之为吃绿色食品，称之为无比的幸福，这就是两极的隔膜。其中"高贵"的无知更可怕、更让人寒心，因为他们站在潮头，是时代的引领者。舵手尚且无知，凭谁问：船往何方？

【道一声"请教"】

王　璞

也许是童年记忆最难忘，我读的第一本中国古典小说是《水浒》，所以中国四大经典小说中，至今最爱的还是《水浒》。不论人家说《红楼梦》怎么好怎么好，总好像听国外回来的人讲那异域风光，心下虽是羡慕，却快快地为故乡的风景不服气。

其实《水浒》的人物中，好多我都不喜欢，不是太霸道就是太流氓，像那阮氏三雄和那李逵、史进的行径，跟今天的黑社会人物也差不多，尤其不喜欢那号称"天下第一好汉"的宋江。总觉得他心计太多，即便是对自家兄弟，也是算计多于宽厚。那些看似宽厚的举动，探究起来，也还是算计的一部分。

《水浒》中我真正喜欢的只有一人，那就是林冲。说起来第一次读《水浒》，就是因为林冲。《林冲》是我看的第一部古装电影。那年我虽只有七岁，至今还能依稀记得，饰演林冲者是当时京戏名武生李少春，英俊的扮相，悲惨的遭遇，之间那么大的反差，连不谙世事的儿童也承受不了。我一路哭回了家，虽然认不得几个字，勉为其难地就把父亲书架上那本《水浒》搬下来啃，专拣有关林冲的看。越看越喜欢他、同情他、认同他。这份认同经得起岁月的考验，这么多年过去了，把那《水浒》不知读了多少遍，仍然初衷不改。

林冲的宽厚是真正的宽厚，如果说其中也有算计，那也是为他人算计，为不想伤害他人算计，典型表现是他虽武艺冠天下，却从不因逞强好胜而显示身手，每次不得不露一手，都要道一声"请教"。在柴进的庄上，他被武艺远不如他的小人洪教头凌辱，怕主人面子上不好看，只是一味忍让。柴进有意让他露一手，他却心中思量："这洪教头必是柴大官人师傅，我若一棒打翻了他，柴大官人面上须不好看。"直到柴进说明了真意，他才道一声"请教"入了场。在这种情况下，本来可以无所顾忌一棒打翻对方了事吧？不，他还在退让，打了几个回合就退到一边道："小人输了。"这已经不只是为柴进算计了，也是在为洪教头算计了。是在向对方发出一个友好的讯号：我不想和你争一日之短长，我反正是个过客，明天就走；你可是要在此地安身立命的，输了就待不下去了。活该那洪教头仍是不知死活，一味地狂妄自大，一意地挑衅，直在那里叫着："来来来！"林冲才一棒打翻了他。

林冲和宋江都是被逼上梁山的典型，可是宋江的犹豫与林冲的犹豫性质完全不同。宋江思量的是自己的功名地位，直到杀了阎婆惜被发配江州，仍在想着："结识了多少江湖好汉，虽留得一个虚名，目今三旬之上，名又不成，利又不就。"他是走正途求功名不通才上了梁山的，上山也只是他求取功名的另一条路。而林冲却是已经身居高位，遭人陷害，在高俅一再追杀之下，逃到柴进庄上。外面悬赏捉拿得紧，他怕连累了朋友，如坐针毡，对柴进说："非是大官人不留小弟，怎奈官司追捕甚紧，挨家搜捉，倘若寻到大官人庄上时，须负累大官人不好。"实在是走投无路了，才奔了梁山。

即使在此时，他雪夜上山，问路无门，一醉之下在酒店题下反诗，还是这样写的："仗义是林冲，为人最朴忠。江湖驰誉望，京国显英雄。身世悲浮埂，功名类转蓬。他年若得志，威镇泰山东。"

对比宋江在浔阳楼题的那首反诗："自幼曾攻经史，长成亦有权谋。恰如猛虎卧荒丘，潜伏爪牙忍受。不幸刺文双颊，那堪配在江州！他年若得报冤仇，血染浔阳江口。"

前者是何等的宅心宽厚，后者是何等的阴险毒辣。林冲上山不被王伦所容，非要他杀个人作投名状，他好容易等到一个孤身客人来了，冲上前去时，还叫一声"惭愧！"也就是说对不起得罪了。最后，也是天可怜见，正碰上对方是另一好汉杨志，两人打个平手，成全了林冲不想伤及无辜的好意。

而那宋江后来果然也一语成谶，单看众人劫法场救他上山一场，已是血流成河。他们杀的不只是官兵，还有百姓。"西边那伙使枪棒的大发喊声，只顾乱杀将来，一派杀倒士兵狱卒；南边那伙挑担的脚夫抡起扁担，横七竖八，都打翻了士兵和那看的人。"尤其是李逵这黑旋风，你看他"抡两把板斧，一味地砍将来，晁盖等人却不认得，只见他第一个出力，杀人最多……当下走到十字街口，不问军官百姓，杀得尸横遍地，血流成渠"。

如果说高俅一伙祸国殃民可鄙可恨，宋江一伙以暴易暴、草菅人命的行径，和前者也是半斤八两之别。

我注意到，凡是这类胡杀乱砍的血腥屠杀，林冲都没有参加、顶多在后方作个接应。确切地说，自上了山，他的戏就到了尾声，我猜他侧身于宋江、吴用这类阴谋家和李逵、时迁这类鸡鸣狗盗之徒中间，定感十分孤独。可是时矣命矣，落到这个地步，对着那班杀人狂和马屁精，也只好借酒浇愁，郁郁了此不得志到极点的残生。在这只讲究大碗喝酒大块吃肉的山寨草莽之地，没人理解他的郁郁深情，也没人欣赏他那彬彬有礼的一声"请教"。

【醉里挑灯看剑】

熊召政

一

小时候，无论是听鼓书艺人的《说岳全传》，还是在课堂上听老师讲授宋朝的历史，一些"敌人"的名字，如完颜阿骨打、吴乞买、金兀术、完颜亮等，莫不在心中激起强烈的民族仇恨；而另一些人，如岳飞、李纲、宗泽、韩世忠等，又成了我们深为敬仰的民族英雄。这种理念一旦形成，便直接影响了我们对历史的把握。人到中年涉世日深之后，我已从理智上认识到中国的历史不仅仅只是汉人的历史，它同时也是匈奴人、契丹人、女真人以及为数众多的少数民族的历史。同时，我还意识到那些活在传说中或书本上的英雄与恶魔，只能是道德上的判断，而不应该成为历史中的定义。创造历史的人，不一定是道德上的圣人，更不会是优雅的绅士。道理虽然都懂了，但是在感情上，或者说在潜意识中，我依然存在着强烈的汉族优越感。这种孤芳自赏的心态，直到三年前才有了彻底的改变。

2003 年 8 月，我应阿城市人民政府的邀请，去那里参加"纪念大金国建国 888 周年笔会"，这是我第一次亲临白山黑水环绕下的土地。此前，我对哈尔滨近郊的阿城，并没有太多了解。这座小城市，无论是风景、饮食、建筑与民俗，几乎都没有什么特色。从旅游者的角度看，既无商业的狂欢，亦无山水的盛宴，因此不可能成为大众旅游的目的地。但对于我，阿城却是一个不可不去的地方。理由只有一个：这里是大金国的诞生地。前面所说的完颜阿骨打、吴乞买、金兀术、完颜亮等人，都在这片土地上诞生。他们在这里创建并发展了大金国。这么个蕞尔之地，八百多年前，居然一度成为北部中国的政治中心，因此，我们没有任何理由可以小瞧它。

记得两年前的秋天，在一个秋风乍起的黄昏，我在邀请方人员的陪同下，来到会宁府皇城的遗址上漫步。夕阳欲坠，林雀啁啾，越来越朦胧的景致，对我的悼古心情起到了催化的作用。我在杂草间捡到了一块破损的瓦当，摩挲着它，诌了四句：

> 暂从瓦砾认辉煌，神州此处又沧桑。
>
> 铁马金戈都过尽，唯见昏鸦负夕阳。

是的，铁马金戈都成了云烟往事，在感伤的视野里，我只看到了败草累累的荒芜。

正因为如此，我对在这片废墟上所发生过的兴衰变迁，产生了浓厚的兴趣。

二

宋政和五年（1115年）正月初一，在大宋帝国的首都汴京，即今天的河南省开封市，同过往的一个半世纪一样，到处弥漫着节日的气息。千家万户门上的春联，都贴满了"天增岁月人增寿"之类的祝福或"财源茂盛达三江"之类的愿望。无论是丝管悠扬的舞榭歌坊，还是笑语喧哗的青楼酒馆，到处都陶醉着大宋的子民。所有感官的享受，所有情绪的宣泄，使汴京城成为12世纪初全世界最为奢侈的游宴地，最为亮丽的嘉年华。而这场嘉年华的缔造者——北宋的第八位皇帝赵佶，那时刻可能宿醉未醒，躺在重帷绣幕中的龙床上，倚香偎玉，大有将春梦进行到底的意味。他纵然醒来，也只不过是把新的一天转化为诗歌、绘画、书法和音乐的挥洒享受。这位徽宗皇帝毕生的努力，是想将他统治的大宋王朝改造成崇拜艺术的国度，让他的子民生活在虚构的繁华与花样翻新的游戏中。所以说，在这一年的大年初一，如果一个欧洲人来到中国，他一定会觉得上帝是一个中国人，因为其过于偏爱生活在汴京的豪门贵族。

可是在同一天，在离汴京3000多公里的张广才岭下的一块平原上，就是前面说到的阿城，我们见到的是另一番景象，肃杀，辽阔，到处是深深的积雪以及厚厚的冰凌。一大早，数以千计的女真人骑着骏马，驰出被暴雪封锁的山谷或被严冰冻得严严实实的阿什河。这些不同部落的首领们，代表数十万的女真人前往阿什河畔一处土寨子——那里有几幢稍微像样一点的土坯房，里头住着他们心目中的偶像完颜阿骨打。

提到这个完颜阿骨打，我不得不多说几句。这是第一位以国家而不是以部落与族群的名义书写女真人历史的英雄。女真人世代居住在黑龙江、松花江、乌苏里江流域以及逶迤千里的长白山中。在公元前两千多年的虞舜时代，女真人就在这片土地上以狩猎的箭矢与石斧砍斫出生存的天地，并与中原地区建立联系。朝代不同，女真人的称谓也不同，商周时期，称其为肃慎；三国时期，称其为挹娄；魏晋南北朝时，称其为勿吉；隋唐时，称其为靺鞨。

兹后共有7个部落，在公元7世纪至10世纪之间的300多年间，这些部落一直处在豪强的吞并与政权的更迭之中。靺鞨的粟末部落曾创建了渤海国，其后，又并入了更为强大的辽国。契丹人与女真人同为游牧民族，都善于在马背上用戈矛书写荡气回肠的史诗。契丹人建立辽国政权后，就一直对女真人存有高度的戒心。只有玫瑰才能理解另一朵玫瑰。在马背上夺取燕云十六州以及整个东北地区的契丹人，当然知道女真人完全有能力"以其人之道还治其人之身"，因此他们强迫女真人两次大规模地自东北向西南迁徙。让女真人离开山林，离开马背，在辽河平原上用犁铧而不是用刀枪来为生活重新定义。应该说，这种迁徙的确起到了分化作用。几十年后，留下的女真人与迁走的女真人便有了生熟之分。所谓生女真，就是指保留了本民族习惯的白山黑水间的土著，而熟女真是指接受了辽与宋两种先进文化熏陶，迁徙到辽阳以南地区的女真人。

在当时的中国，存在着宋朝与辽朝两个相互对峙的政权。他们对女真人的族群表述，各有其定义。但女真人不接受外来民族对他们的行政式的区分。他们按姓氏，将自己划分为完颜部、温都部、乌古伦部、纥石烈部、蒲察部、徒单部、乌林荅部、加古部等。女真人以部为氏，各氏都在自己的区域里发展。氏与地域结合，又会分出新的部落，像完颜氏，最后又发展成泰神忒保水完颜部、马纪勃保村完颜部、耶挞澜水完颜部等 12 个部落。而完颜阿骨打所在的部落，称为按出虎水完颜部。《金史》记载该部落最早居住在一处名叫"姑里"的地方，据专家考证，这个"姑里"的大致范围在今黑龙江境内的牡丹江下游西岸，马大屯之南，宁安市以北。辽代中叶，他们才迁到位于黑龙江省阿城市境内的按出虎水流域。"按出"是女真语"金"的意思，"虎"是女真语"河"的意思，按出虎水即金水河。这条金水河即今天的阿什河，800 多年前，这条河里盛产沙金。

虽然，生女真保留了本民族的特性，但他们也不得不接受辽朝的统治。辽朝的统治者耶律家族，过了近百年的更易，其继任者不但放松了对女真人的警惕，更凭借着统治者的优越感对这些边鄙草民大肆掠夺，极尽奴役之能事，以致激起了生女真的强烈仇恨。在与辽朝对抗的漫长岁月里，完颜部落的首领逐渐确定了自己在女真人中的领袖地位。完颜阿骨打的祖辈们团结起女真人各个部落的酋长，一起反抗辽朝统治者。但真正敢于采取大规模的军事行动，向辽朝的腹心地带进攻并取得战略性胜利的人，还是完颜阿骨打。

政和五年（1115 年）正月初一，是完颜阿骨打亲自选定的建国良辰。我猜想那天早上，当完颜阿骨打走出他的"额拉格尔"（汉语居室的意思），与数千名拥护者见面时，他一定没有像辽国的天祚帝耶律延禧与宋朝的徽宗皇帝赵佶那样穿着昂贵的龙袍，而是穿着皮制的戎装。当然，他也没有巍峨的宫殿与高耸的丹陛。但是，他却有着在北风中猎猎作响的大旗与四蹄踏雪的骏马。他向支持他的女真族勇士们宣布，女真人的国家诞生了，国号大金。

从那一刻起，当时中国的辽阔版图上，出现了四个国号：一个是建都于汴京的宋，一个是建都于内蒙古赤峰市近郊的辽，一个是建都于西北地区的西夏，还有就是这个建都于会宁府的大金。

三

相比于汴京与辽上京，这个位于会宁府的金大都实在是个地老天荒之地。既无层台累榭、参差楼角，亦无锦帷绣幄、美人香草。因此，完颜阿骨打虽然建立了大金国，但在辽、宋看来，只不过是穷乡僻壤的几个蟊贼而已。一直在人们的顶礼膜拜中生活的耶律延禧与赵佶，这次可以说是犯了致命的错误。正是这个被他们瞧不起的草莽英雄，却充当了这两个政权的掘墓人。

完颜阿骨打称他的政权为大金国，乃是因为他的部落生活在金水河畔。大金国成立的当年，后来被称为金太祖的完颜阿骨打就带领女真铁骑亲自伐辽。他只有两万人的部队，面对数倍于自己的契丹人，他屡战屡胜。宋宣和五年（1123 年），他病死于伐辽途中，可谓"出师未捷身先死"。他的弟弟吴乞买继承皇位，是谓金太宗。他继续伐辽事业，2 年之后，即宋宣和七年（1125 年），女真军队相继占领了辽国的上京（今内蒙古巴林左旗林东镇）、中京（今内蒙古宁城县大明城）、东京（今辽宁省辽阳市）、南京（今北京市）、西京（今山西省大同市）这五座城市，辽政权基本覆亡。剩下一个天祚帝带着残兵败将，逃往今内蒙古巴彦淖尔盟五原以东的沙漠地带。即便如此，女真军队仍不放过。金大将完颜娄室率数万大军将苦苦跋涉于沙漠中的天祚帝合围，并最终在山西应县境内的山谷中将其擒获。

对契丹人来说，这是一个永远都不能忘记的日子。自李唐以降，契丹这两个字，几乎成了骁勇、横霸的代名词。在"天苍苍、野茫茫"的大草原上长大的契丹人，血管里流动的似乎都是火焰。他们在唐末之际，在长城内外尽情地炫耀着自己的武力，迫使后晋的皇帝石敬瑭割让燕云十六州以求自保。赵匡胤开国之后，这燕云十六州一直没有收入大宋的版图。赵家皇帝建都于汴京，乃是不得已而为之。长城在契丹人的手上，华北在契丹人手上，近在咫尺的山西，成了宋与辽作战的主战场。虽然，一部《杨家将》，让我们对杨令公、佘太君这些抗辽英雄心生崇敬，但在漫长的 100 多年的辽宋对峙中，宋朝实际上输多胜少。大宋的子民们，称辽兵为"虎狼之师"，可见惧意之深。可是，这样一个以征战为能事的民族，竟然惨败在女真人的手上，这是为什么呢？

读过这一段历史的后人，相信都会发出这样的叩问。可能有人会说，这是野蛮战胜文明。这是文化优越论者的观点。客观地说，这观点有一定的道理，强盛的国力与先进的文化并没有必然的联系。中国的汉文化讲究"仁"，讲求温文尔雅。这样一种文化观很难培养心雄万夫的勇士。一个民族的冒险精神，决定了一个民族的扩张能力。以汉文化为主的中华民族的文化，其特质是重文轻武，重享乐而轻冒险，重秩序而轻革新，重当下而轻未来。在和平年代，这种文化的缺陷还不容易被发现。但是，设若遇到突发事件特别是遭遇战争时，这种文化立刻就会表现出它的脆弱性。

契丹人凭借这样的英雄气，统治了中国北方 100 多年。当辽国的统治者蜕变为"重享乐而轻冒险"的优雅一族时，他们的优势立刻就丧失殆尽。玩文化他们玩不过汉人，玩剽悍又玩不过女真人，他们除了灭亡，还会有什么出路呢？

问题是，辽天祚帝耶律延禧的命运，同样在等待着徽宗赵佶。

四

且看这首词：

宫梅粉淡，岸柳金匀，皇州乍庆春回。凤阙端门，棚山彩建蓬莱。沉沉洞天向晚，宝舆还、花满钧台。轻烟里，算谁将金莲，陆地齐开。

触处笙歌鼎沸，香鞯趁，雕轮隐隐轻雷。万家帘幕，千步锦绣相挨。银蟾皓月如昼，共乘欢、争忍归来。疏钟断，听行歌、犹在禁街。

赵佶的这首《声声慢》，字里行间渗透了奢华、渗透了脂粉、渗透了优雅，当然也渗透了令人痛心的腐朽。

中国历史中两个诗人皇帝，一个是南唐后主李煜，一个就是这个北宋的赵佶。两人都有极高的才情，但也都腐朽透顶，昏庸透顶。他们写出的辞章都十分华丽，文采丰赡，道尽帝王的奢侈。但其中却找不到哪怕只言片语关心民生疾苦，社稷安危。就说这个赵佶，他是神宗的第十一个儿子。元符三年（1100年）正月，年仅25岁的哲宗驾崩。赵佶凭借神宗夫人向太后的偏袒和支持，顺利地登上皇位。是年，他18岁。

在神宗的14个儿子中，赵佶完全谈不上优秀。比他有资格、有能力继承帝位的，大有人在。但是，唯独这个赵佶深得向太后的喜欢，因为他每天都按时到太后那儿请安，极尽谦恭。女人本来就喜欢感情用事，何况还是一个年老的妇人。如果这个老妇人的影响所及仅限于家族，倒也罢了，问题是这个老妇人手中握有为国家挑选皇帝的权力，她的决定直接影响到国运的兴衰、社稷的安危、人民的福祉，这就太可怕了。当时的宰相章惇，虽然名声也不太好，但是个有见地的人。他是反对赵佶即位的，认为他"行为轻佻，不可以君天下"，并提出了其他两个合适的人选。但向太后拒不采纳章惇的意见，执意让赵佶继承皇位。900多年后的今天来看向太后的这一决定，实在是大错特错。但又有什么办法呢？满朝文武中，有大智慧的人不少，有真见地的人也很多，但在中国的封建时代，权力并不是根据智商的高低来分配的。一个昏聩的老妇人，这样轻率地对国家的前途与命运作出了决定。

徽宗赵佶的登位，是赵宋政权的一个分水岭。北宋王朝的辉煌，实际上在神宗执政的后期就已终止。激烈的党派之争，已使国势颓唐。徽宗即位，若有志于社稷，国事尚有可为之处。因为朝廷中还有一大批有志有识之士，只要用好他们，消弭党争，则国力仍可逐步加强。可悲的是，赵佶压根儿就不想当一个"中兴之主"。他一如既往地耽于享乐，沉浸在声色犬马之中。他的身边聚集了众多的书家、画家、词家、道士、蹴鞠高手与青楼妓女。这些人整天陪侍左右，争相献技以邀宠。所以，赵佶的书法、绘画、诗词都技艺精湛。赵佶的另一个大爱好是嫖娼。尽管后宫佳丽如云，粉黛成山，这位风流皇帝仍喜欢"吃野食儿"。为了嫖娼方便，他竟然指示太监专门成立一个"行幸局"，安排他的嫖娼事宜。当时，汴京城中有名的妓女，他都曾轻车简从、青衣小帽前往幽会。这些妓女中，名气最大的，莫过于李师师。他与李师师的云雨之欢，早已成为朝野间茶余饭后的谈资。

对于主宰国家命运的最高统治者来说，宰相无小事，皇帝无私事。赵佶的轻佻浮浪，对当时的政坛产生了极为恶劣的影响。由于皇帝的个人行为对整个社会起到了示范作用，12世纪上半叶的汴京，实际上变成了名利场、奢华苑与歌舞地。一些正直的大臣相继遭贬去职，而以蔡京、童贯、高俅为代表的小人相继得宠并窃居高位。

当所有的英雄谢幕，一个时代的悲剧就开始了；当所有的小人登台，一个政权就意味着走向墓地。

徽宗赵佶登基后胡闹的二十几年，也正是完颜氏族建立的大金国励精图治积极向外扩张的年代。此处纸醉金迷、春光恨短，彼处金戈铁马、杀机正酣；此处英雄气短、儿女情长，彼处挑灯看剑、沙场点兵。孰优孰劣，不言自明。应该说完颜氏在对辽国的战争中屡屡得手，还是让徽宗有所警惕。怎奈他身边的亲信中，没有一个是运筹帷幄的贤臣。这帮人每出一策，国家就被动一步。到了宋宣和七年（1125年）大金灭辽之后，徽宗想在两个"虏敌"之间玩平衡，意图"以虏制虏"的策略完全化为泡影。但他还存着一个侥幸心理，就是大金能够像辽那样，与北宋划地为界，遂以每年大量的进贡向大金换取和平。但经过十多年战争洗礼的大金，早已不是偏安一隅的"草寇"了。灭辽的胜利助长了完颜氏入主中原的野心。他觊觎的不仅仅是宋朝的金银珠宝，更是宋朝的膏腴疆土。

在活捉辽天祚帝耶律延禧的10个月后，金太宗吴乞买下令进攻宋朝。金兵分两路向中原进发。西路以完颜宗翰为主帅，率兵6万，自云州下太原，兵逼洛阳；东路以完颜宗望为主帅，亦提6万劲旅，自平州入燕山，下真定。两路大军会师于洛阳城下，然后直捣汴京。

且说东路军统帅完颜宗望，本是金太祖完颜阿骨打的次子。他在随父出征的大大小小数百次战斗中，从不离父王左右，多次创造以少胜多的奇迹。正是他穷追不舍，生擒了辽天祚帝，为辽朝的灭亡画上了句号。因此，他是大金国初年最为重要的将帅之一。此次他首征中原，一路上伐檀州，破蓟州，入燕山，攻保定，克真定，入邯郸。在宋靖康元年（1126年）正月初二，当西路军统帅完颜宗翰开始围困大宋西部重镇太原时，完颜宗望的东路军已经渡过黄河，逼近汴京城下。

完颜宗望此次的长途奔袭，完全是孤军深入，本为用兵之大忌。斯时宋朝各路勤王之师，约有30万之众，按理说完全可以合围金兵，予以全歼。可悲的是，宋兵虽多，但已久不习战，未临战阵，心先怯之。加之宋朝的当政者早已闻风丧胆，无法身先士卒，组织有效的抵抗。

就在大金国起兵进伐中原之始，徽宗赵佶每天收到城池失守的战报，便无时不在惊惧战栗之中。年底，他感到皇帝不好当，于是下诏传位给儿子赵桓（史称钦宗），自己去当太上皇。1126年，是钦宗登基的靖康元年，才不过几天时间，大金国的铁骑就踹在了这位新皇帝的心窝上。

是年正月初三，听说金兵渡过黄河，徽宗连夜逃出都城。新登基的钦宗也想溜之大吉，当日凌晨已跨上马背，被主战的大臣李纲急速赶来，一把扯住马辔，才算没有走脱。

亏得这个李纲，组织十几万军民誓死保卫都城，与完颜宗望的部队展开恶战。一连几天，汴京城内外血流成河，双方都伤亡惨重。应该说，战局的发展对宋朝极为有利。守城的军民士气高昂，各路勤王之师又纷纷赶来。若再坚持几天，战局即可发生逆转，完颜宗望的东路军完全可能成为"瓮中之鳖"。但是，同父亲一样软弱无能的钦宗赵桓，却派出使者到金营求和。这一下正中完颜宗望的下怀，他已看清战事发展下去对自己不利。于是同意议和，但提出了苛刻的条件。还没有等到元宵节，和谈已经议定：宋朝向大金纳贡黄金500万两，白银5000万两；牛马各万匹，帛缎100万匹；割让中山、太原、河间三镇；宋帝尊金帝为伯父……

二月初九，完颜宗望带着如此丰厚的战利品班师回朝。气得吐血的大将军李纲请求钦宗，让他率10万军队尾随金兵，伺机歼灭，被钦宗拒绝。

等到金兵从容渡过黄河，徽宗又车辇浩浩地回到汴京，与儿子钦宗弹冠相庆。充塞朝廷的投降派都纷纷上表，盛赞皇上的决策英明。只有李纲这样的英雄形单影只，一壁向隅，潸然泪下。

五

那年我访问阿城，除了参观金上都遗址，还参观了金太祖完颜阿骨打的陵寝。在陵前，我也诌了四句：

宋家天子能游戏，汴京歌舞漏声迟。
如何不住长生殿，却来此地著羊皮？

著羊皮之说，源于女真人的"牵羊礼"。汉家皇帝为何扯上"牵羊礼"，话又得从头说起。

金兵首次攻宋尝到甜头之后，越发激起了女真人入主中原的雄心。女真人原以为疆域辽阔、物华天宝的宋朝兵强马壮，偶尔去那里骚扰骚扰，劫掠一些财物便是胜利。经过一次真正的较量，这才发现宋朝的强大只是虚有其表，银样镴枪头而已。怯懦的人会使对手产生更大的渴望，在山沟里产生的完颜家族，这些大字识不得一斗的政治家与军事家们，现在已经对赵宋皇朝的宝座垂涎三尺了。

第一次出兵回师半年之后，也就是宋靖康元年（1126年）的秋天，金太宗吴乞买下达了第二次伐宋的诏令。大军分为东、西两路，两位主帅仍然是完颜宗望与完颜宗翰。

西路军于九月攻陷太原城。第一次伐宋时，西路军围攻太原280多天而不克。此次攻陷后，完颜宗翰为报上次之仇，下令杀尽城中男女老少，烧毁所有房屋，仅仅三日，太原城变成了废墟。

太原是汴京西边最为重要的军事要塞，此城一破，等于摧毁了汴京的桥头堡。此后，大金西路军连陷汾州、平阳、隆德等州府而入河南河阳、孟津，渡过黄河后攻陷洛阳，击破郑州，而后气势汹汹地直扑汴京而来。

东路军在完颜宗望的统率下，先于西路军于十一月抵达汴京城下，切断了城内城外的一切交通。8天后，西路军赶来会合，20万铁骑给汴京打上了一道密不透风的铁箍。

大宋的皇都成了一座孤城。

一向直肠子的女真人现在也学会了计谋，他们一面攻城，一面和谈。在对待辽与金的问题上，宋朝廷中一直有主战、主和两派。完全不具备政治家素质的徽、钦二帝，一直是主和派的首领。说穿了，主和派就是投降派。试想，一个统治中原的汉人皇帝，为了苟安，竟愿意喊女真人的皇帝为伯父。且不谈气节，就连个人的尊严也完全不要了。在这样的儿皇帝的统治下，人的精神极度矮化，李纲、宗泽这样的主战派反而被皇帝身边的小人视为妖魔，必欲除之而后快。

女真人把这一点看得很清楚。所以，他们决定以和谈为幌子，掩盖自己吞并中原的野心。果然，主政的钦宗上当了，他以"百姓困乏，无法供养数十万兵马于城下"为由，下旨遣散各地赶来的勤王之师。又听信小人之言，起用一个叫郭京的妖道出任守城统帅，相信他训练的"北斗神兵"能驱散金军，化凶为吉。

统治者往往只需犯一个错误，历史就得重写，何况赵家皇帝在对待大金的问题上是一错再错，其结局难道还需要猜想吗？

当郭京训练的7777名"北斗神兵"一遇金兵的刀锋，即刻就作鸟兽散。各地的勤王之师有的撤退以求自保，有的被金兵击败。钦宗感到大势已去，立即表示求和，并亲自跑到金营向完颜宗望表达投降之意。完颜宗望再次向钦宗索要绢1000万匹、银5000万两等。钦宗一口答应，完颜宗望于是放他回宫筹措。

靖康二年，也就是1127年的正月，还没有等到过元宵节，金兵再次逼使钦宗来到军营并将其扣押，要其迅速交足所索的财物。国库空虚，仓促之间，哪里能筹措得到如此巨额的金银？但不用担心，大宋政权虽然在强房面前手足无措，但掌控治下的臣民却是方法一套又一套。钦宗尽管在大金国主面前是"儿"，在老百姓面前仍然是"爹"。为了按时足额缴纳罚款，大宋政权不惜使用国家暴力，派兵在汴京城中大肆搜刮金银。可怜了老百姓，一个月内，他们的金银几乎被搜刮净尽。

金兵如数收到战争赔款后，于二月宣布废钦帝为庶人，并找来汴京府尹徐秉哲，要他按皇宫内侍开出的所有皇室成员的名单如数拘拿。这个徐秉哲，本是徽、钦二帝信任的宠臣，可是如今为求自保，对女真人交办的这件事情特别卖力。他当即下令坊巷五家为保，不使名单上的人一个漏网。可怜赵宋的龙子龙孙，那些王爷、侯爷、后妃、公主等共3000余人被悉数拘拿，徐秉哲将他们全部移交给金兵。

四月初一，金军依然分东、西两路从汴京撤退。徽、钦二帝及3000余名皇室人员作为俘虏随军出发。在浩浩荡荡的队伍中，亦有不少民夫赶着马车随同前进。这些马车上装满了金军掳掠来的金银财宝，以及宋朝历代相传的宫廷器物，包括法驾、车辂、礼器、卤簿、图书、珠宝、字画等，按当时人的说法，是"两百余年府库积蓄为之一空"。

赵匡胤创立的北宋王朝，经历了168年的春雨秋风，至此画上了凄凉的句号。

六

经过将近一年的艰难跋涉，徽宗、钦宗这两个亡国之君，在金军的押送下，终于走到了位于阿城的金上京。

这是怎样的一年啊，昔日的王公贵族，如今都是蓬头垢面的囚犯。白天食不果腹，夜里卧于榛莽。走到离汴京只有数百里的邢台，徽宗的弟弟燕王赵俣就被活活地饿死了。金兵找来一个喂马的槽子，作为他的棺材入殓。看到弟弟两只脚搭在槽子外面，被草草埋葬，徽宗哭道："皇弟葬于斯，也算中原故土，为兄却要成为异乡之鬼了。"

同行者闻此哀音，无不痛哭失声。

漫漫长途上，徽、钦二帝有足够的时间反省自己的过去。没有了歌舞，没有了蹴鞠，他们的沮丧与痛苦，只能通过词作来体现。

徽宗赵佶的《眼儿媚》：

玉京曾忆昔繁华，万里帝王家。琼林玉殿，朝喧弦管，暮列笙琶。

花城人去今萧索，春梦绕胡沙。家山何处，忍听无笛，吹彻梅花。

钦宗赵桓的《眼儿媚》：

宸传三百旧京华，仁孝自名家。一旦奸邪，倾天拆地，忍听琵琶。

如今在外多萧索，迤逦近胡沙。家邦万里，伶仃父子，向晓霜花。

父子二人的《眼儿媚》，显然是唱和之作。从词句来看，儿子的反省能力比之父亲稍微强一点。他抱怨奸邪误国，虽然不错，但却将自己的责任推卸净尽，仍可谓到死糊涂。

从汴京到会宁府，行程六千余里。这么远的路程，既无轿舆，亦无马车，对于赵家皇帝以及公子王孙、如花美眷来讲，这是一次极为艰难和恐怖的旅行，既没有尊严，更没有欢乐。然而被彻底剥夺尊严的事，却是在抵达金上京后发生的。

大约是宋建炎二年（1128年）的初夏，徽、钦二帝及其宗室随从来到金上京的第二天，金太宗吴乞买即下令让他们去祭拜金太祖完颜阿骨打的陵寝。他们不是作为皇帝而是作为战俘来到金太祖的陵园，女真人让徽、钦二帝脱下衣服，袒露上身，然后现宰两只绵羊，剥下血淋淋的羊皮披在两位皇帝的身上。让他们以这种极尽侮辱的装束，一步一叩首，绕着完颜阿骨打的坟墓转了三圈。第二天，两位皇帝又去乾元殿拜见金太宗吴乞买。在那散发着羊膻味的大殿里，吴乞买郑重宣布，封徽宗为"昏德公"，钦宗为"重昏侯"。对这两位昏君，女真人极尽嘲笑之能事。

所有赵宋皇朝的宗室人员都目睹了这一场侮辱，所有的中原人都听说了这一场侮辱。

宋朝的历史，将这个事件定为"靖康之耻"。

七

"靖康耻，犹未雪。臣子恨，何时灭。"

这是抗金英雄岳飞所写的《满江红》中的名句。在北宋对契丹人的作战中，出了一群杨家将；在南宋对女真人的战争中，出了一支岳家军。在汉人书写的历史中，杨令公与岳飞，可谓是家喻户晓的民族英雄。产生这样的观点，乃是因为在过往的漫长岁月里，汉人将自己与中华民族等同，汉之外的所有民族，都是异端，都属于"生番"或者"夷狄"。汉人在这样一些族类面前，表现出天生的优越感。在现代人看来，族群与国民是两个概念，一个国家的公民可以由不同的族群组成。但在800多年前，民族与国家是一个概念，汉人就是中国，中国就是汉人。所以，当女真人掳走了徽、钦二帝，汉人并不认为这是两个政治集团的角逐，而是视为"夷狄"乱华的国耻。

所以，宋靖康二年（1127年）后，"靖康耻"成了汉民族的一道无法弥合的伤口，一提起这件事，多少人涕泪横流。但是，也有人表面痛苦，内心却藏着欢喜。

这个人就是赵构。

赵构是钦宗的弟弟，赵佶的第九个儿子，人称"九殿下"，后封为康王。当二帝被掳之后的一个月，即靖康二年五月初一，赵构在今河南省商丘即位，史称宋高宗。

赵构比之父亲赵佶与哥哥赵桓，其"恐金症"是有过之而无不及。他虽一度任命李纲为宰相，让他拯救国难，与大金国作战。但几个月后，他又转而重用投降派汪伯彦、黄潜善之流，让他们代表南宋小朝廷与大金国媾和。他向金军统帅完颜宗翰开出的求和条件是以黄河为界，宋与金隔河分治，并主动下令让尚在河北等地坚持抗金的将士南撤，把大片土地拱手送给大金。

但此时的大金，雄心早已越过了黄河，完颜氏族想取代赵宋成为全中国的主宰。宋靖康二年（1127年）年底，金太宗下令第三次出兵攻打宋朝。挟前两次胜利之余威，金兵扩充得很快，短短12年间，由数千游骑扩充为80万兵马，且士气高昂，完全可以说是当时世界上一支最具有攻击力的部队。此次金兵分三路南下：东路军由完颜宗辅与完颜宗弼（金兀术）统率，自燕京经沧州抢渡黄河进击山东；中路军由完颜宗翰率领自云中下太行，由河阳越过黄河直入河南；西路军在完颜娄室带领下，由同州（今陕西省大荔）取道关中，兵逼陕西。

面对80万的"虎狼之师"，赵构害怕重蹈父兄的旧辙，连忙携百官逃到扬州。在这座纸醉金迷的城市里住了不到一年，又因这里离中原的战场太近，赵构再次下令将行宫迁到杭州。从此，赵构永久地放弃汴京，把南宋的都城建在了杭州。

关于杭州，我们有太多太多的话题。江浙历来是人文渊薮之地，温柔富贵之乡，自古就有"上有天堂、下有苏杭"之说。无论将生活的舒适度分成多少个指数，在漫长的历史中，苏州与杭州都会名列榜首。

珠玑罗绮，美女珍馐，丝竹弦管，湖光山色……这些应接不暇的诱惑，令人心旌摇荡的气象，对于一般的国民来讲，是难得的福气，是神仙般的生活。可是，对于执政者来讲，则必定是迷乱心志的毒药。古往今来，一个贪图享乐的政权，从来都无法逃脱被消灭的命运。

综观历史，在东南建都的政权，于南宋之前，有梁、陈、南唐……都是短命的。其原因就是这一块有"天堂"之称的膏腴之地，会不知不觉地让人忘记忧患，且熏染出执政者的脂粉气，而不会磨砺出他们的英雄气。

赵构从来杭州的第一天，就注定了南宋要被消灭的命运。

史载赵构于建炎三年（1129年）正月迁都杭州。此时的中原，黄淮之间，正饱受金人铁骑肆意践踏，抗金的将士为保社稷，都在进行艰苦卓绝的战斗。而赵构在这国家面临生死存亡的关头，仍没有最起码的危机意识，控制他大脑神经的，依然是"享乐"二字。他在来杭州一月之后，便带着爱妃宠臣，车辇如云浩浩荡荡来到钱塘江边观潮。

面对这一帮昏君庸臣，一位叫林升的诗人，写下了沉痛的诗句：

山外青山楼外楼，西湖歌舞几时休？
暖风熏得游人醉，直把杭州作汴州！

八

看过太多的胜残去杀，体会过太多的悲欢离合，人们可能会得出这样的结论：历史中没有绝对的胜者。但是，一个政权享祚时间的长短，还是有一定的规律可循。

比之汉、唐、明、清，宋朝的开国皇帝气度要仄小得多。赵匡胤获得政权并没有历尽艰辛，且属于宫廷政变的性质。所以，宋朝的"王气"始终没有养起来。此处所说的"王气"，不是指皇上号令天下的权力，而是指点江山的能力。自秦自汉自唐，不要说燕云十六州，就是东北和内蒙古，都一直在中央政权的管辖之下。可是唐末动荡期间，契丹人在这一大片国土上另建一个辽国。宋立国之初，太祖赵匡胤、太宗赵匡义兄弟二人都没有能力从契丹人手中收复失地，反而每年向辽朝纳贡。此后，赵宋的皇帝们与契丹人时而开战，时而议和，一直处于被动。在开拓疆域与处理民族问题上，赵宋皇帝乏善可陈。终宋一朝，唯有文学可以垂范后世，出了王安石、欧阳修、苏东坡、黄庭坚、陆游、辛弃疾等一大批杰出的文学家。出现这种现象，与赵匡胤重文抑武的基本国策有关。这一点，赵匡胤比之唐太宗李世民，可就差得多了。唐太宗不仅器重文人，更整饬武备。文武并举，绝不会一手硬一手软。所以，历史上才产生了盛唐气象——这至今仍令中华民族骄傲的大国典范。就一般的规律而言，一个开国皇帝的气度胸襟，便决定了他所开创的王朝的精神走向。如汉高祖刘邦，他吟过"大风起兮云飞扬，安得猛士兮守四方"这样雄奇的诗句，他呼唤猛士开疆拓土。这种精神让后代皇帝所承继，到汉武帝而趋鼎盛。

赵宋皇帝重文没有错，抑武就大谬了。诗词歌赋可以陶冶性情，怡养心灵。但对付契丹人和女真人这样的剽悍民族，一篇千古传颂的诗章还不如一根绊马索有用。即便是文学，如果是大气磅礴的，积极健康的，提升国人斗志的，仍是培植国力的重要手段。遗憾的是，北宋的文学，发展到徽宗、钦宗时期，已是生气消失，豪情不再了。北宋最后一位大词人，是李清照。她的词作典雅婉约，作为个体，李清照是优秀的、杰出的，但作为一个时代的文学代表，则这个时代的"主旋律"就变成了靡靡之音。噙着泪水吟咏"雁过也，最伤心"，无限感伤地倾诉"人比黄花瘦"。这种充满悲情的诗句之所以在当时受到热捧，真实地反映了徽、钦二帝统治下的国民已丧失了雄健的气魄。南渡之后，曾有智者痛定思痛，描述昔日汴京的臣民"黄髫小儿，但习歌舞；斑白之老，不识干戈"。上有所倡，下有所随。当踢球的高俅与卖笑的李师师都成为皇帝的座上宾，骤登显贵之堂，升斗小民除了艳羡，更会仿效。于是所有的家长都希望自己的孩子能歌善舞，而所有上了年纪的人，从来都不想干戈之事，都以为战争绝不会发生。待到金兵攻破汴京，可悲的国民们才惊醒，但为时已晚。

相比于徽、钦二帝与宋高宗赵构，大金国前期的皇帝们行事的风格就要明朗得多，也健康得多。君臣之间，臣民之间，几乎没有尊卑等级、贵贱之分。据史料记载，吴乞买虽然贵为"九五之尊"，但仍然与百姓保持水乳交融的关系。他所住的"皇宫"，也没有重门深禁，百姓家里杀了一只鸡，就会跑到"皇宫"里喊他一道去分享，没有特殊情况，他都会欣然而往。君臣之间议事，可以争，可以吵，哪怕面红耳赤，也不会伤和气。争吵完了，意见统一了，君臣们便开始"同歌合舞，略无猜忌"。女真人的歌舞是什么呢？是踩刀梯、耍火球之类，充满了矫健，洋溢着剽悍。相比于汴京的靡靡之音、杭州的浅斟低唱，两者孰强孰弱，不言自明。再说击败辽、宋之后，大金国库里的钱多了起来，吴乞买花钱大方了一些。大臣们对他产生了意见，说他违背了太祖完颜阿骨打立下的"非军需不启库存"的祖训，应接受处罚。吴乞买只得按规矩被大臣们拉出议事大殿，趴在地上"廷杖二十"。吴乞买心悦诚服，并没有因此报复任何人。而赵宋皇帝虽然无能，却从来一言九鼎，君臣之间有绝对的界限。所以，女真人打败汉人，只是一种表面现象。它的真正的历史意义在于：一种健康的、硬朗的、平民式的帝王文化，打败了另一种腐朽的、堕落的、贵族化的帝王文化。

九

2006 年元月，我再次应邀前往阿城，参加新修缮的金上京博物馆开馆仪式。看过大金国的发展历史后，下午，在零下 25℃ 的严寒中，我又来到金上京遗址。厚厚的积雪掩盖了一切，不要说旧迹，就是连废墟也看不见。我踩着深深的积雪走了很久很久。不知为何，在这八百多年前的"王气肇造"之地，我突然想起了辛弃疾的诗句："醉里挑灯看剑，梦回吹角连营……"

这样的诗句充满了英雄气概，读来让人热血沸腾。不由赞叹辛弃疾真伟丈夫也。遗憾的是，南宋政权不喜欢这样的伟丈夫。由此我想到一个国家，如果每个角落都弥漫着享乐之风、奢侈之气，所有的国民必然就会丧失忧患意识。这是一件十分危险的事情。2005 年，当超女出现，数十万的"粉丝"们为之痴迷，为之疯狂时，我的心中就产生了一种不好的感觉。出几个超女，原也是多元化社会的自然现象，并不值得大惊小怪，但要引起警惕的是，如果这些青少年——我们这一时代的"黄髫小儿"，其生命只为歌星、影星、球星而狂，还能说，我们国家的精神气象是健康的吗？

一个时代没有英雄并不可怕，可怕的是丧失了产生英雄的土壤。有鉴于此，不能不汲取北宋灭亡的教训！

【历史不忍细看】

黄文山

历史不忍细看。历史如何能够细看？一细看，便好比用高倍放大镜看美人，光洁圆润全然不见，入目但是鳞纹交错、毛孔贲张、瑕疵毕露。于是，历史在很大程度上只是大处着墨，更何况，还需为尊者讳、为名人遮、为君上避、为时政忌。因此，读史时，常常会读出几分含混、几分闪烁，那当然是史家的难言之隐。但其实那几分含混和几分闪烁中，往往藏着许多细节的真实。

何妨细看一下，透过发黄的卷宗触摸一次历史曾经跳动的脉搏呢？

袁崇焕的失败

在明代被杀的边关守将中，袁崇焕的死是最冤屈的。他没有兵败失地之过，却生生被诬陷为叛敌，是引清兵破边墙进犯京都的罪魁祸首。

袁崇焕当然不该死，袁崇焕本来也不会死。虽说他是因为中了皇太极的反间计而被崇祯杀害，但细细检点，这个结果与袁崇焕的为人性格不无关系。

宁远城位于山海关和锦州之间，自古以来为兵家必争之地。明朝先后调往该地区作战的有五十多名战将，其中不乏兵部尚书、大学士、总督等头衔的高级官员，而战功最显赫的当属袁崇焕。袁崇焕守宁远，两次击退兵力占绝对优势的清军进攻。努尔哈赤本人就是在宁远城下中炮受了重伤，以致不治身亡。有了这些资本，袁崇焕开始骄傲起来目空一切，并在崇祯皇帝和朝臣面前发表不切实际的言论，从而种下败亡的祸根。

崇祯元年（1628年）七月，当清军大举进攻锦州时，皇帝召集众朝臣开会。皇帝忧心忡忡地问袁崇焕东方战事何时能了，袁崇焕居然十分轻率地回答：五年为期吧。没有一位朝臣相信袁崇焕的大话，但皇帝却大加赞赏。

袁崇焕接着在朝堂上做出近乎跋扈的举动，逼着各部大臣在皇帝面前逐一表态，不仅要保障袁崇焕大军的物资供应，而且在用人调兵上一任所为，不得掣肘，这也就是他提出要皇帝让他便宜行事，并且不许朝臣干预乃至议论。朝中许多大臣对袁崇焕借皇帝重用之机要挟需索，得寸进尺最后竟想钳制言官的所作所为大为不满。

袁崇焕上任后，战事并未像他预言的那样顺利。他便想通过和议暂时中止清军凌厉的攻势。还在熹宗时，袁崇焕便曾当过和谈代表，但他却忘了当今天子是一位刚愎自用而又敏感多疑的君主。而这期间，又发生了他擅杀皮岛守将毛文龙的事件。崇祯皇帝看袁崇焕如此行事心里不免害怕，而朝中大臣则议论纷纷。袁崇焕任性使气，殊不知已把自己一步步推向败亡的深渊。

皇太极正是利用这一事件而施展反间计。一方面将袁崇焕议和之事大加渲染，广为扩散，并把杀毛文龙称为袁崇焕向后金（清）讨好的举措；另一方面，亲率大军绕道喜峰口，攻破边墙，直逼北京城下，致使京师上下震动，纷纷传说袁崇焕通敌。这时，生性多疑的崇祯皇帝再也沉不住气了，下令将袁崇焕逮捕并立即绑往西市斩首。此时满朝文武竟然没有一个人站出来为袁崇焕说话。一代名将袁崇焕便这样成了一场特大冤案的受害者。

袁崇焕没有在强敌面前打过败仗，但他却败在自己狂傲不羁的性格上。

谁杀害了岳飞

究竟是谁杀害了岳飞？

千年来跪在岳坟前的四尊铁人：秦桧夫妇、张俊和万俟卨，似乎已经告诉了人们答案。对于岳飞的死，他们当然难脱干系，但仅仅是他们四人，就能置岳飞于死地吗？

处死岳飞，当然需要皇帝点头。杀害岳飞的人中宋高宗应该算一个，但高宗皇帝为什么一定要杀岳飞呢？

　　岳飞是南宋初年最杰出的抗金将领，在张俊、韩世忠、杨沂中、刘光世、岳飞五支抗金大军中，岳家军军力最强、纪律最严明、战功最显赫，是南宋王朝一道坚不可摧的长城。岳飞本人因累累战功加官至太尉、少保，是正一品的官员，在武将中军阶最高，位居三公之列。高宗皇帝更下诏命说："中兴之事，朕一以委卿，除张俊、韩世忠不受节制外，其余并受卿节制。"兵权之重，天下无双。对于这样一位担负着南宋中兴重任的军事统帅，能说杀就杀吗？

　　那么，是什么时候埋下了杀害岳飞的种子？它又是怎样发芽而后疯长的？

　　如果将南宋的朝堂比作一架天平，那么，主战派和主和派便是天平的两边。无论哪一派占上风，天平就会向一边倾斜，而宋高宗就是调节天平的那只手。和耶？战耶？始终是朝堂上争议最激烈的话题。当然，主战派砝码的分量还来自于在前线作战的几支部队。军事上的得失，直接影响着宋高宗调控天平的决心和力度。岳飞显然已是天平上那颗最大和最重的砝码，主和派自然处心积虑地想把他去掉。但若仅仅以主战和主和两派斗争来反映南宋国内的政治态势就未免太简单一些。实际上，宋立国以来就一直被一项国策所困扰，那就是如何安排军人的位置。宋开国皇帝赵匡胤就是军人出身，而且是靠兵变夺取政权的。他深知军队的厉害，但他不学汉高祖刘邦滥杀功臣，而是设宴款待石守信等大将，宴饮之间，许以高官厚禄，然后要他们交出军队指挥权。这就是著名的"杯酒释兵权"故事。接着，他又制定了以文制武的文官管理制度，整个北宋期间，这个制度牢不可破。

　　但南宋一开国，情况就不同，高宗赵构刚登基就被金人撵着屁股打，一直跑到温州，还一度住在海船上以躲避金兵的锋芒。而手下的一班文臣只会跟着逃命，一点退敌的本事都没有。是岳飞、韩世忠他们打退了金兵，才使得南宋保有了长江以南的大片国土。但战争的狼烟并没有因此消散，金人的铁骑还在江北的大地上驰骋。由于南宋一直面对强敌的压迫，军人的作用便日显重要，军人的声音也逐渐由弱变强，但这显然与宋的立国制度格格不入。

　　宋设枢密院，为国家最高军事机构，知枢密院事一直由文官担任。其实，北宋的边关统帅也都由文官担当，比如，宋仁宗时，镇守西北防御西夏的两位统帅，一位是韩琦，另一位是范仲淹，时称"韩范"，都是当时著名的文人。南宋沿袭旧制，仍然由文官指挥军队，并且每支部队的规模、编制都有一定的限制。

　　岳飞独立成军时只有正兵万人，但在镇压太湖杨幺、钟相起义后，吸收了大批原起义军士兵入伍，军力大大增强，总兵力增至10万。这本来是件好事，但却引起了朝廷的深度不安。宋廷诏令岳家军以"三十将为额"，就是想以军官数量来限制岳家军的扩张。但随着岳家军不断打胜仗，队伍也在不断扩大，不久即增至84将，大大突破了朝廷的编制限额。因为宋高宗不吭气，枢密院对此也无可奈何。

　　军队作战，需要征粮、筹款、派夫等后勤供应，因此，便要占有固定的防地，享有便宜处置管内行政、财政的权力。岳家军因为军队庞大，所管辖的州县比起其他部队自然要多出好几倍，而且岳飞战区随着战事推进还在扩展，加之幕僚队伍也在一天天扩大，大批读书人来到岳家军，他们为军队书写文书、布告、奏章，甚至参与政治谋划和军事行动。而这正是执政的文官集团最不愿看到的。这批读书人不但在文书布告上激扬文字，借机宣泄自己的情绪，而且还处处臧否时政。岳家军的文告奏疏常常引起朝臣们的强烈不满，但这些都被岳家军取得的一系列胜利而掩盖了。

　　一开始和岳飞发生冲突的恰恰就是主战派的重要人物张俊。张俊原为翰林院编修官，因勤王有功，且力主抗金，受到高宗皇帝的信任，迁知枢密院事。他指挥全国的抗金军事行动，直接对皇帝负责。但知枢密院事只是个正二品的文官，而受他指挥的岳飞因军功赫赫已被皇帝拜为太尉，官居一品。将帅之间的关系便显得很微妙。绍兴七年（1137年）岳飞计划乘金人废刘豫之机，合诸将之兵北伐。皇帝亲自接见了他，赞许他的计划，并下诏将王德、郦琼两支部队交由他统一指挥。但张俊不想岳飞军力太过扩张，想另外安排这两位将领，于是找岳飞商量。岳飞认为如果那样安排，恐怕两人不服。张俊当即变脸说："我当然知道，除非太尉（指岳飞），谁都不能胜任。"岳飞与张俊发生冲突，心情也很不愉快，当日便上奏章，要求解除兵权，回去为母亲服丧。张俊大怒，上奏说岳飞处心积虑一意想兼并其他部队，提出回家服丧，是对皇帝进行要挟，而秦桧在一旁也流露出"忿忿之意"。在皇帝的默许下，张俊不但坚持自己的安排，并且还派都督府参谋官张宗元担任岳飞军队的监军。这引起了岳家军将领的强烈不满。岳家军主将张宪称病不理军务，其他将领如法炮制，而且"部曲汹汹，生异语"。这件事更增加了朝廷上层文官集团对武将的疑虑。岳飞被杀，秦桧便是从这里打开缺口，找到陷害的理由的。

　　不久，郦琼叛变投敌，张俊引咎辞职，秦桧接任枢密院事，接着又担任了宰相。秦桧是主和派的领袖，受到高宗的信任，一直与金人周旋，力图创造和议局面。这样，一心想依靠作战收复河山的岳飞与秦桧之间不断发生摩擦。绍兴九年（1139年），当秦桧声言和议已取得进展，金人将归还南宋三京及河南之地时，岳飞上奏章反对说："金人不可相信，和议不可依赖。相国（指秦桧）为国家谋划不善，恐怕为后世留下笑柄。"皇帝看了岳飞的奏章后，便将和议之事搁下，秦桧因此对岳飞恨得咬牙切齿。

　　绍兴十年（1140年）岳飞率大军北伐，郾城一战，消灭了金兀术的骑兵主力，接着又取得朱仙镇大捷。他打算乘胜前进，一举收复中原。然而，南宋朝廷上下对岳飞的胜利却忧心忡忡，高宗急令岳飞班师，并一连下了十二道金牌。岳飞抗争不过，悲愤地仰天长叹："十年之功，毁于一旦！"翌年，金兵入侵江淮，高宗又急忙诏岳飞赴江州救援。岳飞却迟迟不肯发兵，他提出要乘金人后方空虚，准备直捣中原。高宗为此竟连下十七道文书，岳飞不得已才出兵救援。朝廷上下对岳飞的抗旨行动议论纷纷，而一直被胜利的光环笼罩着的岳飞，哪里知道，因为自己率性的行为，已经种下了被罪的祸根。

宋高宗一方面对以岳飞为首的抗金将领优抚有加，勉励他们努力作战；而另一方面，又默许文官集团想方设法削弱武将兵权恢复传统体制的措施。此时，在南宋的朝堂上，"文武之途若冰炭之合"。在文官们的眼里，军队本来只是一架作战机器不应该有自己的思想，不应该发出自己的声音，更不应该有自己的感情，而自说自话、不听招呼、总是特立独行的岳家军显然已经严重偏离了正统轨道，这当然是不可容忍的。宋金"绍兴和议"签订后，以秦桧为首的文官集团立即着手解除张俊、韩世忠、岳飞三人的兵权，将三支部队的指挥权直接收归枢密院。

这时的岳飞已经预感到祸之将及，日夜不安，心情十分沉重。他在一首《小重山》词中细诉自己的苦闷心情："昨夜寒蛩不住鸣，惊回千里梦，已三更。起来独自绕阶行，人悄悄，帘外月胧明。白首为功名，旧山松竹老，阻归程。欲将心事付瑶琴。知音少，弦断有谁听？"

但不等岳飞找到解脱的办法，在高宗皇帝的默许下，秦桧等一干人已迫不及待地对他下手了。

没有谁能阻止这一切的发生，因为在秦桧的背后，是整整一个王朝制度。

【古代都城选址——风水抑或科学】

陶世龙

主张风水是科学的李书有先生说："我国历代王朝皆重视都城的选址、营造。如古都长安、洛阳、南京、北京等都经由'风水大师'的选址营造。"于希贤先生更说："我想问问那些说风水是迷信的人，在西方建筑理念传入中国前，中国的哪一座城市、哪一个村庄、哪一个城镇不是靠风水选址？"很多报纸上重复登载了他们的这几句简短谈话，遗憾的是没有见到他们拿出事实材料作为证据。

李书有先生说："周王朝建立之初，成王欲营造东都洛邑，就派召公先去'相宅'，后由周公前往营造。"这个例子，早些年于希贤先生也引用过，还配有一幅《太保相宅图》。图上画着太保带领着几个人在现场勘察，一个架子上放着罗盘。

《太保相宅图》首先为李约瑟发现引用，后被中外的风水研究者多次使用。李约瑟在引用时注明采自《钦定书经图说》，指出："使用罗盘的事被绘入周代文字的插图中，当然是一种年代学上的错误。"可是在台湾《大地地理杂志》（1990年5月号）和英文《中国日报》（1992年4月29日）发表这幅图时，李约瑟的注释没有了，给人以风水在那时就已大行其道的印象。

《尚书·洛诰》中记载，周公拜手稽首曰："朕复子明辟。王如弗敢及天基命定命，予乃胤保，大相东土，其基作民明辟。予惟乙卯，朝至于洛师。我卜河朔黎水。我乃卜涧水东，瀍水西，惟洛食。我又卜瀍水东，亦惟洛食。伻来以图及献卜。"全文不到100字，是说先选出三个候选基址，再用占卜确定建城的位置。这三个候选基址是怎样勘察的根本没有提。

所幸约15年前，我在北京图书馆（现为国家图书馆）查到了《钦定书经图说》，原来是光绪二十六年（1900年）二月孙家鼐等奉慈禧太后之命，为初学者编的图解读本。光绪三十一年（1905年）用连史纸石印发给各学堂。这怎能作为周代人用风水选城址的证据呢！

另一古都长安的建设，是西汉初年从公元前202年到公元前190年建成，那时没有风水一说，其前身堪舆的地位也不高，究竟如何用风水选址也不得而知。不过有一点很明确，长安成为西汉的都城绝不是风水师的作用，而是一个姓娄名敬的人向刘邦进言，得到张良支持而确定的。因为刘邦和他的许多开国元勋是今天江苏西北部的人，都愿意定都洛阳。是娄敬分析当时中国的政治、军事和经济形势，说服刘邦定都长安。

再如北京、南京建为都城，或有风水因素掺杂其中，但首先还是取决于政治、军事和经济因素。说起来，倒是"南京的风水好"有些掌故，孙权在这里建都，有人认为此地"象天之所命，宜为都邑"。不过此人并非风水师，而是一个有战略眼光的大臣张纮。即使有风水师参与王朝的都城选址及营造，也不能证明风水之说中具有科学成分，因为他们参与的目的和提出的措施都是为了保持"王气"不衰，而以天命为王朝兴替的依据，恰恰是迷信。

杭州也曾是中国的一个古都，唐末大乱，钱镠割据浙江、苏南一带，将杭州（那时叫临安）建为首府。有术士对钱镠说，如把西湖填掉用来盖新的都城，你的国家将长久存在。如像现在这样将旧城扩建，你的国家只能存在不到一百年。钱镠当时回答："岂有千年而有天下无真主乎？有国百年，吾所愿也。"没有听术士的话，这才保住了西湖。即便在当时，这位术士的填湖兴邦之说也不是什么风水箴言，而是一场劳民伤财的灾难，更不要说用现代的眼光看是多么破坏环境了。

按风水之说，南京和北京都是风水宝地，但北京自忽必烈建为元的首都仅90多年，其末代皇帝就被赶到沙漠里去了。继为明朝，其末代皇帝吊死在城里的景山。再后是清朝末代皇帝下台，还没有子嗣。这里的风水是好是坏，一望可知。至于南京，更不用多说，"王濬楼船下益州，金陵王气黯然收。千寻铁锁沉江底，一片降幡出石头，"风水师或许将此解释为气数已尽，但"钟山依旧在，长江照样流"，从地质学的意义上讲，南京的自然环境没有根本的变化，"王气"却说有就有，说没就没，这样的风水说称得上是科学吗？

【中国皇帝的寿命】

向　斯

如果从三皇五帝时的黄帝算起，直到 1911 年清王朝灭亡，中国经历了数千年的漫长历史时期，在这漫长的历史长河之中，先后出现了 558 位帝王，包括 396 位皇帝、162 位国王。

如果从秦始皇算起，直到 1911 年清末代皇帝溥仪，其间 2100 余年，共有皇帝 335 人，其平均寿命是 41 岁。据现存有关资料，如果按照朝代顺序进行分析，可以发现这样一组有趣的数字：

秦汉时期的帝王是 28 人，平均寿命是 34 岁；

魏晋南北朝时期的帝王是 121 人，平均寿命是 38 岁；

隋唐时期的帝王是 41 人，平均寿命是 44 岁；

五代十国时期的帝王是 44 人，平均寿命是 46 岁；

北宋皇帝 9 人，平均寿命是 48 岁；

南宋、辽、金时期的帝王 39 人，平均寿命是 48 岁；

元代帝王 14 人，平均寿命是 39 岁；

明代皇帝 18 人，平均寿命是 42 岁；

清代皇帝 12 人，平均寿命是 53 岁。

如果从年龄段上分析，可以得出如下一组数字：

20 岁以下的是 28 人；

20~40 岁的是 83 人；

40~60 岁的是 177 人；

60 岁以上的是 36 人。

其中，在 60 岁以上的 36 人之中，又有如下一组数字：

70 岁以上的是 6 人——汉武帝刘彻 70 岁，吴大帝孙权 71 岁，唐高祖李渊 70 岁，唐玄宗李隆基 78 岁，辽道宗耶律洪基 70 岁，明太祖朱元璋 71 岁；

80 岁以上的 6 人——梁武帝萧衍 86 岁，唐女皇武则天 82 岁，五代吴越王钱镠 81 岁，宋高宗赵构 81 岁，元世祖忽必烈 80 岁，清高宗弘历 89 岁。

梁武帝萧衍是一位特立独行的皇帝。他是汉代丞相萧何的第 25 世孙，在位 48 年，活了 86 岁！他为何如此长寿？据说，从 40 岁以后，他便不吃鱼肉、不饮酒、不听音乐，日常只吃些清淡素食；不争辩、不斗气，50 岁以后不近女色。他自己认为，自己的致寿之道是：绝房室、不与女人同室而寝三十余年。

宋代的皇帝大多擅长医术。宋太祖精通医学，他曾给弟弟即后来的宋太宗针灸治病。

北宋亡国之君宋徽宗，经历了国破家亡的惨痛，从皇帝到阶下囚，他活了 54 岁。徽宗痴迷于诗词书画也懂得医学、养生学，对于道家的长生术很是推崇，尤其赞赏道家的精气神之说。他读书颇有心得，写了一部《圣济经》，探讨养生之道和长生术。他提出：精神生于道，精全则神旺，精耗则神衰。

宋高宗赵构是宋徽宗的第九个儿子。他生长在繁荣富足的时代，先天禀赋厚实，后天精心调理，加之精通医术和养生。他在经历了国破家亡、父母被俘的惨痛之后仍能镇定自若，在残破的半壁江山上建立南宋并重整旗鼓，与强敌抗衡。他在位 36 年，活了 81 岁。宋高宗何以能如此长寿？明代龙遵叙在他的养生学专著《食色绅言》一书中，谈到宋高宗赵构的长寿之道时说：高宗长寿，是因其先天禀赋厚和后天寡欲养生所致。

【宋徽宗与明崇祯帝】

孙存准

宋徽宗和明崇祯帝"生活"时期相距 500 年，但他们在中国历史上都是颇有"名气"的亡国之君，与此同时，宋徽宗的"不能为君"和崇祯的"勤勉图治"同样"名垂青史"。

宋徽宗赵佶是中国历史上难得一见的多才多艺之君：独创中国书法史上著名的"瘦金体"，结体修长，笔姿瘦硬挺拔；工花鸟画，其真迹至今价值连城；能诗善文，那句"天遥地远，万水千山，知他故宫何处？怎不思量，除梦里有时曾去"经典词句千古传诵，经久不衰。然而，他唯独不会做本职工作——当皇帝，正如清人王士祯所评价的：宋徽宗百事皆能，独不能为君。在位期间，为修建宫殿和花园，他大兴"花石纲"，弄得"中产阶级"破产，"贫下中农"卖儿郎，引发方腊起义、宋江造反；他联金攻辽，辽灭后，自己却遭到金的大举进攻，金兵兵临城下时，又惊慌失措，匆忙把帝位传给儿子宋钦宗。但是，"是祸躲不过"，1127 年，做了 26 年皇帝的他连同儿子宋钦宗双双被掳，因于冰天雪地的五国城（今黑龙江依兰），客死他乡作孤魂野鬼。

与宋徽宗大相径庭的是，17 岁登基的明朝崇祯皇帝朱由检却是一位十分"职业"的君主，他从明熹宗的手上接过千疮百孔的大明王朝，亲政之初就韬光养晦，采取怀柔和麻痹权臣的策略，待到政权根基"稳固"后，即以雷霆万钧之势解决了客魏（客氏和魏忠贤）集团，其手腕之娴熟，行动之果敢足可与康熙"收拾"权臣鳌拜同日而语。这之后，他勤俭自律，励精图治，勤勉有加，推行与民生息、发展生产的政策，殚精竭虑地巩固大明王朝的统治。但事与愿违，李自成攻破北京城，1644 年 3 月 19 日，年仅 34 岁的崇祯皇帝失魂丧魄地爬上煤山，吊死在寿皇殿旁的槐树上，其时，他刚好做了 17 年的皇帝。

两者相比，乍一看来，真有些让人"百思不得其解"：为何不一样的"追求"却换来同一样的"结局"？为何"不务正业"的宋徽宗和"勤勉有加"的崇祯却得到同样的亡国之命？为何对宋徽宗的"无为"与崇祯的"有为"上天不给予区别对待？

其实，历史早已注定他们要成为亡国之君，注定他们要背上"国破家亡"的骂名，无论他们会不会做皇帝，不论他们能否有所作为，也不管他们是否"不务正业"或"励精图治"，因为面对一个根基动摇、气数已尽的封建王朝，除了徒叹奈何，一切已经无法挽回，就像面对一具行将就木的"僵尸"，主治医生的医术高明与否和敬业程度如何已经无关紧要了。

稍有历史常识的人都知道，北宋时期不仅政治腐败，皇室和官僚生活极度奢侈，而且官僚机构和军队建制庞大，军费和官俸支出越"滚"越大，与此同时，全国十分之七的土地集中在皇室、贵族、官僚和地主手里，农民赋税沉重，无法生活下去。大明王朝专制统治非常腐朽，土地集中达到历史上惊人的程度，中央集权到了无以复加的地步，还设立了锦衣卫和东厂、西厂，首开特务政治和恐怖政治之先河，农民被逼进绝地。

尽管北宋有王安石变法，明有张居正的"一条鞭法"，试图缓解社会矛盾，化解政治危机，巩固封建统治，但在执行过程中，赋税被转嫁到农民头上，结果农民命运更加凄苦，两极分化更加严重，社会矛盾更加突出。所以，北宋和大明王朝的崩溃就成了自然而然之事。

由此观之，我们没有必要去嘲讽宋徽宗和崇祯的悲剧下场，因为他俩的亡国之"果"并不是由他们播种和栽培的，更不在于他们是否"不能为君"或"勤勉图治"。如果换个人去坐他们的"宝座"，其结果和他们也是一样的。

【历史上的太上皇现象】

鸣　弓

太上皇，是皇权政治的特产。辞书的解释是：皇帝的父亲，也叫太上皇帝，简称上皇。不过，第一个被称为太上皇的秦庄襄王，却是死后由其子秦始皇追尊的。其后，汉高祖刘邦亦尊其父太公为太上皇，这两个早期的太上皇和后来的由皇帝而太上皇的那种情况有别。

由皇帝而太上皇，检索史籍，这类正牌太上皇有：晋惠帝司马衷，十六国时代大凉天王吕光，北魏献文帝拓跋弘，北齐武成帝高湛、后主高纬，北周宣帝宇文赟，隋炀帝杨广，唐代高祖李渊、睿宗李旦、玄宗李隆基、顺宗李诵、昭宗李晔，宋代徽宗赵佶、钦宗赵桓、高宗赵构、孝宗赵昚、光宗赵惇，西夏神宗李遵顼，西辽直鲁古，明英宗朱祁镇，清高宗弘历。

皇帝宝座之极具诱惑力，堪称可引无数英雄竞折腰。坐上去诚然不易，而下来也非常之难，要么病死于龙榻，要么被另一个"英雄"用武力赶下台。活着能让出皇帝宝座——哪怕是让给自己的儿子，毕竟很难得。权迷心窍如唐宣宗，大臣请他早建太子，他一听此言便满脸不高兴："若早建太子，则朕遂为闲人。"真是视权力为命根子。皇帝老儿最怕"下岗"，那些禅位去做太上皇的，实乃形势所迫，不得不尔。

大致说来，皇帝禅位而为太上皇，有以下几种情形：

其一，国事艰难，皇冠变为"愁帽"，甚者宝座摇摇欲坠、朝不保夕，于是主动摘愁帽、离危座。

高湛是北齐第四任皇帝，史称武成帝，本性好玩，佞臣和士开公然劝他不必为政事劳心费神，当趁年轻及时行乐，"一日取乐，可敌千年"！此言正中高湛下怀。而当时的外部环境又很不利于高湛行乐：强敌北周联合突厥屡次攻击北齐，干戈不息，操劳国事，委实恼人。他于是临阵撂挑子，传位于太子高纬，自称太上皇，专务玩业去了。

高纬史称后主，其玩性实在乃父之上。尽管此时北周日益强大，志在吞齐，江南陈国亦随时准备趁火打劫，高纬仍自编自弹自唱《无愁》之曲，因有"无愁天子"之称。"无愁天子"愁更多，待周兵一路追杀过来，围攻齐都邺城，高纬全无演唱《无愁》曲的洒脱，愁眉紧蹙，计无所出，唯有自摘愁帽一招——皇冠让给8岁的儿子高恒去戴，自己做太上皇吧。国难当头，一推了之，大概只有"无愁天子"能想出这种"高招"。成年人扛不起的重担，却压给一个儿童，这不是拿治国当儿戏吗？事实上，高纬的太上皇只做了一个月，便当了俘虏，很快就被砍了脑袋。

唐睿宗李旦坐上龙椅，得力于太平公主和儿子李隆基二人。缘此，太平公主权倾内外，而李隆基则以功高被立为太子。太平公主与太子姑侄斗法，矛盾日益凸显，朝臣亦分为对立两派，双方明争暗斗，不可开交。面对亲人重臣之间的纷争，睿宗亦莫知所从，深感烦恼。最后，他采纳了一名道士"无为"的建言，回避矛盾，一退了之，只当了两年皇帝，便传位于太子，自己做了太上皇。

唐玄宗皇帝位子坐了43年。前期，他励精图治，将唐王朝带进"开元盛世"；后期，他耽于声色，任用权奸，政治腐败，终致"天宝之乱"。叛军攻陷京都屏障潼关，危急关头，玄宗仓皇出逃，马嵬兵变，爱妃不保。沿途百姓拦道挽留，玄宗不得已，乃令太子李亨留下，宣慰百姓。李亨接受大臣建议，为了安定人心，即帝位于灵武，是为唐肃宗。肃宗一面布告天下，一面遣使上表，尊玄宗为太上皇。避难成都的李隆基，面对破碎山河和风雨如晦的政局，面对既成事实也只好顺水推舟，接受尊号，交出传国玺。

国难当头，皇帝难当。宋徽宗在强敌压境的危难关头，也选择了退位交权。北宋末年，饥民造反，金兵紧逼，内外交困，政局岌岌可危。徽宗被迫下"罪己诏"，姿态可谓不低，然腐败早已病入膏肓，此举实在于事无补。惶惶不可终日的徽宗，避难卸责的唯一选择便是让位，把烂摊子甩给太子赵桓去收拾。钦宗赵桓力图刷新政治，扭转颓势，即位半年时间便将前朝宠臣贬杀殆尽，全然不给太上皇一点面子。其整顿力度够大，手腕够铁了，怎奈国家之弊已无药可医，决不是撤换几个人所能疗救。赵佶的太上皇美梦也迅速化成了噩梦，做了金人俘虏，戴着一顶侮辱性的"昏德公"帽子，屈辱地熬尽残年，客死他乡。其实，这完全是他自食其果，怪不得别人。

宋徽宗是由太上皇变俘虏的，而他的儿子钦宗却是在俘虏营里得到一顶"渊圣"冠的。建炎元年（1127年），宋高宗赵构即位后，遥尊在金国俘虏营里的兄长钦宗为"孝慈渊圣皇帝"，抛出这种类似太上皇的荣誉称号不过是赵构的政治秀，对度日如年的昨日君王赵桓则毫无意义。

另有一个以俘虏身份被尊为太上皇，最后又由太上皇而皇帝，这个特殊的太上皇就是明英宗朱祁镇。当时面对北方强敌，年轻的英宗听信宦官王振的馊主意，御驾亲征，结果做了瓦剌的俘虏。消息传来，朝廷震惊，一片慌乱。危急之秋，大臣于谦等辅佐英宗之弟朱祁钰登基，是为明景帝。这非常措施果然有效，稳定了政局，俘虏营中的英宗也得以被遥尊为太上皇。翌年，太上皇被瓦剌送归，景帝亲迎，兄弟相拥而泣。接下来便是争权夺利，兄弟相煎，英宗复辟，景帝失权，郁悒而死。可见皇帝老官，倘非万不得已是绝对不愿意去当太上皇的，权力真是命根子啊！

与宋朝并存的党项族政权西夏，其第八任皇帝西夏神宗李遵顼，在成吉思汗的铁骑强弓面前，早已是惊弓之鸟，又与曾经的盟邦金国失和，双方鏖战达10年之久，两败俱伤后，又受到蒙古铁骑更加猛烈的攻击。国运如此艰难，李遵顼除了当太上皇实在别无选择。至于年轻的接班人李德旺到底能苦苦支撑几日，他也就顾不了那么多了。

其二，受到武力胁迫，不得不称太上皇。

晋惠帝司马衷是有名的弱智皇帝，他上台后，很快就爆发了"八王之乱"。赵王司马伦于永宁元年（301年）正月径直篡位，做了皇帝，改元建始，而将惠帝迁于金墉城，改城名为"永昌宫"。可能是考虑到这个白痴不会对他刚到手的皇位构成什么威胁吧，司马伦不但留下惠帝一条活命，还送了一顶"太上皇"的冠冕。倘论辈分，赵王是惠帝的叔祖父，看来辞书上谓太上皇是皇帝的父亲，其实不完全妥当，并不能涵盖所有的太上皇，譬如晋惠帝司马衷。司马伦的皇帝宝座还没焐热，就遭到皇族其他几位王爷的联合反对，经过两个多月的血战，双方战死近十万人，司马伦皇冠没保住，脑袋也落了地。惠帝又被人拥上了皇帝位子，继续当傀儡皇帝，而那几位劳苦功高的王爷实际上充当着惠帝的"太上皇"，虽然他们无此名号。

隋朝末年，天下大乱，烽烟四起，群雄逐鹿。太原留守李渊起兵反隋，打出的却是"志在尊隋"的旗号，其政治策略为：立隋炀帝之孙代王杨侑为帝，尊炀帝为太上皇。大业十三年（617年）十一月，李渊攻下长安，即迎13岁的杨侑即皇帝位，改元义宁元年，遥尊在江都的炀帝为太上皇。李渊自己则谦逊地称唐王。这一出政治话剧，纯粹是李渊一手导演的。隋炀帝远在江南，自知末日来临，在醉生梦死中等着别人来砍脑袋，皇冠上头又撂了一顶"太上皇冠"，他也浑然不知。第二年三月，炀帝为部下所杀。消息传来，李渊还假惺惺地哭了一场，而后逼杨侑禅位，他自己做了皇帝。

李渊扫灭群雄，建立唐朝，统一全国，次子李世民功劳最大。李世民功高震主，父子之间亦难免猜忌，而李世民与其兄太子建成、其弟元吉的权力之争亦日趋尖锐，势同水火，终于发生了"玄武门之变"。权力角斗，你死我活，李世民率武士杀死建成、元吉，志在皇位，咄咄逼人，高祖只得立李世民为太子。仅仅过了两个月，李渊便很识相地禅位于太子，自称太上皇。其实，李世民早就掌握了兵权，高祖不让位恐怕也由不得他了。

唐昭宗李晔是在宦官刘季述等拥戴下做的皇帝，光化三年（900年）十一月，刘季述以"废昏立明"为由，发动宫廷政变，将昭宗及皇后锁进少阳院，从墙穴传送饮食，拥立太子李裕嗣位，尊昭宗为太上皇。这个"太上皇"其实与囚徒无异。被囚禁一个多月后，左神策军指挥使孙德昭杀死了刘季述等，拥戴昭宗重新复位，诏令太子重回东宫。

耶律大石建立的西辽国至第三代直鲁古，亦被人强力夺取"大宝"后送上太上皇的帽子。此前，乃蛮部已为成吉思汗所灭，太阳汗之子屈出律（也有译作古出鲁克或曲书律的）亡命投奔西辽。西辽与乃蛮一向友善，直鲁古不但接纳了屈出律，还把公主嫁给了他。由战乱余生的"亡国奴"一跃而为皇帝爷的乘龙快婿，按说屈出律应该感恩戴德到永远了吧。然而并非如此，他见在位30年的岳翁倦勤好乐，不理政事，便联络花剌子模等藩属发动叛乱。翁婿兵戎相见，武力"对话"，战败的直鲁古只能听任胜者的摆布：投降，让位，去当太上皇。没取你项上人头，就算便宜你了，何况还有一顶太上皇冠，乖乖地戴着吧。

其三，由于健康原因，委实不能视事。

十六国时代后凉建国者吕光，氐人。他原系前秦大将，率兵征西域，获悉秦主符坚被杀消息后，遂占据河西，于孝武太元十四年（389年）即三河王位，国号大凉。7年后，又改称天王。直到他病体难支时，才匆匆立太子吕绍为天王，自号太上皇帝。接班人刚安排好，这位太上皇就一命呜呼。其尸骨未寒，他生前最担心的骨肉相残就迅速变为现实，导致国力遽衰。

唐顺宗李诵，中风失语，委实无法处理军国大事，即位仅八个月，便传位于太子李纯，做了太上皇。固然，退位将养身体是李诵的明智选择，但如果人家不退，谁也拿他没办法，因为天下本来就是他家的私产。

宋光宗赵惇，惧内，皇后李氏妒悍跋扈，光宗因得心病不能履职，政事多取决于李后。至其父寿皇病殁，光宗因病竟不能执丧。朝臣请太皇太后下诏，传位于太子赵扩而尊光宗为太上皇。

其四，厌倦政务，欲求清闲。

北魏献文帝拓跋弘算是一个典型。他12岁即位，史书记载这位拓跋皇帝"聪睿夙成，刚毅有断，而好黄老、浮屠之学，雅薄富贵，常有遗世之心"。才20岁左右，他就想离休，已经让举朝上下惊愕不已。他准备将帝位禅让给叔叔子推而不是自家年仅5岁的太子宏，就更加招来一片反对声，有大臣甚至言称要"刎颈殿廷"，誓死反对。他遂传位于太子宏，改元延兴。按群臣之意，皇帝幼冲，万机大政，犹宜陛下总之，谨上尊号曰太上皇帝。看来，一旦上套，就身不由己，想不当皇帝也难。除了拓跋弘这一个特例，这类太上皇大抵比较长寿，龙椅坐得过久，真的厌倦了政务，向往清闲，于是一退了之。宋高宗赵构当了36年皇帝后，实在厌了倦了，乃禅位于赵昚，是为孝宗。孝宗在位28年，亦厌勤退位，传位于赵惇，是为光宗。光宗尊孝宗为寿皇圣帝——实际上就是太上皇。当然，南宋小朝廷前期三个皇帝都主动禅位去做太上皇，实在是因为北有强敌虎视眈眈，动辄武力威胁，整日战战兢兢，那个皇帝不好当。

清高宗弘历，25岁即位，整整做了60年皇帝，为不超过祖父康熙在位61年的时间，才禅位于太子，自称太上皇。表面上，乾隆退位了，实际上，大政仍然由他决断。

和乾隆式太上皇现象相类似的，还有代代相传的太后垂帘听政现象。家天下的制度，纵欲过度的皇帝往往早亡，加之太后们欲操国柄的强烈愿望，导致了从婴幼儿到小小少年做皇帝的现象屡见不鲜。幼童不谙世事，更不懂政治，太后听政也就顺理成章。听政太后很多，其中最出名的当数武则天和那拉氏，这两个女人比太上皇还太上皇，武则天更是按捺不住权欲，从幕后公然走向台前，"亲自"废了两个皇帝（唐中宗、唐睿宗），自己直接做了皇帝，实现了"武周革命"。

其五，为了纵欲享乐去当太上皇。

完成统一北方大业并奠定吞并江南基础的北周武帝宇文邕，以36岁之盛年辞世，年轻的太子宇文赟即位，是为宣帝。这个宣帝，沉湎声色，以淫乐为务，父皇刚辞世，他不但面无哀伤，反倒喜形于色，色迷迷一双蒙眬醉眼，挑出后宫美女，尽情享用起来。为了一心一意享乐，只做了一年皇帝，青年宇文赟就效法北齐"无愁天子"后主高纬，也把皇帝的担子交给幼儿太子宇文阐，自称天元皇帝，也就是太上皇。宇文赟似乎对天情有独钟，平时喜戴天元冠，所居称天台，捶人刑杖亦曰"天杖"，最后暴卒于天德殿，时年二十有二。

了解太上皇现象，对于认识封建独裁政治不无裨益。辛亥革命后，独裁的皇权政治和太上皇思想则成了广大民众唾弃的对象。

【历史上的平反周期率】

吴思

一

我和岳飞的一位后代聊天，问到宋朝给岳飞平反的时间。他开出八个日期，从初步昭雪，到发还田宅，到复官改葬，再到赐谥追封，直至追封三代，全程历时九十九年。

　　首次平反是 1162 年 7 月，岳飞冤死二十一年之后。我心中一凛：莫非"二十年后又是一条好汉"竟是平反的周期率？

　　回家后查史书，1162 年 6 月，宋高宗赵构退位，太子即位，是为孝宗。7 月，昭雪岳飞。

　　我在《明史》中读过无数平反昭雪的案例。有的几个月就平反了，例如因为骂皇帝而下狱的海瑞以及为海瑞鸣冤的何以尚。有的拖延一百七十多年，例如被明成祖灭十族的方孝孺和建文朝的众多忠臣。这些参差的时段背后有一个共性：制造冤案的权势不再阻拦。海瑞与何以尚能够出狱，是因为下令关押他们的嘉靖皇帝突然死去。建文忠臣得以平反，是因为推翻建文帝的明成祖及其子孙，作为权力传承体系已经根深蒂固，难以动摇，而褒奖敌方忠臣却有利于激励属下的忠诚，同时美化自身形象。总之，随着时间的流逝，平反的利益递增，风险递减，最后利大于弊，于是就平反了。

　　1630 年，清太宗皇太极用反间计，害死劲敌明将袁崇焕。1784 年，乾隆皇帝下诏为他平反，这种时隔一百五十多年的跨朝代平反也可以用利弊的递增递减来解释。

　　以明朝而论，拖延百年的平反很少见，只有开国祖宗办错的几件大案。历代皇帝驾崩之后的平反和清算却如同常规。在这个意义上，"二十年后又是一条好汉"确实不错。不过，明朝历代皇帝的平均执政时间只有 16.2 年，假定执政前期和后期制造的冤案同样多，冤案的平均持续时间约为八年，确切的说法应该是："八年后又是一条好汉"。恰好对上八年之数的好汉，就有自称"粉身碎骨浑不怕，要留清白在人间"的于谦。当然，碰上在位时间特别长的荒唐皇帝，冤案的持续时间也只好跟着延长，例如嘉靖帝在位四十五年，就有一大批蒙冤四十年的人。万历帝在位四十八年，真正说了算的时间三十多年，也就有一些蒙冤三十多年的人。

　　一般说来，皇帝越荒唐，执政的时间越长，留待平反的名单也越长。执政时间长，冤假错案就难免多一些，不制造冤案几乎是不可能的。但是执政时间短，冤假错案却未必少。天启皇帝在位七年，整天做他喜欢的木匠活，任凭魏忠贤胡作非为，结果留下一份三百多人的平反名单，也留下了二百七十多人的清算名单，其中判凌迟者两人，处决者二十五人，充军者十一人，徒刑者一百二十九人……这等成就，比嘉靖和万历更加辉煌。

二

　　平反和清算都是对正义的恢复。这种纠错机制的要害，就是避让权势。在皇权独大的帝国制度中，权势可以压倒正义，正义只能作为维护统治的手段退居其次。面对最高权势制造的冤案，正义最好保持沉默。碰上嘴硬的言官，拼了命也要鸣冤叫屈，他们很可能成为新的冤魂，下狱贬官、廷杖瘐毙等。嘉靖和万历皇帝经常这样堵人们的嘴，也确实能堵住一时，但皇帝的寿命毕竟有限，无法永远掌权，正义最终还是有机会说话，把冤案翻过来。皇帝们也努力控制后世，下令千秋万代永不翻案，他们刻石碑、立铁牌，可那些石头铁块的寿命并不比权势长多少，这也是无可奈何的事。正义对权势无可奈何，权势对时间无可奈何。后来的权势又需要声誉和稳定，正义与声誉和稳定的关联又让人无可奈何。各方都追求自身利益，又都拿对手无可奈何，于是，平反就成为各方博弈的一种均衡，大家在这里打了个平手。在这个过程中，时间是一个重要因素，时间的变化意味着利害主体的兴衰更替。

倘若把三权分立看做彼此制衡的横向纠错机制，平反昭雪就是纵向的纠错机制。横向纠错并不排除依靠时间澄清某些难题，但帝国制度延续两千多年，主要用熬时间的办法耗赢权势，而不是澄清难题。不过，纵向纠错也是纠错，我们祖先毕竟有了改正自身错误的能力。

据说西方有句谚语：迟到的公正不是公正。这要看对谁而言，还要看如何折旧。现代西方讲究个人本位，横向纠错机制发达，此论自有精益求精之妙。但就中国历史而论，迟到的公正不可低估。

首先，对冤案制造者来说，平反的存在可以确立一种预期：既然权力不可能永恒地掌握在某个人手里，既然公正难免恢复，那么，错事就不应该做绝，免得搬起石头砸自己的脚。知道了这种机制的存在，权势就可能稍微收敛一些。这是一种抑制大肆作恶的机制。这么说是有历史事实支持的：北宋奸相章惇对付政敌，企图将司马光曝骨鞭尸，摧残元祐党人和他们的子女。正是对冤冤相报的担心，才让他放弃了赶尽杀绝的计划。

其次，这也是一种激励机制。对于正义的追求者来说，确信公正终有实现的一天，人们就比较容易不计利害地追求正义。如果权衡利害，那么，仗义执言固然有一时之灾，但也可能成为对未来的投资，在平均迟到八年的公正中捞本甚至获利。在这个意义上，迟到的正义就是对高风险的高回报。如此投资获利的历史事实不时可见，以致古人创造出"沽名卖直"之类的术语。

可惜的是，公正的行情通常不够好，八年之后官复原职，只能算捞回本钱，利息却损失了。更何况这八年还吃了许多苦。人的职业生涯有几个八年？假设有五个，净亏损20%。倘若圆滑地混下来，九年考满，本来还能升一级的。话说回来，行情如此不好的生意仍不断有人做，可见当事人未必想做生意，或者他们对人的本质及最高利益另有看法。所谓杀身成仁、舍生取义，这就是儒家教育的成就。迟到的公正有助于维持儒家世界观的说服力。

最后，迟到的公正可以让受害者及其子女获得补偿，至少停止继续迫害。有所补救总比毫无补救更接近公正。按明朝规定，平反补救分为五等，即"赠、祭、葬、谥、荫"。复官赠官是初级平反，赐祭葬高一级，再加上追谥追封和荫子就更高级了。平反的逐步升级，往往对应着冤案制造集团的逐步淡出，呼应着人们对蒙冤对象的越来越高的尊崇，岳飞享受的逐步升级的平反就是如此。追补到最高级别，假如当事人还活着并且感觉连本带利都能补足，公正竟近乎完美了。在当事人已死的情况下，如果他所追求的正是不朽的声名，迟到的公正也算不错的补偿。

总之，"平反昭雪"具有重大的意义。迟到的公正虽然不是头等的公正，却不妨看做第二等公正。第二等公正的存在，可以维持人们对制造冤案的体制的信任、鼓励、耐心和等待，缓解暴烈和绝望的反抗。

问题在于，很多人连第二等公正也得不到，只能摊上第三等公正。

御史王朴性格耿直，多次与朱元璋争论，有一次争急了，惹皇上动了气，下令拉出去砍了。到了刑场，又召回来问他改不改。王朴说：皇上看得起我，让我当了御史，奈何如此摧辱我！如果我无罪，凭什么杀我？如果我有罪，又何必让我活？我今日唯愿速死！朱元璋大怒，催令赶快行刑。路过史馆，王朴冲着里面大呼：学士刘三吾记住，本年本月本日，皇帝杀无罪御史王朴！随后被杀。

朱元璋后来撰写《大诰》里边还提到王朴，说他诽谤。我在史书上也没有看到为他平反的记载。如此说来，王朴之流连第二等公正也享受不到了。但是，史家记载了真相，后人自有公论，这本身也是一种平反，这就是第三等公正。在我的读史印象中，能够享受这等公正的人，大概有办理平反手续者的四分之一。中国人喜欢说"让历史如何如何"表达了对第三等公正的信赖。史家讲究隔代修史，距离作恶权势的时间已远不用怕他们，于是我们就可以指望公正了，这是不幸中的万幸。

最大的问题在于，无数小民连第三等公正也沾不上，他们既无申冤的人力物力和能力，又无详加记载或考证的史学价值，便无声无息地白死了。史书上有大量杀人冒功或残害良民的记载，我们却查不到那些被害者的姓名。尽管被平反的官员多得难以计数，比起沉冤难雪的小民来，他们仍是露出水面的冰山。

<h1 style="text-align:center">三</h1>

中国皇帝并不都是无法无天的家伙。有的文弱心虚，有的信仰神明，有的重视长远利益和整体利益，于是我们也可以发现最高权势的自我纠错。

1425年，朱高炽刚当皇帝，弋谦就上了一篇言辞激烈的折子批评时政。皇上知道弋谦这人一向骨鲠也不怪罪他，可是忍不住厌恶，见了他就没好脸。众臣看出皇帝的心思，便联合起来攻击弋谦"卖直"，要求皇帝法办他。皇上宽宏大度，仅仅剥夺了弋谦上朝的权利。没想到，消息传开，众臣纷纷闭嘴，一个多月没人上疏言事。皇帝急了，他刚刚登基，很想做好工作，众人自我保全，默不作声，这工作如何开展？于是皇帝下诏做自我批评，让众臣直言无讳，并恢复了弋谦上朝的权利。可惜，这位善于正确处理个人情绪与长远利益关系问题的皇帝不到一年就死了，我们无法把少见的好人好事讲下去。不过，一旦皇帝当久了，位子坐稳了，有了自信，谦虚的皇帝也难免霸道起来，这也是一种常态。朱高炽死前已经显露出这种迹象，他将一位劝他养病期间远离女色的大臣关入监狱，临死那天还痛骂他要治他重罪，留下一个需要平反的冤案。

嘉靖皇帝英察自信，果于刑戮，又颇护己短，弄死过许多要求他平反冤案的人。这样的皇帝可能为自己造成的冤案平反吗？可能。我知道有过一次。嘉靖迷信神仙，大兴土木修建大高玄殿，谁反对就把谁痛打一顿投入监狱。有三位跳出来反对，已被关押多年，又有两位跳出来营救，也被"捶死狱中"。

嘉靖二十六年（1547年）十一月，大高玄殿发生火灾，皇帝上露台祈祷，火光中隐隐约约听到那三位的名字，说他们是忠臣。皇上赶紧传诏将他们释放。由此看来，皇帝怕天地神灵是小民之幸。碰上一位天不怕地不怕的皇上，大家就只好看着他一条道走到黑了。

四

《明史》给我留下一个印象：在有名可考的记载中，清算力度不如平反力度。一正一反，同属避开权势的公正。善有善报如果还有七八成，恶有恶报似乎不足四五成。一些当时已经臭名昭著的家伙，例如特务头子太监汪直，引导刘瑾作恶的焦芳父子，万历派下去搜刮的税监们，经常留下一笔"竟得良死"的记载，连清代史家的笔下都透出一股怨气。这是什么缘故？

崇祯皇帝为人刚愎操切，惩罚的力度往往大于奖励。看看这位偏爱报复的人如何清算前朝阉党，可以明白恶报弱于善报的道理。

《明史》说，崇祯收拾掉魏忠贤之后，开始清算逆党。他让大学士韩爌、李标和钱龙锡开一个名单。这三位大臣不想"广搜树怨"，仅仅开出四五十人。皇上嫌少，让他们重新讨论，结果又增加了数十人。皇帝不高兴了，亲自分出"赞导、拥戴、颂美、谄附"四项，让他们往里添人。皇帝还让他们把内廷宦官的同恶者列入名单。韩爌等人推托说，他们不知道内侍的情况。皇上说："岂能完全不知道？就是怕得罪人吧。"

过了一天，皇帝将这几位召入便殿，只见桌上放着一个布囊，里边装了许多章疏。皇帝指着说：这些都是奸党颂扬魏忠贤的上疏，你们可以把这些人的名字整理出来，列入逆党。韩爌等人知道皇帝的决心难以挽回，就设法把此事推给别人，说："臣等的职责是起草文件，不熟悉法律条文。"

于是皇帝召来吏部尚书王永光，让他处理，王永光也说自己"不习刑名"。皇帝又召来刑部尚书乔允升、左都御史曹于汴等人，这才开出一份包含二百七十多人的逆党名单，并拟出了从凌迟到革职的处理意见。

一件并不复杂的事，皇帝亲自布置，亲自推动甚至亲自提供证据材料，居然让臣下连踩五脚刹车。假如皇帝拿不出那些"黑材料"，假如皇帝不一催再催，"大事化小、小事化了"的结局不难想见。这其中的利害计算，皇上圣明，早已一语道破：怕得罪人。史家也写得明白，那些人不愿"广搜树怨"。

清算与平反不同。清算可以为受害者出一口恶气，却不能带来官职俸禄，损人不利己的事自然人人回避。平反则不然，既光明正大又有正面好处，利人利己，愿意做的人自然比较多。这一利一害之差，足以解释清算力度不及平反的现象。设身处地想一想，面对利害屏障，皇帝尚且让人推来挡去，那些受迫害的当事人又能闹出什么名堂？这些前犯，或者他们的文盲后代，满脸怯色一身灰土，让人家推三阻四折腾了几个月，究竟是出气呢还是找气呢？报复的心思能不衰减吗？衰减了，无人追究了，恶报又从何而来？

更要紧的是：最高权势几乎是不受追究的。崇祯清算魏忠贤和阉党，却不追究他们的总后台、自己的长兄天启。嘉靖和万历皇帝是制造诸多冤案的主犯，但他们的接班人是亲儿子，大平反只能配以小清算，弄出几只替罪羊来就算交代了。最高权势清算前任是有底线的：他们必须尊重传位的先帝，必须维护皇权独大的体制，这是他们合法统治的基础，而且，恩归自己，怨归他人，这种体制正是最高统治者为自己精心设计的。既然这套报应机制的核心就是一个大漏洞，我们对整个体制的公正程度自然不能期望太高。

清算不足和平反不足并非小事，在时间和力度方面的利害计算对当事人的选择大有影响。魏忠贤的死党之一，右佥都御史刘志选，曾经挺身抗议万历皇帝钳制言论，为忠臣鸣冤，结果被皇帝贬谪，被贬之后又挨整，家居三十年不得平反。万历死后还是靠拉关系当上工部主事，恢复到被贬谪前的官职。此时刘志选年过七十，弥补损失之心极其强烈，于是一改前辙，帮助魏忠贤钳制言论，冒着生命危险替他攻击皇后，迫害清流，吹捧恶棍同党。他也知道这些罪恶将遭到追究，但《明史》上说，刘志选认为自己年老，必定死在魏忠贤之前。那是天启六年（1626 年），魏忠贤 58 岁，几乎比他小 20 岁，刘志选的利害计算透彻至极。奈何人算不如天算，第二年，天启皇帝23 岁驾崩，魏忠贤败，刘志选被判死刑，自己先上了吊。假如天启不那么短命，假如崇祯不那么操切，刘志选就投资成功了。同样，假如万历冤案的平反更加彻底，让他的第一次投资得到合理回报，刘志选也就不必冒险改辙了。

总而言之，在封建社会，"善有善报，恶有恶报"这话大体不错，但要打个折扣。从数目上说，前一句打七八折，后一句打四五折。接下来的话是："不是不报，时候未到。"何时才算时候到呢？一代权势淡出之后，时间越久，折旧越重。经过两次打折，尽管平反了，但是补救不足。尽管清算了，但是追究不足。这些不足部分就是当事人的净损失和净收益。一代又一代地积累下来，这些损益必将产生影响，类似自然选择对不同物种的影响，就好像降水量减少三分之一将导致众多物种的兴亡及生态系统变迁一样。一年又一年，一轮又一轮，大好河山逐渐改变了模样。

【汉武帝和司马迁：究竟谁阉割了谁】

刘秉光

汉武帝天汉二年（公元前99年），中国文化史上最黑暗、最丑恶的一幕发生了：司马迁被汉武帝下令施以宫刑。其实，历代皇帝在收拾文人的时候大都不会手软，什么残忍毒辣的法子都使用过，但把一个整天埋头于简牍中，忙于阅读、整理历史文献的文人的生殖器连根端掉者，汉武帝刘彻却是独一个。这种世所罕见的无耻行径，实在让人觉得恶毒、阴损和卑鄙下流。那么，汉武帝为何会突发奇想、挖空心思地这样对待司马迁呢？难道仅仅只是因为司马迁站在客观公正的立场上，为被迫投降匈奴的李陵说了几句公道话，还是另有他因？

不能否认，汉武帝下这个命令的时候，心情确实很糟糕。李广利的兵败，李陵的投敌，使得大汉颜面扫地，最重要的是，由于历年穷兵黩武，造成民不聊生、国库空虚，大汉表面上看起来风光依旧、轰轰烈烈，但"内囊却也尽上来了"。而齐、楚、燕、赵和南阳等地相继爆发的来势凶猛的农民起义，更让汉武帝心情郁闷、心理扭曲。在这种内忧外患的情况下，脸上无光的汉武帝最需要的是同情、支持和顺从，不需要别人指责他的武略方针，更不愿意别人怀疑他的雄才大略。这个时候，不懂军事的文人司马迁跳出来口无遮拦地针砭时弊，只能说是找抽了。

而真正促使汉武帝把司马迁推上"断根手术台"的还是那句"文人相轻"的千古至理名言。汉武帝虽是马上皇帝，但他吟得了诗、作得了赋，在很大程度上，他是以文人自居的，自诩文采不凡。各个阶层的文人之间大都会较真儿，会叫板，会妒忌，会诋毁，上流社会更是如此。对于司马迁这样一位足以淹没皇帝"文采"的西汉文坛领袖，手握生杀予夺大权的汉武帝如果发起狠来，那绝对是不择手段的。

司马迁被"宫"了以后，汉武帝还是觉得不够解恨，便把身体残缺的司马迁安排到太史令的位置上，可谓用心险恶。因为太史令一职自创立以来，皆由太监担任，汉武帝对司马迁这种刻意的职务安排，既有知人善任的自我标榜，同时也有不言而喻的羞辱意图。司马迁坐在太史令的办公室里，就等于向世人宣布：我司马迁是太监。我相信，这份天大的羞辱、这种无形的折磨，只有身临其境的司马迁才能感受得到。

一部被鲁迅誉为"史家之绝唱，无韵之离骚"的史学巨著，足以让司马迁名垂青史，流芳千古。《史记》的文风虽然被公认为求真务实、严谨不苟，但司马迁在对汉武帝刘彻以及他老爸汉景帝刘启的记述中，还是扎扎实实地掺杂进了自己的恩怨情仇，这是不能否认的。在作《汉景帝本纪》时，司马迁所用的笔墨极少，寥寥数语便轻而易举地打发了这位在历史上名号响当当的著名皇帝；而作《汉武帝本纪》时，司马迁却浓墨重彩地记录了汉武帝"信奉鬼神""求仙问丹""封禅祭礼""蛊惑之乱"等不光彩的事情，且篇幅巨大，倒是像"远征匈奴""广开三边"等汉武帝的一生伟业反而成了陪衬。

"士可杀而不可辱"，文人的身体可以被阉割，但文人的思想、骨气以及手中的笔却不那么容易被阉割。在饱受屈辱的司马迁的笔下，雄才大略的汉武帝一落千丈地成了一个不务正业、不折不扣的腐朽昏君，英明神武的汉景帝也成了一代无能之辈，他们的形象被人们从古读到今，并且还要一直读下去。这样看来，与其说是汉武帝阉割了司马迁，倒不如说是司马迁阉割了汉武帝，阉割了他的丰功伟绩，还有他那原来风光的老爸。

【司马迁之惑】

向 熹

2000多年前，当中国最伟大的史家司马迁开始撰写列传第一篇《伯夷列传》时，他陷入了矛盾——孔子说，伯夷、叔齐"求仁得仁，其何怨乎"，但司马迁在一篇以伯夷、叔齐口吻写的诗中看到怨愤之气，于是他只能怀疑是不是自己对这首诗理解错了。

接着司马迁又借他人之口进一步阐述自己的困惑：如果说"天道无亲，常与善人"，为何像伯夷、叔齐这样一生"积仁"的人却终于饿死？为何像孔子最推崇的弟子颜渊也常常食不果腹？而盗跖无恶不作却寿终正寝？司马迁比照当时的现实，这并不是个别，而是普遍的现象！他终于忍不住将疑惑说了出来："倘所谓天道，是邪非邪？"

司马迁面对的困惑是循环的：如果天道酬善，那伯夷、叔齐的死就证明他们不是善人；如果他们是善人，那他们的死又在证明天道不是鼓励从善的。

解决不了这样的困惑，司马迁只好到他最尊崇的孔子那里找答案，找来找去，只找到三条不无勉强的根据：一条是"道不同不相为谋"，各人按自己的志向做人，不必考虑结局；一条是"富贵如可求，虽执鞭之士，吾亦为之，如不可求，从吾所好"，从商风险太大，太不确定，于是孔子也被迫选择跟着志趣走；一条是"岁寒然后知松柏之后凋"，正是因为大多数人都做不到，所以行善的人才显出伟大，这也就是他们的价值。

很显然，写史重在史观，"个体选择""被迫为之""难能可贵"三个理由用于道德说理可以，但如果用来建构史观、指导历史叙述却极其困难。

"司马迁之惑"所针对的价值与得失的冲突、理想与现实的冲突，其背后是人类进程的一种必然规律。对这个规律的认识，有助于理解中国目前转型进程的关键任务。

人的管理，实质就是欲望的管理，通过管理实现欲望的释放与管束。释放欲望，可以激发人无穷的创造力；欲望的满足可以带来幸福感，欲望的不满会带来痛苦。于个体而言，欲望满足往往是暂时的，而痛苦却是经常的；于群体而言，欲望的创造力与破坏力并存。因此，欲望这把"双刃剑"需要被约束。

事实上人类一直在寻找管束欲望的方法，以保证社会运作的正常，保证人们痛苦的减轻与幸福感的增进。在这个找寻过程中，各民族的智者都贡献了智慧，其中一些幸运的智者的思想成了宗教，并成为约束欲望最有效的方法。时至今日，凡有生命力的宗教无不在约束人的欲望。

在释放与约束消长往复的漫漫历史进程中，每个人心中都有了神龛，不同的是龛中的"神"不同。在中国长期居于统治地位的儒家思想，不算严格意义上的宗教，因而中国人心中的神龛中没有一个具体的神，但神龛却不是空的，仁、义、礼、智、信居于其中，它们是中国人心中的"理神"，与其他民族的神一样，起着约束欲望的作用。

当约束欲望的价值观成为个人与社会的普遍价值时，约束自己的欲望的人可以由此获得内心的自我犒赏和社会的精神犒赏，于是产生极大的幸福感。久而久之，这种精神需要变成另一种欲望，宗教或道德也获得不依存于物质得失的发展动力，对人的征服更加有力，人类也渐渐成了有普遍宗教性的动物。但是，当现实得失与精神价值有巨大落差时，就会出现对价值的怀疑，这就是"司马迁之惑"。

人类总是在释放欲望与管束欲望之间找到一个平衡，如果完全用精神的标准，想建立一个价值理想国，社会将丧失活力，走向衰亡。如果完全用实用主义的标准，以绝对的利益得失比较，社会即使在短期内获得发展，也将陷入物欲横流，"形势大好，人心大坏"的境地，最终走向破产。

今天读《史记》，我们可以推断，面对困惑的司马迁作了两个决定：其一，为《伯夷列传》做总结时，完全不纠缠于天道存否，伯夷、叔齐贤否，而是绝对实用主义地总结出，伯夷、叔齐、颜渊如果不是孔子称道他们，他们将籍籍无名，所以结论是，凡夫俗子"非附青云之士"，名不能留于后世；其二，司马迁在修史中所持的观念，虽在轮廓上是儒家的，但其价值观更多实用主义的成分，例如他对人的私欲的认识。

当然，这些年过去了，我们也应看到，"神"被换了几轮的中国人心中的神龛目前多是空的，从历史规律来看，这样发展是不可持续的，中国人呼唤幸福的声音越来越强烈，折射出的，正是对认识人生目的的渴望、对欲望制衡的渴望。这时，传统文化的热潮就显得那么自然。

【唐代人的衣食住行】

佚　名

每逢到国外的 Chinatown（唐人街或中国城）去购物，不管是纽约、华盛顿还是波士顿、多伦多，都能生出无限的感慨：怎么这么脏？我不知道外国人怎样看我们中国人，但就我自己看着那些个街道和商店，心就兀自先虚了下来。接下来，就会自问：问题出在哪里？我们的祖先是否也这样？老实说，我没有答案。

最近偶读写于晚唐时期的一本书，叫做《中国印度见闻录》（穆根来、汶江、黄倬汉译，中华书局2001年版），是阿拉伯人根据旅居中国的阿拉伯商人的亲见亲闻记录而成，据说史料价值非常高，里面对唐代国人的衣食住行有不少有趣的记录，是正史不载或不屑记载的。其观察未免偏颇，但看起来误会的地方不多，今抄录如下：

关于如厕方面的："中国人不讲卫生，便后不用水洗，而是用中国造的纸擦。""无论印度人还是中国人，在不洁净时都是不做大净的。中国人解过大便以后，只用纸擦一下；印度人每天只在午饭前洗一次，然后才去拿食物。"所谓"做大净"，即是全身洗浴，与此相对应的是所谓"小净"，就是洗浴下身。

又说："中国人习惯站着小便，一般老百姓是这样，王侯、将军、高官、显宦们也是这样，不同的是他们使用了一根涂了油漆的木管。这木管约莫一肘之长，两端有孔，上面那个孔稍大一些，用来套住阴茎。要小便时，两脚站着，把木管的小端伸出身外，就可以把尿撒在管子里了。中国人认为，这样小便于身体有益。据他们说，凡膀胱疼痛或撒尿时感到胀痛的结石病症，往往是因为坐着小便引起的，所以只有站着小便，膀胱里的尿才能完全排出来。"这段记录最奇怪。为什么要把木管套在阴茎上，管子通向哪里，都不清楚。这种风俗好像也没有其他佐证，但看起来并非为卫生准备而属于医疗保健的范畴。

关于饮食方面的："中国人吃死牲畜。""中国人和印度人屠宰牲畜时，不是割其喉让血流出，而是击其头至死。"所谓死牲畜，原来是指先击其头而置其于死地的牲畜，并非腐肉。

关于个人卫生方面的："印度人使用牙枝，他们如不用牙枝刷牙和不洗脸，是不吃饭的。中国人没有这一习惯。"虽然在唐代的敦煌壁画里我们已经看见过刷牙的图像，但中国人保持口腔卫生的通常做法是漱口，有所谓"漱口茶"，普通人的刷牙只是近代同西方交往之后才有的。

关于住房方面的："中国人房屋的墙壁是木头的。印度人盖房用石头、石灰、砖头和泥土。在中国有时也用这些东西盖房。""中国城市是用木材和藤条建造房屋，这种藤条可以编制用具，正如我们（阿拉伯）用破开的芦苇编造东西一样。房屋建成以后，还要涂上灰泥和油料。这种用蓖麻子榨成的油剂，一涂到墙上，就像乳汁一样，闪着洁白而晶莹的光泽，实在令人叹服。"（法文本译者认为"藤条"当是竹子之误）

关于丧葬方面的："中国死了人，要到第二年忌日才安葬。人们把死者装入棺材，尸体上面堆生石灰，以吸收尸内水分，如此保存一年。如果是国王，则尸体放入沉香液和樟脑里。亲人要哭三年，不哭的人不分男女都要挨打。边打边问他：'难道对死者你不悲痛吗？'死者被埋入坟墓，但继续为死者供奉食物，并声称死者是可以吃喝的。事实上，人们把食物放在死者旁边，到了夜里或第二天早晨，食物便不见了，故称是死者吃了。只要尸体停在家里，就哭声不断。为了死者，有的甚至不惜倾家荡产。过去，当埋葬国王时，往往是把他生前的用具、衣服和腰带（他们的腰带是很贵重的）一起埋掉，现在这一习惯已经取消，因为坟墓常常被挖，坟中什物都被盗走。"如果把死者的棺材放在家中一年，无论如何都于健康无益。

关于服装方面的："中国居民无论贵贱、无论冬夏，都穿丝绸。""女人的头发露在外面，几个梳子同时插在头上，有时一个女人头上，可多达二十个象牙或别种材料做的梳子。男人头上戴着一种和我们的帽子相似的头巾。"

整体看来，阿拉伯商人对中国的观感颇好："中国更美丽，更令人神往。印度大部分地区没有城市，而在中国人那里则到处是城墙围绕的城市。""中国人比印度人更为健康。在中国疾病较少，中国人看上去较为健壮，很少看到一个盲人或者独目失明的人也很少看到一个残废人。而在印度，这一类的人则是屡见不鲜的。""在印度，很多地区是荒无人烟的，而在中国，所有土地均被耕种，全国人口密集。""中国人比印度人好看得多，在衣着和所使用的牲畜方面更像阿拉伯人。中国人的礼服很像阿拉伯人衣着。他们穿长袍，系腰带，而印度人不分男女，一律披两块布当衣服，另戴金手镯和首饰做装饰。"

唐代的中国真的是非常整洁卫生吗？本书没有回答。读过这书，似乎真的是向往多于厌恶。

【道德丰碑下的殉葬品】

吴 钧

南宋宝祐四年（1256年）状元文天祥被元王朝杀害前，曾留下一首《衣带铭》："孔曰成仁，孟曰取义，惟其义尽，所以仁至。读圣贤书，所学何事？而今而后，庶几无愧！"这是文天祥的道德自白，也是儒教意识形态下正统读书人的精神写照。儒家赞同杀身成仁，舍生取义，饿死事小，失节事大，身家性命与仁义忠节相比，是不十分值钱的，正所谓"人生自古谁无死，留取丹心照汗青"。芸芸众生逝世了，如烟云消散，不留痕迹；舍生取义的圣贤后裔们，则在身后竖起万人景仰的道德丰碑。

我读史书时，每遇到一座这样的道德丰碑，心头总是油然生起崇敬之情。直至有一天，我发现，这光彩夺目的丰碑不单由烈士的血肉筑成，底下还垫着被烈士拉来殉葬的累累白骨。每念及此，对先贤的道德形象难免就暗生疑窦。比如，南宋末年，文天祥被掳后，陆秀夫与张世杰一道共撑危局。1279年3月，南宋小朝廷与元军在广东崖山海面决战，宋军败，陆秀夫自觉护驾无力，决心以身殉国，乃先驱妻子入海，哭拜幼帝："国事至此，陛下当为国死，德祐皇帝辱已甚，陛下不可再辱。"然后抱起9岁的小皇帝，以匹练束在一起，用黄金玉玺坠腰间，从容投海，完成了舍生取义的最后一个规定动作。对陆秀夫而言，他的死已经成全了自己的千古忠名。如果陆秀夫孤身蹈海，我会对他保持完整的崇敬；可是，想到陆的妻儿，不是死于敌手，也不是为敌所虏，而是被丈夫驱逐投水，还有一个尚不懂世事的9岁小皇帝，也糊里糊涂"当为国死"，成为陆左丞相的道德殉葬品。我心里实在纳闷：为着一个崇高的道德目标，决意殉道的人是不是就可以要求旁人跟他一样舍生取义？舍生固然可取义，杀身固然为成仁，然而，"取义""成仁"，是不是可以成为舍他人之生、杀他人之身的正当理由？

对于儒教意识形态下的道德志士来说，答案是不言而喻的。孔夫子只说过"己所不欲，勿施于人"，却没有说，己所欲，亦不施于人。既然一个伟大的道德目标可以让自己为之献身，旁人当然也不应该苟且偷生。换句话说，要他们为大义放弃生命，来成全自己的道德追求也是合乎道理的。明初的方孝孺是一位青史留名的德高望重之士。野史相传朱棣夺位成功后，召方孝孺起草登极诏书，方坚拒；再迫之，乃书"燕贼篡位"四字。朱棣大怒道："汝独不顾九族乎？"方答："便十族奈我何？"朱棣果然就诛了方氏十族。旧时株连，最严重的是诛九族，诛十族则自方孝孺始。朱棣的残忍令人发指，方孝孺"威武不能屈"的胆气也的确让人肃然起敬，但他一句"便十族奈我何"，却令我有些不寒而栗。

流氓帝王杀人，仗恃的是暴力，有时还难免自知理亏，要百般掩饰。比如方孝孺死后，天启二年（1622年），朱明皇帝还得录方氏遗嗣，给予祭葬及谥号。道德志士拉殉葬品，依据的是道德律令，于是更显得理直气壮，于心无愧。且看《唐书·忠义传》的一段记载："张巡（唐朝将领）守睢阳城，尹子奇（叛军）攻围既久，城中粮尽，易子而食。巡乃出其妾，对三军杀之，以飨军士，曰：'请公为国家戮力守城，一心无二。巡不能自割肌肤，以啖将士，岂可惜此妇人！'将士皆泣下，不忍食。巡强令食之。城中妇人既尽，以男夫老小继之，所食人口二三万。"这就是历代赞颂的"杀妾飨士"之事。在野蛮战争中，破城之后大肆屠城、杀降卒的事情并不鲜闻，这里体现的是血淋淋的丛林法则，没什么可说的。但张巡杀妇幼以飨军士，与其说是丛林法则下的野蛮行径，不如说是基于精忠报国追求的"道德"抉择。本来道德的形成正是人类告别丛林法则的标志，何以在道德感召下的张巡却做出了比丛林法则更血腥的"屠杀"？为了守住一座城池，为了尽忠朝廷，不惜杀掉两三万老百姓，吃掉两三万老百姓，最后终于博得一个"忠义"之名，写进了《忠义传》。我怎么也想不通，这是哪一门子的"忠义"？

当人们对道德志士竖起的丰碑大加礼赞时，我忍不住为这些丰碑下的道德陪葬品感到戚然和悲愤。历史是不公平的，杀身成仁的志士至少已经"留取丹心照汗青"了，被杀身成仁的殉葬者却连名字也没有留下，至死也不明白何以成了道德志士的陪葬品。没有人追问他们是不是愿意为志士的道德理想献出性命，也没有人在乎他们被驱入茫茫大海、被推出午门斩首、被宰了煮食之时，如何恐惧、惊慌、疼痛、无助、挣扎，历史只记住了道德志士们壮怀激烈的远大抱负、慷慨赴死的崇高气节。

我以前曾写过一篇《受虐的"道德快感"》，点破了某些道德志士的奴性倾向："不负明主""表忠心"之类是志士们的道德本能，即使心迹一时为主子所不明，肉体上付出惨重代价，也在所不惜，甚至更显忠烈，心头道德快感不由油然而生。现在想来，既然有人习惯从"忠君"中体验道德快感，且让其继续体验去，只要不拉住旁人与他一块儿分享这快感就行了。相比之下，对那种为着崇高道德理想而不惜扯上旁人垫背殉葬的道德烈士更需要警惕，最好敬而远之，保不准哪一天他们成就了千秋忠名，在历史上竖了一块道德丰碑；而我们这些无辜的平民百姓却莫名其妙地成了丰碑底下的道德殉葬品。

【中国古代飞天梦：明朝万户被称为"世界航天第一人"】

水银河

据记载，早在春秋时期，鲁班就开始削竹制鸟，上天后可以三天三夜不下来……

据记载，人类第一次有记录的"登月计划"来自中国明朝的官吏万户，月球上的一座环形山被命名为"万户山"……

据记载，火箭故乡中国的康熙皇帝曾送给俄国沙皇两箱古代火箭……

中华民族在人类发展史上曾创造过灿烂的古代文明。中国最早发明的古代火箭，便是现代火箭的雏形。随着神舟七号载人航天飞行的圆满成功，中华民族漫步太空的梦想终于实现了，标志着中国成为世界上第三个独立掌握空间出舱关键技术的国家。

1957年12月24日，一辆从莫斯科出发的专列抵达北京。车上除102名苏联火箭技术人员外，还有一份苏联"还给"中国的厚礼——两发Ｐ－1近程地地导弹。据史书记载，火箭故乡中国的康熙皇帝曾送给俄国沙皇两箱古代火箭；200年后，苏联又将两枚现代火箭送给了中国……

回望中国人的飞天路，从上古神话传说的女娲补天、嫦娥奔月到600多年前人类第一个尝试飞天梦想的明朝士大夫万户，再到新中国建立后中国人又七度飞天、七度凯旋，时间标注着中国腾飞的足迹，书写着中国航天科技的自豪、中华民族的荣耀。每一次壮丽腾飞，托起的都是中华民族的飞天梦想……

织梦者：中国古代对太空的向往

中国自古以来就不断地对宇宙进行研究：一方面用科学方法测量天体运行，制成历法；另一方面因为无法知道天空的奥秘，许多反映这种思想的神话故事，如女娲补天、嫦娥奔月、牛郎织女等，一直流传下来，成为人们喜闻乐道的民间传说。

太空的奥秘，在古代是无从窥探的，但人们不断地产生许多玄想、提出许多疑问。古代的思想家庄子写了一篇《逍遥游》，他描绘太空是"天之苍苍其正色邪？其远而无所至极邪？其视下也，亦若是则已矣"。他知道天是"其远而无所至极"，所以他玄想有一条大鱼（鲲）变为大鸟（鹏），"背若泰山，翼若垂天之云"，可以高飞九万里，"绝云气，负青天"而抵达"天池"。

这虽然是寓言，正是他对太空的想象。文学家屈原曾说："登九天兮抚彗星"（《大司命》），"援北斗兮酌桂浆"（《少司命》）。最突出的是他所写的《天问》，对于宇宙提出了一系列的问题，他说："斡维焉系，天极焉加？九天之际，安放安属？天何所沓，十二焉分？日月安属，列星安陈？自明及晦，所行几里？……何阖而晦，何开而明？……"

他对于日月星辰的安排、岁时昼夜的运转、天体各星座和地球的关系，都提出很具体的疑问。这些疑问，正是人们的疑问，他自己不能解答，当时别人也不能解答，因此他只能把遨游太空作为幻想，作为梦游。他说，"昔余梦登天兮，魂中道而无杭"，"欲释阶而登天兮，犹有曩之态也"（《九章》）。又说，"载营魄而登霞兮，掩浮云而上征"（《远游》），说明他对太空的向往。

本来，最早的《易经》就说"天险不可升"；汉朝人赵君卿作《周髀算经》以圆规率测天的时候，也引周公的话："夫天不可阶而升也。"古诗人曾说"难于上青天"，俗话常说"比登天还难"。自古以来，对于天、对于宇宙，虽然想知道它，但无法知道。在文学家的笔下常常把它写成神话，描绘成"太虚幻境"。

古代人民虽然不能了解天体的情况，但在这个愿望之下，把它构成许多故事或传说。这些神话性的故事，尽管内容不同，而向往窥探宇宙奥秘的愿望，却是一样。古籍中这类记载很多，如晋朝王嘉的《拾遗记》说："尧登位三十年，有巨槎浮于西海，槎上有光，夜明昼灭，海人望其光乍大乍小，若星月之出入。槎常浮绕四海，十二年一周天，周而复始，名曰贯月槎，亦谓挂星槎。"

这便是乘槎泛天河故事的起始，也可以说这是古代对于宇宙飞船的想象。又晋人张华《博物志》和宗懔《荆梦岁时记》分别记载天河中有牛郎织女，指的是银河系中的牵牛星和织女星，后来演化成为小说，编成戏剧。很显然，这是把天文学上的知识演变成为民间故事。唐人牛峤的《灵怪集》叙述太原人郭翰遇织女，织女告诉他天上的情形："人间观之，只见是星，其中自有宫室居处，群仙皆游观焉。"一年后织女与郭翰分离，郭翰寄以诗曰："人世将天上，由来不可期。"

这是牛郎织女神话故事的发展。虽然是神话，而织女说的"人间观之，只见是星"已说明古人的想象力。因为无从知道星球上的事物，所以只能以人间的一切来想象。幻想总是美妙的，旧时代的实际生活总是痛苦的，于是人们又把太空作为天府，认为是神仙世界，寄托了种种幻想。

古人虽然不能了解太空的情形，又经常看见"天陨石"的现象，有些人就担心有天塌地陷的危险，即古语所说的"杞人忧天"。唐段成式《酉阳杂俎》记王秀才在嵩山遇一工人，对他说"月势如丸，其影则日烁其间也，常有八万三千户修之"。这虽然是一段神话，也说明了古人的天文知识，即日球和月球的关系：肯定月球比日球小，月球的光亮是由日球而来，都值得注意，是带有科学性的神话。

虽然古人不能深切地认识宇宙，但远在公元2世纪的汉朝，张衡就创造了"浑天仪"和"侯风地动仪"——这是最早的测天仪器。自从这位杰出的天文历数家制造出测天仪器以后，人们便进一步认识了天体，初步了解了星际的运行，以后又出了许多天文家历数家，对天文历象作出了伟大的贡献。

实践者：明朝人勇敢的航天壮举

航天是中国人古已有之的梦想，只是苦于没有交通工具，数百年间这个梦想一直停靠在无数人的心里无法出海。明朝时，情况大为改变，当时国内的兵器工业取得了重大进步，尤其是"火箭"技术的提高，使一个名叫万户的人最终将这个千百年的梦想付诸行动，成为世界航天史上的第一人。

明朝火箭技术领先世界 南宋之后的元朝时期，统治者醉心于帝国广阔的领土和巨大的财富，对火箭的技术几乎没有作出任何贡献。直到朱元璋揭竿而起，驱逐元朝，火箭原地踏步的情况才大有改善。经过数代人的研究，明朝的火箭在发射形式上大为丰富，总的来说包括以下三类：

一、简单架式发射，待发的火箭为1—5枚，如神机箭（3发）、龙架箭（单发）。

二、筒式发射，小型的待发箭同样为1—5枚，如小竹筒箭（单发）、单飞神火箭（单发）、五虎出穴箭（5发）等；大型的为并列筒式，待发箭有数十枚，如"平旷步战随地滚"，有7个箭筒并列排开，两端有轮，火力强大。

三、箱式发射，可以一次射出20—100枚火箭，用于对付密集阵形的敌人。发射箱为木结构，以一次性齐射为主，内部有前后两块带孔挡板，用于确定火箭在箱中的位置，平时用盖子盖上防潮，战时打开盖子点燃引线就可发射，火力猛又易于储藏，因此逐渐成了主要的火箭发射方式。主要品种有一窝蜂（32发）、群鹰逐兔箭（25发）、长蛇破敌箭（30发）、百虎齐奔箭（100发）、四十九矢飞廉箭（49发）。

无论是射程还是杀伤力，明朝的火箭技术都是世界领先的。当时的神火飞鸦、火龙出水和飞空击贼震天雷炮三种新产品独具匠心。宋朝火箭的战斗部是铁制的箭镞，杀伤力小，功能单一；神火飞鸦和飞空击贼震天雷炮的战斗部为爆炸型，并且加入铁片瓷片等破片来加大对人员的杀伤效果。火龙出水的战斗部则是纵火燃烧型的，在海战中可以焚毁敌舰。其次是推进用的火箭，以并列的火箭来增加推力。火龙出水更是采用了两级火箭，射程极远，在对抗日援朝作战中曾经大显其威，让丰臣秀吉的倭兵们吃尽了苦头。

万户：世界航天第一人 美国火箭学家赫伯特·S.基姆（Herbert S.Zim）在1945年出版的《火箭和喷气发动机（Rockets and jets）》一书中提到："约当14世纪之末，有一位中国的官吏叫万户，他在一把座椅的背后，装上47枚当时可能买到的最大火箭。他把自己捆绑在椅子的前边，两只手各拿一个大风筝。然后叫他的仆人同时点燃47枚大火箭，其目的是想借火箭向前推动的力量，加上风筝上升的力量飞向前方。"

万户生于明朝初年，原本是个富家子弟，和大名鼎鼎的明熹宗朱由校一样从小酷爱木工。所不同的是他喜欢钻研，进行技术改良或是发明创造，而朱由校则是纯粹地做好木匠。万户为了让自己的天赋产生最大的价值，毅然放弃科考，参军入伍走上了保家卫国的第一线。这段时间，他用自己的双手改造了一系列武器，刀、枪、箭、炮无所不包。当时明朝政府还和逃到北方的元朝残余势力常有大规模交火。他的这些发明让明军屡获战功，大将班背因此十分欣赏他，把他调到兵器局上班，专心武器研发。事实上，班背也是个兵器爱好者，他的兴趣重点在当时的火箭技术改良上，梦想能制造出一飞冲天的"飞鸟"。闲暇之余，班背就与万户一起讨论。有了大靠山，万户的前途似乎一片光明。然而，班背是个十分正直的人，舌头不会打弯，心眼也不会打弯，从来都是一根直肠子。没过多久，他就因得罪了右中郎李广太，被炒了鱿鱼不算，还被关在拒马河上游的深山中。

看到好友受难，万户心神难安，想尽办法要营救。恰好这时燕王朱棣正广泛笼络人才，能工巧匠来者不拒。李广太看准了朱棣这棵大树，竭力巴结，并推荐了精通尖端兵器技术的万户。但是他知道万户和班背的关系，所以多次威逼利诱。万户为了帮好友早日脱离苦海，就答应了他。人算不如天算，拒马河靠近明朝边境，是蒙古骑兵经常遛马的地方。没等万户人到，班背就死在了蒙古骑兵的刀下。遇难前，他让随从把自己毕生的研究成果——《火箭书》带了出去，交到万户手上，希望他完成自己的飞天梦想。

握着《火箭书》，万户立誓要造出"飞鸟"，从此开始了漫长的钻研。其实，火箭这种技术早在弓箭诞生不久就已经有了，原本的含义是纵火之箭。通常作战时，士兵在箭头缠上甘草等易燃物品，点燃后射向敌人，达到大力度杀伤对方和焚烧粮草的效果。这种技术使用了很多年，在隋唐时期出现火药的基础上，又进行了重大改良，即把易燃物换成火药，产生的效果就不仅仅是燃烧还有更大威力的爆炸，这种火箭的名字叫做"弓射石榴箭"。实际上，"弓射石榴箭"的动力基本还是来自人的双臂，射程有限，无法达到理想的杀伤效果，这种情形在南宋时发生了改变。当时在与蒙古骑兵的长期对决中，为了有效地在远距离之外消灭对方的机动兵力，让骑兵的优势无法发挥，能工巧匠们开始用火药气体取代人的双臂，推进火箭发射。最初的时候，弓箭手们利用绑在箭杆上的火药筒喷出火药气体来增加射程，不过这是一项高难度工作，人的力量、弓的张力和射角都必须达到完美的配合，才能产生最理想的效果。为了解决这一技术难题，聪明的祖先逐渐设计成完全依靠火药气体推进的发射形式，这就是最原始的单级火箭。

万户经过多年的研究，逐渐从军中广泛使用的火箭中得到了灵感，设计出一种前所未有的"飞龙"火箭，射程可以达到1000米。理想终于完成，该是实现梦想的时候了，正如钱学森教授所说"将人送上蓝天，去亲眼观察高空的景象"。虽然是在600多年前，虽然是百分之百的送死，但是万户还是迈出了人类走向太空的第一步。当时没有宇宙飞船，他就用椅子代替，椅子后面捆绑了47支"飞龙"火箭，借助火箭向前推进的力量，太空似乎不再遥远。难能可贵的是，他还想到了着陆问题，手里准备了两个大风筝，这样就可以平稳地降落，这几乎是当时所能用到、所能想到的最先进的优势组合了。

起飞那天，万户坐在飞天椅上，平静地吩咐仆人举起火把。他的梦想，班背的梦想，无数古人的梦想，那一刻在他的口中化作两个坚定的字——点火！随着一阵阵轰响声，火箭喷出一股股火焰，"飞龙"火箭把万户推向半空。正当地面观看的人群欢呼的时候，第二排火箭自行点燃了，一声巨响，万户连同"飞天椅"一起坠落在万家山……

万户就这样走了，他牺牲在自己梦想的征途中。为了纪念这位伟大的人类航天先行者，在20世纪70年代的一次国际天文联合会上，众人将月球上一座环形山命名为"万户"，将万户的名字永远写在了他梦想触及的地方，以纪念"第一个试图利用火箭作飞行的人"。

作为兵器的古代火箭，在宋、元、明代有过几百年的辉煌历史。以古代火箭为基础，在随后的历史发展中，随着科学技术的进步，人类一步步将飞天的梦想变成了现实。

【从康熙与西学谈起】

吴小龙

最近偶然看到了有这么一套光盘，题为《清宫密档》，介绍第一历史档案馆所藏的清宫档案。虽然也只是普及层面上的介绍，但凭借实物和图像，使人对过去仅仅通过文字而了解的东西有了略为不同的感受。其中的一集叫做《康熙与西学》，以其中所涉及的材料来看，我们这位伟大的君主对西学的了解和掌握程度，不免令人感到意外：从天文地理，到物理化学，甚至于高等数学，他全都学过，而且学得还不错。真没有想到，一位称孤道寡的皇帝陛下居然能有这等身手！真是令人敬仰之情油然而生。私下甚至于揣度，从那时到现在的300年间，究竟还有几个皇上，也能和他老人家一样摇计算机、玩对数器、开平方根？

这位伟大君主的开明和好学，也有他身边的"国际友人"的不少记载可为佐证。据传教士洪若翰的信件所述，康熙"自己选择了数学、欧几里得几何基础、实用几何学和哲学"进行学习，老师则是法国传教士白晋、张诚等人，"神甫们给皇帝作讲解，皇帝很容易就听懂他们给他上的课，越来越赞赏我们的科学很实用，他的学习热情日益高涨。他去离北京两法里的畅春园时也不中断课程，神甫们只得不管天气如何每天都去那里"。他们上完课走后，"皇帝也不空闲，复习刚听的课。他重看那些图解，还叫来几个皇子，自己给他们讲解。如果对学的东西还有不清楚的地方，他就不肯罢休，直到搞懂为止"。这位皇帝不但注重书本知识而且注重实践。传教士白晋详细记述了康熙学以致用的热情："他有时用四分象限仪观测太阳子午线的高度，有时用天文环测定时刻，然后从这些观察中推测出当地极点的高度；有时计算一座宝塔、一座山峰的高度；有时测量两个地点间的距离。另外，他经常让人携带着日晷，并通过亲自计算，在日晷上找出某日正午日晷针影子的长度。皇帝计算的结果和经常跟随他旅行的张诚神甫所观察的结果往往非常一致，使满朝大臣惊叹不已。"如此好学不倦的皇帝，中国历史上似乎还不多见。因此他获得了"老师"白晋极高的评价："他生来就带有世界上最好的天性。他的思想敏捷、明智，记忆力强，有惊人的天才，他有经得起各种事变考验的坚强意志；他还有组织、引导和完成重大事业的才能。所有他的爱好都是高尚的，也是一个皇帝应该具备的。老百姓极为赞赏他对公平和正义的热心、对臣民的父亲般的慈爱、对道德和理智的爱好以及对欲望的惊人的自制力，更令人惊奇的是，这样忙碌的皇帝竟对各种科学如此勤奋好学，对艺术如此醉心。"有这样的来自直接观察的第一手材料、来自直接经历的评价，无怪乎后来的伏尔泰们会把康熙皇帝当做开明君主的楷模而赞美讴歌了。

这位 17 世纪的伟大君主怎么会如此超前地具有这种"面向世界"、接受西方的眼光与胸怀呢？细究起来，原来也出于对一次学术公案的拨乱反正。康熙后来自己这么回顾："朕幼时，钦天监汉官与西洋人不睦，互相参劾，几至大辟。杨光先、汤若望于午门外九卿前当面睹测日影，奈九卿中无一知其法者。朕思己不能知，焉能断人之是非，因自愤而学焉。"康熙这里所说的引发他"自奋而学"的事件就是杨光先诬告汤若望的那桩学术公案。正是在这一事件中，杨光先喊出了"宁使中夏无好历法，不可使中夏有西洋人。无好历法，不过如汉家不知合朔之法，日食改在晦日，而犹享四百年之国祚"，而有西洋人，则迟早"挥金收拾我天下人心，如厝火积薪之下，而祸发无日也"。现在看来，这位挑起事端的钦天监杨光先，虽然因此而被定位于极端保守反动者之列，在说出这句名言之际，除了个人权位功利方面的考虑之外，似乎也不能说他完全没有对于华夏江山"百年之国祚"深远的隐忧。利益与忠心、卑鄙与真诚，有时是会搅在一起的。

而在康熙那里，这场争论的更重要结果则是使当时年仅 15 岁的他认识到了解西方科学的必要性，从此他开始了认真刻苦的学习。功夫不负有心人，在张诚、白晋这些洋老师的指导下，皇帝每天夙兴夜寐，勤奋学习，从西方数学、哲学、天文学、历法到炮术实地演习等课，历时四五年，终于完成了这些课程。作为皇帝，康熙这样如饥似渴地学习西方科学知识，这在中国历史上恐怕是空前绝后的，他在西学上的造诣，恐怕更是没有任何一个中国皇帝能够达到的。洋教师这样恭维自己的学生："皇帝在短短的时间内竟然变得那样通晓，以致他竟写成了一本几何书。"——当然，这其实只是皇帝参与编辑、下令抄写的一部数学著作，但是这并不妨碍他当仁不让地在欧几里得《几何原本》的中译本和别的数学书上署上"御纂"二字，而且学习的成效使得康熙对自己的西学水平能够如此自信，以至于当大数学家梅文鼎进呈《历学疑问》时，康熙居然毫不谦让地表示："朕留心历算多年，此事朕能决其是非。"

不过也正因此，在康熙当政的时候，西方科技的进口也就比较顺利了。西方的机械、水利、医学、音乐、绘画等过去只能被视为"奇技淫巧"而遭国人不屑的东西，现在纷纷传入中国，成了皇室和贵族间的时髦，一时间出现了西学、西艺盛行的局面。康熙甚至还让传教士率队进行全国地图测验，完成了《皇舆全图》这一我国首次在实测基础上绘制的全国地图。此图历时近十载，绘制精细，测量准确，是当时我国最精确的全国地图，康熙特将此图命名为《皇舆全图》。作为对传教士工作的嘉奖和酬答，1692年，康熙在国内颁布了对天主教的解禁令，鼓励更多的传教士来华。1693年，康熙皇帝又特地派遣传教士白晋回法国，带去了给法王路易十四的礼品，并且进一步表示，希望招聘更多的传教士来华工作。

康熙的这种态度并不是一时的兴致所至。其实早在这10年之前，南怀仁就已经看出了这种交流的前景，他于康熙二十二年（1683年）曾经上书罗马教廷，请求速遣传教士来华："凡是擅长于天文、光学、力学等物质科学的耶稣会士，中国无不欢迎，康熙皇帝所给予的优厚待遇，是诸侯们也得不到的，他们常常住宫中，经常能和皇帝见面交谈。"——皇帝与传教士们交往的大门似乎一直是敞开的。白晋在写给路易十四的报告中也兴致勃勃地说："康熙帝需要招聘您的臣民——熟悉科学和艺术的耶稣会士，是为了让他们同已在宫廷中的耶稣会士一起，在宫中建立起一个像法国皇家研究院那样的一种研究院。康熙帝的这一英明设想，是在看了我们用满文给他编写的介绍皇家研究院职能的一本小册子之后就产生了。他打算编纂介绍西洋各种科学艺术的中文著作并传播到全国，希望能从尽善尽美的源泉——法国皇家研究院中汲取可供此用的资料。因此，他从法国招聘耶稣会士，就是要在宫中建立研究院。"这一段话曾经引起我很大的兴趣。紫禁城里有过研究院，这是一个多么值得重视的材料。莫非，康熙皇帝真有过"这一英明设想"，我们也真的有过与西方近代科学接轨的努力？然而，遍查中文史料，我们最后却只能找到这样的记载：

圣祖天纵神明，多能艺事，贯通中、西历算之学。一时鸿硕，蔚成专家，国史跻之儒林之列。测绘地图，铸造枪炮，始仿西法。凡有一技之能者，往往召直蒙养斋。其文学侍从之臣，每以书画供奉内廷。又设如意馆，制仿前代画院，兼及百工之事。故其时供御器物，雕组陶埴，靡不精美，传播寰瀛，称为极盛。（《清史稿·艺术传》）

再看慕恒义主编的《清代名人传略》，则是这样记载的：康熙把"颐和园中的如意馆，紫禁城中的启祥宫拨给那些供奉皇帝的画家、机艺师、设计师们作集会之用。欧洲来的传教士们在如意馆作画，刻板，修理钟表和机械器物，这些器物都是传教士们或其他人从欧洲带来作为礼物送给皇帝的"。白晋自己，也曾记述了皇帝对如意馆工匠们的"各类新奇制品的强烈爱好和深刻了解"，他每天验看这些"出自新建研究院院士之手的作品"，对其中的杰作给予奖赏，也指出不足之处，要求改进。现在故宫藏有数台计算器，就是康熙年间制造的改进型的帕斯卡计算器。康熙还为西洋自鸣钟写了这样的赞美诗："昼夜循环胜刻漏，绸缪宛转报时全。阴阳不改衷肠性，万里送来二百年。"看来，蒙养斋、如意馆、启祥宫，这就是白晋报告给路易十四的"清宫科学院"了。我们可以不必去深究这是传教士为了邀功而做的夸大还是文化差异造成的误读，但是有一点是肯定的，洋大人可以误打误撞把这些"斋""馆"说成是"研究院"，我们今天想要把这种夸大当做事实来相信，那可就得有很大的勇气和想象力了。那么，这里的不同到底是什么呢？今天看来，很明显，康熙的大清帝国与路易十四的法兰西、彼得大帝的俄罗斯比起来，缺少的是这样一种认识：从思想上重视科学的兴起及其对历史将会产生的影响，从制度上为这种科学的发展创造良好的条件。仅此一点，分野判然。当时，西方世界对这个方向的认定是毫不含糊的，形形色色的"科学院"正是于此数十年间在欧洲纷纷建立：1727年，彼得大帝设立彼得堡科学院；1739年，瑞典皇家科学院成立；而在此之前，1666年，在"太阳王"路易十四的支持下，法国已经成立了"皇家科学院"，以研究语言、文学、艺术、科学为宗旨。先后来华的传教士洪若翰、白晋、张诚等人都与这个皇家科学院有各种联系，也正是白晋将这一机构向康熙作了介绍。然而，意味深长之处在于，一个像康熙这样态度开明、思想开放并且本人对近代科学有着相当了解和兴趣的君主，从这种介绍中吸取的不是应当致力发展本国的科技事业的信息，而是汇集中外能工巧匠设立为自己赏玩之好服务的机构。热爱西学的康熙正是在更重要的一步面前停住了。近代科学的传入，哪怕当时曾有过怎样的辉煌，仅这一点差别，其在中国的命运与前景就已经被确定。启祥宫和如意馆并不就是"研究院"和"科学院"。白晋在写回法国的报告中可以有意无意地把这一机构说成是"研究院"，把工匠称为"院士"，但如意馆终究不是科学院，它的存在意义不是从事科学研究，而是满足皇帝的兴趣和喜好，让圣上一人"如意"。即使是带有科学研究性质的一些制作，如天文、计算仪器等，也还只是被视为可以容许的"奇技淫巧"，在皇上赏玩之余，就藏之深宫秘府，不为人知、不为人见，更谈不上对科技发展起什么作用了。现在来回顾那时西学、西技对中国的意义，恐怕除了满足皇上本人的雅玩之外，留下来的只有那一幅认真测绘的《皇舆全图》了。

这其实是一种必然。对康熙这样的帝王来说，容纳传教士和西学纯粹是一种恩典、一种优遇，而不是认同于世界潮流大势的需要。他对西学和西技的根本态度，恐怕只是"节取其技能，而禁传其学术"：天文历算，为王朝定鼎制历之所需；西洋铳炮军器，为护卫王朝"百年之国祚"之所需；钟表器物，则为圣躬赏玩之所需。这些"技能"方面的东西，都是可取的。除此之外，西来的传教士和思想学术则是有悖圣人"五常百行之大道，君臣父子之大伦""与中国道理大相悖谬"的，康熙本人的态度就是"禁之可也，免得多事"——这才是体现他的真意的非常传神的一句话。

康熙是与路易十四、彼得大帝同时代的人。这三位伟大的君主都开创了自己辉煌的一代文治武功。然而，法、俄两国其后都走上了世界强国的发展道路，而我们这个老大帝国却日渐衰败。其他方面不说，就以科学技术而言，如前所述，路易十四于1666年建立法国皇家科学院，彼得一世于1727年建彼得堡科学院，康熙大帝则于1690年左右置如意馆。法、俄两国的科学院，后来成为这两个国家集中科学人才，发展科学事业的核心机构。而在中国，虽然如意馆在康熙时还有些百工制作的盛事，后来就纯粹是一个画院而且日趋衰微。近代科学传入的盛事留下的是这样的败笔，中国人该感慨命运，还是该悲叹历史？

【敌人的敌人还是敌人】

侯志川

敌人的敌人是朋友，这是世界历史和国际政治游戏中的一条铁律。但千年以前的东亚大地，尸积如山、血流成河的一场又一场大拼杀，却为这条铁律写下了一个空前的大例外。中国古代的"开国皇帝"中，没有哪位是靠"和平演变"而来的。大宋王朝的赵匡胤也不例外。不论是颠覆北周，还是兼并南方诸国，他指挥的军队气吞山河，所向披靡，始终处于上风。哪晓得随后在剽悍的北方游牧民族面前，同样的宋军却老是挨打受气，老是一溃千里。于是宋王朝老是割地赔款，老是称兄称臣，最后干脆彻底玩完。大宋一朝319年的历史，基本上就是一部"边患史""抗战史""吃亏史"。对付的敌人先是辽，接着是西夏，然后是金，最后是蒙元。一个比一个凶险，一个比一个不讲信义。大宋朝的从头至尾，从赵匡胤的"陈桥兵变"到陆秀夫背着皇帝跳南海，和平的日子屈指可数，战火一直没有熄灭。中国古代自秦以后延续了百年以上的几个"大朝代"中，宋可算是最软弱最糊涂最可悲可怜的一个。

当初，在一鼓作气搞定了10个小国以后，北宋先后开始了对辽和西夏"收复失地"

的战争。战争进行了半个多世纪，到 11 世纪中叶（1044 年）才暂时停息。在这以前和以后，宋王朝都只能屈辱地靠每年送钱送物勉强维持住彼此间极不可靠的和平。"万幸"的是辽并不只欺侮它南边的宋，它对其北边的女真族同样进行着敲骨吸髓的残酷压迫，激起了后者更凶猛的反抗。1115 年，女真人正式建立金国，立即就向辽发动了大规模进攻。远在南方的北宋政权大喜过望，以为"敌人的敌人就是朋友"，憧憬着"全世界受压迫国家联合起来"，乃遵循"远交近攻"的祖传秘方，马上（1117 年）派赵良嗣前往联络，随后又于 1120 年另派人渡海去与金国订立了更具体的"海上盟约"，约定宋、金双方南北夹击混账透顶的辽国。岂料金军刚刚攻占了辽的首都，俘获了辽的天祚皇帝（1125 年），气都没有歇一口，随即就乘胜进攻昨天的"朋友"北宋。愚蠢而懦弱的宋徽宗这才大梦惊醒，后悔莫及，急忙把帝位传给他的儿子宋钦宗（1126 年），自己则躲在后面玩起了"离休"的把戏。然而，一切都迟了。仅仅一年以后，"翻脸不认人"的金兵就席卷了淮河以北的广袤土地，开进了繁华富庶的北宋首都开封城。可怜的北宋皇帝徽、钦二宗做了金兵的阶下囚，被押往数千里外的白山黑水之间，终日以泪洗面，数年以后便死在了遥远的异国他乡。12 世纪 20 年代中国土地上的这一幕，留给了世人一个极惨痛的教训：敌人的敌人可能仍然还是敌人，甚至可能是更致命的敌人。这一幕还演出了一个"惊人的重复"：公元 975 年，当赵匡胤势如破竹地灭掉了软弱的南唐，将南唐后主李煜押送到北方的开封城时，他绝对想象不到，一个半世纪以后，他的后辈也要重走这一完全相同的"囚徒之旅" ——何其相似的朝廷，何其相似的命运，一个北宋，一个南唐。赵佶和李煜都是荒于政事的亡国之君，又都是伟大的艺术家。徽宗赵佶最出色的是绘画和空前绝后的瘦金体书法，诗词则一般。因而，他在囚徒生涯中所写的"彻夜西风撼破扉，萧条孤馆一灯微。家山回首三千里，目断山南无雁飞"，虽然也抒发了悲愁困顿，也算是情真意切，简明流畅，但从艺术水平讲，就远远比不上李煜的"问君能有几多愁，恰似一江春水向东流"那样惊天动地的千古传诵了。在中国历史的长河中，庸庸碌碌、行尸走肉般的皇帝多的是。也只有赵、李这样不多的几位才华横溢的末代君主，才能引起我们无尽的叹息。

这是历史的重复。我更相信，这是一种"报应"，是金人帮李煜报了灭国之仇。当千百万大宋的臣民为"亡国"而痛心疾首之时，李煜的后裔们此时此刻却是在暗暗拍手称快吧。

历史在血雨腥风中摇摆着前行。到了 13 世纪初，先后与北宋、南宋互相砍杀了一百多年的金王朝，此时也面临着自己北边新崛起的蒙古军队的巨大威胁。金的统治者自顾不暇，没有多少余力欺侮他南面的宋王朝了。这真是恶人有恶报。面对这样一个"三国鼎立"的崭新局面，眼光远大的政治家假如冷静地审时度势，深刻吸取百年以前北宋与金联手灭辽后金兵马上挥戈南下的惨痛教训，当然应该采取崭新的对策。然而，沉浸于"山外青山楼外楼，西湖歌舞几时休"的临安城里找不到这样清醒的政治家。即使有那么一两个，也势单力薄，得不到广泛的支持。100年来，"金国"的铁骑对宋朝人民的反复掠夺和野蛮屠杀所激起的巨大仇恨，北宋的亡国和徽、钦二帝被虏所带来的奇耻大辱，使南宋的君臣人民都冷静不下来。眼前的敌人又一次掩盖了远方的敌人。于是，相隔107年，同样的一幕悲剧在同一块土地上重演：1233年，南宋与蒙古约定"夹击金国"。哪想到宋军遵约刚收复了开封、洛阳等地，蒙古军就马上前来争夺，一点没有"盟军"的友好姿态，而是毫不留情地把宋军打得弃城而逃，由此拉开了长达40多年的"灭宋之战"的序幕。

到了这时候，一度被眼前的血海深仇蒙住双眼的南宋上下真不晓得后悔到了什么地步。除了破口大骂滚他妈的敌人的敌人是朋友、滚他妈的"远交近攻""以夷治夷"，还有什么辙可想？本来，在更强大的蒙古军面前，南宋即使在感情上无法与"可恶的金国"结为同盟，至少也应该保持中立，在蒙、金之战中坐山观虎斗，叫他们两败俱伤，说不定还可以实现从岳飞到陆游一干人的伟大理想："王师北定中原日。"或者至少也可以继续偏安东南，不至于那么快就沦于比金更残暴的蒙元之手！

从来都讲"当局者迷，旁观者清"。宋当年吃了"金国"的亏，尚可以说是"缺乏经验"，被"迷"住了，就像咱们现在人们经常说的"交学费"。但后来的南宋已经有了一个不短的时间距离，怎么也是一个"旁观者"，却仍然不能总结教训而再次被"迷"？可见"当局者迷"虽然不乏例子，"旁观者昏"也并非不可能。无情的历史惩罚的是老犯同样错误的民族，把蒙元推上了统治者的地位。对狡诈的蒙哥和忽必烈等人而言，"敌人的敌人是朋友"这个口号他们只是口头上叫叫。他们心里想的一直都是"敌人的敌人还是敌人"。

有了这些教训，以后的政治家们对这句口号"半信半疑"的就多了起来。不论是中国的政治家还是外国的。1643年，李自成率军攻占西安以后，与明王朝为敌的大清统治者致信李自成，要求与其结盟，"协谋同力，并取中原"，遭到了李自成的断然拒绝。李自成肯定听说过宋朝亡国的教训。第二次世界大战中，按理说法西斯德国的敌人肯定都是朋友。但是翻看当时的英国首相丘吉尔后来撰写的《第二次世界大战回忆录》，你会发现即使在大英帝国最艰难危险的时候，丘吉尔也始终没有把苏联当作真正的朋友。他对斯大林的任何要求和建议都持怀疑态度，都要留一手。1944年8月，当苏联军队已经打到维斯杜拉河东岸，与波兰首都华沙隔河相望的时候，被德军占领的华沙爆发了人民武装起义。丘吉尔在《回忆录》中指责苏联军队隔岸观火，拒绝援助起义人民，听凭德军将起义残酷镇压下去。苏联方面则反驳说华沙起义是"一小撮罪犯发动（的）华沙冒险事件"，华沙起义领导者是"波兰地方贵族政权的败类们"。说起来波兰和苏联都是"同盟国"，是各自敌人的敌人。但他们之间何曾有一点"朋友"的气味？他们根本就是不共戴天的敌人。

【中国近代史之细节】

金一南

胡林翼，湘军悍将，晚年任湖北巡抚。一次，他路过长江，见湘军水师浩浩荡荡逆流上行，突然，开来一艘英国的火轮船，也是逆行。火轮船迅速超越湘军水师，激起的波浪，竟把湘军水师的一条船掀翻了。

当时，胡林翼惊得从马上摔下来，周围人把他救醒。胡林翼的第一句话就是"天要变了"。

睁眼看世界

小人物和大人物是有区别的。跟胡林翼同时看见火轮船的人还有很多，他们觉得这是稀罕事，而胡林翼发现这条船不靠风帆、不靠桨橹，吐着黑烟，就开上来了，速度非常快。

胡林翼感觉天要变了，这出于对危机的认识。

再看林则徐。他被称为中国近代睁眼看世界的第一人。他组织翻译《四洲志》，使我们第一次知道世界有这么大，有英国、法国、葡萄牙、西班牙……

这个当时站在民族最前沿的人，是怎样看世界呢？

道光二十年（1840年）八月初四，鸦片战争马上就要打起来，英国人已经出兵。林则徐给道光皇帝上了一道奏折："彼之所至，只在炮利船坚，一至岸上，则该夷无他技能。且其浑身裹缠，腰腿僵硬，一仆不能复起，不独一兵可以手刃数敌，即乡勇平民竟足以致其死命。况夷人异言异服，眼鼻毛发皆与华人迥殊，吾民齐心协力，歼除非种，断不至于误杀。"

今天，我们会认为这是个笑话，在当时，这是我们民族思想最先进的人之一对世界的认知尚且如此。

现在，很多人说鸦片战争之所以失败，是因为道光皇帝的昏庸把林则徐撤职了，用了一帮投降派。道光把林则徐撤职了，从历史上成全了他，保住林则徐的英名。

这是中国历史最复杂、最痛苦的一部分，我们往往不能直面，通常是找几个替罪羊，说我们近代本来不错，就是几个坏蛋把国家、民族给出卖了，于是，整个民族得到精神上的解脱。

再看当时与林则徐齐名的一个民族英雄——裕谦，他任浙江巡抚。后来，道光皇帝任命他为钦差大臣，督办浙江军务。林则徐上奏一周后，他也给道光皇帝上了一道奏折，说英国人犯了兵家大忌，肯定要失败，并且总结八条，头头是道。结果，裕谦兵败，投水自尽。

裕谦这种抗击帝国主义的精神固然可贵，但我们为什么失败，一败再败？是我们没有人不敢打还是不敢牺牲？

当时，裕谦守卫镇海，"誓与镇海共存亡"，他觉得自己肯定要胜，结果，镇海被攻陷，裕谦投水。

整个鸦片战争，中国军队没有守住一个地方，没有夺回一个被英国人占据的地方！我们很多人都把所有的罪责推给道光。

其实，道光是一个希望励精图治的皇帝。当时，民风颓败，道光上台后力图重振朝纲。他规定"宫中岁耗不得超过二十万"，节约开支，就是要支持前方的禁烟，要备战，要和英国人打一仗。今人我们说的"四菜一汤"，道光可能是起源之一，当时，道光说"宫中用膳，每日不得超过四碗"；皇后过生日，道光皇帝用打卤面招待大臣；他拼命节约，甚至穿打补丁的裤子。近代以来，穿打补丁裤子的皇帝，道光是第一人。

历史的残酷性也在这儿：历史不记过程只记结果，道光励精图治，但第一个丧权辱国的条约是他签的，历史耻辱柱上的第一人就是他。

中英《南京条约》签约后，消息传到北京，道光很难受。清史记载："上退朝后，伏首于便殿阶上，一日夜未尝暂息，侍者但闻叹息声，漏下五鼓，上顿足长叹。"道光皇帝并没有认识到自己败在哪里。直到去世，他一直郁郁寡欢。

咸丰皇帝最大的愿望就是为父亲报一箭之仇。他上台后的第一件事，是把主和派全部撤职，重新起用主战派，林则徐等人全部重新起用。林则徐由于身体不好，病死在赴任途中。

咸丰上台后，也像他父亲那样希望重整朝纲。咸丰还把一个大臣写的"防三渐"作为座右铭：第一"防土木之渐"，防止大兴土木；第二"防宴安之渐"，防止大吃大喝；第三"防壅蔽之渐"，防止上行不能下达，下行不能上达。他想做一个开明的皇帝，想为父亲报这个仇。

结果，第一次鸦片战争，道光败了；第二次鸦片战争，咸丰败了。

三千年未有之变局

近代以来，中华民族一败再败，一次比一次惨，直到八国联军侵华。我们常说，八个国家打败我们一国，好像败得有点道理。

那么，八个国家打我们，到底来了多少人？1900年8月3日，从天津出发进攻北京的八国联军，人数最多的是日军，8000人；第二是俄军，4800人；第三是英军，3000人；第四是美军，2100人；第五是法军，800人；第六是奥地利军，58人；第七是意大利军，53人。当时，还有7000名德军在海上，来不及登陆。真正作战的只有18811人，就这么点兵力。

京畿一带是我们的重镇，天时地利人和，我们全占尽；此处，清军十五六万，义和团团民五六十万，从兵力对比看，平均四十个人在家门口堵他一个人。

十天内，八国联军攻陷北京！

当然，八国联军最后增到七八万，打通州、打保定、打张家口，他们触角伸得很远，那是占领北京后，重新调来的军队，当初攻下北京的只有 1.8 万人。

如果不知道这个具体的人数，我们很难了解近代以来国家所面临的严峻形势，正如李鸿章所言："三千年未有之变局，三千年未有之强敌。"

一些学者讲："大清无昏君，大清无奸臣。"

清朝败亡是非常特殊的，跟我们历朝历代不一样。过去都是皇帝昏庸腐朽，房子都被白蚁蛀空，最后，大厦轰然倒塌。清朝从道光、咸丰到同治、光绪，没有一个皇帝不想励精图治，没有一个不想保住江山。而清朝的那些朝廷重臣，主和也好，主战也好，没有一个不是从维护朝廷利益出发，没有里通外国。到了清朝后期，用和、战两派区分大臣，非常困难。甲午战争，以翁同龢为首的主战派，都是战前主张削减海军军费的人，战争来了，主张削减军费的人，全是主战派。主和派呢？李鸿章、丁汝昌这些人，全是平常主张大力加强军备的。

1873 年，李鸿章在一个奏折里讲：日本是未来中国的心腹大患，一定要提防。李鸿章组建北洋水师，就是为了对付日本，结果，还是败了。

中华民族陷于一种矛盾中，不是统治者毫无顾忌地出卖民族利益而是在尽力维护，他们万般无奈，没有办法。

1841 年，道光皇帝对英国宣战；1860 年，咸丰皇帝对英法宣战；1894 年，光绪皇帝对日本宣战；1900 年，慈禧太后对诸国（十三国）宣战。一次比一次败得惨，一次比一次损失大，一次比一次割地赔款的规模要大。

马克思当年评价中国："一个人口几乎占世界三分之一的幅员广大的帝国，不顾时势，仍然安于现状，由于被强力排斥于世界联系的体系之外，孤立无倚，因此，极力以天朝尽善尽美的幻想欺骗自己，这样一个帝国，终于要在这样一场殊死决斗中死去。"

灾难没有终止

辛亥革命发生，清朝覆亡。在强大的外敌面前，清王朝无法维护国家的领土完整、主权独立和民族尊严。

起初，孙中山也是改良派，觉得大清没有什么大毛病，修修补补就可以。他给李鸿章上了很多折子，根本没人理睬。1895 年，《马关条约》签订后，孙中山成立兴中会，纲领就是"驱除鞑虏，恢复中华"，革命产生了。

辛亥革命诞生了中华民族历史上第一个现代国家——中华民国，我们的灾难终止了吗？

1931 年 9 月 18 日，日本关东军 19000 人，发动"九一八事变"，东北军 19 万，不战而退，关东军三天占领沈阳，一周控制辽宁，三个月控制东北三省。后来，人们都说是蒋介石一纸"不抵抗"命令把整个东北丢了，如果蒋不下令，东北军还能顶住。

1991 年 5 月，在纽约，张学良回忆说："是我们东北军选择不抵抗的，在当时，我判断日本人不会占领全中国。所以，尽量避免刺激日本人，不给他们扩大战事的借口，打不还手，骂不还口，是我下的指令。"

"九一八事变"后，张学良在北京协和医院召开东北军高级将领会议，东北军顶不住日本人的进攻，决定用外交斡旋的方法，解决争端。张学良将决定发给南京的蒋介石，蒋回了一封电报，说："你们按照自己的方略去做。"

东北沦陷，蒋介石负有不可推卸的责任。但是，不能说蒋介石把东北出卖了，我们必须客观地认识这段历史。

而发动"七七事变"的日本，在华北驻屯军 8400 人，宋哲元的 29 军有十万人。

8400 人，这是查遍所有记载采用的最高数字。29 军的军歌《大刀向鬼子头上砍去》我们至今还在唱，很豪壮。当时的情况呢，大刀片砍了几个鬼子？我们十个人砍他一个，也没有顶住。

区区 8400 人，就在我们北京的南端宛平发动事变，挑起了中日之间的战争。

这就是我们近代的屈辱史。

【曾赵之辩：清朝能撑多久】

雷 颐

清军因明亡于李闯而吴三桂红颜一怒大开城门而入关，所以"创业太易"；入关后为震慑人数远远多于自己的汉人而大开杀戒，如"扬州十日""嘉定三屠"，所以"诛戮太重"。这两点决定了清王朝统治缺乏"合法性"。

如果不是曾国藩回乡组织湘军拼死镇压太平军，不是他开启引进西方"船坚炮利"的洋务运动，晚清不可能出现所谓"同治中兴"，清王朝可能更早就寿终正寝了。然而，尽管他对清王朝忠心耿耿、效尽犬马之劳以保其江山社稷，但与机要幕客赵烈文的一次小小论辩，却使他开始忧虑清王朝究竟还能支撑多久，其寿命到底还有多长。在《能静居日记》中，赵烈文详记了他与曾国藩的这次谈话及此后曾国藩对清王朝命运的思索。

只要没有紧急繁忙的军政事务，曾国藩晚上往往喜欢与幕客聊天。同治六年六月二十日，即 1867 年 7 月 21 日晚，时任两江总督的曾国藩与赵烈文聊天时忧心忡忡地对赵说："京中来人云：'都门气象甚恶，明火执仗之案时出，而市肆乞丐成群，甚至妇女亦裸身无袴。'民穷财尽，恐有异变，奈何？"赵烈文回答说："天下治安一统久矣，势必驯至分剖。然主威素重，风气未开，若非抽心一烂，则土崩瓦解之局不成。以烈度之，异日之祸必先根本颠仆，而后方州无主，人自为政，殆不出五十年矣。"就是说，现在"天下"统一已经很久了，势必会渐渐分裂，不过由于皇上一直很有权威，而且中央政府没有先烂掉，所以现在不会出现分崩离析的局面。但据他估计，今后的大祸是中央政府会先垮台，然后出现各自为政、割据分裂的局面。他进一步判断，大概不出 50 年就会发生这种灾祸。

听了赵烈文这番话，曾国藩立刻眉头紧锁，沉思半天才说："然则当南迁乎？"显然，他不完全同意赵烈文的观点，认为清王朝并不会完全被推翻，有可能与中国历史上多次出现的政权南迁、南北分治、维持"半壁江山"的王朝一样。对此，赵烈文明确回答说："恐遂陆沉，未必能效晋、宋也。"他认为，清政府已不可能像东晋、南宋那样南迁偏安一隅，恐将彻底灭亡。曾国藩反驳说："本朝君德正，或不至此。"赵烈文立即回答道："君德正矣，而国势之隆，食报已不为不厚。国初创业太易，诛戮太重，所以有天下者太巧。天道难知，善恶不相掩，后君之德泽，未足恃也。"赵的谈话确实非常坦率，他实际上否定了清王朝"得天下"的道德合法性。而清王朝后来的君王——可能他心中所指为康、乾、嘉——的"君德"固然十分纯正，但善与恶并不互相掩盖弥补，何况"天道"已给他们带来了文治武功的"盛世"作为十分丰厚的报答，因此这些后来君主们的"德泽"并不能抵消清王朝"开国"时的无道，仍不足补偿其统治的合法性匮缺。对赵烈文从清王朝得天下的偶然性和残暴性这两点否定其统治的合法性的这番言论，曾国藩并未反驳。沉默很久后，曾才颇为无奈地说："吾日夜望死，忧见宗祏之陨。""祏"是宗庙中藏神主的石屋，"宗祏之陨"即指王朝覆灭。曾国藩也预感到清王朝正面临灭顶之灾。

当然，在一段时间内，曾对此问题的看法仍十分复杂和矛盾。虽然有时承认现在"朝无君子，人事偾乱，恐非能久之道"，但有时又对清王朝仍抱某种希望，认为现在当朝的恭亲王奕䜣为人聪颖，慈禧遇事"威断"，所以有可能避免"抽心一烂""根本颠仆"的结局。而赵烈文则坚持己见，认为奕䜣"聪明信有之，亦小智耳"，慈禧"威断"反将使她更容易被蒙蔽。要想挽救颓局，像现在这样"奄奄不改，欲以措施一二之偶当默运天心，未必其然也"。"默运天心"颇有些神秘主义色彩，但在此更可将其理解成为一种"天道"、某种"历史规律"，现在局面如此不堪，如无体制的根本性变革仅靠现在这样头痛医头、脚痛医脚的修修补补，实则无济于事，而奕䜣、慈禧均非能对体制作出重大改革之人，所以清王朝难免分崩离析的命运。赵烈文端的是富有洞见，不仅对历史大势看得透彻，而且作为一个远离权力中心、根本无法近观奕䜣、慈禧的"幕客"，对此二人的判断却准确异常，为以后的历史所证明。奕䜣确是朝廷中少有的开明权贵，近代初期的一些革新措施大都与他有关，因此当时有视野开阔、思想开明之誉，但1898年清王朝救亡图存最后机会的维新运动兴起时，他却坚决反对，证明赵在1867年对他作的仅"小智耳"的论断不虚。慈禧乃至大清王朝以后不断为其"威断"所蔽所误，已为众所周知，无须再赘。赵的眼光，确实老辣。

不过，曾对赵的论断仍无法或不愿完全相信，总感到清王朝还有一线生机。同治七年七月下旬（1868年9月中），曾国藩被任命为直隶总督。由于直隶管辖京城四周，曾国藩终于有机会第一次见到慈禧太后、同治皇帝、恭亲王奕訢及文祥、宝鋆等高官，在几天之内四次受到慈禧太后的召见。对此，他当然备感荣耀，直隶总督之职位不仅使他能近距离观察清王朝的"最高层"领导，而且使他能对全国的形势有更多了解，这时他才知道国家的颓败远远超过自己原来的预料，而朝中根本没有可以力挽狂澜之人。同治八年五月二十八日（1869年7月7日）晚上，他对刚刚来到保定直隶总督府的赵烈文坦承自己对时局、朝政的失望，对慈禧太后、慈安太后、奕訢、文祥、宝鋆、倭仁这些清王朝最高统治者们的人品、见识、能力、优点与弱点逐一分析点评了一番，分析点评的结果是他们皆非能担当王朝中兴重任之人。他们尚且如此，其余的人更加庸碌无为。曾国藩不禁哀叹清王朝的未来"甚可忧耳"。最终，他不得不同意赵烈文两年前的论断，清王朝已经病入膏肓，无可救药。

历史惊人准确地应验了赵烈文的预言，清王朝终于在1911年土崩瓦解，距1867年预言它不出50年就彻底垮台正好44年，而且，接踵而来的也是赵所预言的长期"方州无主，人自为政"，即军阀割据的混乱局面。当然，曾、赵已分别于1872年和1894年去世，并未看到自己的预言和预感"成真"。对他们来说，这或许倒是一种安慰。

【李鸿章何以东山再起】

雷　颐

虽然李鸿章在戊戌政治风云中能自保平安，但他的观点、态度悉为慈禧所知，戊戌政变后他自然不可能再获重用，不仅如此，他还受到了变相惩罚。

黄河自古以来就水患无穷，地处下游的山东更是深受其害，时常决口。1898年夏秋，山东黄河再次决口，数十县被淹，受难乡民无数，甚至浮尸蔽水。这时，慈禧出人意料地命令实龄已七十有五的李鸿章前往山东履勘山东河工。派李前往当此苦差，慈禧当有自己的考虑：一是自己通过政变重新训政，想以派如此重臣前往灾区，显示自己对灾情的重视、对灾民的关心，以收买民心，稳定局面；二是李鸿章毕竟同情维新派且有多人上奏要求弹劾，借此变相罚李。

此时已是初冬，而当他到山东时将是隆冬季节，对一个年近八旬的老人来说，确实难以忍受。所以李鸿章在万般无奈中，上折请求慈禧太后另选他人，但未被慈禧批准。11月30日，李鸿章一行离开北京，他特别邀请比利时工程师卢法尔（Rouffart Armand）随行。12月11日，他们到达济南。他接受卢法尔的建议，决定采取近代西方科学方法，首先测绘全河情形，研究沙从何处而生，水由何处而减，探寻根治办法。在有些地段，他还亲率卢法尔及一些官员一同勘测。1899年3月31日，李鸿章返京复命，距他出京正好四个月。在这四个月中，他不顾隆冬严寒，不辞劳苦，驱驰两千里，认真查看，广泛听取各方意见，拿出了长、短期治本、治标两套办法，确比许多敷衍塞责、贪图享受甚至以河务谋私利的官员强不少。

不过，李鸿章关于河工的意见却未受到朝廷重视，许多具体建议都被朝廷和有关部门以种种理由推托、否决。李鸿章对此忧心忡忡，生怕水旱之灾会激起民变。他在给友人的信中担心地说："沧海横流之受，不得谓一隅为灾，不关全局也。"

从山东勘河返京后，李鸿章仍然未受重用，但他又在闲居了八个月后突然时来运转，东山再起，重任封疆大吏，被任命为两广总督。从"勘河"到"督粤"，这种官运的大浮大起看似命运捉弄，实则为李鸿章一直耐心等待、不断窥测方向、最后果断行动的结果。

原来，虽然慈禧发动戊戌政变囚禁光绪皇帝，但光绪皇帝活着对慈禧和守旧派就是一个巨大的威胁，因此慈禧曾打算以"帝病重"之名谋害光绪。但此时的中国已是"半殖民地"社会，慈禧不能不先试探各国对此态度，没想到各国纷表反对，甚至表示要派医生到宫中查看光绪皇帝究竟是否病重，而全国也舆论哗然，尤其是各地华侨纷纷发电，有时甚至数万人联名，要求慈禧归政，确保光绪平安。面对强大反对，慈禧只得打消谋害光绪的主意。但她又于心不甘，打算"废掉"光绪，另立新帝。但这"废止"之事仍需试探外国的态度，可是慈禧等守旧派与洋人交恶，无从打探，于是与李鸿章私交不错的荣禄便走访李鸿章，请李打听外国人的态度。李鸿章认为自己东山再起、重获大权的机会终于来临，便不失时机回答说，这是内政，如果先询问外国人的态度有失国体，但如果派我到外地当总督，外国使节必来祝贺，这时可顺便探问外国态度而又不失国体。除了想重掌大权外，李鸿章还提出外放当总督的另一个考虑是远离京城，以避开"废立"这一至为敏感、甚至有关身家性命的宫廷权力之争。荣禄为李之说法所动，所以几天后李就被任命为两广总督。李鸿章再获重用任两广总督的消息传来，外国使节果然纷纷前来祝贺。当李鸿章"无意之中"向他们谈起废光绪、立新皇帝的问题时，这些使节则表示这是中国内政，他们"理无干涉"，但他们的国书都是给光绪皇帝的，如果另立新君是否继续承认则要请示本国，以此间接地表达了反对废立之意。荣禄、李鸿章担心废立会引起外国干涉和国内一些官员反对，因此他们也不太赞成此时废立。于是荣禄提出了不必过于着急，可先立"大阿哥"、慢慢再取得皇帝"大统"的建议，得到慈禧认可。

而任命李鸿章为两广总督，则是慈禧的老谋深算。对权术，慈禧可能比李鸿章还要精通。李想外放当总督，慈禧则顺势让他当两广总督，因为广东紧邻香港，洋商众多，中外交涉日益繁杂，不懂洋务者很难在此为官，李鸿章当是最佳人选。更重要的是，以康、梁为首的维新派在海外华侨、华商中得到广泛支持，声势越来越大，而侨民、侨商大多数都是广东人，所以广东同情康党的人很多，慈禧认为广东人心浮动、局面不稳，只有像李鸿章这样资望甚高的官员才镇得住。慈禧此举最厉害之处在于，她清楚知道李鸿章从思想、观点上赞成、同情维新，所以一定要李前去镇压康党，将李置于不能不明确态度的"风口浪尖上"，这既是对李的考验，又可将李"拉下水"，强迫他也成为与自己一样的维新派镇压者。就在任命李鸿章为两广总督的第二天，慈禧便以光绪之名诏谕各省督抚严密缉拿康有为、梁启超："康有为及其死党梁启超先已遁逃，稽诛海外，犹复肆为簧鼓，刊布流言，其意在蒙惑众听，离间宫廷。""近闻该逆狼心未改，仍在沿海一带倏来倏往，着海疆各督抚禀遵前谕，悬赏购线，无论绅商士民有能将康有为、梁启超严密缉拿到案者，定必加以破格之赏，务使逆徒明正典刑，以申国宪。"其中特别强调"沿海一带""海疆各督抚"，显然是说给李鸿章听的。

1900年1月7日，李鸿章春风得意、精神抖擞地离京南下，于1月16日到达广州，只隔了一天就接印视事。在政坛失势一段时间后仍审时度势、积极活动，最终竟以年近八十之高龄东山再起、重任封疆大吏。李鸿章的能忍、能等与终生嗜权恋栈的性格在此显现无余。

【康有为的作用有那么大吗——回望戊戌变法110年】

傅国涌

一

1898年，光绪帝还不到而立之年，平心而论，他确是一位有抱负的青年君主，但他手中没有足够的权力，至少没有改写历史、扭转文明航向的实权。但这并不意味着他必败无疑，虽说成事在天，毕竟谋事在人，如果参与维新变法的大臣志士运筹好了，稳健地推动渐进的变革，逐渐化劣势为优势，变法的历史也许就会改写。从当时的情况看，论天时，危机感笼罩之下，为民族谋出路，得人心，许多士大夫都支持变革，至少慈禧太后一开始并不反对变法，否则，100天都不可能。论地利，至少在湖南有陈宝箴这样坚定的维新派，湖北的张之洞、谭继洵也基本上支持变法，其他地方观望之中的疆吏，假以时日，也并非不能跟上来。论人和，皇帝站在了变法的中心，有一部分大臣，许许多多有科举功名的读书人站到了这一边。不能说变法就注定会失败，历史没有命定。现在有人提出，变法失败的一个重要原因就是"人谋不臧"，康有为他们急于求成，鲁莽急进而不是稳健渐进，导致慈禧太后老脸一怒，整个局面翻盘。这一说法未尝没有一点道理。当然把失败的主要原因归到他们身上也不合乎历史事实。

康有为因身历戊戌变法而暴得大名，流亡海外 16 年。晚年在他所反对的民国安享富贵尊荣。他支持张勋复辟，可惜只捞了个弼德院副院长的虚职，他在西湖边筑庐，娶得孙女辈的西子姑娘为六姨太。他在《大同书》中鼓吹一夫一妻，却从来没有想过要身体力行，那只是给后人研究的思想罢了。

近些年来，研究这段历史的专家做过许多努力，越来越多有关戊戌变法的历史细节被挖掘出来。大量可靠的史料可以证实，康有为确是维新运动不可忽视的重要推动者，但并不像他自己说的那么天花乱坠，比如所谓的衣带诏是他伪造的，比如所谓的 1300 多举人联名"公车上书"也与事实多有出入。当然，他起草的那份文稿还是所有上书中最精彩、最有分量、最激动人心的。诸如此类的史实正逐渐变得清晰起来。

二

1898 年 6 月 11 日，光绪帝正式颁布《定国是诏》，宣布变法，著名的戊戌变法由此拉开序幕。此前几天，康有为代翰林院侍读学士徐致靖、御史杨深秀起草的两份折子起了直接的推动作用。

事实上，为了这一天的到来，包括康有为在内的许多人已付出了长期的努力，1895 年准备参与他起草的那份"公车上书"的就有 1000 多举人啊！仅仅 1895 年 5 月 2 日这一天就有 15 例呼吁变法的上书。还有那些参加强学会、保国会、南学会的人们，那些办报、著书、写文章的，是他们、成千上万的中国人，有名的与无名的，共同推动了轰轰烈烈的悲壮的维新运动，这其中光绪帝自身的决断非常重要，鼎力支持变法的湖南巡抚陈宝箴的贡献也不会比康有为少。我们更不能忽略在下达这道关键的《定国是诏》前，光绪帝到颐和园请示过慈禧太后，得到了许可。

两天以后，也就是 6 月 13 日，翰林院侍读学士徐致靖上了一道有名的折子《密保维新人才折》，保举 5 个人：康有为（工部主事）、张元济（刑部主事）、黄遵宪（时为湖南盐法长宝道兼署湖南按察使）、谭嗣同（湖北巡抚谭继洵的儿子、江苏候补知府）、梁启超（广东举人），折子希望皇帝能重用他们。有人考证这个折子是康有为自己代拟的，不过这一点并不太重要。光绪帝当天就朱批"二十八日预备召见"康有为和张元济。这次他再也不征求王公大臣的意见了，毕竟变法已启动。四月二十八日是农历，就是公历 6 月 16 日，也就是要在 3 天后召见康、张，速度之快令人意外。同时，光绪帝下旨召黄、谭进京，安排梁在各国总理衙门查看。6 月 15 日，他们俩还和开缺回原籍的协办大学士、户部尚书翁同龢一起吃晚饭。根据翁同龢日记，早在 5 月 26 日光绪帝就向他索要康有为的"所进书"，翁的回答是自己与康不往来。光绪问为何？他回答说"此人居心叵测"。问他以前为何不说，他说最近看了《孔子改制考》才知道。

其实康有为和翁不仅认识有交往，而且康为了取悦翁，获得他的支持，专门在一本书法著作《广艺舟双楫》中肉麻地吹捧翁同龢父子的书法成就。翁身为清朝重臣、帝王之师，不贪财、但好名，康有为的马屁拍得到位，为什么他还是没有帮助康有为，而且说了康有为的坏话，耐人寻味。

6月16日，康有为有生以来第一次见到了光绪帝，也是唯一的一次。为了这一天，他等待了足足10年。为了这一天，他将付出全部的后半生和一个亲弟弟的生命。这一场君臣际会、百年佳话终于进入了正戏。

三

变法失败后，康有为南下天津取道海路，两次遇险。先是慈禧太后派兵舰飞鹰号追康有为乘坐的重庆轮，飞鹰号回报，中途油不够，开回天津，舰长以办事不力被监禁。后来才知这位舰长刘冠雄（做过民国海军总长）是故意放走康有为的。当时有识之士赞成变法，对康有为抱有同情。到了上海吴淞口康有为又差一点被抓，因为英国领事馆及时救援而幸免，乘英国船到达香港。康有为随后去了日本，从此开始16年的流亡岁月。他自称身上带有光绪帝给他的衣带诏，内容曾在上海的《新闻报》《字林西报》及《台湾日日新报》等报纸上发表过。

他在日本拒绝见孙中山，理由就是自己负有衣带诏，不便与革命党人接触。事实上，确有一份密诏，但并没有提到康有为的名字，也不是写给他的。1898年9月14日，光绪在变法期间第十二次去颐和园请安，请示开懋勤殿议新政，被慈禧太后严厉驳回，这是变法启动以来前所未有的。9月18日，光绪帝已感到岌岌可危，命杨锐带出衣带密诏。当天，康有为就看到了抄件，不是原件。

在海外多年，康有为在海外号召华侨和留学生参加保皇事业的"密诏"就是他修改过的伪诏。杨锐将密诏原本交给了他儿子，康有为看到过的只是杨锐的抄本。光绪帝给杨锐等人的密诏原文很长，不像康有为公布的那份简练。

两个不同版本的衣带密诏一比较，就可以看出最关键的有两处：一是康版密诏说光绪帝交给杨锐的密诏是给他本人的；二是康版密诏要康等"设法相救"，而后面的这份密诏虽然着急，却是要他们想办法既不得罪太后，又能使变法继续下去，所以要他们把办法交军机大臣。一个是呼救，一个是问计。

康有为还伪造了光绪帝要去办报的另一道密诏。事有其事，诏有其诏，不过是9月17日的明发上谕，不是密诏，而且措辞内容都被康有为改了。

康版衣带诏是假，当时在日本有一个知情人就是王照，他是那个导致形势恶化的人之一。他本来是礼部主事，曾上书请光绪帝出洋游历，奏折被堂官拦下，最终导致六堂官被光绪帝罢免，成为戊戌政变的导火线之一。平时康有为都让梁铁君（精于技击）

看住王照，在东京，他的一切行动皆不得自由；说话有人监视，来往书信亦被拆阅检查，就是软禁。王照在犬养毅家亲笔写下出京一切经过以及康有为所称衣带诏是伪造的等，洋洋数千言，与康有为后来所记多有出入，康有为作伪的真相因此为部分日本人所知。不过，当然大多数人都被蒙在鼓里，而且康有为以为杨锐已死，死无对证，有恃无恐。他不知杨锐死后，其儿子扶棺出京时，将衣带诏原本缝在同乡举人黄尚毅的衣领中带回了四川老家。1909年光绪和慈禧太后死后，杨锐的儿子将这份密诏交给了都察院，转呈光绪帝的弟弟摄政王载沣，从此密诏的真相大白于世。但是直到今天，很多人还以为康有为手里拿的是真的衣带密诏。

百日维新转瞬即逝，"六君子"血洒菜市口，康梁流亡海外，陈氏父子被革职，永不叙用。湖南新政化为乌有，深受郭嵩焘影响的陈氏父子对康有为他们急躁冒进最终导致局面不可收拾确实不无异议。和康有为的路线相比，他们的步子要走得更务实、更稳健一些，然而覆巢之下无完卵。他们感叹的并不是一己的荣辱进退，他们当时耿耿于怀的是渐进稳健的改革终究因康有为代表的激进冒进而夭折，对康梁的不满是可以想见的。

黄遵宪在分析戊戌变法失败的原因时曾说过："几百年积下的毛病，尤其要慢慢来治。这次的失败就是新派人'求快'两个字的失败。""如有一般有学问、有办法、有经验、有涵养的老辈出来主持，一定可得相反效果的。"他的话只说对了一半，一般老辈是不肯出来主持的，陈宝箴是个异数，可惜只居湖南一隅，扭转不了大局。

当戊戌政变的消息传到湖南，没有意识到自己处境危险的陈宝箴还致电荣禄，希望他能"息党祸，维元气"。9月24日，张荫桓、徐致靖、杨深秀及谭嗣同、杨锐等"军机四卿"被革职拿办。28日"六君子"被杀。接着，张荫桓被发配新疆。御史黄桂鋆先后两次上折弹劾远在湖南的陈宝箴。10月6日上谕下达："湖南巡抚陈宝箴，以封疆大吏滥保匪人，实属有负委任，陈宝箴著即行革职永不叙用。伊子吏部主事陈三立，招引奸邪，著一并革职。"

发生在110年前的戊戌变法，我们以往了解的情况基本上都是从康有为、梁启超笔下来的，主要代表了他们这一派的说法。因为变法失败，六君子殉难，康、梁亡命海外，继续举起维新、保皇的旗帜，赢得了海外华人和国际舆论一边倒的同情。他们赢得书写、解释那段历史的主导权。随着时间的流逝，很多当事人陆续离世，拥有很强宣传能力和天生懂权谋的康有为，加上"笔锋常带感情"的得意弟子梁启超，他们的声音在这个过程中被逐渐放大。我们从历史教科书中获知的戊戌变法几乎就是以他们为绝对主角的，连主动变法的光绪帝都成了陪衬、配角，其实，历史从来都是合力构成的。回望戊戌变法，康有为固然不可回避，光绪帝和陈宝箴、陈三立父子等人同样值得关注。

第二篇

历史现场调查

【毛遂其实还有自惭】

刘诚龙

　　毛遂在平原君那里当了三年食客，才不露，能不显，不惊不乍，不咸不淡，平原君没有正眼瞧过他，国有疑难怎么也想不到问他。秦国围住了邯郸，平原君想从千儿八百食客里挑选二十个"有勇力文武备具者"到楚国去游说求救，"合纵于楚"，选了十九人，想凑个整数，硬是想不起来凑谁，此时毛遂便自告奋勇，自个儿推荐自个儿，平原君还是有点不相信他，问他在这里几年了，毛遂说已有三年，平原君说："你在我的布袋里三年，是锥子应当早就刺破布袋显露出来了，可是你一直没露出来啊。"毛遂说："我今天就是要请求你把我放进你的布袋。"平原君见他如是说，就把他凑了个整数，同意带他出使楚国。结果，毛遂不辱使命，在平原君结结巴巴、不得要领向楚君陈述得夹缠不清之际，毛遂抱剑上前，巧舌如簧，舌灿莲花，以雄辩的口才说服楚王联赵结盟，共同抗秦。

　　毛遂这番举动，是人人皆知的事，但关于毛遂人们可能也仅仅只知这件事。毛遂这样露了一把，我曾经想当然地认为他此后一顺百顺，人生就此撰写满辉煌篇章。其实不是，毛遂后来死了，在他自荐之事没满一年就死了，死因还真跟他自荐有关。原来，公元前 256 年，燕国趁赵国大战方停喘气不赢之机，派遣大将栗腹攻打赵国，派谁挂帅出征以敌强敌？赵王便想起了敢于自荐的毛遂，欲提拔毛遂为帅，统兵御燕。毛遂听到这个消息，大吃一惊，赶忙到赵王那里去，不是去"推荐"自己，而是去"推辞"自己：不是我怕死，是我德薄能低，不堪此任，我可披坚当马前卒，不能挂袍任率印官，如是，则上可保国之江山社稷，中可保您知人之明，下可保我毛遂不为国家罪人。当年自荐，意气风发；此时自辞，何其乃尔？一个毛遂，判若两人，简直让人难以置信。赵王很是不解：先生去年自荐，才情高迈，真伟丈夫；如今脱颖而出，正是建功立业之时，怎么忸怩如小女子？毛遂说："寸有所长，尺有所短，骐骥一日千里，捕捉老鼠不如蛇猫。逞三寸舌我当仁不让，仗三尺剑实非我能，岂敢以家国安危来试验我之不才之处。"按说，毛遂此话说得入情入理，但赵王却为了展示自己求贤若渴，怎么也不听毛遂之言，硬是要他挂帅迎敌。

一个靠嘴巴子干活的人，哪里是人家拿枪杆子的对手？尽管毛遂身先士卒，冲锋陷阵，但也无法抗敌，落得个一败涂地。被赵国精心树立起来的"人才"榜样，是这么个样子，有何面目回去见"江东父老"，除了以死谢罪，别无他途。于是毛遂避开众人，到一个山林子里，拔剑自刎，鲜血淋漓地倒在"毛遂自荐"的神话里。

毛遂的悲剧是不是再次验证了枪打出头鸟？不，根本不是。毛遂不是死在毛遂自荐上，而是死在自己的"一时之能"上。在常人的眼中，只要有一能便想当然地一通百通，一专百专，一俊百俊，一能百能，文史哲，政经军，无所不能，无所不通，赵王认为毛遂三寸舌头转得那么出神入化，肯定是三尺剑也会舞得风生水起的，为了体现赵国对人才多么重视，便霸蛮地把毛遂"滥用上了"。

我读了小半辈子书，对大名人"毛遂"的事迹到前几天读了鄢烈山先生的《毛遂之死》才知道，真算孤陋了，可是这怪不得我，要怪也只能怪老祖宗的"教育思维方式"，我们拿历史人物来"教育"人，要么是一俊遮百丑，要么是一丑遮百俊，很少以"一切人，人的一切"来教的。可笑的是我们一些博士也跟鄙人一样寡闻。博士从政近年来几成风潮，却没几人能展其长的，原因何在？博士们只知有毛遂自荐，不知有毛遂自惭，到现在博士考公务员依然热火朝天，只有自荐，没有自惭，读毛遂只读一半，显然还是不够的。

【刘邦之所以得天下，在于比项羽更会花钱】

寿韶峰

金钱不是万能的，但没有金钱是万万不能的。既能拥有金钱，又能运作金钱，且不会成为金钱的奴隶，才是真正的富贵之人。

汉高祖刘邦相貌堂堂，高高的鼻梁，面有龙腾之相，须髯很美，左腿上长有 72 颗黑痣。这一切好像都在说明他是一个"异人"，有不同于寻常人的一面，但他又有常人的一面：性情仁厚爱人，心胸宽敞、豁达，懂得享受，且志存高远。

刘邦在天性上不肯干平常人家的活计，不热衷于本分的生产劳动，他好像从来就不怎么在乎钱的问题，他有玩转财富的心法，总是能够让别人把钱财"送"上门来。

早年的刘邦不治产业，也不勤勉，父亲没少数落他，但他内心一直都很不服气。

即便刘邦当上了皇帝，还喜欢拿父亲昔日的"教导"说事。汉高祖九年（公元前198年），刘邦置酒于未央宫，大宴群臣。刘邦端起酒来为父亲献礼祝寿，口里念念有词："家父大人常常认为我是无赖，不能治理产业，不像兄长一样勤快实干。我今天成就的业绩难道不比兄长多吗？"这话虽是笑谈，却透出了刘邦的心思。在刘邦的心里，一直有这么一个信念：大男人的财富不是单单靠勤勉来获得的，只要能掌控大局，不愁没钱花。拥有财富不一定要靠朝九晚五地辛苦劳作，踏踏实实地治理产业永远不是刘邦这类人的心愿。

没有得志之前，刘邦常到咸阳服徭役，由此得以观瞻秦始皇的威仪。看在眼里，乐在心上："大丈夫就应该这样！"刘邦似乎看到了自我的影像，从此他的心界开阔起来。像秦始皇那样拥有天下，不就拥有了一切吗？

一个大男人，懂得享受，喜欢酒和女色，刘邦就这样。

当刘邦率军向西攻入咸阳，诸将领都争着奔向藏有金银绢帛财物的府库，萧何则来到秦国丞相府，收集图案文档资料。刘邦在干什么呢？当他看到秦宫如此华丽富贵，珍宝、狗马、女人以千万计算，一时有些心动，想留下来尽情地享用一番。

本来是一个"粗人"的樊哙——出身寒微，早年曾以屠狗为业，却板起脸讲了一番精致的大道理："你是想夺取天下，还是只想成为富家翁？正是这些奢华靡丽的东西让秦朝灭亡的，你要这些东西干什么呢！还是赶快回到灞上，不要在此久留！"但樊哙的话好像并没有深入到刘邦的心里，因为秦宫对他太有吸引力了。

刘邦出身布衣平民，即便打了胜仗，受封为沛公，毕竟还是没见过多少大世面，他哪里看到过如此华贵的宫殿和天仙般的美女？虽然革了大秦王朝的命，但后天习性难改，能不动心吗？

这时张良站出来说："秦王无道，你才得以攻下这里。想要夺得天下，就必须勤俭。刚进入秦宫，就琢磨着如何享乐，这完全是'助纣为虐'。忠言逆耳利于行，良药苦口利于病，希望你听取樊哙的劝告。"张良的话，刘邦还是听的。刘邦最后封存了府库，带领军队回到咸阳的郊区灞上。

刘邦召集各县的父老乡亲和当地有权势的人，说："父老乡亲受暴秦苛法迫害的时间太长了。我已经与诸侯约定好了，谁先入关，谁就称王。现在我约法三章：杀人者死，伤人及盗必须抵罪。其余秦法一概除去，诸官吏还像以前一样恪守职责。我来这里是为父老乡亲除害的，请不要害怕。"秦地老百姓非常高兴，争着宰杀牛羊，捧着酒和食物来犒赏三军。刘邦下令不准接受："仓库中的粮食很多，我们不缺，不能让百姓破费。"百姓听了，心里更是欢喜，热切盼刘邦能称王。

刘邦之所以这么做，因为他心里非常明白，正是自己目前不占有百姓的钱财，不与民争利，才能为日后拥有全国，为享尽天下财宝和美女铺好道路。

与刘邦的志向相对比，楚霸王项羽挂念的就太多了，什么都想占有。项羽带领军队西进，攻入咸阳，下令屠城，杀死已经投降的秦王子婴，火烧了秦宫，大火整整烧了3个月都不曾熄灭。项羽下令挖掘秦始皇的坟墓，打算把秦国所有的财富都占为己有。金银财宝、珠玉古玩等好东西项羽尽收其囊，还掳走了宫中所有的妇人。秦地的百姓对他的所作所为大失所望。韩生对项羽说："关中，地势险峻，土地肥饶，可在这里称霸。"项羽见秦宫已被烧毁，残破不堪，就说："富贵了不回到故乡，就如锦衣夜行，又有谁知道呢！"韩生退下之后，议论道："人们都说楚人不过像猕猴戴着帽子罢了，就知道在表面上显摆。看来果不其然呀！"项羽听闻之后，就把韩生给烹杀了。可能是项羽太在乎眼前的一切，于是他想破坏，想焚烧；而财富、妇人、珍玩和权力等，又一个都不能少。

正因为刘邦有些吊儿郎当满不在乎，舍得为日后投资，所以在政治与财富的争斗中，刘邦一直得心应手。

陈豨，本来刘邦派他去管理代地的，不料这位曾经追随刘邦、颇有信用的列侯却造反了。刘邦亲自率军前往征讨，走到邯郸的时候发现陈豨只是以漳水为屏障，久经沙场的刘邦心里有底了。刘邦又了解到，陈豨的部将中有很多人原先是商贾之人。这次刘邦心里更有把握打赢这场仗了，因为他知道商人是最经不起利益诱惑的。高祖刘邦开始向这些人撒钱，陈豨的部下们收到刘邦送上门的黄金，许多人当即反戈，投向了高祖的怀抱。

刘邦的处世手段很潇洒，永远不会忘掉让金钱来帮助自己推磨。早在楚汉对峙时，处于劣势的刘邦毫不犹豫的交给陈平4万斤黄金，让他用这些沉甸甸的东西去离间楚霸王和亚父范增之间的关系。

与刘邦相比，项羽待人同样也是恭谨仁慈、言辞和善，若手下有人患病，他会伤心哭泣，和病人一同饮食进餐。然而每次到了论功行赏、封官加爵时，恭敬爱人、清廉好礼的项羽却总是出奇地吝啬，尤其地不洒脱。他往往犹豫不决，把刚刻好的大印在手里摩挲着，几乎让它失去棱角也不肯赏赐给他人，这怎么能拴住人心！

不过，项羽也有大方的时候。兵败如山倒，但大英雄就是不肯东渡乌江，他把自己的坐骑赐给乌江亭长，命令骑兵皆下马步行，手持短兵和追击的汉军进行最后的肉搏战。单是项羽所杀的汉军就有数百人之多，他本人也身负十几处创伤。真是一个不识大势之人！这个时候了，才想起来要逞自己"力拔山兮气盖世"的英雄豪情，只可惜用错了地方。当项羽回头看见汉军骑兵中的司马吕马童时，说："你难道不是我的故人吗？"吕马童审视了一下，这就是项王！项羽说："我听说汉王为购求我的头颅而出资千金，以封万户侯为悬赏，我把这个好处恩施给你。"于是自刎而死。几十个汉军骑士为争夺楚霸王的尸体，又是一番厮杀，最后吕马童等5人都得以封侯。

项羽的豪气大方成就了几个粗人，但失去了天下、江山和美人虞姬还有自己坐下的良驹宝马，万里江山则归入善于挥洒钱财的刘邦的囊中。

正因为相信虚无缥缈的命运，高祖刘邦很自信甚至很自负。在攻打黥布时，刘邦被流矢击中，后来伤口发作，病得很厉害，吕后赶忙为他请来一位名医。可是，刘邦就是不愿医治，但还是赏了那个医生 50 斤黄金，把他打发走了。为什么汉高祖不愿就医呢？刘邦发表了一番高论："我以布衣起家，手提三尺剑取得天下，这都是天命所归。我的命运如果是这样，即使神医扁鹊在世又能怎样？"

刘邦的心无挂碍成就了千古霸业，普天之下，莫非王土，他才是真正的富贵者。因为刘邦最清楚在他的生命、事业和命运中，财富处于一个什么样的位置。

【唐朝"楼市"也曾崩盘，朝廷没有救市】

李开周

楼市一直是大家关心的热点，因为它既重要，又经常变化。在古代，虽然土地制度和市场状况与现在不可同日而语，但其中的变化也是风云莫测——按我们现在的收入算，唐朝的房子就曾经从几百、上千元一平米跌到过几十元。

敦煌房价在"千元"以上

唐宣宗大中十年（856 年），敦煌居民沈都和因为急等钱用，卖掉了自家的房子。按照惯例，他跟买方签了一份房屋转让合同，合同上写道：

慈惠乡百姓沈都和，断作舍物，每尺两硕五升，准地皮尺数。算著舍椽物二十九硕五斗六升九合五圭干湿谷米。其舍及地当日交相分付讫。（《敦煌资料》第一辑第 298 页）

什么意思呢？就是说沈都和这套房子按面积计价，每尺价值小麦两硕五升。另外房子里所有家具陈设也随房子一块儿出让，价值小麦二十九硕五斗六升有余。

合同上写的"一尺"是指一平方尺，唐朝一尺有 0.3 米，一平方尺就是 0.09 平方米。"硕"是容量单位，跟"石"通用。唐朝一石有 59.4 公升，一斗是 1/10 石，一升是 1% 石。按每公升小麦重 1.5 斤计算，唐朝一石小麦重 90 斤，一斗小麦重 9 斤，一升小麦重 0.9 斤。所以"两硕五升"小麦重约 180 斤，按今天麦价 8 毛一斤去买，至少需要 140 元。

前面说过，"一尺"是 0.09 平方米，"每尺两硕五升"，说明每 0.09 平方米能卖 140 元，也就是每平方米能卖 1555 元。放在 1000 多年以前的敦煌，这房价是很高的。

平民"月薪"不足 300 元

不过历史不喜欢孤证，单凭这一宗交易，并不能说明敦煌的房价普遍高企，再看下一个例子。

唐僖宗乾符二年（875 年），同样住在慈惠乡的另一位敦煌居民陈都知卖掉了自家的宅基，换来小麦"八百五硕五斗"，即 805.5 石（张传悉《中国历代契约会编考释》）。按每石价值 140 元计算，陈都知家的宅基卖了人民币 112770 元。那块宅基有多大呢？东西宽三丈九尺，南北长五丈七尺。唐朝三丈九尺折合今天 11.8 米，五丈七尺折合今天 17.2 米，假定陈家宅基的形状比较规则，那么其面积就有 203 平方米。拿宅基总价除以宅基面积，可以得出这块宅基的单价：每平方米 556 元。考古报告显示，唐代敦煌民宅全是单层，容积率很低，所以当地价高达五六百元一平方米的时候，房价在千元以上是完全合乎逻辑的。

我手头还有一批唐代敦煌的雇佣文书，那些文书上显示，在公元 9 世纪后期，不管是帮人牧马放羊，还是给人运送货物，甚至包括替人当兵在内，敦煌平民每月的收入一般都不会超过两石小麦。换言之，那时"工薪阶层"的月薪大多在 300 元以下。像这样的收入水平，就是一年不吃不喝，也只能挣够两三平方米，倘若想买一套像模像样的房子，恐怕得忙活几十年。

我不知道千年以前的敦煌是否也有大量需要买房居住的朋友，如果有的话，我猜他们肯定会郁闷，会彷徨，会对房价畸高的房地产市场发泄出汹涌澎湃的怨恨和失望，就像我们今天的某些购房者曾经做过的那样。

"楼市"突然崩盘

值得庆幸的是，这样的状态并没维持多久，敦煌房价在每平方米 1555 元这个制高点上盘旋了一会儿，很快就急转直下，像一架失事飞机那样栽着跟斗俯冲下去。套一句比较现代的说法，敦煌"楼市"崩盘了。

唐昭宗乾宁四年（897 年），敦煌居民张义全卖房，"东西一丈三尺五寸，南北二丈二尺五寸"，只卖了小麦"五十硕"（《敦煌宝藏》第 32 册第 980 页）。一计算得知其建筑面积 28 平方米，售价 7000 元，每平方米才卖 250 元。唐昭宗天复二年（902 年），敦煌居民曹大行跟人换房，"东西三丈五尺，南北一丈二尺"的房子，仅估价"斛斗九石"（《敦煌宝藏》第 32 册第 99 页）。换言之，38 平方米的房子，只能卖 1260 元，已经降到了 33 元一平方米。

关于敦煌房价，目前能找到的文献非常之少，暂时还弄不清刚开始房价为什么高企，后来又为什么暴跌。另外鉴于中原和江南地区出土的唐代经济文献更加稀少，所以也不敢确定在敦煌之外的其他区域是不是同时出现了房价暴跌的现象。

朝廷没有"救市"

不过可以确定一点：在敦煌房价暴跌之后，大唐朝廷和敦煌政府都没有出手救市。因为查《新唐书》《旧唐书》，查记载唐朝史事更为翔实的类书《册府元龟》，唐代官修的会典《唐六典》及中科院历史所辑录、中华书局出版的敦煌石室藏书释文汇编《敦煌资料》，从中既没有发现唐朝中央政府曾经降低房贷利率和首付的记录，也没有找到敦煌地方政府曾经为购房者提供补贴的迹象。

当然，唐朝没有银行，也没有房贷，那时候的中央政府压根儿不可能通过降低利率和首付来救市。

唐朝政府之所以不救市，倒未必是因为它更能替广大购房者着想，才容许房价不断下滑，而极有可能是因为以下几个原因：

第一，当时没有专门的开发商，所谓房地产交易只是在业主之间进行的二手房买卖，而业主们作为一盘散沙，是没有能力游说政府作出救市决策的。

第二，当时房地产行业在整个国民经济领域所占的比重非常小，无论这个行业是否兴旺，都不会导致 GDP 下滑。

第三，当时的财政收入主要来自田赋和人头税，政府从来没有想过卖地生财，房价暴涨也好，暴跌也罢，只能影响地价，而影响不到政府的利益。

【宋代私家菜】

孟　晖

我一位同事，有道家传凉菜：将鱼鳞熬化，凝成冻以后斜切，加汁调和。她叫不上这道菜的名字，其实在宋朝的饭馆里，这是一道寻常美味，名曰"水晶脍"，黄庭坚还给了它一个更风雅的名字"醒酒冰"。不过，食不厌精的宋朝士大夫绝不会到此止步，他们改变原料，自制"醒酒冰"，不仅要讲色香味，还要讲意境呢。

《山家清供》据说是宋人林洪所编，作为保存至今的最古老的食谱之一，最不简单的地方，在它的定位——专门记录宋朝士大夫风雅、清新的"私家菜"。像《东京梦华录》里罗列的那些个市井菜肴，就绝对不配在《山家清供》里露脸，其中有一道凉拌菜"素醒酒冰"，就很可以传达该食谱所倡导的"食道"精神：

米泔浸琼脂菜，曝以日，频搅，候白，洗，捣烂，熟煮。取出，投梅花十数瓣，候冻，姜、橙为脍齑，供。

把琼脂菜（如今叫做石花菜，是制作琼脂的原料）洗净、泡软，再煮化成胶——这就是琼脂了。琼脂倒在容器里，趁热投进去十几片梅花。等琼脂冷凝成冻后，切细条（这是"醒酒冰"——水晶脍的吃法，我推测，"素醒酒冰"也该以相同方法处理），用姜和鲜橙肉佐拌。

似乎宋代士人的"私家菜"约略接近日本菜的风格，讲究清淡、自然，只是这清淡、这自然，却是经过极精心的设计与炮制而成。"素醒酒冰"其实是针对着当时流行的"荤醒酒冰"。"荤醒酒冰"，本名叫"水晶脍"，全因黄庭坚爱搞怪，一时兴起，给俗菜取了个雅名——

> 醉卧人家久未曾，偶然樽俎对青灯。
> 兵厨欲罄浮蛆瓮，馈妇初供醒酒冰。（《饮韩三家醉后始知夜雨》）

作者自注云："予常醉后字'水晶脍'为'醒酒冰'，酒徒皆以为知言。"

水晶脍是宋代很火的一道大众凉菜，用鱼鳞熬成，南宋词人高观国专就写过一首《菩萨蛮·水晶脍》：

> 玉鳞熬出香凝软，并刀断处冰丝颤。红缕间堆盘，轻明相映寒。
> 纤柔分劝处，腻滑难停箸。一洗醉魂清，真成醒酒冰。

其相关做法，南宋人陈元靓《事林广记》中有详细记录：

> 赤稍（梢）鲤鱼鳞，以多为妙，净洗，去涎水，浸一宿。用新水于锅内慢火熬，候浓，去鳞，放冷即凝。细切，入五辛、醋调和，味极珍。须冬月调和方可。

这样的水晶脍，北宋汴梁、南宋临安饮食店里处处售卖，是一道寻常美味小菜，《东京梦华录》《武林旧事》里都有提及。从高观国的描写来看，鱼鳞熬成的水晶脍，不仅透明、轻滑而且口感清爽，是醒酒的佳味。它用五辛、醋来调味，可见糖、盐之类大约都要放，口味偏重。《山家清供》偏偏弄出个"素醒酒冰"，不仅用无味的琼脂为主料，而且只以姜、橙的清新味道来做提点。

王敦煌的《吃主儿》（三联书店 2005 年版）里也提到用"洋粉"自制夏日冷食的经历，作者似乎不知道"洋粉"就是琼脂。今天，家庭中自制冷食的时候，多是把琼脂作为一种凝冻剂，而不是作为主料。不过，"素醒酒冰"把天然花瓣投到凝冻中的做法，也许对今天的美食爱好者还是有启发意义——来一款果冻或者冰淇淋，其中凝有片片花瓣，那感觉如何？

历史上专业从事烹饪的多为男性，不过唐宋时有不少女厨的身影相当活跃，为皇帝烹调的称"尚食娘子"，为大小官吏当差的称"厨娘"。据廖莹中《江行杂录》等宋代笔记所载，厨娘地位虽然不高但赏赐丰厚，一手绝艺往往为主人家增光添彩，非大富之家别想请到她们做饭。

【朱元璋的反贪运动】

张宏杰

所谓"学《大诰》运动"，即朱元璋晚年为了整顿官僚队伍清除腐败现象而在全国范围内兴起的一场官民大学习和群众大造反运动。

宁可错杀一千，不可放过一个

在历代帝王中，朱元璋是对贪污腐败最深恶痛绝的一个。这种痛恨，既源于血液又源于理智。作为一个前贫民，疾恶如仇是因为自己底层生活的痛苦经历；作为一个帝王，他的痛恨则来自对自己家业的爱惜，他生怕这些硕鼠咬坏自己辛辛苦苦建立起来的统治之网。

朱元璋采取了中国历史上最严厉的措施来惩贪。他生性苛细，连多用一张信纸在他眼里都算贪污。翻开《大诰三编》，你会看见皇帝亲自惩办的贪污案里，有这样一些赃物，"收受衣服一件、靴二双""圆领衣服一件""书四本、网巾一个、袜一双"。官员犯了别的错误尚可饶恕，唯有贪污绝不放过。在反贪运动的开始，他规定凡贪污六十两银子的，就剥皮楦草，摆在衙门前示众。按说这一规定已经残酷至极，不想他后来公布的政策更为极端："今后犯赃的，不分轻重都杀！"

对贪污之官，朱元璋宁错杀一千，不可放过一个。他规定，凡有贪污案件，都要层层追查，顺藤摸瓜，直到全部弄清案情，将贪污分子一网打尽为止。这样做固可使贪吏无所遁形，但在法制不健全的情况下却也易生流弊，审理者务为严酷以邀上恩，株连蔓引，往往累及无辜。从洪武四年（1371 年）到洪武十八年，朱元璋在全国范围内掀起了数次轰轰烈烈的反腐败运动，如洪武四年甄别天下官吏，洪武八年的空印案，洪武十八年的郭桓案，声势都极浩大。两案连坐被冤杀的达七八万人。

由于诛戮过甚，两浙、江西、两广和福建的行政官吏，从洪武元年（1368 年）到十九年（1386 年）竟没有一个做到任期满的，往往未及终考便遭到贬黜或杀头。用朱元璋自己的话说："自开国以来，两浙、江西、两广和福建设所有司官，未尝任满一人。"

千古奇文《大诰》

虽然惩贪措施如此严厉，腐败却从来没有绝迹。大的腐败消失了，小的腐败却仍然层出不穷。

朱元璋没有想到或者不愿想到的是，造成腐败的根本原因不是他的惩贪措施不严厉，而是中国的贪渎文化过于根深蒂固。在传统的中国社会，因为政治权力笼罩了社会生活的方方面面，而对权力的制约乏力，腐败机会遍地皆是。想让官员不贪，几乎如"渴马守水""饿犬护肉"一样不现实。而朱元璋的低薪制又加剧了腐败的蔓延，史称明代"官俸最薄"，一个县令月收入不过合五两银子，这五两银子不光要负担县令个人的生活，还要供养家庭，支付师爷们的工资。因此，如果不贪污，大明王朝的官员们根本活不下去。

对于官员如此悍不畏死，甘蹈法网，朱元璋震惊之余，把原因归结于旧朝不良思想的污染。他说，经过一百年的元朝统治，人心不古，导致"天下臣民不从教者多"，其中官员们尤其如此。他决定在全国范围内兴起一次强制性的深入的全民思想教育活动。为此他亲自制作了《大诰》这一千古奇文，作为这次运动的学习材料。

所谓《大诰》，就是一本血淋淋的案例汇编。朱元璋把他惩办的大案要案，编成一册，夹杂以大量的说教。由于是朱元璋亲笔所作，所以这本书文辞鄙俗、体例杂乱、多语句不通之处。因为以威胁恐吓官吏百姓为目的，所以他选取的案例都是血腥残忍令人发指者。

洪武十八年（1385 年），朱元璋下令说：这本大诰，"一切官民诸色人等，户户有此一本"。终洪武一朝，《大诰》三编共印行数千万本，成为近代史上全球发行量最大的出版物。明王朝从城市到乡村，每家每户的正堂上都供着一套《大诰》，令全国人民利用一切业余时间学习《大诰》。

全民性的捉贪运动

为了彻底消灭腐败现象，建设一支纯而又纯的官员队伍，朱元璋想到了求助于广大人民群众。洪武中叶，大明帝国里发生了一件中国史上前所未有的事情：皇帝号召底层民众起来，造官僚阶级的反。

朱元璋在《大诰三编·民拿害民该吏三十四》中发出了这样的号召：我设各级官员的本意，是为了治理人民。然而，过去我所任命的所有官员，几乎都是不才无稽之徒……现在，我要靠你们这些年高有德的地方上的老人以及乡村里见义勇为的豪杰们，来帮助我治理地方。如果要靠当官的来给百姓做主，自我登基如今十九年，我还没见到一个人！

一开始，皇帝赋予百姓的是监督权。朱元璋告诉百姓，他们可以直接向他举报官员们的违法行为，并且许诺，皇帝会根据普通民众的意见来奖励和惩罚官员。洪武十九年（1386 年），他的政策又大幅度地前进了一步，他令人吃惊地宣称，在他的帝国之内，任何一个人都可以冲进官府，捉拿他所不满意的官员。

另一章中又规定：百姓们捉拿吏员，当官的如果敢阻挡，那么"全家族诛"。

赋予"卑贱"的农民以不经任何法律程序直接捉拿官吏的权利，这在中国政治史上是从来没有过的事情。

对于这场全国范围内急风骤雨式的群众运动，朱元璋抱以极大的希望。在一则命令中，朱元璋谈到他的设想："如果天下百姓都听我的，认认真真照这个命令办，那么，不出一年，天下的贪官污吏都变成好官了。为什么？因为良民时刻监督，坏人不敢胡作非为，所以各级官员都不得不做好官，做好人。"

在动员加恐吓之下，朱元璋兴起的捉贪运动终于在各地兴起。在通往南京的路上，经常出现一群衣衫褴褛的百姓押解着贪官污吏行走的情景。也有贪官逃回家里，被亲戚捉住，送到京师。于是，大明天下出现了这样的情景：一直骑在人民头上作威作福的官员们要对百姓下跪求饶了。

无日不杀人

从洪武十八年（1385 年）到洪武二十八年（1395 年），皇帝与百姓密切配合，严厉打击贪污腐化。那个时候，几乎无日不杀人。不幸在洪武时代做官，真的是一件极为危险的勾当。传说当时的京官，每天清早入朝，必与妻子诀别，到晚上平安回家便举家庆贺，庆幸又活过了一天。

原来是天底下最热爱做官的读书人，此时也视仕途为畏途。有的家里有好学之子，怕被郡县所知弄去当官，反而叫他们休学种地。有的为了避免被强征出仕，以致自残肢体。

连不少受过朱元璋多次表彰的清官也因为牵连到"空印案"之类的大冤案中送了命。济宁知府方克勤是有名的清官，一件布袍穿了十年也没有换新的。因为牵连到了"空印案"里，被朱元璋毫不留情地杀死。户部尚书滕德懋被人举报为贪污，朱元璋迅即把他处死，之后剖开滕的肚子，想看看这个贪官肚子里都有些什么。孰料剖开之后，发现里面全都是粗粮草菜，只好悻悻地长叹一声："原来是个大清官啊！"

最腐败的王朝之一

虽然惩贪力度如此之大，然而朱元璋期望的纯而又纯的状况最终也没有出现。官员们认为反正动辄得咎，不如趁早捞一把算了。连朱元璋寄以最大希望的村民自治也破产了。因为有了权力，可以处理一般的案件，村老也很快腐败，以权谋私，甚至贪图酒食贿赂。

朱元璋晚年，对自己的暴力惩贪曾经有过困惑和动摇。然而，他始终认为自己亲手写订的《大诰》是一部"宝书"，不忍舍弃。在临死前一年，朱元璋"特命有司，将《大诰》内的条目，拣其精要者，附在《大明律》内"。他希望子孙后代世世代代"依《律》与《大诰》拟罪"。

然而，在朱元璋去世的第二个月，建文帝就在《即位诏》中宣布："今后官民有犯法者，执法机关一律只按《大明律》断，不许深文周纳。"这个"深文"显然就是指《大诰》。虽然没有哪个后世皇帝敢明确宣布废除《大诰》，但在朱元璋死后直到明亡，《大诰》

再也没有发挥过实际作用。虽然朱元璋自己很欣赏，他的子孙们却羞于提到太祖皇帝这本文字粗鄙、内容血腥的著作。到明代中叶，《大诰》已经鲜为人知。曾经发行数千万册的这本宝书，到明末在民间几乎一本也没有了，这也许是朱元璋从来没有想到的。

更让朱元璋没有想到的是，虽然他在世时，通过他堂·吉诃德式的努力，贪污腐化现象得到了一时的抑制，然而却积蓄了巨大的反弹能量。在他死后，腐败又迅速发展起来并且愈演愈烈。明代中后期，腐败现象在各级官吏争先恐后的疯狂和无耻状态中向政治肌体的一切环节蔓延扩散，并最终积聚成为汹涌的巨涛，吞没了整个王朝。大明最终以中国历史上最腐败的王朝之一被列入史书。

【大明朝的"金粉世家"】

李开周

在大明朝能称得上中央机关的，大致有这么几家：一是内阁，统管全国政务；二是六部，分管全国政务；三是都察院；四是通政司；五是大理寺；六是翰林院，名义上属于文学机构，实际上扮演皇帝智囊团的角色。在上述六大机构以外，又有一个中书科，负责翻译国书、篆刻官印、抄写经文以及为皇族人员办理花名册。中书科也是中央机关，但跟内阁、六部、都察院等中央机关比起来，其级别很低——在里面上班的中书舍人只是从七品，还比不上六部中一个小小的主事；同时没有实权，无论人事、财政还是司法、监察，一应肥缺与它无缘，所以没有人怕它，是个冷衙门。

明朝公务员的工资本来就低，中书科二十名中书舍人，每人每年的工资只有八十四石，按粮价折算下来，相当于今天七千多块钱，换言之，月工资不到六百元。这是洪武二十五年（1392年）定的标准，此后直到万历朝，近二百年没有上调过。六部人员的工资也不高，但是人家有福利，譬如尚书们可以混到钦赐的房子，侍郎们可以领到像貂皮帽子那样的劳保用品，手握印把子的员外郎可以暗示别人给他送冰敬、送炭敬，或者还有购物券什么的。中书舍人却既没有福利可拿也没有外快可捞，从理论上讲，只能靠那点儿工资过生活。而北京城内物价奇高，几百块工资根本养活不了一家老小，想过得滋润一些，还不如辞官不干，走街串巷去卖糖葫芦呢。

但是很奇怪，中书舍人们不仅没有集体辞职去卖糖葫芦，还顽强地生存了下来，而且生存得还不错。到嘉靖四十年以后，更有大批刚考中的进士争着抢着走后门，闹着要进中书科上班，成为一名每月只拿六百块工资的中书舍人。咱们读史至此，不妨也掩卷沉思一小下，想想其中的奥妙所在：莫非中书科的工作对社会对人民贡献巨大，使得中书舍人们宁可倒贴钱也不当逃兵？或者那是个绝妙的跳板，可以跳到内阁首辅抑或六部尚书的职位上去？我在沈德符《万历野获编》中找到了答案——原来做中书舍人可以发大财。

如前所述，中书舍人主要就是抄抄写写，他们发财的渠道就在抄写上面。举个例子，皇宫里过节，要贴对联，喊几个中书舍人去写，写之前，端上来一盘朱砂，一盘金粉——都是调墨用的。中书舍人从怀里摸出一杆笔来，在金粉里使劲一蘸，笔坏了，"只好"塞袖筒里；然后再摸出一杆笔，再使劲一蘸，笔又坏了，再塞袖筒里。如此这般蘸坏十几杆笔以后，他们才会正式书写。等回去时，袖筒里鼓鼓囊囊全是坏笔，每杆笔上都蘸满了金粉，抖干净，包起来，足有二两重，交给钱庄去熔，一个小金锭就出来了。这枚小金锭，实际价值不亚于两三个月的工资。

嘉靖皇帝朱厚熜信奉道教，经常让中书舍人帮他抄道德经，据说每抄一部《道德经》，就要用掉九百两金粉，事实上那九百两金粉至少有八百两是被中书舍人蘸走的。我猜如果没有太监在场，用掉金粉的效率还会更高一些，连蘸都不用蘸，直接倒进袖筒了事。正是靠着袖筒里这些金粉，中书舍人才养活了一家老小。因为这个缘故，我觉得他们才是真正的"金粉世家"。

【疯狂屠四川：张献忠的血腥记录】

章 夫

明末义军纷起，陕西、山西、河南、湖北四地鱼烂之时，四川相对平静。然而，不知从什么时候起，一首不祥的歌谣在四川大地上悄悄地流传开来："流流贼，贼流流，上界差他斩人头。若有一人斩不尽，行瘟使者在后头。"果然，不久之后，张献忠就开始在四川大开杀戒了。

明朝皇帝朱由检和李自成、张献忠三个人都是年龄相仿的青年人，性格又都非常执拗。他们几乎是同时登上历史舞台：1628年，崇祯帝朱由检登上帝位；同一年，因为陕西饥荒，流民四起，李自成、张献忠在不同的地方起兵。这种偶然性加大了造成民族大悲剧的必然性。

成都三遭屠城

崇祯帝的执拗造成了明廷兵力的重大损失，李自成与张献忠的执拗又造成了内战的一再延长。结果是明廷覆亡了，李张两人也相继败死。

而张献忠手上却沾满了农民兄弟的鲜血。"黄巢杀人800万，在劫难逃"在民间流传已久，成为谚语。张献忠究竟杀了多少人，则缺少数据。民间传说他几乎把四川人杀光了，所以后来才有"湖广填四川"的说法。

成都作家流沙河考证，成都历史上有3次大屠杀。第一次在西晋东晋之交：事起于公元 301 年，蜀西氐族豪强李特，纠合流民 2 万余人，自称镇北大将军，扯旗造反，陷广汉，围成都，入城大屠杀。其子李雄称成都王，后又称帝。拨乱长达 50 年。第二次在宋元之交：公元 1279 年，元朝灭南宋，两度陷成都，先后大屠杀，"城中骸骨140 万，城外者不计"，其作恶又胜过李特父子。第三次便是张献忠那次空前绝后的屠城：明末崇祯十七年（1644 年）阴历八月初九，张献忠陷成都。入城，张献忠下令屠城 3 日。3 日过了，停止大杀，只每日小杀百余人以树威。

屠夫如何杀人

张献忠，延安人，原在县衙门当壮勇，升小队长，粗识文字，雅号静轩。

张献忠在四川杀人如麻，并非他独嗜，诸多杀人方法也并非全系他首创，很多不过是对前人的借鉴而已，但照历史记载，他似乎将诸多杀人方法汇总并发扬光大。

据史籍记载，张献忠杀人的方式常见的有几大类：斩杀；草杀，即挨家挨户杀；天杀，即在朝会时，放狗于诸宫，凡被狗闻过的人，即拖出杀掉；生剥人皮法，匏奴，即割手足；边地，即分夹脊；雪鳅，即"枪其背于空中"；贯戏，即"以火城围炙小儿"；其他尚有"抽善走之筋，斫妇人之足，碎人肝以饲马，张人皮以悬市"等。斩杀等虽也残酷，但不是张献忠自创，不过草杀、天杀、贯戏、张人皮以悬市，却明显带有张献忠作为屠夫的创造性。

张献忠的军队每陷一方，对妇女除掳去少数年轻女子充当营妓外，其余的怕累及军心，全部杀掉。后期兵败溃退、粮草匮乏时，更是杀妇女腌渍后充军粮，如遇上有孕者，剖腹验其男女。

张献忠对漂亮女人似乎有一种莫名其妙的报复心理，征战途中，不时有部下向他进献美女，他通常留宿几次就借故杀掉。攻占黄州后，他集中全城的妇女，挑那些年老或者貌丑的放走，留下年轻漂亮的，强迫她们去拆城墙。这些女人平时没有干过这样的重活，许多人手指被磨得鲜血淋漓，昏厥在城下。城墙拆掉后，张献忠又命令士兵把这些人全部杀死在城下。在攻打滁州战役中，因久攻不下，张献忠听信一个阴阳先生的话，到周围乡村掠来妇女数百人，"尽断其头"，倒埋在城下，露出阴部对着城上，想以此来压住城上的大炮。

对尚处于怀抱中的婴幼儿，则将他们抛掷空中，下以刀尖接之，观其手足飞舞而取乐，此命名为雪鳅。稍大一些的儿童，则数百人一群，用柴薪点火围成圈，士兵圈外用矛戟刺杀，看其呼号乱走以助兴致，此命名为贯戏，稍有反抗或语言不满的人，捉来将背部皮从背沟分剥，揭至两肩，反披于肩头上，赶到郊外，严禁民间藏留给予饭食，月余而气绝。如行刑者使人犯当时气绝，未能遭此活罪，行刑者亦被剥皮，此命名为小剥皮。

"以火城围炙小儿"的贯戏，是将杀人当成一门可以欣赏的、可耻而残酷的"行为艺术"，对于毫无反抗能力的儿童也施行此种酷刑，在每个字缝里都沾满无辜血迹的此类文字在中国史书里也是少见的。这说明张献忠的杀人疯狂、变态到了何种让人不可思议的地步。而狗闻过即杀掉的"天杀",其祸从天降的随机性,没有道理、没有规律,让每一个生活在张献忠周围的人朝不保夕。如此提心吊胆、日夜恐惧、防不胜防,没有谁能够通过人力幸免,除了身体可能被消灭,还有精神上的彻底投降,以至于就此被吓死。

甲申年(1644年)阴历十月十六日,张献忠在成都登基做皇帝,国名大西,年号大顺。蜀王府改称皇宫,蜀宫城改称皇城。

1645年张献忠装模作样地开科取士,以科举为名,骗进士、举人、贡生1.7万人于青羊宫中,尽数杀戮,居然把钦点的状元也给杀了。大西政权在四川各州邑安置官员,用军令催逼周围士子乡绅到城镇,由东门入,西门出,尽杀灭。攻陷成都仅2个月,杀进士、举人、贡生1.7万人于东门外。

他命手下将士以杀人多寡记功晋级,到后来甚至无法计数,干脆用手掌几大堆、人头几大堆、耳鼻几大堆来记。成都城内,"凡有军官衙门所在,手掌如山积,几于假山千峰万叠"。待到后来张献忠兵败被诛,清军收复四川,发现成都城内绝人迹已经13年:瓦砾颓垣,不识街巷,林木丛杂,走兽野犬游走其间,2万余口水井,被尸骨人头填满与地齐平。

张献忠并非一味颠顸快意杀人,盖以杀人求政权之巩固耳。怎知江山仍坐不稳,清军一来,他就逃了。逃跑前下命令,必须杀尽蜀人,烧光房子,鸡犬不留,以免资敌。

张献忠杀人是细心计算的,军粮太少,养不起那么多嘴巴,必须运用减法,如此而已。成都所有民房,早给贼兵拆作柴薪烧了,不留一柱一椽。最后烧蜀王府,片瓦不存。然后率领败兵数十万逃出城,一路杀向西充。逃跑前还进行了大屠杀,死男女数达十万,剐之割之,制成腌肉,以充军粮。

不可思议的是张献忠还有"自杀"的行为。史料记载,某日晚,他的一幼子经过堂前,张献忠呼唤儿子没有回应,即下令杀之。第二天晨起后悔,召集妻妾责问她们昨晚为何不救,又下令将诸妻妾以及杀幼子的刀斧手悉数杀死。

后来,张献忠军事上越是失败,心情越是焦虑,于是大杀自家兵士。《蜀难叙略》云,清军进剿追击,张献忠兵败弃成都逃到西充时,已无百姓可杀,乃自杀其卒,每日一二万人。初杀蜀兵,蜀兵尽,次杀楚兵,楚兵尽,后杀同起事之秦兵。130多万人马,2个多月,斩杀过半,以此减负逃窜。张献忠责其下属杀人不力,骂曰:"老子只需劲旅三千,便可横行天下,要这么多人做甚。"

为何杀尽四川人

张献忠到底杀了多少人?历史上恐怕永远无法准确统计,《明史》上称有60多万。张献忠军队的铁蹄横扫四川前后20多年,祸遍巴蜀,使物力丰饶的天府之国变为百里人烟俱灭、莽林丛生、狼奔豕突之地。战乱使百姓弃田舍逃亡，10来年间，稼穑不生，颗粒无收，川人死于饥馑、瘟疫又倍于刀兵。明万历六年（1578年），全蜀人口有310万左右，到康熙二十四年（1685年）平定全蜀时，人口只剩9万左右，成都原有住户"十不存一"。可见明末清初时期，四川经历了怎样的劫难。

张献忠为什么要大杀四川人？鲁迅先生作了很中肯的分析：张献忠杀人的心理变化，在前期，是出于报复心理；在后期，是出于做不成皇帝而倒行逆施的变态心理。

应该说张献忠报复杀人，起初是有对象的，那就是贪官污吏、地方豪强，并非滥杀。到了后来，张献忠出于一种变态心理，杀人极为"酷烈"，正如鲁迅《记谈话》一文中所说："先前我看见记载上说的张献忠屠戮川民的事，我总想不通他是什么意思；后来看到另一本书，这才明白了：他原是想做皇帝的，但是李自成先进北京，做了皇帝了，他便要破坏李自成的帝位。怎样破坏呢？做皇帝必须有百姓，他杀尽了百姓，皇帝也就谁都做不成了。"

尽管张献忠也想做皇帝，但他显然没有信心，知道自己强弩之末，无力改变清军入关后的大势，于是残忍乖戾，以屠杀为乐。

历史的宿命

从公元前221年秦朝建立到公元1911年清朝覆亡的2132年间，中国出现过大大小小300多个皇帝，平均七年即有一个皇帝诞生。改朝换代是免不了血腥剿灭的，同时因战乱而带来民生凋敝、饿殍遍野、死尸枕藉，即便是同一朝代之间的皇帝更替，也是一朝天子一朝臣，新一代皇帝对父皇的相关宠幸人物也是免不了屠戮杖打、流放贬谪的，由此也难免伤及无辜。

读史使人明智，亦让人悲愤神伤。

【靖难：六百年前的一声叹息】

付俊良

明建文四年（1402年）六月，经过"靖难"兴兵之后，朱棣终于从他的侄儿建文帝朱允炆手中夺取了皇帝宝座。随后，主张建文帝削藩的齐泰、黄子澄等人先后遭到诛杀。

本来，争夺帝位是皇室的家事，谁当皇帝都姓朱，"明白"的臣子既看得开又想得通，所以他们在朱棣登基后能自然而然地侍奉新主子，续写人生新的风流。然而就是有一批像齐泰、黄子澄那样"顽固不化""一根筋"的人，不畏强权，用种种令人难以置信的方式表达了对先朝的忠心，而且前仆后继，实在可歌可叹。

朱彝尊《明诗综·诗话》记："长陵靖难，受祸者莫惨于正学先生，坐方党死者相传八百七十三人。"正学者，方孝孺也，时为建文帝的文学博士，洪武时曾在汉中任事，当时的蜀王朱椿以其贤德，聘他当儿子的老师，并给予特殊的礼遇，把他的书房称为"正学"。朱允炆接了爷爷朱元璋的班之后召方孝孺回京，将他从翰林侍讲升至文学博士，成为左右建文帝决策的主要人物之一。

朱棣占领京师之前，姚广孝（一个事从朱棣的和尚）进言说，入城之后，方孝孺肯定不会投降，但是不能杀他，如果杀了他，今后天下读书的种子就绝了。一开始朱棣听从了姚广孝的建议，企图拉拢方孝孺为他效力。然而任凭朱棣利诱威逼，使出浑身解数，方孝孺就是软硬不吃。《明史纪事本末》里载：朱棣恼羞成怒地对他说，你不怕死，但难道不念及九族吗？而方孝孺竟答："便十族，奈我何？"朱棣恼怒，除了灭其九族以外，将他的门生故吏当成其第十族也全给杀了。

郑公智和林嘉猷都师从方孝孺，老师遭诛，他们也跟着宁死不屈。方孝孺曾主持过应天（今南京）的乡试，有名叫刘政、方法的两人被选取，前者在朱棣起兵谋反的时候写了《平燕策》，因为正生着病，被家人阻挡，后来听说方孝孺被杀，他吐血而亡；方法当时任四川都司断事，朱棣登基，同事们都联名上书祝贺，而他却不签名，被逮捕，之后投江而死。

在靖难遭诛的无数人当中，有两个人颇值得一提，一个叫王艮，另一个叫王良。这两个人不但名字相似，义气也相同。

王艮是建文二年的进士，对策第一，因相貌生得丑陋，第一名被换成第二名，第一名给了胡靖，第三名是李贯。当时他的主要工作是参与《太祖实录》《实政记》等资料的修撰。燕兵围攻南京城之前，王艮曾对他的妻子说："食人之禄者，死人之事，吾不可复生矣。"王艮与解缙、吴溥、胡靖是邻居，都城陷落的前一天，几个人在吴溥家集会谈论国是，个个慷慨陈词，尤其是胡靖表示愿赴国难，唯独王艮流着眼泪不说话。三人走后，吴溥的儿子感叹地说，胡叔叔能赴国难真是一件令人敬佩的事情呀！吴溥却说不一定，恐怕最后死的只有你王叔叔。话音未落，就听到隔壁的胡靖在大呼小叫，说外面乱，令家人小心看好小猪。吴溥对儿子说，听到了吗？你想想，他连一头小猪都不想丢掉，能愿意舍弃性命吗？事情果被吴溥说中，没过多久，王艮家哭声震天，原来王艮已经服毒自杀。朱棣即位，解缙、胡靖均投靠依附。

王良，曾任刑部左侍郎，因犯了点"错误"被建文帝降为浙江按察使。朱棣对他有好感，即位后派人召他回京，而他竟斩了送信的使者，之后决定自杀。死前，他对妻子说："我肯定是要死的了，但不知死后你怎么办？"其妻说："你是男子汉大丈夫，不用为我们女人出谋划策。"侍候丈夫吃完饭，这个女人就抱着儿子走到后院，将儿子放在井边，她则投井自尽。王良处理完妻子的后事，把孩子托付给别人后，也点把火将自己烧死了。

有很多人在那个朱棣自称的所谓"靖难"中死去，他们或被历史记录下来，或同王朝一齐沉没在历史的汪洋之中。然而读完发生在六百多年前的这一段往事，心中总想着"事件"中那些凛然死去的人。虽然，他们存亡于一个早已经逝去的年代，但是老觉得那些人一直在凝视着热烈而又冰冷的历史、凝视着严肃而又轻佻的芸芸众生，沉默不语！

【1644年，中国的三个皇帝】

丁燕石

公元1644年，也就是明朝崇祯十七年，也是清朝顺治元年，又是大顺朝永昌元年。

紫禁城的黄昏

时间：1644年，大明崇祯十七年，元旦。

地点：北京紫禁城太和殿。

这一年的元旦，皇帝朱由检比平时更早就上朝了，除了近身侍卫和太监外，御座旁只有一个手执金吾的礼官站班，皇帝诧异地看了他一眼。

"启奏万岁，群臣因为没听到钟鼓声，以为圣驾还没有出来，所以迟到了。"执金吾者躬身启奏。

"那就立刻鸣钟，开启东西门让他们马上进来！"皇帝不悦地宣谕。

执金吾者下去传旨，钟声响彻了紫禁城，文东武西列班进入的两扇门也敞开了。但是等了一会儿，文武百官仍然不见一个进来。皇帝有点焦躁地对身边的司礼太监说："那就先去谒太庙，然后再回来受朝贺吧！"这是年年元旦例行的礼仪。

司礼监去到长安门外传旨时，发现御驾外出所需的銮舆驾马和仪仗队的一百多匹马都还在御厩中，没有准备好。但是皇帝已经传下谕旨要先去谒太庙，金口一出，怎能等待。于是，只好把长安门外文武朝臣所骑来的马一齐驱赶到端午门里，打算暂时用以代替御马。没想到这些马各有其主，而且完全没受过训练，嘶叫杂沓，跳跃不受羁勒。司礼监无奈，只好硬着头皮回禀，为了皇上的安全，还是等一等吧。

这样的情况是从来没发生过的，既然如此，皇帝只好无奈地又改变了他的旨意——还是先受朝贺再谒太庙。他端坐在太和殿正中的御座上，第一次亲眼目睹冠带煌然的文武百官，在持续不断的钟声中，从东西二门逡巡而入，仓皇跪拜，乱作一团。这是他继承皇位17年来所仅见的。

经过一番折腾，皇帝对于这没有丝毫喜气的元旦朝贺大典已经完全失去了耐心。

接着，一阵突然而起的大风狂卷而来，黄沙扑面，天色昏暗，对面不见人。于是决定连太庙也不去了，宣谕退朝。满怀心事，郁郁不乐地在风沙中摸索着回到寝宫去。

他屏退了妃子和太监，依照近年来每遇到拂逆时的惯例，沐浴更衣，焚香祝祷，虔诚地请求天上神佛降临乩坛，指示国事。

这就是 1644 年，大明崇祯十七年甲申，皇帝朱由检所度过的一生中最后一个元旦的早晨。

从上面所说的经过，看起来似乎很不成体统，不像一个已经立国 200 多年的王朝所应出现的状况。但是，比起不到 100 天后的三月十八日，李自成的大顺军前锋已破京师外城时，皇帝在同一地点、同一时间，亲手撞钟而文武百官不见一人到来，还是要好多了。

相应的，再过 3 天，也就是三月二十一日，大顺王李自成攻占北京，进驻紫禁城。崇祯皇帝朱由检已在煤山自缢。同样的这些文武百官，从前一晚就立在长安门外，天色甫明，不待钟响就争先推挤蜂拥而前，要争得首先朝贺新君的头筹。由于人数太多，争先恐后太过着急，这一群王侯将相还被守门的闯王兵卒乱棍扑打。

短短不到 100 天的时间，紫禁城的皇宫中，同样的场景，同样的人物，出现如此不同的演出，这就是所谓的"改朝换代"。

东北方的一颗彗星

时间：1644 年，大清顺治元年，元旦。

地点：大清国都城盛京（沈阳）皇宫崇政殿。

天还没亮，才刚满 6 岁的小皇帝福临还在半睡半醒之间，就被母亲孝庄皇太后给叫起来，在宫女的围绕下梳洗和更衣。虽然福临在三个月之前就已经被拥戴为大清国的第二代皇帝，但今天是他当皇帝后的第一个元旦，有十分繁复而隆重的礼仪在等着他主持。

大清王朝的开国皇帝皇太极，在前一年的八月九日晚"无疾而终"，在经过一番宫廷斗争后，皇太极的第九个儿子福临当上了皇帝，他的两位叔叔多尔衮和济尔哈朗成为辅政王。事实上，能征惯战、实际掌控大部兵权的"九王爷"多尔衮才是名副其实的"摄政王"。

元旦的早晨，小皇帝福临要做的第一件事是到"堂子"里去祭天和拜祖先。"诣堂子"是女真族特有的风俗，凡是出征或凯旋以及逢年节大事，都要由大汗（后金时称谓）或皇帝（大清时称谓）率领诸王、贝勒、大臣等到"堂子"行礼祭天。

经过一番折腾，小皇帝已经完全清醒了，他一边穿戴，一边听着母亲的仔细叮咛。等一切都妥当了，才在叔父多尔衮和侍卫们的簇拥下，首次以皇帝的身份去"堂子"拜天和祭祀祖宗。接下来就是接受诸王大臣和外藩使节（也不过是蒙古诸部与朝鲜而已）的朝贺。至于一年一度的上表祝贺和进献贡物都免了，连例行的集体筵宴也停办了。

今年清朝的元旦如此冷清，和明朝的凄凉完全不同。明朝是因为李自成的大军已逼近京城，情势日益危殆；而清朝则是由于开国之君太宗文皇帝皇太极甫于三个多月前驾崩，朝野思念之情犹深，哀戚之情未减所致。皇太极继父亲努尔哈赤之后更开新局，把一个小小的后金汗国扩展成为一个和大明王朝分庭抗礼的大清王朝，再加上朝鲜受降，蒙古诸部来归，临终前松锦一战，更扫除了入关征明的障碍。这一切，都给人们留有浓郁的思念，自然不可能在新丧之际为了元旦而大肆铺张。

过去的一年多里，明清之间的战斗略有进退，但总的来说，却是清的赢面多。一场决定性的"松锦之战"，不但把明朝悉索敝赋的十余万大军和数百万粮饷全部搞光，连总督洪承畴、大将祖大寿等仅有的能臣勇将都投降了大清王朝，尤其是锦州、松山、塔山和杏山四个军事重镇全为清军所破，明朝在关外的辽阔土地上，只剩下了距山海关不过二百里的宁远一座孤城了。

前几年，被称为"流寇"的李自成、张献忠等反明民间武力，还在国内腹地四处流窜时，大明朝廷从皇帝到群臣都以为那不过是癣疥之疾，要集中全力对付的是东北关外已经立国称帝，而且多次闯入关内烧杀掳掠威胁京城的大清国。因此在战略上采取的是"先攘外然后安内"。没想到"攘外"既连番挫败，而内部被称为"流寇"的民间反抗武力则日益壮大，攻城略地，渐有星火燎原之势。在头痛医头、脚痛医脚的情况下，政策急转弯，决定"攘外必先安内"。

明朝的君臣们以为清国去年八月刚有大丧，内部又有皇位之争，短时期不会对明朝有大动作；而李自成则从去年正月连续攻占湖北的襄阳、荆州、怀安等地，然后北上河南，破洛阳，入潼关，取道陕西商洛地区，在十一月十一日占领了古都西安。明朝可以用来对付所谓"流寇"的唯一王牌陕西总督孙传庭所统率的精锐全数被歼，整个情势已经到了完全失控的地步。于是决定改用对清采取守势，争取和议；对"流寇"则全力围剿的"攘外必先安内"对策。

因此，崇祯皇帝颁下诏旨，命令吴三桂立即率领所属军马以及宁远的百姓全部撤到山海关以内。易言之，也就是整个放弃关外这一大片土地。

由于清朝对于关内明朝廷与"流寇"之间互动情势的急剧变化未能掌握，既不知道李自成等反明武力的动态和发展，也没有体察到明朝的处境已经到了危急存亡的关头，因此在"入关伐明"的这一大战略上还没有具体的规划，更没有想到一粒熟透了的果实已经快掉到自己的嘴里来了！

这就是为什么大清顺治元年的元旦竟然如此平静、冷清的缘故。

西北刮来的狂风沙

时间：1644 年，大顺朝永昌元年，元旦。

地点：西安古都秦王府。

当前一年的十一月，李自成占领了古都西安后，在持续的进攻中，轻易取得了大明江山西北部大片土地。大明王朝明显呈现土崩瓦解之势，李自成当仁不让想取而代之。

这一年元旦，李自成正式在西安建立了新政权，建国大顺，改元永昌，自己也改名为"李自晟"，并且以明朝分封在西安的秦王府为新顺王府，发动大量民夫修整长安城，把城墙加高加厚，壕堑加深加宽，比原来更加壮丽。这时，按照军册所载，大顺皇帝李自成已拥有步兵40万、马兵60万，的确有实力可以立国称帝，与大明和大清分庭抗礼、鼎足而立了。

李自成是在1630年离开家乡米脂县，参加所谓"流寇"的反明武力。经过14年的时间，当他再回到故乡时，已是与大明王朝分庭抗礼的大顺王。古人曾说过："富贵不还乡，如衣锦夜行，谁知之者。"李自成也未能免俗，但他有更深刻的感受。

两年前，大明朝廷将他的祖茔掘毁，为的是他家的祖坟据说埋在"龙脉"上，将要取代大明江山。因此他在戎马倥偬中一定要回来了解究竟，以便修复原状。于是他召集当地父老集议，精选工役，完全按照原来的地形、地貌和地脉形势，甚至坡坎树木，一切都要恢复原状，不能有半点差错。墓地竣工后，举行了一次隆重的祀典，这才返回延安，并且改延安为天保府，米脂为天保县。

这一年的正月里，北京城还发生了一件怪事。

帝都北京，每年都要热热闹闹地过元宵节。从正月初八开始燃灯，一直要闹到十八日止，一共十天，九门不闭，灯火通明，金鼓震天，游人如织。

每天从外地进城的民众以千百计，都说是进京城来"闹元宵"的。三五天后有守门的官兵感到奇怪，为什么每天进城那么多人，而第二天却没几个出城的？

等过了三个月，当李自成大军兵临北京城下时，不但守城的官兵大多不加抵抗，城内且有数千百人鼓噪开城接应。原来正月闹元宵进城的那些人，正是大顺军的前锋。他们带了不少金银，入城以后，大量收买守城将士。因此，官兵不但不盘查他们，更掩护他们在大顺军攻城时做内应。三月十九日北京城如此轻易失守，这也是原因之一。

这就是公元1644年，也就是大明朝统治中国276年的最末一年，大清朝入主中原268年的第一年，大顺朝建立的第一年，也是灭亡的一年。

虽然大明朝连续出了三个烂皇帝，政治、军事、经济都连续烂了六七十年；虽然长城外的女真族在辽东地区连续扰攘了近三十年；虽然大顺军在广大中原和西北地区已经窜扰了十几年；但是，直到这一年——1644年，才真正到了决定性的关键时刻。

这一年头100天里，大顺军兵不血刃攻下了大明帝都——北京城，崇祯皇帝自缢身亡。清军得到明朝骁将吴三桂邀请，在山海关一战，把登基才一天的大顺朝皇帝李自成赶出北京城。不久，6岁的小皇帝福临轻而易举登上了紫禁城中元、明两代24位皇帝坐过的宝座。

这就是1644年，一个天翻地覆的年代。

【细说清军入关之战】

王霜州

长城防线与宁远之战

1644 年，在中国的历史舞台上活跃着三支不同的政治力量：没落的明朝、攻占北京的李自成农民军和关外正在崛起的清朝。对于这段历史，今天人们谈论的焦点大多是吴三桂献城，因为明朝末期唯一能抵抗清朝八旗兵锋的只有长城了。

长城，东起山海关，西至嘉峪关，全长 6300 公里，由连续城墙、关隘、烽燧和各种障碍组成。历经千年烽火，长城防御北方骑兵骚扰的成效显著。明朝对长城进行了大规模的修建，在明朝统治中原的 270 多年中，长城的修建从未停止过，长城防线在防御基础和战术上已经发展得相当完善。

从结构上看，明长城建筑材料和施工技术都有很大改进，墙体由砖砌、石砌和砖石合筑、泥土夯筑而成。在筑城上，明长城更加注重倚重地势，修筑者充分利用山险水障等天然障碍，城墙的高低薄厚都随山形地势而异。明长城的防御工程也较前朝大大加强。城墙顶部内设宇墙，外设雉堞，雉堞上有瞭望孔和射击孔，便于守城士兵防御作战。为增强守备，明长城在关键地段加修多道城墙，有的地方大大小小的石墙竟多达 28 道。此外，还有劈山墙、山险墙、木柞墙和边壕等辅助防御设施。上百座雄关隘口和上万个墩台将明长城组成了一个有机的整体，比以往任何朝代的长城都更加坚固完善。

为了加强京畿北方的防御，明长城加大了这一地区的防御纵深，采用多道城墙、大纵深的防御，由外而内分别为外长城、内长城和内三关长城，逐层掩护，重叠设防。对于手持弓箭大刀，只善于野战奔突的八旗骑兵来说，想攻破如此坚固的长城防线，几乎是不可能的。

其实，明清在关外的战争中，曾经进行过城池攻坚战，最为典型的便是宁远之战。宁远（今辽宁兴城），是明朝在关外的最后堡垒。当时很多明将主张收缩防线，据守山海关，抗清名将袁崇焕却提出"保关内必守关外，保关外必守宁远"。为抵御清军（其时称后金），袁崇焕大修宁远城墙。不久后的战斗证实了袁崇焕此举的高明。天启六年（1626 年）正月十四日，清太祖努尔哈赤趁辽东明军易帅撤军之际，率八旗精锐 6 万出沈阳，直逼宁远城。携辽沈之战余威的努尔哈赤并未把宁远放在眼里，随即挥师攻城。后金军推着楯车为前导，步骑兵蜂拥攻城。城下，弓箭手万箭齐发，一时间"城堞箭镞如雨注，悬牌似猬刺"。在如此猛烈的攻势下，宁远城一度危如累卵，却终因城池坚固、守城兵器配置完备而未被攻破。可怜数万精于骑射的八旗劲旅不得施展，反被明军的西洋大炮轰得伤亡惨重，努尔哈赤也中炮受伤，半年后疽发病卒。

入关之路有几重

如果吴三桂不献山海关，清军就永远无法踏上中原大地吗？其实，由山海关入关是清军最近的进攻路线，但并非是唯一的路线。事实上，清军在1644年的山海关之战前，已经先后5次经山海关西面的路线大举进入内地，进攻明朝。

第一次是在1629年，皇太极率大军亲征，经由热河进军，破长城的大安口和龙井关直入内地，占领遵化，攻陷蓟州，兵围北京。这次入关的最大成就，是皇太极成功施用反间计，使崇祯杀掉了名将袁崇焕，为清军剪除了最大的劲敌。

第二次是在1632年，皇太极率清军由蒙古草原进军，兵抵张家口北面，"列营四十里"，炫耀兵威，迫使明守将缔约讲和，然后收兵而还。

第三次是在1636年，皇太极命阿济格统率大军，破居庸关入长城，直捣河北，一路打得明军狼奔豕突，与明军作战56次，攻下12城，俘获人畜十几万，后经冷口关出长城北还。

第四次是在1638年，多尔衮由青山关入关，岳托由墙子岭入关，在华北大地上纵横扫荡。明朝督师卢象升率军在河北巨鹿迎击清军，兵败阵亡。与袁崇焕、熊廷弼齐名的抗清名将孙承宗率百姓坚守高阳，也城破阵亡。清军一共攻下一府三州五十七县，包括山东省府济南，掳男女五十余万和大量牲畜财物，然后出青山关而归。

第五次是在1642年，皇太极以阿巴泰为奉命大将军，率军从墙子岭入关，一直打到山东兖州，又分兵攻陷登州、莱州、莒州、沂州（临沂）、海州，共计攻下八十八城，降服六城，掳男女三十六万，掠黄金一万二千两、白银二百万两，最后由墙子岭出关还师。

明末以骑兵为主，并无重装备需要驮运的清军要从这些路线长驱直入华北，更是容易得多。

明清军队战力对比

明末，军备废弛。中国历史上有一条铁律：历代王朝的军队只有在经历开国时的南征北讨或是外患深重时的长期恶战，才能锤炼成雄师锐旅。而长期的和平岁月后，由于农耕文化优裕生活的消磨和统治者重文轻武政策的影响，军队的骁勇之气消失殆尽。例如宋军在宋太祖开国之初，是一支能征惯战的劲旅，平荆南，灭后蜀，定南汉，克南唐，所向无敌。到了金军对北宋发动进攻时，宋军早已失去当年的骁猛，许多官兵连马都骑不上去。

明军的情况也并无二致。立国之初，军队久经征战，精锐无比，因此能多次北扫大漠，令元军残余丧魂落魄。此后 200 多年间，由于北方蒙古的四分五裂，明朝没有如汉代匈奴、唐代突厥那样的大敌，使明军缺少大战恶战的历练，战力远不如前。一旦努尔哈赤崛起于白山黑水，明军在与剽悍的八旗兵较量中就处在下风。后金时期和清初时的八旗兵，是中国历史上有名的善战之师。生长在寒冷关外的女真人，刻苦耐劳，能骑善射，经过努尔哈赤的组织编练，使八旗军成为一支"威如雷霆，动若风发"的雄悍劲旅。明军与其作战，几乎无役不败，以致名将袁崇焕认为"只有凭坚城用大炮"才能抵挡清军。袁崇焕凭坚城用大炮的战术，固然暂时阻挡了八旗军的兵锋，但也滋长了明军过分依赖"乌龟壳"的思想，日后主要凭借坚城以大炮远射，而不敢冒锋犯镝与清军野战，无法磨炼出像卫青、霍去病驰骋大漠建功沙场的铁骑雄师来。

袁崇焕曾设想明军以构筑城堡方式，步步向前推进，压迫努尔哈赤。按照这种战略，明军要很长时间才能把战线推进到松花江边，而战事久拖不决，自然使人民的军费负担加重。如果是在别的朝代，这个战略或许行得通，如唐朝初年曾长期与突厥作战，并未拖垮国家的经济，反而打出了一个空前繁荣富裕的盛世。但明朝末年，土地集中达到骇人听闻的程度，民不聊生的社会已无法承受"辽饷"的沉重负担。农民起义风起云涌，遍地开花，明朝从此在"辽饷"外又多了"剿饷"和"练饷"。明军既要对付关外的八旗兵，又要围剿关内的起义军，顾此失彼，"不征流贼，即征夷房；不战于边，即战于腹。驰驱数千里，经历弥岁月，炎风朔雪，饥寒冻馁"。节制三镇的明朝总督洪承畴是农民军的劲敌，他曾擒杀闯王高迎祥，在陕西潼关将李自成杀得只剩七骑逃入商洛山。他取得大胜后，被明政府调往辽东前线。洪承畴毫不规避清军锋芒，结果统率的 14 万精锐兵马被八旗军杀得几乎片甲无存。他指挥的这支明朝最大的作战兵力的覆灭，使明朝丧失了抵抗清军和镇压农民军的最后资本。

难御胡马的农民军

明朝覆亡后，与清军作战的重任就落在农民起义军身上。当时关内的农民起义军，以李自成、张献忠两大部为首，都是在短短几年间迅速发展起来的。如李自成在 1638 年为洪承畴所败，蛰伏陕南商洛山中，到 1640 年底才以五十骑杀出商洛山进入河南。由于成千上万中原饥民的蜂拥加入，他的部队急剧扩展成为数十万兵员的大军，驰骋中原，纵横关山，最后出师东向，颠覆了明王朝。攻克北京之时，这支农民军实际也只有三年半的战斗历程。

显然，在这短短几年内，参加起义军的又多为此前从未摸过刀枪的农民，作战技能很难赶上那些生长于马背之上、从小就能骑善射的八旗兵。对农民起义军来说，只有在与强敌的反复较量中才能锻炼出坚强的战斗力。而明朝的精兵大都在与清军作战的辽东前线，在内地与起义军对阵的多是搜刮有术、作战无方的部队。起义军的作战能力很难得到锤炼。

以前曾有一种观点认为，李闯王的军队进入北京后，骄傲自满，迅速腐化，因而失去战斗力，抵挡不住清军和吴三桂军队的联合进攻。这种观点并不完全准确。李自成军队在北京确实出现了严重腐化和军纪败坏现象，如许多将领占据王公贵族府第，"子女玉帛，尽供其用"；有的士兵夜晚穷搜民家，"斩门而入，掠金银妇女"。但这支军队入京仅一月，腐化时间尚短，斗志还没有丧失殆尽，尤其是作为领袖的李自成，仍保持了较强的进取心和战斗意志，不顾劝阻，坚持要亲征吴三桂。山海关之战中，由于李自成亲自督战，起义军还是打得很勇猛的。

当时，吴三桂是明军少有的猛将，他的部队敢于与八旗兵进行野战较量，在反复厮杀中打出了"关宁铁骑"的威风，成为威震关外的劲旅。但在山海关大战中，吴三桂那久经战阵的"关宁铁骑"竟然难以抵挡李自成大军，几度陷于危急。这说明起义军仍有顽强的战斗作风和高昂的战斗士气。但是，同弓马娴熟的八旗兵相比，起义军的战斗力仍然要差上一截。当清军数万铁骑铺天盖地而来的时候，起义军便抵挡不住。对李自成军队在清军铁骑面前的迅速崩溃，论者多认为是因与吴三桂军长时间交战而筋疲力尽的结果，但应当看到，当时多尔衮统率的清军主力还没有全部进入交战，首先出动的是英亲王阿济格、豫亲王多铎统领的正白旗和镶白旗的部队。数万劲骑突出吴三桂军右翼，向起义军发起冲击。在"万马奔腾不可止"的滚滚而来之势面前，起义军很快就转为全面溃败。从这一交战过程中，很容易看清双方战斗力的强弱对比。

此外值得一提的是，李自成起义军也并不像许多人想象的那样，对清军占有兵力优势。李自成亲征山海关，兵力有10余万人，而多尔衮率领的清军满、蒙、汉八旗主力和孔有德、尚可喜、耿仲明三王的部队，总共有18万人，此外还要再加上吴三桂的5万"关宁铁骑"。曾目击山海关之战的朝鲜官员感叹"胡兵似倍于流贼"。由此可知，清军无论数量还是素质，都超过李自成农民军。

如果吴三桂不献山海关

崇祯帝缢死煤山后，多尔衮立即召开王公大臣会议，满洲谋士们力劝多尔衮立即出兵与李自成争夺天下。当时多尔衮对李自成心怀敬畏，认为清军曾经3次围困北京却没有攻克，而李自成则一战攻破北京，可见此人的大智大勇和起义军的强大战斗力。谋士范文程进谏，李自成虽"拥众百万，横行无忌"，但屡战屡胜，其志必骄，骄兵必败，"可一战破也"。明朝降将洪承畴曾长期与起义军作战，是农民军的头号死敌，深悉农民军的特点。他告诉多尔衮，李自成军战斗力虽比明军强，但不足与清军骁悍的八旗劲旅匹敌。

于是多尔衮壮了胆，决心出师，率满洲、蒙古八旗大部和汉军八旗的全部，及明降将孔有德、尚可喜、耿仲明三王的兵马，浩浩荡荡地鸣炮出征。他们选择了洪承畴建议的进关路线，不走山海关，而是西经蓟州、密云等地直扑北京，全军轻装简从，辎重在后，精兵在前，准备以迅雷不及掩耳之势将李自成大军包围在北京，一举全歼。只是在出征的第六天，在途中遇到了吴三桂派来的乞降使者，多尔衮才改变了主意，率师向山海关进发，并传令将留在后方的红衣大炮火速向前线运送。这样，才在山海关发生了决定清朝入主中原的大血战。

从当时的形势看，假如吴三桂在明朝灭亡后没有"冲冠一怒为红颜"引清兵入关，而是投降了李自成，忠心耿耿地为大顺政权镇守山海关，那么清军按照洪承畴原定的战略，出李自成不意，从山海关西面破长城而入，在华北大平原上充分发挥八旗骑兵的野战优势，疾趋北京，形势对李自成起义军将会更加严峻。因为向陕西的退路很容易被截断，李自成军就会被包围在北京。与前三次北京保卫战中的明军不同，李自成内无粮草，外无各路勤王军队，难以固守北京，形势将会比山海关战役严重得多，结局很可能是起义军全军覆没。

由此看来，吴三桂的叛投清朝对李自成来说其实是幸事。清军因吴三桂降清而变更了迂回包抄李自成的原定方略，改从山海关进攻，对起义军的作战打成了击溃战，使李自成得以保全相当兵力。据彭孙贻的《流寇志》记载，在山海关一战后，李自成尚有兵马数万退往陕西。只是随后李自成接二连三地失策，才最终断送了起义军。

【《四库全书》的风波】

费企和

清乾隆帝为了崇儒兴学，体现本朝文治之功，雄心勃勃地要编一部史无前例的巨著，将五千年中国文明史囊括在这部名曰《四库全书》的大书之内，遂于乾隆三十七年（1772 年）二月下旨，广招天下名士、学者四千余人，搜集历代稀见珍本及常见惯用的案头读物万余种书籍，按经、史、子、集分类为四部分。其中经，指凡被儒家列为经典著作的，如四书、五经、春秋、礼乐等。史，指记述历代史实、地理疆域及职官、杂史、传记方面的书。子，自战国以后诸子百家的著作，及工、农、兵、医、天文、算法等各种科学技术等著作。集，囊括历代文学家的诗文、词曲、评论等著作。历时十年编纂成的这部《四库全书》，被誉为历代思想文化的总汇，其中包括历代书籍 3503 种，79333 卷，46304 册，其卷数之多，为《永乐大典》的三倍半。《四库全书》编成后，又用五年时间再抄写六份，用工楷缮写的七部书，分别藏在北京文渊阁、圆明园文源阁、盛京文溯阁、承德避暑山庄文津阁、扬州文汇阁、镇江文宗阁和杭州文澜阁。

《四库全书》初步编成后，进呈御览，乾隆随手翻阅几页，发觉不是缺页，就是大段颠倒，或数十行空白或漏抄，并且错别字很多。从子集中随手抽出宋代孙光宪的《北梦琐言》，发现很多错漏之处，并且发现已命令禁毁的书也抄录在内。乾隆阅后勃然大怒。两位总纂官纪晓岚和陆锡熊闻悉后，大惊失色，自动摘下顶戴，伏地请罪。乾隆诏令罚俸一年，命两位总纂官戴罪立功，重新勘校全书。令纪晓岚督促原修书馆官员在文津阁重校，另派在京大小官员二百多人，由陆锡熊带往盛京文溯阁重校，限期二月完成。结果查出漏写清代御制作品 3 部、奉旨撰写的书 3 部、清宫内藏书 37 部，缮写未全者 84 部，应销毁违碍禁书 132 部，缮写荒谬处 18755 处，错漏 307000 余字，空白 139600 行，颠倒页数 22800 多处，甚至匣面的书名被错刻、漏刻的也有 71 部。后来乾隆又敕令作了两次大规模校勘，每次都查出大批错乱简编和缮写悖谬之处。乾隆最后严厉惩罚一大批修书官员。

原来乾隆亲政伊始，为了强化满洲贵族专制统治，打着文治光昭的幌子，干着灭绝文化的坏事，激起了一部分知识分子的强烈不满，便通过种种办法，混入纂修《四库全书》的班子，从中破坏捣乱，其中最活跃的是清初著名学者吕留良的曾孙吕任发、吕任迹。

当雍正六年（1728 年）吕留良被扣以"夷夏之防"的反清言行，被雍正开棺戮尸时，他的儿子吕毅中和一批学生被监毙后枭首示众，其孙辈被发戍新疆为奴。当乾隆为编修《四库全书》向全国征集古籍，征集缮写人员时，吕家兄弟从边疆逃回。因写得一手好字，改名换姓，被召入书馆。还有李骐的儿子李应曾为报杀父之仇，也混进了书馆。李骐是当时名士，只因《虬蜂集》中有"翘首待重明"的诗句，被诬陷为企图光复明朝，构成叛逆之罪。当时他的小儿子李应曾正在吉林，闻讯后，匆匆化装逃往安南，才幸免被害。李骐九族被诛，李应曾刻骨铭心图谋报复，这次设法混入书馆，就是为了报复。还有一位名士戴移孝，因《碧落后人》诗集内有"长明宁易得"之句，也被乾隆认为煽动叛乱、诅咒朝廷而被斩首，全家被充军新疆。戴移孝有个孙子戴林廷，从小聪明好学，虽弱冠之年，决心替祖上报仇，逃离新疆。由于他孜孜好学，博得翰林院一些老学士的赏识，得以混入书馆，将几十部已被乾隆圈定销毁的禁书，设法选进了《四库全书》。

除了上述这些立志要让全书不全的人士外，乾隆还规定编纂、校勘、提调、抄录等人员每天必须要完成的任务，完不成任务的动辄罚俸、降职，直至处死，可这数千人的编纂队伍中又良莠不齐，出现大量漏抄、错抄等也就不足为奇了。

【美国总统胡佛经历的义和团运动】

朱　岩

赫伯特·胡佛是美国第 31 任总统，他在 1928 年曾以压倒性优势竞选到这个职位，然而在短短几个月的时间后，他却因面临经济危机束手无策而声名狼藉。时至今日，人们仍不免将胡佛与 20 世纪 30 年代的那场"大萧条"风暴联系在一起。那场风暴让几百万美国人丢了饭碗，倾家荡产。但是抛开那一段短暂而艰难的白宫岁月，胡佛的一生还是多姿多彩的。正如胡佛总统博物馆的介绍所述："胡佛作为一名采矿工程师享誉世界，全世界都感激这位'伟大的人道主义者'，是他在第一次世界大战期间及战后为被战争蹂躏的欧洲提供了粮食。第二次世界大战末期，胡佛应哈里·杜鲁门之邀再度出山，避免了一场全球性饥荒，整顿了政府行政机构。他的这次复出，在历史上实属惊人之举。到 1964 年 10 月逝世时，胡佛已经重新擦亮了一度环绕着他名字的光环。"

派往中国工作

1874 年 8 月 10 日，胡佛生于艾奥瓦州西澳一个公谊会教徒的家庭。17 岁时，胡佛考入刚成立的斯坦福大学。在这里胡佛遇到了未来的妻子，也就是攻读地质学的卢·亨利，与他同岁。胡佛 21 岁生日前 3 个月大学毕业，口袋里只有 40 美元，工作无望，在加利福尼亚州的一口矿井里挖了两年矿石。每班工作 10 小时，挣 2 美元。后来，伦敦的一家采矿公司招聘具有长期工作经验的地质学家去澳大利亚工作，并要求应征者至少 35 岁，胡佛当时只有 23 岁，他在应聘时虚报年龄，获得了这份工作。

胡佛的历险才刚刚开始，老板即派他去中国。当时中国的一家企业——中国工程矿业公司的总经理张烨茂希望雇用一名美籍总工程师来管理手下的欧洲技术人员。胡佛于是给加州蒙特雷的卢·亨利小姐发电报，问她是否愿意嫁给他，接着他们就一起到了中国。在海上航行的一个月里，他们读了几十本关于中国的书籍。

胡佛夫妇于 1899 年 3 月抵达北京，不久就前往天津工作。胡佛夫人主要忙于操持家务，同时学习中文。胡佛在回忆录中写道："她特意请了一名中文教师，只要她在家，每日的课程从不间断。她具有语言天赋，学习这种世界上最难学的语言，居然进步很快。我学会的汉字从未超过 100 个，但她对我反复使用这些汉字。"的确，胡佛夫人每当想向他说些私房话时，就用汉语说，甚至在白宫时也不例外。他们夫妇的中文名字分别是胡华和胡璐。

由外国人训练的中国军队袭击侨民区

胡佛本是被雇来中国从事开发煤矿、修建港口设施的，但他的中国经理张烨茂却想让他找金矿。胡佛回忆说："由于张先生不断收集有关金矿的谣传，我一次又一次踏上类似的征途，走遍山东、山西和陕西等省，每次均是徒劳往返。但是这种旅行很快停止，这时关于义和团袭击传教士和其他洋人的谣传在我们中间传开了。由外国人训练的中国军队本是用来保护外国侨民区的，但是在 6 月 10 日那个星期天的清晨，炮弹在侨民区上空爆炸时，我们从睡梦中猛然惊醒，由外国人训练的军队向我们开炮了。

"侨民区迅速行动起来，俄国上校瓦加克是军衔最高的军官，美国、日本、德国、俄国、法国和意大利的全部士兵都听他指挥。唯独英国军队听命于一意孤行的海军上校贝利。瓦加克听说我手下有一些工程人员，就命令我们把逃到侨民区避难的华人基督徒组织起来，修筑街垒。侨民区宽 1/4 英里，长 1 英里，一面以河为屏障。在寻找修建街垒的材料时，我们偶然发现了一个大仓库，里面堆满了粗麻袋装的糖、花生、大米和其他谷物。我率领其他几名外国人，很快组织起 1000 多名惊恐万状的华人基督徒，大家扛起一袋袋糖和谷物，沿着暴露在外的街道垒起了墙，并在十字路口搭建了街垒。到了上午，我们的处境有了好转。义和团在第二天发起了猛攻，可是海军陆战队隐蔽在麻袋后面，击退了义和团的进攻。

"正如我所说，义和团运动的矛头直指同外国人有关联的华人，同时也针对外国人。在义和团发动第一次攻击的当天，张烨茂和铁路局长童绍毅就带着家眷躲进了侨民区。他们在一所大宅院里找到了住处，与我们的房子隔街相望，那是中国工程矿业公司的房产。不久便有五六百名处境相似的中国下级官吏和受过外国教育的华人逃来此地。

"受伤的外国士兵和平民越来越多，我们只有一名军医和一位侨民区的内科医生，护士也仅有一人。瓦加克上校将俱乐部改成医院，没过多久，医院的地板上便躺满了伤员。胡佛夫人立即加入了志愿服务人员的队伍。在围攻初期，除了她偶尔回家吃饭或小睡片刻以外，我很少能见到她。她学会了紧贴墙壁骑车，这样可以避开流弹。可是有一天，一枚子弹还是打穿了她的轮胎。

"远处飞来的流弹几乎酿成一场大悲剧。许多外国平民已接近歇斯底里，他们认定冷枪是从侨民区里面打来的，很快便指责起住在我家对面院子里由我负责照顾的那 600 名中国人来。当我们熬过了精疲力竭的一天，正在用晚餐时，有人跑来说，张烨茂、童绍毅和其他人都被抓走了，贝利上校正在对他们进行战地军法审讯。我连忙赶了过去，在火把的照耀下，所谓的审判正在进行，盛气凌人的贝利充当法官，一群歇斯底里的码头流浪汉为从不可能发生的事情作证。我试图进行干涉，向众人说明这些中国人的身份，但贝利却命令我马上离开。有人告诉我说，有几名中国人已经在附近河岸上被处决了。我骑上自行车，奔向几个街区以外的俄军总部。瓦加克上校很快就了解了事态的严重性，他带了一个排的俄军士兵同我一起返回，立刻制止了审讯，并且把中国人移交给我，让他们返回住所。

"围困期间晚些时候，我、我太太和我的工程人员回到我们自己的家，把它作为基地，因为这里从未挨过炮轰。可是有一天深夜，一枚炮弹呼啸着飞进了后窗，在房子里爆炸，将前门及四周炸得粉碎。我夫人在医院里忙了一整天，此时正坐在厨房中玩纸牌，她在爆炸声中也没有放下手中的牌。几天后的一个晚上，几枚炮弹落在近处，最后终于在街对面中国人住的院子里爆炸了，童先生的妻子和孩子全被炸死。"

围困持续了近一个月，解围后，胡佛发现公司的资产已被多国瓜分，不可能再继续他的工作了。这对年轻夫妻准备离开中国回国，但就在他们起程前夕，胡佛的老板提议重建公司，继续在中国运作。胡佛夫妇前往伦敦，直到公司制定出具体细节。

杰米森的发财梦变成泡影

1901 年 1 月，胡佛重返中国。他先抵达上海，再设法北上。他回忆说："大沽港被冰封住了，上海和北方之间当时还没有铁路贯通，一切交通与通讯往来都因严冬而中断。几天以后，我同一些英国和美国军官一起租下了一艘 1200 吨级的轮船，驶往秦皇岛。"胡佛到北京后，找到一处算是称得上"家"的不同寻常的住所安顿下来。

"北京唯一的一家旅馆被军队占用了，我只好和另外几名美国人租住在距美国大使馆不远的一座寺庙里。在这些美国人中有一位杰米森先生和《纽约太阳报》记者泽西·钱伯林。一天凌晨 3 点钟，杰米森带着一位英国上校突然闯入了我住的寺庙，把我推醒，说是他们发现了一些最奇妙的东西，能让所有人都变成大富翁。事情是这样，上校所指挥的一个团的印度士兵驻扎在天坛，他发现其中一间屋子竟然有金屋顶。可以算得上是位科学家的外科医生估计这屋顶价值 200 万美元。上校就和手下的士兵悄悄地把屋顶拆了下来，运到城另一侧的一座空置的仓库里。他们希望我入伙，偷偷把金屋顶卖出去。我对屋顶的价值表示怀疑，而且表明决不愿参与此事。我的疑惑令杰米森很惊讶，但他要求我看在他的分上至少去看一看。最后，我同意只去看看。

"我们带了 6 个人，提着灯笼，深一脚浅一脚地穿过北京城空无一人的街巷，走了两英里才来到那间仓库。我看到地板上凌乱堆放着许多一码见方的薄瓦片。用刀在瓦片上刮了几下，我很快就断定这是铜瓦，只是在表面贴了一层薄薄的金箔。用 20 枚金币就能打造出 20 多平方英尺的金箔，何况这些瓦片仅有一面贴的是金箔。上校非常沮丧。但上校还有一线希望，他想做更多测试。我告诉他，把一块瓦片放在烧红的炭火上加热，金箔会熔化剥落。他可以把金子收集起来，找一名中国首饰匠把它铸成纽扣大小的一块，再称一称重量。上校表示没有合适的地方可以做这件事，又恐怕自己能力不足，根本做不到。大家在寒风中瑟瑟发抖，杰米森最后建议，取两片瓦回到庙里去试一试。于是我们在晨曦的微光中艰难地走回了寺庙，苦力头顶着两片瓦跟随在后。我们回来时，钱伯林正在吃早饭，他马上就对整件事表现出浓厚的兴趣。杰米森做了试验，照他计算，把整座屋顶当废铜烂铁卖掉的话，值5000美元。他反对不道德劫掠行为的决心更加坚定了。但事到如今，他得设法说服上校。上校一溜了之，可钱伯林却要刨根问底。他执意要让杰米森把事情讲得更详细些，并据此写了一篇引人入胜的报道，用电报发回《纽约太阳报》，标题为《英国人还在掠夺》。此事还引出了一场不幸的军事审判，但据我所知，没有公布审判结果。"

给每个员工发一枚编了号的铜牌

胡佛先生继续回忆道："在义和团的排外狂潮中，华北铁路被拆得七零八落。军方需要铁路来运送军队、维持治安，我们也需要铁路运输矿里挖出的煤。军方指派了一个军官委员会，接管铁路重建工作。应他们的要求，我分配一部分工程人员去援助，其中有外国人，也有中国人。义和团或农民拧开连接铁轨的鱼尾板，大段大段路轨上的道钉被拔走，铁路上的每一丁点儿金属都被搬到几英里外的内地去了。被拆下来的铁路材料散落在上千个村庄里，铁匠铺未来几年不用愁没铁可打了，四方乡野一片欢腾。农民还拿走枕木当做建材和燃料。在考虑如何收回所有铁路材料时，我们认为中国人会发现他们搬走的是钢轨而不是铁轨，一点钢屑都敲不下来，拿到手也派不上用场。这样他们可能会欢欢喜喜地把路轨卖给我们，如果我们出个收购价，再加上既往不咎的诺言和抗命严办的威胁的话。我记得我们当时出价5个银元换一节铁轨。几天以后，被毁路段两侧的田野里出现了无数毛虫般的队伍，三四十个村民抬着一节铁轨，向我们缓缓走来。

"在管理中国工程矿业公司的过程中，我们很快就在收'回扣'的做法上和中国人发生严重冲突。按照中国观念，回扣并不是受贿，大小官吏除了那一点少得可怜的薪水之外，就依靠捞些外快。从雇员名单上看，多达25000人，但是我们发现虚报了6000人。于是我们立下一条简单的规矩，给每名员工发一枚编了号的铜牌，进入工厂围墙时，必须将铜牌交给厂方保存。用编了号的铜牌作为工作证的制度，给我们带来了只有在中国才会遇到的尴尬事。由于工人的工资不足以养家糊口，我提高了工资，比邻近各个乡镇高出40%。铜牌一时间竟成了抢手货，找工作的人只要买到一枚铜牌，就得到了一份工作。牌子的价格一路飞涨，都抵得上一个月的工钱了。我们发觉自己正在丧失依照技术和人品来聘用员工的选择权。如果雇用的是技术工人，生手很容易被工头发觉，我们也可避免麻烦。但是在一群鱼龙混杂的普通工人中，很难区分冒牌货。更有甚者，能工巧匠开始伪造铜牌。我们为此向地方官员抱怨，他劝我们压低薪水，但我们用更有效的识别方法解决了这个难题。

"'回扣'的比例太高，没有办法开展西方式的工业化生产，我们便逐步压低回扣。90天后，仅仅靠减少回扣一项措施，我们便将一个亏损企业变成了月利润15万银元的盈利企业。业务迅速发展，我们购置了新设备，在秦皇岛建成了不冻港，在冰封季节中也可以从容装卸煤炭。"

在回忆录中，胡佛用了整整一章的篇幅来记述自己在中国的日子。他的妻子一生热爱中国古代瓷器，尤其钟爱明代和清康熙年间的青花瓷，在40年内不停地收集。胡佛说："面对一个有着3000年文字史，拥有4亿人口的民族，没有人能评判他们，更不能妄下断语。我对中国人民怀着刻骨铭心的崇敬，90%的劳苦大众在生死线上苦苦挣扎，几乎每座村庄每年都会有人冻饿而死。但他们忍耐而宽容，对家庭无比忠诚，对孩子倾注全部爱心。他们比世界上其他任何一个民族都工作得更努力、更长久。"

【1834年的世界首富】

杨红林

1686年春，广东巡抚李士祯在广州颁布了一项公告，宣布凡是"身家殷实"之人，只要每年缴纳一定的白银，就可作为"官商"包揽对外贸易。令李士祯想不到的是，这一公告竟会在以后的岁月里为中国催生出一位世界首富。

垄断清朝海上外贸，广州十三行成为暴富群体

17世纪后期，康熙皇帝暂时放宽了海禁政策，来华从事贸易的外国商人日益增多。于是，广东地方政府于1686年招募了13家较有实力的行商，指定他们与洋船上的外商做生意并代海关征缴关税。从此，近代中国历史上著名的"广州十三行"诞生了。在以后的发展中，这些行商因办事效率高、应变能力强和诚实守信而深受外商欢迎。

1757年（乾隆二十二年），清朝下令实行闭关锁国政策，仅保留广州一地作为对外通商港口。这一重大历史事件，直接促使"广州十三行"成为当时中国唯一合法的"外贸特区"，从而给行商们带来了巨大的商机。在此后的100年中，广东十三行竟向清朝政府提供了全国40%的关税收入。

所谓的"十三行"，实际只是一个统称，并非只有13家，多时达几十家，少时则只有4家。由于享有垄断海上对外贸易的特权，凡是外商购买茶叶、丝绸等国货或销售洋货进入内地，都必须经过这一特殊的组织，广东十三行逐渐成为与两淮的盐商、山西的晋商并立的行商集团。在财富不断积累的过程中，广东十三行中涌现出了一批豪商巨富，如潘振承、潘有度、卢文锦、伍秉鉴、叶上林等，以至于当时就流传有"洋船争出是官商，十字门开向二洋。五丝八丝广缎好，银钱堆满十三行"的说法。在后世看来，这些行商无疑是当时世界上最富有的人。有记载称，当1822年广东十三行街发生了一场大火灾时，竟有价值4000万两白银的财物化为乌有，甚至出现了"洋银熔

入水沟，长至一二里"的奇观。

在广东十三行中，以同文行、广利行、怡和行、义成行最为著名。其中的怡和行，更因其主人伍秉鉴而扬名天下。

资产 2600 万银元，曾是英国东印度公司最大的债主

2001 年，美国《华尔街日报》统计了 1000 年来世界上最富有的 50 人，有 6 名中国人入选，伍秉鉴就是其中之一。

伍秉鉴（1769 — 1843），又名伍敦元，祖籍福建。其先祖于康熙初年定居广东，开始经商。到伍秉鉴的父亲伍国莹时，伍家开始参与对外贸易。1783 年，伍国莹迈出了重要的一步，成立了怡和行，并为自己起了一个商名叫"浩官"。该商名一直为其子孙所沿用，成为 19 世纪前期国际商界一个响亮的名字。1801 年，32 岁的伍秉鉴接手了怡和行的业务，伍家的事业开始快速崛起。

在经营方面，伍秉鉴依靠超前的经营理念，在对外贸易中迅速发财致富。他同欧美各国的重要客户都建立了紧密的联系。1834 年以前，伍家与英商和美商每年的贸易额都达数百万银元。伍秉鉴还是英国东印度公司最大的债权人，东印度公司有时资金周转不灵，常向伍家借贷。正因为如此，伍秉鉴在当时西方商界享有极高的知名度，一些西方学者更称他是"天下第一大富翁"。当时的欧洲对茶叶质量十分挑剔，而伍秉鉴所供应的茶叶曾被英国公司鉴定为最好的茶叶，标以最高价出售。此后，凡是装箱后盖有伍家戳记的茶叶，在国际市场上就能卖得出高价。在产业经营方面，伍秉鉴不但在国内拥有地产、房产、茶园、店铺等，而且大胆地在大洋彼岸的美国进行铁路投资、证券交易并涉足保险业务等领域，使怡和行成为一个名副其实的跨国财团。

伍秉鉴还因其慷慨而声名远播海外。据说，曾有一个美国波士顿商人和伍秉鉴合作经营一项生意，由于经营不善，欠了伍秉鉴 7.2 万美元的债务，但他一直没有能力偿还这笔欠款，所以也无法回到美国。伍秉鉴听说后，马上叫人把借据拿出来，当着波士顿商人的面把借据撕碎，宣布账目结清。从此，伍浩官的名字享誉美国，被传扬了半个世纪之久，以至于当时美国有一艘商船下水时竟以"伍浩官"命名。

经过伍秉鉴的努力，怡和行后来居上，取代同文行成为广州十三行的领袖。伍家所积累的财富更令人吃惊，据 1834 年伍家自己的估计，他们的财产已有 2600 万银元（相当于今天的 50 亿元人民币），成为洋人眼中的世界首富。建在珠江岸边的伍家豪宅，据说可与《红楼梦》中的大观园媲美。

接触英国鸦片商被林则徐惩处，承担赔款走向没落

作为封建王朝没落时期的一名富商，伍秉鉴所积累的财富注定不会长久。就在他

的跨国财团达到鼎盛时，一股暗流正悄然涌动。1840 年 6 月，鸦片战争爆发。尽管伍秉鉴曾向朝廷捐巨款换得了三品顶戴，但这丝毫不能拯救他的事业。由于与英国鸦片商人千丝万缕的联系，他曾遭到林则徐多次训斥和惩戒，还不得不一次次向清政府献出巨额财富以求得短暂的安宁。《南京条约》签订后，清政府在 1843 年下令行商偿还 300 万银元的外商债务，而伍秉鉴一人就承担了 100 万银元，也就是在这一年，伍秉鉴病逝于广州。

伍秉鉴死后，曾经富甲天下的广东十三行开始逐渐没落。许多行商在清政府的榨取下纷纷破产。更致命的是，随着五口通商的实行，广东丧失了在外贸方面的优势，广东十三行所享有的特权也随之结束。第二次鸦片战争爆发后，又一场突如其来的大火降临到十三行街，终于使这些具有 100 多年历史的商馆彻底化为灰烬。

【一边借款，一边抓人——1910 年清政府拯救股市始末】

雪 珥

今天，我们为自己所持股票被套和股市动荡而恐慌，1910 年的中国人也有过同样的经历。当年的夏季，清政府一边忙着抓捕各犯案金融机构的责任人，一边到处借款大举拯救股市，高官们甚至也奉旨亲临上海"灾区"现场办公。清政府救住这场股灾了吗？

1910 年的夏季，大清政府为拯救股市忙得汗流浃背。

那一年，席卷全球的橡胶股市"奔牛"终于趴下，熊市卷土重来。东南亚橡胶企业，约有 1/3 在上海上市，令上海成为全球橡胶股市的"发动机"之一，吸纳的中国资金高达 4000 多万两白银，将近国家财政年收入的一半。

如今，"发动机"骤然停火，股票狂跌。正元、谦余、兆康三家钱庄，率先于 7 月 15、16 日 2 天倒闭。这三家钱庄的庄主，把钱庄当做私人提款机，滥发庄票，大肆炒作橡胶股票，结果股市狂跌后，造成数百万两资金被套，周转失灵，只好关门大吉。

上海市面立即大为恐慌。外资银行见状，为免遭受池鱼之殃，准备收回拆借给中国钱庄的所有资金，这等于是火上浇油。随后，森源、元丰、会大、协大、晋大等钱庄相继倒闭。

在危机面前，上海地方政府的行动可谓相当迅速。在正元钱庄等停业的当日，就将相关钱庄的有关人员及账本等控制羁押。上海道台蔡乃煌与商会人士紧急磋商，决心政府救市。

蔡乃煌携商会会长周金箴 7 月 18 日乘坐专车前往南京，向上司两江总督张人骏汇报请示，返途中又到苏州向另一上司江苏巡抚程德全请示。当时钱庄的信用已经崩溃，从外资银行再借款的话，必须由政府出面进行担保。张人骏立即电奏朝廷，北京随即批示，同意由政府出面担保钱庄从外资银行借款，以维持市面。北京外务部将此救市决定照会各国驻华公使。

汇丰、麦加利、德华、道胜、正金、东方汇理、花旗、荷兰、华比九家外资银行，8月4日向上海借出了总数为350万两的款项，钱庄则将相应数额的债票押给银行，由上海道台在债票上盖章背书，作为政府担保，钱庄还款后债票交道台注销。这么大笔的紧急借款，各外资银行并未趁机收取高息，年息只有4厘，大大低于市场行情，等于是金融援助。但为了防止"大清特色"的人亡政息，合同中特别约定了本项借款"由现任道台及后任道台完全担保"。

在出面担保借款之外，清政府亡羊补牢，抓捕各犯案金融机构的责任人。当时最重要的责任人、正元钱庄的股东陈逸卿，因是外商的买办，受到美国政府的庇护，美国政府拒绝由中方进行审讯和逮捕。而兆康钱庄的股东唐寿江曾经花钱买过三品的道台顶戴，也算是个"红顶商人"，两江总督张人骏只好先请旨将其革职，然后查抄家产，但刚摘掉了这位唐寿江的"红"帽子，又发现他还戴了顶"蓝"帽子——他已经加入了葡萄牙国籍，拿着洋人的"派司"，是外籍华人了。张人骏也不示弱，赶紧"依法办事"，查出了葡萄牙民法有明确规定，不准他国的官员申请入籍，而唐寿江毕竟是大清国的堂堂三品道员，正好不符规定，照抓不误。

一边借款，一边抓人，眼看在政府的干预下，上海的市面稳定了下来。但上海的股灾幕后，还有着政府行为失措的深层原因。

作为中国乃至远东的金融中心，上海不仅集纳了中国民间的大量资金，而且集中了清政府的主要海关收入及对外的巨额赔款。1904年，大清商务部（"商部"）就盯上了这笔国有资金，向慈禧太后打了个报告，说这笔国有资金闲着也是浪费，不如在动用前先拿来生息，算下来每年可得近五十万两，划给商部使用，就可以推行一些新政，这"实于商务大有裨益"。在官员们信誓旦旦下，老佛爷便同意了将上海的国有资金投向"殷实庄号"生息。表面看来，这是一桩官民双赢的好事，但如何选择"殷实庄号"、利息如何计算，就完全属于经办官员们"研究研究"的范围内了。在上海的橡胶股票投机狂潮中，这些巨额的国有资产，自然也通过"殷实庄号"的渠道，大量地流入了股市，对股市起到了巨大的哄抬作用。

危机的第二冲击波来自上海最"牛"钱庄源丰润。源丰润老板严义彬不仅是个"红顶商人"，而且"红得透顶"：他的钱庄吸纳了大量国有资金的存款，甚至连由政府担保、刚从外资银行借到的救市款，也有很大一部分先存在他的户头上。更为牛气的是，纯国资的海关收入，按规定应存在官银号中，但海关银号"源通"也是这位严义彬名下的资产。这样"又红又专"的钱庄，在危机中便俨然中流砥柱，而官员们也以维护老严就等于维护上海的稳定这样冠冕堂皇的理由，将公款尽量长时间地留在他的账上。

问题是，"牛"透了的源丰润却已外强中干：严义彬的另一钱庄德源，在股灾中亏损严重，源丰润的资金被大量抽去挽救德源，源丰润其实已经被蛀空。

被蛀空了的源丰润终于被一阵来自北京的微风吹倒。9 月 27 日，是清政府向西方列强支付当期"庚子赔款"190 万两的最后日期，但在还剩 9 天的时候，上海道台蔡乃煌突然致电度支部（"财政部"），说赔款专用的 200 万两白银都存在各钱庄，无法提取，请求由大清银行紧急拨银 200 万两垫付。度支部认为，这是拿稳定市场作为借口，骨子里是地方官们"罔利营私"，立即对蔡乃煌进行弹劾，并警告说："倘此次无银应对，外人必有枝节，贻误不堪设想。"一看可能惹出外交麻烦，清廷被震怒了，立即下令将蔡乃煌革职，并命令两江总督、江苏巡抚等会同蔡乃煌，必须在 2 个月内将所有经手款项缴清。

巨额公款提取后，源丰润终于轰然而倒，余波殃及全国。清政府无奈，又只好出面救市：一方面从大清银行紧急调款 100 万两到上海，另一方面再由政府出面担保，从汇丰银行借款 200 万两，给各钱庄应对危机。张人骏、程德全等高官，也奉旨亲临上海"灾区"现场办公。

一边是体制层面的"放火"，一边是技术层面的"救火"，大清国在不断的自我折腾中，迅速地消耗着残存的能量。此时，辛亥革命的曙光，已经隐隐出现在天际……

【停滞的帝国：清朝 GDP 占世界总额 1/3】

李恩柱

后人在寻找清王朝灭亡的原因时，说得最多的自然是那个王朝盲目自大、闭关锁国等。无疑，这是正确无比的。问题是，自大、锁国之类也要讲资格，不是谁想自大就能自大，谁愿锁国便可以锁国，比如夜郎国自大，至今遭人耻笑。清朝自傲、自大是有其基础的。

空前繁荣的经济使人自大

满族的先人在周朝时以"繁矢石砮"向中原王朝纳贡，那时并不自大，入主中原以后好长一段时间也没有后来的所谓自大。滋生自大的情绪，是在清王朝彻底巩固了政权，尤其出现了所谓的"盛世"景象之后。这种自大情绪，在我们历史上不知被重复过多少次，并不是只有清朝如此。前秦的苻坚，攻城略地，功勋累累，统一了北方。自此以后，他颇为骄傲自得。当然，他的结局并不好，不仅身败名裂、死于非命，也毁弃了前秦的大好江山。

自信、自得、自傲、自大本身界限并不是特别分明，有时是可以互相转化的，以不同的社会背景色彩浸润出它们相应的相异色调。满族作为一个军人数量、社会人口和疆域远远不及明朝并且政治经济文化都谈不上发达的少数民族，打败不可一世的汉族统治者，建立王朝并且坐得稳稳当当，还出现了"盛世"，自大一下也是常情。我们通过指北针一事，也许可以猜测出康熙对中国南方的真实情感。康熙认为，人们之所以称罗盘之类的定向仪器为"指南针"而不称"指北针"，是"在北方，一切活动在凋萎，在衰亡"，"力量、精气和繁荣都在南方"（佩雷菲特：《停滞的帝国》）。这些话，说明康熙对自己的皇朝是很自负的。

《康乾盛世历史报告》有几个资料，可以帮助我们理解清朝统治者为什么自大得蔑视一切。一直到乾隆辞世的 18 世纪末，中国在世界制造业总产量所占的份额仍超过整个欧洲 5 个百分点，大约相当英国的 8 倍、俄国的 6 倍、日本的 9 倍。那时美国刚刚建国，无可比性。中国 GDP 在世界总份额中占到将近 1/3，这相当了得。今日的美国，以老大自居，它在世界 GDP 中所占份额不过 30%。德国人贡德·弗兰克说，直到 19 世纪之前，"作为中央之国的中国，不仅是东亚纳贡贸易体系的中心，而且在整个世界经济中即使不是中心，也占据支配地位"。这个成绩是骄人的，足可以振奋人心。

忧患意识的缺失导致闭关

任何一个有些成就，且又缺乏忧患意识的人，没有几个是清醒的。即使表面平静，胸中也难免激情涌动，自负自得，把别人看得愚蠢。国家亦如是，不仅仅一个清朝如此。明朝不仅嫌利玛窦绘制的《舆地全图》使中国不居于世界中央，而且觉得把中国画得太小；清朝乾隆年间修的《清朝文献通考》认为"中土居大地之中，瀛海四环"。一个统治者是汉族人，一个统治者是少数民族，精神却惊人的相同，骨子里都摆脱不了点滴繁荣带来的自大。不独中国人如此，英国取得 1756 年到 1763 年间的七年战争的胜利后，把有国境的海洋世界作为自己要征服的目标。戈德史密斯曾用这样的诗句歌颂他的同胞：

> 桀骜不驯的目光，举止高傲，
> 我眼前走过了人类的统治者。

也就是说，英国人同样自傲。——但他们不封闭，一直关注外部世界，也一直寻找机会拓展新的空间。

就清朝而言，从繁荣走入闭关是极容易的。说得直白一点，当时的繁荣，本身就是以小农自然经济为底子，关起门来过日子。清政府的财政收入主要来源是田赋而不是工商业的税收，比如鸦片战争前，清政府的岁入总额为 4850 万蘆（Cuò，量词，古代的一种计钱单位），其中田赋一项为 3000 万蘆，占总收入的 63%；关税为 450 万蘆，只占总收入的 9%，在整个财政收入中处于微不足道的位置。因此清王朝认为"天朝物产丰盈，无所不有"。马戛尔尼在《英使谒见乾隆纪实》日记中说，中国人"一切思想概念都出不去本国的范围……他们的书上很少提到亚洲以外的地区"。实际而言，这是小农经济铸造的思想。

愚昧无知的骄傲最终导致丧国

世人常云：中国是一个具有悠久历史和灿烂文化的大国，工农业和文化都曾居于世界的前列，封建统治者形成了以"天朝"自居的狂妄骄傲心理，加上小农自然经济因素，必然对外界事物愚昧无知。但是，封建自然经济不是从清朝开始的，为什么以前中国能与国外频繁交往，清政府却不行？这不能不提到统治者对繁荣和封闭的变态理解。正是这种变态，使繁荣在缺乏忧患意识心态监控下散漫地发展。

"繁荣"，如果缺乏了忧患意识的提醒，极容易走入闭关锁国。我们以平民之心揣测那时统治者之意，"闭关"绝不是为了失去繁荣，而恰恰是为了永葆繁荣，为了长治久安。一般而言，穷困潦倒可以导致闭关锁国，因为切断和外界的联系之后，人们就要闭目塞听，"不知有汉"，不知道别人过怎样的日子，甚至会以为他人比自己还惨——于是人们安分守己，以手加额；繁荣富庶同样可以与闭关为伍，用金钟罩罩住一切，外来的撼动就无计可施，现有的一切就可以守住。没有忧患意识统率的"繁荣"可以导致自大，自大可以导致闭关，闭关可以导致愚昧，愚昧又进一步导致闭关。最后如鸡生蛋蛋又生鸡一样，搅在一处，成了一笔糊涂账，弄不清楚了。

不过，清朝统治者也具有忧患意识，闭关锁国就是出于对自己统治权力的捍卫，就是出于对殖民主义势力的防御。然而这个忧患意识是幼稚的、破损的、病态的。他们使用的这种自卫只能孤立自己，把中华民族隔绝在世界大势之外，会使我们自己根本不了解世界，误以为只有自己在前进发展，不知道别人也在发展，落后了还不自知，别人打上门来才大惊失色。

【清代监狱千奇百怪的敲诈勒索花样】

西门送客

按说死刑犯最难敲诈了，但刽子手勒索起来更是触目惊心，譬如家中有钱的死囚，刽子手往往派他的同伙去找亲属谈，其中对要凌迟碎剐的，就威胁说："要是顺从我的话，到时先刺心脏，给个痛快；要不然，四肢剐完了，人还会有气。"这就是清代监狱里的狱卒和刽子手勒索犯人的手段，像这样黑暗的一幕，在清代监狱里比比皆是。

　　清朝文学家方苞在文章《狱中杂记》中，把他自己当年被关在牢狱的所见所闻全记录了下来。即使今天读来，狱中公权私用，官府的权力被那些牢役用来给自己牟利，其敲骨吸髓，手段之残忍，仿佛人间地狱，着实恐怖。

监狱就是鬼门关

　　方苞在文中说：康熙五十一年（1712 年）三月，他当时被关在刑部监狱，看见每天都有三四个犯人死掉后便从墙洞里拉出去。见他吃惊，同一牢房的原洪洞县杜县令走过来告诉他说，这还算好的，今年气候还好，死的人不多，往年发瘟疫的时候，每天都要死十几个人呢。

　　方苞问怎么会这样，杜县令说："狱中有老监四座，每座有五间房子，牢役们只开当中那间的窗户和天窗透气透光，旁边的四间都不开窗，但里面却经常关着二百多个犯人。每到晚上，牢门落锁，天亮才开，犯人拉屎拉尿全在里面，气味极其难闻。冬天的时候，一些穷的犯人没有被褥，就在地上睡觉，哪能不生病？所以深更半夜的时候，有人死了，活人也只得和死人脚靠脚、头靠头地躺着，监房里疾病传染，死的人当然也就多了。"

　　说到这，杜县令恨恨地说："也真是可怜，那些杀人越货的强盗和惯犯，他们精气特别旺盛，倒基本不生病，那些得病死的，反倒是那些罪轻被押或者被牵连的，或者被当做人证暂时羁押的，你说这不是荒唐吗？"

　　方苞便问："京师不是还有顺天府的监狱和五城兵马御史衙门的监狱吗，怎么刑部监狱里关的犯人这么多啊？"杜县令说："你不知道，近年来的案件，只要案情稍微重一点，顺天府、五城兵马御史衙门就不敢管；而掌管京城九门守卫的步兵统领抓的犯人，也被放在刑部监狱关押。那些衙门的书吏、狱官、禁卒们，觉得关的人越多，就越有利可图，所以稍微有点牵连的，就一定想方设法捉进来。"

　　说到这里，杜县令叹道："这里就是鬼门关，进来了不死也得脱层皮。不管你有罪无罪，先给你戴上脚镣手铐。让你吃尽苦头，等到你受不了，就进来劝你找保人，然后估计你家里有多少财产好勒索。勒索来的钱，这些人就瓜分了。比如，要去掉脚镣手铐关到老监外面，得要好几十两银子。至于那些榨不出油水的穷犯人，那就倒霉了，戴上刑具关押，一点也不会客气，还要用他们来警戒其他犯人。"

触目惊心的勒索方式

　　据说山西阳高县有个叫黄升的人，被无辜牵连进了牢房。牢役们先把他用链子锁在尿缸边，那链子套在他的脖子上，坐也坐不下，只能靠着栅栏半蹲着。拘了大半天后，牢役们出来和黄升谈价钱，说："你想舒服呢，也不难，就看你肯出多少钱。你看，里边屋里，铺盖和桌子啥都有，你要吃什么也行，但住那屋得有条件。"黄升问他什么条件，牢役们说："进那屋花五十吊。你要再花三十吊，就帮你去掉链子；地下打铺也是二十吊，住高铺加三十吊。你要吃菜吃饭，哪怕是吃鸦片烟，我们都可以代办，按次算也行，长包也行，还可以给你便宜点，反正都有价钱。"

倒霉的是这个黄升当时身上没带钱，牢役们见自己说了半天没收获，大怒，众人便一拥而上，将他打个半死，又罚站一夜，第二天家人送钱来才放了下来。

按说死刑犯最难敲诈了，但刽子手勒索起来更是触目惊心，譬如家中有钱的死囚，刽子手往往派他的同伙去找亲属谈，其中对要凌迟碎剐的，就威胁说："要是顺从我的话，当时先刺心脏，给个痛快；要不然，四肢剐完了，人还会有气。"对那些判绞刑的，就说："要是顺从我，一绞就断气；不然绞三次，让他慢慢死。"就算是判砍头，没什么技术好要挟，也要留下死人的脑袋做抵押，问收尸的家属要钱，如此一来，那些刽子手往往都能勒索到几十两甚至上百两银子。只为减少犯人的痛苦，那些没钱的家庭，往往把自家的财产当光，去贿赂那些人。真碰上那些一点钱都没有的，那就不客气了，往往要按照前面威胁的那样来行刑。

就连负责捆绑犯人的衙役也生财有道，谁要是不肯掏钱的话，这些人就乘捆绑的时候折断犯人的筋骨，譬如每年秋天各地都要集中处决犯人，为了震慑那些犯人，往往有陪绑制度，也就是说，捆绑到行刑地等待执行死刑的，有十分之三四，其他的只是陪绑。那些在捆绑时没交钱的，被弄伤后往往要好几个月才能痊愈，有的甚至被弄成残废。

监狱中的潜规则

方苞曾劝一个老牢役说："你们跟那些犯人没仇没恨的，不过想得点财物。那些穷人要真没有，你们就不能当做点善事放过他们吗？"那人冷笑道："放过他们？我们这是为了立下规矩，警告其他犯人，要不这样的话，那不人人都心存侥幸，不肯掏钱？"

见他不明白，那老牢役说："这里面是有学问的。比如同案被捕的三个人，同样刑具拷打，一个人给了二十两银子，他骨头受了点轻伤，养了一个多月才好；第二人多给了一倍的银子，只受了点皮肉之苦，二十天后就好了；第三个人比第一个人多了六倍的银子，打完后，当天晚上就健步如飞，跟平时没啥两样。这要是没有差别，哪个人肯多出钱呢？这就是规矩，规矩是不能坏的！"

熟谙官场的老手还在后面。有某姓兄弟二人，犯的把持公仓的大罪，依律当斩立决。判决下来后，管文书的书吏说："你们给我一千两银子，我有办法让你们不死。"两兄弟大惊，问他有什么办法，书吏说："这也不难，我另准备一份判决词，原文不用改动，只不过把后面两个没有家属和亲戚的同案从犯的名字来换你们两个，等到案文加封上奏的时候，偷偷地换一下，反正他们死了没人给他们喊冤。"

另一个书吏有点担心，说："这样做，死掉的人固然没什么问题，但万一主审官发现怎么办呢？如果让他们发现，我们就活不成了。"管文书的书吏笑道："这你尽管放心，他要发现的话就得重新上奏请示，重新开判决词，我们这些人固然活不成，但主审官也得一个个罢官走人，对他们来说，这只不过是两个不相干的人，又没人喊冤，多一事不如少一事，他们是不会认真对待的！对他们来说，保住自己的官职比什么都重要，我们这些人，又有什么可怕的呢？"

后来，这个人还真就这么干了，结果两名可怜的从犯被处了死刑。主审官后来发现了，被吓得口张舌翘，却也不敢追究。方苞在文中说，他在狱中还见过这两兄弟，同牢房的犯人指着他们说："这两人就是用谁谁的命换他们脑袋的。"

《狱中杂记》最后还说，有些奸狡的人因长期被关在牢里，干脆和狱卒内外勾结，不出去了，他们在牢里负责惩罚犯人，帮狱卒勒索财物，自己也捞了些钱，比如山阴县有个姓李的，因杀人被关在监狱里，用这种办法每年也能搞到几百两银子。

【慈禧太后洗澡和梳妆】

尚　璞

慈禧太后向来爱打扮，尤其对洗澡特别讲究，夏天是每天洗一次，冬天则是 2 天到 3 天洗一次。慈禧每次洗澡的时间并不固定，但大都选在晚饭过后一个小时左右。

每当慈禧太后要洗澡时，先由太监把澡盆、水、毛巾、香皂、香水等物品准备好，送到太后的寝宫门口，再由宫女把这些东西送进寝宫，倒好水后，才请太后宽衣入浴。侍候太后洗澡的是四个经过严格选拔和专门训练的宫女。

洗澡的时候，由这四名宫女分别站在太后的四周，然后由其中一名领头的宫女拿起一沓毛巾（共有 25 条）放入水中，浸透以后，先捞出 4 条，双手拧干同时分给其他三人，当即一齐打开，平铺在手掌上，然后轻轻地给太后擦拭着胸背、两腋及双臂。如此擦洗六七次之后，再打上香皂，这种香皂是宫里自制的玫瑰皂。四名宫女必须一齐动手，把香皂涂在毛巾上面，帮太后擦身子（毛巾在一次擦完后随即扔掉）。然后，重新把一沓新毛巾浸泡在水里。毛巾浸透捞出后拧得不很干，用这种湿软的毛巾，轻轻替太后擦去身上的肥皂，必须一遍又一遍直到擦得干干净净，身上没有一点肥皂沫为止。最后就是给太后涂香水，夏天多用耐冬花露水，秋冬则用玫瑰花露水，用量很大，用法也特别，使用时是将洁白的纯丝绵撕成约巴掌大的块，洒上香水，轻轻用绵片拍打身上，把香水拍均匀。擦完香水后，四名宫女再用干毛巾把太后上身的各个部位轻拂一遍，然后给太后穿上偏衫和睡衣。上身洗好了再洗下身。太后认为上身是天，下身是地，地永远不能盖过天，所以洗下身时要重新换一套用具，洗法和洗上身差不多。

太后每洗一次澡要用去 100 条毛巾，因为毛巾从水里捞出来后，她就不允许再放回到水里，故用一次就要扔掉。以致她每洗完一次澡后，澡盆里的水都是干干净净的，看不见半点污垢。

由于要上早朝，慈禧太后每天凌晨 4 时到 5 时就要起床，起床后要做的第一件事就是泡手。这时，宫女用银盆盛满热水，先把毛巾用热水浸透，捞出后由宫女将太后的双手包起来，再将太后被包的双手放到热水里浸泡，水冷了时再换热的，要换两三盆水方可。接着是洗脸，或者说是热敷，用热毛巾长时间地在两颊和额头上热敷，据说这样可以把抬头纹熨开来，并能减少两颊的皱纹。此后她便坐到梳妆台前，由侍寝的宫女帮她在两鬓之间敷上点粉，在两颊抹胭脂，接着便传专人给太后梳头。

这位专门给太后梳头的人，人们只知他姓刘，是个老太监，一直都是他伺候太后梳头，宫里的人都称他为"梳头刘"。后来梳头刘人老了，于是便由李莲英接替给太后梳头。

不过，据清末太监信修明的回忆，慈禧太后 40 岁之后，头发就已脱落很多，仅存鬓边和后脑的短发，俨然一位秃老太太。修饰时全靠用技巧去遮掩，即头顶心用一束假青发，以红胶粘住，两边再贴上发片，大两板头，这是一种满式的宫妆。因为头上粘了假发，所以太后平时行动都小心翼翼，生怕假发会突然脱落下来。太后平时最忌讳掉头发，大有视头发如命的程度，所以李莲英每次给她梳头时，显得格外小心，生怕梳掉一根头发。万一真有头发掉了下来，也得悄悄把掉下来的头发用手拈住，迅速收起来，绝对不能让太后本人知道。梳完了头之后，太后重新开始描眉画鬓，敷粉擦红。她坐在镜子面前对着自己前前后后、左左右右地反复照着，横挑鼻子竖挑眼，仔仔细细地挑毛病，直到完全满意为止。最后还要看看脚上穿的袜正不正，两只脚站平来左比右比，因为她的袜子是绫做的，中间有一条线，穿上后线缝要正对着鞋口才行。所有这一切，都要让她认为满意了，才可以由李莲英搀扶着走出寝宫，准备上早朝。

还有值得一提的是，慈禧太后满手均留有约二寸长的指甲，每天晚上必须进行泡洗修剪。修剪之前要用圆圆的比茶盏大一点的玉碗盛上热水，挨次把指甲泡软，把弯指甲校正理直，对不端正的地方除了要用小锉锉平整，用小刷子把指甲里里外外刷一遍外，还要用翎子管吸上指甲油，对其均匀地涂抹，最后再给指甲戴上用黄绫子做的指甲套。对此，慈禧太后备有一个专门放置修指甲工具的盒子，而所有修指甲工具都是从国外进口的。慈禧太后对每次修指甲时剪下来的指甲，都很细心地保存在一个专门的盒子里，心情特别好的时候，会端出来打开欣赏，显得分外珍惜。可是好景不长，在八国联军进攻北京时，慈禧太后带着光绪皇帝出逃西安的前夕，将满手的指甲全部剪掉了。

【光绪三年，不堪回首的一页】

董大中

我写过一篇题为《灾难记忆》的短文，在《文汇读书周报》发表，介绍一本叫《光绪三四五年年荒论》的手稿。后来我又得到一本手稿，也是写光绪三年（1877年）大旱的。张杰编《山西自然灾害史年表》，综录地方志所记，详尽而具体，其中引述了几部专门著作，有李用清所作《大荒记》、夏县的一块碑记、文水人李钟英所作《悯荒吟》和洪洞县梁培才所作《山西米粮文》等数种。我所得恰巧就是梁培才所作，不过书名和内文都不完全相同。张杰似未见到原稿本，他是从山西省人民委员会办公厅在三年困难时期编的《光绪三年年景录》中引来的。两相对照，我这本手稿似乎更原始一些，也许就是作者的原稿。后附一句"新刻评兵劫歌"，似乎这位作者还刻印了一本《评兵劫歌》。比起方志所记，这些手稿——且称为"专门著作"吧——通俗生动，具体翔实，是很值得推荐给普通读者的。《光绪三四五年年荒论》已作介绍，现在略述这本《山西米粮歌劝世回心文》。

当时人们饿成什么样子？手稿中写道："有几个饿得他容颜改变，有几个饿得他浑身瘦干，有几个饿得他张口大喘……食糟子和麻参还算不错，白土子并干泥当成饭餐。干泥面搅麦秸难吃难咽，咽下去嗌得人低头瞪眼。下了肚贴在那无法大便，只憋得面通红眼泪涟涟……"人饿到连泥土都去吃，那情景就很可怕了。我小时候听说，光绪三年的大旱，人吃人、犬吃犬是普遍现象。先前的那本手稿有具体描写，这本手稿更写得令人心寒："有些个狠心人天良不念，每日里带钢刀四下游转。见死人没二话拉回家去，吃人肉烧人骨人油灯点。吃死人原为的腹中无饭，还有那吃活人才算凶险。那些人时刻间僻处藏站，行路人若不防脑后一砖。用钢刀先把你咽喉割断，再把你肚破开摘下心肝。从大腿尽刮得挨近足面，火里烧锅里煮张口恶餐……"以下写把人肉做成丸子搅在树叶里下肚，或充当猪羊肉出卖，教人不忍卒读。

在异常的灾荒年代，摆在人们面前的"头等大事"，是想法活下去。他们只能为生存而"斗争"，是真正的"生存竞争"，其他一切有关人性的话题都谈不到，这在这本手稿里是看得很清楚的。首先是人性的扭曲："反复来反复去连二连三，尽都是把人情看得寡淡。哪一个能养活一日半天，男女们齐奔去一路不断……"其次是人的价值的贬低，特别是女人："妇女们在大街上东游西转，插草儿卖自身珠泪不干。顾不得满面羞开口呼叫，叫一声老爷们细听奴言。哪一个行善人把我怜念，如同似亲父母养育一般。即便是做妻妾奴也情愿，或者是当使女做个丫鬟。白昼间俺与你捧茶端饭，到晚来俺与你扫床铺毡。你就是收三房我也心愿，或四房或五房我也不嫌……"

这本手稿不同于前一本《光绪三四五年年荒论》的，是对当时的商业活动有较多的描写："众百姓一个个愁眉不展，每日间无度用实实伤惨。抱衣服拿首饰或卖或典，值一串能变的二百铜钱。典当人乱纷纷出入不断，只许回不许当止号停签。当田地卖房屋暂且度难，并无有富豪家置买房产。没奈何把房屋一齐拆散，刨砖瓦揭木料支到街前。松木椽杨木檩门窗格扇，一文钱挂二斤称是加三。有桌椅并板凳围屏楣面，好箱柜绸缎衣瓷器花罐，名士帖圣贤书琴棋古玩，珊瑚顶琥珀坠玛瑙玉环。就是那无价宝也不值钱，三斗麦换去了一所全院……"倒是写起物价来，两本手稿相差不多。在那个时候，物价本没有一定之数，只要能救急，经买卖双方协议，任何一个数字都可成交。连人的生命都不值钱，还有什么能卖到好价钱呢？

灾害过去，往往会有瘟疫流行，光绪三年也是如此。这本手稿写疫情甚为详细，不赘。

据张杰前书，山西省人民委员会办公厅所编《光绪三年年景录》收有一本《光绪三四年年景歌》。我不知道那本《年景歌》跟我前文介绍的《光绪三四五年年荒论》是否一回事。《年荒论》不署姓名，从内容和文辞判断，作者似为一孝义人。两本手稿均采取"三三四"式的唱词形式，这是受了佛曲（又名宝卷，是明代兴起的一种民间文艺形式，受佛教思想影响很大）影响的缘故。明代以后，佛曲在山西流传极广，平遥、介休一带是我国佛曲两大创作中心之一，对民间文化活动影响极深。佛曲是有说有唱的，以唱为主，唱词多为"三三四"式，也有七字句的，很受大众欢迎。这两本手稿的意义，在于那是最忠实最详尽的记载，具有重大的史料价值。我读之再三，感慨良多。不在"忆苦思甜"，而在对民间记忆的珍视，对深藏在老百姓中的民间文化的珍惜。既然山西省人民委员会办公厅曾将一些资料编辑成册，内部印行，现在何不将它加以增订，公开出版，既保存了文化，又成了一种很好的读物。

【巴夏礼的膝盖与圆明园的大火】

单之蔷

十几年前，刚到北京的我，最先去的地方就是圆明园。这次作为编辑杂志，我又去了次圆明园。夜晚，万籁俱寂，月光洒在残缺的石柱上，一种深沉的废墟美紧紧地抓住了我，我想，感受历史再没有比圆明园更好的去处了。

月色如水，秋虫哀鸣，我在想，1860年10月18日那个月黑风高的夜晚，英法联军的士兵明火执仗放火焚烧圆明园的情景。我在猜想下令放火的指挥官的心理，他是怎么想的？

了解当时的情况并不难，因为英法联军的指挥官事后撰写了许多回忆录。

圆明园被毁，直接原因是英法联军的报复行动。1860年英法联军以更换条约为名，攻陷大沽口炮台，占领天津，进军通州，直逼北京。当英法联军在天津和通州时，清政府与其有过一系列的外交谈判。

通州谈判时，英法派代表巴夏礼率领 39 人参加，腐朽的清政府答应了英法联军提出的所有不平等条约，但在枝节问题上却是寸步不让。譬如，在巴夏礼面见皇帝时"跪与不跪"这一点上争执不下，钦差大臣全权谈判代表载垣说："按中国礼制，见皇帝必须跪拜。"巴夏礼说："我非中国之臣，怎么解袍跪拜？"争辩既久，相持不下。清政府接到谈判通报后指示："必须按中国礼节，跪拜如仪，方可许可。"巴夏礼拒不接受，扬长而去。清政府则指示僧格林沁将巴夏礼一行 39 人截拿扣押，押往北京作为人质。

巴夏礼一行 39 人实际是外交使节，扣押外交使节这本身就是一种落伍的、愚蠢的、不合国际惯例的做法。扣押人质的行为导致英法联军迅速进军、兵临北京城下。

英法联军一方面催讨被扣人质，一方面进攻圆明园。炮火中皇帝和嫔妃仓皇出逃。圆明园落入侵略军之手，接着是连续两日抢掠圆明园中的奇珍异宝，但似乎还没有烧毁圆明园的企图。

三日后，皇帝的弟弟奕䜣在武力的逼迫下向英法联军交还了人质，但 39 名人质生还的仅有 18 人，其余归还的全是尸骸，其中英国《泰晤士报》记者的尸体是七块至八块。

英国公使额尔金和英军司令格兰特见到人质和尸体后，决定以火烧圆明园作为报复。额尔金发表声明表示他之所以必须将圆明园焚毁的原因：

"余可以要求巨款，以惩戒清政府，然其罪恶如此，岂区区金钱可以救赎……

"余未尝不可提议将陷害我国人及破坏休战局面之辈交出惩办。然所指过于笼统，清政府必交出下属，牺牲者徒为下属……

"故反复衡量的结果，只有毁圆明园一法最为可行，否则遇难诸君之仇永不可复，而且此举能给中国皇帝以极大的打击。"

清政府杀害人质的行为使本为强盗的侵略者似乎成了讨伐无道的义师。

如今圆明园正在申报联合国世界文化遗产，这使我想起关于世界文化遗产高于主权，属于全人类这一思想。当年的英法联军统帅额尔金、格兰特不可能具有这种思想，他们把辉煌的皇家园林看做是中国皇帝的私有财产，是他们报复和发泄私愤的对象。

1945 年"二战"行将结束时，美军轰炸东京和奈良时，请清华的教授梁思成和林徽因在地图上为其标出著名的文化古迹的位置，以免被炸。

两相对比，我们看到了人类的进步。

人类的进步，文明的进展还不止这些，圆明园遗址告诉我们许多许多。

战争从大的方面讲，是国力的较量，从微观的角度讲，也是人性的较量。圆明园的悲哀在于它没有被毁于炮火，而是毁于人性的丑恶。

抢掠被占之地，毁坏文物胜迹，虽处战争，亦属强盗之举；扣押使节，虐待俘虏，杀害人质，如今不仅为各种战争法所不容，也为文明人所不齿。

在关于圆明园遗址是否重建和怎样重建这个问题上，也能感受到我们中华民族思想的日趋成熟。譬如，1980 年，1583 位各界名人发起的《保护、整修及利用圆明园遗址的倡议书》中，有许多内容在今天看来是不妥的。这一倡议的主旨在于重现圆明园，将圆明园建成一个游览性质的公园。今天，停留在这样层次的倡议，是不会有这么多人签名的。

今天，人们意识到了圆明园作为一个废墟本身的历史遗迹价值，是否重修？怎样重修？不同的观点在激烈的争论，争论本身就是一个进步。圆明园总体规划决定仅仅重修圆明园遗址的 10%，这显然是一个在重修与反重修之中的一个折中的选择。折中比起争论来也是一个进步。

圆明园遗址告诉我们的，还远远不止是这些……

【追寻失落的圆明园】

撰 / 汪荣祖　译 / 钟志恒

掠夺与侵占

中国从君主政体转变成共和制度后，末代封建统治者宣统皇帝（溥仪）获准拥有他在紫禁城里的宫室，并保留包括宫苑在内所有财产的拥有权，此乃 1912 年达成退位协议的一部分。圆明园继续由逊清的内务府监管，但问题是动荡不稳的民国政府很少会履行诺言。初期的北洋政府公然向紫禁城内落魄的清朝宫廷索求圆明园内的文物。在 1915 年，为了装饰在北京繁华商业区新翻修完成的正阳门，内务部总长要求内务府批准，从圆明园西北角落附近的安逸堂里，搬走两只石麒麟。在同一年，北京的军方将领要取用圆明园内的假山假石。不管多么不情愿，内务府总是没办法拒绝这些索求。

没多久，警察甚至士兵都变成了盗贼。最让人难以忍受的事件发生在 1921 年，有两营属于十六师的军人殴打婉言拦阻他们的园内仆役，强行进入圆明园犯下掠夺的罪行，他们拆毁舍卫城的城墙，搬走许多太湖石，花了整整两天时间来掠夺。

民国政府的文职单位同样对圆明园投以贪婪的目光。在 1921 年，北京龙泉孤儿院逼迫溥仪将圆明园的西墙砖块和园内的湖石捐赠给他们，作为扩充院址的建筑材料，并且辩称这些废弃的物料应该用在公益上。在 1922 年，燕京大学的传教士管理者为了在校内建筑莫根园，要求在圆明园拉运大量的石材。这两项用途也许还可以说是用作公益，但其他人就只为了满足个人的私欲。

为了尽力防止无休止地从圆明园夺走物料的行为，三位内务府大臣绍英、耆寿和宝熙，于 1922 年 9 月向北京的京畿卫戍总司令王怀庆强调禁止从圆明园遗址夺走任何一物的重要性。王总司令承诺会给圆明园遗址做最好的保护。但具有讽刺意味的是，王怀庆总司令自己就曾经派出数百名工人手持尖锄、斧头和铲子潜入圆明园，拆下环绕舍卫城的坚固围墙，拆除"鸿慈永祜"的大墙，以及拆毁巴洛克式建筑的砖墙，以便用这些石材兴建他自己在茅湖之畔的达园，历三年而后成。

东北军阀张作霖于 1924 年控制了北京，他从圆明园搬走了大量汉白玉，运到辽宁去建造自己的墓地。与此同时，一名富裕的德国军火商从圆明园搬走不同种类的建材，来建造他的翠华花园，其结果是使圆明园的城墙处于迅速消失中。

城墙被拆掉之后，人们就打园里土地的主意。当清华大学于 1923 年开始新的学年时，校长曹云祥正式要求清室提供邻近清华校园圆明园遗址的部分地皮，以扩充大学的用地。这位校长相信把圆明园的土地给清华大学，将是保存古迹的最好方法。曹云祥校长虽然希望以现金购买土地，但由于经费不足而让他无法这样做，所以他建议特别对满族的学生提供大约二十六万元的奖学金作为对清室的补偿。这项建议看来颇具吸引力，因为当时并没有一个满族的学生进入这一所崇高的学府。不过，溥仪把这项建议束之案头，不作明确的回应，因为他不愿意出让任何一寸土地，他了解到一旦这样做的话，圆明园的遗址就将会永远地消失无踪。

圆明园的整体性虽然暂时得到维持，但园内的物料仍然不断地被人搬走。掌管燕京大学的外国牧师们，在 1925 年踏进邻近校园的圆明园，把安佑宫的石柱和工艺品搬运到燕京大学的校园内。当清室要求警察详细询问这些牧师，所得到的答复居然是，这些石柱放在校内保存会更安全。

好几尊外表优美的青铜兽和山石于较早时就被挪移到颐和园里；来自兰亭的石柱及一些青铜雕像、太湖石和石雕栏杆被移至中山公园；有些来自圆明园的山石被挪至南京的中山陵；卖给燕京大学的物品包括一对以汉白玉雕成的石麒麟、一座喷泉平台、几块石帘、一座石桥、许多欧式建筑的雕刻品和三根附有雕饰的壮丽华表，这些都是来自"鸿慈永祜"。北京图书馆于 1930 年从圆明园拿走好些物品，最引人注目的是从"鸿慈永祜"取走一对有雕饰的柱子，从长春园的大东门取走两只石狮子，以及在文源阁里取得两块石碑。

大量笨重的物料被挪走之外，被前清太监、旗民和当地居民所偷窃的许多小东西，更是难以计算。在 20 世纪 20 年代的北京居民，几乎每天都目击有人从圆明园运走石雕、青铜铭文、太湖石、砖块、瓦片和其他各种大量的建材。

接着抗日战争爆发了，北京（当时叫北平）附近的饥饿农民、前清太监和前清的满族旗民，来到圆明园的旧址上挖地，想把圆明园变成农场。结果是山丘被夷为平地，湖泽被填为耕地或作为鱼池。圆明园遗址首次遭遇到从地表消失的威胁。

中华人民共和国于 1949 年成立之后，百废待兴，千头万绪，没能立即致力于保护圆明园的遗址，中国科学院甚至想在遗址上建设一个大型的种植场。这个构思尽管没有落实，但稻田和农舍都已经存在多年，似乎会无限期地留在这里。政府直至 20 世纪 50 年代后期才通过征收方式，取得遗址大部分的土地权，但要另外安置众多的农户，是一件相当艰巨的任务。从 1959 年至 1961 年的三年自然灾害，让情况更为恶化。在这期间，有更多的农民占用或使用圆明园的土地。圆明园再次遭遇到毁灭性的威胁。

折中的重修方案

尽管历经天灾人祸的无情摧残，圆明园的遗址还是奇迹般地保留到今日。最后一次危机是"文化大革命"时，在那期间许多农场、工厂和学校都在圆明园的遗址上建立起来，严重破坏了圆明园的地貌。许多地基已经难以辨认。

在 1980 年的秋天，当大批领导人、有名望的学者、著名的建筑师和著名的艺术家表达了维护圆明园遗址的极大关切时，圆明园终于引起全国性的注意。他们在一份公开的倡议书中取得 1583 个签名，号召"保护、整修及利用圆明园遗址"。

1984 年 12 月，由圆明园学会委员会、中国圆明园基金会、中国圆明园规划设计公司和圆明园管理协调委员会等几个组织组成的圆明园学会成立，其目的包括研究、文化活动和施工。然而，在应否修复圆明园上没有一致的看法，即使达成共识，如何修复和修复到什么程度也是意见分歧，讨论得相当激烈。反对大幅整修者，以浪费国家资源为说，并且坚持宝贵的经费应该用来满足一般人对住房的迫切需要。一些人甚至把积极提倡整修的人比喻为慈禧太后，因为她挪用急于充实军备的海军经费来整修清漪园。

每一个参与讨论的人都知道，要恢复圆明园昔日的风光将需要天文数字般的资金。以整修承德避暑山庄的人工建筑所需要的经费来计算，扣除内部整修的经费，每平方米就需要五十万元人民币。在这样的条件之下，圆明园里主要建筑的整修大约有十六万平方米，费用至少会高达八百亿元人民币。这个估算毫无疑问是有利于那些反对大规模整修的人，但另一方面，尽管倡议整修的人也了解到国家的资金不足，却没有放弃他们的热忱，因为他们是基于国家自尊和爱国情操。

最后，达成一个折中的看法。这个共识就是整修部分基本的建筑，让荒芜的圆明园转变成一座让人印象深刻的纪念公园。

迁离大批的占用者，重新安置全部农舍、工厂和学校是一件何等艰巨的工作。那些依赖土地讨生活的农民特别难以应付。最后找到的解决办法就是向占用者提供实质的奖励，结果这些占用者不管是农民或工人都改了行，联手开发遗址，他们成为新成立的圆明园遗址公园开发建设公司的合作伙伴。占用者的角色因此转换了过来，从破坏遗址转为致力于创造一个宜人的圆明园遗址公园。

于是，大规模的修复工程在 1984 年开始了。优先处理的是在长春园北端的欧式建筑区。多年之后，欧式建筑区遗迹的整修工作终于在 1992 年完成。中国民众看来都肯定这份努力，因为从那个时候开始就不断有小额的捐款汇入，来表达支持。最令人瞩目的是，因为农村经济改革而致富的河北赵氏兄弟，向圆明园管理处捐出 3 万元。其他个人的捐献尽管金额不大，却展示了广大群众的热忱。

圆明园的名气几乎立即吸引了大量中外游客来参观遗址公园。旅游业毫无疑问帮助遗址公园筹集了不少资金，来应付持续中的工程。

最后的 "破坏"

不过，重建的人工建筑，不管是桥梁或屋宇，看起来十分粗劣，严重缺乏艺术技巧，远不能与闻名于世的圆明园之原有高超工艺相提并论。笔者曾于 1991 年看见一条横跨溪流的小桥，不管用什么合理的标准来看，都是毫无品位。在这座曾经辉煌的宫苑里，以如此粗糙和草率的方式营建，是绝对不可原谅的。别人似乎也有同样的看法，一篇刊登于 1996 年的报刊文章就尖锐地批评这种蹩脚的手艺只是为了在短时间内取得商业利益。文章作者嘲讽地把圆明园比喻成所谓 "复活的凤凰"，其实不过是 "假凤虚凰" 而已。

警钟已经响起，就是传统中国建筑与园林工艺里最精巧的技术已经失传。充足的经费虽然可以在任何时候重建一座失落的宫苑，但是失传的技艺几乎不可能再找回来。更糟糕的是，还有一些侵占圆明园旧址的新状况。20 世纪 90 年代初期，一些玩世不恭的人在圆明园旧址上建立所谓的圆明园艺术村。从 1996 年之后，圆明园旧址旁边又建造了一个广阔的住宅区。一家在海淀的地产公司成立了一家合资企业，营建所谓的圆明园花园别墅，它的范围越过遗址公园的北界，以吸引买家。这种以圆明园的名义来招商肯定会引起混淆，给人一个错误的印象，以为在销售圆明园。值得注意的是，维护遗址到最后仍然还是受到都市化和商业主义的威胁。在商业利益的压迫之下，圆明园遗址公园的前景显得更加暗淡和令人忧虑。

【一个八国联军军官在陷落的北京】

[法] 皮埃尔·绿蒂

进入紫禁城的第一夜

我与法国公使馆人员在我的住所共进最后一顿饭。一点半时，我借用的搬家用的两辆中国大车到了，装上不多的行李，带着我的随从，我们走向紫禁城。

中国大车都很小，厚重，没有一根弹簧。送我的车像灵车，外面包了深灰色的丝绸和宽宽的黑色天鹅绒。我们坐在上面被寒风抽打，任雪片飞舞，灰尘让人睁不开眼睛。

我们先是经过了使馆区，到处是废墟，到处是士兵。随后来到更加偏僻、几近荒芜的中国街区，满眼废墟，天空中白色、黑色碎片到处飞旋。街区主要的通道、门口、桥梁处可见到欧洲或日本的警卫。实际上，整个城市都有士兵守卫着，不时还有勤务兵和印有国际红十字会标志的救护车经过。

法国公使馆的翻译指着紫禁城告诉我，这是紫禁城的第一道围墙。高高的城墙，血一样红，我们颠簸着穿过大门。其实那不是门，而是由英国派来的印度士兵开凿的缺口，厚厚的城墙被打通了。

北京另一端遭受的毁坏相对轻些，一些街道上的房屋仍保留着金色木头的装饰和屋檐上那一排排的动物雕饰。当然，一切都摇摇欲坠，或生了虫，或被火焰烤过，或被废铜烂铁包围着。有些地方生活着贫困的下等人，拥挤不堪，他们身上穿着羊皮袄或蓝棉布破衣服。后来看见的是一些轮廓不清的土地、灰烬、垃圾，狼群和饱餐死人肉的骇人的狗群混杂在一起。入夏以来，尸体已经不能满足它们了。

另外一道城墙出现了，还是血色。我们要通过另一道大门，门上装饰着彩釉陶器。严格地讲，这才是紫禁城的大门，从来无人进入的地带。我们犹入奇景，踏进神秘的大门……

进去之后，我十分惊讶，因为里面根本不是一个城市，而是一片树林。一片阴暗的树林，枝叶间乌鸦呱呱乱叫。这里树的种类与天坛的一样，有雪松、侧柏、柳树，都是上百年的大树，形状扭曲，与我们国家的树木有差别。

远处，可以看见树木下依稀分布着一些孤零零的古老王宫，琉璃屋顶，门前蹲着大理石怪兽的雕像，样子十分可怕。

然而，我的陪同者非常肯定地对我说，中国皇城不总是如此阴森。他向我保证说，这里有世界上独一无二的皇家园林，我在此逗留期间肯定会有很多阳光明媚的温暖时光。

"现在，"他说，"请看，这是荷花湖，这是玉蛛桥。"

荷花湖！我想象着，眼前出现一片荷花，亭亭玉立于水上，同中国诗人吟唱的一模一样。就是这里！就是这个湖，这片忧郁的沼泽上却漂浮着被风霜打得焦黄的枯叶！

玉蛛桥！对，架在一排白柱子上的白色拱形桥，这优雅精致的曲线，这一行行头上雕着怪物的圆柱，跟我的想象完全吻合：十分典雅，极具中国风情。不过，有一点我万万没有想到，那就是芦苇丛中会有两具已全然腐烂的尸体，上面漂着破烂衣衫。

在一堵灰色的墙中间，一个非洲警卫守护在一个缺口旁。一边有只死狗，另一边是散发着尸体气味的一堆破烂衣服和垃圾。这好像就是宫殿入口处了。

我们走进一个堆满废物的院子，我的上尉副官 C 上前迎接我们。此情此景又怎能不让人相信，他们曾向我许诺的豪华行宫不过是场梦！

然而，在这个院子的尽头，我看见了富丽豪华的第一处象征：一个优雅轻盈的玻璃长廊。从外表看，在这一堆废墟中它是保存完好的建筑。通过玻璃可以看见闪光的金漆、陶瓷和绣着龙及云彩的皇家绸缎……宫殿的幽深处在远处是看不出来的。

来到这个奇怪住所后的第一顿晚餐，让人难以想象！我们几乎是在黑暗中用完晚餐的。我和副官穿着高领军大衣，坐在一张紫檀木桌子旁，浑身打战。勤务兵也不例外，端着菜的双手也瑟瑟发抖。那支从祖先祭台废墟里捡来的小红蜡烛在风中摇曳，几乎什么也照不着。

宫中使用的盘碟都是用极珍贵的陶瓷制作的，呈黄色，上面有帝王的年号，与路易十五同一时代。但是，我们的葡萄酒和浑浊的水却盛放在一些不伦不类的瓶子里，瓶塞是士兵用刀雕的土豆块。瓶子里的水经过无数次煮沸，因为井里的水被尸体污染，有可能传染疾病。

我们在长廊里用餐，长廊很长很长，消失在黑暗里，依稀还能看出帝王的奢华，到处都镶了一人多高的玻璃。这扇脆弱的玻璃墙将我们与外面的世界隔开，外面到处是废墟和尸体，一片凄惨黑暗。我们有一种感觉，总觉得小蜡烛光吸引的鬼怪的游移的形体在空中飘浮，可以从很远处看到我们坐在桌旁。想到这些，我们很害怕。我们快要冻僵的脚踩在皇家黄色的地毯上，厚厚的羊毛，上面绘着五爪的龙。在我们旁边，在即刻就要烧尽的蜡烛光下，闪烁着巨大的景泰蓝香炉，架在金色的大象头上。奇异漂亮的屏风立在一旁，釉彩凤凰展开了美丽的翅膀，皇座、怪兽……古老而昂贵的宝物。我们浑身尘土，精疲力竭，狼狈不堪，邋邋遢遢，坐在那里，谈不上丝毫风雅，就像粗鲁的野蛮人闯入了仙庭。

仅三个月的光景，三个月前这里曾是何等的笙歌艳舞啊！没有死一般沉寂，处处是音乐与鲜花，留下生命活力的迹象。宫廷贵族与侍者们身穿绸缎，行走在如今已经空荡荡、被毁坏的庭院里……

天气严寒逼人，好像魂魄都已冻僵，我们实在没有勇气继续抽烟聊天了。享乐的心情全无，只希望能尽快进入梦乡。

C 上尉分管这片宫殿，他手持提灯，带着很少的几个随从，把我引进房内。房子自然是在一层，因为中国的古建筑从来都不是高层。同我刚刚离开的长廊一样，室内室外仅仅靠玻璃、薄薄的白丝绸帘子和千疮百孔的绵纸屏风隔开。房间的玻璃门连插销都没有了，只能用一根绳子系住。

地毯质地优良，很厚实，像垫子一般。我的皇家大床是用紫檀木雕刻的，褥单和枕头都用珍贵的丝绸做成，上面饰有金丝。没有被子，只有士兵用的灰色羊毛被。

"明天，"上尉对我说，"你可以到皇帝的仓库里根据自己的爱好选择一些物品，用来装饰这个房间。随便选几件物品，不会有问题的"。

我没有更衣，和衣躺在嵌有金丝的美丽丝绸床上，只是在我那单薄的灰色被上加了一张老羊皮和两三件绣着金色怪物的龙袍。换句话说，我把所有能找到的东西都盖在身上。我的两个随从以同样的方式睡在地上。在吹灭祭台上的红蜡烛前，我下意识地强迫自己适应眼前的环境。可以说，西方野蛮人的形象自晚餐后开始浓重了许多。

黑暗中寒风肆虐，撕毁从绵纸顶棚到砖地之间的一切，在我头上盘旋，好似某种夜鸟的翅膀连续扇动。半睡半醒之间，我偶尔听到黑夜里远方传来的枪声或惨叫……

李鸿章的召见

李鸿章同意 9 点钟同我会面，时间有些晚了，我便急匆匆离开后宫的住所。

一位非洲步兵跟着我，给我们引路的是一名派来的马夫。马儿先是一路小跑，穿过寂静与尘埃，沿着皇宫高大的围墙和变为沼泽的水沟前进。

走出"黄城"后，有了生活的气息，出现了市井的噪声。我们已经习惯了宫中的孤独，每次出宫来到京城百姓中间，几乎都会为熙熙攘攘的人群感到吃惊。实在难以想象，簇拥在市中心各个地方的树林、湖泊和远方的景致全是人造的，酷似乡村。

半小时的狂奔后，我们进入了一条没有尽头的小胡同，在一间破烂的房屋前，尘土终于落下了……宫殿庭院和珍稀物品李鸿章应有尽有，家藏万贯，又是太后面前始终没有失宠的大臣，中国的名流……他可能住在这里吗？

不知何因，也许很复杂，这房子的入口处由一队哥萨克士兵把守。大门龌龊，玫瑰花图案单调幼稚。我被带入院子深处的一间房内，里面杂乱无章。屋子中央摆放着一张桌子和两三把紫檀木沙发，雕工不错，但仅此而已。屋里大箱子、小箱子、盒子东一个，西一个，被子掀开着，好像是准备逃亡。在街口迎接我的那位中国人，身穿绛紫色丝袍，他请我坐下，上了茶。他是这里的翻译，法语讲得准确，而且用词高雅。他对我说："已经去通报中堂了。"

片刻，另一个中国人把我带进一个院子。在一间会客室的门口，一位身材高大的老人走过来迎接我。他由两个仆人搀扶着，个头比他们整整高出一头。他身材魁梧，高高的颧骨上是一双细小但目光深邃、炯炯有神的眼睛。尽管他的棉袍上显露出斑点，有些破旧，但他仍显得很精神，有大老爷气派。（别人事先曾对我说："中堂认为，在这可恶的日子里应该装束得朴素些。"）

他先是询问我的年龄和收入（这是中国的一种问候方式），又一次问候我后，才开始交谈……

谈完当天的热点话题后，李鸿章对北京变为废墟表示痛心。

他说："我访问过整个欧洲，参观了所有国家首都的博物馆。北京也有自己的博物馆，'黄城'本身就是一座大博物馆，有着几百年的历史，可以与你们的任何一座博物馆媲美……可是现在，这座博物馆被毁掉了……"

他随后打听我们在后宫做些什么，很有分寸地询问我们是否在那里损坏了什么。

我们做过什么，他比我们还清楚，因为到处都是探子，我们的脚夫里都有探子。我告诉他，我们在宫里没有破坏任何东西。这时，他那深不可测的神色中流露出几分满意。

会见结束后，我们握手告辞。李鸿章还是由那两个低他一头的仆人搀扶着，他一直把我送到院子中央。当我在门口向他作最后的道别时，他再次提醒我送他一本我写的北京纪实（如果我有时间的话）。这位中国《一千零一夜》中的老王爷，身着破旧的衣袍，在凄凉的氛围中接待了我，他能接待我大概因为我是文官。尽管他热情得体，但我时时刻刻都感到他那难以掩藏的不安的眼神，也许是轻蔑和讽刺的眼神吧。

太后出逃时丢弃的绣花鞋

穿过两公里废墟后，我来到欧洲使馆区，目的是向生病卧床的法国公使告辞。因为最迟后天我就要离开北京，回到舰艇上去。

刚刚出来，正当我想骑马回"黄城"时，公使馆的一个人热情地告诉我一个信息。在金水河南边的一个小岛上，树木遮掩着太后那弱不禁风的宫殿，她在那里度过了最后几天惊恐的日子，然后坐着大车仓皇出逃。太后就住在宫殿"第二道院子左手第二间卧室"，那里有一张雕刻的卧床，地上有一双绣着蝴蝶和花的红色丝绸鞋，这双鞋非她莫属。

我立刻奔回"黄城"，在玻璃长廊里急匆匆地吃了饭。哎，那些漂亮的古玩开始被放到新柜子里了。我和两个侍从很快就出发了。

差不多走了两公里后，我们不费吹灰之力便找到了那个小岛。宫殿坐落在白色的大理石基座上，看上去漂亮纤弱。在百年古树的绿色波浪后，那金色的琉璃瓦屋顶和绘着彩画的围墙是那么珍贵、清新。

宫殿的大门敞开着，通向大门的台阶又是那么洁白无瑕，各种各样珍贵的物品碎片散落在上面：皇家瓷器碎片、烫金漆器碎片、四脚朝天的青铜小龙，还有玫瑰色丝绸和一束束假花。是不是蛮夷之人已经光顾这里？哪个国家的？肯定不是法国人，不是法国士兵，因为法国士兵从未受命步入"黄城"。

进入内院，到处一片荒凉，一群乌鸦由于我们的到来呼啦啦展翅而飞。遍地都是漂亮而珍贵的女性使用的物品，但都被肆意毁坏了。

"第二道院子左手第二间卧室里！"就是这里……里面有一个宝座，几张椅子，一张很矮的、上面手工雕琢着神鬼的大床，但一切都被毁坏了。肯定是用枪托砸碎的，玻璃全碎了。以前，太后正是透过这些玻璃欣赏河面的波光、粉色的荷花、大理石桥、小岛以及所有的人造或天然的景色。另外，墙上挂着一幅宽宽的精制的白色丝绸，著名艺术家用毛笔、淡色的颜料在上面绘出比真荷花大许多的荷花。但此时此刻，在秋风的摧残下，荷花的叶子与花瓣都已凋谢，一派衰败的景象。

我迅速在那张大床下寻找，下面是一堆堆的手稿和华丽丝绸衣服的碎片。我的两位侍从像拾荒者一样，用棍子在床下乱搅，一会儿工夫就找到了我要找的东西：先是一只，然后又是一只。一双红鞋，令人惊叹，更是滑稽！这不是一双为中国裹脚女人准备的三寸小鞋，因为太后是满族人，没有裹脚，只是她生就一双小脚。这是一双十分普通的女式绣花鞋，鞋的怪诞在于它的跟，足有30厘米高。整个鞋底都那么厚，像雕像的基座一样，逐渐增大，可能是用很多层白色的皮革做成。没有这鞋底，似乎人会摔倒。

我还从没见过这种女鞋。现在的问题是怎么把鞋带走，而不至于让路上可能碰到的哨兵或巡逻队认为我们掠夺了物品。

奥斯曼想把鞋用绳子拴在雷诺的腰带上，掩盖在军大衣长长的下摆里面。一切像变戏法，我们让他试着走路，让他走起来尽可能自然些，以防被别人看出来。我一点也不感到内疚，我甚至猜想，如果昔日那漂亮的太后从远处看到这一幕的话，她肯定是第一个嘲笑我们的人⋯⋯

【李鸿章日本议和秘闻录】

佚 名

1895年甲午一战，李鸿章苦心经营20年的北洋海军全军覆没。对于李鸿章而言，甲午战败是他一生的耻辱，签订《马关条约》更是他一生最大的耻辱。熟悉外交事务的李鸿章，不得不听从蕞尔岛国晚辈伊藤博文的摆布。

战前，李鸿章在1894年6月中旬曾经请俄国和英国驻华公使出面调停中日之争。但英国人此时正想拉拢日本制衡沙俄，不愿意趟这个浑水。英国领事曾告诉李鸿章，英国政府请日本与中国共同退兵，但也仅此而已，别无下文。俄国公使喀西尼也告诉李鸿章，沙俄政府会不惜以逼迫的手段压制日本人。李鸿章信以为真，一心等待俄国人出面，但最终却不见动静，导致军事部署被动和延误。

平心而论，甲午战争的失败并非李鸿章一人之责，而是清政府腐败所致。由于海军军费被挪用修建颐和园，自1889年以来，海军未添新舰，未置新炮，连弹药也多为过期、不合格、不配套的产品。北洋海军在作战中，炮弹发射速度慢，炮位少，炮弹击中敌舰要害部位后竟穿而不炸。北洋海军被日军围堵在威海卫之际，清政府竟不发援军，眼看着舰队被日军围歼。舰队外籍顾问又伙同候选道牛昶炳等人，威逼北洋水师提督丁汝昌签字投降。眼见大势已去，生性懦弱的丁汝昌不禁悲从中来，服毒自尽。

日本人点名要李鸿章出面谈判

仗打到这个分上，派员议和已不得不提上议事日程。李鸿章左思右想，觉得如果在日本志得意满、趾高气扬之时，派大员贸然前往，恐怕会遭日方奚落。因此，他在给恭亲王奕䜣的信中，提出了一个出人意料的建议："在下与张荫桓等人再三商量，觉得现在只想派一名忠实可信的洋员前往，既容易得知对方的意图，又不会引起对方的怀疑。"李鸿章最终选定的这个人物，就是在天津海关工作20余年的德国人德璀琳。

对于德璀琳，李鸿章在同一封信中写道："德璀琳在天津工作二十多年，对我很忠心，中法议和等事他都暗中相助。先前伊藤博文到天津与我订约时，他认识伊藤幕僚中的一位英国人，于是又从中相助，很是得力。如果让他前去日本酌情办理讲和一事，或许能够相机转圜。"

在日本方面，外相陆奥宗光在得知清政府准备派洋人来日本代为商谈议和事项之后，马上与首相伊藤博文进行会商。他们认为，现在还不是与清廷停战的最佳时机，日本应力图扩大战果，占领东三省部分领土，以此来逼迫清政府作出更大的让步。更何况，清政府此时派来的是一名洋人，很可能是来打探虚实的，日本政府不得不防。因此，二人商定不见德璀琳，迫使清政府派出更高规格的代表。

德璀琳碰了一鼻子灰，灰溜溜地回到中国。1895年2月1日，清政府又派张荫桓和邵友濂二人赴日，到达日本人指定的谈判地点广岛。但伊藤博文对二人百般刁难，甚至不允许他们发密电和北京取得联系。到达日本的第二天，双方互换国书。伊藤博文发现张荫桓和邵友濂所携带的国书文字中有"一切事件，电达总理衙门转奏裁决"字样，遂认定二人授权不足，与国际谈判的惯例不符，于是拒绝与他们谈判。张荫桓和邵友濂急忙写信给陆奥宗光，申明光绪皇帝的确向他们授予了议和全权。日本方面依然不依不饶，甚至驳回了张荫桓和邵友濂发电报给国内修改国书文字的请求，还借口说广岛是日本军事重镇，不许闲杂人员逗留，将张荫桓和邵友濂赶到了长崎。

就在张荫桓和邵友濂被日本政府拒绝的当天，伊藤博文与使团随员伍廷芳进行了一次谈话。伊藤博文问伍廷芳："你方为什么不派遣重臣来呢？请问恭亲王为什么不能来敝国？"伍廷芳答道："恭亲王位高权重，无法走开。""那么李鸿章中堂大人可以主持议和，贵国怎么不派他来？"伍廷芳随之反问："我今天是和您闲谈。那我顺便问，如果李中堂奉命前来议和，贵国愿意订约吗？"伊藤博文自然能够听出伍廷芳的弦外之音，回答得也是滴水不漏："如果中堂前来，我国自然乐意接待，但是也还是要有符合国际惯例的敕书，必须要有全权。"伍廷芳又问："那么中堂也要来广岛吗？"伊藤未置可否。

就在这次谈话前后，日军取得威海卫战役的胜利，北洋海军全军覆没。清政府失去了与日本人讨价还价的最后筹码，没有别的办法，只好派李鸿章前往日本议和。

李鸿章不想做"卖国贼"

1895年2月22日，李鸿章奉旨进京。此时，日本人再次向清政府表示，他们不仅要清政府赔款，而且要求割地！此时，不管是慈禧、光绪还是满朝文武，谁都不愿意背上这个遗臭万年的罪名，李鸿章自然也不愿意。经办外交多年，李鸿章早尝够了"卖国贼"的滋味，所以，他一定要得到清政府的全权授权才肯出使日本。

进京次日，光绪在乾清宫召见了李鸿章。围绕是否割地问题，朝堂上争执不下，乱作一团。李鸿章表示，不能够承担割地的责任，更何况连日本人要的赔款现在都无法凑齐。光绪的老师翁同龢等人也说，宁可多赔款，也不可割地一寸。以恭亲王奕䜣为首的一干大臣则认为，如果不答应割地，日本人恐怕不会与议和。现在情形危急，日本军队的锋芒已指向北京。为保京师无恙，就只能顺从日本人的心愿。

为了寻求支持，李鸿章再次奔走于各国使馆，希望能得到列强的支持。只可惜此时各国要么已与日本沆瀣一气，要么暗中打着自己的"小九九"，准备中日议和开始后坐收渔翁之利。李鸿章的求助行动无果而终。

3月4日，光绪正式下诏，宣布李鸿章为头等全权大臣，予以署名画押之全权。13日，李鸿章等人乘坐德国轮船"礼裕"号和"公义"号，悬挂"头等议和大臣"旗帜，起程直奔日本马关。随从出访的有李鸿章之子李经方，随员伍廷芳、马建忠，以及美国顾问、前国务卿科士达等。

春帆楼上唇枪舌剑

马关议和之地春帆楼，本是日本医生藤野玄洋于1862年开办的诊所。此楼居高临下，风景秀丽，附近有一处温泉。藤野玄洋医生死后，其女美智子不通医术，但独具慧眼，在这里开了一家河豚料理店。

对于春帆楼，时任日本首相的伊藤博文别有一番感情。当年的伊藤博文经常在马关一带出入，经常光顾美智子的河豚料理店。一日，吃得兴起的伊藤博文从楼上远眺关门海峡，碧波之上的点点渔帆令其感动不已。联想到自己别号春亩，伊藤博文不禁兴致大发，为此店取名"春帆楼"。选此地为谈判地点，想必伊藤博文也打算像日本政府在甲午战争中所做的一样，要拼命吃下清政府这条"河豚"。

1895年3月20日午后2时半，李鸿章一行登上春帆楼。春帆楼上，围着方桌摆放着十多把椅子。日本政府还特别为年逾七旬的李鸿章安排了痰盂。伊藤博文为谈判颁布了四条纪律：一是除谈判人员外，不论何人有何事，一概不得踏入会场；二是各报纸的报道必须要经过新闻检查后方可付印；三是除官厅外，任何人不得携带兵器入内；四是各客寓旅客出入，均必须由官厅稽查。此外，伊藤博文还特别宣布：清政府议和专使的密码密电均可拍发，公私函牍概不检查。从表面上看，好像日本人对李鸿章非常客气，其实，日本人在甲午战争前已成功破译了清政府的密码，中国使团与朝廷往来的电文，日本人一览无余，自然也乐得送个顺水人情。

3月21日，在与李鸿章的首次谈判中，伊藤博文向李鸿章提出的停战条件是：日军占领大沽、天津、山海关一线所有城池和堡垒，驻扎在上述地区的清朝军队要将一切军需用品交与日本军队，天津至山海关的铁路也要由日本军官管理，停战期间日本军队的一切驻扎费用开支要由清政府负担等。伊藤博文明白，山海关、天津一线如果被日军占领，将直接危及北京安全。这个停战条件是清政府万万不会答应的。如果这一停战条件被清政府驳回，日本正好就此继续进攻。尤其狡猾的是，伊藤博文此时隐藏起觊觎我台湾的企图，向李鸿章隐瞒了日军正向台湾开进的事实，企图在日军占领台湾后再逼李鸿章就范。

春帆楼上，中、日两国唇枪舌剑，谈判僵持不下。恰在此时，一桩突发事件改变了谈判的进程。

李鸿章遇刺改变谈判进程

3月24日下午4时，中日第三次谈判结束后，满怀心事的李鸿章步出春帆楼，乘轿返回驿馆。谁知，就在李鸿章的轿子快到达驿馆时，人群中突然蹿出一名日本男子，在左右未及反应之时，照着李鸿章就是一枪。李鸿章左颊中弹，血染官服，当场昏厥过去。一时间，现场大乱，行人四处逃窜。行刺者趁乱躲入人群溜之大吉，躲入路旁的一个店铺里。

眼见主人遇刺，李鸿章的随员们赶快将其抬回驿馆，由随行的医生马上进行急救。幸好子弹没有击中要害，不久李鸿章就苏醒过来。李鸿章毕竟见过大风大浪，面对变故表现得异常镇静，还不忘嘱咐随员将换下来的血衣保存起来，不要洗掉血迹。面对斑斑血迹，73岁的李鸿章不禁长叹："此血可以报国矣。"

李鸿章的伤口在左眼下一寸的位置。所幸的是子弹虽然留在了体内，但并没有伤到眼睛。李鸿章在日本遇刺，立即引起了国际社会的关注，德国驻日公使馆的医生赶来为他看病。各国医生会诊之时，日本医生建议开刀，但德国和法国医生坚决反对，理由是既然这颗子弹对李鸿章的眼睛无害，不如暂时留在体内。他们担心，如果贸然开刀，将会危及李鸿章的性命。

行刺事件发生后，日本马关的警察在很短时间内抓到了凶手。经审讯，此人名叫小山六之助，21岁，是日本右翼团体"神刀馆"的成员。他不希望中日停战，更不愿意看到中日议和，一心希望将战争进行下去，所以决定刺杀李鸿章，挑起中日之间的进一步矛盾，将战争进行到底。小山六之助的想法与日本政府此时的意图大相径庭。日本政府本来拟就的谈判方略是借战争逼迫清政府签订不平等条约，然后见好就收。此时的伊藤博文最担心的就是有什么把柄落在列强手中，让一直虎视眈眈的西洋各国从中干涉，坐收渔翁之利。小山六之助的行为恰恰无异于授人以柄。难怪伊藤博文闻讯后气急败坏地发怒道：这一事件的发生比战场上一两个师团的溃败还要严重！

李鸿章遇刺的第二天，清政府给李鸿章来电，除慰问伤势之外，还指示应趁"彼正理曲之时，李鸿章据礼与争"。当时，如果李鸿章就势回国，再说服列强进行干涉，也许《马关条约》的内容就不会是后来那个样子。可是被列强与日本欺负得没脾气的清政府，压根儿没有想过可以利用列强之间的矛盾，只是担心如果不及早结束谈判，在华日军将会继续制造战端，危及京师安全。

28日，当伊藤博文再次来到李鸿章的驿馆，告之日本天皇已下令停战时，李鸿章不禁喜出望外。他没有想到，几天来在谈判桌上口干舌燥未能取得的战果，竟然会因为自己的遇刺而峰回路转。30日，中日停战条约签字。

1895年4月17日，李鸿章与日本代表签订了丧权辱国的中日《马关条约》。条约规定：割辽东半岛、台湾、澎湖列岛及附属岛屿给日本；赔偿日本军费白银2亿两；增开重庆、沙市、苏州、杭州为通商口岸；开辟内河新航线；允许日本在中国的通商口岸开设工厂，产品运销中国内地免收税款。

【北大旁听生中的历史名人】

佚　名

数年前，赫赫有名的北京大学宣布限制校外人员随便进校参观，不久，又开始限制非北大学生在北大教室内旁听。至此，一贯以开放著称的北京大学将大门死死关闭，里面全剩下了国内的高考精英们。在北京大学的领导者们看来，也许普通人难以一瞻北大容颜，就能使得北大更神秘一些；也许更神秘一些，就意味着更神圣一些；也许更神圣一些，就意味着更牛一些；也许更牛一些，就意味着能进世界大学前列了。无论是否如此，我们可以看见的是，北大悠久而光荣的旁听传统，很快就要消失不见了！

以后，当阳光明媚地照进北大校园的时候，北大的学生们就要持证上课了。教学楼前站立的神情冷漠的保安们，随时准备去驱赶那些想浑水摸鱼的家伙了。只是，有几个已经逝去了的先生可能会大呼侥幸了：幸好我生得早，要不然……

这几位已经逝去的先生，他们实在太有名了，他们至今还被北大捧为宝，只是，他们可未必买北大的账，因为当时他们可是旁听生。

NO.1 沈从文（1902—1988）

亦不用过多介绍，念完高中的同学肯定都知道。1922年夏天，二十岁的沈从文脱下军装，风尘仆仆从湘西跑到北京，住西西会馆，后来搬进银闸胡同，到北京大学做了旁听生。这位文学天才原来没念过中学，念小学时也是天天逃课，要不是这时候在北大"补课"，真难以想象他后来能成为中国现代文学史上的小说大家。

NO.2 丁玲（1904—1986）

著名女性作家。代表作有小说《莎菲女士的日记》《太阳照在桑干河上》，散文《牛棚小品》，是中国现代文学史上重要的左翼作家。新中国成立后，一度担任中国作协党组书记、副主席职务。1924年，二十岁的她来到北京，在北大旁听，并结识了同样是"北漂一族"的沈从文和胡也频，后者成为她风雨人生的第一个伴侣。

NO.3 冯雪峰（1903—1976）

现代著名诗人，文艺理论家。"五四"时期"湖畔诗人"之一，后来成长为左翼文学的重要作家，和晚年的鲁迅交往密切，新中国成立后也曾是文艺界的领导。1925年，二十二岁的冯雪峰到北大旁听，并自修日语，还因此和丁玲摩擦出了爱的火花，闹出了现代文学史上一段纯真浪漫又让人扼腕叹息的三角恋。

NO.4 柔石（1902—1931）

有着短暂而了不起的一生，"左联五烈士"之一。鲁迅《为了忘却的记念》一文对他有很详细的记述。柔石是革命者，更是一位颇有成就的小说家（可惜他的创作生涯太短了），留下了《二月》《为奴隶的母亲》等名篇，均被改编为经典电影。1925年到1926年，他曾在北大旁听。

NO.5 瞿秋白（1899—1935）

现代著名作家、记者和编辑，还是中共早期的领导人之一，在1927年7月一度接替陈独秀负责中央工作，对中国革命和中国文学都有巨大贡献。1917年，他曾在北大旁听。

NO.6 王度庐（1909—1977）

武侠小说家，著有《鹤惊昆仑》《宝剑金钗》《剑气珠光》《卧虎藏龙》《铁骑银瓶》五部武侠小说，在金庸大侠名扬神州的时代，也没能完全掩盖这位20世纪40年代风靡一时的武侠大家的光芒。他少时家贫，无力为学，只能到北大偷师学艺，遂成一代大侠。

NO.7 孙伏园（1894—1966）

散文家、著名编辑，人称"副刊大王"，先后主编过《晨报副刊》和《京报副刊》。他是鲁迅的同乡和学生，一度和鲁迅交往甚密。1919年，他和他的弟弟孙福熙曾一起到北大旁听。

NO.8 曹靖华（1897—1987）

著名翻译家和散文家，1921年在北大旁听，后来成为北大教授。

NO.9 金克木（1912—2000）

著名散文家、梵语研究学者。小学学历，1935年在北大旁听，后来成为北大著名教授。

NO.10 成舍我（1898—1991）

曾任上海《民国日报》主编、北京《益世报》总编辑。1924年起，先后创办《世界晚报》（北京）、《民主报》（南京）、《立报》（上海）、《香港立报》等，被誉为中国报界巨子。1918年他到北大旁听。

【鲁迅一生的经济收入】

陈明远

我有个习惯，一到休息时瞪着双眼就想看书，早些年，在家乡农场中有一套《鲁迅全集》，这是作为重要文献发下来给群众自学的。读书预备队排得挺长，只有那上下两册《鲁迅日记（1912—1936）》谁翻了都不愿过目，扔在角落里。也罢，我就在冷而又冷的角落，自学这《鲁迅日记》。

沉沉的两大本，厚厚的千余页。那是多么枯燥、琐碎、繁复、乏味的流水账啊！记得鲁迅自己描述过："我的日记……写的是信札往来、银钱收付……例如，二月二日晴，得A信；B来。三月三日雨，收C校薪水×元……尤其是……薪水，收到何年何月的几成儿了，零零星星，总是记不清楚，必须有一笔账，以便检查……"

百无聊赖之际想：也罢，我正好是学数学出身的，就来查查鲁迅的账吧。"中国文化人经济状况"的自选研究课题，原来是这样开始的。

首先注意到鲁迅每年都买很多很多书，一看书名就像翻开菜谱一样：全是很好的书，很贵重的书。这是我最羡慕的。鲁迅爱逛琉璃厂，淘古董字画，爱吃馆子、摆酒席，孝敬老母，资助亲友，晚年经常带全家乘出租车看电影……但那么大的开销，需要多少钱啊？

中国文化人，一向出于清高"耻言钱"，或出于隐私"讳言钱"，鲁迅1923年曾向我们的祖父母一辈人（那时是莘莘学子）做过"娜拉走后怎样"的报告，一针见血挑明——

梦是好的；否则，钱是要紧的。钱这个字很难听，或者要被高尚的君子们所非笑，但我总觉得……钱——高雅地说罢，就是经济，是最要紧的了。自由固不是钱所能买到的，但能够为钱所卖掉……为准备不做傀儡起见，在目下的社会里，经济权就见得最要紧了。（《鲁迅全集》第一卷161页）

鲁迅的收入来源

那么鲁迅一生究竟挣了多少钱呢？没有人精确统计过，太费事了！只有像我这样的傻瓜，才干这样的傻事。我庆幸自己收获之一就是算清了鲁迅二十四年八千多天的收入账。他的钱来自下列四方面：

公务员收入。民国一成立，鲁迅就应蔡元培之召，担任教育部公务员，时间长达十四年多。这是鲁迅在北京时期的正式职业。他的名义收入如下：1912 年 5—7 月，每月津贴六十银洋；8—9 月，每月半俸一百二十五银洋；10 月后定薪俸二百二十银洋；1913 年 2 月后薪俸二百四十银洋，12 月后仅有九成即二百一十六银洋；1914 年 8 月薪俸增二百八十银洋；1916 年 3 月后增为三百银洋。1924 年 1 月（民国十三年一月）重缮之《社会教育司职员表》载有周树人应得四等三级"年功加俸"三百六十银洋。但是 20 世纪 20 年代以后教育部经常拖欠，实发三分之二即平均月付二百银洋左右。

教学收入。"五四"以后鲁迅除了供职教育部以外，还在北京的八所学校兼课，时间长达六年（1920—1926）。1920 年 8 月接受北京大学蔡元培校长聘请，兼任北大国文系讲师，同时又兼任高等师范等校讲师，每周各一小时，讲课费每月共六十大洋左右。其间他去西安讲学一个暑期，得讲课费四百元大洋。1926 年 8 月鲁迅离开北京赴厦门大学，由林语堂推荐专任厦大国学院教授，月薪国币四百元。1927 年 2 月鲁迅在广州中山大学受聘担任文学系主任兼教务主任，月薪国币五百元。

大学院特约撰述员收入。1927 年 12 月到 1931 年 12 月，四年又一个月中，由蔡元培推荐，鲁迅受聘为"大学院"特约撰述员，得月薪三百元大洋（1929 年 1 月起《鲁迅日记》中改称为"教育部编译费"，实质上是一回事）。定期支付四十九个月之久，未曾拖欠，共计一万四千七百元大洋，折合黄金四百九十两。

写作、翻译和编辑收入。1907 年曾有《人之历史》等论文在东京《河南》杂志发表，稿酬约为千字两元。但是 1918 年鲁迅在《新青年》上发表文字是义务的，不领稿酬。晚年在上海生活时期，"卖文为生"也就是作为自由职业者，依靠版税、稿酬和编辑费。一开始北新书局每月支付给鲁迅的版税是国币一百元和《奔流》杂志编辑费一百元，他在报刊发表文章的稿酬为千字 3—5 元，鲁迅每月收入至少五百元，生活比在北京时宽裕得多。但是北新书局经理克扣大笔版税，1929 年 8 月鲁迅找律师与之谈判，维护了自己的著作权，索回两万多元应得版税。到 1932 年"大学院"津贴撤销以后，版税和稿酬成为鲁迅主要经济来源。

鲁迅一生挣了多少钱

统计结果：1912 年春—1926 年夏鲁迅在北京期间，共收入银洋四万一千零二十四元一角（内 1922 年日记残缺，为估计数），月平均二百四十五元；1926 年夏—1927 年秋鲁迅在厦门和广州期间整一年，共收入教学费国币五千元，月平均四百一十七元；

1927 年秋—1936 年在上海期间共收入国币（法币）七万零一百四十二元四角五分，月平均六百七十四元。

那么，按照实际购买力计算，鲁迅二十四年的收入相当于今天人民币多少钱呢？根据历史资料换算，1912 年一块银洋约合今四十元，1927 年一元"国币"约合今三十五元，1936 年一元法币约合今三十元。

也就是说，鲁迅前期（北京时期）是以公务员职业为主，十四年的收入相当于今一百六十四万元，平均月收入相当于今九万一千三百多元。中间（厦门广州时期）一年专任大学教授，年收入相当于今十七万五千元，平均月收入相当于今一万四千多元。后期（上海时期）完全是自由撰稿人的身份，九年收入相当于今二百一十万元，平均月收入相当于今两万元以上。从公务员到自由撰稿人，他完全依靠自己挣来足够的钱，超越"官"的威势，摆脱"商"的羁绊。值得注意的是，他作为自由撰稿人的年收入，是他作为公务员年收入的两倍多。钱，是他坚持"韧性战斗"的经济基础。然而，他有了那么多的金钱之后，却丝毫不为金钱所动，而始终保持勤俭奋斗的本色。我算清了鲁迅一生的经济账目，才睁开眼睛看清：离开了钱的鲁迅，不是完整的鲁迅、更不是真正的鲁迅。

通过一千多页密密麻麻的银钱账目的草算，我解读了鲁迅和钱的纽带。鲁迅一生总收入相当于今三百九十二万以上，成为名副其实的"中间阶层"，即社会中坚，他受之无愧。从"而立之年"以后的二十四年间，平均每年十六万多元、每月九千至两万元的收入，充分保障了他在北京四合院和上海石库门楼房的写作环境。在残酷无情的法西斯文化"围剿"之中，鲁迅能够自食其力、自行其是、自得其乐，坚持了他的自由思考和独立人格，这使他永远成为文化人的榜样。

【故宫怎样收回国宝】

沈大伟

1949 年 1 月 31 日，解放军刚刚进入北平（现北京），朱德总司令立即布置兵力，进驻故宫博物院。部队进入故宫后，要做的第一件事是把故宫打扫干净。据当时的报道说："1949 年初北平解放不久，当博物院委员会重返故宫时，他们发现里面杂草丛生垃圾成山，有些建筑甚至被半埋在沙土里。大约有 25 万吨垃圾被运走，整整装了 8300 车。"

建立新政权才几个月，新中国的领导人就开始着手拯救和赎买故宫的文物，对馆藏的恢复和扩充十分关心。当时，新政权财政困难，缺乏必要的资金赎买流散到香港地区和国外的国宝。为了收回散失的国宝，人们竭尽所能，采取了各种各样的方式。

故宫专门成立了文物征集组来鉴定收回文物的真伪，并下设 5 个小组对收回的物品进行鉴定。

全力追回"东北货"

恢复馆藏所收回的文物中，最重要、最有价值的，是 1924 年溥仪逃离紫禁城时，从故宫携带出去的文物。当年，在被迫离开紫禁城时，溥仪和溥杰兄弟选了一些便于携带的、最珍贵的艺术品和珠宝，偷偷夹带出宫。溥仪的侍从也偷出不少宫中的宝贝，卖给北方城市（特别是天津）的古玩商或是古董铺。这些失散的文物，古玩界称为"东北货"。

1945 年底，占领沈阳的苏联红军抓住溥仪后，在长春的伪满皇宫藏品中发现了大量"东北货"。溥仪把最值钱的一些珠宝装在随身携带的小皮箱的夹层里，苏联人抓住他时，他就带着这只小箱子。

溥仪成为战犯，被押到苏联关押，他随身携带的文物也被没收。1950 年溥仪被引渡回国，在抚顺战犯管理所接受改造。他的文物也交由抚顺战犯管理所保管。

这些溥仪从苏联带回的文物一直留在抚顺。直到 1964 年，政府签发了一道行政命令，要求将这些文物（共 245 件）运回北京故宫，其中包括乾隆皇帝使用过的三联田黄闲章、六朝小玉璧，以及隆裕皇后和慈禧太后的贵重饰品（包括白金镶钻石戒指、白金镶蓝宝石戒指、碧玺十八子手串、珊瑚十八子手串、金钻祖母绿宝石领针等）。

当时，杨仁恺是沈阳东北博物馆从事绘画和书法研究的研究员。他在收回溥仪携至天津、后来又带到伪满洲国的文物这件事上功不可没。对"东北货"的追查，始于 20 世纪 40 年代，主持者是王世襄。杨仁恺的收回方法和王世襄类似，他提醒古玩店多加留心"东北货"，并告诉老百姓，如果家里收藏有"东北货"，可以以合理的价格卖给他，不会追究收藏者的责任。对于一些家里仍然藏有绘画作品的原伪满洲国士兵，则保证他们交出文物后不会受到追究。

奇迹时有发生。例如，1963 年 4 月，一位来自黑龙江省哈尔滨市的年轻人，走进北京琉璃厂一家古董老字号的销售部，希望以 2000 元的价格卖掉一包"破烂的"绘画和书法作品。接待的店员认出了上面盖的内廷印章，于是转身去找经理。经常光顾这里的杨仁恺当时正巧在办公室，一听到"东北货"这几个字，他马上走出来，小心翼翼地打开年轻人的包裹，整理起那些碎片来。

从 37 片碎纸中，杨仁恺重新拼出了一幅画的 2/3，竟是李公麟的《五马图》。这幅作品的价值不可估量，即使是以碎片的形式留存下来，也具有重要意义。由于年轻人妥善保管了这些碎片，杨仁恺答应如数付给报酬。

各方齐心收文物

除了加紧对"东北货"的追踪，为了收回故宫的散失文物，大家想了各种各样的办法。

第一个途径是政府发布征集文物的行政命令。命令一出，党政军机关、人民团体和事业单位纷纷响应，将本单位收藏的物品登记造册，看其中是否有珍贵文物。通过这种方法，故宫共征集到 165061 件文物。

第二个途径是从一些单位、古玩店、拍卖公司和个人手里赎买文物。徐邦达组织了一个专家组，奔赴全国各地去寻找文物。他们把目标主要集中在长春、大连、沈阳、天津、上海、苏州以及香港等地。另外，北京琉璃厂也是他们关注的焦点，这里的古董店是国宝的另外一个藏身之处。通过这种方法，他们在国内共收购 53951 件文物，其中大多数是在 20 世纪 50 年代收购的。

在香港地区赎买文物则障碍颇多。因为，当时香港地区还是英国管辖的殖民地，文物价格也比内地高很多。许多从故宫流失到香港地区的稀世珍宝价格非常昂贵，在一些大的英国拍卖行里拍卖。1951 年 10 月 5 日，国家领导人了解到这一情况后，立即指示文物局组织专家组去香港地区。他们随身携带着政府筹集的大笔钱款，目的是想尽办法买回从故宫流出的珍贵文物。

这个专家组于 1951 年 12 月抵达香港地区，成功地买下了两幅东晋时期著名的书法作品，即王献之的《中秋帖》和王珣的《伯远帖》。这两幅帖子，当初被溥仪夹带出宫，后来被抵押给北京的盐业银行，辗转落到香港地区的一名艺术鉴定家手里，后者又将其典当给一家英国银行欲出售。这两件作品上都有宋徽宗的印章和亲笔题词，乾隆皇帝把它们当做自己的私人收藏，存放在故宫养心殿内的书房里。

第三个途径是个人的捐赠。许多家庭自愿捐献出自己的收藏品。例如，曾在故宫博物院工作了 10 年的朱幼平，捐出自己收藏的文物，包括许多家具、书籍、碑帖、绘画、青铜器以及玉器。1953 年，在母亲的强烈要求下，朱幼平与其兄弟一道，将父亲收藏的 700 件碑帖捐献给故宫。

第四个途径是海外华侨的捐献。典型的例子是韩槐准。

韩槐准先生是旅居新加坡的商人和瓷器鉴赏家，他经常为中国国宝流失海外而痛心疾首。他不惜变卖家产，奔走于香港地区、东南亚及欧洲的各大拍卖行，想尽办法收购故宫文物。在 20 世纪 60 年代早期，他回到祖国定居，并将自己收藏的 2000 件文物悉数捐赠给故宫博物院。

从 1949 年一直到 1985 年故宫博物院成立 60 周年时，故宫的馆藏文物累计达上百万件。到 2000 年，共收回文物 24 万件。

第三篇

往事新知

【项羽究竟死于何地】

敬元勋

　　早在23年前,《光明日报》史学版曾发表安徽定远县一位中学教师的文章,题为《项羽究竟死于何地?》（1985.2.13）。文章征引《史记》《汉书》等史籍记载,联系当地的一些历史遗迹,对项羽慷慨悲歌、乌江自刎这一历史悲剧提出了不同观点,认为项羽应是战死在安徽定远东城。文章发表后曾有过几家报刊转载,反响并不大。1992年,《南京社会科学》杂志第二期刊发了知名学者呼安泰先生的文章《也谈项羽殉难于何地》,对前文提出了驳议,认为项羽自刎乌江信而有征,无可置疑。争议虽然有了开端,似乎也并未引起史学界的关注。

　　这番争议一度冷却了下来。直到2007年,上海古籍出版社主编的《中华文史论丛》（总第八十六辑）刊发了著名国学教授冯其庸先生长文《项羽不死于乌江考》（下称冯文）,作者经过长期实地调查和史料梳理,并从"司马迁对项羽自垓下至东城的战斗历程的叙述"中,论证项羽是死于东城（今定远）而不是死于乌江。接着,协同冯教授调查考证的定远县文化局长计正山先生,又在《江淮时报》（2007.7.10）著文《项羽并非死于乌江》（下称计文）,继续论证项羽乃战死在定远东城。不久,娄彦刚先生以《项羽"乌江自刎"有依据》为题,在《新安晚报》（2007.9.30）发表文章（下称娄文）,对项羽战死定远东城一说提出商榷。今年初,呼安泰先生再次著文《无鱼作罟习非成是——再谈项羽殉难于何地》（《南通大学学报》2008年第一期）,坚持认为项羽自刎乌江的史实不能凭臆度和推测改变（下称呼文）。这场争议终于再起波澜。

争议的起因

　　这场争议的起因,源自对司马迁《史记·项羽本纪》有关项羽之死记述的不同理解。

《史记·项羽本纪》云：

项王军壁垓下，兵少食尽，汉军及诸侯兵围之数重……

于是项王乃上马骑，麾下壮士骑从者八百余人，直夜溃围南出，驰走。平明，汉军乃觉之，令骑将灌婴以五千骑追之。项王渡淮，骑能属者百余人耳。项王至阴陵，迷失道，问一田父，田父绐曰"左"。左，乃陷大泽中。以故汉追及之。项王乃复引兵而东，至东城，乃有二十八骑。汉骑追者数千人。项王自度不得脱。谓其骑曰："吾起兵至今八岁矣，身七十余战，所当者破，所击者服，未尝败北，遂霸有天下。然今卒困于此，此天之亡我，非战之罪也。今日固决死，愿为诸君快战，必三胜之，为诸君溃围，斩将，刈旗，令诸君知天亡我，非战之罪也。"

……

于是项王乃欲东渡乌江。乌江亭长檥船待，谓项王曰："江东虽小，地方千里，众数十万人，亦足王也。愿大王急渡。今独臣有船，汉军至，无以渡。"项王笑曰："天之亡我，我何渡为！且籍与江东子弟八千人渡江而西，今无一人还，纵江东父兄怜而王我，我何面目见之？纵彼不言，籍独不愧于心乎？"乃谓亭长曰："吾知公长者。吾骑此马五岁，所当无敌，尝一日行千里，不忍杀之，以赐公。"乃令骑皆下马步行，持短兵接战。独籍所杀汉军数百人。项王亦身被十余创。顾见汉骑司马吕马童，曰："若非吾故人乎？"马童面之，指王翳曰："此项王也。"项王乃曰："吾闻汉购我头千金，邑万户，吾为若德。"乃自刎而死……太史公曰：自矜功伐，奋其私智而不师古，谓霸王之业，欲以力征经营天下，五年卒亡其国，身死东城，尚不觉寤而不自责，过矣。

在以上这段文字中，引发争议的焦点就是太史公所说的"身死东城"四字。按冯其庸先生的说法，"如项羽真死在乌江，则司马迁的论赞就应该说'身死历阳'或者径说'身死乌江'，而不应该说'身死东城'"。冯文还进一步指出："因《史记》原文叙述上的矛盾，引起各家疏解上的矛盾。"就是说，一些《史记》疏解文本也因原著的矛盾而存在矛盾，不可不加考核、分析地作为论证史实的依据。

司马迁记述项羽之死究竟有无矛盾

持"身死东城（今定远）"说者认为，《项羽本纪》中有关项羽之死的文字确有矛盾，比如：既说项羽"乃欲东渡乌江"，后又说项羽"天之亡我，我何渡为"，坚持不肯渡江；既写项羽在东城"自度不得脱"，走不出东城，又写"乌江亭长檥船待"，似乎项羽已经从定远东城来到了乌江渡口，这些都是前后矛盾。冯文写道："太史公的文章会有矛盾纰漏吗？有。这种矛盾纰漏前人早已指出。"为此，冯文列举了《汉书·司马迁传》《史记集解序》（六朝裴骃著）等史籍，以及近人李长之的有关著作，指证司马迁撰写《史记》广泛采用了多种史书材料，难免有"疏略"或者"抵牾"之处，如《项羽本纪》的最后一段文字，就完全有可能是采自《楚汉春秋》（此书已佚，今有辑逸本，载《丛书集成续编》）。此外，竹木简书在世代流传中也会有脱漏、错简。王国维、罗振玉考释的《流沙坠简》中有一简是《史记·滑稽列传》的文字，与今本就颇有异同。

持"乌江自刎"说者认为，《史记》中有关项羽之死的叙述并不存在矛盾。司马迁出生（约公元前145年或前135年）离项羽殉难不过六七十年，他同其父司马谈俱为史官，搜集和保存有关楚汉相争的史料应该是充分的可靠的。呼文指出："司马迁治史精神之严谨，逻辑思维之缜密，向为历代史学家所共识。司马迁怎么可能疏忽到在同一篇文章中的末尾相隔不到500字的篇幅里，前写项羽于乌江'乃自刎而死'，后写其'身死东城'？〔注：呼文、娄文皆认为，西汉时乌江在东城县境内，不属于今天的和县（旧称历阳），与东城（今定远）并非一地。〕出现这样明显的矛盾而未发觉，这是不可思议的。再说班固亦是汉代的杰出史学家，离项羽之死也只有200余年……如果太史公在记述上确实存在着这种前后不一的明显错误，难道班固也如此疏忽，不予订正竟至于留到2000余年后，才被人发觉进而提出质疑？这是不可理喻的。"

阴陵：是阴陵古城还是阴陵山

楚汉相争之时，今安徽定远县西北60余华里有座阴陵城（今名古城村），而安徽历阳（和县）东北56华里有座同名的阴陵山。《项羽本纪》中"项王至阴陵，迷失道"，此"阴陵"究竟是阴陵城还是阴陵山？因为阴陵的位置直接关系到后文的"东城"位置，于是双方各执一词，争议不下。

冯文指出：项羽过淮河以后，继续向南奔逃，但这时方向已偏向西南，因为阴陵城在西南向。"项王至阴陵，迷失道，问一田父，田父绐曰'左'。左，乃陷大泽中。"项羽是自北向南奔逃的，项羽的左，应是东边；只有田父的左，才是西边，才是大泽。冯先生曾两次到阴陵（古城村）调查，今阴陵城旧址尚在，已立有文物保护碑。如今从古城村向西，便是一片大泽，其最低洼处至今仍是一片茫茫无际的湖泊，水面上有长数公里的窑河大桥。冯先生还查阅了一部分近现代人关于《史记》的笺注，对于《项羽本纪》"垓下之围"以下一段文字的地理注释，一般都证实了前面的判断，如"阴陵"，即注"秦县名，县治在今安徽定远西北"。

呼文对冯文观点提出质疑，认为项羽退却路线是东南方向，不会偏向西南而绕其路。呼文写道："项羽自吴中起事，转战大江南北，身经70余战，前后长达8年之久，对江淮之间的地理形势了如指掌，为尽快争取时间东渡，他不可能舍近求远绕道今定远西北60余华里的阴陵城，然后再折向乌江东渡。"至于"大泽"，他认为：由青洛河再流经一段很长的路程一直西到炉桥北转成窑河汇入高塘湖方形成积水洼地。这里离阴陵城很远，也不能算作"阴陵大泽"。

呼文认为，"阴陵"应是阴陵山。《史记》中写山，将"山"字省却的例子很多（略）。至于"阴陵大泽"，《历阳典录·山川》有明确记载："阴陵山，州北八十里（现制56华里），旁有泽名红草湖，春夏之交，潦水涨发，弥漫无际，所谓阴陵大泽者也。"红草湖即今和县绰庙境内离乌江很近之裕民圩。说阴陵山是项羽迷道处，还可以从众多史籍中得到印证。宋《读史方舆纪要》云："阴陵山，在全椒东南二十五里，项羽东渡乌江，道经此山……项羽迷道陷大泽处也。"《纲鉴易知录》卷十亦云："阴陵山，在今安徽和县北，接江苏江浦县界。"江浦与乌江一桥之隔，可见阴陵山与乌江相距甚近。此外，古代诗文亦可作为佐证：唐代诗人刘禹锡被贬为和州（南梁、北齐在历阳议和后，改历阳为和州）刺史，在其《历阳书事七十四韵》里，就有"一夕为湖地，千年列郡名，霸王迷道处，亚父所封城"这样的诗句。收入《全唐诗》中的张祜一首《过阴陵山》，亦有"壮士凄惶到山下，行人惆怅到山头。生前此路已迷失，寂寞孤魂何处游"的喟叹，这里明确项羽是过阴陵山，而不是过阴陵城。

项羽"身死东城"之东城位于何地

争议双方分歧的焦点在于项羽"身死东城"之东城，是在今定远东城，还是在东城乌江？

计正山先生依据《史记》《汉书》中的《灌婴传》，认为项羽并非在乌江"自刎而死"，而是在定远东城就被"搏杀而死"。东城即定远东南50华里、项羽葬虞姬首级处。冯文指出，只有在项羽被杀、汉军"尽得其军将吏"之后，才是"下东城、历阳"（《史记·灌婴列传》），如果项羽不灭，则东城还不能"下"，接着是下历阳。历阳离定远东城240华里，要走这么多路才能到达历阳（乌江所在地）。由此可见，项羽不可能在"自度不得脱""今日固决死"的险恶情况下，步行200余华里，由定远东城来到乌江"自刎而死"。而娄文则认为此一说不能成立，"项羽从阴陵至东城，也绝不是进驻和坚守东城，而是沿着东城县的道路，拼命向东边的乌江方向奔逃。其中，不存在240华里远的'无能为力'。双方就是这样逃着杀、追着杀。这一点，司马迁在《项羽本纪》中已经写得很清楚……"

呼安泰先生也不认同冯文和计文的这种推测，他首先历述了东城县的历史沿革。呼文写道："两汉时期的东城县，是江淮之间的一个辖境广阔的大县。从今定远东南境的池河上中游地区，越过江淮分水岭，包括今滁县西南境、肥东东境、全椒西南境，直到今和县乌江的沿江一带。三国时，江淮战事频仍，'其间不居者各数百里'，大都'虚其地，无复民户'。直到'晋太康六年始于东城县界置乌江县'（见《太平寰宇记》）。由于长期争夺、战乱，郡县侨置变易繁杂，社会紊乱严重，为顺应这种形势，东晋于历阳置郡，梁时改为和州，乌江方为其属县。到梁武帝时，才以江淮分水岭北侧原东城县之部分地区及秦置阴陵县之南部地区初置定远县。明确了这些，细心查阅、分析一下有关史籍的记载，便能对项羽'身死东城'之东城有一个比较准确的结论。"为此，呼文举出了一些史籍记载，以证实项羽死于东城乌江。据《太平寰宇记》载："乌江本秦乌江亭，汉东城县地，项羽败于垓下，东走至乌江，亭长舣舟待羽处也。"唐朝宰相李吉甫在其《元和郡县图志》中也持如是说。宋元之际史学家马端临所著《文献通考》载："乌江本乌江亭，汉东城县。"方志学奠基人章学诚在《和州志补沿革》末篇中说得很明确："秦为九江郡之历阳及东城乌江亭地……晋太康元年属淮郡，其历阳及东城乌江亭地如故。"明代《和州志·城域》篇中记载更直截了当："东城即乌江城，项羽败至东城乃有二十八骑即此。"这在古代诗文中也同样能找到旁证。北宋著名词人秦观在《汤泉赋》中开头就写道："大江之滨，东城之野，有泉出焉。"这里说的汤泉即今与和县乌江毗连的江浦汤泉。曾任和州巡检之宋代诗人贺铸，在《迁家历阳江行夜泊》诗中写道："黄泥潭口权征蓬，回首东城只眼中。""黄泥潭口"即今离乌江很近的石跋河的一汊江口，东城即乌江，句意十分明白。北宋姑熟（今安徽当涂）进士郭祥正《姑熟乘月泛鱼艇至东城访耿天骘》的诗句，也印证东城即乌江："姑熟皇东城，长江八十里。"按《康熙字典》注："皇为往返也。"当涂至乌江来回水程正好80华里。再早如家住乌江之唐代著名诗人张籍，在《闲居》诗中云："东城南陌尘，紫幌与朱轮"，描绘东城南区风情，繁华如绘，东城即指乌江，毋庸置疑。太史公笔下项羽之死，前说乌江自刎，后说"身死东城"，实际上是一回事，无非是修辞上的"变文避复"，并无矛盾可言。

因争议涉及《太平寰宇记》中的史实记载，冯其庸先生经考证指出，此书未必可靠。"按《太平寰宇记》为乐史著。乐史，五代宋初人，成书于北宋太平兴国间，'所载政区，主要太平兴国后期制度'，宋乐史故世以后，出于'后人改补'（《宋版太平寰宇记·王文楚前言》）。故所载政区，离秦汉已甚远。只要读读《灌婴传》里的'下东城、历阳'一句就可以明白，如果当时东城辖地包括乌江在内，则司马迁只要说'下东城'就够了，没有必要再说'历阳'。正因为当时的和县是在'历阳'境内，不属东城，所以要说'下东城、历阳'，表明连下两城。查谭其骧先生的《中国历史地图集》第二册'秦'、'淮汉以南诸郡'图，明确标着'阴陵'、'东城'、'历阳'。可见在秦时这是并列的三个县。再看'西汉'、'扬州刺史部'，则明确标着'阴陵'、'东城'、'全椒'、'历阳'四个县。可见到西汉'东城'与'历阳'之间又新增一个'全椒县'，'东城'与'历阳'已经完全不接壤了。而项羽自刎东城的时候，当然还是'秦'的建制。由此可见《太平寰宇记》的记载已非秦汉旧制，其所说'乌江县，本秦乌江亭。汉东城县地'，实不可信。"娄文不同意冯文的说法，他认为："一部书，不论是一人所著还是伴有后人增补，这与内容的真实性没有关系。如果说后人增补、改补就不可信，那么《汉书》不也是由班彪、班固、班昭等四人，经历两代才最后完成的吗？司马迁的《史记》不也是在其父司马谈已有重要积累的基础上撰写而成的吗？难道我们能否定《史记》《汉书》内容的真实性？"

"乌江自刎"是民间传说还是历史真相

冯其庸先生将《史记》中有关项羽之死的全部文字，以及《汉书》《资治通鉴》《通鉴纪事本末》等史籍中有关部分都尽行检阅，除《项羽本纪》中有"于是项王乃欲东渡乌江，乌江亭长舣船待"涉及乌江外，其余无一处写到乌江。相反，却是明确说"身死东城"，"使骑将灌婴追杀项羽东城""婴以御史大夫受诏将车骑别追项籍至东城，破之，所将率五人共斩项籍""破籍至东城""击斩项羽"等。由此观之，项羽确是"身死东城（今定远）"而不是自刎于乌江。

至于《项羽本纪》中涉及乌江的文字，冯文认为可否作一些合理推断，如"项王乃欲东渡乌江"的"欲"字是表明意向，并非已经到达乌江；再从后文项王不肯渡江来看，前后互为矛盾，据此可以推测，前句"项王"之后是否可能脱漏"之众"（大意）二字。"乌江亭长舣船待"确实让人产生错觉。但是，项羽既然未到达乌江，乌江亭长不可能从天而降，如果要勉强解释，这个亭长就是项羽身边残剩的将士28人之一，他也许原是乌江亭长，是当年跟随项羽从征的八百子弟之一，现转战至此，熟知吴中情况，也熟知乌江渡口的渡船，故劝说项羽东渡。

冯文指出，项羽"乌江自刎"之说，现在所能查到的最早资料，是晋人虞溥撰写的《江表传》。此书已佚，《玉函山房辑逸书补编》已辑人。《史记正义》转引《江表传》云："项羽败至乌江，汉兵追羽至此。"这是"项羽败至乌江"的最早的文字，但并无"自刎"之说。其次是《史记正义》引《括地志》的说法。《括地志》是唐人萧德言、顾胤等所著，已佚，清孙星衍有辑本。《正义》所引《括地志》文云："乌江亭，即和州乌江县是也……《汉书》所谓乌江亭长舣船以待项羽，即此也。"文中也未及"自刎"之类的说法。所以，项羽乌江自刎之说，到唐代似乎还未有文字可稽。现在看到最早的项羽乌江自刎的文字资料是元代中期剧作家金仁杰的《萧何月夜追韩信》杂剧，其中形象地描写了项羽乌江自刎。也可能正是戏剧的作用，"乌江自刎"的传说才得以广泛传播。

计正山先生依据史料进一步推论，项羽只可能被汉军斩杀而不会自刎。他认为：项羽在垓下突围选择去江东是非常正确的。因为长江以南东楚会稽是项羽自己的地盘，又是他的发祥地，此时衡山王吴芮、临江王共尉都还臣服项王，尤其是南楚临江王共氏，直到项羽死后仍忠于项王，抗拒刘邦。江南完全可使项羽重振旗鼓、卷土重来，再一次击败刘邦。说到击败刘邦，项羽也是有信心的，因为3年前，他就曾以3万轻骑大败刘邦56万大军，彭城大捷至今他还历历在目。这就是项羽眼看大势已去，仍毅然挟裹起虞姬首级突围南驰，一往无前的原因。再者，虞姬之死也是为汉王刘邦所逼，项羽为虞姬报仇的决心也足以使他不会自杀。假如说，项羽到了乌江反而有船不渡却自刎而死，那么，他死后才真的无颜去见虞姬和死去的江东子弟哩。

对冯、计二位上述论点，呼安泰先生认为考据和推论不当。项羽"自刎而死"是太史公的记述，不是后人的臆度。说元代金仁杰把项羽之死戏剧化之后才使得"乌江自刎"的传说得以广泛传播，更是有违史实。金仁杰这出杂剧即使影响再大，也只能影响元代中期以下的历朝历代，元以上有关项羽自刎乌江的文字记述，当作何解释？这里有史可稽的就有：唐开成元年（公元836年）宰相李德裕的《项王亭赋并序》云："……舣舟不渡，留骓报德（指项羽赠乌骓予乌江亭长），亦可谓知命矣。自汤武以干戈创业，后之英雄莫高项氏。感其伏剑此地（自刎乌江）……尚识舣舟之岸焉，知系马之树（即遗址项王之系马桩）。望牛渚（对江之采石矶）以怅然，叹乌江之不渡……谢亭长而怅然，愧父兄兮不渡，既伏剑而已矣……周视陈迹（项王亭周围之古迹），缅然如素……追昔四聩（今驷马山，在和州北50华里左右）之下，风烟将暮，大咤雷奋，重瞳电注，叱汉千骑，如猎狐兔……"唐朝著名诗人杜牧，慨叹、惋惜项羽不渡江纠合江东子弟卷土重来，作《题乌江亭》一首绝句云："胜败兵家事不期，包羞忍耻是男儿。江东子弟多才俊，卷土重来未可知。"宋朝宰相、文学家王安石在其《题乌江项王庙诗》诗中云："百战疲劳壮士哀，中原一致势难回。江东子弟今犹在，肯为君王卷土来？"提出与杜牧观点相左的看法。宋乌江县令龚相，在其《项王亭并叙》中云："……慷慨悲歌，溃围南出，临江不渡，留骓报德。"宋朝诗人陆游，在其一首七绝《项羽》中云："八尺将军千里骓，拔山扛鼎不妨奇。范增力尽无施处，路到乌江君自知。"对项羽只凭勇武，奋其私智，败亡在乌江，理当反躬自省。类此散见于历代的诗文还有不少，都是认定项羽自刎于乌江。元代杂剧"讹传"，怎么也不会"讹传"上至唐宋诸代。再检阅清人梁玉绳《史记志疑》、近人张森楷《史记新校注》、日人泷川资言《史记汇注考评》诸书，也都对项羽自刎于乌江的史实未有异议。

荷兰历史学家盖尔有句名言："历史是一场永无休止的辩论。"有关历史问题的争鸣，旨在发掘、征引史料，论证、交流不同观点，并不谋求"一锤定音"、息议论定，"永无休止"此之谓也？

【夜郎：被世人误解两千年的古国】

月明日

夜郎立国共三四百年，是汉代西南夷中较大的一个部族，或称南夷。西汉成帝时，夜郎与南方小国发生争斗，不服从朝廷调解。汉廷新上任的牂牁（今贵州省大部分及广西、云南部分地区）郡守陈立深入夜郎腹地，斩杀名叫兴的夜郎末代国王，平定了其臣属及附属部落的叛乱。从此之后，夜郎不再见于史籍。那么在历史上存在了300多年的夜郎古国到哪里去了呢？

寻找"自大"的夜郎国

夜郎国的故事首见于司马迁的《史记》。汉武帝开发西南夷后，为寻找通往身毒（今印度）的通道，于公元前122年派遣使者到达位于今云南境内的滇国，再无法西进。逗留期间，滇王问汉使："汉孰与我大？"后来汉使返长安时经过夜郎，夜郎国君也提出了同样的问题。这段故事渐渐地便演变成家喻户晓的成语——夜郎自大。

其实夜郎国君提出"汉孰与我大"并非妄自尊大，也不是向汉王朝叫板。夜郎是僻处大山的小国，其位置就在今天的云、贵、湘一带。这一地区，即便是今天，交通也多受限制，两千多年前更是山隔水阻。偶有山外客来，他们急于打听山外世界，想知道汉朝是个什么样的国家，也是人之常情。不过，也多亏了"夜郎自大"这个贬义性的成语，使夜郎国这个原本不为人知的小国留在了史册上，留在了人们的印象中。

在《史记》的记载中，夜郎国有精兵10万，兴建起了城市。考古发掘也证实，夜郎国的主要所在地贵州，当时确有较发达的农耕文化，最直接的证据就是在贵州威宁中水大河湾发现了碳化的稻谷堆积层。在贵州赫章县的可乐地区，还发现了一大批战国至西汉时期的土坑墓，葬式非常奇特，是把铜釜或铁釜套在死者的头上和脚上，或将釜置于死者的脚下，被称为"套头葬"。这样的葬式此前在世界范围内都未发现，可见是神秘、古老的夜郎文化。墓葬中出土的饕餮纹无胡铜戈、青铜箭镞、一字格曲刃铜剑、铜柄铁剑、心形纹铜钺、蛇头茎首铜剑、牛头形铜带钩和鲵鱼形铜带钩，也显然都不是中原或巴蜀器物，应该是夜郎文化的遗存。

一直以来，人们从未发现过夜郎国的蛛丝马迹，连记载于神话传说中的古蜀国都找到了曾经存在的证据，而记载于《史记》中的夜郎国却"犹抱琵琶半遮面"，让人摸不到头绪。有人甚至认为，夜郎国可能是一个虚幻的世界，一个空中楼阁，是道听途说的产物。现在，贵州一带的考古发现告诉世人，夜郎国是真实存在的。古夜郎的地域与今天的贵州并不完全重合，它包括贵州的大部分与滇东及桂西北，还可能包括湖南的一部分，而贵州则是夜郎的腹心地带。西汉以前，夜郎国几乎无文献可考。直到《史记·西南夷传》略述夜郎国的历史后，人们才知道在西南边陲有一个夜郎国。

对于夜郎国的考古发掘，有一个奇怪的现象出现在人们眼前。从发掘成果来看，夜郎国的国都好像到处都是，除了贵州的沅陵、广顺、茅口、安顺、镇宁、关岭、贞丰、桐梓、贵阳、石阡、黄平、铜仁以外，还有云南的宣威、沾益、曲靖，以及湖南的麻阳等地方。这些地方都发现有相关文物，而且大多数地方的民间都有关于夜郎国的传说，证明该地曾是夜郎古都。有人因此认为，夜郎国时期战争频繁，疆域不断变动，其国都也不可能长久地固定于一地，应该是不断变迁、经常变化的。

夜郎国从何时开始存在，无从查证，只能根据现有的证据大致推断，而其灭亡的时间，则被认为是在汉成帝河平年间（公元前28年—前25年）。这一时期，夜郎王兴胁迫周边22个小国反叛汉王朝，被汉臣陈立所杀，夜郎也随之被灭。

夜郎古国的四重面纱

自从旅游业在中国兴起，文化旅游越来越吸引人们的目光，作为一个古老文明的国度，作为中华民族灿烂文化的组成部分，夜郎国的人文价值开始逐渐被世人看重。一段时间以来，湖南、云南、贵州、四川等地都在争抢"夜郎"的归属权。那么，夜郎国究竟在哪儿呢？

为了寻找夜郎古国，考古人的足迹遍及湖南、四川、贵州和云南。由于在史书中找不到更多的线索，他们希望通过考古发掘让夜郎古国重新复活。经过近半个世纪的研究，满腔热情的考古学家们难以面对尴尬的现实：夜郎古国神秘的面纱刚刚揭开一角，探寻之路却已山重水复。对夜郎古国苦苦追寻的人们虽然已经找到了夜郎国确实存在的证据，但遗憾的是，至今仍没有人能见到夜郎的"庐山真面目"。时至今日，夜郎古国至少还存在四大谜：

第一个谜，古夜郎的疆域和都城在哪里。作为一个国家，不论它是大是小，不论它存在过多久，都应该有一个自己的统治范围，存在政治、经济和文化的中心。要确定其疆域，首先要确定其都城——也就是政治中心的所在。现在，贵州、云南、广西和湖南的一些地方都认为自己那里是夜郎国的都城。这些说法都能引经据典，并非子虚乌有。那么，到底哪一个才是真正的夜郎国都呢？

第二个谜，谁是夜郎国的统治民族，或者谁是夜郎国人口最多的民族。目前对于这个谜有四种答案：有人说夜郎国的统治民族或者人口最多的民族是苗族，有人说是彝族，有人说是布依族，还有人说是仡佬族。为证明本民族是夜郎古国的先民，这四个民族都成立了民族学会，但还没有任何一个找到能够一锤定音的证据。

第三个谜，夜郎国所处的社会阶段是什么样的。夜郎国是原始社会末期阶段，还是奴隶社会早期阶段，或是奴隶社会与封建社会的过渡阶段，又或是封建社会早期阶段？如果能知道夜郎国所处的社会阶段，对确定夜郎国的历史地位、追寻夜郎国的起源无疑具有重要意义。

第四个谜，夜郎国究竟存在了多长时间。夜郎国灭亡的事件在史书中有明确记载，但它建于何时，却没有记载。较为普遍的看法是，夜郎国存在了300年左右，但是这种说法没有实际证据，也没能获得学界的统一认可。

这四个谜虽然至今没有被解开，但也不是完全没有线索。贵州赫章可乐西南夷墓葬群的考古发掘，就为解密夜郎文化提供了重要帮助。司马迁在《史记·西南夷传》中说，西南夷建立的政权有数十个，其中夜郎国是最大的。西南夷在历史上泛指云贵高原与川西的古老民族，夜郎文化就是西南古老民族文化的代表。

自从可乐地区农民因农事活动发现第一批出土文物以来，考古工作者先后在可乐地区进行了数次发掘，共发掘古墓近400座，出土文物2000多件，其中，战国、西汉、东汉时代的文物都有大量出现。出土的石、陶、玉、青铜、铁、玛瑙等不同质地的农具、生活用品、战斗兵器、装饰品及农耕画像砖、乐工图画像砖等大量文物，充分反映了战国至秦汉时期独特的夜郎民族文化，以及秦汉时期的汉文化与夜郎民族文化相融合的特点。

可乐，在彝文古籍中叫做"柯洛俍姆"，是"中央大城"的意思，这很可能意味着这里就是夜郎国的国都。"柯洛俍姆"在汉文史书中记作"柯乐"，后来就演变成了"可乐"。现在，在可乐地区居住的少数民族中，彝族人最多。当地人也说，彝族是最先进入可乐的人。如果可乐真的是夜郎国的国都，那么彝族人很可能就是当初的夜郎国人。

夜郎国在可乐地区建造城市时，已发展到鼎盛时期。众多同时代的城市遗址表明，夜郎王为了扩展地域，很可能曾携带家眷，率领兵卒，先后在今天的云南、四川、贵州等地区多处建立城池，这也许就是许多地方都被认为是夜郎国都的原因。

结合史书记载以及考古发掘的成果来看，夜郎国主要分布在贵州已成为不争的事实。但可乐西南夷墓群只能说明可乐当时是一个重要的城市，非常繁荣。如果仅凭名字就说它是夜郎国的国都，理由还不够充分。

夜郎国的四大谜题，并未真正解开，神秘的夜郎古国仍需要我们继续探寻。

活在彝族历史中的古夜郎

在古代中原王朝编纂的史书中，对少数民族以及其他附属国的记载历来非常简略，对夜郎国尤其如此。那些只言片语的记载，让人根本厘不清夜郎国起源的头绪。

就在人们挖地三尺地搜寻时，有人突然在彝族的文献资料中找到了线索。彝族是一个古老的民族，有自己的风俗和文字。他们的历史记载，甚至比中原的更连贯，保存得更好，而且在他们的文献中，竟然有非常详细的关于夜郎国的记载。

根据彝族的史料可知，夜郎之名是以国君夜郎的名字命名的，分为武米、洛举、撒骂、金竹四个历史时期。武米历史时期又分为夜郎、采默、多同、兴和苏阿纳四个历史阶段。夜郎时期，夜郎国只是一个较强大的奴隶制君主国。从国王采默即位开始，以夜郎为首，四周的小国建立起了联盟，并与周朝建立了联系。

夜郎奴隶制联盟有浓厚的军事性。为了共同的和各自的利益，各联盟国在夜郎国的指挥下作战；战事结束或夜郎国实力衰减时，一些盟国就可能脱离出去，各自为政。

当时那里的战争非常频繁，其中有关夜郎的战争最多。比如撒骂时期，夜郎曾经非常强大，但频繁的战争消耗了这个王朝的实力，它统治下的句町部的幕帕汝合磨部逐渐强大起来，其首领金竹于是掌握了夜郎的军政大权，成为夜郎盟主，建立金竹夜郎。金竹夜郎统治时期是夜郎国有史以来最强盛的时期，也可能是夜郎国向封建社会过渡的时期。可惜的是，金竹夜郎的最后一代国王兴不明智地惹怒了汉王朝，引来了国破家亡的大祸。

夜郎王印与活人坟

在中国的考古学中，印玺绝对是一项重要内容。奴隶社会以及封建社会，印玺一直是权力的象征，找到一枚古老的印玺，很可能就可以确定一个传说中的势力。

按《史记》的记载，公元前135年，汉武帝派大将王恢率军降服东越，之后派唐蒙劝告邻近的南越归附。唐蒙在南越吃到一种名为枸酱的美食，回到首都长安后，他从巴蜀商人那里了解到，枸酱是巴蜀的特产，是经夜郎国的牂牁江运到南越的。巴蜀商人的解释提醒了唐蒙，他建议朝廷顺牂牁江出奇兵，制伏南越。汉武帝采纳了他的建议，任命他为中郎将，率精兵千人进入夜郎。唐蒙到夜郎后，赐给夜郎王多同许多宝贝，恩威并用，约定让汉朝在夜郎设置管辖机构。后来，南越开始对抗汉朝，被汉军消灭。夜郎王本来依赖南越，此时便立即入朝称臣，被汉朝正式封王，并与滇王同时得到汉朝赏赐的王印。

从《史记》的记载可以看出，夜郎国应该有一枚中原王朝赐予的印玺。但人们对《史记》的这个记载并不完全相信，因为夜郎国的印玺从未在历史上出现过。

1956年冬天，云南考古人员在滇池东岸的晋宁石寨山进行考古发掘。有人开玩笑地说："如果能出现一颗滇王印就好了，石寨山的名气一下子就会大起来。"这本是戏言，哪知道几天后，人们果然清理出一枚金印，上面刻着四个典型的汉篆阴字——"滇王之印"。金印完整无损，印背上雕刻着一条大蛇，两眼熠熠放光。学者们考证后认定，这就是汉武帝颁赐给滇王的金印。

滇王印的发现，证明了司马迁在《史记》中记载"汉武帝赐印给夜郎王与滇王"的事是真实可靠的。滇王印的发现，标志着古代滇国正式复活。那么，夜郎王印又在何处呢？

夜郎王印应该是每朝君王之间代代相传。夜郎灭亡前，这枚重要的印玺应该在夜郎王手中。公元前27年，汉朝太守陈立诱杀了夜郎王，夜郎王的岳父翁指、儿子邪务兴兵复仇。不知道什么原因，他们率领的大军叛变了，叛军拿着翁指的首级投降了汉朝。夜郎国从此灭亡，夜郎王印的下落便成了千古之谜。夜郎王是被杀的，他的夜郎王印很可能在之后被汉朝收回。如果是这样，要找到夜郎王印就成了极其困难的事。

但也有人认为，夜郎王是被陈立引诱出来杀掉的，很可能没有随身携带印玺。后来，翁指被叛军杀掉，但夜郎王的儿子邪务的下落，我们却没有见到相关的历史记载。那么，这颗印就很可能被邪务继承，在兵败后被带走了。

上述说法中，任何一种如果符合史实，就意味着夜郎王金印的下落将很难被找到。

俗话说，东方不亮西方亮。就在夜郎王金印被找到的可能性越来越小的时候，夜郎王青铜印离奇地出现在人们眼前——贵州镇宁的一位杨姓苗族老人称：他们这一支系的苗族是夜郎王的后裔，他手上有一枚夜郎王自制的大印！经过专家仔细确认，这枚青铜印确实是汉朝时期的重要文物。不过此印是用青铜制造，明显不是汉朝赐予的金印，很可能是夜郎王在获得朝廷赐印前自制的印玺。

那么，发现青铜印的镇宁真的是夜郎王族最后栖息的土地吗？

在镇宁，有一个叫蒙正的村落。"蒙正"，在当地语言里是"遗留下来"的意思。这里的人每年都要举行一次祭祖活动，而祭祀的对象却只是山坡上一些残破的小石洞。这些小石洞有一个古怪的名字，叫做"活人坟"。当地人说，那里不是埋葬死人的，而是埋葬活人的，他们的祖先就是当年埋在活人坟里的人，后来从坟里跑出来，繁衍出现了后代。

如此奇特的事件到底是怎么发生的？

有学者解释，活人坟与夜郎国有关。夜郎国被汉朝灭亡后，首领带着夜郎国的军队逃到现在的蒙正村一带避难。经过200多年的时间，这些夜郎国后裔使自己的部落又繁盛起来，逐渐发展壮大。大约到了三国时期，蜀国统治了包括蒙正在内的巴蜀以及贵州。当时，夜郎国遗留下来的后裔已经强盛。他们兴起复国的想法，发动了战争。结果，夜郎后裔大败，被蜀国俘虏了2000多人。蜀国为防止夜郎人再次造反，命夜郎王族迁往汉中。

陕西汉中距离贵州镇宁2000多里，道路崎岖，距离遥远。夜郎人中的老弱病残显然不可能在这样的迁徙中活下来。所以，族长让无法进行长途跋涉的人留了下来，决定让他们安息在蒙正，修建了活人坟。

也可能，所谓的活人坟是夜郎人想出来的计策。他们修了活人坟，留下气孔和食物，安排一部分人躲在里边掩人耳目，等蜀国军队撤军后再出来。活人坟中的人躲藏了几天后，悄悄走了出来，重新开始自己的生活，也就有了现在的蒙正村居民。

这个解释，也正好能说明为什么夜郎王青铜印会在杨姓老人的家族中秘密地流传到今天。

【"另类"奇才：东方朔那些事儿】

王立群

汉武帝一朝人才济济：卫青开疆扩土，霍去病克敌制胜，汲黯心忧社稷，张汤严刑峻法……唯有一人难以定义：他满腹经纶却没有几句治国安邦之言，他放浪形骸却又疾恶如仇；皇上对他百依百顺，群臣眼中他又无足轻重。他是谁？是旷世奇才还是跳梁小丑？是喜剧之王还是悲情智圣？

这位匪夷所思的人物就是东方朔。当时社会，没有人能够理解他，现代价值多元，倒是有一个词可比拟：另类。"另类"这词儿好。首先，它没有褒贬。我们要讲的是东方朔如何与众不同，为什么与众不同；至于他这样对不对，好不好，要不要模仿，就见仁见智了。其次，就字面看，"另类"就是"别一类"，既然"别一类"，我们就要跳出各种古典的或现代的条条框框去看他。

东方朔到底有什么本事将"另类"进行到底？

功名俸禄一担挑

求职

汉武帝喜欢"海选"。大家记不记得那个凿空西域的张骞？他就是借一次"海选"当上全权大使的。"海选"，就是"不设门槛地选人才"；"海吹"自然就是"不着边际地吹大牛"。

汉武帝即位之后，于建元元年（公元前 140 年）下诏，要求各地广泛推举贤良方正之士。这次"海选"活动，四方士上疏言得失者以千数，盛况空前，而且一旦选中，待以不次之位，不拘辈分授予官职，待遇优厚。

果然，"海选"中汉武帝淘到两个宝贝。

第一个宝贝就是董仲舒。董仲舒是公羊派《春秋》的大师，他的《天人三策》以儒家学说为基础，引入阴阳五行理论，建成"天人合一"的"大一统"思想体系；他才华横溢，思维缜密，提出一系列治国方略。因此，董仲舒的入选是中规中矩，武帝对他是相见恨晚。

第二个宝贝就是东方朔。这次"海选"只比文章，不比才艺，文章不是东方朔的最强项，但他依然能够在数以千计的谋位者中脱颖而出。

他凭什么令当朝天子"一见倾心"？东方朔的办法是"海吹"。

且看东方朔怎么吹的吧——

草民东方朔，爹妈早逝，由哥嫂养大。12 岁读书，三个冬天读的文史已经够用。

15 岁学击剑，16 岁学《诗》《书》，读了 22 万字。19 岁学兵法，也读了 22 万字。如今我已 22 岁，身高 9 尺 3 寸（2 米多）。眼睛亮得像珍珠，牙齿像贝壳一样整齐洁白，兼有孟贲（古代卫国勇士）之勇，庆忌（先秦以敏捷著称的人）之敏捷，鲍叔（齐国大夫，与管仲分财，自取其少者）之廉洁，尾生（先秦人名，与女友约于桥下，友人不至，河水上涨，尾生坚守不离，被淹死）之诚信。我是文武兼备，才貌双全，够得上做天子的大臣吧！

东方朔这番个人简历，实在是先声夺人，让汉武帝一下子记住"东方朔"这三个字，并且大加赞叹。

如果说董仲舒的《天人三策》是一剂大补丸，利胆养心；东方朔的这篇文章就是一瓶辣椒酱，开胃醒脑。东方先生的"另类"自不待言：一是不谈治国，二是自我标榜。从头到尾，没有一句经纬之论。

但是，汉武帝愣是被东方朔深深吸引，视之为奇才。不过，汉武帝非常有分寸——毕竟这只是"高自称誉"的小打小闹，没有提出任何治国之道。比起董仲舒，东方朔当然不在同一个重量级上。汉武帝对董仲舒是连发三策，而对东方朔只给了一个待诏"公车"（就是在"公车署"这个衙门里等待皇上的诏令，实际上就是一个下级顾问）的待遇。比起同年级的董仲舒、公孙弘，东方朔地位低、待遇差，平常也难得一见汉武帝。

东方朔这第一次亮相，的确让人大跌眼镜。武帝一朝，言辞放肆的不止东方朔一人，汲黯也常常令武帝哭笑不得。但汲黯因为不会说话，才出言不逊；而东方朔这番"海吹"，引经据典，铺陈比喻，还基本在理，如果不是"王婆卖瓜"，也称得上一篇美文。他这是有意给集中阅卷、审美疲劳的汉武帝制造一次感官冲击。东方朔的"另类"透着一股诡诈之气。

提职

东方朔不是一个中规中矩的读书人，他的身上不仅充满诡诈之气，而且还有一股诙谐之风。

东方朔刚刚待诏"公车"时非常兴奋。可是，时间一长，东方朔就犯嘀咕了。眼看董仲舒、公孙弘官居显赫，东方朔还是一个小小的"公车"待诏，无权无势，不过是个摆设，说晾就晾起来了。怎么办？自找死路，不成。东方朔不管三七二十一，没有人提拔自己，就自己提拔自己！

东方朔思来想去，找来为皇帝喂马的侏儒，声色俱厉地对他们说："皇上说你们耕田没有力气，当官不能治理百姓，打仗又不勇敢，一点儿用处也没有，还白白消耗国家的粮食，准备把你们这些白吃白喝的人通通杀掉！"

侏儒们吓得号啕大哭，求他出手相救。东方朔想了一想，说："假如皇上路过这里，你们就跪下来求饶，或许会有点作用。"

过了一会儿，汉武帝从这儿路过，侏儒们齐刷刷、黑压压跪了一大片，哭哭啼啼，高呼"皇上饶命"。汉武帝莫名其妙。侏儒们说："东方朔说皇上要把我们这些人全杀了！"汉武帝一听，知道是东方朔捣鬼，便质问他："你把侏儒们吓得半死，到底为什么？"

东方朔理直气壮地说："那些侏儒们不过三尺，俸禄却是一袋米和二百四十钱。我身高九尺三寸，俸禄也是一袋米和二百四十钱。他们吃得肚皮都要撑破，我却饿得前胸贴后背。如果陛下觉得我的口才还有用，就先让我吃饱饭。如果觉得我没用，请立即罢免；也好为长安节约点米。"汉武帝一听，乐不可支，立即让东方朔从"公车"待诏转到金马门待诏，这样，东方朔收入提高了，和武帝接触的机会也明显多了。

检讨

有一年伏日（三伏天的祭祀日），汉武帝下诏赏赐诸大臣鲜肉。大臣们早早来到宫中，一直等到太阳偏西，主持分肉的官员也不来。大家伙儿都在苦等。东方朔可没有那么好的涵养，拔出刀来就割肉。一边割一边说："不好意思了，今天热浪袭人，我先走一步！"说着，把一大块肉揣在怀里，大摇大摆地走了。在场大臣目瞪口呆，眼睁睁看东方朔将肉席卷而去。

第二天上朝，主持分肉的官员将东方朔擅自割肉一事上奏给汉武帝。汉武帝便问："你为什么不等分肉官员来，就自己切下肉跑了？"东方朔立即脱下帽子请罪。汉武帝佯装生气，板着脸说："先生起来吧，当众作个自我批评，朕就不治罪了。"东方朔一听，张口就来："东方朔啊东方朔啊，不等皇上分赏，你擅自拿走赐物，真是无礼至极！拔剑割肉，多么壮观！只切了一小块，多么廉洁！一点不吃，全部带给老婆，真是爱妻模范。"

东方朔话音未落，汉武帝已经笑弯了腰。汉武帝又赏了东方朔一石酒和一百斤肉，让他回家送给太太。

浪得知识换财富

东方朔奉旨顾问的故事首载于《史记·滑稽列传》中褚少孙的补传。原来，《史记》自流传以后，一直有人为其作补，其中，最有名的是褚少孙的补传。

据《史记》褚少孙补传记载：有一天，长安的建章宫跑出来一个怪物，外形很像麋鹿。消息传到宫中，惊动了汉武帝，他想知道这个"不速之客"来自何方，缘何而来？武帝想起了东方朔，立即传旨叫东方先生来长长见识。

东方朔看过之后，胸有成竹地说："我知道它是什么东西，但是，您一定要赐我美酒、佳肴，让我饱餐一顿后才说。"汉武帝立即同意。东方朔喝完酒，吃完饭，并没有马上回答，又对汉武帝说："有一块地方，有公田、鱼塘、蒲苇，加起来好几顷，请陛下把这块地方赏给我，我就回答您的问题。"东方朔得寸进尺，汉武帝急火攻心，无可奈何，只好马上传旨："可以赏给你。"东方朔酒足饭饱，又得了皇上赏赐，半生有靠，这才不紧不慢地说："这个东西叫'驺牙'。它满嘴的牙齿完全相同，排列得又像驺骑一样整齐，所以叫做'驺牙'。如果远方有人前来归降大汉，'驺牙'就会提前出现。"

一年多后，匈奴浑邪王果然带领十万之众前来归降，汉武帝再次重赏东方朔。

东方朔的确聪明过人，但比他聪明、优秀的也有很多。比较于朝廷百官诚惶诚恐，为博龙颜一悦，公孙弘曲意逢迎，张汤机关用尽，实在是提着脑袋在皇上身边过日子。为什么一个东方朔可以如此嚣张而得喜爱呢？

一句话，东方朔最大的"另类"就是敢要。

既然已经戴着油滑不恭的帽子，东方朔更加无所顾忌，及时行乐。这位"爱妻模范"的婚姻观也惊世骇俗。

乐得避世在朝堂

婚姻

《史记·滑稽列传》记载："取少妇于长安中，好女，率取妇一岁所者即弃去，更取妇。所赐钱财尽索之于女子。"

东方朔娶妻有三条铁律：一是专娶京城长安的女人；二是专娶小美女（好女、少妇）；三是一年一换。皇上赏给他的钱财，他全都用来打发旧美女，迎娶新美女。

群臣看不惯他这一套，都说东方朔是"狂人"。汉武帝说，假如东方朔没有这些毛病，谁能赶上他？

其实，封建社会的男人即使妻妾成群，旁人也不能说一句不是。厌倦了可以放在家里养着，没必要离婚。东方朔不同，他偏要放爱一条生路，看来这个"情场浪子"还是懂得怜香惜玉的。

遭嫉

一天，汉武帝在宫里玩，他把一只壁虎放在盆下让大臣们猜是何物，大臣们都猜不出来。东方朔说："说它是龙吧，它没有角；说它是蛇吧，却有脚；能在墙壁上爬，这不是壁虎，就是蜥蜴。"皇上说："猜得好。"赏了他十匹绢帛。接着让他再猜其他东西，结果东方朔是连连猜中，得了一大堆赏赐。

武帝另一个宠臣郭舍人不服气，大喊大叫："东方朔是蒙对的，不算猜中。我找个东西让他猜，他如果猜中了我情愿挨一百大板；他猜不中请皇上赏我绢帛。"郭舍人在树上找了一片长有菌芝的树叶让东方朔猜，东方朔应声而答。汉武帝马上令人打郭舍人一百大板，郭舍人吃了哑巴亏。

东方朔见郭舍人挨打，只管袖手旁观，冷嘲热讽。郭舍人还不服气，又出了个谜语，东方朔又猜了出来。众人慨叹。

这次猜谜之后，众大臣对东方朔无不佩服得五体投地，汉武帝也十分高兴，提拔东方朔任常侍郎。

东方朔从进入仕途到与汉武帝相处，他始终"另类"，留给人无尽的钦佩与感叹。原因其实就在于他的赤子情怀，他的天真狂妄。他从未把朝堂看得很神圣，他也不是怀着敬畏之心在朝堂上供职，人生求一"乐"字，他用调侃赢得了与汉武帝的和谐相处，也留下了美名。

【曹植《感甄赋》为谁而作】

佚名

人称"才高八斗"的曹植，是魏文帝曹丕的弟弟。其人风流倜傥，文思敏捷，是建安文坛上一位叱咤风云的人物。然而他的任性纵酒，使其父曹操对他颇为失望，他的才华又遭到了其兄长曹丕的妒忌，终被一贬再贬，终身备受迫害。

曹植一生留下了很多千古名篇，公元 223 年所作的《洛神赋》尤其情采风流，被后人广泛传诵。该赋用浪漫主义的笔调抒写了作者对洛水之神的爱慕之情。写作这篇赋时，曹植正处于政治苦闷之中。传统看法认为，此赋是借人神恋爱的悲剧，来抒发作者自己对君王的一腔衷情和怀才不遇的感慨，是"托辞宓妃以寄心文帝"。所谓"虽潜处于太阴，长寄心于君王"，也正是借洛神之口说出了曹植自己的心声。

然而，唐代人李善在为《文选》作注时却说，这篇赋是曹植为了感念他的嫂子甄后而写的。该赋的原名是《感甄赋》，后来曹丕的儿子魏明帝读后，才为之改名为《洛神赋》。

这种说法只有李善为《洛神赋》作注解时叙述的"赍枕"一事可以作为旁证。他说："（曹植）黄初中入朝，帝示植甄后玉缕金带枕，植见之不觉泣。时甄后已经被郭后谗死，帝已寻悟，因令太子留宴，仍以枕赍植。"曹丕乃为皇帝，为什么要将自己妻子用过的枕头送给弟弟？其居心是耐人寻味的。看来，曹丕应该知道他的弟弟曹植倾心于甄后，至少是暗恋甄后，所以才故意刺激曹植，让他"一辈子抱着枕头空悲切"。李善在注解中还说，曹植离开京城返回封国，途经洛水，想起了甄后，并与之相见，得到甄后以珠玉相赠，悲喜不能自胜，于是作了《感甄赋》。

但是翻开所有史籍，人们并不能找到曹植与甄后有私情的记载。因此对于《洛神赋》

的寓意问题，历来有两种对立的看法。

第一种看法是为曹植的"不忠不义"辩护，否认《洛神赋》为感甄之作。唐宋明清的一些文人学者认为，甄后本是曹丕的妃子，小叔爱慕嫂子，臣子暗恋国母，这是不成体统大逆不道的事情，必须辨伪正本，口诛笔伐。他们提出了《洛神赋》非感甄之作的诸多理由。其一，李善本无此注，是宋人刊刻时误引的。其二，图谋自己的嫂子，这是"禽兽之恶行"，讲究操行的曹植断然不会那么做。其三，即使曹植真的爱上他的嫂嫂，在这样的社会条件下，他也绝对没有那么大的胆量写《感甄赋》以表达自己的情感。其四，"赉枕"的说法是不合情理的，纯属无稽之谈。曹丕乃君主，怎么可能做出如此荒诞的事情来？毕竟自己的弟弟对自己的妻子有所图谋不是什么好事，于己于人都是不应声张的。其五，曹植时年14岁，甄妃已经24岁，在年龄上是不合情理的。

进而他们提出了自己的看法。他们认为，《感甄赋》的甄，并不是是"甄后"的"甄"，而是"鄄城"的"鄄"，"鄄"与"甄"通，遂讹为"感甄"。《洛神赋》实乃"托辞宓妃以寄心文帝"，是"长寄心于君王"，是向曹丕表达自己的忠君之情，以求任用。

尽管这些理由和推论很充分，但是仍然有人认定《洛神赋》是感甄之作。尤其是一些文人，如李商隐、蒲松龄等人，往往是抱着宁可信其有，不可信其无的态度。李商隐在诗文中曾经多次提到曹植"感甄"的情节，甚至还认为"君王不得为天子，半为当时赋洛神"。一些小说传奇对这一情节更是渲染有加。现代学者郭沫若在《论曹植》这篇文章中，也直言不讳地说："子建（曹植）对这位比自己大10岁的嫂子曾经发生过爱慕的情绪，大约是无可否认的事实吧。"他认为魏晋时期的男女关系比较浪漫，那么曹植对自己美丽嫂子产生爱慕之情并不奇怪。当然，碍于礼教名分，曹植不会做出非分之举动，不过是通过诗词歌赋顽强地表现而已。甄氏与曹植都比较高雅、清高，两人从气质上是相和的，所以，甄氏的心中也不一定就不明白曹植的感情。至于之后两人命运的相似、情感的相通，更让两人有惺惺相惜之感。曹植以甄氏为自己文学作品的写作模特，"应当是情理当中的事"。曹植写《洛神赋》，很可能就是为了寄托身不由己、好梦难圆的惆怅和愤怒。

还有人分析说曹植的"感甄"是甄后被杀、曹氏兄弟关系紧张等事件发生的重要原因之一。也有人说所谓的"长寄心于君王"中之君王是指曹植，这是宓妃对其表达心迹之语，并不是向君主寄托忠臣之心。

上述两种观点，或言是，或言非，都提出了很多理由。但是无论哪种理由都不过是推论而已，并且也没有直接的证据去推翻对方的观点。不知道这场笔墨官司要几时见出结果。

【天才诗人白居易的生活秘闻】

王青笠

白居易，唐代诗人，字乐天，号香山居士、醉吟先生，祖籍太原，于唐代宗大历七年（772年）正月二十生于河南新郑县东郭宅，武宗会昌六年（846年）八月卒于洛阳，享年75岁。晚年官至太子少傅，谥号"文"，世称白傅、白文公，是我国文学史上相当重要的诗人。

白居易在他那个时代就是偶像级人物，他的文字的影响力不仅在文化圈子里流传，同时也风靡娱乐界。他的《长恨歌》《琵琶行》等流传之广，即使到今天大概都不比《双截棍》差。

同时，也有很多人对白居易的一些作为很不以为然。

少年得名，被人当做偶像追捧

在众多名家当中，白居易大概属于天才那一类。

他出生不过六七个月的时候，家里人指着"之"和"无"两个字逗他玩。他竟然就此记住，以后每次有人问还不会说话的白居易这两个字，他都能准确指出来。这样的天才儿童要是放在20世纪末，没准就读上那些著名高校的少年神童班了。

难得的是，白居易没有像那些高校神童班的孩子们那样流星一现，他五六岁就学作诗，9岁就熟悉了声韵——这个人天生就是吃文字饭的，而且白居易读书很用功，以至于口舌生疮、手肘长茧，这样，他16岁的时候已经写出了"春风吹又生"这样的佳句。

白居易初到长安拜见前辈寻求提携，文名赫赫的顾况素来目下无尘，就跟白居易摆起了老资格，说："京城米价很贵，想要居住在这里大概不太容易。"等看了"春风吹又生"之后，马上改口说："以你这样的才华，在京城肯定能混得很好。"想来当时的首都只是米价高，房价还不怎么吓人，否则任春风怎么吹，也吹不出广厦华堂。

后来白居易诗名日盛，在全国的学校、旅舍、码头、妓馆这些公共场所，男女老少都在吟诵白居易的诗歌。

当时有个军官想招个歌伎，有个歌伎为了自抬身价，就说自己能够背诵白学士的《长恨歌》，果然这招奏效，这名歌伎的身价真的被抬起来了。白居易对此多少有点得意，在给朋友的信上特意炫耀了一下。

唐朝流行文身，社会上也不完全把文身和不良青年画等号。一位狂热的超级"白迷"，从脖子往下浑身三十多处文上了白居易的诗句，经常扬扬自得地在街头袒胸露臂，放声高唱。

政坛失意，与歌伎同病相怜

文学上的成就固然值得自负，但那不是白居易心目中的目标，建功立业才是永恒的主题。白居易生活在唐朝的衰落时期，面对军阀割据、政局动荡的混乱局势，白居易积极向皇帝进言，希望能够得到采用。

这个时期的白居易是坦荡刚直、勇于任事的，但无论什么时代，这样的人总是显得很不"懂事"，他管闲事甚至管到了皇帝的后宫。时值大旱，白居易居然斗胆请求皇帝遣散一部分宫女，一则缩减开销，二则减少社会上的旷男怨女。结果谁都能料到，他这分明是去找骂。

壮年气盛、直言无忌的白居易并没有实现他的目标，反倒给自己招惹了不少强大的敌人。事实上，他那过于急切直率的作风，让亲自提拔他的皇帝都受不了，有时皇帝老子话还没说完，白居易就直愣愣地顶嘴："陛下错了。"皇帝当场变了脸色，事后对人说："这小子是我提拔的，居然敢这样，多半是不想混了。"

虽然皇帝没有马上拿白居易怎么样，但祸根已经埋下。后来宰相被刺杀，白居易第一个建议追捕主谋，政敌们趁机指摘他越权，照例再加上些谣言，就把他贬为江州司马。白居易的第一个政治高峰结束了。

江州司马白居易虽然失意，在著名的《琵琶行》中和偶然相遇的长安歌伎大起同病相怜之叹，但他还在等待机会，他仍旧怀着希望。

再次回到京城，一开始，白居易行事的风格依然不改，为了坚持立场，甚至不惜和多年好友元稹翻脸。然而政治集团之间激烈的倾轧斗争终于让他渐渐"懂事"了，白居易从忧虑到失望再到逃离。他承认自己的失败，为了躲避政治旋涡，甘心外放，做地方官去了。

个人的意愿在庞大的命运车轮前显得实在太渺小，只有少数人一生都是斗士，白居易不是那种政治需求特别强烈、个人意志特别坚定的人，诗人早年的理想已经在现实中渐渐消磨。

老来享乐，几多荒唐几多愁

白居易也有老的那一天。

到那个时候，他开始享受生活了。

他人是老了，却开始蓄养大量家姬，还亲自指点她们学习乐舞。拜他的诗歌流传之赐，白居易的家姬非常有名，其中最有名的是小蛮和樊素，"素口蛮腰"这个香艳的说法，就来自于白居易。

不仅如此，白居易似乎还很喜新厌旧，他10年内换了3批家姬，只是因为过了几年就觉得原来的家姬老了不中看，而这个时候他自己已经67岁了。

当然，不能用现代的标准去生硬地评判一千多年前的古人，在那个时代，白居易的行为不论在法律上还是道德上，都没有什么不妥。不过，以白居易当时的年龄，怎么说也不够自重。当青春不再时，人往往会遇到精神上的危机，白居易在这个时刻再一次显示出了自己意志上薄弱的一面。

一场大病之后，白居易大约也感觉到了自己来日无多，虽然恋恋不舍，还是把他最钟爱的小蛮和樊素都遣散了，算是为她们的前途作了一点打算。当初吟唱出"江州司马青衫湿"的那个悲天悯人的白居易，此刻多少又有点回魂了。

然而白居易对待女性的态度一直被质疑，后来就有了他逼死朋友侍妾的传闻。关盼盼是白居易好友的妾室，好友死后，关盼盼独居10年没有再嫁。白居易听说后，写诗一首送给关盼盼，大意是感慨好友一死，好友当年在关盼盼身上的心思全白费了。本来人死万事空，这种感叹可说是很正常，但也可以理解为谴责关盼盼不够意思，没有以死殉夫。关盼盼看了这首诗，不久绝食而死。

这段公案后来就成了白居易的罪状。不过在漫长的时间流逝中，传说的可信度不免要打个折扣。白居易虽然晚年沉迷于声色，但也不至于非把别人的老婆逼死，他好歹没那么糊涂吧。

没有人是完人，白居易当然也不是。他会退缩，会消沉，但他自有掩盖不了的光彩，我们记住他，最终还是因为他的诗篇。

【豆腐渣战舰坏事——忽必烈两次出征日本失败】

朱 翔

日本广泛流传着这样的传奇故事："神风"在元朝时期曾两度施威摧毁蒙古入侵者的船舰，将日本从危难之中解救出来。此后数百年中，日本人一直对"神风"顶礼膜拜，兴起了大规模拜神的活动。然而，最新的科学发现却否定了这个传奇故事。近期发表在英国《新科学家》周刊的一项考古新发现指出：拙劣的造船工艺和船体设计是导致蒙古舰队葬身大海的主要原因。

公元1274年，忽必烈第一次远征日本，遇上台风，日本人称是"神风"救了他们。

历史记载，至元十一年（1274年），元世祖忽必烈命凤州经略使忻都、高丽军民总管洪茶立，以900艘战船、1.5万名士兵远征日本。元军在战争开始阶段取得了很多辉煌战果。

井上靖这样记载：元军于"公元1274年10月初，占领了对马、壹岐两岛，继而侵入肥前松浦郡……使日军处于不利，不得不暂时退却到大宰府附近。元军虽然赶走了日军，但不在陆地宿营，夜间仍回船舰。当元军回到船舰后，恰遇当夜有暴风雨，元舰沉没两百余只，所余元军撤退，日本才免于难"。

台风乍起之时，当时由于不熟悉地形，元军停泊在博多湾口的舰队一片混乱，不是互相碰撞而倾翻，就是被大浪打沉。午夜后，台风渐停，但暴雨又降，加上漆黑一片，落海的兵卒根本无法相救。忻都怕日军乘机来袭，下令冒雨撤军回国。此役，元军死亡兵卒达 1.35 万人。日本史书则称之为"文水之役"。

第二天即 10 月 22 日早，日军在大宰府水城列阵，但不见元军进攻，派出侦察人员始知博多海面已无元军船只，元军撤退了。日本朝野对突如其来的台风赶走元军十分惊喜，在全国范围内展开了大规模拜神活动，称为"神风"。

至元十八年（1281 年），忽必烈第二次东征日本，两个月之后，又是一场巨大的台风让元军惨败。

当时，忽必烈"以日本杀使臣为由，结集南宋新附军 10 万人组成一支大军远征日本。兵分两路，洪茶丘、忻都率蒙古、高丽、汉军 4 万，从高丽渡海；阿塔海、范文虎、李庭率新附军乘海船 900 艘，从庆元、定海起航"。高丽国王为元朝"提供了 1 万军队、1500 名水手、900 只船和大批粮食"。然而，日本守军已有前次抗击蒙古的经验，他们在箱崎、今津等处沿岸构筑防御工事，并以精锐部队开进志贺岛，与东征元军进行激烈战斗。

元军因内部高丽、汉、蒙古统帅之间的矛盾而不能协调作战。这样，"蒙古军在毫无荫蔽的前提下，每前进一步都要付出沉重的代价。双方对峙达两个月之久，蒙古军队没有看到胜利的希望。两个月之后，一场巨大的台风袭击了库树海岸，蒙古军再次企图撤入海上，但他们的努力是徒劳的"。

"在此次台风袭击下，蒙古东路军损失 1/3，江南军损失一半，一些靠近海岸的士兵被日本人屠杀或溺死。"汉文史料也记载，由于元军战船"缚舰为城"，因而在"波如山"的台风袭击下"震撼击撞，舟坏且尽。军士号呼溺死海中如麻"。蒙古人第二次东征日本又以惨败而告终。

美国考古学家对打捞上来的元军战舰残骸进行了仔细研究，发现元军战舰粗制滥造，质量低劣。

虽然，在古代文献中确实能够找到关于那两场日本沿海台风的记载，然而根据现存证据，研究人员并无法判断出那场风暴的具体强度，以及风暴与元军舰队的沉没究竟有多大关系。美国得克萨斯州农业机械大学的考古学家兰德尔·佐佐木对 1981 年从高岛附近海底打捞上来的 700 多块元军战舰残骸进行了仔细研究和分析。

佐佐木表示："很多元军战舰龙骨上的铆钉过于密集，甚至有时在同一个地方有五六个铆钉。这说明，这些肋材在造船时曾反复使用，而且很多龙骨本身质量就很低劣。"

据汉文史料记载，至元十一年（1274年）正月，忽必烈命令高丽王造舰900艘，其中大舰可载千石或四千石者300艘，由金方庆负责建造；拔都鲁轻疾舟（快速舰）300艘，汲水小船300艘，由洪茶丘负责建造。并规定于正月十五日动工，限期完成。六月，900艘军舰完工。

当时，造船业发达的中国江南及沿海地区尚未被忽必烈完全征服，部分地区仍在南宋军队的控制之下。所以，忽必烈不得不将造船的任务交给技术较为落后的高丽人。一方面，高丽对于造船很反感，认为元朝出兵日本肯定会要求高丽参战，这必将给高丽人带来沉重的负担；另一方面，让造船技术落后的高丽在如此短的时间内完成如此艰巨的任务实属难事。高丽人只得在匆忙间敷衍了事，这些舰船的质量也就可想而知了。至元十八年（1281年），元军的大多数战舰都是平底河船，采用了当时较为流行的水密隔舱设计，而此种战舰的结构并不适于航海作战。所谓水密隔舱，就是用隔舱板把船舱分成互不相通的一个一个舱区，舱数一般为或个。它大约发明于唐代，宋以后被普遍采用。虽然该结构便于船上分舱，有利于元军在航海途中进行军需品的管理和装卸，但是舱板结构取代了加设肋骨的工艺，简化了主体结构，削弱了船舶整体的横向强度。佐佐木指出："迄今为止，我们还没有在高岛附近海域发现V字形远洋船的龙骨，我们可以想象那种为内河航运而设计的船遭遇海中大风浪时将会出现何种混乱的情形。"佐佐木还发现：战舰残骸的碎片没有一块超过米，大多数碎片都在厘米到米之间。他据此推测，元军战船可能采用了类似新安古船的一种"鱼鳞式"船壳结构形式，其船壳板之间不是平接，而是搭接的。这种结构在巨浪的拍击之下容易碎裂。佐佐木表示，对沉船遗址的现有研究只是冰山一角，他希望能够借助声呐和雷达，得以更深入地了解当时元军的造船技艺，进而破解沉船真相。还有研究认为，除了舰队拖后腿之外，元军的后勤和装备也比不上日本人。

若论吃苦耐劳，当时的蒙古战士无人可敌，必要时他们可以靠吃生马肉、喝马血维持生命。蒙古战士作战时机动性第一，一般只带很少的给养，军队的给养主要通过掠夺战争地区的平民解决。可是在这两次战争中蒙古人偏偏无法发挥自己的特长，他们一直未能突入内地居民区，自不可能有平民供他们掠夺。

此外，日本人的武器也优于元军。当时日本的冶炼和刀具制作技术世界一流，日本战刀的性能只有北印度和西亚出产的大马士革钢刀可以媲美。古代最优良的钢按性能排列依次为：大马士革钢（铸造花纹钢）、日本钢（暗光花纹钢）、马来钢（焊接花纹钢）。中国最好的钢（镔铁）其实也是一种焊接花纹钢，不过性能没有马来钢那样出色。日本除了具有好钢之外，其战刀的优良性能还来自其独特的后期淬火工艺。日本刀制造成本低廉，使得普通民众都可拥有一把好刀，而元军使用的质量较差的镔铁刀，很多大刀在对砍时刀刃卷曲。

在两次战争中的八年间隙期间，日本人似乎还改进了他们的弓箭。第二次入侵时，元军发现日本人使用的弓箭的射程和穿透力都有很大的提高，已与蒙古强弓不相上下。从保留至今的图画看，日本人的长弓与当时最先进的英格兰长弓有几分相似，长约1.5米。由于日本人本来就很矮小，画面上的日本弓箭手看上去就好像比他们所持的弓还短。

【明朝曾铸造出世界最先进的大炮】

黄一农

一直以来有种说法："中国发明了火药，却拿来造烟花。"事实上，中国在明末清初时期，由于西学东渐的影响，西方先进的科学技术与中国工匠卓越的创新精神结合在一起，曾经铸造出当时世界上最为先进的大炮。但是，这短暂的辉煌却在清朝中后期逐渐走向衰落。

明末中国人在无潜水装备情况下成功打捞西方沉船大炮

万历四十七年（1619年），明军在萨尔浒之役中惨败于努尔哈赤。而此时精通西学的徐光启在朝中得到重用，他积极向西洋传教士学习关于火炮的知识。

后金大军主要武力为骑兵与步兵，而此时明朝则拥有新武器——"红夷大炮"，其名称由来，缘自此炮为荷兰人侵扰中国东南沿海一带时被大量使用。

红夷大炮的设计比明代原先使用的"大将军炮"先进许多。大将军炮的外形有如大铁管，炮身加上铁箍以防炸膛。而红夷大炮的前头管壁较薄，后方管壁较厚，可承受爆炸时的冲击力，炮旁则有两个"铳耳"，可用以调整炮身角度，并有准星和炮门，使射击更为精准。

明天启六年（1626年），袁崇焕取得"宁远（今兴城）大捷"，红夷大炮功不可没。宁远城设有十一座红夷大炮。在这次战役中，明军击败努尔哈赤大军十一万人，并将努尔哈赤本人打伤，最后郁郁而终。

中国红夷大炮从哪里来？最早是由打捞沉没于东南沿海欧洲商船上的大炮而来。

万历四十八年（1620年）九月，荷兰海船在广东曲江近海沉没，地方当局派人下海打捞。在那个没有潜水装备的时代，人们的打捞方式相当巧妙。他们先将一艘大船载满砂石，使吃水加深，再将大船航至沉船之上，潜水将铁链系在大炮的铳耳上，之后将砂石抛入海中，借船身的浮力将大炮与沉船分开，再以绞车绞起。经过三个月的努力，除了中小铳外，共捞得大铳三十六门，其中二十四门运送进京。第二年，又从另外两艘沉船上打捞出一批大炮。

这些沉船"大铳"中，有一些出现在宁远的城墙上，将后金的八旗铁骑打得大败。

明清工匠以铜铁铸成最好的大炮，比西方提前了 200 年

先进的红夷大炮并不全是来自打捞，天启四年（1624 年），中国南方已开始自造红夷火炮，虎门白沙巡检何儒就铸造了十四门，其中几门也被带去宁远。能如此迅速进行量产，与中国当时铸铁技术优秀有关。

现藏于辽宁省博物馆的一门"定辽大将军"大炮，是由吴三桂于崇祯十五年（1642 年）捐资铸造，全长约 380 厘米，内径为 10 厘米，可能是中国大陆现存的红夷炮中最长的一门。

在不断的仿造中，明代工匠改进了铸炮技术，使用铁芯铜体铸造法。它巧妙地利用铜之熔点（1083℃）远低于铁（1538℃）的物理性质，于铁胎冷却后再以泥型铸造法或失蜡法制模，并浇铸铜壁。与先前的铁炮或铜炮相比，此种新型火器不仅管壁较薄，重量较轻，花费较少，而且比较耐用。

北京八达岭中国长城博物馆藏有崇祯元年（1628 年）所造的前装滑膛红夷型火炮一门，从炮口可见其管壁为铁芯铜体，有准星、照门和炮耳。

皇太极自从在火炮上吃了大亏后，就开始募集汉人工匠，最后终于制造出超越明军水平的大炮。北京的首都博物馆现藏一门于崇德八年（1643 年）铸造的"神威大将军"，重三千六百斤，内径达 14 厘米，全长 263 厘米。

根据目前一般冶铸史的教科书介绍，美国军官托马斯·罗德曼（Thomas.J.Rodman）在南北战争时曾发明一种铸炮新法：采用中空的模型，并在其中导入冷却水，可使铁质炮管自内向外凝固，所铸之炮可以更大，耐用程度可达到先前的五倍至数十倍。铁芯铜体的铸法虽使用两种金属，但原理很接近罗德曼法的雏形，只不过明朝的"定辽大将军"比罗德曼早出现了两个多世纪！

尽管明军对红夷火炮的仿制已经达到了一个高峰，但操作方法却一直是当时许多明军炮手的弱点。

16 世纪以来，西方科学家已经用数学知识发明许多简明实用的仪器工具，这与中国全凭经验发射火炮的传统方式形成强烈对比。

这些工具有增进瞄准技术的"炮规"，这是最早的计算尺，它能将火炮发射所需的复杂数学和物理知识，变成简单的标尺刻画，可对射击目标进行精确的距离测量和角度定位；此外，还有"铳尺"，可帮助炮手迅速计算出不同材质的炮弹和不同口径的炮身所应填装的火药量。

耶稣会教士将这些先进技术输入中国，徐光启最先学习。而他的学生孙元化于崇祯三年（1630 年）获授登莱巡抚。他起用王征、张焘等信教官员或将领，并装备大量的西洋火器，还聘请了以葡萄牙军官特谢拉·科雷亚为首的顾问团。铳规、铳尺和矩度仪的

使用以及装弹填药技巧的掌握，都是当时孙军中相当重要的训练内容，这些也是一般明朝军队所最欠缺的。最终，孙元化的部队成为一支受西式训练、采用西方武器的中国军队。

一只鸡改变了明朝命运

这支本应该受到重视的精锐部队，竟然最后因为一只鸡的缘故集体兵变，直接导致了明清军事力量的对比。

崇祯四年（1631年）八月，皇太极率清兵进攻大凌河城（今辽宁凌海）。孙元化急令部下孔有德以八百骑赶赴前线增援。

这支部队虽是奉命北上，沿途却得不到官府的给养。至吴桥时，风雪交加，百姓惧兵，纷纷闭门罢市。一士兵不耐饥寒，偷了当地望族王象春的一只鸡。对方要求孔有德将此士兵"穿箭游街"，引发军队不满，遂拥戴孔有德为主，发动吴桥兵变。

次年，在耿仲明的协助下，孔有德率众占领了登州。特谢拉·科雷亚及其葡萄牙炮手除三人幸存外，全部战死。巡抚孙元化被叛军放还，但最终还是被朝廷斩首弃市。徐光启多年经营的事业就此毁于一旦，一年之后郁郁辞世。

崇祯六年（1633年），孔、耿二人投降后金，向皇太极宣誓效忠，皇太极在沈阳亲自欢迎他们。孔有德的归顺，不仅令后金获得大量精良的西洋火器，而且得到全套铸弹制药的技术以及瞄准的知识与仪具。经搭配八旗步骑兵后，在当时即形成一支几乎无坚不摧的劲旅。

清代火炮技术固步自封，逐渐衰落

直到16世纪末，明末传入中国的火炮技术尚能与西方同步。但当清朝政权于康熙二十二年（1683年）稳定全国之后，因军事威胁的消失，官方对火炮的重视日减。

康熙五十四年（1715年），山西总兵金国正上言愿捐造新型的子母炮22门，分送各营操练，结果皇帝竟然禁止地方官自行研制新炮。雍正年间，清廷还将盛京、吉林和黑龙江以外各省的子母炮尽行征送到北京。

火器知识和技术的传承断裂，表现在许多方面。嘉庆四年（1799年），朝廷曾改造一百六十门明朝的"神枢炮"，并改名为"得胜炮"，经试放后发现其射程还不如旧炮。

鸦片战争时，英军使用了一种名为"榴霰弹"（Shrapnel Shell）的球形空心爆炸弹，此弹之内填满小弹和火药，且由引信在炮弹落地前引爆火药，将内藏的小弹炸散开来，杀伤力十分大，而当时仍沿用实心圆弹的中国军队，对此"多骇为神奇，不知如何制造"。稍后，林则徐虽仿制榴霰弹成功，但却少有人知道，早在康熙二十九年（1690年）铸成的"威远将军炮"上，即配置了概念相类似的炮弹，可惜其连同所匹配的"威远将军炮"一直都被尘封于武库之中。

到了道、咸之交，中国军队连明末的水准亦有所不逮，无怪在面对西方列强坚船利炮的挑战时，毫无招架之力！

【郑成功被人毒死？】

雷永春

郑成功是中国历史上家喻户晓的民族英雄，他骁勇善战，令荷兰殖民者闻之丧胆。但郑成功就在台湾收复后不久便去世了，年仅 38 岁。正值壮年，却突然暴病而亡。仔细推敲其死因，就会发现有许多疑点。

关于郑成功的死，同时代人如李光地、林时对、夏琳等人的笔记都很简单，一般是说"伤风寒""感冒风寒"，但一个正值壮年的人怎会轻易地被"风寒"夺去生命？

根据郑成功临终前的异常情况和当时郑氏集团内部斗争的背景，有人认为郑成功是被人投毒杀死的，这一说法目前最引人注目。此说主要的依据有：

第一，郑成功死前的情状与中毒后毒性发作的症状极似，另外，夏琳《闽海纪闻》中记载郑成功临终前都督洪秉诚调药以进，郑成功将药投之于地，然后"顿足扶膺，大呼而殂"。郑成功大概察觉出有人谋害自己，但为时已晚。

第二，郑氏集团内部暗藏着一些危险因素。生性暴烈的郑成功用法严峻，郑氏部下包括他的长辈亲族因过被处以极刑者很多，众将人心惶惶，其中很多人在清廷高官厚禄诱惑下叛逃，郑氏集团内部关系极其紧张。伍远贤所编《郑成功传说》一书中记述，清廷收买内奸刺杀郑成功，因此，如果说台湾岛上一直有人企图谋害郑成功，极有可能是以清廷作为背景。

第三，一个重大疑点是马信神秘地死去。马信是清降将，后来成为郑成功的亲信，郑成功去世当天，由他荐一医师投药一帖，夜里郑成功死去，他本人也突然无病而卒。照李光地的说法，马信在郑成功去世的第二天就死去，江日升《台湾外纪》中记载，其死期距郑成功去世仅仅 5 天。因此马信可能直接参与谋害郑成功的活动，但后来又被人杀害以灭口。

那么，这起谋杀案的主谋究竟是谁呢？人们把怀疑的目光投到了郑成功兄弟辈的郑泰、郑鸣骏、郑袭等人的身上，特别是郑泰。

郑泰长期操纵郑氏集团的东西洋贸易，掌握财政大权，对郑成功早存异心，对郑成功出兵收复台湾曾极力反对。复台初期的郑氏政权财政面临困境，郑泰却暗地里在日本存银 30 多万两以备他用。等到郑成功去世，郑泰等人迫不及待地伪造郑成功的遗命对郑经诛讨，并抬出有野心但无才干的郑袭来承兄续统。最后，他们的阴谋被郑经挫败，郑泰入狱而死，郑鸣骏等率部众携亲眷投清。

据此分析，策划谋害郑成功的很可能就是郑泰等人。他们早存夺权之心，还可能和清廷有勾结。他们乘郑成功患感冒的时候开始实施他们的计划。夏琳和江日升的记载中说，郑成功病情开始并不严重，常常登台观望、看书，有时还饮酒，甚至拒绝服药。他们极可能在酒中下毒，但这期间饮酒较少，因此七八天毒性才发作。最后他们又在医生开的凉剂中下毒，郑成功终于被毒死。郑成功死后，郑经先是忙于对付郑泰的叛乱，后发现郑泰在日本银行的巨款，又集中注意力追回这笔款子。他本人又曾因犯奸险些被郑成功杀死，对郑成功之死也许心存侥幸，因此郑成功的死因在当时没有被深究。海天茫茫，也许这永远是个解不开的谜了。

【大清朝的仁政报告】

鄢烈山

大清王朝的仁政记录怎么样？

不怎么样，我一向这么认为。再来一百卷《鹿鼎记》《康熙大帝》，再播一千集《雍正王朝》《还珠格格》也改变不了我的印象。

对于大清王朝的"仁政"，我的认知来自清代人记录，当然是非官方记录，从清初的野史笔记到清末民初的谴责小说。《扬州十日记》《嘉定县乙酉纪事》，都是幸存者蘸着血泪写的清兵入关之初的屠城始末，伤心惨目惊千古。"康乾盛世"史无前例之惨烈的"文字狱"，桩桩件件也有迹可寻。康熙朝的庄廷钺明史案、戴名世《南山集》和方孝标《滇黔纪闻》案；雍正朝的吕留良案、汪景祺《西征随笔》案、查嗣庭试题案、谢济世注《大学》案等；乾隆朝的王锡侯所编字典《字贯》案……剖棺戮尸、"瓜蔓抄"式的株连、雷厉风行地查禁焚毁图书，剖心挖肝似的删削编纂历代典籍，直欲箝天下亿万臣民之口。受戴名世《南山集》案牵连而一度入狱的著名文人方苞有一篇《狱中杂记》，以亲身经历描写刑部狱政的黑暗，该是十分可信的。此翁受康、雍、乾三代皇帝的青睐，曾入值南书房（皇帝的政治秘书），官至礼部右侍郎。

至于后来的《官场现形记》《老残游记》等描绘文武官员之暴虐，诸如杀良民当强盗以邀功、严刑逼供草菅民命，虽系小说家言，亦绝非丑化现实的恶毒虚构。正是这些历历如绘的事件、场景，形成了本人关于大清朝仁政记录"不怎么样"的印象和观念。

不难想象，大清朝官方的报告书不会是这样的。朝廷宣恩示德的文告不会提及这些血淋淋的事实；颂圣如仪的文武官员、邀宠求仕的文人学士，他们上的奏章、献的歌赋自然也不会触这种霉头。我曾猜想，这些官样文章和御用文章，一定是些空空洞洞、华而不实的套话、门面话——他们能堂堂正正地向天下昭告什么可以核查的东西呢？我的想法大谬不然。这是我读了张之洞的《劝学篇》之后才意识到的。

光绪二十四年三月，即戊戌变法前两个月，主张"中学为体、西学为用"的"洋务派"

后期主将湖广总督张之洞著《劝学篇》二十四篇,以期既"务本以正人心",又"务通以开风气"。此书第二篇"曰教忠,陈述本朝德泽深厚,使薄海(海内)臣民咸(都)怀忠良,以保国也"。这个《教忠》篇虽然是以张之洞个人的名义撰写的,但他进呈给慈禧太后和光绪皇帝御览后得到认可,朱批"持论平正通达,于学术、人心大有裨益",下旨颁发各省,广为刊布,因此它可以看作是大清王朝昭告中外的仁政白皮书。

书曰:"自汉唐以来,国家爱民之厚,未有过于我圣清者也。"大清王朝是怎样爱护、保护、维护亿万人民群众利益的呢?良法善政,大清的恩情说不完,举其最大者,仁政就有十五条之多:曰薄赋、曰宽民、曰救灾、曰惠工、曰恤商……报告书与历朝历代的政策相对比,言之凿凿,不由你对大清列祖列宗不心悦诚服。

以仁政之十"慎刑"为例,报告书写道:"自暴秦以后,刑法滥酷,两汉及隋,相去无几,宋稍和缓,明复严苛。本朝立法平允,其仁如天……一、无灭族之法;二、无肉刑;三、问刑衙门不准用非刑拷讯,犯者革黜;四、死罪中又分情实缓决,情实中稍有一线可矜者,刑部夹签声明请旨,大率从轻比者居多;五、杖一百者折责实杖四十,夏日有热,审减刑之令,又减为三十二;六、老幼从宽;七、孤子留养;八、死罪系狱,不绝其嗣(当是指允许配偶探监同居);九、军流(充军流放)徒犯,不过移徙远方,非如汉法令为城旦、鬼薪(做苦役),亦不比宋代流配(大海中的)沙门岛,额满则投之大海;十、职官妇女收赎,绝无汉输织室、唐没掖庭(后宫)、明发教坊(当三陪女)诸虐政……"

这些仁政并非撰稿人张之洞向壁捏造,皆不欺不诳有根有据,"具于《大清律》一书"。

大清王朝为保障臣民的基本人权,不仅制定了法律文书,严禁刑讯逼供之类执法犯法行为,而且还有一系列司法、行政程序规定和行政违纪处罚条例以及官员考核奖惩规章。诸如"凡死罪,必经三法司(主管司法行政的刑部、中央审判机关大理寺和主管纠察奏劾的御史台)会核",若"失入死罪(罪不应死而拟死)一人,臬司、巡抚,兼管巡抚事之总督,降一级调用,不准抵销";若"失出(应死而拟轻判)者一案至五案,止降级留用,十案以上始降调,仍声明请旨"。也就是说,宁可轻判十人,不可冤杀一个。这些都是有"历朝圣训"可供查阅的。

对天大地大不如大清朝恩情大的这般仁义德泽,"固当各抒忠爱"以报之。可是有些人不但不心怀感激,反而鼓吹邪说,拾洋人之牙慧,要效番邦之乱政,立什么"议院",倡导什么"民权",确实是毫无心肝!

怎么办,我们是相信稗官野史民间记录,还是相信总督大人代朝廷撰写的这份仁政白皮书呢?答案是不言自明的。在当时恐怕也没有几个人相信张之洞的文稿所言是实,包括张之洞本人和光绪皇帝,否则,皇帝也不会主张变法维新了。那么,结论应当是:法律文书与官方训令这些纸面上的东西,只是一种承诺,往往是镜花水月,若把它们当做生活现实，当做表白什么的证词，不是自欺，就是欺人。

【李秀成临终变节质疑】

满江碧

太平天国的历史人物中，最遭非议的要数李秀成。胡绳在《从鸦片战争到五四运动》一书中写道："李秀成作为太平天国后期的重要支柱，虽然犯了不少错误，但不失为一个勇敢的战士；在遭到失败时，为绝望的心理所支配，表现出了可耻的动摇和变节。"

然而，历史的真相果真如此吗？

综观李秀成的经历，联系当时的历史背景，这种观点显然是片面的。李秀成多次打败湘军，早被清廷视为眼中钉，何况当时天朝已亡，他对清廷已没有利用价值，之前他又多次劝曾国藩起兵反清，曾国藩岂会留下他给自己惹麻烦？既然李秀成已无赦免之理，那么他又为什么会向曾国藩乞降呢？

如果李秀成真是一个贪生怕死、贪图富贵的小人，又何必与清军浴血奋战？还不如早早归顺，加官晋爵。或许有人会说，当时太平天国气数未尽，天王对他又器重有加，这种情况下他不会变节。那么，什么时候是他变节的最好时机呢？清军重重围困天京之时，天京城内缺粮草，外无救兵，洪秀全病入膏肓，此时李秀成完全可以乘人之危，可他反而向天王提出突围北上的正确建议，结果碰了一鼻子灰。即使这样，他仍死守天京直到城破。城破之后，他本可以仓皇逃命，可他为了保驾幼主，让出了自己的好马。此时交出幼天王，也算得奇功一件了，他为什么不这么做，非得让清廷擒获再投降呢？

难道说李秀成被曾国藩忠君卫道的精神感化了，因"绝望"才向曾国藩乞降吗？那他为什么在数次直谏洪秀全遭驳之时不绝望，在天京危急之时不绝望，在天京陷落之后不绝望呢？

李秀成被俘后，曾国荃为泄私愤，在审讯他时"置刀锥于前，欲细割之"，"叱勇割其股，皆流血，忠酋殊不动"。李秀成轻蔑地对曾国荃说："曾九，咱们各为其主，而天下事兴灭无常，你今日偶尔得志，何得对我如此狠毒？"李秀成被曾国藩杀害之时谈笑自若。面对如此残酷的折磨，若没有伟大的抱负，怎么能够如此坦然？

其实，李秀成真正的目的是效法蜀汉姜维的假投降，以等待时机东山再起，复兴太平天国。他号召太平军余众投降，就是要保存实力。

李秀成的自供状与其说是降书，不如说是遗书。在洋洋数万言里，他回顾了太平天国运动的历史，总结经验教训，提出"收齐章程"，希望由他代为招降太平军余部，使其免于屠戮。尽管李秀成在自述中曲言卑辞，写了许多自污自辱的话，对曾国藩大加褒扬，而且自认大清子民，"尽义对大清皇上，以酬旧日有罪愚民"，"免大清心腹之患再生"。然而细观其全文主旨，都是从全国大局出发，提出治国安邦之策。他还提出了防鬼为上，向西方学习先进科学技术的建议："虽我有我国之广炮之好，实无他炮之强。取到其炮，取到车炮架，寻好匠人，照其样式一一制造。"

据罗尔纲等学者研究表明，曾国藩对李秀成的自述进行了大量的删改，尤其是74页以后，因为李秀成在这部分内容中劝说曾国藩拥兵自立，取清朝而代之。1977年12月，曾国藩的曾外孙女把李秀成劝曾国藩做皇帝的曾家口碑写给了罗尔纲先生，口碑记录为："李秀成劝文正公做皇帝，文正公不敢。"果真如斯，那么这不仅不是乞降书，反而是对曾国藩的劝降书。假如他当时遇到的不是曾国藩，而是袁世凯，历史也许会被改写。

【九票之差和两个错误】

袁 野

历史的细节总是让人扼腕：如果英国议会里多五个人投票反对战争，鸦片战争就不会爆发了。但实际上这是一个误区。

因为从林则徐的错误当中我们可以看出，鸦片战争无论何时爆发，大清朝总还是要输的，晚打其实不如早打。早打早清醒。

禁烟任务的完成，只是整个事件的小小开始，而林则徐在这个胜利中所犯的一些错误，直接导致了最终战争的爆发。林则徐的第一个错误，就是接受了义律表示愿意交出鸦片的禀帖。这一点似乎有些难以理解，但是应当考虑到义律的身份是英国驻华商务总督，接受了他的禀帖，就使得事件的性质发生了变化：本来是中国官方针对普通外国人的反走私的司法行动，这样一来变成了中英两国官员代表各自国家的官方正式交涉。这就使得战争变为可能。

而义律之所以劝告英国商人将鸦片交出，由他一并交给林则徐，并不是打算就此遵守清朝的法令，而正是打算通过把鸦片的性质变成英国政府的财产，以此为借口鼓吹对清朝发动战争。在他被林则徐困于商馆区内的时候，他就写信给英国外相巴麦尊，要求政府立即对中国采取军事行动。

巴麦尊是当时英国政府里著名的鹰派，对外关系方面一贯采用强硬政策，义律的建议正合他的心意。加上国内鸦片商人集团和棉纺业商人集团都大力支持对华用兵，巴麦尊于是就在内阁提议派出远征军。英国内阁遂于1839年10月决定派出舰队前往中国。随即"日不落"帝国的军舰和士兵，从1839年10月起，源源不断地从英国本土、南非和印度，向中国南海洋面进发。

然而英国内阁虽然已经开始派兵，但是战争这样的大事在英国的政治体制下还是需要议会来作最终决定的。尤其是当时的西方人对中国还怀有一种普遍的敬畏之心：

毕竟是曾经取得过无比辉煌和荣耀的大帝国，盛唐的万千气象和横扫欧亚大陆的蒙古铁骑余威犹在，英国人对于自己能不能对这样一个大国战而胜之，还不是十分确定。1840年4月7日，英国议院就对华战争军费案和广东鸦片商人赔偿案开始辩论，经过三天的激烈争论，以271票对262票的九票微弱多数，通过了内阁的提议。已经在中国南海洋面上集结待命的大英帝国舰队，等的就是这个决定。而同一时期大清最高决策者道光帝对战争的认识是怎样的呢？其实早在1838年7月，就曾有过英国军舰开到广东虎门之事。当时的英国驻印度海军司令马他仑应义律之邀，并奉伦敦方面的命令，率领两艘军舰来华，意图炫耀武力，支持鸦片贸易，并支持义律对中英两国平等交往的要求。

这个举动的含义其实是十分清楚的，即英国方面为了鸦片贸易是可以不惜动用战争手段的。但可惜的是大清朝上下——从广东的地方官员到道光帝——由于完全不具备近代外交知识，没有人明白这个信号的真实含义，根本无动于衷。在林则徐赴广东之前，对于战争可以说毫无准备。等林则徐到了广东，不多久道光帝就得到消息：林则徐收缴鸦片两万多箱！道光帝龙颜大悦，给林则徐加官晋爵，大大地封赏了一番。正好当时的两江总督出缺，道光帝就任命林则徐为两江总督，准备派他去督办盐、漕、河三务。

这三件事可历来是中国的大事，派林则徐去办这三件事，说明了道光帝对林则徐的重视，而两江总督在地方官当中是仅次于直隶总督的位子，把林则徐由湖广总督调为两江总督，实际上也就是升了林则徐的官。在道光帝看来，鸦片一事林则徐自然很快就能彻底解决，不久即可到两江总督的位子上赴任。

林则徐的第二个错误，就是他在给道光帝的奏折中得出结论，"彼万不敢以侵凌他国之术窥伺中华"，只不过是"私约夷埠一二兵船，未奉国主调遣，擅自粤洋游弋，虚张声势"。这个结论是如何作出的呢？林则徐到了广东，与英国人打过一些交道之后，还是了解了不少情报的。从史料上看，当时林则徐至少雇了四名翻译为他翻译英文书报，林本人也很重视这些情报，把情报整理成册，以供随时阅读参考。在对西方世界了解极其模糊的大清，作为一名天朝的封疆大吏、钦差大臣，能做到这些已是十分难能可贵的了。

然而可惜的是，即使是了解情报最多、最详细的林则徐，对于即将爆发的战争也是完全没有预料到的；相反，他从他了解的情况中倒得出了英国人不敢开战，只是虚张声势，企图进行军事讹诈的结论。首先，林则徐从情报中已经大概了解了英国的地理位置、国家大小、军队和舰船数量等情况，但是林则徐没有亲眼见识过英军强大的近代军事力量，仅从这些字面数字的比较上，很容易就得出了英国远远比不上大清朝强大的结论，这也是可以理解的，而且在他看来英国距离大清达六万里之远，如果英国人劳师远征，主客之势，众寡之数实在过于悬殊。其次，从情报中林则徐了解到英国是以贸易为立国之本的，对华茶叶贸易利益尤大。因此他又认为，即使断绝了英国鸦片贸易的利益，仅仅为了正当的贸易能够继续进行，英国也要慎重考虑，不会轻易开启战端。对于这一点应当注意的是，林则徐得出的这个结论是建立在他认为英国开战必败的基础上的，他并没有想到如果英国获得了战争胜利，正当生意和鸦片生意都将获得巨大利益。在他看来，天朝在战争中会失败是不可想象的。再次，他注意到了情报中介绍的一些英国人士反对鸦片贸易的声音，并且对英国女王要求商人们遵守中国法律的规定格外重视，甚至在给道光帝的奏折中都有所谈及。据此他认为，鸦片贸易不过是一些不法商人勾结英国驻印度等地的地方官员所做的非法勾当，并非英国的官方意思。最后，他还分析过在华的英国鸦片商人的背景，认为这些人都是一些散商，并无影响政府决策的能力。他还提醒道光帝说，义律此人常年在华，对大清的局势颇为了解，算得上是个中国通，他听说有"边衅"之论，就借此讹诈，希望道光帝不要上当。在给其密友广东巡抚怡良的信中，林甚至对义律的强硬态度表示出无法理解，认为"然替义律设想，总无出路，不知因何尚不回头"？这就是在电影中忧国忧民一脸正气的林则徐！然而他已经是在当时的大清朝对英国最了解的一个人了！就在这样毫无准备的情况下，大清朝遭遇了鸦片战争。

【李鸿章所谓卖国的背后】

汉唐月

迟来的现代化

自清廷入主中原以来，为维持其对汉民族的绝对统治，满蒙贵族对新的军事技术及火器一直采取完全排斥的态度，顽固保持他们的骑射传统及其建立于其上的军事优势。诚然，对于隔离于工业化进程之外的大清国及远东诸邦，这种政策对内部的管制确实十分有效。在鸦片战争以前，清政府的主要威胁均来自境外而不是中原地区的汉族势力。鸦片战争以后，火器的威力确实令清朝统治者感到恐惧和威胁，他们有学习西方技术的动机，但在"宁给友邦，不与家奴"的统治规则下，这种热情却又十分保留。防内仍然是清廷的首要目标。

因此，在1840年到1870年之间的30年，中国的现代化没有什么进展，但期间发生的一场大乱却给中国的现代化提供了机会。太平天国运动，在给人民造成巨大灾难的同时，却也做了一件好事：它摧毁了清廷的国家军事主力——以骑射为本的八旗军队。最后，消灭太平天国的使命是由曾国藩率领的湘军和李鸿章率领的淮军来完成。这两支军队的特点是：由汉人指挥且由汉人组成，不受满蒙大员节制；配备现代火器基本由步兵构成。这完全违背了清朝的祖制，同时也开创了一个新时代：掌握了军权的汉族官员在一定程度上也就掌握了清朝的政权，淮军后来成了清廷的国家军队，但军队的将领却都是李鸿章的亲信，李鸿章当时的分量有多重就可想而知了。

而李鸿章也不像后来历史上描述的那样，除了热心于卖国之外，没有做什么好事。李鸿章建矿山、搞航运、设工厂、办电报、修铁路、开银行，忙得不亦乐乎。可以想象一下，大江南北，长城内外，后面拖个大辫子的中国员工在做现代化的事，情景肯定比卓别林的"摩登时代"要搞笑，但不可否认的是，李氏这一折腾，当年的一个小渔村上海却成了远东的第一大城市。当然，李氏感到骄傲和腰杆儿硬的是他苦心经营的北洋水师——清帝国海军主力，号称全球实力第三的舰队。然而，木秀于林，风必摧之。表面风光的李鸿章，却遭遇来自各方的暗算。尽管一向滑头的李氏一再向朝廷表示忠心，但手掌清廷海陆两支大军的李氏却无论如何不能让其主子——满蒙贵族们放心，他们不时地给李氏使绊子，其他的汉族官员出于不同的动机，也经常给他下菜（翁同龢、张之洞、张佩纶可以算是三个代表），这虽然影响李氏的改革开放事业，但对于财大根粗的李氏来说，不是致命的。

蕞尔小国的巨大威胁

正当洋务运动达到当时的高潮，洋务运动带来的新技术、新物质开始在中国抛头露面之时，普通的中国人可以通过洋货感受西方世界的物质文明，同时进一步感受西方精神文明之时（以本人的小人之心揣测，满清贵族或许是最不愿意看到李鸿章的事业成功，因为李的成功之日，可能就是这些贵族失去特权的开始，汉民族的高度文明使汉族人在接受其他高度文明要比这些贵族来得快，一旦汉民族受到新文明的培育，必然会焕发出汉民族的民族精神，这种精神一定会导致满蒙贵族的特权丧失。从甲午战争备战的不足、应战的匆忙、督战的严厉等过程看，不能排除满清贵族利用日本人搞倒李鸿章的可能，借刀杀人是中国传统的军事计谋，之前之后都有人干过。看看后来的伪满洲国，这种推测似乎能站得住脚），在这个历史的关键时刻，在中华土地上孕育的现代化长子，胚胎刚刚成型就受到外部的致命一击。而这一致命的一击，就来自李氏一向并不看重的蕞尔小国——日本，它不仅破坏了李鸿章等人的洋务事业，而且还使李氏身败名裂，至今不得翻身。

日本的洋务运动大致和中国同时起步，日本也有一个李氏一样的人物——伊藤博文（伊氏似乎一直以李氏为师），但不同的是，伊氏有一个年轻有为的君主——明治天皇，而不像李氏成日周旋于妇人孺子之间。日本孤悬于海外，在大航海时代之前，这是一个避祸好去处。事实上，日本正由于这种特殊的地理环境而逃过很多大陆地区的劫难，蒙古军队征伐最大的失败就是在日本海峡。然而，鸦片战争不仅打开了中国的国门，同时也打开了日本的国门，使日本人第一次感觉到海岛也不是安全的。日本人开始了明治维新。面对清帝国这样的一个巨人，一旦一个浅浅的海湾不能阻挡往来时，日本的安全屏障也就突然消失。当大清帝国正在奔向海洋时，日本对这个近邻突然产生有史以来的第一次恐惧。对于雄心勃勃的明治天皇及伊藤来说，恐惧产生的不是妥协和退缩。不像大陆，岛国实际上也是无处可退，而是积极地去赌一把。当时日本国内反对战争的民意也不小，不像中国国内，除当事者李氏不希望战争外，似乎举国上下都热切希望来一场战争，一洗鸦片战争的耻辱。

日本兵分两路，一路以朝鲜为突破口，攻击中国的陆军（当然也是李氏的淮军）；一路以日本海军为主在黄海水域试图寻机与北洋水师决战。结果两场战役，均是日本获胜。接下来就是和谈，令人不解的是，日本竟指名让败军之帅的李鸿章担当议和全权大臣。日方解释说只有李氏才能有担当，今天仍有不少国人相信日本人这一理由，事实是割地赔款这样的事，没有最高当局首肯，李氏能做这个主吗？既然不是李氏做主，换哪一个大臣不都是一样吗？清政府有那么多王公大臣，身份地位都在李氏之上，完全犯不着让一个败军之将来和谈，况且，以日本人的个性，他们是完全瞧不起手下败将的，怎么这次完全改了性，可疑啊！可疑！过去，我一直不理解，现在我终于想明白了，日本不仅有重大的军事图谋，而且还有重大的政治图谋，那就是倒李（满蒙贵族可能是帮凶）！日本人是想让李氏担当丧师失地之责，使其身败名裂，从而进一步瓦解李氏一手经营的洋务运动，这或许是日本的最终目标。

逆转的历史车轮

事实上，《马关条约》签订之后，李氏成了清政府的替罪羊，被夺职革爵，一直待罪于北京的贤良寺，长期远离政治中枢，随着李氏的失势，李氏等人苦心经营的洋务运动也就悄悄落幕了。回首这段帝国往事，我们可以从一些历史轨迹上，来印证本人的观点。自甲午战争之后，以荣禄为首的满蒙贵族进入了帝国中枢，清政府的现代化进程似乎就停止了，甚至出现倒退和反动。修好的铁路被拆，矿山被封，传教士被驱逐，进而排斥洋人和洋物，最终爆发了义和团这样波及直隶、山东、山西等地的严重排外事件。这种倒退使清帝国再次遭受毁灭性的打击，从此一蹶不振，最终垮台。可以这样说，甲午战争，不仅使中国第一次现代化运动破灭，也促使一个朝代的灭亡。

【逼慈禧向全世界宣战的一份假情报】

幸　实

1900 年 6 月 21 日，农历五月廿五，当时中国的实际统治者慈禧太后做了一件空前绝后的大事——向全世界宣战。这是一件令史学界匪夷所思的事情，因为40年前，英法联军攻入北京的时候，慈禧太后的丈夫咸丰皇帝就是被洋鬼子们逼着一路小跑到了热河承德避暑山庄，然后一命呜呼的。记忆犹新的慈禧不会不记得洋人的厉害，更不会忘记仅仅发生在5年前的甲午惨败。难道年逾花甲的她真的疯了，或是老年痴呆？

作为一个已统驭中国40年的老太婆，慈禧当然没疯，也没痴呆，而且从她后来的一系列行为来看，当时她老人家的脑子还灵光着呢。那么到底是什么原因促使她做出这个不计后果的疯狂举动的呢？据唐德刚先生在《晚清七十年》里的说法，慈禧的忽然发飙，是因为一封假情报所引起的。

那这是怎样的一封假情报呢？事情还得从她最信任的荣禄说起。在5月20日这天的深夜，一个黑影急匆匆地敲开荣禄家的大门，荣禄起来一看，原来是自己的心腹江苏粮道罗嘉杰的儿子，奉父亲之命星夜赶来告密。

罗公子带来一个坏消息，说各国公使已经联合决定，"勒令皇太后归政"。荣禄听后大惊失色，手足无措——他很清楚自己在戊戌政变里所发挥的作用，如果十一国勒令皇太后归政，光绪帝复出，自己就是十个脑袋也得搬家了！

这可真是个难熬的夜晚啊！荣大人彷徨终夜，天刚蒙蒙亮，就紧急入宫禀告老太后。这一下，轮到老太后魂飞魄散了！慈禧太后是知道洋人厉害的，当年她的丈夫咸丰帝可不就是给洋人逼死的？现在老太后终于明白，洋人不肯朝贺大阿哥的原因，原来是要逼她归政，拥光绪帝复出！如今一切都明白了，老太后最担心的这个可能，想不到如今竟然要成为事实。

老太后老泪纵横，悲愤交集。洋人这是在要她的老命！如今的一条路，只能是和洋人拼了！要毁灭就大家一起去死吧！在自尽之前，老太婆哪里还管得了什么大清江山和亿万黎民百姓！

在翌晨的御前会议上，老太后泣不成声，语无伦次。当她把这个消息公布后，全场惊愕。据说端王以下的亲贵20余人，竟相拥哭成一片！激动之余，这些北京的当权派们发誓要效忠皇太后，不惜一切和洋人拼了。慈禧太后也说，既然战亦亡，不战亦亡，"等亡也，一战而亡不犹愈乎？"（《中国近代史资料众刊义和团》第一册，第48—49页）

这样，第二次御前会议，居然变成了"战前总动员"，于是乎，京师九门大开，义和团大批进京，日夜不绝。

回头想想，慈禧太后好歹也从政近40年，何至于这次如此冲动呢？美国历史学家摩尔斯（费正清的老师）也说，"太后一向做事是留有余地的，但只有这次她这个政治家却只剩下女人家了"。也许，迫其归政，是打中了她——也是一切独裁者的要害。

各位，我们就要问问了，这个弄得宫中鸡飞狗跳的假情报是哪里来的呢？后来查此来源，原来是在上海英商所办的英文报纸《北华捷报》（North China Herald）上发表的一篇社论，主张慈禧归政光绪，后来此文又转载在《字林西报》上。可能是在此文刊登前，被报社华裔职工获悉，辗转被粮道罗嘉杰所悉，结果被添油加醋当成情报给汇报了。

历史往往是无数的偶然性构成的，一念之差，生灵涂炭，夫庸何言？也许有人要问了，既然打算和洋人拼命，那进攻使馆又为何屡攻不下？

事实上，老太后虽然一时被愤怒冲昏了头脑，但还是留有余地的。下令进攻使馆，也许只是想胁迫各国公使撤回归政要求。何况，即使把洋公使给拼掉，到时候她也可以"将在外，君命有所不受"的借口推托，把责任往诸将身上一推——后来证明她就是这么干的。但问题是，各国公使们哪里知道有什么要求归政的要求，在清兵的进攻之下，他们也只能选择抵抗待援了！

身为国防军的头头，荣禄也不是傻瓜，万一到时把使馆夷为平地，杀死公使，洋人要是追究起来，那可不是好玩的。于是乎，从一开始他就装病，把袁世凯的武卫右军调开，上面逼得紧了，就让董福祥的甘军去拼命打。在广州观战的李鸿章听说后，哈哈大笑，告诉外面的媒体朋友说："使馆无恙，大家尽管放心！"原来，以董福祥土匪军的能力，是不可能攻下使馆的。理由很简单，董福祥的军队没有西洋大炮，有的都是些土制大炮，只听炮声轰轰响，却不见弹下来！

到后来，八国联军攻入北京，再到后来，仗打完了，慈禧也乐了，因为她非但没有被当做挑起战争的罪魁祸首被洋人惩办，反而继续做中国的最高统治者。一份捕风捉影的假情报，带给慈禧的只是流亡的日子，但带给中国人民的却是深重的苦难。

【甲午兵败是因为开枪不瞄准】

张 鸣

近代中国的士兵接受了洋枪队的全部装备，也接受了洋操的训练，连英语的口令都听得惯熟，唯独对于瞄准射击，不甚了了。1920年直皖大战，动用20多万兵力，打下来，也就伤亡200余人，真正战死的也就几十人。

瞄准射击是步兵进入火器时代的基本要领，可是这个要领，中国人掌握起来，很是费了些工夫。引进洋枪洋炮是中国现代化的起点，在这个问题上，国人一直都相当热心而且积极，即使最保守的人士，对此也只发出过几声不满的嘟囔，然后就没了下文。闹义和团的时候，我们的大师兄二师兄们，尽管宣称自家可以刀枪不入，但见了洋枪洋炮，也喜欢得不得了。不过，国人，包括那些职业的士兵，对于洋枪洋炮的使用，却一直都不见得高明。19世纪60年代，一个英国军官来访问中国，在他的眼里，淮军士兵放枪的姿势很有些奇怪。他们朝前放枪，可眼睛却看着另一边。装子弹的时候，姿势更是危险，径直用探条捣火药（那时还是燧发的前装枪），自己的身体正对着探条。

过了30余年，洋枪已经从前装变成更现代的后膛枪，而且中国军队也大体上跟上了技术进步的步伐，用后膛枪武装了起来。可是，士兵们的枪法，却进步得有限。义和团运动中，攻打外国使馆的主力，其实是董福祥的正规军，装备很是不错。从现存的一些老照片看，董军士兵大抵手持后膛枪，而且身上横披斜戴，挂满了子弹。可是，据一位当时在使馆的外国记者回忆，在战斗进行期间，天空中经常弹飞如雨，却很少能伤到人。由此看来，1万多名董军加上数万义和团，几个月打不下哪怕一个使馆，完全是可以理解的了。董福祥的军队如此，别的中国军队也差不多。庚子前五年，中日甲午之战，北洋海军的表现大家都骂，其实人家毕竟还打了一个多少像点样的仗。而陆军则每仗必败北，从平壤一直退到山海关，经营多年的旅顺海军基地守不了半个月，丢弃的武器像山一样。威海的海军基地周围，门户洞开，随便日本人在哪里登陆。当时日本军人对中国士兵的评价是，每仗大家争先恐后地放枪，一发接一发，等到子弹打完了，也就是中国军队该撤退的时候了。当年放枪不瞄准的毛病，并没有多大的改观。

进入民国，中国士兵脑袋后面的辫子剪了，服装基本上跟德国普鲁士军人差不多了，建制也是军师旅团营连排了，可不瞄准拼命放枪的喜好却依然故我。张勋复辟，段祺瑞马厂誓师，说是要再造共和。讨逆军里有冯玉祥第十六混成旅、曹锟的第三师、李长泰的第八师，都是北洋军的劲旅，对手张勋只有五千辫子兵。英国《泰晤士报》记者、北京政府顾问莫里循目睹了这场战争，他写道："我从前住过的房子附近，战火最为炽热。那天没有一只飞鸟能够安全越过北京上空，因为所有的枪几乎都是朝天发射的。攻击的目标是张勋的公馆，位于皇城内运河的旁边，同我的旧居恰好在一条火线上。射击约自清晨五时开始，一直持续到中午，然后逐渐减弱，断断续续闹到下午三时。我的房子后面那条胡同里，大队士兵层层排列，用机关枪向张勋公馆方面发射成百万发子弹。两地距离约一百五十码，可是中间隔着一道高三十英尺、厚六英尺的皇宫城墙。一发子弹也没有打着城墙。受害者只是两英里以外无辜的过路人。"最后，这位顾问刻毒地向中国政府建议，说他同意一个美国作家的看法，建议中国军队恢复使用弓箭，这样可以少浪费不少钱，而且还能对叛乱者造成真正的威胁。

中国军队，自开始现代化以来，所要对付的对手，基本上是些拿着冷兵器的叛乱者。双方碰了面，只要一通洋枪猛轰，差不多就可以将对方击溃。可是碰上也使用洋枪洋炮的对手，这套战法就不灵了。问题在于，屡次吃过亏之后，战法并没有多少改善，轮到自己打内战，双方装备处在同样等级，仗也这么打。讨逆之役，双方耗费上千万发弹药,死伤不过几十人。四川军阀开始混战的时候,居然有闲人出来观战,像看戏一样。不过,打着打着,大家逐渐认真起来,终于,枪法有人讲究了,毕竟不像清朝那会儿,对手净是些大刀长矛。洋枪洋炮对着放,成者王侯,甜头不少,所以,在竞争之下,技术自然飞升。到了蒋介石登台的时候,他居然编了本步兵操典之类的东西,重点讲士兵如何使用步枪,从心态、姿势到枪法,尤其强调瞄准射击。

从士兵的枪法来看,中国的现代化真是个漫长的过程。

【杨乃武与小白菜案的背后】

陈华胜

杨乃武与小白菜案是清末著名的一桩奇案,发生在我的家乡杭州府治下的余杭县。原本是一桩普通的刑事案件,但因为有了慈禧的亲自干预,而变得非同一般起来。现在想来,这个案件还真的非同一般。

我们先把这个案件交代一下,再来看它背后的文章。

杨乃武是浙江余杭人,同治癸酉(1873年)科的举人;"小白菜"本名毕秀姑,因为长得面貌白净秀气,身材轻盈苗条,又喜欢穿绿色的衣裳,系白色的围裙,故而被轻浮之人称做"小白菜"。

就在杨乃武中举的前一年,18岁的毕秀姑嫁给了余杭仓前镇附近的葛品连。葛品连是一名豆腐坊的伙计,当时的人对于这桩婚姻不免有一种鲜花插在牛粪上的遗憾。婚后不久,葛品连带着妻子租住到了杨乃武家的一间房子里。因为葛品连常常在豆腐作坊宿夜,毕秀姑又常请杨乃武教她识字、读书,外间遂流传开二人的闲言碎语。久而久之,葛品连也怀疑毕秀姑与杨乃武有奸情。于是,葛带着妻子次年就搬出了杨家,在县城另外找房子租住。同治十二年(1873年),就在杨乃武中举不久后,葛品连突然暴病身亡。其时适值天气较热,停尸到第二天的晚上,葛品连的尸体口鼻内有淡淡的血水流出。按照中国人的习惯思维,口鼻流血必是中毒身亡,《水浒传》里的武松就此证明了兄长武大是被人谋杀的,葛品连的家人见状也大呼小叫起来。

余杭知县刘锡彤的儿子刘子翰曾经强奸过毕秀姑,毕秀姑虽然忍气吞声但此后总是躲避着他,这让觊觎毕秀姑美色、总想占为己有的刘衙内好不郁闷。此刻,他趁机兴风作浪,唆使葛品连的母亲葛喻氏去告官,称葛品连系被人毒死。在当时的仵作,也就是今天的验尸官沈祥草率验尸后,刘锡彤断定葛品连之死系毕秀姑下毒所致,于是对毕秀姑严刑逼供。可怜一朵娇柔的小白菜哪里受得住大刑伺候,屈打成招,伪供自己与杨乃武有奸情,合谋毒杀葛品连。

当杨乃武被传到余杭县衙大堂时,他还沉浸在中举的喜悦之中,丝毫没有想到飞来横祸。按照清朝尊重读书人的旧制，秀才、举人出庭应诉应该享受看座的待遇，并且不能施加刑讯。但刘锡彤一则在儿子的挑唆下，二则已经拿到了小白菜的单方供词，哪里还管这许多规矩。照样对杨举人严刑审讯。杨乃武可不比小白菜，知道事情的厉害，严词否认，但刘知县却仍以杨、毕通奸谋杀亲夫案上报杭州府。杭州知府陈鲁下令将一干人犯解押至杭州，仍旧对杨酷刑逼供，一连几堂，杨乃武被迫诬供自己曾将砒霜交给小白菜，嘱其杀夫。陈知府拿到供词以为万事大吉，遂上报浙江省。浙江省的最高长官浙江巡抚杨昌濬据此上报刑部。

在此期间，杨乃武的姐姐杨菊贞、妻子詹彩凤到处奔走营救。她们到省里喊冤告状，但杨巡抚不予理会，于是两个女人又二次上京告状。光绪元年（1875 年），京城的言官给事中边宝泉奏请将此案提交刑部仔细审讯。浙江籍的京官夏同善、汪树棠、张家骧等以及大学士兼光绪帝的老师翁同龢都主张重新审理。浙江地方士绅 30 多人也联名上票帖给都察院，认为此案不仅关系杨、毕两条人命，且关系到浙江读书人的面子。一个举人如果都不能依法保护自己，那浙江士人的斯文何在？多方的吁请居然惊动了垂帘听政的慈禧，她阅读了案宗后下令交刑部彻底根查。刑部得了懿旨岂敢怠慢，立即命浙江巡抚将全案人犯解京。

经刑部与都察院、大理寺三法司会审，并重新开棺验尸，终于确定葛品连系因病暴亡，杨乃武与小白菜并未合谋下毒。冤案平反，杨乃武从此心灰意冷，出狱后以种桑养蚕为业；毕秀姑则割断红尘情愫，削发为尼，法名慧定。杨昌濬以下各审办官吏累计牵连 300 余人，均受到处分。这一历时两年多的奇案，后来被编成戏曲，在民间广为传播。

有一天，我在《清史稿》里读到杨昌濬的传记，突然发现了慈禧为什么对这么一桩刑事案件如此关注的原因。说到底，这桩刑事案件的背后其实还是一桩政治案件。

先来看看杨昌濬的来历。

杨昌濬，字石泉，湖南湘乡人，湘军将领出身，因战功做到浙江巡抚。洪秀全太平军起来的时候，杨昌濬跟从湘军早期领袖之一的罗泽南办团练起家。同治元年，又跟从左宗棠入浙与太平军作战，大败太平军李世贤部，屡立战功。同治九年，在曾国藩、左宗棠等人的保荐下升任浙江巡抚，成为地方大员。

我们有理由相信，如果杨昌濬不是湘军将领出身的巡抚，慈禧恐怕还未必对杨乃武案有如此的关心。因为同治、光绪年间，"长毛"既已平定，而在战争中迅速壮大的湘军势力，已经严重改变了清朝传统的权力结构，出现了"尾大不掉"的局面。早在咸丰八年（1858 年），湘军将领胡林翼就当上了湖北巡抚，成为湘军中第一个地方大吏。两年后，曾国藩当上了两江总督并节制江南军务，他随即又保荐了湘系将领李续宜、沈葆桢、左宗棠、李鸿章分别担任安徽、江西、浙江、江苏四省巡抚，这四省巡抚又保荐自己的部下充任布政使、按察使。当时的朝廷为了让他们全力对付洪秀全，请无不准。到同治三年（1864年），在全国8名总督中，已有3名是湘系出身，他们是两江总督曾国藩、直隶总督刘长佑、闽浙总督左宗棠，此外四川总督骆秉章和两广总督毛鸿宾也与湘军关系密切；在全国15名巡抚中有7名出自湘军或与湘军渊源颇深，至于担任府道一级的官员中湘军将领就更多了。

这是慈禧不得不担忧的。

这不仅是对祖制的破坏，更有威胁到满族统治的潜在危险。按照清初制度，多以汉军旗人出任督抚。汉军旗人是较早与满族合作的汉人，清廷对他们比较放心，而且由他们出任督抚也可以缓解满汉矛盾。到了乾隆朝时，满人统治既已稳固，于是一概任用满人为督抚，以维护统治民族的特殊地位。嘉庆、道光两朝基本沿袭乾隆朝制度。

但这一切到了咸丰朝太平天国起事后，都发生了变化。由于汉族官员的作用无可替代，督抚重职也只得向汉人开放了。开放是开放了，但放心仍旧是不放心的。咸丰四年春，曾国藩率领刚刚练成的湘军一战攻克武昌，这是清政府对太平军作战以来最大的一次胜利。捷报传到北京，咸丰帝喜形于色，对军机大臣们说："不意曾国藩一书生，乃能建此奇功。"满族的首席军机大臣就从旁提醒说："曾国藩以侍郎在籍，犹匹夫耳。匹夫居闾里，一呼蹶起，从之者万人，恐非国家福也。"咸丰听后，"默然变色久之"，立即收回了任命曾国藩为湖北巡抚的成命，只赏了他一个兵部侍郎衔。

应该说满族统治者对汉人掌权实在是出于被动，并且一向有所防范的。事实上，湘军将领也曾有过不臣的念头，太平天国刚刚被平定后，朝廷下诏要曾国藩和湘军将领从速办理军费报销，曾国荃、彭玉麟、左宗棠、鲍超等人为此极为不满，在玄武湖开会，秘密活动要拥戴曾国藩出面，反抗清廷。彭玉麟更是直露地手写12个字给曾国藩："东南半壁无主，老师岂有意乎？"但由于曾国藩以道统为任，抱定"终身委曲为官"的宗旨，才没有酿成激变。

慈禧当政后，面对一大批因军功得官的湘系将领，如何处置委实是一道难题。要想像汉高祖、明太祖那般"烹走狗"，此时的清朝实在已经没有了这样的实力，弄不好还会物极必反。借杨乃武、小白菜这样一个刑事案件不露山不显水地削除湘军势力，正是一个好机会，而且浙江也正好是湘系力量相对集中的省份。于是杨昌濬等浙江300多名官吏终于尝到了苦头，巡抚被免职，知府、知县入狱的入狱，削官的削官，甚至有人不堪忍受巨大的心理压力，自杀了事。

作为湘军的领袖，如履薄冰的曾国藩也看到了朝廷的态度，他连忙配合着以"湘军作战年久，暮气已深"为理由奏请裁湘军归乡里。他也不得不自削党羽了。

慈禧的政治手腕终于使她顺利地排除了军人政治对传统文官政治的冲占，而她的继任者就没有这么大本事了，于是袁世凯终于得势。

当然，杨乃武、小白菜们是不会想到这么多的。

第四篇

历史开卷有疑

【虞姬到底是怎么死的】

胡 弦

说到霸王别姬，大多中国人都是知道的，故事的悲壮凄恻和虞姬的美艳刚烈打动着一代又一代人，但我近来读史，却觉得其中似乎另有蹊跷。

霸王别姬的故事，最早见于司马迁的《史记·项羽本纪》，原文是：项王军壁垓下，兵少食尽，汉军及诸侯兵围之数重……项王则夜起，饮帐中。有美人名虞，常幸从；骏马名骓，常骑之。于是项王乃悲歌慷慨，自为诗曰："力拔山兮气盖世，时不利兮骓不逝。骓不逝兮可奈何，虞兮虞兮奈若何！"歌数阕，美人和之。项王泣数行下，左右皆泣，莫能仰视。

"有美人名虞，常幸从"和"美人和之"，史记中对虞姬的记述就这么多，可以说面目相当模糊，我们从中能得到的信息有二：虞姬很美丽，颇得项羽宠爱；项羽作垓下歌后，自唱，虞姬也跟着唱。

那么虞姬又是怎么自杀的呢？

虞姬自杀之说，较早的记载见于唐代张守节《正义》，其中引《楚汉春秋》记录虞姬所和的歌是"汉兵已略地，四方楚歌声。大王意气尽，贱妾何聊生"。这里还挺复杂的，需要分说的是：《楚汉春秋》是汉初陆贾所撰，到唐代据说还能见到，后只能从别的著作里看到它的一些片段，是对"和"的理解。和有二义，一为跟着别人唱，二为依照别人的诗词作诗词。从《史记》描述看，似乎跟唱更确切些，但《楚汉春秋》无疑采取了第二种意思。和诗一出，虞姬不但刚烈美丽，还变成了一位才女；就是这首诗中的"贱妾何聊生"句透露出一个信息，虞姬仿佛有自杀的打算。

但关于虞姬的死，还有另外一个版本。《太平寰宇记》卷一二八"濠州钟离县"条说，"虞姬冢在县南六十里，高六丈，即项羽败，杀姬葬此。"其中"项羽败，杀姬"的说法值得注意。

虞姬到底是怎么死的呢？自杀？他（项羽）杀？还是根本就没有死？不管怎样，那夜，项羽和虞姬是诀别了，因为他突围的时候已只有壮士相随。

即便在《楚汉春秋》中，对虞姬自杀也只是一种暗示，但后世虞姬自刎别霸王的悲壮故事却从此出，并被演绎得丰富多彩。但我们在各种诗文和戏剧中看到的虞姬，可能跟历史上真实的虞姬，根本就不是一个人了。

虞姬的形象和她在诗文戏剧中的遭际到底透露出了什么信息呢？我觉得，它透露了我们一直以来对女性生命的轻视，为了某种社会价值取向，可以毫不犹豫地让她死去。越是要把她塑造得完美，让她拔剑自刎，我们思想深处草菅人命的气息就越浓郁。

一个弱女子，虽然贵为楚霸王的"家人"，却无法掌握自己的命运，不管她当时是否自杀，在后世，她都已被论定为一个全节全义的自杀者。至于《太平寰宇记》中项羽杀姬说，也就是项羽才是杀虞姬的真正凶手的说法，却从没有人再提及。

虞姬，这个美丽的女子，她在两千年前死去了一次，死得不明不白，在后世，却还要服从一切牵强附会者的安排，一次次挥起宝剑自刎。她在舞台上令人感叹唏嘘荡气回肠的故事和形象，却只是为了成全贯穿在中国历史中的某种低劣的道德和价值观。

【皇帝为什么要杀功臣】

刘 伟

"飞鸟尽，良弓藏"，在中华帝国几千年的历史上，周而复始地上演着这出闹剧。整个历史陷入一个怪圈，无论你如何挣扎，终究不能走出循环，就如齐天大圣跳不出如来佛的手掌心一般。由于每朝每代都发生了此类事情，因此从逻辑上、直觉上来说这都不应该是某个皇帝的个人素质问题，而是一个结构性问题。

借用经济理论，我们可将皇帝与功臣间的关系看做一种委托代理关系。皇帝作为帝国的所有者，控制着帝国的产权，但他不可能直接治理国家，必须委托一个或数个代理人来帮助他管理国家。在这样一个委托代理关系下，皇帝给功臣们高官厚禄，对他们的要求是勤奋工作，为皇帝效命。不过皇帝最主要、最关心的还是要求功臣们不得造反。

对任何一个皇帝来说，确保江山万代是至关重要的。因此，功臣们造不造反就顺理成章地成为皇帝们绞尽脑汁来解决的问题。解决功臣们造不造反的问题的关键在于识别到底谁会造反，但这是一个信息不对称的格局：大臣们自己知道自己造不造反，皇帝却不知道谁是奸臣，谁是忠臣。宋太宗有一段名言，大意是国家要么有外患，要么有内忧。外患是有形的，而内忧则无法察觉（原文是奸邪无状）。一个奸邪无状的自白道出了皇帝们的无奈：他必须有什么方法可以鉴别出谁是奸臣，谁是忠臣。

那有什么信号又能让皇帝识别出奸臣呢？

人们首先想到的就是加强惩罚威胁力度，诸如灭九族、凌迟等处罚手段，这样有风险规避行为的人会选择不造反。不过当皇帝的收益是如此之高，风险爱好者在有机会时总是会去尝试一下的。而功臣，尤其是开国功臣本身就意味着他们是风险爱好者，若不然谁会去"提着脑袋干革命"呢？所以，事后惩罚的威胁对以冒险为业的功臣们来说不会有太大的震慑意义。

那么以亲戚关系来识别呢？从吕后到李世民，从多尔衮到雍正，亲戚的血缘、亲情约束对争夺帝位来说只是很小的成本，成大事者从不会将其放在心上，分我一杯羹更是千古名言。

那能否根据对皇帝是否恭顺这个信号来识别奸臣呢？毫无疑问，真正要造反的人对皇帝也照样会毕恭毕敬，安禄山对唐明皇的肚里只有一颗赤心的绝对服从令人记忆犹新，这个信号没有任何意义。那能否逆向思维，认为敢和皇帝争辩的就是忠臣，不敢争辩的就是奸臣呢？可惜，历史上的权臣是敢和皇帝争辩的，不敢争辩的依然是忠奸难辨。

每个开国皇帝都面临着这样的困境：他无法从功臣集团中分离出忠臣和奸臣，但他又必须想尽办法保证自己的儿孙能顺利继承皇位。为此，皇帝们自然有自己的分离信号来进行分离，将可能造反的人清除出去，确保江山永固。"宁可错杀三千，不可放过一个"，在不能辨别忠奸时，皇帝们选择了实际上也只能是这样的一个分离信号：有能力造反的和没有能力造反的。对于皇帝来说，只要把有能力造反的杀掉，剩下的人即使有造反之心，也无造反之力了。每一代皇帝都面临着同样的困境，面临着同样唯一的选择，最后都作出了同样的选择，让我们后人见识了一幕幕闹剧。不要问你想做什么，而要问你能做什么，功臣们天然有罪，谁让他们有能力造反呢。

功臣们仅作出不造反的承诺是不够的。为了使自己的承诺可信，功臣们应该交出兵权，在这种行动的承诺下，功臣们丧失发动政变的能力，这样皇帝们可安枕无忧，大家也就相安无事，历史上"杯酒释兵权"就是这一方案的经典案例。应该承认，这一方案是极好的，让很大一部分功臣丧失发动政变的能力。但对一个掌握过权力的人来说，这种政治生命的自杀却不是一件容易选择的事情，而且，对那些有极高威望的开国功臣来说，只是交出兵权仍然不可能让上头放心，比如韩信，汉朝建国之初他就被废为淮阴侯，兵权尽无，待在长安无所事事，即使这样，韩信最后也被灭三族。又如李世民，由于唐朝实行府兵制，李世民平定天下后回到长安其实也没有什么兵权，他在长安的实力不如李建成。在李建成被杀后，李建成的人马差点把秦王府攻破，后来靠扔出李建成的人头破坏对方的军心才奠定胜局。但是，李建成可没有因为这样放松对李世民的警惕。为何功臣交出了兵权还要被清洗呢？

其实用经济学理论很容易解释这个现象。功臣们的资产除了官位、兵权这些有形资产外，还有不可与其肉体分离的威望、才干、人际关系和势力集团这些无形资产。功臣们交出了兵权，但这些无形资产却无法一起上交。可口可乐的总裁宣称，即使可口可乐的所有工厂被毁，可口可乐凭借其无形资产也能迅速东山再起。同样，韩信、李世民等的无形资产足够让上头睡不安枕了。比如韩信，虽然赋闲在家，类似软禁，但他到刘邦的另一大功臣樊哙家做客时，樊哙还是毕恭毕敬，说"大王乃肯临臣"。樊哙在刘邦功臣中位列第五，又是吕后的妹夫、刘邦的老相识，对韩信如此态度，足见韩信在刘邦集团中的威望了。

在历史上，交出兵权应该说抬高了造反的门槛，使皇帝们使用能造反和不能造反信号进行甄别时只能分离出一小部分威望极高如韩信、李世民之类的功臣，大部分功臣在没有兵权后倒真的丧失发动政变的能力，也就能保住自己的性命。像刘邦，他杀的就是韩信、彭越、英布等曾经独当一面的功臣，还囚禁过独自镇守过后方的萧何，而周勃等战将就逃过了清洗，因为刘邦很明白没有独当过一面是很难形成自己的势力集团的。

对于韩信、李世民这类级别的开国功臣来说，没有任何信号可以让上头放心，除非上交自己的无形资产，当然这就意味着消灭自己的肉体。如果韩信自杀的话，相信刘邦不会灭他的三族，相反会到韩信的墓前掉下几滴眼泪，说不定还会给韩信的儿子封官，并招为驸马。李世民就很聪明，没有任何幻想，果断地发动了军事政变，杀了自己的哥哥、弟弟和侄子，囚禁了自己的父亲，霸占了自己的弟妹，成为中国历史上开国功臣夺取天下的唯一例证。不过李世民能成功恐怕也因为他是皇族的缘故，遇到的反抗较小，异姓的开国功臣做此事成功的机会就小得多，像英布就失败了。

只要是家天下，屠杀功臣就是一个走不出的死结。只有在现代民主制度下，一方面通过各种制度限制私人势力的发展，一方面通过领导人的选举，使将军们可以合法竞选最高领导人，才能走出这死结。

【三国鼎立形成的历史原因】

张大可

三国的话题，是千百年来人们谈论的话题，不过首先要探寻的问题是，历史何以三分？

多因素的历史原因

汉末历史何以形成三分，这是一个复杂的问题，用一个简单的公式是不能够回答的。学术界所流行的经济均衡论导致了三分，即北方经济遭破坏、南方经济发展形成南北均衡而成为三分的立国基础的说法，只是历史的原因之一，而绝非必然的决定性因素。因为封建的自然经济以独立的小农经济为基础，无须均衡也可成割据态势。早在春秋战国之际，长江流域就有巴、蜀、楚、吴、越的割据。至汉末，割据长江上游和中游的刘璋、刘表，甲兵资实，不弱于孙吴，更不减于刘备，何以要待刘备来建立蜀汉而与曹、孙成鼎立之势呢？可见三分有着复杂的历史原因。

从中国封建社会两千年历史发展的轨迹看，王朝兴衰，军阀混战，群雄割据，南北对峙迭次出现，而三国鼎立却是唯一的一次历史存在，可见这一局面是历史上的一个特例。特例是历史发展中的变异，而导致变异的历史原因，就不是常规的必然性，这是简单明了的逻辑。

"合久必分，分久必合"。这是中国封建专制制度发展的必然规律。当然也可以将此看作是封建地主经济发展的一种周期性运动。因为自给自足的封建经济，即使在统一的中央集权政治下，"在某种程度上仍旧保留着封建割据的状态"，中央集权力量一旦削弱或解体，就要出现群雄割据的局面。而割据混战破坏生产力，给人民带来无穷无尽的灾难，所以它是不能持久的。天无二日，人无二王，人心思统一。所以秦、西汉、隋、元、明等封建王朝解体后，很快就走向了统一。但中国历史上有东晋与北方十六国之对峙，有南北朝之对峙，有北宋与辽之对峙，有南宋与金之对峙。这些现象都有比较复杂的原因，而不能单纯用"经济均衡"加以解释，更何况三国鼎立。

三国鼎立有着多因素的历史原因，是经过极其复杂的历史演变才形成的。概略地说，在东汉末年军阀混战走向统一的过程中，出现了三分鼎立的局面，这是由于三分的人才均势、地理均势、政治均势等多种历史原因的交叉作用才形成的。在这些历史原因的形成中，"人谋"起了主导的作用。

汉末人才三分

三分的奠定，首先是军阀混战使汉末人才分散，形成了曹、孙、刘三个坚强的领导集团。

汉末军阀，像穷凶极恶的董卓，顽悍乐杀的公孙瓒，贪利恃宠的陶谦，倏彼倏此而横的吕布，狂愚而逞的袁术，雍容论道的刘表，昏庸懦弱的刘璋，都无戡乱之才，他们在群雄角逐中注定要被歼灭。而志大才疏的袁绍，文武兼资的曹操，弘毅宽厚的刘备，任才尚计的孙权，都有统一天下之志，任人有方，驭才有术。而后袁绍败亡，遂演成了三分之局。

东汉末军阀混战，为何人才三分，这有着复杂的历史原因，是一系列偶然事变的分合所形成的必然之势。在乱世之中，局势未明朗之时，际遇交合带有较大的偶然性。但是人往高处走，水往低处流，天下扰攘，君择臣，臣亦择君，又是必然之势。荀彧、郭嘉、董昭，初投袁绍，后归曹操。鲁肃与刘晔友善，最初欲依巢湖郑宝，而后两人分道扬镳。诸葛瑾、诸葛亮，同胞兄弟，一个辅孙权，一个佐刘备。所以，东汉末年的人才形成三分而未若江河之归大海，有客观的原因，也有主观的原因。试分析如下：

客观原因。主要有两个方面。一是汉朝还没有完全失去其继续存在的合理性，刘姓皇帝仍是一面旗帜。两汉儒学昌盛，它所宣传的君权正统观念深入人心，士大夫多尚气节，袁绍在反对董卓废立时就说："汉朝统治天下四百年，恩泽深厚，赢得全天下人民的拥护。如今皇帝虽然年幼，但没有什么不良行为，董公想要废掉合法的嫡长子，换立一个庶出兄弟，恐怕满朝公卿是不会答应的。"二是东汉世家大族正处于上升时期，多名节之士。尤其是两次党锢之祸，士大夫反对宦官专政，赢得了天下人的归心。这两个客观因素，对曹操有得有失。他挟天子以令诸侯，在政治上占了优势，四方人才多归往之，这是得。但曹操出身于宦官集团的庶族，初起时不敌袁绍，不仅使得一部分北方士人流归了袁绍，如沮授、田丰、审配等；而且延迟了他统一北方的时日，眼看孙权坐大，刘备寄居荆州而不能及早消灭，这是失。关东军讨董卓，孙坚力战第一，义动天下，也赢得了一部分人才的归心。张昭、周瑜、程普、黄盖等倾心辅佐孙氏兄弟，这是孙吴之得，反之则是曹操之失。刘备以帝室之胄，"受左将军之命，躬膺天子之宠任，而又承密诏以首事，先主于是乎始得乘权而正告天下以兴师"（王夫之语，《读通鉴论》卷九），露布衣带诏讨曹，使曹操蒙受"托名汉相，其实汉贼"（周瑜语，见《周瑜传》）的恶名，刘备则以正统自居。诸葛亮辅刘备，不仅仅是报三顾之恩，而且也是扶持正统。这是刘备之得，亦是曹操之失。

主观原因。也有两个方面。一是曹操的对手刘备、孙权都是人中之杰，总揽英雄有很大的号召力。二是曹操品德不济，奸险诈伪，暴虐无比，使得一部分志士远离了他，像诸葛亮、庞统等人宁肯归隐待时，也决不北投曹操。陈宫、张邈之叛，就是鄙薄曹操的为人。曹操傲慢，把蜀中使者张松推给了刘备，这是最大之失。曹操不仁爱士民，多次屠城，滥杀无辜，并在征战中颁布了"围而后降者杀无赦"的反动军令，所以他始终未能获得"天命攸归"的舆论。曹操兵围汉献帝，失人臣礼，始终带着"汉贼"的帽子打天下。曹操的这些弱点为孙、刘所利用。因此，曹操不能像他的先辈汉高祖、汉光武那样囊括天下英雄，也就不能统一天下，只好做了个半壁河山的"周文王"而遗恨九泉。

三大战役改变历史航向

袁曹官渡之战、曹孙刘赤壁之战、吴蜀夷陵之战，是三国鼎立形成过程中的三大战役。三大战役的发生和胜败结局出人意料，特别是前两次大战，改变了历史统一的航向，仿佛有一种冥冥的力量在支配和导向历史步入三分之局。

官渡之战，奠定了北方的统一，消除了一个争天下的强手；赤壁之战曹操受挫，孙刘之势渐强，于是奠定了三分之势。本来这两次战役都有统一天下的可能。袁绍鹰扬河朔，雄视天下，设若官渡之战袁胜曹败，袁绍君临天下的可能性是很大的；曹操统一北方，"奉辞伐罪，旌麾南指，刘琮束手"（《吴主传》裴注《江表传》），若赤壁战胜，称孤道寡乃必然之势。但这两次战役都是强者败，弱者胜，出现了戏剧性的变化，从而改变了历史的天平，使偶然因素变成了必然之势。这里的"偶然"，是指曹操官渡告捷，孙刘赤壁战胜，带有"偶然性"；但已然胜利之后，使形势逆转，弱者成为强者，这就是"必然之势"。反过来说，叱咤风云的袁绍和曹操，不听谋臣劝谏，丧失了取胜之道，只是"偶然"的一着失计，造成了"失之毫厘，差以千里"的"必然"后果。

夷陵之战，终止了孙刘结盟东西夹击曹魏所取得的战略优势，结局蜀弱吴孤，但它确立了三分的地理均势，鼎立之局不可逆转。

兵家胜败，乃事理之常，为何三大战役，一战之得失改变了历史的航向呢？一是因为交战双方拼尽了全力大决战，可以说失败的一方输了老本，形势逆转无可挽回。二是，三大战役的发生，总是强势的一方在错误的时间发动了一场错误的战争，交战双方均为人杰，一方错误则给对方带来机遇，于是人谋起了至关重要的作用。

五次荆州争夺，形成三分地理均势

何为地理均势。所谓地理均势，是指割据集团利用地理条件抗衡对方的一种策略。在生产力不发达的古代，使用戈矛甲盾作战，因此占有险固地利的一方在争雄角逐中明显地具有优势。中国的地理形胜是西北高，东南低，东面、南面都濒临大海。所以王朝更替，割据争雄，一再演出北方战胜南方的历史现象。"周之王也，以丰镐伐殷；秦之帝，用雍州兴；汉之兴自蜀汉"（《史记·六国年表序》）。隋唐统一，兴于西北；明清战略，重在西北。南北朝对峙，五代十国战乱，两宋与辽金之对峙，总是北方战胜南方，其中地理形胜是一大因素。这是因为，偏安东南的割据政权，被大海封闭，没有回旋余地；又处于低地，攻守不利。占有中原的北方政权，不仅占有居高临下的地理优势，而且也是传统文化的正统所在，政治上也占优势。再看区域形胜，从南北看，横贯东西的长江把中国地理划分为南北两大区，南北对峙，南方政权总是依赖长江为天堑。从东西看，以华山、秦岭为界，劈成西北、西南两个闭锁地区，险固便，形势利，中原有事，这两个区域常为割据之境。在三国以前的西汉末年，就有隗嚣据陇，公孙述据蜀的先例。东汉末年的军阀混战，陇蜀也是最先成为割据之地。

荆州形胜，兵家必争。荆州地理位置的重要性，还可以从三国以后南北对峙政权的攻守中得到证明。南北朝对峙，荆州之重，终六朝之世，系举国之安危。南朝宋齐梁陈，荆襄镇将，资实甲兵，占全国之半。北宋覆亡，宋高宗南渡，由于荆襄固守，得以保守半壁河山一百余年。北方统一南方，总是用兵荆襄。南方政权，丢失荆襄，也就随之灭亡。所以顾祖禹总括说："盖江陵之得失，南北之分合判焉，东西之强弱系焉，此有识者所必争也（《读史方舆纪要》卷七十八）。"所以，袁术据淮南，首先就是争荆州，孙坚为之丧身襄阳。曹操挟献帝都许昌以后，连年进攻荆州，因北方未平而未得手。诸葛亮的《隆中对》，劝刘备据荆益，就是着眼于三分的地理均势。诸葛亮说："荆州北据汉沔，利尽南海，东连吴会，西通巴蜀，此用武之国。"鲁肃说："夫荆楚与国邻接，水流顺北，外带江汉，内阻山陵，有金城之固，沃野万里，士民殷富，若据而有之，此帝王之资也。"（鲁肃语，见《三国志·鲁肃传》）荆州如此重要，其势为曹孙刘三家所必争。因为曹孙刘三方，谁占领荆州，谁就在实力上可以得到很大的增强。曹操占领荆州，逼降孙权以统一天下；孙权占领荆州，要全据长江与曹操抗衡；对于刘备来说，荆州是立身之地，借此而居以待天下之变。荆州成了曹孙刘三家逐鹿中原的冲要，它的归属将影响历史步伐的节奏。三方军事斗争从公元 208 年曹操南下起到公元 222 年夷陵之战画上句号为止，前后十五年，发生过五次大战役，即五次争荆州。三国时期的三大战役中的两大战役赤壁之战和夷陵之战皆在其中，使荆州三易其主，由此可见争夺荆州的激烈。

第一回合，曹操南下，兵不血刃下荆州。建安十二年（公元 207 年）十一月，诸葛亮发表隆中对策，替刘备制定的战略方针，首要的目标就是夺取荆州，然后西进益州，东联孙吴，北拒曹操。刘备长期驻屯荆州，"总揽英雄，思贤若渴"，有诸葛亮、关羽、张飞、赵云等文武相助，加之近水楼台，最有利于夺取荆州。但以兴复汉室为己任的刘备，从有大恩于己的同姓手中夺地盘，名不正言不顺，最为天下之忌，刘备需要等待时机。但曹、孙两方岂容枭雄刘备从容得荆州，他们都积极准备抢夺荆州。建安十三年（公元 208 年）春，孙权建柴桑行营，亲自统兵抢先发动荆州之战，一举歼灭江夏黄祖，打开了荆州的东大门。与此同时，曹操作了充分的备战，也于公元 208 年春在邺城作玄武湖训练水军。七月，他率三十万大军南下，是他征战以来最大的一次军事行动，志欲一举定江南。刘表也预感到荆州继袁氏灭亡之后次当受兵，二子又不睦，军中各有彼此。刘备从新野移驻樊城，伺机而动。刘表面临内忧外患而束手无策，忧愤成疾。曹军南下，声势浩大，刘表被吓死，其次子刘琮继任荆州牧，不战而降。曹操只用了三个月的时间，兵不血刃下荆州，在争夺荆州的第一个回合中，强势的曹操占了头筹。

第二回合，赤壁之战，曹孙刘三分荆州，拉开了鼎立的序幕。公元 208 年，赤壁之战是曹孙刘三方争夺荆州的第二个回合。此役孙刘结盟，挫败了曹操南下的势头，三家瓜分了荆州，初步形成三分鼎立之局。曹操占据南阳郡和江夏郡北部，以襄阳为重镇，阻止联军北上。孙权占据了南郡和江夏郡南部，全据长江形势，打通了西进益州的大道。刘备奄有江南四郡：武陵、长沙、零陵、桂阳，有了立足之地。按照战前诸葛亮使吴所订双边协定，赤壁战后荆州归刘成鼎足之形（事详《三国志·诸葛亮传》）。所以刘琦死后，孙权表荐刘备为荆州牧，并把自己的妹妹嫁给刘备，巩固联盟。

刘备则表荐孙权为车骑将军,领徐州牧。孙刘双方互相推荐,达成了势力范围的默契。从荆州北上宛洛,是刘备发展的方向;从扬州北上徐州,是孙权发展的方向。当时长江上游有刘璋,汉中有张鲁,关中有马超、韩遂。这是三个互不统属,而又均无远略的割据集团。曹操占有大江以北的整个中原地区,兵强马壮,仍有力量时时卷土南下。与曹操争天下的刘备和孙权,处在长江中、下游,无论地利和人力,均不能单独与曹操相抗。为求生存与发展,孙刘联盟抗曹,唇齿相依,形势使然。

第三回合,孙刘两家争荆州江南三郡,联盟发生裂痕。公元214年,刘备得益州,势力壮大,荆州居吴国上流,孙权感到西强东弱,因而向刘提出索还荆州的要求。关羽坐镇南郡,兵力盛强,孙权不敢强求而仅讨江南三郡。刘备关羽不允,孙权派吕蒙强夺江南三郡,刘备引兵东下。曹操趁势夺取汉中,益州震恐,成都一日数十惊。大敌当前,此次孙刘两家没有大动干戈,通过外交谈判达成协议:两家中分荆州,以湘水为界,南郡、武陵、零陵西属,江夏、长沙、桂阳东属。孙权退出了强夺的零陵郡,只得到长沙、桂阳两郡,心中实不平,联盟发生裂痕。

第四回合,孙权袭杀关羽,夺取荆州,联盟破裂。孙刘中分荆州,刘备认为自己已用长沙、桂阳郡换了孙权的南郡,问题已经解决,从而放松了警惕,到公元219年,刘备夺得了曹魏的汉中、上庸两地,关羽又威震荆襄,势力迅猛发展,再次打破了东西均势,孙权震恐而偷袭荆州。这时,曹魏采取了挑动吴蜀相仇的策略,拉拢孙权,创造了孙权放胆进攻的条件。孙权派吕蒙偷袭南郡,擒杀关羽,是荆州争夺的第四个回合。此役之后,孙刘联盟破裂,两家敌对,曹丕趁此称帝篡汉。

第五回合,夷陵之战,荆州归吴,三分地理均势形成。孙权破坏了联盟,心惊胆战。他为抵御刘备复仇,避免两线作战,向曹魏称臣。这就是发生夷陵之战的背景。夷陵之战,是荆州争夺的第五个回合。刘备失守荆州,也就丧失了隆中路线所规划的北伐条件,被困于四塞之地的益州,他决不甘心。刘备认为,伐魏,力量不足,讨吴,自谓可胜,加之为关羽报仇,可以激扬士气。因之,夷陵之战,不可避免。结果是一败涂地,战后蜀弱,吴孤,后来吴蜀虽然重新修好,也只能自存,曹魏强于吴蜀的形势不可逆转。诸葛亮的隆中路线,伴随夷陵之战的发生而中道夭折。

综上所述,荆州争夺的五个回合,有三个回合发生在联盟内部,而且一次比一次升级,最终以吴胜蜀败荆州归吴而结束。设若夷陵之战胜败易主,局势难以预料,若果还是三足鼎立,则荆州争夺仍不会结束,不达均势则不停止。

葛鲁外交显神威

葛鲁外交是三国外交的前奏,是指赤壁之战前夕诸葛亮和鲁肃两人根据当时形势不约而同提出的孙刘两家联合共拒曹操的构想,史称葛鲁之谋,即葛鲁外交。赤壁之战,正是由于有孙刘两家的联合,才挫败了曹操,拉开了三国鼎立的序幕。

赤壁之战前的统一形势。东汉末年，军阀混战，形成了群雄割据的局面。曹操在北方经过了十二年的征战，先后剪除了陶谦、吕布、袁术、袁绍等军阀集团，基本上统一了北方。建安十二年（公元207年），曹操北征乌桓凯旋，清除了南下的后顾之忧，全国统一的趋势日渐明朗。当时全国还有六大军事集团。北方三大集团：曹操雄踞中原，关西有马腾、韩遂，汉中有张鲁。南方三大集团：长江上游益州有刘璋，中游荆州有刘表，下游江东有孙权。这六大军事集团中，曹操最强，已占有天下之半，"拥百万之众，挟天子而令诸侯"，其他任何一个集团都不足与之单独对抗，曹操具有统一全国的势头。

葛鲁外交的提出与实现。公元207年诸葛亮在"隆中对策"中替刘备规划三分天下的蓝图，东联孙权，北拒曹操，夺取荆益的战略方针。当时孙权正按鲁肃、周瑜、甘宁等人提出的全据长江，北抗曹操的战略方针积极备战西征。公元208年，孙权移行营于柴桑，发动了讨伐刘表的荆州之战，一举歼灭了江夏的黄祖。刘孙两家都要夺取荆州，发生战略矛盾，因此，诸葛亮规划的孙刘联盟，只是一厢情愿的构想，没有实现的条件。

公元208年七月，曹操大举南下，形势急转，鲁肃锐敏地看到刘表不足以抗衡曹操，他立即向孙权提出修正全据长江的战略方针，调整为联合荆州，共拒曹操的战略方针。鲁肃对孙权说："荆州内部矛盾重重，刘表的两个儿子刘琦、刘琮一向不合，军中诸将分成两派，各自拥护一方。刘备一世英雄，寄居荆州，若刘备能与荆州方面同心协力，上下一致，就应当支持他们，和我们结盟交好；如果不能，就应当相机行事，另想办法。"八月，曹操兵临荆州，刘表惊吓而死，形势危急，鲁肃主动要求以吊丧为名，出使荆州，慰问军中诸将，并劝说刘备，安抚刘表旧部，齐心协力，对付曹操。孙权完全采纳了鲁肃的建议，当即命他启程前往荆州。鲁肃昼夜兼程，等赶到南郡（治江陵，故城在今湖北江陵东北），形势又发生突变。刘琮投降曹操，刘备战败南逃，正是千钧一发之际。鲁肃临危不惧，毅然亲赴前线，在当阳（今属湖北）长坂坡遇见刘备，转达孙权旨意，劝说刘备与孙权联合。刘备处在败军之际，正待有人支援，自是欣然同意，于是率领残部向东退走，驻扎鄂城，靠拢孙权。孙权采纳鲁肃联荆抗曹的策略，至此出现了孙刘联合的条件。但孙权的战略修正是曹操大举南下逼出来的，诸葛亮奉命随鲁肃过江，在柴桑行营舌战群儒，驳倒投降派，在鲁肃推动下，孙权让步，答应两家联合，打败曹操，荆州归刘。用诸葛亮的话说，就是两家联合抵抗曹操，曹操一定会战败，退回北方。这样一来，"则荆、吴之势强，鼎足之形成矣"。这就是赤壁之战拉开鼎立序幕的来历，孙刘两家在战前的双边谈判中就确定了。这完全是曹操急于东进发动赤壁之战带来的后果。也就是说，是曹操推动了孙刘结盟，发动赤壁之战是一个战略性的错误。

葛鲁外交显神威。葛鲁外交实现了孙刘联盟，取得了赤壁之战的胜利。赤壁战后，孙刘互为犄角，呈现出一派勃勃生机。公元212年，孙权作濡须坞，公元214年又攻下皖城，筑起了巩固的江北边防，尽有长江之险。公元214年刘备得益州，有了立国根基。215 年刘孙争荆州南三郡，蜀兵东下。曹操趁机进兵汉中，占了便宜。但是这一次曹操仍未掌握好火候，又失之于早，成全了两家和解。孙刘中分荆州，又协同作战，孙权围合肥，刘备取汉中，曹操东奔西突，疲于奔命，只好临江而叹，逾秦岭而生畏。公元 219 年，关羽北伐，威震荆襄，是孙刘联盟达于巅峰的表现。假如此时，孙权在东，全力向北，一支出合肥，一支取徐州，刘备在西，率益州之众出秦川，曹操是无法应付的。再假如吴蜀取得全线胜利，蜀得关中、襄阳；吴破合肥、徐州，或者这四个方向只取得一半的胜利，都将使中原震动，人心倒向，从而打破平衡，使曹魏陷于危局，三国的历史就要重写了。

吴蜀重结盟好成鼎足。历史不能假设，葛鲁外交中途夭折，结果是孙权背谋，夺得荆州，演成鼎立之势。但小国自相残杀，大国渔利，吴蜀均不免灭亡。这一总体形势，决定了吴蜀联盟才能生存，所以金戈铁马之后，仍能握手言和。公元 223 年，邓芝使吴，吴蜀通好，葛鲁外交进入了三国外交阶段。公元 229 年，孙权称帝，吴蜀订立中分天下的盟约，三国鼎立的政治均势形成，三分对峙之局不可逆转。

三国鼎立之谜

三国鼎立之谜，就是人们经常提出的问题：是"时势造英雄"，还是"英雄造时势"？综上各节所述，三国鼎立形成的历史原因是极其复杂的。就根本性的历史原因来说，东汉末年军阀混战所形成的三分人才均势和三分地理均势是两个最重要的因素。汉末战乱形成的"人才三分"是"时势造英雄"；如何平乱世，人谋规划了三分之局，则是"英雄造时势"。两者相辅相成，互为因果，而总趋势，则是前者为因，后者为果。即三国鼎立是人谋所结之果。也就是说，人谋在三国鼎立形成中起了决定性的作用。

人谋规划三分的核心是谋求地理均势，同时又谋求政治均势，而地理均势是政治均势的前提条件。所以，三国形成时期曹、孙、刘三方的军事斗争和外交斗争都是围绕荆州的争夺而展开的，随着荆州归属的解决才形成了三分地理均势，而后出现了三分的政治均势。至此，三国鼎立的对峙，就成为了必然之势，也就是不以人的意志为转移了，曹孙刘三方都无力统一天下。陈寿撰《三国志》，只有纪传，而无表志，着重记载三国形成时期的人物，可以说是生动形象地体现了这一历史演变的主旋律，即"人谋"在形成三分过程中的决定性作用。一部《三国志》，共载了四百四十一人的传记，最耀眼的是谋略人物而不是军事人物。三国人物传记的分合排列以类别与时序相结合，重心突出的是政治谋略人物。如曹魏的五虎上将张辽、乐进、于禁、张郃、徐晃按类为一传，他们排在程昱、郭嘉等谋士传之后。蜀国的五虎将关羽、张飞、马超、黄忠、赵云为合传，列在诸葛亮传之后。吴国以张昭、顾雍、诸葛瑾、步骘等政治人物合传居前，程普等十二员虎将合传在后，文武双全的周瑜、鲁肃、吕蒙等人合传在二者之中。陈寿论人，重在人物器识的发挥，不时作比较。如将刘备与曹操相较，认为刘备"机权干略，不逮魏武，是以基宇亦狭"。又将蜀汉的庞统和法正与曹操谋臣比较，认为庞统可与荀彧为仲叔，法正与程昱、郭嘉相俦并。从陈寿所写《三国志》的重心和对人物传记的布局、品评来看，用意重在探索三国鼎立形成的历史原因和"人谋"的作用。三国人物的这一特点，给我们留下了宝贵的经验和财富。研究三国人物，可增长才智，吸取他们的教训，可避免犯错误，运用三国谋略，可增加事业的成功概率。三国人物，可歌可泣，三国历史，应当敬畏。

【诸葛亮是如何"借"来东风的】

冯立鳌

赤壁大战中诸葛亮借东风的故事，至今仍广为流传。他在南屏山七星坛上披发仗剑、踏罡步斗、施法术借东风的场面，使人们几乎无法分辨诸葛亮到底是人还是神仙妖怪。难怪鲁迅先生在《中国小说史略》中批评作家罗贯中"至于写人，亦颇有失，以致欲显刘备之长厚而似伪，状诸葛亮之多智而近妖"。

《三国演义》对诸葛亮借东风的描写，到底是凭空杜撰、神化夸张之辞，还是事有所本、言之有据，当时是隆冬季节只有西北风，那么如何解开这一千古之谜呢？

赤壁大战时，孙刘联军指挥部决定对曹操实行火攻，但隆冬季节只有西北风，曹兵隔江在西北方，联军在东南方，曹兵在上风头的位置，联军若放火去烧，只会伤了自家战船，当时真是"万事俱备，只欠东风"。这时，孔明愿为联军凭天借到三日上夜东南大风，以应战争急需，并约定十一月二十日甲子之时。周瑜为之拨兵筑坛，等候动静，在约定日子的当夜三更时分，果然东南风大起，联军乘风出击，火烧赤壁，大败曹兵。还在孔明随周瑜刚出兵时，他就告诉刘备说："但看东南风起，亮必还矣。"（《三国演义》第四十五回），并请刘备于十一月二十日甲子派赵云驾船在约定的地点等候他。

时逢冬至，阳气生长

十一月二十日是什么日子呢？原来那天是冬至之日。地球在围绕太阳公转的轨道上有"得到日光照最多"和"得到日光照最少"的两个日子，这会引起地球表面各种气候的变化，古人虽不了解这样深层的道理，但发现了这两个转折性日子的存在，分别命之为"夏至"和"冬至"，并用"夏至一阴生""冬至一阳生"来概括这两个日子后的气候变化规律。按照这个规律，冬至之前，如果阴气旺盛，在长江沿岸表现为西北风，那么冬至之后，阳气生长，风向则要发生变化，表现为东南风。诸葛亮正是在随季节而生的气候变化规律上大做文章，贪天之功，神乎其神，迷惑了周瑜。其实，即使在起风的当天，诸葛亮对是否有风尚无绝对的把握。他对身边的鲁肃说："子敬自往军中相助公瑾调兵，倘亮所祈无用，不可有怪。"（《三国演义》第四十九回）有人认为，诸葛亮能知道起东南风的日子，是他事先在江岸渔民中了解当地气候变化的特点而知道的。当然不能排除这一可能，孔明若能这样做就更好。然而，孔明若是知道了"冬至一阳生"的气候变化规律，就可以准确地把握起东风的时间了。赤壁东南风大起时，程昱提醒曹操加以提防，曹操笑着回答："冬至一阳生，来复之时，安得无东南风？何足为怪！"（《三国演义》第四十九回）既然曹操也知道这种气候变化的规律，那孔明当然就更可能掌握和运用这一规律了。

故弄玄虚，诈称借风

时逢冬至，自有东南风起于江岸，孔明所以向周瑜诈称自己借风，一是要故弄玄虚，贪天之功为己有，在破曹战役中"争"得一份大功，作为日后占有荆州的重要借口。例如一次鲁肃来索要荆州，他就提出："若非我借东南风，周郎安能展半筹之功？"（《三国演义》第五十四回）诈称借风的第二个原因是他要摆脱周瑜，迅速回到自己军中，调兵遣将，与周瑜争夺曹操失地。事实上，孔明为他离开周瑜营寨，事先做了许多准备工作：第一，请刘备在甲子日东南风起时派赵云在指定地点接应；第二，以祭坛借风为名离开周瑜营寨，既摆脱了周瑜的直接监视，又造成了对他的麻痹；第三，起风的当天寻找借口打发走了身边的鲁肃；第四，起风前对周瑜派来的守坛将士下令："不许擅离方位、不许交头接耳、不许失口乱言、不许失惊打怪，如违令者斩！"（《三国演义》第四十九回）他利用兵士对祭坛借风的神秘感剥夺了他们的一切自由，直到周瑜派兵来捉他时，守坛将士仍在执定旗子，当风而立。这为他的行动自由创造了极大的方便条件。

诸葛亮的高明之处

这里出现了两个问题：第一，既然"冬至一阳生"的谚语揭示了气候变化的规律，那么周瑜等将领为什么要为无东南风而苦苦犯愁呢？其实，许多将领在战争中往往忽视气候因素的作用，尤其会忽视气候随季节的转折性变化，他们没有养成在战争中对未来各种因素通盘考虑的思维模式，而诸葛亮善于作这样的考虑，这正是他作为军事领导人的异常高明之处，也正是我们所要指出并给予充分肯定的一点。第二，既然曹操也知道"冬至一阳生，来复之时，安得无东南风"的道理，那么为什么他在接受庞统的建议，用铁环连锁船只时，还给众人解除疑虑说："凡用火攻，必借风力。方今隆冬之际，但有西风北风，安得有东风南风耶？"（《三国演义》第四十八回）我们认为，曹操这里出现了一个漏洞，"隆冬之际，但有西风北风"，是对一个时间期间内气候情况的判断；"冬至一阳生"是指气候在一个时间点上的转折，而冬至这一点是包含于隆冬这一时间期间内的。曹操在作"但有西风北风"的判断时，是处在 P 点上，其判断在当时是正确的，但由于 P 点处于隆冬之际，他就作出了"隆冬之际，但有西风北风"的结论，这就出了问题。事实上，他只能说，隆冬之际的前段时间只有西风北风，他的结论是把特称判断换成了全称判断，思维上出现这个漏洞，使他不恰当地延长了判断的时间期限，忽视了冬至这一点上的气候变化。冬至之时，风向转折。当第一场东南风骤起时，曹操还没来得及对他关于"隆冬之际，但有西风北风"的错误判断作出反应并纠正过来，就被大火烧败。曹操考虑的是一个时间区间，却忽视了其中的一个特殊点，诸葛亮则抓住这个特殊点大做文章，不给曹操以纠正的机会。孔明利用大雾天气"草船借箭"，也是与"借风"事件相类似的。

【驰名三国的道德偶像为何羞愧而死】

王建华

一

建安二年（197 年）正月，刚刚招降了张绣的曹操，将张绣叔叔张济的老婆也纳为己有。这一行为让张绣很不满，而更让他感到心惊的是，曹操好像对他手下的大将胡车儿表现出了浓厚的兴趣，送给了胡车儿不少金银。抢女人可以理解成好色，拉拢手下的大将，这不是明摆着要置自己于死地吗？着急的张绣决定先下手为强，他对曹操说想把军队调动一下，曹操一时大意，竟然同意了张绣从自己军营借道的请求。结果，张绣突然发动攻击，让曹操措手不及，不仅军队被打散了，其长子曹昂和爱将典韦都在战乱中被杀。曹操自己也被流箭射中，狼狈地逃到舞阴（今河南泌阳西北）。曹操逃得狼狈，他的手下也好不到哪里去。乱军之中，大家纷纷抄小路逃命。可有一名将领却显得相当镇定，这个人就是于禁。

于禁，字文则，泰山钜平（今山东泰安）人。献帝初平三年（192 年）时，由王朗推荐给曹操。之后的几年，于禁跟随着曹操东征西讨，立下了不少功劳。总而言之，于禁算是个见过世面的人物，在张绣搞的这场偷袭战中并没有乱了阵脚，他从容地指挥着自己的几百名士兵，一边战斗一边撤退。虽然在战斗中不断有人伤亡，但这支几百人的队伍却始终有序地撤退着。由此可以看出于禁平时治军有方并且战时指挥也很得当，不然这么几百号人要么早就作鸟兽散，要么早就被敌人消灭了。

于禁一行人在撤退中遇到了十几个被剥光了衣服的伤员，他心中大异。待于禁将他们叫来一问才知道，这群士兵是被人给抢了，而抢他们的竟然是由曹操收编的黄巾军组建起来的青州军。于禁很生气，他来不及细想为什么青州军要抢人家的衣服，便带着队伍打了过去，之后还非常严肃地列数青州军的罪状，并对他们进行了思想教育。可青州军却不吃于禁这一套，他们先于禁一步见到了曹操，在曹操面前不住地说于禁的坏话。而此时的于禁正抓紧时间挖深战壕，加高营垒，一心一意地防备着张绣的追兵，对青州兵的行动并不知情。当有人告诉他情况时，于禁仍不慌不忙地说："敌兵都还没退走，不赶快修筑工事，敌人来了怎么办呀？再说以曹公的智商，能这么容易就被人给骗了吗？没事！"

面对追击的敌人，能镇定指挥；面对诬告的小人，能从容分析形势，注重事情的轻重缓急。于禁，无愧为一名优秀的将领。曹操在得知事情的真相后赞道："将军在乱能整，讨暴坚垒，有不可动之节，虽古名将，何以加之。"为了表彰于禁，曹操封他为益寿亭侯。曹军的一场大败却成全了于禁，让他达到了人生的一个小高潮。

只是无论是曹操还是于禁都没有想到，这句"有不可动之节"的评价将会在日后成为于禁沉重的包袱。因为这句话，失节的于禁便多了一条不可原谅的罪状。

二

建安十年，曾经归附曹操的昌豨又反叛了，曹操便让于禁去攻打昌豨。接到命令的于禁二话没说，带着部队就急速攻了过去。面对着彪悍的于禁，昌豨没作多大的抵抗便投降了。当然，昌豨投降还有另一个原因，那就是于禁是他的旧友。老朋友了，投降后自然可以平安无事。然而很快，昌豨就发现自己错了，当于禁面带愁容、含着泪花来到他面前时，昌豨惊讶地发现这个老朋友并不是来救自己的，而是来杀自己的。相信昌豨至死也不明白，为什么他和于禁多年的交情，却没能换回自己一条命。于禁为什么就一定要杀死老友昌豨呢？答案是法律。昌豨投降后，诸将都提议把昌豨送给曹操处置，可于禁却认为没有必要，他严肃地对诸将说："诸君不知公常令乎！围而后降者不赦。夫奉法行令，事上之节也。豨虽旧友，禁可失节乎！"这就是说，曹操早就有令，遇上被围困之后没办法才投降的人是不能赦免的。我于禁只是依法办事，决不会为了一个朋友失去自己的节操，一番话说得诸将哑口无言。

事后，曹操得知此事，感叹道："昌豨呀，谁让你不到我这儿来投降，却要去向于禁投降呢？你这不是自己找死吗？"此事之后，曹操更加看重于禁了。曹操虽然赞赏于禁，可为《三国志》作注的裴松之却指出："禁曾不为旧交希冀万一，而肆其好杀之心，以戾众人之议。所以卒为降虏，死加恶谥，宜哉。"这里，就一针见血地指出，于禁以法律节操严格要求别人，所以到最后当他自己失节之时，他就又多了一条不可原谅的罪状。

可是这一点儿曹操没有想到，于禁没有想到，诸将也没有想到。在大家的眼中，于禁成了一个为守护法律和节操可以放弃友情和生命的道德典范。在之后多年的征战中，于禁又是屡立战功，他的封邑也达到了 1200 户。于禁的人生，又达到了一个高潮。如果没有后来发生的那件事，于禁也许就会以这样一个无比光辉的形象，出现在历史的画卷里。可是历史就像是一个调皮的孩子，大人们永远猜不到他下一步想干什么。建安二十四年，于禁迎来了改变他命运的那场战役……

三

建安二十四年，蜀军对曹操发动进攻，当时关羽带着大军进攻樊城，守将曹仁向曹操求救，曹操派了于禁、庞德两员大将率领 7 支人马前去增援。出征之前还有个小插曲，人们忽然对将领的忠诚度表示了担忧，于禁作为老将，自然是可以信任的。但庞德就不好说了，因为庞德原是马超的部下，而此时马超已经是蜀国的将领，而且庞德的哥哥也在蜀国任职。庞德会不会借这个出征的机会，重新投入到马超的麾下呢？庞德听了后，马上表态了："吾受国恩，义在效死。吾欲身自击羽。今吾不杀羽，羽当杀吾。"庞德用掷地有声的誓言打消了人们的顾虑。只是后面发生的事，却让所有人都大跌眼镜。

于禁和庞德带着部队安心地驻扎在樊城的北面平地上，等着和关羽一决生死。可关羽却并不急着与他们交战。关羽把军队移于高处，差人堵住各处水口，耐心地等着。八月的一个夜里，关羽让士兵打开水口，将蓄积已久的洪水放出来。一瞬间，于禁和庞德的七军便被大水吞没。在这个兵败如山倒的时候，庞德先是处死了两名要投降的将领，接着身穿铠甲，手挽弓箭，一箭一箭地射向蜀军。箭射完了，就贴身过去，与蜀军进行肉搏战。直到最后，庞德手下或死或降，他只身一人坐着小船向曹仁军中行去，谁知，一个大浪将船打翻，庞德成了关羽的俘虏。被俘后的庞德并不理会关羽的劝降，他始终立而不跪，并对关羽大骂不止，直到最后被杀。庞德用自己的行动向那些曾经怀疑过他的人证明了自己的节操。而同样被俘的于禁，却做出了一个让曹军想都想不到的举动——他投降了。对于于禁的投降，《三国志》和《资治通鉴》上都只有"遂降"的字眼。显然，于禁是在无人劝降的情况下主动投降的。

消息传回曹操那里，所有人都惊呆了。之前备受怀疑的庞德宁死不屈，之前备受尊崇的于禁却主动投降了。于禁呀，你怎么能投降呢？你没看见你的部下都宁死不降吗？你忘了你曾经被曹操称赞"有不可动之节"吗？你忘了你曾经为了维护法律节操而毫不手软地杀死了自己的老友昌豨吗？你难道不知道你在曹军中早已经是一个道德偶像了吗？为什么关键时候你自己却失节了呢？道德偶像的不道德行为让人们对他彻底失望了，大家都有一种上当受骗的感觉。而这种彻底的失望，在于禁重返曹营后，便化为了巨大的愤怒，让于禁永无翻身之日。

对于这件事，曹操感叹了许久，他想破了头也没有想出个所以然来，只好说了一句："我和于禁相识三十年，怎料在危难之处，于禁反而不如庞德呢！"是呀，到底是什么原因让于禁投降呢？答案很简单：于禁老了。经过了几十年的征战，时间不仅带走了于禁强壮的身体，也带走了他那颗坚毅的心。老当益壮，曹操可以，于禁却不行。当冰冷的刀锋贴在他脖子上时，节操、法律都显得那么微不足道。此时的于禁只有一个想法：无论如何，要活下去……

四

建安二十四年十一月，还没心情享受"水淹七军"胜利喜悦的关羽被吴将吕蒙用计击败，并且他本人和儿子关平都被孙权杀死。于禁便又成了吴军的俘虏。

孙权对于禁还是不错的。史书上说，孙权都允许他和自己骑马并行，由此可见，于禁不仅行动比较自由，而且地位也还是有一点的。可是孙权大度，不等于他的手下也一样大度。毕竟，像于禁为活命而主动乞降的人是为人所不齿的。所以当孙权的手下虞翻看到于禁与孙权骑马并行时，就训斥于禁说："你这个投降的俘虏，怎么敢和我们的主公并行！"虞翻的话像锥子一样，扎得于禁心里直滴血。然而虞翻对于禁的刁难并没停止。后来孙权和众人在楼船上与群臣宴饮，于禁听到当时演奏的音乐，忍不住流下泪来，虞翻见状，起身骂道："你想用眼泪来换取大家的同情吗？你以为这样就可以免去你犯下的罪行吗？"于禁无语，原来，作为降虏的他，连流泪的权利都没有了。

吴国是待不下去了，在这里虽然有吃有住，可是于禁却觉得自己活得毫无尊严。任何人都可以拿他投降的事来挖苦他、取笑他。那么，哪里才是他的安身之所呢？家，于禁想家了，他想回到他离开已久的曹营中去。他认为在那里，他才可以有尊严地活着。很快，于禁如愿以偿了。

献帝延康元年（220年），曹丕称帝，国号魏，都洛阳，建元黄初。第二年八月，孙权派使者向魏称臣，于禁作为被俘的曹营将军，也将被送回魏国。听到这个消息的于禁非常高兴，他终于看到了生活的曙光，他并不认为自己会因投降的事而受到故国同仁的歧视。在这样一个叛主投降如家常便饭的时代，自己这么点儿事算得了什么？

果然，当曹丕看到头发胡须全都白了且面容憔悴的于禁时，他不但没有怪罪于禁，反而用孟明视和荀林父的故事来安慰他。孟明视和荀林父是秦、晋两国的大将，虽曾兵败，但未受处罚，后来将功折罪，立下大功。这一下，于禁更对曹丕感激涕零，到底是自己的领导关心自己呀！有一个如此气度的领导，自己的苦日子应该结束了吧？被喜悦包围的于禁并没注意到曹丕话语中那一丝冷漠和周围大臣充满愤怒的目光。

于禁回来后不久，接到了曹丕的一项指示，去给曹操上炷香。于禁当时并没有太在意，他只把这当成了一次普通的拜祭。而当于禁来到曹操陵园时，他发现陵园的屋子上方竟然有一幅壁画，壁画中显示的是关羽得胜、庞德发怒、于禁投降。

一瞬间，于禁的心碎了，原以为众人早已原谅了他，原以为自己将重新开始自己的生活。不料，到头来，一切的一切只是"原以为"。一种充满绝望的羞愧感涌上于禁心头，也许直到这一刻，他才真正发觉自己错了，他的命运从投降的那一刻起就已注定。回到家中的于禁很快就在羞愧中病死。然而，那些曾把于禁当成道德偶像崇拜的人不会原谅他，那些曾被于禁以维护法律和名节为由处罚过的人也不会就此原谅他，那些为庞德慷慨赴死而叹息不已的人更不会就此原谅他，积蓄多年的怒火并不会就此而熄灭。于禁死后，朝廷给了他一个谥号"厉侯"。

一代名将于禁，用一时的苟且偷生，毁了自己的半世英名，可悲可叹！

【曹操缘何笼络文人又兴起"文字狱"】

刘秉光

曹操的大度

广泛地吸收和笼络文人名士，是曹操在用人机制上的一项重要举措，哪怕这个人曾经把他骂得狗血喷头、体无完肤、一无是处。陈琳在那篇慷慨激愤、极富煽动力的讨曹檄文中，历数了曹操"饕餮放横，伤化虐民""窃盗鼎司，倾覆重器"的种种罪行，怒斥了曹操的祖宗，甚至把曹操骂为"桀虏"和"人鬼"，可算是把曹操得罪透了。

曹操看到这篇檄文时，不禁被陈琳一针见血、入木三分的笔锋所震惊，当时虽然卧病在床，但还是忍不住一跃而起，连连称赞陈琳的文才绝佳。袁绍败亡后，陈琳被抓去见曹操，表示愿意归顺，曹操因"爱怜其才"，所以赦之不咎，命为从事，署为司空军师祭酒，后又徙为丞相门下督。曹操在重用陈琳的同时，也经常与他在文学方面交流和探讨，对他的作品，曹操竟不能为之增减一字。

对于像陈琳这样的"仇人"，曹操都可以不计前嫌，为我所用。那么，对于手下其他声名远播的文人名士，曹操应该倍加珍惜，极力推崇才是。然而，曹操却表现出了让人惊讶的言行举动，先后辱祢衡、诛孔融、杀崔琰、灭杨修，上演了一场场侮辱、屠杀文人名士的惨剧，让人不可思议。

借刀杀祢衡

祢衡是一个纯粹的文人。作为一名文坛新秀，祢衡自恃其才，不知天高地厚，甚至目中无人，粪土一切，似乎带有一些狂悖型精神病症，尤其是在被孔融吹捧为"不可多得"的"非常之宝"后，祢衡更加狂妄失常，甚至有了许都城内除"大儿孔文举，小儿杨德祖，余子碌碌，莫足数也"的感觉。

令人想不到的是，这位丝毫不懂政治的文学青年，竟然在曹操面前出言不逊，大放厥词，引起了曹操的强烈愤恨和不满。对付这样一个不识时务、自命清高、蔑视权贵的酸腐文人，曹操有自己独特的一套办法，那就是通过"不命坐""令为鼓吏"和"不起身相送"等方式，在礼法上有意怠慢，在人格上极力羞辱。曹操并不是不想杀祢衡，只是想到祢衡不过是一个狂傻之徒，顶多会恶语中伤、胡说八道，不会危及自己的统治；再者自己霸业未成，如果杀掉祢衡就会冷了人心。于是一条"借刀杀人"的毒计油然而生，何不借刘表之手除掉眼中钉、肉中刺，果然祢衡到了荆州后出言不逊，结果被一介武夫黄祖砍下脑袋。曹操知道后得意地笑着说："腐儒舌剑，反自杀矣！"

诬告除孔融

与三国"愤青"祢衡不同的是，孔融不仅仅是文学家，更是一位政治家。作为孔子的 20 世孙，孔融官高名远，众望所归，顺理成章地成为知识分子的一代领袖。

名士出身的孔融向来看不起曹操，丧失地盘来到许都后，孔融认为自己是在为汉献帝做事，而不是为曹操效劳，不买曹操的账，这让大权在握的曹操觉得很窝火。孔融学问很大，但政治上不够成熟；勇气不小，但缺乏斗争经验；过于自信，以至于对时局经常错误估价。

他与"高级俘虏"汉献帝来往过于亲密，甚至动不动就瞒着曹操上表，遭到了曹操的猜忌。不仅如此，他还多次借机嘲讽和指责曹操。他用"武王伐纣，以妲己赐周公"的比喻，来讽刺曹操把自己喜欢的甄氏让给儿子曹丕；用"肃慎氏不贡矢，丁零盗苏武牛羊"的话语，来嘲弄曹操不值得大动干戈远征乌桓；用"尧非千钟，无以建太平；孔非百觚，无以堪上圣"的怪论，来反对曹操禁酒，等等，这让自以为是的曹操觉得很难堪。

思想领域的不同和政治见解的分歧，以及孔融在大政方针上再三地公开与自己唱反调，使曹操心怀嫉恨，杀孔融的念头早已萌生。但由于北方局势还不稳定，加上孔融的名声远播，曹操不便对他怎样。到了建安十三年，北方局面已定，曹操在着手实施他的统一大业的前夕，为了排除内部干扰，便授意部下诬告孔融"欲规不轨"，又曾与祢衡"跌宕放言"，将孔融杀害弃市，两个儿子也未能幸免。正所谓："覆巢之下，焉有完卵？"

贵族代表崔琰与"文字狱"

与祢衡和孔融相比，崔琰算不上是一个完全的文人，但他却代表着当时整个贵族集团，也代表着聚集文化精英的士大夫阶层。崔琰虽然表面上归顺曹操，但打心眼里不服，尤其是对曹操自封魏王这种僭越行为更是义愤填膺。对于经自己举荐却赞同曹操称王的门生杨训，崔琰忍无可忍，有话要说，索性以前辈的口气给杨训写了一封义正词严的书信，里面竟有"时乎，时乎，会当有变时"的"反句"。

曹操知道后，勃然大怒，于是将其关押。可崔琰在被关押期间并不老实，竟然还"通宾客，门若市人"，这是让曹操无论如何也不能原谅的。想到崔琰平日里的阳奉阴违和关键时候的节外生枝，曹操杀心顿起，于是利用"文字狱"的方式除掉了这位爱出风头的名流。

杀杨修防患于未然

不少人认为杨修是因为他的才华外露，被曹操出于嫉妒而杀害，其实不尽然。曹操不但欣赏杨修的才华，而且对其"委以钱粮重任"，早晚"多有教诲"。如果单纯地因为嫉妒，曹操决不会把这个多次扫自己面子的人留在身边近20年。曹操之所以在死前的一年杀掉杨修，是因为杨修作为文人，已经深深地卷进了宫廷政治斗争的旋涡之中。

杀掉杨修，不过是曹操为了身后接班人的安全所采取的一种必要手段。在曹操比较欣赏的两个儿子中，杨修是站在曹植这一边的。他在为曹植能够继承王位的问题上出谋划策，纠集势力，成为反对曹丕的政治共同体。

曹植因为"华而不实"，并不被曹操喜欢。再者，杨修作为曹植的嫡系党羽，为其在谋取王位上出的一些馊主意，多次被曹操拆穿，是曹操对杨修由厌恶而逐渐起杀心的重要因素。为了保证自己死后权力的顺利交接，为了避免曹丕、曹植兄弟二人日后的明争暗斗，所以曹操随便找了个"泄密"和"扰乱军心"的理由，便果断地砍下了杨修的头颅，防患于未然。

"唯才是举"与灭才

曹操一方面实行"唯才是举"，吸收、笼络和重用知识分子；另一方面又坚持"宁教我负天下人，休教天下人负我"的用人原则。对于愿意臣服归顺于自己的文人，曹操可以给他们高官厚禄，可以与他们推心置腹，尊重爱护；可对于那些不肯服膺，不愿与自己合作，甚至别有用心的知识阶层精英，曹操却不惜背上屠杀知识分子的千古骂名，也要对他们下狠手、下毒手，这是他对文人惯用的一种统治手段。曹操是位大文人，他重视文化，理解文化，更知道文人是不能随便杀的，但当他的政治统治受到知识分子的攻击和威胁时，文学家的曹操自然就会让位于政治家的曹操，只有通过政治手段，利用"铁血政策"，才能扫清口舌和文字障碍，实现"以曹代刘"的政治目的。对于曹操来说，杀掉几个不识时务的异己文人，是一项投资小、见效快的高压统治捷径，既能肃清耳根，又能杀一儆百，何乐而不为呢？

【杨广怎样当上太子】

张宏杰

　　杨广是一个只要有百分之一机会就会做出百分百努力的人，天赋的聪明让他很清楚怎样才能拱掉哥哥，成为太子。那就是像一只老狼一样蛰伏，静静地等待机会，然后在恰当的时候迅猛出击。他对自己的毅力、耐心和敏捷有信心，就像对长兄杨勇的愚蠢有信心一样。果然，在太子杨勇二十岁左右，发生了这样一件意味深长的事：那一年的冬至，大臣照例要给皇帝行礼。考虑到与日渐年长的皇太子搞好关系的必要，许多大臣从皇宫出来又纷纷赶到太子东宫，于是形成了不约而同百官毕集的场面。

　　正在休息的文帝突然听到东宫中传来朝乐之声，不禁十分奇怪，立刻命人出去问是怎么回事。太监回报：太子见百官毕集，令左右盛张乐舞，接受朝贺。本来喜气洋洋的文帝立刻面如冰霜：这是礼法所不允许的，脑海里马上浮现出一系列不祥的词汇："勾结""攀附""政变""逼宫"。他知道，即使太子没有不臣之心，也难保没有小人，如同当初劝他夺北周帝位一样，琢磨皇帝的宝座。

　　史书说，由此之后，皇帝对太子"恩宠渐衰"，对太子的不满屡屡现于辞色。他开始又一次认真地考虑是否要挑战那个神圣的"嫡长制"。杨广知道在这种形势下他要做的是什么，一个是用出色的表现来做老大的反衬，另一个是看准时机，对杨勇这块摇摇欲坠的石头轻轻加上一把力。

　　这两方面他都做得很成功。在统一江南之后，杨广就任江南总管。他异常勤奋，废寝忘食地处理政务，十年间几乎没有一天休息。他的统治手腕也非常高明，他放弃了歧视南人的高压统治，从尊重南方文化、尊重和延揽南方精英人物入手，稳定江南人心。他不遗余力"广搜英异"，南朝几乎所有知名人物都成了晋王府的常客。他主动学习南方方言，尽力资助文化事业，很快赢得了江南上层的人心。在他治理的十年中间，占帝国半壁江山的南方经济迅速复苏，社会安定，百姓安居，一次叛乱也没有发生。晋王的个人生活也十分俭饬。他的节俭在诸王之间是出名的。人们来到晋王府，见不到古物珍玩，见不到鲜姬美妾，上上下下衣服都很朴素。因为无暇留心丝竹，王府里的乐器上都蒙了一层厚厚的灰尘。

　　史书所载"皇上及皇后每次派遣太监宫女们到杨广府中办事，无论地位高低，杨广必与萧妃在门口迎接，为设美馔，申以厚礼，所以这些婢仆无不称其仁孝"。这种小小的政治技巧，杨广夫妇当然会做到滴水不漏。他虽然远在江南，却借不多的进京机会，用人际能力和金钱在朝臣中构筑了牢固而秘密的人际关系网。通过这个网络，他在南方收到的称颂声传达到杨坚耳朵里时被放大了数倍。在帝国政治高层,越来越多的人开始认为,像杨广这样条件出色的皇子历史少见。如果是这个皇子接杨坚的班,大隋天下会更有保障。

而在南方不断传来对杨广的赞颂之声的同时,杨坚与杨勇的父子关系却形成了恶性循环。因为感觉到自己的失宠,杨勇情急之下,错招频出。他不断派人去打探父亲的消息,窥测父亲的行止,然而由于行事不慎,探子居然被隋文帝抓住,文帝气愤地说:"朕在仁寿宫居住,与东宫相隔甚远,然而我身边发生纤介小事,东宫必知,疾于驿马,我怪之甚久,今天才知道是怎么回事!"由于提防太子篡位,皇帝增加了数倍警卫,晚上睡觉怕不安全,居然从后殿移到了前殿。事情发展令许多大臣都预感到,杨勇确实没有什么希望了。

得知这个消息,杨广知道自己的机会来了。他找了个借口,进京面圣,和母亲独孤氏进行了一次密谈。在密谈中,他说,长兄杨勇不知何故,近来频频挑他的错,甚至屡次扬言要除掉他。前一段,晋王府潜进一个刺客,刚刚跳入王府就被抓住了,虽然百般拷打也不吐口,但是他猜测可能是太子派来的。

杨广知道他的这番话会起什么作用。独孤后当晚就把杨广的话告诉了杨坚,并且指出,杨勇与云氏野合所生的孩子很有可能不是杨家的骨血。如果杨勇即位,杨家的基业最后就要传给这个不明不白的孩子……

杨坚是中国历史上少有的怕老婆的皇帝,皇后的枕头风对帝国政治来讲,常常是一场台风。

开皇二十年十月九日,大隋长乐宫文华殿里,群臣毕集,气氛严肃。皇帝杨坚面色沉郁地端坐在龙椅上,左手边跪着长子杨勇,右手边跪着次子杨广。他们身后,是黑压压的大臣们的头。杨坚沉默良久,说了声:"宣!"于是,站在他身边的内史侍郎薛道衡高声朗读起手中的诏书:

自古太子,常有怙恶不悛的不才之人,皇帝往往不忍心罢免,以至于宗社倾亡,苍生涂地。由此看,天下安危,系于储位之贤否,大业传事,岂不重哉!皇太子勇,品性庸暗,仁孝无闻,亲近小人,任用奸邪,所做的错事,难以具述。百姓者,天下之百姓也。我虽然爱自己的孩子,也不敢以一己之爱伤害天下百姓的福祉,听任勇将来变乱天下。勇着即废为庶人,以次子广继之!

群臣们都把头匍匐得很低,他们知道,废掉培养了二十多年的太子,皇帝的心中一定不能平静。不过,在内心深处,大臣们认为这一天对大隋王朝来说不是灾难性的日子,而是一个幸运的时刻。头低得最深的是新太子杨广。虽然对自己的幸运一直有自信,杨广在江南的十年间心里一直是忐忑的。毕竟,挑战嫡长制原则是中国政治传统中最"大不韪"的事。不管他将来统治能否成功,他们父子都会因在无"大过"的情况下"易储"和"夺嫡"而受到历史永远的指责。父亲不到万不得已不会下此决心。事实上，有一段时间里，特别是在杨勇为杨坚生了一个健康的长孙之后，杨广已经几乎放弃了竞争储位的希望。

像其他几次奇妙的体验一样，这个时刻他心里再一次充满了对命运的感激，这次非同寻常的心想事成再次让他感觉到自己与上天的神秘关系。在向父亲谢恩叩头时，他其实也是在向上天行此大礼。虽然已经作了足够的心理准备，杨广还是没有想到他会如此激动。是啊，三十年的生命，似乎只为等待这一时刻！三十年的隐忍、克制、焦灼、付出，在这一瞬间化成了巨大得不能承受的甜蜜。他人生之路上那块最大的阻路石终于被掀开，他的未来看起来是那样瑰丽辉煌。巨大的幸福感让他心神激荡，简直把握不住自己。

【李世民为什么不杀武则天】

蒙　曼

武则天见李世民岂知非祸

自古以来美丽就是女人改变命运的重要资本。杨夫人看着女儿丰丽的小脸，也不禁开始动起重振家声的念头。她一有这个念头，整个杨氏家族就开始行动了。当时，杨氏一族至少有两三个姑娘都正当着太宗的妃嫔，这些人就开始在宫里宣传起武则天的美貌来。一来二去，当然就传到了唐太宗的耳朵里。唐太宗当时正是后宫寂寞，决定征召她进宫当才人。那正是：武家有女初长成，一朝选在君王侧。这"才人"是个什么称号呢？古代普通男子有妻有妾，皇宫里呢，当然也有高下贵贱之分。皇帝的嫡妻，也就是大老婆，叫皇后。在皇后之下，皇帝的小老婆们也就是妃嫔，也是分等级的，并且每个等级都有固定的员额。第一等叫妃，有四人，为一品；妃之下是二品的嫔，共九人；嫔之下，第三等是婕妤，九人；婕妤之下是四品的美人，也是九人；再往下就是五品的才人，还是九个人。

进宫是好事还是坏事？这很难说清楚。一方面，十四岁的小姑娘，进宫就封为五品才人，确实是很荣耀的事情。另一方面，"后宫佳丽三千人"，皇帝身边的女人很多，可是真正能够得宠的人却寥寥无几。大部分妃嫔都是寂寥一生，出头的指望很小，所以一般的父母都不舍得让女儿去冒险。杨夫人虽有心让女儿改变命运，但事到临头还是难以割舍，听到这个消息后，日夜啼哭。但是武则天不是这么想，她觉得家里的生活前景很暗淡，如果进了宫，也许会有新的机会。大概是她父亲武士彠喜欢冒险的基因遗传给了她吧，她愿意去冒险。

就这样，贞观十一年，武则天带着改变命运的梦想，正式进入了宏伟壮丽的大唐宫殿。刚进宫的时候，唐太宗确实喜欢过她，还给她起了个名字叫"武媚娘"。透过这个名字，我们也可以看出，武则天在唐太宗心目中，就是可以随玩随丢的一个小玩意儿。喜欢了一段时间以后，军国大事一忙，太宗就把她丢到脑后去了。

狮子骢事件

狮子骢是一匹马的名字，由于鬃毛像狮子似的，所以叫做狮子骢。这匹马长得高大威猛，神骏异常，但是性子暴烈，没有人能驯得了它。唐太宗是个爱马之人，为此很是着急。

有一天，风和日丽的，唐太宗在一群妃嫔的拥簇之下来看马。这之中就有武则天，她进宫许久，还没引起皇帝的格外关注呢。太宗围着狮子骢转了一圈，不由得叹息：这真是一匹好马呀，可惜就是没人能驯得了。其他的妃嫔都默不作声，一片寂静。突然，武才人挺身而出，说：陛下，我能治服它！唐太宗吃了一惊。武则天款款地说道：不过，我需要三样东西。第一，铁鞭；第二，铁锤；第三，匕首。唐太宗说：这可不是驯马的东西啊，你要这些东西干什么啊？武则天笑道：陛下，这马如此暴烈，必须用特殊手段。我先用铁鞭抽它，如果它不服，我就用铁锤锤它脑袋，如果它还不服，我就一匕首捅了它。哎呀！唐太宗听了心里是哇凉哇凉的：面前这个娇弱如花的小姑娘，怎么说起话来这么狠呢！一时半会儿他都不知道该说什么好，过了好一会儿，太宗终于讷讷地说了一句：你真了不起。说完之后呢？这事儿就没了下文，既没有封官，也没有赏赐。可见，武则天在太宗面前的第一次表现以失败而告终。

李淳风预言女主武王

李淳风，陕西岐山人，公元602年生，670年卒。李淳风是个神秘人物，但是历史上实有其人。李淳风以《推背图》闻名，但他更是一个天文学家和数学家。李淳风家世也神秘，《旧唐书》上说："（李淳风）父播，隋高唐尉，以秩卑不得志，弃官而为道士。颇有文学，自号黄冠子。"

公元622年，李淳风任秘阁郎中，奏请编新历，644年编成《甲子元历》，对后世天文、历法和数学的发展贡献很大。他还著有《法象志》，共七卷，论"前代浑天仪得失之差"，对后世产生重大影响。641年负担了编写《梁书》《陈书》《北齐书》《周书》《隋书》的总指导责任，为《晋书》亲自撰写了《天文志》《律历志》《五行志》，保存了古代天象变化及自然灾害史料。

唐太宗晚年的时候，宫外忽然开始流传"女主武王"的预言，说唐三代之后，当有女主武王代有天下。这本来是一个民间的流言，后来就传到宫廷里了，李世民听了这个话很难受。他秘密地把李淳风（时任太史令）召到宫里，问他有没有这回事。李淳风说，臣夜观天象，发现有太白经天，这意味着有女主要兴起。又说，我经过一番推算，发现这个女人已经在陛下的宫里，是陛下的眷属。不出三十年后，她就要取代陛下，代掌陛下的大好河山，而且还要诛杀李唐皇室的子孙。李世民听了非常紧张，说，那怎么办呢，既然预言和天象都一致了，就这样吧，宁可错杀三千，不可使一人漏网。我要在宫里头清理清理，凡是姓武的、跟武沾边的我们都杀了算了。李淳风说，这可不大好啊，有一句话叫王者不死。上天既然派这么一个人下来，就会保护她，您恐怕轻易杀她不得，而且会殃及众多无辜，上天会怪罪的。退一步说，就算您把她杀了，上天的意思如果没有改变的话，他还会再派一个人来。这个人我刚刚说是陛下的眷属，已经在陛下的宫里了，现在是个成年人了，三十年之后就是老年人了。老年人心地比较仁慈，可能对陛下的子孙会留有余地。如果您现在把她杀了，上天又生出一个新的人来，那这个人三十年之后可是年轻人啊，年轻人心狠，杀起陛下的子孙恐怕就毫不留情了，所以您还是别杀了吧。这是一个说法。

谁当了武则天的替死鬼？

《太平广记》还记载了一个更离奇的说法，说唐太宗在李淳风观星象之后，曾经让他到宫里指认一下这传言中的武王。李淳风说，陛下后宫的女人太多了，臣怕老眼昏花看不准。唐太宗说，这还不容易吗？马上就把宫人一百人编成一队，先让李淳风看这个人在哪一队中。李淳风就指了一队。太宗说，这目标也太多啦，再细化一下！于是，又把这一百人分成两组，各五十人，李淳风又指出了一组。武则天就在这一组里。唐太宗觉得五十人也还是太多了，让李淳风再明确一些，李淳风却说天机不可泄露，让唐太宗自己猜。唐太宗说这怎么猜呀！再说，也用不着那么费事，干脆，把这五十人都杀掉算了。可是李淳风说这样违反天意，恐怕后果更加严重。最后唐太宗没有动手，但是他由此存了一份防范之心。

他这一存杀心不要紧，有个人就当了替死鬼。谁呢？此人姓李名君羡，是玄武门的一员守将。玄武门是唐代长安城的正北门，扼守皇帝居住的大内，位置相当重要。唐太宗当年就是在玄武门设下伏兵，杀死了哥哥李建成、弟弟李元吉，再用武力逼迫父皇李渊退位，自己当上了皇帝。这个事情就是历史上著名的玄武门之变。所以玄武门历来为人所重，它的守将都非常骁勇。

李君羡的岗位在玄武门，他的职位则是左武卫将军，这是唐代府兵制十六卫中左武卫的一员大将。有官有职，李君羡还有爵位，他的爵位是武连郡公。而他本人又是武安人，也就是今天的河北武安市人。玄武门守将、左武卫将军、武连郡公、武安人，已经四个"武"字了。这还不算，真正要他命的是他自己说的一句话。有一天，唐太宗很高兴，在宫内宴请武将。酒酣耳热之际，太宗想活跃一下气氛，说，我们别这么闷头坐着，说说笑话，各自报上自己的小名，博大家一笑嘛。武将纷纷响应，报上小名，说得是千奇百怪。比如有的武将站起来说，臣小名和尚。再有的武将呢？说臣小名秃子。大家哈哈大笑。到了李君羡这儿，他说："臣小名五娘子。"这下爆发出哄堂大笑。一个牛高马大、胡子拉碴的将军，小名竟叫五娘子，这可是个小女人的名字啊，太不协调了。大家都笑，可是有一个人却怎么也笑不起来。这人是谁呢？唐太宗啊。他心里打了一个激灵，突然想起了"女主武王"的预言。玄武门守将、左武卫将军、武连郡公、武安人五娘子，而且还是武将！他觉得这个人可能要谋反。所以没过多久，他就找了一个借口，把李君羡给杀了。这下，唐太宗松了一口气，觉得这事儿就算完了，没有再追究下去，武则天因此躲过了一劫。这事儿是真是假呢？我个人认为，这恐怕是武则天当皇帝前后造神运动的一个产物。她要宣传自己：我就是受命于天，王者不死。即便在这样的危急关头，我的名字都要呼之欲出了，还有人出来为我做替死鬼。为了证实这件事，武则天当了皇帝以后，还煞有介事地替李君羡平反。经过这么一番努力，神话终于流传开来，百姓也相信了武则天天生就是皇帝，这时候，武则天的目的也就达到了。那么，我们今天回顾历史，抛开这些神话不说，武则天在唐太宗一朝，处境究竟是怎样的呢？一言以蔽之：她在太宗一朝郁郁不得志。从贞观十一年进宫当才人，到贞观二十三年，漫漫十二年过去了，武则天已经由十四岁的青涩少女长成了二十六岁的成熟少妇，她的职位还是才人，没有得到任何升迁。

【唐朝因干旱而灭亡】

从玉华

一群现代人用精密的仪器，分析一块 78000 岁的"石头"，以此揭开一个 1000 多年前的谜底——中国最辉煌的大唐盛世因干旱而灭亡。这是德国波兹坦地学研究中心豪格和他的科研小组于去年 1 月在英国《自然》杂志（创刊自 1869 年，为全球科学界最有名望的科学周刊）刊登的论文。

这当然不是一块普通的"石头"。它取自广东省湛江市西南部的湖光岩玛珥湖。在这个 14 万年前火山爆发形成的湖泊中，沉积着 60 米厚的火山泥，其中蕴含着丰富的气候环境信息，是宝贵的"天然年鉴"和"自然档案"。

豪格小组相信，通过岩芯样品的磁属性和钛物质，可以揭示东亚古代冬季季风强度，而这直接影响了一个朝代的兴衰。他们认为，公元 751 年，唐朝军队与阿拉伯大军激战于中亚重镇怛逻斯，唐军大败，此后唐朝开始衰落，这恰好处于季风异常的少雨干旱期。长期干旱和夏季少雨导致谷物连年歉收，激起农民起义，最终导致唐朝在 907年灭亡。

通过同样的方法，豪格小组还发现：同样的气候变化也曾在中美洲出现，公元 9世纪左右，加勒比海地区出现了持续 100 多年的干旱，著名的玛雅文明因此消亡。

德国科学家都在研究唐朝，为什么却听不到中国科学家的声音？

一场科学结论的拉锯战

中国国家气候中心首席古气候学家、64 岁的张德二满脑子都是问号：旱灾造成唐朝灭亡？这结论似乎与她多年的研究不符。她和丈夫——中国知名极地气象学家陆龙骅教授共同署名向《自然》投稿，反驳德国科学家的观点。

"过去 2000 年的 36750 份中国历史气候记录表明，中国在公元 700—900 年间经历了两段湿润的气候期，其中夹杂了一个短暂的干旱期，"张德二在给《自然》的文章中写道，"唐朝灭亡前的最后 30 年处于多雨时段而不是干旱时段"。相比仪器得出的数据，张德二认为，"不说谎"的是前人留下的历史记载，其年代甚至可以精确到月、日。

而西南师范大学历史地理研究所蓝勇教授一口气读完了豪格的文章，尽管他对鉴定"石头"，测算钛值这样的"技术活"不太在行，可他觉得这篇文章很"亲切"。早在 2001 年，他就发表了名为《唐代气候变化与唐代历史兴衰》的文章，认为导致唐朝走向衰亡的"安史之乱"和唐中末期突然剧变的气候因素密切相关。他的这篇文章比豪格小组的报告提早了 6 年。

"史料""石头"哪个在说谎？

豪格小组是个强大的科学对手，他们对"不会说话，沉睡了数万年的石头"的时间分辨近乎精确到"年"。他们可以从每年钛的含量变化推断出当年的季风强度变化。钛值高，代表冬季风强、冬季寒冷；钛值低，代表冬季风弱、冬季不寒冷。

将钛值时间序列曲线和年代准确的中国历史气候记录对比时，张德二发现二者明显错位。降低时间分辨率，改为 20 年、30 年、40 年的时间段，二者仍然矛盾。因此，张德二对湖光岩钛序列定年是否准确，能否代表季风变化表示质疑。

张德二连跑了好几天国家图书馆，细查唐代历史上的重大战争，想找到豪格文章中 Tanros（怛逻斯）之战的记录，均无所获，最后终于从一本书里找到——"仅仅是一个句子"。她发现，这场不为中国人知晓的边境战事之所以被欧洲人知晓，仅仅是两万唐朝军民成了俘虏，其中包括大批工匠，他们将多种制作技术尤其是造纸术传播到了西方。

像这样为一个地名泡图书馆，对张德二来说是常事。她用一个半月写好了给《自然》的论文，可论文里引用的图表、数据却花费了她 20 年的心血。她主编的《中国三千年气象记录总集》被认为是研究中国自然灾害史的"圣经""几代人都用得上的书"。为了这部 4 大本、880 万字、重达 19 斤的"总集"，她和近 20 个同事走访 37 座城市的 75 座图书馆、档案馆，查录古籍 8228 种，一部《宋史》就有 30 多本，一部《湖北通史》有 400 多卷。

"张德二一直从事着常人看来非常乏味的工作，她在中国科学界向来以严谨求实著称，一直都勇于指出其他科学家所犯的学术错误。"中国国家气候中心主任董文杰说。

张德二的论文经过 10 个月、两轮、6 个评审的严格把关，一路通过，被《自然》

杂志发表。《自然》给她回复说："这篇论文中的科学依据，是可以相信的。"张德二说："这几个字就是对一个科学家的最高评价。"

一道无解的命题

"史料"和"石头"，到底该听谁的好？

也有人既不质疑石头，也不怀疑史料，而是质疑研究的空间尺度。复旦大学历史地理研究所满志敏教授表示，"大旱加速唐朝灭亡"的说法很有趣，但是以广东雷州半岛的岩芯为研究标本，其研究数据只能反映华南地区的气候状况，可能仅仅代表南方地区曾经发生过旱灾，而不足以代表整个中国。

蓝勇读完《自然》上张德二反驳德国科学家观点的文章后，认为自己不应该站在任何一边。他说，唐朝气候冷暖之争由来已久，竺可桢先生是暖派。主张唐朝是一个温暖湿润的时代，但有学者否定唐代温暖说，满志敏便是一个代表。近来也有专家提出唐代气候属于混沌状态，不稳定。几派学者选择的材料各不相同，但又都合理。

目前学术上主流的认识是：唐朝兴衰与气候有着不可分割的关系。唐朝统治的300年中，大雪奇寒和下霜下雪的年数都比较少，冬天无雪的年数竟达19次之多，居中国历史上各朝代之冠，属于中国历史上的一个温暖期。"木棉花开锦江西"，说明唐代成都有喜温暖的木棉生存。随着气候变得温暖，加上一些人为的因素，唐朝传统的农牧业界线北移，这使唐朝的边防有了当地的给养支持，军事防御更稳固，北方游牧民族也不敢轻易南下。

唐代后期，气候开始由温暖转而冷湿，寒冬和雨灾相继到来，有时春秋两季也出现霜雪冻坏庄稼的现象。《资治通鉴》记载，"淫雨"一下长达60余日。冷湿的气候对北方游牧民族的威胁很大，为了生存，他们只有向南推进，形成对中原农业民族的威胁。安史之乱后，盛唐不再。

张德二认为，气候因素与人类文明进程有着重要的关联。比如明朝时的气候条件不好，灾害频繁发生，社会不安定，这是明朝灭亡的一个重要因素。但气候因素不一定总是文明兴衰的决定因素。清朝康熙年间的气候条件也不好，但依然出现繁华盛世。有专家指出，古气候分析表明，70%—80%的战争高峰期、大多数的朝代变迁和全国范围动乱都发生在气候的冷期。中国历史的朝代更替，以及大乱和大治的交替，气候的波动变化是决定性因素之一。

"研究气候，只能看长时段、大趋势，没有人能作出局部的、短期的精准判断。豪格、张德二的观点之争，其实是无解的。"蓝勇说。

中国科学院地质与地球物理研究所刘嘉麒院士是豪格小组成员之一，也是论文的共同作者，相比史料，他更相信大自然留下的痕迹。他认为，史料气候研究和层积物岩芯研究都有其合理性，也都有其局限性。史料记载具有不连续性，岩芯研究则对空间、材质有极高的要求。

张德二和刘嘉麒是很熟的朋友，但这丝毫不影响他们观点上的分歧。"不管怎么说，科学上有争论总是好事！"刘嘉麒笑着说。

【"烛影斧声"赵光义登基疑案】

文裁缝

中国古代社会自夏禹传位于子启，即开始了帝王子承父业、世代为君的先河。从此在数千年的历史长河中，"社稷永存，福绵子孙"成为历代封建帝王恪守的信条，很少发生既有子嗣而拱手将皇位传与他人的事件。但是宋朝开国之君宋太祖赵匡胤，自己有儿子，却将皇位传给了自己的弟弟赵光义。

宋开宝九年（976年），赵匡胤年方五十，正当年富力强的年龄，就在国家需要他大展宏图时，赵匡胤却病倒了。十月二十日晚上，卧床不久的宋朝开国皇帝宋太祖赵匡胤突然去世。赵匡胤有子嗣，按照前朝的皇位继承制度，皇帝之位传给儿子理所当然。可是赵光义却最终继承了皇位，巧合的是，赵匡胤驾崩的那天夜里，只有赵光义一个人在场。

宋太祖赵匡胤（927—976），宋朝开国君主，涿州人。后周时任殿前都点检，武艺高强，创太祖长拳，领宋州归德军节度使，掌握兵权。后发动陈桥兵变，即帝位，国号宋，结束五代扰攘的局面。天下既定，务农兴学，慎刑薄敛，与百姓休息，但过度重文轻武、偏重防内，造成宋朝长期的积弱不振。976年赵匡胤离奇死于宫中，葬于宋陵之永昌陵，庙号太祖，谥号"启运立极英武睿文神德圣功至明大孝皇帝"。

关于赵匡胤之死，官修的《宋史》均是语焉不详，原因可能是自宋太宗赵光义以后北宋皇帝均是由太宗一支人继承有关。直到南宋才在孝宗朝史官李焘所编录的国史《续资治通鉴长编》里简单地记录了一下，不过说法也是极为简单模糊，后人根本看不明白。野史倒有不少这方面的记载，然而记载说法不一，不经推敲。赵光义即位，成了历史上一宗离奇的悬案。

在宋朝僧人文莹的《湘山野录》中曾经记载了关于宋太宗即位的"烛影斧声"的故事。宋代有个叫文莹的老僧写了一本书，名叫《湘山野录》，其中提到了赵匡胤之死。说赵匡胤听信了一个术士的话，知道自己气数已尽，便召赵光义入宫安排后事。当时赵匡胤患病已久，他把宦官和宫女撤走，自己与赵光义对酌饮酒。喝完酒已经是深夜了，赵匡胤用玉斧在雪地上刺，同时说："好做！好做！"当夜赵光义留宿寝宫，第二天天刚刚亮，赵匡胤不明不白地死了。赵光义受遗诏，于灵前即位。这种说法是最传统的观点，但也是最受非议的观点。按照宋朝的宫廷礼仪，赵光义是不可以在宫里睡觉的，他却居然在宫里睡觉。太监、宫女不该离开皇帝，却居然都离开了。也许这是一场事先策划的血腥谋杀，"烛影斧声"只不过是宋太宗登位的一种粉饰。

《烬余录》对"烛影斧声"的故事又进行了深化，说赵光义对赵匡胤的妃子花蕊夫人垂涎之久，趁赵匡胤病中昏睡不醒时，半夜起身调戏花蕊夫人，但是惊醒了赵匡胤，并用玉斧砍他，但力不从心，砍到了地上。于是赵光义一不做二不休，杀了赵匡胤，逃回府中。这一记载好似赵光义杀死其兄是迫不得已的，事实上掩盖了他蓄谋已久的篡位野心。

《涑水纪闻》里记载：太祖去世时已是四鼓。宋皇后叫内侍王继恩把皇子德芳叫来。王继恩考虑到太祖早就打算传位于晋王光义，就找来了赵光义，进宫后，宋皇后问："是德芳来了吗？"王继恩回答："晋王来了。"宋皇后惊诧莫名，后来突然醒悟，哭着对赵光义说："官家，我母子的性命，都托付给你了。"这一记录也存在疑点，王继恩有何胆量，敢违背宋皇后的旨意，本该传赵德芳，却传来赵光义？倘若事败，不是杀身之祸吗？这种说法，只不过把篡位的罪过加在一个太监身上而已，同时掩盖了杀兄的罪行。

那么事情的真相到底是什么呢？史学家们透过这些当时的野史记录，大致认为太宗与太祖积怨深久，太宗篡位夺权的事情是属实的。当时太祖在后周做武将，东征西战，功绩极大，受到了将士们的广泛拥护，所以太祖做皇帝，也是无可厚非的事情。只是在太祖"龙袍加身"的事件中，宋太宗与赵普是主谋，功劳确实很大。当太祖临终想把皇位传给自己的儿子时，野心很大的宋太宗一想到自己跟着太祖南征北战，对宋朝的建立立下了汗马功劳，心里便有一万个不愿意和不甘心。尽管传说杜太后临终有遗言命太祖先传位太宗，再传位弟廷美，子德昭，并立下"金匮之盟"，在正史中也记载着太祖说赵光义"龙行虎步，他日必为太平天子，福德非吾所及"。不管这些说法是真是假，史学家们分析当时的情况可能是太祖不愿从母愿立弟，但是没有果断立子，并且就在这种矛盾心理的支配下单独召见赵光义，于是使得赵光义夺权称帝，也给后人留下了"烛影斧声"的疑案。

宋太宗在即位做了皇帝之后，马上就施展伎俩逼死了弟弟廷美，侄子德昭、德芳（太祖第四子），为自己皇位的稳固免除了后顾之忧。另外宋太宗为了防止前朝大臣怨恨激愤，就下令让他们去修《册府元龟》《太平广记》《文苑英华》等书，让他们天天沉没在纸堆中，不让他们有时间发牢骚；对于范质、王溥等朝廷重臣，太宗采取了威逼利诱的策略，牵着这些老臣的鼻子走。另外他还发动了两次对辽战争，将朝野内外的注意力转移到边防上去，同时乘机巩固了兵权。宋太宗在不用旧臣的情况下，不断地通过科举考试选拔官吏，他在位20余年，常常几天几夜地亲自阅卷选拔官吏，先后选士达到数万人之多。在选拔的这些士人之中，宋太宗还比较喜欢重用那些善于阿谀奉承的人，苏轼就曾在《东坡志林》卷三中尖锐地指出"西汉风俗诙媚，太宗朝也有诙媚之风"。在旧臣修书、新臣诙媚的情况之下，那些五代遗臣入宋任史官的沈伦、李穆、扈蒙等人时时刻刻谨慎言行，平日里那些著述的文章也大都销毁，连腹诽都不敢，哪里又敢提到太宗的不是。所以太宗的"烛影斧声"的原委在朝野没有人敢议论半句，正史中也没有记载。

为什么太祖时期的起居注没有提到"烛影斧声"的事件呢？按理说从周代产生史官记录皇帝日常言行的起居注以来，历朝历代的皇帝都遵守着天子不看起居注的规定。当年宋太祖在世时，与其弟赵光义的斗争十分激烈，怕有些内容泄露出去被居心不良的人利用，对宋朝的统治不利，于是议事常常回避史官，史官也就不能记录到什么实际的内容，只记一些君臣见面辞谢等无关痛痒的事情。到太宗朝时恢复了正常的起居注和时政记制（它是唐高宗时设下的由宰相记录的皇帝与君臣的奏对即时政记），可是偏偏在宋太宗朝时，太宗一反皇帝不看起居注的规定，命令参知政事记下的时政记必须先送太宗审阅，然后再送史官。还有当时的起居注院所编著的起居注也必须先送太宗审阅后再交给史官，如此一来，在太宗与大臣的对话中，凡是不利于太宗的，宰相和史官都必须回避粉饰，以免惹来杀身之祸。太宗后，宋朝历代所修的时政记、起居注都要先拿给皇帝看再送交史官，这样皇帝的言行就无法保证全部如实记录，所以宋代的正史是有很多疑点的。

太宗还亲自挑选了一批官员来修《太祖实录》（皇帝实录是撰修一代国史的基础材料），虽然《太祖实录》今天已经不存在了，不过从后代所撰修的《宋史》来看，《太祖实录》并没有提供充足的事实，不是一部信史的素材。

所以说宋太宗是用权势来治史，虽然这样使得宋朝正史对太宗夺权一事记载不多且多有隐讳，使我们不可尽知太宗的篡位之事，但是太宗皇帝毕竟有他鞭长莫及的地方，当时辽国的史官就在《辽史》中记载了宋太宗篡位的事。而在北宋的正史中也做过曲折的表述，太宗晚年想传皇位给他所钟爱的长子楚王元佐，可是元佐却要父王遵守那个"金匮之盟"来成全叔父，以免陷君父于不义，可是太宗不听，元佐一气之下假装发疯，来表明自己不做皇帝的决心，这实际上也在暗示着宫中的昔日往事。而宋高宗赵构由于无子，传位给太祖的七世孙，即宋孝宗，之后，孝宗朝的史家李焘马上就在他所编著的《续资治通鉴长编》中提到了"烛影斧声"这件事，孝宗还赞扬他记事真实可靠。不过这些记史由于缺乏当时的史料，所以都终究只是含含糊糊，因此后人对太宗篡位的事情无法完全明了。

赵匡胤之死和赵光义上台，二者之间太多的巧合和离奇，史学家只能根据已有记载进行推理，但是尚无确凿史料推翻以前观点。赵光义登基至今是个谜，以后也很难说清楚。

【范仲淹的改革是怎样失败的】

马立诚

"先天下之忧而忧，后天下之乐而乐"早已成为激励志士仁人的千古名句。但范仲淹的主要事业并不是写散文，而是北宋中期轰轰烈烈的"庆历新政"。

总的来说，宋仁宗赵祯在1022年登基之后，还不算坏皇帝，可他的日子并不好过。内外交困的仁宗在巨大压力下不得不考虑改革了，此际，他想起了范仲淹。

本来范仲淹还有动摇，也许仁宗求治心切，没有充分考虑改革的艰难吧，但皇上的信任已达极致，臣子还有什么可说的？几天之后，他写出了《答手诏条陈十事》上交仁宗。在这个奏折中，范仲淹说出一个真理："历代之政，久皆有弊，弊而不救，祸乱必生。"

范仲淹这个奏折在中国改革史上大大有名。仁宗接到范仲淹的报告，极为高兴。经研究，除第七条军事建议之外，其余九条，补充细则，陆续下诏，全国执行。时人称为"新政"，即后来所谓的"庆历新政"，其重点是吏制改革。

宋代冗官太多，历史有名。当官的路子五花八门，科举考试当然最正宗，除此之外，还有"门荫""纳粟"等途径。人人谋官，千军万马挤独木桥。

首先，宋代科举取士名额出奇地多。就取士人数来看，是唐代的5倍，是元代的30倍，是明代的4倍，是清代的3.4倍，可谓空前绝后。官员数量当然大大增加。但是，科举出身好歹要考一考，还算公正合理。更多的问题，出在"门荫"制度上。

"门荫"又称"恩荫""荫补"，就是俗话说的"大树底下好乘凉""朝中有人好做官"。皇帝宗室子弟以及外戚后裔封官封爵，是历朝通例，且不细表。

除此之外，还有"纳粟"，即买官。政府扩充军备、疏浚河流乃至赈济救灾，富人出来交钱交粮，可以封个一官半职，慢慢成了制度，越来越多。

以上因素叠加起来，自然冗官太多，素质下降。时任谏官的欧阳修在湖北钟祥调研时发现，当地第一把手王昌运又老又病，连走路都走不了，要两个人搀扶着办公。3年下来，州政荒芜衰败。替换他的刘依，也已经70多岁，耳聋眼花，连当朝宰相的名字都不知道。欧阳修给仁宗写报告说：陛下想一想，这样的人，能够治理好地方吗？

范仲淹对此深恶痛绝，他认为最关键的，首先是削弱"门荫"集团。在递交《答手诏条陈十事》之后，他又主持起草《任子诏》等重要文件下发，限制官宦子弟世袭当官。同时还打击了"门荫"的变种，就是一些大太监仗着大内威势，违反规定，私自占据首都一些地区和很多肥缺单位的一把手位子，颐指气使，而且十几年不让位。范仲淹、富弼和韩琦商量改革，第一步是把这些地区领导人的任期定为三年，不得私自请求连任，任期超过三年的，请皇帝下诏罢免，另择合格官员担任。

同时，范仲淹派王鼎、杨纮、王绰三个能干的官员明察暗访各级各地官员，发现和提拔有才干的官员，处分庸吏贪官。范仲淹撤职不合格的官员毫不客气，每看到据实调查的报告，他就大笔一挥，把贪腐官员的名字抹掉。富弼说："一笔勾了他容易，可你知道不知道他全家都在哭！"范仲淹的回答成了历史名言："一家哭总比一个地区都哭要好！"

一旦动真格重新进行利益分配，称范仲淹为圣人的就越来越少了，这就是人性。结果是相当一批大官僚、地方官和大太监暗中开始串通，组织力量策划铲除范仲淹。

一个办法是从经济问题入手。新政开始不久，监察御史梁坚就上书弹劾陕西地方官滕子京和西部边将张亢贪污挪用公款。这两个人一向为范仲淹器重，是新政的坚决支持者。范仲淹见此，不惜辞职，起而为他俩辩护。但对方也以辞职要挟，有一个与范仲淹作对的叫王拱辰的御史中丞也闹辞职，而且真的不来上班了。早先，滕子京曾经批评仁宗好吃好喝，语词有点夸大，闹得仁宗下不来台，很是不快。这会儿，仁宗不免有点儿记旧仇，倒向了王拱辰，将滕、张二人贬官。

再就是栽赃诬陷。前朝老臣夏竦曾遭欧阳修等人弹劾而贬官，对范仲淹、欧阳修等十分痛恨。老夏喜欢书法，精于字形字体的研究，他还培养身边一个丫鬟也迷上了这一道。庆历四年（1044 年），他唆使这个丫鬟模仿名士石介的笔迹，渐渐以假乱真。石介是坚决支持范仲淹的大名士，经常写文章和诗赋议论朝政，十分大胆。老夏真够黑的，竟让丫鬟模仿石介的笔迹，篡改了石介给富弼写的一封信，篡改添加的内容暗含着要发动政变把仁宗拉下马。夏竦把这封信上交仁宗，算是重大举报。仁宗看了这封信，不太相信，可内心也起了嘀咕。

特殊利益集团还有一个致命的阴招，就是告范仲淹等人暗中结党。

当朝宰相贾昌朝、前朝老臣夏竦等大官僚以及王拱辰等人，暗中串通，指使谏官钱明逸向皇帝告状说：范仲淹拉帮结派，结党营私，扰乱朝廷。他们推荐的人，多是自己的朋党。凡是他们一党的，竭力保护张扬；不是他们一党的，一概加以排斥，置之死地。

这一告，触到了北宋建国以来最敏感的政治痛点。

宋太祖赵匡胤在夺取政权之后第三年（963 年）九月，以唐朝牛、李党争造成许多后患为鉴，曾下诏书说：凡是及第的举人，严禁称主考官为恩师、老师，也不许自称为门生。宋朝最高统治者最害怕的，是大臣之间结合成派系或朋党，发展成皇权的离心力量。他们要把互相牵制的原则充分运用到官僚人际关系中。太祖之后，太宗、真宗及仁宗都在这方面表示了决绝的态度，决不让步。仁宗就曾多次下诏指示朝官"戒朋党"。所以，这实际上成了宋初以来一条家法，一道底线。

收到指控结党的小报告之后，仁宗想听听范仲淹的说法。庆历四年（1044 年）四月的一天，仁宗向各位大臣问道："过去小人多为朋党，君子难道也结党吗？"胸怀坦诚的范仲淹竟回答说："我在边防的时候，见到能打仗、会打仗的人聚在一起，自称一党，怯懦的人也自为一党。在朝廷上，正、邪两党也是一样。陛下只要用心体察，就可以分辨忠奸。假如结党做好事，那对国家有什么害处呢？"仁宗对这个回答当然很不以为然。

未曾想，就在朝廷中朋党之争甚嚣尘上，范仲淹因此逐渐失去仁宗信任的情况下，37岁的欧阳修直抒胸臆，一不做、二不休，在四月份干脆写了一篇《朋党论》的政论呈交仁宗，并在朝官中传阅。

欧阳修的文章，对派别问题不但不稍加避忌，反而承认大伙的确都在结党。有小人以利益相交的"伪朋"，有君子以"同道"结成的"真朋"。欧阳修提出，做皇帝的，应当辨别君子之党与小人之党，"退小人之伪朋，用君子之真朋"。

这就等于向仁宗宣布，我们已经结成了一个朋党派系。这是向仁宗的家法和底线挑战。从北宋皇帝极深的避讳和忧虑来看，如此理直气壮地宣告结为朋党，对于"庆历新政"，等于自杀。

果然，此文一出，特殊利益集团弹冠相庆（他们是绝不承认自己结为朋党的），政治局势急转直下。此文成为"庆历新政"决定性的转折点。因为对于宋仁宗来说，这是一个极为敏感极其严重的政治问题，再加上朝内外反对改革之声连成一片，仁宗为了维护皇帝的专权统治，下决心将"气锐不可折"的范仲淹逐出中央政府。

这一年六月，宋仁宗任范仲淹为陕西、山西宣抚使（处理地方军政事务的高级官员），范仲淹被迫离开京师。朝廷中的反改革势力趁机猛攻范仲淹，仁宗全面动摇。

十一月，仁宗下诏强调"至治之世，不为朋党"。

庆历五年（1045年）正月，罢免了范仲淹参知政事职务，贬官到陕西彬县。罢免富弼枢密副使职务，贬官到山东郓城。罢免韩琦枢密副使职务，贬官到扬州。罢免积极支持改革的宰相杜衍的职务，贬官到山东兖州，理由是杜衍"支持朋党之风"。接着，又找理由将杜衍的女婿、支持新政的大文学家苏舜钦罢官，并永远削职为民。欧阳修则贬官到安徽滁州。

之后不久，新政大部分措施陆续停止执行，幸亏包拯等人还尽力为抑制"门荫"等措施说了一点好话，否定新政的步子才延缓了一点。"庆历新政"仅一年多就失败了。要等到二十几年之后王安石变法，"庆历新政"的部分建策才又以新的面目出现。

后来王夫之总结"庆历新政"得失，说仁宗性格上有毛病，耳根子太软，从善如流，从恶也如流。开始时对范仲淹的确很信任，但对改革阻力估计不足，遇到滔滔反对之声就缩回去了。首鼠两端，终致无所建树。在这一点上，仁宗不如他的孙子神宗，始终坚定不移地支持王安石。

其实，还有重要的一条：如果改革触到了皇帝所守的底线，就会中道失败。

"先天下之忧而忧，后天下之乐而乐"范仲淹无愧地做到了。不过，在长期的传统社会中，这样的志士仁人，总笼罩着悲剧的色彩。

【《满江红》遭质疑：是岳飞的杰作吗】

李梦然

岳飞的《满江红》词从明代中叶以后开始流布，400多年来广为流传，妇孺皆知，从未有人对它的著作权产生过怀疑。直到20世纪30年代末，余嘉锡先生的《四库提要辨证》印行出来，其中有辨证四库馆臣对明人徐阶编《岳武穆遗文》提要的一篇，首次断言徐阶收入《岳武穆遗文》（《岳集》）的这首《满江红》词并非岳飞所作。那么，先看看岳飞的人生经历：

岳飞（1103—1142），字鹏举，南宋军事家，相州汤阴（今属河南）人。少时勤奋好学，练就一身好武艺。19岁时投军抗辽。不久因丧父，退伍还乡守孝。1126年金兵大举入侵中原，岳飞再次投军，开始了他抗击金军的戎马生涯。传说岳飞临走时，其母在他背上刺了"精忠报国"四字。

岳飞投军后，很快因作战勇敢升秉义郎。不久金军攻破开封，俘获了徽、钦二帝，北宋王朝灭亡。次年，赵构建立南宋王朝。1129年，金将兀术率金军渡江南侵，攻陷建康（今江苏南京）。岳飞坚持抵抗，攻击金军后防。第二年，岳飞在牛头山设伏，大破金将兀术，收复建康，金军被迫北撤。之后，岳飞升任通州镇抚使，拥有人马万余，建立起一支纪律严明、作战骁勇的抗金劲旅"岳家军"。

1139年，高宗、秦桧与金议和，岳飞上表反对。次年，兀术进兵河南。岳飞奉命出兵反击，相继收复大批失地，在郾城大破金军精锐铁骑兵"铁浮图"和"拐子马"，乘胜进占朱仙镇，距开封仅45里。兀术被迫退守开封，金军士气沮丧，发出"撼山易，撼岳家军难"的哀叹，不敢出战。在朱仙镇，岳飞招兵买马，积极准备渡过黄河收复失地，直捣黄龙府。这时高宗、秦桧却一心求和，连发十二道金字牌，命令岳飞退兵。岳飞壮志难酬，只好挥泪班师。岳飞回临安后，即被解除兵权，不久被诬谋反下狱。1142年除夕，以"莫须有"的罪名与其子岳云及部将张宪同被害于临安风波亭，年仅39岁。孝宗即位后，追谥"武穆"，宁宗时被追封"鄂王"。

岳飞善于谋略，治军严明，在其戎马生涯中，亲自参与指挥了126仗，没有一次败绩，是名副其实的常胜将军。再从岳飞的戎马生涯来分析这首词：

一、从"三十功名尘与土"这一句，说明这首词是岳飞30岁或30岁前后有感而作。岳飞30岁时（1133年）受到朝廷的恩宠，开始执掌指挥大权，因责任重大，身受殊荣，感动深切，于是作此壮怀述志之《满江红》词。

二、岳飞从20岁离开家乡，转战南北，到30岁由九江奉召入朝，计其行程，足逾八千里。所以词中有"八千里路云和月"之句。

三、岳飞30岁置司江州时，适逢秋季，当地多雨，所以词中有"潇潇雨歇"之句。

从以上三点可以看出：《满江红》词是岳飞表达其本人真实感受的，岳飞于宋绍兴三年（1133年）九月下旬，作于九江。

关于词中"驾长车，踏破贺兰山缺"的贺兰山，应是"长安""天山"一类地名，词中是用作比喻性的泛称。岳飞是把贺兰山比作黄龙府。那时，西夏与北宋向来都有战事，派范仲淹经略延安，就是守边陲、防西夏的。这种局面直至真宗、仁宗贿赂求和，才暂告安定。岳飞对这一发生在前朝的历史当然十分熟悉。《满江红》一词提到的贺兰山，是借指敌境也未尝不可。另外，文学史上也有过作品历久始彰的先例，如唐末韦庄的《秦妇吟》湮没900多年才看到全文；《满江红》不见于宋、元人著录，直到明代才发现，也不足为怪，且词中"还我河山"义正词严。综上，《满江红》是千古绝唱，是岳飞的杰作，为世代传颂。

【岳飞为什么必须死】

李亚平

文韬武略属岳飞

说岳飞必须死，并不意味着赵构与秦桧合谋冤杀岳飞是可以原谅的。这是中国历史上最令人寒心的一桩罪行。

岳飞可能是中国历史上最杰出的军事统帅。今天杭州西湖边上的岳王庙里，那一幅"还我河山"，据说就是出自岳飞的手笔。而那首壮怀激烈的《满江红》词，人们也普遍愿意相信是岳飞所填。八百年后，在面临国破家亡的岁月里，许多中国青年就是吟唱着这首词，走上抗击日寇的战场的。

据说，有一本以岳飞的名义撰写的军事著作，名叫《武穆遗书》，是一本可以让人攻无不克、战无不胜的军事圣经。在中国的传奇文学中，为了得到这本书，江湖上的各种人物展开了令人眼花缭乱的争斗，掀起一阵阵血雨腥风。最后，终于由代表正义的一方得到了它，并通过学习它，将邪恶势力一网打尽。

与此相关，中国人以很高的频率挂在嘴边的一句话是"善有善报，恶有恶报"，然而，在长达4000年的漫长岁月里，始终没有能够建立起一套实现它的机制。于是，这个民族中那些最优秀的人物，便常常面临极端悲惨的命运。

后来居上遭人忌

在南宋初年的"中兴四将"里，岳飞出身农家，年纪最轻，资历最浅。他比张俊小 17 岁，比刘光世和韩世忠小 14 岁。

由于在一系列军事行动中，岳飞艺高胆大敢打会拼，且治军严谨身先士卒，富有军事洞察力，从而数次创下以少胜多、以弱胜强的辉煌战例。因此，他的声望后来居上，已经远远超过了其他几位。

这一切，大约使上述几位的心头相当不舒服。

为此，岳飞曾经给他们写了数十封信，殷勤致意，联络感情，均没有得到响应。平定杨幺之后，岳飞特别将缴获的大型战船配备好全套人员和装备，赠送给韩世忠和张俊。韩世忠毕竟是一个坦荡磊落的人，他相当高兴，与岳飞尽释前嫌。而张俊则认为岳飞是在向自己炫耀，反而更加嫌恶起来。

假如用今天的语言形容，很有可能人们会说岳飞是个性情中人。若用民间的说法形容，大概会说他相当"一根筋儿"。

莽撞进言惹龙颜

大约就在 1137 年，有一天，岳飞与皇帝赵构谈话。君臣二人十分投机。可能是谈得兴起，岳飞突然相当莽撞地提出，希望皇帝早日解决皇位继承人的问题。此言一出，谈话的气氛立即急转直下。赵构呵斥道："你虽然出于忠心，但是，手握重兵在外，这种事情不是你所应当干预的。"岳飞的脸色当时就变了，十分尴尬。岳飞触犯了皇家最大的忌讳：手握重兵的武将对皇位继承感兴趣。我们知道，皇权继承问题，在历朝历代都是一个绝对核心的敏感问题，人们历来特别容易把这个问题和那些手握重权、重兵的文臣武将们的政治野心联系起来。

谁知，后来，岳飞在一封密奏中，又一次谈到这个问题，希望皇帝尽快确定过继皇子的继承名分。这就表明他并不是谈得高兴一时口滑所致。

事实上，这件事情确实是岳飞的一块心病。1127 年，中国遭遇了"靖康之耻"后，金国人扣住宋徽宗、宋钦宗不放，有着相当重要的政治原因。赵构称帝以后，金人就曾经考虑将宋徽宗放回去，用以削弱赵构的影响。后来一直存在着一种可能，就是金人以武力扶植一个宋钦宗嫡系的傀儡皇帝，这位傀儡皇帝具有赵宋帝国先天的大宗正统地位，将使南宋政权相当难堪、被动，甚至对其存在的合法性都可能形成挑战。当时，部分地为了对抗这种可能，赵构从太祖赵匡胤一系挑选了两位皇室子孙，过继到自己名下，但还没有确定究竟由哪一位继承皇位。岳飞的提议，从抗金斗争的现实出发，显然是好意。但是，这种好意是否能被皇帝愉快地接受，却大成疑问。

陷入险恶旋涡

岳飞的做法，显然在政治上是不可取的。这位天才的军事统帅，富有军事上的洞察力，在政治上却表现出了十足的幼稚。

事实上，当皇帝想要岳飞死时，岳飞到底是不是想要谋反之类的争论就已经变得并不重要了。重要的是，岳飞必须死。诚如宰相秦桧所说，这些罪名是否成立并不重要，重要的是，"此乃上意也"——这是皇帝的意思。

在秦桧们提供给皇帝的岳飞罪证里，有几条相当骇人听闻。

其一，他们告诉皇帝，淮西战败之后，岳飞曾经当众骂道：国家了不得了，皇帝又不修德。这句话，今天听不出什么了不得的意思，然而，放在当时，已经足可以让一个人家破人亡了。

其二，朱仙镇班师之后，岳飞和他的主要助手张宪，曾经当着不少人的面，有过这样一段对话。

岳飞问张宪：天下事该怎么办？

张宪回答说：就看您想怎么办。

其三，据说，岳飞曾经说，自己与太祖赵匡胤都是三十岁就当上了节度使。

当时，这样三句话连起来，的确可以要了岳飞的命了。

1141年，即绍兴十一年十月，岳飞被正式逮捕入狱。岳飞拒绝自救。他说："上苍有眼，就不会陷忠臣于不义。否则，能往哪里逃呢？"

宋太祖赵匡胤曾经立过一个誓约，禁止杀大臣和上书言事的人。因此，那时流放到岭南炎荒之地，已经算是最重的惩罚了。没想到，一件"莫须有"的罪名，竟然愣是被秦桧及其属下们问成了"大逆不道"之罪。

绍兴十一年十二月，皇帝批准赐岳飞死，并将判徒刑两年的岳云，亲手改判为处死。

史书记载说，判决公布后，"天下冤之"，众多士民为之泪下。

据说，行刑当日，1141年，即宋高宗绍兴十一年，阴历大年除夕，杭州城凄风苦雨，整日不绝。

【北京如何成为明朝的政治中心】

熊召政

南京、北京，明朝的南北两个首都。而大明帝国最终定都北京，清朝继之，中华人民共和国又继之，其发脉者，正是明成祖朱棣。

南北首都之争

永乐十九年旧历四月的一天深夜，北京城突然风雨大作，夹杂着阵阵惊雷。新修成的奉天、华盖、谨身三大殿因雷击起火，化为灰烬。

朱棣心中顿时升起不祥之感。在科学尚不发达的古代，"天人合一"这一哲学命题，被强调到绝对的地步。地震、灾害、雷击等自然现象，都被看成是执政者的失误而带来的。"上天示警"是一个严重的问题。它的严重性在于：第一，只有统治者出了问题，老天爷才会震怒，所谓"天怒人怨"，便是这个道理；第二，统治者并不知道自己的失误在哪里，这就需要有智慧的人站出来为其指点迷津。鉴于此，朱棣立刻下诏求言。也就是说，他希望朝野明智之士为他找出雷击三大殿的原因。

很快，礼部主事萧仪的奏本送到御前。这位六品官员认为：三大殿遭受雷击是迁都的缘故。把国都从南京迁来北京，不但诸事不便，就连大明的皇脉也撂在江南，这是大不敬的事。

朱棣看过奏本，震怒异常，他认为萧仪把迁都与雷击三大殿联系起来，完全是蓄意诽谤。因此他几乎在第一时间内就作出了决定：命令锦衣卫将萧仪抓进北镇抚司大牢，不作任何审讯，就以"谤君之罪"处以极刑。

事情还没有完，萧仪的观点在官员中仍有不少市场。同情他的官员多半是科道言官。科指六科，道指十三道。六科是对应吏、户、礼、兵、刑、工六部成立的，是稽查六部的监察部门。六科编制是40人，每科的负责人称为都给事中，正七品。余者都称为给事中，正八品。十三道是对应全国各省，当时全国只有13个省。十三道御史统归都察院管辖，御史的官阶同给事中差不多。但科道言官的权力很大，在明代，位居二品的六部尚书遭言官弹劾而受到惩处的不胜枚举。

明代的官场，有两种经历的人升官比较容易。一是在翰林院待过，二是当过科道言官。一般由翰林院而入内阁当辅臣，由言官而晋升为封疆大吏或方面重臣。

科道言官，一般都从年轻官员中选拔，这些人初涉仕途，尚不致沾染太多的官场恶习，担任言官敢于弹劾不法权贵，因此历代皇帝对言官颇为倚重。

但这次恰恰相反，对朱棣的迁都持异议的，多半是言官，而部院大臣都是坚定的迁都派。这是因为朱棣从侄儿建文帝手中夺取皇位后，对建文帝时的朝廷大臣作了一次彻底的清洗。经过20余年的筛选过滤，现在的部院大臣，大部分都是"靖难功臣"，他们也都成为南方士族的仇人，因此利益上与朱棣是一致的。

言官们都很年轻，与朱棣的"靖难"无关，因此他们更多的是就事论事，认为皇上"轻去金陵，有伤国体"。朱棣对这些言官非常恼火，但不能像对待萧仪那样，一概杀之。于是他心血来潮想出一个办法，让这些科道言官与部院大臣一起到午门外跪下对辩。迁都究竟好不好，让双方各抒己见。

当其时，正是"清明时节雨纷纷"的时候，午门外的广场上，言官与大臣分跪两边，个个都淋得落汤鸡似的，但谁也不觉得尴尬，也不觉得侮辱。他们争论得面红耳赤，一天没有结果。朱棣让他们第二天再来午门下跪辩论。雨还在不紧不慢地下着，朱棣在城楼上不愠不火地看着。官员们冒雨下跪，不依不饶地争论着。这场景看起来有点滑稽，然而中国中世纪的政治，便是在这种滑稽中有条不紊地进行着。

朱棣夺位与迁都北京

朱元璋于 1368 年创立大明王朝，虽然定都南京，但似乎从一开始，朱元璋就觉得南京不是很合适。因为它偏安江南，对控制辽阔的北方十分不利。洪武元年，朱元璋下了一个诏书，言道："江左开基，立四海永清之本；中原图治，广一视同仁之心。其以金陵、大梁为南、北京。"大梁即今天的开封。朱元璋出于战略考虑，提出设南、北两个都城。还有一说就是袭汉唐的旧制，将长安（今西安）列为都城。朱元璋觉得自己年事已高，完成不了首都北迁的任务，便将希望寄托在懿文太子身上。谁知懿文太子早夭，定都关中的计划落空。方孝孺的《懿文皇太子挽诗》写道："相宅图方献，还宫疾遽侵……关中诸父老，犹望翠华临。"讲的就是太子曾去西安做迁都前期筹备工作的事。

自秦开始，中国历朝的首都，大都建在北方。宋之前，长安、洛阳、开封都曾做过都城，其中以长安的时间最长。南方如金陵、杭州、扬州等处，亦曾做过都城。奇怪的是，在南方建都的王朝，大都短命，而都于北方者，大都国祚长久。这皆因在漫长的历史中，以农耕文化为主的汉文明，始终受到北方胡人的冲击。在冷兵器时代，汉人的温文尔雅怎抵挡得住蛮族的铁马金戈。建都北方，主要是为了抵御蛮族的入侵。

朱元璋灭元之后，却没有将元大都也就是今天的北京直接定为首都，仍然选中金陵营造他的皇城。这大概是因为朱元璋出生淮右，而且骨子里头视"胡元"为异端，因此对元朝的都城从感情上厌恶。但是，从洪武二年起，他就对定都金陵产生了动摇。

朱元璋的迁都念头，虽然从没有打消过，但也从来没有真正实行过。为解决西北和东北的蛮族入侵，他不是采取迁都北方就近指挥防御的办法，而是改用"封王"制，即把自己的儿子分封到北方各边，担负起剿抚夷狄的任务。关于这件事，郑晓的《今言》有载：

> 国初都金陵。以西北胡戎之故，列镇分封，似乎过制……今考广宁辽王、大宁宁王、宣府谷王、大同代王、宁夏庆王、甘州肃王，皆得专制率师御虏。而长陵时在北平为燕王，尤英武。稍内则西安秦王、太原晋王，亦时时出兵，与诸藩镇将表里防守。

北方，包括东北和西北，都有虏患。朱元璋于是分封 9 个儿子，统兵御虏。天下的军权，多半都在自己的儿子们手上，所以，生性谨慎的郑晓也微讽"似乎过制"。这 9 位亲王，都曾经与虏敌交过手，但真正对稳定北方控制强虏起到决定性作用的，还是时为北平燕王的朱棣。

朱棣是朱元璋的第四个儿子，在朱元璋的 26 个儿子中，他是最能干的一个。

朱棣 11 岁被封为燕王之后，朱元璋安排他同另外几个未成年的藩王一道回到老家凤阳读了几年书。他 21 岁就藩，所谓就藩，就是前往分封地居住。朱棣到了北平后，经常率兵从这里出发，到东北或西北与"戎虏"作战。多年的沙场生涯，培植了他君临天下的胸襟。他的父亲朱元璋驾崩之后，传位于太孙朱允炆，是为建文帝。这位年轻人斯文儒雅，但缺乏谋略与胆气。俗话说"秀才造反，三年不成"，秀才治国，同样也会弄出纸上谈兵的悲剧。因此，朱棣对侄儿登基后的所作所为，不但嗤之以鼻，而且深为不满。传说朱允炆即位的第一年冬天，朱棣在北平的燕王府邸大宴宾客，其时天寒地冻，朱棣出一上联让人对："天寒地冻，水无一点不成冰。"在座的姚广孝应声而对："国乱民愁，王不出头谁是主。"这好比挠痒痒挠到了正处，一直有夺位之心的朱棣听罢大喜，便暗地里进行着夺位的准备。

不管怎么说，朱棣夺位是为"篡"，情形与唐太宗李世民的"玄武门之变"差不多，但朱棣给自己篡位下的定义是"靖难"。那些跟着他从北平打到南京的将佐，个个都变成了靖难功臣。

朱棣夺位成功，改年号为永乐。在其执政期间，做了几件大事，如派遣太监郑和下西洋，编纂《永乐大典》等，还有一个最大的政绩，便是迁都北京。

北京在唐代之前，一直属于幽州。赵宋政权期间，辽国占据幽云十六州，北京在其内。经宋一朝，北京一直为胡人所控制。938年，也就是辽太宗会同二年，幽州改为南京，亦称燕京。金与宋共同灭辽后，金占据燕京，直到金海陵王贞元元年（1153年）定都于此，改名中都。蒙古先灭金，后灭宋，统一全中国。忽必烈再次更名为燕京，到了至元元年（1264年）又恢复中都称号。后来于此扩建皇城，改称为大都。

蒙元国祚短暂，不到100年，但对于北京的建设，却是功不可没。有一个叫刘秉忠的汉人，既当过和尚，也当过道士，还精通《周易》，因此得到忽必烈的信任。1256年，他受命在滦河上游修建开平城。他在建城中显露的才华深得忽必烈赏识。于是在1267年刘秉忠再次被任命为元大都的营缮官，即建城总指挥。1276年，元大都建成。这一年，南宋都城临安（杭州）陷落，赵宋政权灭亡。

据张清常先生考证，刘秉忠纯儒，又得蒙古皇帝信任，所以他敢突破旧制，提出独特的建城方案，当时民间都知道刘太保（秉忠）设计的章法是哪吒城。哪吒是佛教传说中的护法神之一，又称哪吒太子。刘秉忠把元大都设计成长方形。如果从高空俯瞰，会发现元大都形似三头六臂双足蹬着风火轮的哪吒形象。

洪武元年（1368年）闰七月，元顺帝弃元大都逃走。八月徐达攻入城中，改大都为北平府。永乐元年（1403年），朱棣改北平府为北京。

朱棣迁都北京，有两个原因，一个就是前面提到的，北方房患不绝，建都在北京，便于就近制御。当然，西安、开封都可选择，但朱棣在北京住了20多年，对这里有感情。而且，到了明朝，西北的少数民族如突厥、回纥等都已式微，而东北地区的女真、鞑靼都仍存在着骚扰中原的能力，对付东北的房患，北京显然比西安更具有地理优势。另一个是由于"靖难"之役，朱棣在南京杀人太多。建文帝的支持者，多半是江南士族，朱棣对他们大开杀戒，因此结怨于江南。再继续待在南京做皇帝，已经失去执政基础。因此他从取得皇位的那一天起，就有了迁都的打算。

迁都并不是一件简单的事情，一是北京经过元末的战火，毁坏严重，重建皇城，并非朝夕之事；二是初登皇位，立刻提出迁都，会让人误会他"胆怯"，而不敢在南京皇宫内号令天下；三是出于经济上的考虑，北京定为首都，所需钱粮，还得仰仗江南，以当时的运输条件，这也是个不易克服的困难。

不过，朱棣委实不喜欢南京，从永乐七年开始，他让太子留在南京监国，自己时时跑到北京住下来。当时的情况是南京仍作为首都，而北京则成为行在。实际上，早在永乐四年，朱棣就开始了北京的建都工作。

据传，明北京城及皇宫的设计者是姚广孝。这个姚广孝同元朝的刘秉忠一样，也是和尚出身。所不同的是，姚广孝到死也没有还俗。

姚广孝在元大都的基础上，扩建和改建北京城。他没有保持"哪吒城"，而是按儒家的观点，把北京建成一座方城。而皇城（紫禁城）则在方城的正中央。

北京城的建设，整整进行了15年。这期间，为配合迁都，朱棣做了两件事，一是从江南各地向北京大量移民；二是疏浚运河，打通南北的运输干线。据记载，洪武三十年，通过海运由南输往北方的粮赋只有7万石，永乐六年就增至65万石。永乐十二年，由运河输往北京的粮赋增至50万石，另还有40万石由海运输入。到了永乐十六年，由运河输往北京的粮赋就已高达460万石。

当北京的财赋供给与人口都不成问题时，朱棣就发出迁都的诏令。北京不再是"行在"而变成了首都，南京则变成了留都。

迁都的正式实施是在永乐十九年（1421年）正月。此前，朱棣封赏所有参与都城兴建的人员，其中有一个苏州匠人蒯祥，封为工部侍郎。如果说姚广孝是明北京城的总设计师，这个蒯祥就是总工程师了，所以功劳很大。

迁都最初的几年，围绕该不该迁都的问题，一直争论不断。朱棣为了压制反对派意见，杀过几个人，包括前面提到的萧仪。

自从萧仪死后，朱棣再没有为迁都的事杀过人了。这是因为那一次雨中跪辩，所有的部院大臣与科道言官都看清了朱棣的决心：迁都不容置疑，哪怕老天爷震怒，再雷劈十座奉天殿，朱棣也决不会把金銮殿搬回到南京去。

永乐二十二年七月，朱棣死。他的儿子仁宗即位。次年改元洪熙。仁宗同他的爷爷朱元璋一样，喜欢南京，登基之后，他决定把首都再搬回南京。但刚有这个想法，他就死了，在位还不到一年。仁宗的儿子宣宗即位，他是朱棣生前最喜欢的皇太孙。宣宗同朱棣一样喜欢北京，于是更改父皇的旨意，作出了暂不迁都的决定。这个"暂"字是为了给父皇一个面子，其实宣宗压根儿就不想迁都。

所以说，某一个地方的兴衰的确与政治家的决策有很大的关系，如内蒙古的呼和浩特市，该城是张居正执政期间，为开放边境贸易而倡议修建的"板升"城；北京城的运气非常好，一是碰到了朱棣这样一个皇帝，对它情有独钟；二是负责修城的刘秉忠与姚广孝，都是非常有见地的设计师，没有他们，北京城不可能有令世界瞩目的帝京气象。当然，仁宗的短命也是北京城作为首都得以存在的重要原因之一，如果他再活十年，北京城会是怎样的命运，就很难说了。

【明成祖为什么要捕捉天下尼姑】

刘秉光

尼姑，是出家修行的女教徒，讲求六根清净、四大皆空，与朝廷素无瓜葛，但明朝的尼姑却遭受了前所未有的侵扰和追捕。那么，朱棣为什么要捕捉天下尼姑呢？

永乐十八年（1420年），明成祖朱棣突然下令，将全国所有的尼姑以及女道士统统逮捕送到京师逐一审问，验明真实身份。这场史无前例的大索天下尼姑案，既打破了佛门千年来与世无争的静雅，也让后人感到莫可名状的疑惑。

求生存，巾帼英雄点燃导火索

细究起来，事情的起因竟是一场发生在山东境内，由唐赛儿（女）领导的农民起义运动。据《明史》及清代有关野史杂钞记载：唐赛儿于永乐十八年二月，在家乡蒲台（今山东滨州）聚集数千白莲教徒，以红白旗为号，揭竿而起，对抗朝廷。这场发生在山东境内的农民起义，因为规模小、持续时间短，且没有震动明朝政权，所以连历史教科书上也没有记述，但当时的皇帝朱棣"甚为震惊"，不但派出了"京营"5000精锐人马，还把正在山东沿海"抗倭"的军队也用在了镇压这场农民起义上面。

为颜面，皇帝竟不惜骚扰尼姑

朱棣为何如此兴师动众？据笔者分析有以下原因：其一，起义发生在"迁都北京"前夕，朱棣决不允许在这种时候出任何乱子；其二，起义军以"白莲教"为依托，教徒对唐赛儿死心塌地，唯命是从，朱棣决不允许"邪教"蛊惑民众；其三，起义军队伍不断壮大，屡败官军，且唐赛儿对于朝廷的招安不理不睬，使朝廷和朱棣颜面扫地。种种原因，使得朱棣对唐赛儿分外仇恨，对起义军进行疯狂镇压。因为寡不敌众，腹背受敌，起义军只坚持了3个月就失败了，但唐赛儿下落不明。

为了消除心中愤恨，为了防止死灰复燃，为了能够杀一儆百，朱棣下令严查唐赛儿的行踪，但搜捕工作没有任何进展。民间搜不到，朱棣决定调整工作重心，把搜捕唐赛儿的重点放到了佛门。朱棣之所以这么做，笔者认为有以下原因：一者，搜捕人员为了推卸搜查不力的责任，有可能以唐赛儿入佛门来搪塞朱棣。二者，佛门弟子远离世俗，官府一般不介入，唐赛儿兵败后极有可能混入佛门避难。三者，唐赛儿起义时，曾自称"佛母"，朱棣以此认为唐赛儿与佛门有着某种关联。史料中也有相关记载，朱棣因"唐赛儿久不获，虑削发为尼或处混女道士中，遂命法司，凡北京、山东境内尼及道站，逮之京诘之"（《明史纪事本末》）。

成谜案，巾帼英雄魂归何处

于是，朱棣下令将北京、山东的尼姑、女道士统统逮捕，押送朝廷审讯。同年七月，朱棣又命段明为山东左参政，继续搜索唐赛儿。段明为了完成这一任务，不仅把山东、北京的尼姑逐一搜查，全部捕捉，甚至还逮拿了全国范围内的数万名出家妇女。关于此事，《明史》也有简单记载："永乐十八年二月，山东蒲台唐赛儿反，唐赛儿不获，溟逮天下出嫁尼姑万人。"一直到朱棣病逝，他一心想捉拿到唐赛儿的愿望也没能实现。明朝强大而又严密的特务、巡察机构，在捉拿唐赛儿的问题上，因为不得民心，即使想出通过捕捉天下尼姑的荒唐、极端的办法，最终也无济于事，得到的结果是"赛儿卒不获，不知所终"。唐赛儿究竟哪儿去了？多少年来，历代不少史学家，为了寻觅这位巾帼英雄的最后归宿，穷经皓首，至今仍无定论，终成历史谜案。

【"毁灭人欲"的明朝为何盛行色情文学】

理钊

中国第一奇书《金瓶梅》在明朝万历年间问世，实在是个奇迹。明朝把程朱理学奉为至尊，其思想核心是"存天理，灭人欲"。按说这样的社会应该风化纯净，风花雪月之事极少发生，遑论淫乱了。恰恰相反，色情文学不断涌现，且成为流行文学。而明朝出现的春宫画比文字更胜一筹，用五色套印，画面精美，叹为观止。这实在令人匪夷所思……

在中国的历史中，明朝是一个很有意思的朝代，有很多本是相对立的东西，却都能平安地相安共容。明朝皇帝的龙椅安稳之后，便将宋朝时"格物"出来的新儒学——理学奉为独尊。明永乐年间饶州儒士朱季友给"周、程、张、朱之学"提了一点不同意见，算是学术上的商榷，明成祖知道后龙颜大怒，下旨："命有司声罪杖遣，悉焚其著书，曰：'无误后人。'"朱棣的这一句话便开了明清两朝以程朱理学禁黜异端的先河，从此理学成了唯一的学问，其他都成为异端邪说而受到查禁（王彬《禁书·文字狱》）。而明朝的科举"考试大纲"规定得更是严格，必须从朱熹所编定的"四书"中出题，对其理解和运用也必须遵循程朱的注疏。

"考试大纲"规范着儒生们的思想观念

"考试大纲"看起来无关紧要，但那可是一根有力的指挥棒，它指挥和规范着儒生们的脑子，进而控制社会思想和观念。所以，在明朝时指导人们行动的思想就是以讲述"存天理，灭人欲"为主的理学。现在看来这种想法实在是有点儿荒唐，人欲岂是能灭的？虽然古圣贤说"无欲则刚"，但人要真的没有了欲望，什么想法都没有了，那结果恐怕不是"刚"，相反则可能是软得不能再软，唾沫吐到脸上也一定会等它自己干掉的。当然，倘要深入地想一想，这个"一存一灭"的理论，倒也充满了浪漫的理想主义色彩，人的欲望都灭掉了，只存一个"天理"在心中，那可真是一个大同世界呢！也许正因为如此，明朝的理论家们在不断地扩充和挖掘着"存天理，灭人欲"的深刻内涵，社会管理者们，也就是牧民的官员们，则是精心地把理论家们的研究成果转变成社会规则，收养着万姓子民。

理学气息弥漫，色情文学大量出现

在这样的朝代里，讲的是理学，用的也是理学，那时的空气里可能也弥漫着理学的气息，文艺自然也不可能仅仅是"为艺术而艺术"、超然于世外的，也一定是理学思想指导下的文艺，是弘扬着理学精义的文艺。可是，事情奇怪得很，偏偏就是这个"灭人欲"的明朝，却是一个色情文学大量出现并成为流行文学的时代，而且还出现了色情绘画，即春宫画。

具有中国第一"色情小说"之称的《金瓶梅》，现在已得到了艺术上的肯定，但其色情描写流传之广，对后世文学的影响之大，是没有哪一部小说能与之相比的。除此以外，现在还能看到的，创作、刻印、流行于明朝的色情小说还有《剪灯新话》《欢喜冤家》《宜春香质》《如意君传》《情史》和《隋炀帝艳史》等十二三种。这些作品中，不论创作的主旨如何，但都有大量的、露骨的"床上戏"。除此之外，那些较为隐晦但仍以描写男女之情为主的才子佳人小说，就更是多得难以计数。除了文字上的东西，明朝春宫画的出现和流行，也并不亚于色情文学，据汉学家高罗佩考证，明朝时的春宫画在其鼎盛时，印刷时使用了五色套印，其水平之高，画面之美，至今令人叹为观止（刘达临《中国古代性文化》）。这些色情文学，在四五百年之后的今天还能见到，足见当时的印数之多，流行之盛。

色情自然是宣扬情欲的，而情欲则又实在是人之大欲也。明朝主流文化的台面上高唱着"存天理，灭人欲"的高调，而它的背后流行的却是宣扬欲望的色情文学。虽然也时有焚书毁版的查禁，可一部又一部的色情小说还是不断出现和流行。在同一片天空下，有着与理论上如此相悖的事情，岂不是有点儿匪夷所思吗？这大概要从儒士文人的生存状态和环境说起了。

儒士文人的生存状态和环境

明朝是一个严刑酷法的时代，自从朱元璋坐上龙椅的那天起，皇上便将天下的大权紧紧地攥在手里，有着无上的权威。明朝开国时是设有宰相一职的，但设了几年，朱元璋觉得"一人之下"还有一个"万人之上"的人，心里有些放心不下，于是便设了一个"谋反"的罪名，把宰相一个个都杀掉了，并从此立下规矩，朱氏天下永不再设宰相一职，后来这话便成为家规国训，永远也没有人敢提议恢复。万历年间，张居正虽有宰相之实，却无宰相之名。所以，在整个明朝期间，虽不断有"太监弄权""阉人擅政"，弄得鸡犬不宁、民不聊生，可无人敢提议复设宰相，帮助皇帝管理一个偌大的帝国。明朝中叶出了一个过继皇帝，因为他要称自己的生身父母为皇帝和皇太后，廷臣们群起而反对，这位皇帝便一气之下再也不上朝与他的大臣们见面，时间达 12 年之久，用柏杨的话说，大明王朝那时成了一个无头朝代。就是在那样的情形下，帝国的朝臣们也无人敢有非分之想，可见那时儒臣们的中规中矩。

明朝的儒臣文士们之所以如此，有两个原因：一是他们自小所受的教育就是"忠君保国"，哪怕是一个混账白痴坐在龙椅上，一肚子诗文的臣子们也要向他跪拜叩头。孟子说："民为贵，君为轻，社稷次之。"告诫信奉他学说的人忠君固然重要，但假若弄得民不聊生，则可能无君可忠了，提醒他们多少要体恤一点民情，让百姓们活得下去。可惜，在明朝，书生们读到的《孟子》一书却是钦定的删节本，那些保民恤民的话都被删削掉了，剩下的只有忠主卖命。二是屠刀下的威服。明朝定国之后不久，朱元璋便大开杀戒，忌惮功臣们功高盖主，担心自己死后子孙们压服不住他们，便在他当政期间，把与他一起打天下的功臣们大多杀掉了，且用的都是满门抄斩的法子，连门生、故交都不放过。一面杀功臣，一面则是杀儒生。写诗做文章，凡是触犯了朱元璋忌讳的"光、贼、则"等字眼的，一律杀掉，其他就更不用说了。他的四儿子朱棣从侄子手中夺过天下后，又接着杀了一阵，其中仅"读书种子"方孝孺一案，就杀了 800 余人。在开国之后的几十年间，父子们一路杀下来，砍掉的人头不可胜计，其中多数是儒生文士。面对这样的现实，谁还愿意拿自己的脑袋和皇帝开玩笑？结果是血淋淋的人头，威服了 200 余年的书生胆。

宋朝的时候，书生们挤不上入朝为官的独木桥，还可以做做学问，弄一弄什么"道学"之类，有了自己的创见便可以发表出来，但在明朝，"理学"已成为皇家钦定的"真理"，用不着书生们再去动脑子、搞什么理论创新了，所以，在宋朝可以做的学问这时便做不下去了。虽然在明朝后期出现了李贽、黄宗羲、唐甄一类的学者，提出了"童心说"和"新民本"说，现在这些学说也已经成了显学，成了学者们研究的对象，在当时却是地道的"隐学"，是"地下学"，那些研究的成果都是偷偷地搞出来的，就是写的书也只好用"焚书""潜书"为名，不敢公开地印行。

色情文学一出现，就上了"畅销书"排行榜

公开地做学问不行，科举的路又窄得吓人，书生们还要吃饭，还要养家糊口，就是做风流才子也还要一些小钱的，所以，他们只好去寻别的活命的法子。

在明朝中后期的长江中下游一带，商业气息已是较浓的了，经济繁荣后便出现了一些有钱又识字的闲人，于是出版业便随之发达起来。书商们要赚钱，书生们要吃饭，有了闲钱的人们要惬意，通俗文学便出现并流行起来，流行得久了自然便流向了色情文学，因为"床笫文学"最能切中人性的欲望。所以，色情文学一旦出现，很快就走上"畅销书"的排行榜，自然也就是顺理成章的事。

在这些色情文学中，除了吸引读者的"床上动作"是重头之外，还多多少少寄托了书生们的梦想。在大约成书于明末清初的色情小说《舞花吟》中，便可窥见一点书生们的心思。书中写了一位书生，一连搞了好几个女人。他一面周旋在几个女人中间，一面又去下科场，结果是考得功名，把那5个女人全都娶回家中，美女簇拥，升官发财，快乐成仙。书生的梦做得很美很圆，也很温柔，可惜多半是梦。

刘达临在《中国古代性文化》中谈及明朝色情文学兴盛的原因时说，其中之一是明朝的皇帝荒淫无度，官员们也大兴吃春药之风，起了带头作用。那意思里还有批评执政者们提倡"理学"自己却并不修行"理学"。这原因固然也是有的，"官德"的示范效应是很大的。但看一看明朝之前的中国历史，又有哪一个朝代的皇帝不是三宫六院、嫔妃如云、荒淫无度呢？又有哪一个有官、有钱者不是三妻四妾的？可在那时并未带动出色情文学来。

学术消失，书生们心思无处可用

在明清两朝，文字狱是十分盛行的。然而，考证这些文案，就会发现这些案件中，没有一件是因为创作了色情文学而兴的，即使有这一方面的原因，也并不纯粹。这不能不说是一个十分奇特的历史现象。大约在政治家们看来，色情文学流行，虽然有伤风化，危及道德，不可不管，但也不必一概禁绝，不必像对付研究历史、揭皇家短处的历史学家，以及议论朝政的学者那样严酷，捉住后要把作者、书商杀头，著述烧掉，印版销毁。当然，对色情文学查也是要查的，但也只是做做样子而已。原因在于政治家们明白，把聪明人的心思引到女人身上去，一定比让其琢磨龙椅的构造和制作方法好得多。明朝后期，李贽因为公开了他的"童心说"，便死于诏狱了。但与其同时的"色情文学家"们便没有受到这样的待遇。所以，倘这一猜想成立，这可能也是明朝色情文学兴盛的客观原因。而看一看明朝之后的清朝，文网依然极其严密，但色情文学尤进一步，便多少证明了这猜想不差。

由此观之，明朝色情文学的兴起，一面是因为正常的学术消失，书生们的心思无处可用，只好向女人的身体上去发挥；一面则是因为文化市场出现，给文学传播提供

了外在条件，书生们可以由此讨一点生活而不至于饿死，书商们也就乐得借此发一点小财。而官方呢，则又睁只眼闭只眼地默许。至于"存天理，灭人欲"的真理，到这时候只好成为唱唱的高调而已，因为人的第一要务毕竟是逞饮食男女之欲。

在这个世界上，有两样东西是最能销蚀掉人的精神的。一样是金钱，俗语说"有钱能使鬼推磨"，金钱可以降服厉鬼，肚子里装着欲望的活人则更不在话下了；再一样东西就是肉欲，借用色情文学中劝人警惕女色的诗，就可知道那女色的厉害："二八佳人体如酥，腰间伏剑斩愚夫，分明不见人头落，暗里教君髓骨枯。"三十六计中，美人计至今仍屡试不爽便是证明。所以，倘要消磨掉人的精神信仰和追求，只要将这两样东西释放出来就可以了，意志薄弱的人会放开手段去逐钱，弄来钱后便去女人的胸脯上享受。

可是，销蚀掉人的精神的代价也是巨大的。明朝的最后一位皇帝大概便有着深刻的体会，当李自成的人马进入京城，那些平时围在崇祯周围，天天表着忠心的儒臣武将们，这时都跑得无影无踪了，只留下他一个人守着一株古树走完了生命的最后历程，成了一个真正的"孤家寡人"，而这是否与大明王朝的色欲盛行、人心浮华有关呢？这也许是一个值得研究的命题吧。

【崇祯是怎样亡国的】

兰殿君

在漫长的封建社会中，历代末帝大多沉湎于酒色，而明朝末帝崇祯帝朱由检则是个例外。他17岁即位，17年后亡国，后世对他的评价却不错。史书说他"承神、熹之后，慨然有为。即位之初，宸机独断，刈除奸佞，天下想望治平"。《明史》的作者张廷玉也说，崇祯"非亡国之君，而当亡国之运"。也有的史评家说他"宵衣旰食""殚心治理"，将其归于英主一类。

果真如此吗？史实的回答却是否定的。

大明王朝灭国三百多年来，流行的看法认为，明末最后一个皇帝朱由检17岁登基后即深谋远虑，谋定后动，在两个多月的时间里，一举剪除魏忠贤阉党，赠恤天启朝遭迫害的杨涟、左光斗等正直之臣。继之毁《三朝要典》为东林党人辩冤，并起用有谋略的良将袁崇焕总督辽蓟抗拒后金，表现了非凡的机谋和才干。

他开局即铲除魏忠贤阉党集团之举深得人心，一时有了"英容中兴之君"的美誉。但令人遗憾的是他如一株怒放的昙花，耀眼一刻后便光彩不再了。问题的成因虽十分复杂，政治大气候是首要因素，他的盲目自信、猜疑嫉贤、滥施酷刑之失也起了推波助澜的作用。此时的朱明王朝经过他祖父神宗、生父光宗、兄长熹宗的惨淡经营，王朝的政治生态仍然每况愈下。民族矛盾、阶级矛盾进一步激化，各派政治势力都在为既得利益或瓜分更大的利益进行着殊死搏斗。更令朝廷头疼的是西北各地的饥民大起义已成燎原之势，整个晚明社会就像蓄满药石的火药桶，只要崩上一星火花就会引发无法避免的大爆炸。更为雪上加霜的是关外的后金政权，正以咄咄逼人之势不断寇边，觊觎大明神器。

在内忧外患不断、国是日非的背景下朱由检黄袍加身了。最初他确曾"宵衣旰食"，励精图治，决计再次中兴大明王朝。但由于他没受过从政训练，根本不懂得治国之道，加之生性疑忌，又急于求成，总想一口吃成个胖子。几个月后政局不见起色，他便看谁都不得力，结果走马灯似的撤换大臣，或因小过失而大开杀戒。粗略统计他在位 17 年，共任命过 50 位内阁大学士（相当于宰相、副相），可见他用人轻率之一斑。后来被他杀戮的相当于首辅的内阁大学士 2 人，他直接下令杀死的总督 7 人、巡抚 11 人，被迫自杀的 1 人。被他利用特务手段抓进监狱里关押、殴打、间接逼死、自杀或判刑、流放的巡抚和尚书、侍郎几十人。1641 年，即朱由检当国 14 年后，被关押在大牢里的三品以上的官员达 145 人。这个数字见于官方史料，当时崇祯朝举国上下有文官一万多人，其中三品以上的文官不到 10%。人们不难想象如此多的高官被打入大牢，官场的景象会是什么样？在上述"犯科"的官员中，贪赃渎职者当大有人在，治其以刑罚罪有应得。但事实证明，恰恰在这部分被关押的高官中，有人无罪而且有功，只是这年轻皇帝轻信谗言或得个小报告就大发淫威，十分情绪化地将其革职拿办，或随便安个罪名处以极刑了事。这种施政手段，造成人人自危、个个不敢任事的局面。几年以后，当他看到这种人事调整并没有给国家带来新的生机，相反，衙门间政事推诿、扯皮的风气依旧。更让他心惊肉跳的是农民起义军的锋芒所指已逼近北京，对后金的战争依然节节失利，而官僚集团的相互倾轧也并没有随着魏党的消亡而敛迹。这些令人头痛的问题，使他陷入烦恼和空前的苦闷之中。面对不理即乱、理后更乱的政局，他坚信问题症结全在文武百官身上。反思几次后，他感到登极不久后作出的限制宦官出城、解除宦官兵权的决定错了，这不利于对各级官吏和军队的控制。冥思苦想后也没有新招法，他只好重又袭用老祖宗用过的伎俩，首先在服侍自己的宦官中选拔亲信，培植鹰犬，然后利用东厂、锦衣卫这一整套庞大的特务系统，进行暗无天日的恐怖统治。这个念头一经确定，他便下令大肆招收宦官。由是，宦官人数急剧膨胀，待他末日来临之际，宫中宦官总数不下十万人，创造了中国前所未有的新纪录。

为了控制军队，从崇祯二年（1629 年）十二月起，派乾清宫太监王应朝监视京城军队。派太监冯元升去核实各路军队人数，据此数目让户部发军饷。又派太监吕直代表圣上前去慰问守城将士，继之任命吕直提督九门及皇城门。到了崇祯四年十月，又索性恢复太监监军制度，派往边镇的叫"监视"，派往内地的叫"监军"，并且赋予他们极大的权力。试想太监们窃取了军权,这支军队的战斗力必然大打折扣,统军的将领们能心悦诚服地听命于他们的瞎指挥吗?太监监军后,他们还有权随时向皇上直接密报,对统帅们捕捉到的最佳战机无端阻挠、掣肘。更糟的莫过于还在暗中派厂卫人员去军队,用特务手段监控将领们的一举一动,在军队与皇权之间埋下了离心离德的祸根。

崇祯在位期间,常以"恤民疾苦"相标榜,但老百姓却生活在水深火热之中。当年皇室、官僚广占民田,正税之外,又有三饷(辽饷、剿饷、练饷)加派,赋税繁重,民不聊生是不争的事实。崇祯十三年(1640年),陕甘和河南等地大旱,饥民们将可食的野菜挖尽,树皮剥光,灾区饿殍遍野,甚至有易子相食的现象发生。崇祯接到各地官吏请开官仓济饥的报告,却不予理睬。当李自成率军重入河南时,义军以"迎闯王,不纳粮"作号召,饥民纷纷从军,一时呈现燎原之势,官军则一路败逃。试想在大灾之年,崇祯若想到百姓的疾苦,真想救民于水火的话,应该有必要的举措。假设他能开官仓救济饥民,无疑是得人心之举;假设他将库帑中积存的银两,拿出一点点在州郡开设粥棚的话,不至于饿死那么多平民百姓……严格地说,历史过程是不允许后人假设的,因为事后诸葛亮,你想的招数再好,于当时当事是没有任何补益的。李自成攻入北京后,"查没的明廷内帑,就足够这个新政权两年以上的全部支用"(顾诚《明末农民战争史》)。可见明末国家并不存在财政上的亏空,却仍连年横征暴敛,对老百姓敲骨吸髓,崇祯"恤民疾苦"的说教,太苍白无力了!

明史记载,崇祯称帝之初,确有忧患意识,对关外异族的进犯尤为警惕,希望增强蓟辽的防守力量。在群臣的举荐下,他任命袁崇焕为兵部尚书,督师蓟辽。袁赴任时,他还设盛宴款待,亲赐尚方宝剑,"令其便宜行事"。袁崇焕果然有勇有谋,不辜负圣上的期望。他尽心竭力整顿蓟辽防务,加固城墙,筹集粮草,训练兵勇,作长期固边的准备。其间对违抗军令、懈怠防务的兵将予以制裁,后来果断地处死了据地称雄的总兵毛文龙。又改革军政管理办法,与登州、莱州、天津建立了军事防守联盟,互为依托。对所辖的50余万步兵、8万骑兵,日夜操练,令寇边的后金多次受挫。

后金国主皇太极是位知兵善战的风云人物。当看到袁崇焕在宁远一线布防严密,入关逐鹿中原的大计不得进展时,决定改变主意,采取绕过袁的防区,取道蒙古然后穿过喜峰口,一举夺取京城北面的护卫城市遵化,进而挥师南进,直逼北京。

北京危在旦夕。袁崇焕得知后,火速率军入关驰援。处在危急中的朱由检闻知袁崇焕统兵来救,十分惊喜,当即颁诏嘉奖,又命袁节制各路援军。

袁崇焕统兵抵京后,改变了北京的防守弱势,使后金处于不利的地位。就在这时,北京城内突然流言四起,有说袁崇焕拥兵纵敌,才使北京受到威胁的;有说他暗中与敌媾和,与后金订立了"城下之盟"等。多疑多忌的朱由检听到后,十分恐惧,便对袁崇焕产生了疑心。

皇太极则利用崇祯的多疑妄动心理，施展借刀杀人的离间计。于是谎称他与袁有密约，故意大声说给部将高鸿中听，让在金营的明朝两位太监听清楚。后来又故意放松看押，让其中的杨姓宦官溜回北京。杨宦官逃回北京，对崇祯细说他在敌营里所听到的袁崇焕已与金主订下盟约之事。皇太极还把这些谎言写在密信上，暗投德胜门和永定门外，这便是京城流言四起的由来。

崇祯听罢杨太监的情报后竟信以为真，不假思索，不经司法审讯，即刻传令将袁崇焕拿下，当众宣布袁崇焕通敌叛国，命锦衣卫将袁投入大狱，未几，凌迟处死于北京西市甘石桥。这个离间计全过程简单得有点离谱，但崇祯却辨不出真伪，竟冤杀大将袁崇焕，自毁长城，灭己锐气，敌国称快。后来清朝史臣谈论此事，认为崇祯"年少昏聩"，误杀忠良，"自崇焕死，边事更加无人"（《明史》），从此后金的兵锋所至"如入无人之境了"。

崇祯十七年（1644年）三月十七日，李自成率义军攻到北京城下，此时崇祯始知大势已去。三月十九日清晨，闯王的义军从彰义门杀入内城。崇祯闻报，急令传各部大臣进宫，但无一人应召。这位孤家寡人便慌忙与贴身太监王承恩登上煤山（今景山），远望城外和彰义门一带连天烽火，喊杀声不绝于耳，不觉心惊肉跳起来，一时没了主心骨。接着又匆匆返回乾清宫写下诏书，命成国公朱纯臣统领诸军并辅弼太子。又命周皇后、袁贵妃和三个儿子入宫，叮嘱后事。他先对周皇后说："你是国母，理应殉国。"皇后泣曰："臣妾跟从今上十八年，陛下没有听过妾一句话，以致有今日耳。陛下命妾死，妾怎能不死？"言毕解带自缢而亡。随后与袁贵妃拜别说："你也随皇后去吧。"袁投环自缢。接着又砍杀自己15岁的长女长平公主，流着泪说："尔为何要降生到帝王家啊！"说罢取左袖遮脸，右手拔出刀狠劈下去。公主本能地举臂自护，结果右臂被砍断，顷刻卧地，呻吟哀号。崇祯见此惨状，浑身哆嗦，再也没有勇气砍杀女儿了。然后他咬破手指写了一封给李自成的血书，大意是说自己所以有今天，都是被臣下所误。现在死了更无脸到九泉下见祖宗，只有取下皇冠，披发遮面，任尔等分割尸身，千万不要伤害黎民百姓云云。他将血书藏入衣襟，慌忙再登煤山，自缢于一株老槐树上。

具有讽刺意味的是血书从反面揭示出他死不认账的心态，对自己的过错没有丝毫的反省和检讨，国家行将灭亡之时，他才感觉到不要伤害黎民百姓的重要性，而且又是忠告李自成的，更暴露了他"恤民疾苦"说教的虚伪性。传统的史学精髓在于臧否历史人物时多取"盖棺定论"的方法。三百年后审视晚明的这段历史，崇祯虽不是荒淫的暴君，然而以他的猜疑轻信、刚愎自用的悲剧性格，确实是位不合格的帝王，如果不是他操持国柄的话，晚明的历史也许是另一种写法。

【康熙为什么30多年不葬祖母孝庄皇太后】

高 阳

选立6岁的福临继承皇位，自然是由于孝庄太后之故。

孝庄与多尔衮的关系，为清初之大疑案之一。疑云之起，由于张煌言（苍水）的两首七绝，题为"建夷宫词"，收入《奇云草》。"建夷"者，建州之夷，为遗民对新朝的称呼。诗云：

上寿觞为合卺尊，慈宁宫里烂盈门。

春官昨进新仪注，大礼恭逢太后婚。

掖庭犹说册阏氏，妙选孀闺作母仪。

椒寝梦回云雨散，错将虾子作龙儿。

此诗系年庚寅，为顺治七年。天下哄传，太后下嫁摄政王。孟心史先生曾作考证，力辟其非实。相传孝庄后下嫁，曾有"誊黄"的恩诏，但孟心史遍检旧籍而无有；又欲得"不下嫁之坚证"，最后读《朝鲜李朝实录》，方有确证，其言如此：

私念清初果以太后下嫁之故，尊摄政王为"皇父"，必有颁诏告谕之文；在国内或为后世列帝所隐灭，朝鲜乃属国，朝贡庆贺之使，岁必数来，颁诏之使，中朝亦无一次不与国内降敕时同遣。不得于中国官书者，必得于彼之实录中。着意翻检，设使无此诏，当可信为无此事。既遍检顺治初年《李朝实录》，固无清太后下嫁之诏，而更有确证其无此事者，急录之以为定断，世间浮言可息矣。

朝鲜仁祖李倧实录：二十七年己丑，即清世祖顺治六年，二月壬寅，上曰："清国咨文中，有'皇父'摄政王之语，此何举措？"金自点曰："臣问于来使，则答曰：今则去叔字。朝贺之事，与皇帝一体云。"郑太和曰："敕中虽无此语，似是已为太上矣。"上曰："然则二帝矣。"以此知朝鲜并无太后下嫁之说。使臣向朝鲜说明"皇父"字义，亦无太后下嫁之言。是当时无是事也。

虽无太后下嫁摄政王的事实，但极可能有孝庄与多尔衮相恋的事实。（清朝创业两帝，皆得力于政治婚姻。太宗孝端、孝庄两后母家博尔济吉特氏，为国戚第一家，累世结姻，关系尤重，不可不作一介绍。）博尔济吉特氏为元朝皇室之后，属于内蒙古哲里木盟，共四部十旗，计科尔沁六旗、札赉特一旗、杜尔伯特一旗、郭尔罗斯二旗，当今辽宁北部、黑龙江南部，以洮南为中心，东至伯都纳，西至热河、察哈尔交界，北至索伦，南至铁岭，皆其牧地。博尔济吉特氏即为科尔沁部，向来以右翼中旗为盟长，称号为札萨克汗。

孝端皇后之父名莽古斯，为科尔沁六旗中一旗之长。此族早已附清，太祖一妃，即康熙接位册封为"皇曾祖寿康太妃"者，为科尔沁贝勒孔果尔之女；孔果尔后封札萨克多罗冰图郡王，成为科尔沁六旗的盟长。

清朝与博尔济吉特氏始通婚姻，在万历四十二年甲寅，即莽古斯以女归太宗。天聪七年，莽古斯已殁，其妻称为科尔沁大妃，携子塞桑、塞桑长子吴克善，以及吴克善的妹夫满珠礼等来会亲，进一步大结婚姻。但行辈错乱，如太祖之于叶赫一族，亲戚关系变得极其复杂，《清列朝后妃传稿·太宗孝端文皇后传》载：

天聪间后母科尔沁大妃……数来朝，帝迎劳锡赉之甚厚。贝勒多铎聘大妃女，为皇弟多尔衮娶其妹，吴克善子亦尚公主。

大妃之女即孝端之妹，多铎为太宗之弟，昆季而为连襟，自无足异；为多尔衮娶"其妹"者，大妃之妹，亦即孝端的姨母，多尔衮成为其嫂之姨丈，凭空长了一辈。吴克善为孝端的内侄，其子为内侄孙，尚公主则成为女婿，此亦是凭空长了一辈。

与此同时，塞桑之女，吴克善之妹，亦即孝端的侄女，为太宗纳为妃，即孝庄后。崇德元年，建五宫，孝端称"清宁中宫后"；孝庄为"永福宫庄妃"；而孝庄另有一姊，则早于天命十年即归于太宗，封为"关雎宫宸妃"。宸妃有孕，崇德二年七月生皇八子，以其为正式建元后所生第一子，因而以诞生太子之例举行大赦，但旋即夭殇；半年后，亦即崇德三年正月，孝庄生皇九子，即为世祖福临。宸妃之子不殇，自应为皇位之继承人。但我以为不尽然，即因多尔衮与孝庄有特殊感情。

孝庄后崩于康熙二十六年，年七十五，则是生于万历四十一年癸丑。《清史稿》说她"于天命十年二月来归"，计年不过十三，度当时情事，不过依姑而居，"待年"择配，本不必于此时即定为太宗妾媵。至多尔衮殁于顺治七年，年三十九，则应生于万历四十年壬子，长孝庄1岁。当太祖崩于瑷鸡堡，四大贝勒逼迫大妃身殉，两幼子多尔衮、多铎由太宗抚养，其时多尔衮15岁、孝庄14岁，年岁相当，滋生情愫，是极可能的事。我甚至怀疑，多尔衮与孝庄的这段恋情，至死未已。孟心史《太后下嫁考实》云：

蒋录（蒋氏《东华录》的简称；下称王录亦即王氏《东华录》的简略）于议摄政王罪状之文，有王录所无之语云"自称皇父摄政王"，又亲到皇宫内院。又云：凡批示本章，概用"皇父摄政王之旨"，不用"皇上之旨"；又悖理入生母于太庙。其末又云：罢追封、撤庙享，停其恩赦。此为后实录削除隆礼，不见字样之一贯方法。但"亲到皇宫内院"一句最可疑；然虽可疑只可疑其曾渎乱宫廷，绝非如世传之太后大婚，且有大婚典礼之文，布告天下也。夫渎乱之事，何必即为太后之事？

心史先生的考证，推理谨严，但上引最后一句，不免强词夺理，如反问一句："安知必非太后之事？"恐心史先生亦将语塞。事实上从年岁相当，以及同养于宫中、朝夕相共的情况来说，多尔衮"亲到皇宫内院"，为了孝庄的可能性，大于其他可能性。此外如心史先生所指出的自称"皇父摄政王"，以及孝庄后崩后愿别葬，似皆非无故。关于"皇父"之说，胡适之先生于读"考实"后有一函致心史先生云：

读后终不免一个感想，即是终未能完全解释"皇父"之称之理由。

《朝鲜实录》所记，但云"臣问于来使"，来使当然不能不作模棱之语，所云"今则去叔字"，似亦是所答非所问。单凭此一条问答，似仍未能完全证明无下嫁之事，只能证明在诏敕官书与使节辞令中，无太后下嫁之文而已。鄙意绝非轻信传说，终嫌"皇父"之称，但不能视为与"尚父、仲父"一例。

心史先生复函，词锋犀利，以为：

夫以国无明文之暧昧，吾辈今日固无从曲为辩证。但中菁之言，本所不道，辩者为多事，传者亦太不阙疑。此为别一事，不入鄙作考实之内。唯因摄政王既未婚于太后，设有暧昧，必不称皇父以自暴其恶。故知公然称皇父，既未下嫁，即亦并无暧昧也。

如心史先生所言，我谈此段即是"多事"，但"不做无益之事，何以遣有涯之生"，世事真相，常由多事而来。心史先生对多尔衮颇有好感，故确信其有完美的人格；而我的看法不然，如考证多尔衮与豪格争权的真相，结论是多尔衮对皇位非不欲也，乃不能也，非如心史先生所说，多尔衮能"自守臣节"。至谓多尔衮与孝庄若有暧昧，"必不称皇父以自暴其恶"，此是以"君子"之心度"小人"之腹；多尔衮没有读多少汉文，于名教礼义，并无多大了解，何尝以为与太后有暧昧即为恶行？倘非如此，何至于杀胞侄而又霸占侄媳？彭长庚比多尔衮为周公，济尔哈朗驳之云："多尔衮图肃亲王元妃，又以一妃与英亲王；周公曾有此行乎？"如此悍然无忌的乱伦，难道不是"自暴其恶"？

复次，关于孝庄别葬昭西陵一事，尤出情理之外。《太后下嫁考实》云：

孝庄崩后，不合葬昭陵，别营陵于关内，不得葬奉天，是为昭西陵。

（太宗葬盛京西北十里隆叶山，名昭陵；孝庄葬关内，在盛京之西，故名昭西陵。）世以此指为因下嫁之故，不自安于太宗陵地，乃别葬也。《孝庄后传》，"后自于大渐之日，命圣祖以太宗奉安久，不可为我轻动；况心恋汝父子（指顺治、康熙），当于孝陵（按：顺治孝陵，在遵化昌瑞山，后总称东陵）近地安厝"。世说姑作为官文书藻饰之辞，不足恃以折服横议。但太宗昭陵，已有孝端合葬；第二后之不合葬者，累代有之……不能定为下嫁之证。

这话不错，但心史先生不言孝庄葬于何时，似不免有意闪避。我之所谓"尤出情理之外"者，康熙年间，始终未葬孝庄。

自此而始，到康熙上宾，孝庄梓宫始终浮厝于世祖孝陵之南；直至雍正三年二月十二日，世宗服父丧27个月，"祫祭太庙，释服即吉"时，才动工兴修昭西陵。《雍正实录》载祭告文曰：

钦惟孝庄文皇后，躬备圣德，贻庆垂麻，隆两朝之孝养，开万世之鸿基，及大渐之际，面谕皇考，以昭陵奉安年久，不宜轻动，建造北城，必近孝陵。叮咛再三，我皇考恭奉慈旨。二十七年四月己酉，上启銮奉大行太皇太后梓宫诣山陵，辛酉奉安大行太皇太后梓宫于享殿。甲子，上诣暂安奉殿内恭视大行太皇太后梓宫；封掩毕，奠酒恸哭，良久始出。

为什么38年不葬？且先看《康熙实录》在孝庄崩后不久的一道上谕：

伏思慈宁宫之东，新建宫五间，太皇太后在日，屡曾向朕称善，乃未及久居，遽尔升遐。今于孝陵近地，择吉修建暂安奉殿，即将此宫拆运于所择吉处，毋致缺损。着拣选部院贤能官员往敬谨料理。天气甚寒，务期基址坚固，工程完备。尔等即传谕行。

慈宁宫在养心殿之西，乾隆十六年曾经重修，所以原来"新建宫五间"的遗址，已无迹可寻。又《康熙实录》：

择地于孝陵之南，为暂安奉殿，历三十余年。我皇考历数绵长，子孙蕃衍；且海宇升平，兆人康阜，胤禛祗绍丕承，夙夜思维，古合葬之礼，原无定制，神灵所通，不问远近；因时制宜，唯义所在。即暂安奉殿，建为昭西陵，以定万年之宅兆。

据此可知，昭西陵之名，是到了雍正三年才有的。在康熙年间，并未为孝庄修陵。中国传统的丧礼，"入土为安"；康熙30多年不葬祖母，这一层道理，始终是说不过去的，然则其有迫不得已的隐衷，灼然可见。

康熙之孝顺祖母，不独自有帝皇以来所未有，即平常百姓家亦罕见，但细参实录，辄有微觉不近人情之感，如孝庄崩后，必欲于宫中独行三年之丧；以及康熙二十八年岁暮，去孝庄之崩将近2年，三年之丧以27个月计算，亦将届满，而赵执信、洪昇竟因"非时演剧"被斥逐（《柏台故事》），处分过苛，与康熙的个性不符等，予人的感觉是，纯孝之外，似乎康熙对祖母怀有一份非常浓重的咎歉，渴思有所弥补。

这份咎歉，实即康熙不可告人的隐痛。然则他的隐痛是什么？是孝庄绝不可与太宗合葬；而所以造成不可合葬的原因，在于安太宗之遗孤、存太宗之血食。孝庄不独无负于太宗，且当为太宗谅解及感激于泉下；但怵于世俗礼法，竟不得与太宗同穴，自为莫大之委屈，且此委屈又不得有片言只字的申诉，则在孝庄实负不白之奇冤。康熙知其故而不能言；贵为天子，富有四海，权力可以决定任何人的生死贵贱，独独对祖母的奇冤无法昭雪，则康熙隐痛之十百倍于常人，亦可想而知。

这到底是怎么回事呢？多尔衮固曾祔庙上谥，称"成宗义皇帝"；生前虽无称帝之名，而有为帝之实，应亦可算作"清朝的皇帝"之一。

蒋氏《东华录》顺治七年八月载：

上孝烈武皇后尊谥曰"孝烈恭敏献哲仁和赞天俪圣武皇后"，祔享太庙，颁诏大赦。内阁旧档："奉天承运皇帝诏曰：徽音端范，饬内治于当年；坤则贻庥，协鸣名于万禩。典章具在，孝享宜崇。钦惟皇祖妣皇后，先赞太祖，成开辟之丰功；默佑先皇，扩缵承之大业。笃生皇父摄政王，性成圣哲，扶翊眇躬，临御万方，溯重闱之厚德；绥宁兆姓，遵京室之遗谋。庆泽洪被于后昆，礼制必隆于庙祀。仰成先志，俯顺舆情，于顺治七年七月二十六日，祗告天地……"

此孝烈皇后即太祖的大妃、多尔衮的生母，以逼殉之故，谥之曰"烈"。

按："孝烈皇后"祔享太庙，颁诏大赦，既称"皇祖妣皇后"，又称"笃生皇父摄政王"，则是世祖竟视多尔衮为父，为太上皇。此为传说"太后下嫁"的由来。我不信有此说的原因如下：

首先，以情理而论，孝庄绝不会主动表示要嫁多尔衮；若有此事，必是多尔衮逼嫁。然则多尔衮逼嫁孝庄的目的何在？倘因情之故，自当体谅孝庄的处境，绝不可出此令天下后世讥笑的怪事；若以为太后下嫁，多尔衮便成皇帝的继父，而获"皇父"之称，则何不索性自立，既立而纳孝庄，岂不比逼嫁更为省事？

其次，倘谓太后下嫁而有恩诏，则"誊黄"必遍及于穷乡僻壤，遗民的诗文中一定会有记载，必不至于只有张苍水那两首诗的一个"孤证"。

然则"皇父"之称又何自来？多尔衮为什么要用这种奇特的方式？我的推论是，世祖可能为多尔衮的私生子。而当太宗既崩，多尔衮大权在握，尤其是"一片石"大败李自成，首先入关，占领北京，清朝天下可说是多尔衮打成功的，如心史先生所说，"清入关创业，为多尔衮一手所为"，能为帝而不为，"以翼戴冲人自任"者，我有一个解释：由此而确立父死子继的皇位继承制度。

此话怎讲？不妨先回溯太祖崩后的情况：太祖遗命，国事"共主"；太宗初期亦确是如此。后以代善父子拥立而定于一尊，基本上是违反太祖遗命的。如果多尔衮废世祖而自立，那就形成了兄终弟及的局面，将来谁能取得皇位，视其功劳地位而定，同时他亦无子可传。但如"翼戴冲人"，则父死子继的制度可以确立不移；他本人虽未称帝，不过由于世祖实际上是他所生，那么，子子孙孙皆为清朝的皇帝了。这就跟明朝的帝系由孝宗转入兴献帝的情况一样。照中国传统的传说，子孙上祭，冥冥中只有生父可享，所以多尔衮不做皇帝，反能血食千秋。

【《尼布楚条约》是如何签订的】

赵　宣

1689 年，中国与沙皇俄国签订了《尼布楚条约》，规定了中国对黑龙江流域及库页岛在内的广大领土的主权。但是与中国相隔万里的沙皇俄国是怎样来到东方的？沙俄是怎样同清政府谈判的？清政府为什么在尼布楚谈判时作出了让步……

黑龙江、乌苏里江流域自古以来就是中国领土。秦汉以后各朝均在此设官统辖。清朝建立之后，继续对这一地区行使管辖权，加强统治。除设盛京将军（驻今辽宁沈阳）、宁古塔将军（驻今黑龙江宁安）和黑龙江将军（驻今黑龙江瑷珲）外，还把当地居民编为八旗。与此同时，还加强了吉林、黑龙江将军对所辖各镇的管理，在沿江重要地区建立船厂、设置仓屯，陆上开辟台站驿道，发展水陆交通运输，进一步加强了边境地区与内地的政治、经济和文化联系。

沙俄东扩

俄国直至 16 世纪时，仍是欧洲一个不大的封建农奴制国家，同中国相隔万里。沙俄统治者逐步对外侵略扩张，明崇祯五年（1632 年），沙俄扩张至西伯利亚东部的勒拿河流域后，建立雅库次克城，作为南下侵略中国的主要基地。从此，它便不断地派遣武装人员入侵中国黑龙江流域。

明崇祯十六年（1643 年）夏，沙俄雅库次克长官戈洛文派波雅科夫率兵 132 人沿勒拿河下行南侵，于这年冬天越过外兴安岭，侵入中国领土。十一月，这些侵略者到达精奇哩江（今结雅河）中游达斡尔头人多普蒂乌尔的辖地后，四处抢掠，灭绝人性地杀食达斡尔族人，被黑龙江地区人民称为"吃人恶魔"。次年夏初，精奇哩江解冻后，这伙匪徒闯入我国东北部最大的内河黑龙江，沿途遭到我国各族人民的抗击。

清顺治三年（1646 年），波雅科夫率领残部经马亚河、阿尔丹河进入勒拿河，逃回雅库次克。波雅科夫回去后扬言，只要派兵 300 名，修上 3 个堡寨，就能征服黑龙江。波雅科夫带回的有关黑龙江流域的情报和他提出的武力侵入黑龙江流域的打算，引起了沙俄当局的重视和赞许。顺治六年（1649 年），雅库次克长官派哈巴罗夫率兵 70 名，从雅库次克出发，于这年末侵入黑龙江，强占我国达斡尔头人拉夫凯的辖区，其中包括达斡尔头人阿尔巴亚的驻地雅克萨城寨（今黑龙江左岸阿尔巴金诺），遭到当地人民的抵抗。哈巴罗夫将同伙交由斯捷潘诺夫率领，自己回雅库次克求援。次年夏末，哈巴罗夫率领 138 名亡命之徒，携 3 门火炮和一些枪支弹药，再次侵入黑龙江，强占雅克萨城，不断派人四处袭击达斡尔居民，捕捉人质，掳掠妇女，杀人放火。九月底，哈巴罗夫又率领侵略军 200 余人，侵入黑龙江下游乌扎拉河口（今宏加里河）我国赫哲人聚居的乌扎拉村，强占城寨，蹂躏当地居民。英勇的赫哲人民奋起抗击，并请求清政府予以支援。顺治九年（1652 年）二月，清政府令宁古塔章京（官名）海包率所部进击，战于乌扎拉村，打死沙俄侵略者 10 人，打伤 78 人。清顺治十五年（1658 年）六月，宁古塔都统沙尔瑚达率战舰 40 艘同侵略军激战于松花江下游，歼敌 270 人。顺治十七年（1660 年）宁古塔将军巴海率水军破敌于古法坛村，斩首 60 余级，溺水死者甚众。

雅克萨之战

经过中国军民的多次打击，侵入我国黑龙江流域的俄国侵略军一度被肃清。后来，沙俄侵略势力又到雅克萨筑城盘踞。清政府虽多次警告，都无济于事。在同沙俄的长期交涉中，清帝看到，若非"创以兵威，则罔知惩畏"，于是决意征剿。同时也认识到，"昔发兵进讨，未获剪除"的原因：一是黑龙江一带没有驻兵，从宁古塔出兵反击，每次都因粮储不足而停止；二是沙俄侵略军虽为数不多，但由于"筑室散处，耕种自给"，加上尼布楚人与之贸易，故使其得以生存。于是造成我进彼退、我退彼进，"用兵不已，边民不安"的局面。

针对这种情况，清朝康熙皇帝"采取恩威并用、剿抚兼施"的方略，即发兵扼其来往之路，屯兵永戍黑龙江，建立城寨，与之对垒，进而取其田禾，使之自困，同时再辅以严正警告。如果侵略军仍执迷不悟，则坚决予以歼灭。为此，康熙采取了一系列措施，加强边防建设，准备剿灭沙俄侵略军：侦察地形敌情，派兵割掉侵略军在雅克萨附近种植的庄稼，又令蒙古车臣汗断绝与俄人的贸易，以困惫和封锁侵略者；屯戍要地，康熙二十一年（1682 年）十二月，决定调乌喇（今吉林市北）、宁古塔兵 1500 人往黑龙江城一带，驻扎瑷珲、呼玛尔（今呼玛南）。后鉴于两处距雅克萨路途遥远，令呼玛尔兵改驻额苏里（今俄罗斯沃特德内西南）。次年七月，宁古塔副都统萨布素率军进驻额苏里。九月，确定在瑷珲筑城永戍，预备炮具、船舰，同时派乌喇、宁古塔兵五六百人、达呼尔（今黑龙江嫩江县境）兵四五百人，调往瑷珲一带；修整战具，设置驿站，运储军需。这些措施，适合当时东北边防斗争的需要和特点。

黑龙江至外兴安岭地区距东北腹地遥隔数千里，同沙俄这样的入侵者斗争，单靠当地人民的部落武装是无法制止其侵略的，必须筹划全边，扼要屯兵戍卫，在适当地点控制一定兵力作机动，才能对付沙俄飘忽不定的反复侵扰。为此，需要建立相当数量的驿站和粮站，开辟水陆交通线和筹集运输工具，从而保障反击作战的胜利，并在反击胜利后建立一条较完整的边界防守线，以有利于长期的边防斗争。

康熙二十二年（1683年）九月，清勒令盘踞在雅克萨等地的沙俄侵略军撤离清领土。侵略军不予理睬，反而率兵窜至瑷珲劫掠，清将萨布素将其击败，并将黑龙江下游侵略军建立的据点均予焚毁，使雅克萨成为孤城，但侵略军负隅顽抗。康熙二十四年（1685年）正月二十三日，为了彻底消除沙俄侵略，康熙命都统彭春赴瑷珲，负责收复雅克萨。

四月，清军约3000人在彭春统率下，携战舰、火炮和刀矛、盾牌等兵器，从瑷珲出发，分水陆两路向雅克萨开进。五月二十二日抵达雅克萨城下，当即向侵略军头目托尔布津发出通牒。托尔布津恃巢穴坚固，有兵450人，炮3门，鸟枪300支，拒不从命。清军于五月二十三日分水陆两路列营攻击。陆师布于城南，集战船于城东南，列炮于城北。二十五日黎明，清军发炮轰击，侵略军伤亡甚重，势不能支。托尔布津乞降，遣使要求在保留武装的条件下撤离雅克萨。经彭春同意后，俄军撤至尼布楚（今俄罗斯涅尔琴斯克）。清军赶走侵略军后，平毁雅克萨城，即行回师，留部分兵力驻守瑷珲，另派兵在瑷珲、墨尔根（今黑龙江嫩江）屯田，加强黑龙江一带防务。

沙俄侵略军被迫撤离雅克萨后，贼心不死，继续拼凑兵力，图谋再犯。康熙二十四年（1685年）秋，莫斯科派兵600人增援尼布楚。当获知清军撤走时，侵略军头目托尔布津率大批沙俄侵略军再次窜到雅克萨。俄军这一背信弃义的行为引起清政府的极大愤慨。次年初，康熙接到奏报，即下令反击。

七月二十四日，清军两千多人进抵雅克萨城下，将城围困起来，勒令沙俄侵略军投降。托尔布津不理。八月，清军开始攻城，托尔布津中弹身亡，改由杯敦代行指挥，继续顽抗。八月二十五日，清军考虑到沙俄侵略者死守雅克萨，必待援兵，且考虑隆冬冰合后，舰船行动、马匹粮秣等不便，于是在雅克萨城的南、北、东三面掘壕围困，在城西河上派战舰巡逻，切断守敌外援。侵略军被围困近年，战死病死很多，826名侵略军最后只剩66人。雅克萨城旦夕可下，沙皇彼得大帝急忙向清请求撤围，遣使议定边界。1686年2月以沙俄御前大臣戈洛文为首的俄国谈判使团离莫斯科东来，随行军队500余人；在行前，彼得大帝加授戈洛文以勃良斯克总督衔，赋予他指挥西伯利亚俄军的广泛权力；途中戈洛文又增募哥萨克1400余人，根据彼得大帝训令，使团在中国不接受谈判条件时可采取军事行动。

尼布楚谈判

1689年8月，中俄双方代表集中到中俄交界处的尼布楚城，展开一场针锋相对的外交谈判。8月22日，中国钦差大臣索额图和俄国首席代表戈洛文各带40名随员和260名卫兵来到谈判地点。谈判地点设在距双方驻地各5里的地方，在那里搭起两座紧连在一起的大帐篷。

戈洛文提出以黑龙江为界，河北岸划归俄罗斯帝国，南岸属于清帝国。索额图根据史实，说明黑龙江两岸一直是中国领土，是俄国强行占领了中国的土地，要求归还尼布楚和雅克萨等地，以勒拿河与贝加尔湖为中俄两国国界。双方各不相让，谈判进入僵局。

考虑到当时中国国内的噶尔丹叛乱，为避免沙俄与噶尔丹勾结，清廷在谈判中作出让步，同意将贝加尔湖以东的原属蒙古茂明安部的领地让与沙俄。尼布楚周围的居民由于不堪忍受沙皇的残暴统治，纷纷起义，并要求与清朝使团联合进攻尼布楚。戈洛文发了慌，于是同意中俄边界以额尔古纳河和格尔必齐河为界，再沿外兴安岭向东直到海边。河东岭南归中国，河西岭北归俄国，乌第河与外兴安岭之间划为待议地区。俄方保证拆毁雅克萨城堡，把军队撤离中国领土。

1689 年 9 月 7 日，中俄双方举行隆重的签字仪式，索额图和戈洛文先在条约上签字、盖章，然后宣读誓词，相互交换条约。这个条约就是《尼布楚条约》。为表示庆贺，双方互赠礼品，还举行了盛大的宴会。

《尼布楚条约》虽然把原属于中国的一些土地让给了俄国，但这是清政府出于战略上的考虑同意的，是双方商议的结果。所以说，《尼布楚条约》是个平等的条约。此后 150 年间，中俄这段边界一直比较平静。

【雍正为何诏令驱逐传教士】

读书三味

明末清初，西方天主教在中国的活动相当频繁。到康熙末年，各省教徒已达三十多万，拥有教堂三百座以上。雍正元年（1723 年），在福建省福安县，有一个生员教徒宣布弃教，与其他人联合向官府指控教士敛聚地方民财，修建教堂，并且男女混杂，败坏风气。

此事引起了雍正的高度重视，并最终诏令全国驱逐西方传教士。

雍正下达谕旨后，在京传教士上奏，吁请缓行驱逐教士行动。为此，1727 年 7 月 21 日，雍正皇帝在圆明园接见了巴多明、戴进贤、雷孝思等传教士，发表了一番很长的讲话。这番讲话非常有意思，现摘录如下：

伊请朕下令归还所有的教堂，并允许传播尔等的教义，就像父皇在世时那样。请尔等听朕之言：尔等要转告在这里和广州的所有欧洲人，并且要尽快转告他们。即使罗马教皇和各国国王亲临吾朝，尔等提出的要求也会遭到拒绝的。因为这些要求没有道理。假如有道理，尔等一经提出，朕即会赞同。请不要让尔等的国王也卷到这件事中来吧！

朕允许尔等留住京城和广州，允许尔等从这里到广州，又从广州往欧洲通信，这已足够了。不是有好多人控告尔等吗？不过，朕了解尔等是好人。倘若是一位比朕修养差的君主，早就将尔等驱逐出境了。朕会惩罚恶人，会认识谁是好人的。但是，朕不需要传教士，倘若朕派和尚到尔等欧洲各国去，尔等的国王也是不会允许的嘛。

先皇（指康熙）让尔等在各省建立教堂，亦有损圣誉。对此，朕作为一个满洲人，曾竭力反对。朕岂能容许这些有损于先皇声誉的教堂存在？朕岂能帮助尔等引入那种谴责中国教义之教义？岂能像他人一样让此种教义得以推广？尔等错了。尔等人众不过二十，却要攻击其他一切教义。须知尔等所具有的好的东西，中国人的身上也都具有，然尔等也有和中国各种教派一样的荒唐可笑之处。和我们一样，尔等有十诫，这是好的，可是尔等却有一个成为人的神（指耶稣），还有什么永恒的苦和永恒的乐，这是神话，是再荒唐不过的了。

佛像是用来纪念佛，以便敬佛的。人们既不是拜佛，也不是拜木头偶像。佛就是天，或者用尔等的话说，佛就是天主。难道尔等的天主像不也是尔等自己画的吗？佛也有化身，也有转世，这是荒唐的。大多数欧洲人大谈什么天主呀，大谈天主无时不在、无所不在呀，大谈什么天堂、地狱呀等，其实他们也不明白他们所讲的究竟是什么。有谁见过这些？又有谁看不出来这一套只不过是为了欺骗小民的？以后尔等可常来朕前，朕要开导开导尔等。

你看，雍正给人的印象，俨然一位无神论者。尽管他的语气显得和蔼可亲，但柔中带刚、刚柔相济之中所流露出的毅然决然，则是显而易见的。

这就不免让人产生一个疑问：雍正如此坚定地驱逐这些传教士，仅仅因为他们的所作所为一如雍正所说是"欺骗小民"的"荒唐"事吗？或者说，如果仅仅因为某些传教士"敛聚地方民财"的不法行为，何至于把所有的传教士都驱逐呢？

分析雍正的讲话，我们会感到，雍正的话里，有很多弦外之音。也就是说，雍正驱逐西方传教士还有着更为复杂的原因。

原来，在康熙的晚年，因为选择接班人问题，皇子之间曾发生过一场夺位之争。一些传教士卷入其中，并支持雍正的政敌允禩。现在，雍正上台了，能不趁机收拾他们吗？再一个原因就是，在1715年，罗马教皇发布禁约，严禁中国教徒尊孔祭天，康熙也针锋相对地颁发内务府信票，只准承认中国礼仪的教士留在中国。在这个"礼尚往来"关乎国家尊严的问题上，雍正当然也不会含糊。他下令的这场驱逐行动，也可以说是康熙后期清政府与罗马教廷"礼仪之争"的继续。还有一个原因似乎也很关键，那就是基督教宣传人人平等，对君权提出了挑战，而且，这一思想被一些民间秘密反清结社组织所借用，这涉及政权的稳定，对此雍正当然要予以打击和取缔。

显然，在这个时候，雍正接见传教士，可谓正当其时。雍正的讲话无疑就是一场新闻发布会，它表明了清朝政府处理这一问题的立场和态度。有趣的是，了解了这些历史背景,如果你再回过头来看,雍正驱逐西方传教士这些复杂的原因在雍正的讲话里,其实若隐若现地都有所流露,而且,你越品,就越觉得他的话好玩儿。

那么,雍正驱逐西方传教士有没有道理呢?当然有道理。不过,这种对待所有传教士"一刀切"的做法,到鸦片战争前,一直被雍正的子孙们所承袭,客观上无疑也加剧了清朝社会闭关自守的封闭状态,这就难免有些矫枉过正了。

——雍正的讲话摘录于《宋君荣神父北京通信集》

【乾隆惩贪缘何越惩越贪】

冯佐哲

乾隆帝弘历 25 岁登基,在清朝诸帝中不失为一个有政治抱负和有所作为的皇帝。在他统治时期,以其祖康熙为榜样,并吸取了其父雍正的一些统治经验,乾纲独断,事必躬亲,勤于政事,励精图治,在各方面都取得了相当的成就。当时的中国空前统一,社会相对和平安定,经济繁荣发展。可是随着经济的发展,国力的增强,乾隆帝好大喜功、穷兵黩武、生活奢靡的一面也逐渐滋长和暴露出来。整个社会从上到下,日益奢侈成风,达官贵人追求享乐,竞相豪华,纸醉金迷,灯红酒绿,在这种情况下,腐败滋长、泛滥,贪官污吏比比皆是。"督抚藩臬,朋比为奸";"上下关通,营私欺罔"。到了乾隆晚年,他自己也不得不承认:"各省督抚中,廉洁自爱者谅不过十之二三,而防闲不悛者,亦恐不一而足。"

乾隆朝的腐败与清政权的中衰,首先是从吏治败坏开始的,而官吏间的贿赂公行,则是吏治败坏的集中表现。当时人们做官的主要目的就是追求获得名利与更多、更好的物质享受和各种特权。以督抚为首的地方官吏要想在地方上发财,就不得不向中央的京官进行贿通、贡献,而京官平日薪俸较少,要想发财就不得不包庇地方官吏,听任其为所欲为,鱼肉百姓。于是,彼此上下其手,便形成了"无官不贪""无吏不盗"的官僚体系。一般说来,当腐败局面不可收拾,官吏的贪污行为引起了公愤,以致百姓骚动,造成统治不稳时,皇帝也会不惜采取惩处手段,对贪官污吏加以惩罚,希图起到"杀一儆百"的警世作用。据不完全统计,整个清朝二品以上的高官,因贪污、受贿,或数罪并罚而被处以斩刑、绞刑,或被赐自尽者,共计有 41 人,而在乾隆一朝就有 27 人之多,几乎占了全部人数的 67% 左右。至于因贪赃枉法而受到"抄家没产""充军发配""降职罚薪"的官员,为数就更多得多。不能不说乾隆"惩贪"手段是十分严厉的。可是当时情况却是"诛殛愈众,而贪风愈甚"。

从乾隆三十七年(1772 年)至嘉庆四年(1799 年)的 27 年间,几乎没有一年不"惩贪",被揭发出来的地方贪污官员主要有:广西巡抚钱度,四川总督阿尔泰,云贵总督李侍尧,陕甘总督勒尔谨，浙江巡抚王昌吉望、陈辉祖、福崧，山东巡抚国泰、布政使于易简，江西巡抚郝硕、布政使郑源等。

值得注意的是在乾隆统治的中晚期，贪污大案一个接着一个，层出不穷。最显著的就是浙江省的贪污案件，几乎从没有中断过。旧的贪污案件还没处理完毕，新的贪污案件又出来了。个中原因是由于清朝最高统治者乾隆帝的"惩贪"，其心中有一定的尺度。应该惩谁，不惩谁，惩到什么程度，他心里有数。他绝对不会因为"惩贪"、整顿吏治而动摇其自身的统治利益。因此，他只能把"惩贪"限制在他的统治权所需要的范围之内，他不可能触及当时贪污体制的总根子。这个总根子不是别人，就是绝对专制的封建皇帝自己。当然这许许多多的贪污案件也未必全部直接与乾隆以及其得力助手和珅有关。但从本质上却又与封建的专制体制有着千丝万缕，无法分割的联系。也可以说，在乾隆统治的后半期，已经形成了一个以和珅为中心的"贪污网"。长期以来，乾隆只把眼睛对准个别的地方官吏，而没有可能涉及形成贪污腐败的政治体制本身。对于整天伴随在他身边的宠爱和佞幸的嬖臣则存心包庇或回护，自己则实际上乃是腐败的总根源。例如，乾隆帝与和珅为了多捞钱财，曾一起制定了故意对贪官采用"先纵后惩"的办法，即明知某地方官有贪污行为，先不动声色，任其发展，当其贪污数量达到一定程度时，再进行惩治、查抄，籍没其家产，美其名为："宰肥鸭"。

再如，乾隆与和珅共同制定了一个"议罪银"制度，规定官员有"错"或"罪"，可以通过"自愿"交纳一定银两免去惩罚。有鉴于此，许多地方官吏学会了不贪白不贪。如果贪赃罪行未被发现，那就算自己赚了，如果被发现则自认倒霉，于是索性更加肆无忌惮地大肆贪污行贿。这其实就是哄抢行为中的一种从众心理。当官的认为不贪白不贪，所以上行下效。因此，在这种氛围下的所谓"惩贪"与贪风并存，而且愈演愈烈也就不足为怪。和珅之所以能在20多年中为所欲为，恣意贪婪，正是乾隆培养的结果。

乾隆帝本人也知道要教化百姓，稳定民心，必须首先端正官风，要用严猛手段惩治贪官污吏。必须要求各级官吏"端己率属"，吏治不清，人心不古，社会风气败坏的根源在于高官大吏贪腐不廉。孔圣人早就说过："君子之整风，小人之德草，风行草上必偃。"看来道理也并不是难懂。然而毕竟是存在决定意识，而不是意识决定存在。毕竟是社会存在左右着人们的意识。这或许是乾隆反贪，所留给我们的教训。

【洪秀全为何仇视知识分子】

潘旭澜

读太平军资料，有个现象引人注意：有文化的人很少参加，极少数参加的，几乎没有贯穿始终。这既归根于首要领导人洪秀全，也符合太平军兴亡的历史逻辑。

兴兵初期　少有文人跟从

洪秀全和冯云山，虽然在家乡广东竭力宣传，但在比较开放、比较有文化的广东，他那些只能蒙骗小孩甚至莫名其妙、不知所云的"天话"，不会有什么市场。更何况，洪秀全此时为人怪诞、名声很差，不可能赢得多少同乡的信从。因为无法立足，最后洪秀全只好转到广西深山。由于冯云山多年锲而不舍、艰苦细致的努力，才吸收了一批信徒，结果，"读书明白之士子不从，从者俱是农夫之家，寒苦之家"。

公开造反初期，读书人参与的，除共同策划"立国"的冯云山、石达开外，还有其他很少的几个人：卢贤拔、曾钊扬、黄玉昆、赖汉英、何震川、曾水源、黄再兴等。他们有的是主动参加，有的是因亲戚牵连而参加，有的是被裹胁而不得不参加。读书人一则有传统文化的正负面影响，二则有基本的人生社会常识，难于无保留地信从荒诞胡说。这正是洪秀全所讨厌、所忌讳的。他不但要成为政治、宗教的权威，还要成为文化上的权威。于是，有文化者的命运就可想而知了。

从宗教和功劳而言，明明应当成为第二号人物的冯云山被压到第四号，原因固然很多，但洪秀全的偏见是决定性因素。不然，即使因现实需要而提杨秀清于冯云山之上，也不应再让萧朝贵也居于冯云山之上。作为参与策划"立国"的石达开，如果讲能力，可以排在第二三位，结果被排在第六位。

洪秀全在排座次中明显地贬抑有文化者的思想意识，当然会得到杨秀清等无文化之人的赞同，于是成了太平军的用人原则。这样一来杨秀清当然也大力实行蒙昧主义。他要所有部下绝对服从，盲目服从，不要你明白的不可明白，不要你知道的不可知道，以便于他提高权势和实行种种暗箱操作。于是，最初参加造反的其他几个通文墨的人，在太平军攻占南京之后不几年里，要么逃之夭夭，要么被杀掉。下面分别说说。

军中文人难有善终

卢贤拔。造反之初，人们称之为卢先生。他与杨秀清是亲戚，又为洪秀全写过不少东西，重要典章制度也由他奏请施行。到南京不久，调到东王府任职，提升很快。在调东王府之前，曾请杨秀清假借"天父下凡"，阻止洪秀全焚烧四书五经。进东王府后，又用老办法，说是"千古流传之书不可毁弃"，制止洪秀全毁尽古书。这时，他已被封为镇国侯，第九号人物。

就在制止洪秀全毁尽古书之后不久，因与妻子同宿，犯了"天条"当斩。由于杨秀清力保，"革职戴罪立功"。"天父下凡"说古书不可尽毁，但洪秀全又不甘心让"妖言"流传，就成立删书衙并且亲自抓，并让卢到删书衙删改五经，并且主持编纂"太平天国"史。因此，卢没有卷入后来的太平军最高层内讧，也就没有被作为杨党而消灭。

随后，他还是尽快出城逃离南京，不知去向。当然是鉴于内讧的残酷，自身全无安全感，同时也是对太平军的绝望。

曾钊扬。乡村私塾教师，随其叔父曾水源参加造反。参与太平军早期檄文的写作，后来改为记述天王言行。1853年底，升到天官副丞相。在东王府理事。他对杨秀清的心腹侯谦芳很看不惯，所以删书衙成立后，主动要求从东王府调去这个无实权单位。

曾钊扬对诸王的品性比较了解，也有清醒的看法。在韦昌辉被杨秀清打了数百大板却十分恭顺逢迎的表演结束后，他明确向熟人说："北王阴恶而残刻，今扶之而不怒，其心叵测。"非议的是韦昌辉，却犯了杨秀清的忌。杨秀清极忌有人道破最高层矛盾的真相，尤其是诸王中貌服心不满的底蕴，于是在1855年3月，假托"天父"名义，给他一个"不杀为奴"的惩处。三个月后，又杀了他叔父曾水源，他因不在东王府了，逃过一劫。

他对石达开较尊敬，两人关系较好。洪杨内讧、石达开被逼出走后，他向洪秀全要求去劝说石达开回南京。得到洪准许后，根本没有去找石达开，而是借机跑得不知去向。他是深受杨秀清迫害之人，洪杨内讧后不存在个人安全问题，出走全然是对洪秀全和太平军不抱任何幻想。

何震川。与前两人同为太平军中主要笔杆子，而只有他是秀才。他去应北闱乡试时，写了文章到处送给两广籍京官看，文中多有不满清廷之言，人家看了都怕。没有中举人，就更加愤懑。太平军造反时，一家二十几口都参加了，不多久，家人大多死于战争中。他起初为洪秀全写诏旨，后来专门记录洪起居。太平军攻下南京时，他知道洪、杨的真实心思，带头写《建天京于金陵论》，很是风光。洪杨内讧之后，对太平军前途完全丧失信心，借口到安徽帮助陈玉成，逃得不知去向。

曾水源。造反前是私塾教师，写文章小有名气。金田起义之初，一直在洪秀全、杨秀清身边，代拟诏书，批答奏章。进南京后，一直在东王府理事，一年里几次升官，做到天官正丞相。1855年，看到东府里的女官"极为仓促"，也就是行动或神态很紧张很不正常；又听到女官说"东王若升天，你们为官的都难了"，这是可能了解到杨秀清"金体违和"——生病的底蕴。杨就假托"天父下凡"，将他杀掉，尽管他并没有扩散。曾水源这么一个笔杆子，就这样飞来横祸，成为权力斗争的牺牲品，罪名竟是什么"敢在府门用眼看"！尤其骇人听闻的，连他儿子曾启彬也一起被杀了。要是他侄儿曾钊扬仍在东王府理事，就会多一个枉死鬼。

除上面几人外，赖汉英、黄玉昆、黄再兴等为太平天国的发展壮大作出重大贡献的人，也同样非死即逃，无一善终。

屡试不中　造成洪心理变态

洪秀全对待有文化者的态度，决定了太平军的人员构成。他自己和太平军的方针和行为，明显地将有文化者置于对立乃至你死我活的位置。所以，公开造反之后，只有少数读书人参加。太平军即将或者刚刚占领某地之时，读书人便设法逃走。有些无法逃走的，宁愿自杀，也不为之效劳。当太平军需要一些识字的人做统治工具，在南京初次招考时，告示竟说，通文墨而不应考者斩首不留。然而，纵然出了这种极为凶暴的公告，偌大南京，被屠刀赶进考场的，也只有三十多人。其中几个，如郑之侨、夏宗铣等人，特意借试卷痛骂或发泄敌对情绪，他们明知这样做会被杀被碟也在所不顾，比不应考更决绝更勇烈。后来，为庆祝诸王生日，也再举办过几次文、武会试，湖北、安徽、福建、苏福（江苏）、浙江还举办过乡试。武科中试者一律回原衙听候调用，文科则更不当一回事，诱骗或胁迫一些人去热闹一阵，也就作罢。

洪秀全对有文化者的态度，是他性格、经历和地位造成的。一个极端自负、十分狂妄的人，从14岁到30岁，先后4次，考不上区区秀才。第三次没考上就已经身心交瘁，半真半假病了一场。第四次还考不上，在冯云山促进下决心造反。这样的老童生，这样的造反者，对科举、对读书人的心理反弹之猛烈，是一般人所难以想象的。他的造反宣传，"读书明白"之人绝大多数又嗤之以鼻，对他更是火上浇油。从这个事实，他更深切体会到，不读书不识字的贫民和游民，才是他造反可以利用的最好又最广泛的资源。

一些共同策划"立国"或较早参加拜上帝会的读书人，有一些基本的是非标准，有各种各样的想法和看法，总是要表达或流露出来，教规教条虽多且严也难以禁绝，妨碍他成为思想文化的绝对权威，所以，意识和潜意识中总或多或少地将这些人视为异己。冯云山之被排名第四，石达开之不能封义王，卢贤拔等人要安排到删书衙用其一技之长，原因固然很多，但其中一条就是他们是读过书的人，很难甚至不可能成为纯粹的奴才或没有思想的工具。

少数有文化的人参加了太平军，没有一个有好下场。

他们喝下自身参与酿成的苦酒。这不但是他们少数人的悲剧，更是恶质文化毁灭太平军占领区原有文化的历史灾难。随着诸子百家之被禁绝，极少数有文化的人或死或走，广袤的大地上只有一片混沌。

【谁埋葬了北洋水师】

余岳桐

真正的战争，永远发生在战争开始之前

在中国，人们都知道，是日本的联合舰队打败了北洋水师，是慈禧太后挪用海军经费造园子，致使邓世昌的炮弹打不响！可是，金一南的军事随笔《军人生来为战胜》

告诉我们：

就经费方面来讲，清政府投入海军的经费一点也不比当时日本投入的少！日本政府从1868年到1894年26年间每年投入海军经费合计白银230万两，相当于同期清政府对海军经费投入的60%！

就硬件装备方面来讲，北洋舰队的装甲数量和质量都超过了日本联合舰队。北洋舰队的定远、镇远两艘铁甲舰堪称当时亚洲最令人生畏的铁甲堡式铁甲军舰，在世界也处于领先水平。清朝政府正是基于这种力量对比，才毅然对日宣战。

因此，仅从武器装备、经费投入等方面来看，日本联合舰队要战胜中国北洋舰队是困难的。但结果却是，庞大的北洋舰队全军覆没，日本联合舰队却一艘未沉！"巨额军饷堆砌起来的一流的海军不经一战，原因何在？到底是谁埋葬了北洋舰队？"金一南先生发问了。

一、真正的战争，永远发生在战争开始之前！失败往往首先从内部开始。

清政府的专制体制及其必然带来的政治和经济的腐败。从身居要位的历届海军大臣，到北洋舰队普通的一员，大家首先考虑的不是民族国家和军队的利益，而是个人的利害。再强大的部队，也难以抵御这种腐败的侵蚀。随着满族贵族中央政权的衰弱，汉族官僚李鸿章等人纷纷崛起。他们办洋务、兴局厂、练新军，轰轰烈烈。在相当一部分清朝权贵们看来，北洋水师就是李鸿章的个人资本。因此，朝臣们为了削弱李鸿章，不惜削弱北洋海军！限制北洋海军就是限制李鸿章，打击北洋海军就是打击李鸿章。户部尚书翁同龢，以太后修园为借口，连续两年停止发放海军装备购置费，以限制李鸿章。后来恭亲王失势，李鸿章失去台柱，更加势薄力单。他不得不与醇亲王以及各位满族朝臣和好，满足醇亲王挪用海军经费（实际上削减海军实力）的要求。而李鸿章实则欲借海军重新获得一片政治庇荫。就是这样一些人在掌握着北洋海军的命运。1888年北洋水师成军以后，军费投入就越来越少。海军只是他们各自政治角逐中的筹码，谁还真正为海军的发展考虑？

金一南大声感叹：将如此之多的精力、财力用于内耗的民族，怎么去迎接外敌发出的强悍挑战！

二、上行下效，鼓励奴才的体制中必然包含着排斥英才的事实。在这种体制中的民族、国家和军队，纵有铜墙铁壁，最终也会被摧毁；纵有匹夫之勇，终究无力回天。

多种资料证明，北洋水师1888年成军以来，军风被各种习气严重毒化。当时，北洋军舰上实行"责任承包制"，公费包干，管带负责，节余归己。因此，各船管带平时把经费用在个人前途的"经营"和享乐，无暇对船只进行保养和维修。打仗用的舰船不但不保养备战，反而为了个人私利挪作他用。军队参与走私，舰船常年不作训练，这已不是海军的个别现象。

由于只对上、对个别掌握着自己升迁的权势负责，而无须对下、对民族国家负责，因此，欺上瞒下，蔚然成风。平日演练炮靶、雷靶，唯船动而靶不动。每次演习打靶，总是预先量好码数，设置浮标，遵标行驶，码数已知，百发百中。不明真相者还以为自己强大无比，不可战胜呢！

还有一件事情令作者金一南先生无法解释：北洋水师发展到 1894 年大阅海军时，定、镇两艘铁甲舰主炮战时用弹仅存 3 枚（定远 1 枚，镇远 2 枚），只有练习用弹库藏尚丰。对此，李鸿章不是不知："鸿章已从汉纳根之议，令制巨弹，备战斗舰用。"但最终因为他"个人"内外交困，忙于政治周旋，因此正事一直没有落实。

这样一支军队，这样一种军纪和作风，这样腐败和糜烂，一旦打起仗来，如何不败？

三、不败才是奇怪的。先看布阵。当战场不再是操演场时，面对逼近的敌舰，北洋舰队首先布阵就陷入混乱。丁汝昌的命令是各舰分段纵列，摆成犄角鱼贯之阵。而到刘步蟾那里竟然变成了"一字雁行阵"。而实际战斗时的队形却又变成了"单行两翼雁行阵"。短时间内阵形如此变乱，说明了什么？即使如此勉强的阵形也没有维持多久，待日舰绕至背后时，清军阵列始乱，此后即不复能成形。

再看开战。战争一开始，平日缺乏现代素质的官兵在有效射距外慌忙开炮，定远舰刘步蟾指挥首先发炮，首炮非但未击中目标，反而震塌前部搭于主炮上的飞桥，丁汝昌和英员泰莱皆从桥上摔下，严重受伤。从第一炮开始，北洋舰队就失去了总指挥。再勇敢的士兵，无人指挥，又有何用？这就是平日严阵以待、训练有素的舰队？

再看战场厮杀。激战中落伍的日舰"比睿号"冒险从我舰群中穿过，我定远舰在相距 400 米距离上发射鱼雷，未中。日本武装商船"西京丸"经过定远舰时，定远向其发四炮，又有两炮未中。战场上只有由硬件和软件联合构成的实力，没有虚假和侥幸。黄海海战中，日舰火炮命中率高出北洋舰队 9 倍以上。

对军人来说，很多东西仅凭战场上的豪壮是不能获得的。往往最为辉煌的胜利，孕育在最为琐碎枯燥、最为清淡无味的平日训练之中。金一南意味深长地说。

四、军队平日腐败，战时必然要付出高昂代价。力图隐瞒这一代价，就要借助谎报军情。这也是北洋海军的一个特点。

黄海海战，丁汝昌跌伤，舰队失去指挥，本因我方在有效射距外仓促开炮，震塌飞桥，奏报却成为"日船排炮将定远望台打坏，丁脚夹于铁木之中，身不能动"。此战北洋海军损失致远、经远、扬威、超勇、广甲五舰，日舰一艘未沉。李鸿章却电军机处："我失四船，日沉三船。"

一时间除参战知情者外，上上下下多跌进自我欣慰的虚假光环之中。不能战，以为能战；本已败，以为平，或以为胜。北洋报沉的日舰，后来又出现在围攻威海的日舰行列中。但直至全军覆灭那一天，清军谎报军情未曾中止。1895 年 2 月，左一鱼雷艇管带王平驾艇带头出逃，至烟台后先谎称丁汝昌令其率军冲出，再谎称威海已失。陆路援兵得讯，撤销对威海的增援。陆路撤援，成为威海防卫战失败的直接原因。

艰难的处境最考验军队。北洋海军在威海围困战后期，军纪更是荡然无存。金一南先生写道：

首先部分人员不告而别。"北洋海军医务人员，以文官不属于提督，临战先逃。洋员院长，反而服务至最后。相形之下殊为可耻"。

其次是有组织携船艇的大规模逃遁。1895年2月7日，日舰总攻刘公岛。交战之中，北洋海军十艘鱼雷艇及两只小汽船在管带毛平、蔡廷干率领下结伙逃遁，结果"逃艇同时受我方各舰岸上之火炮及日军舰炮之轰击，一艇跨触横档而碎，余沿汀而窜，日舰追之。或弃艇登岸，或随艇搁浅，为日军所掳"。一支完整无损的鱼雷艇支队，在战争中毫无建树，就这样丢尽脸面地毁灭了。

最后更发展到集体投降。"刘公岛兵士水手聚党噪出，鸣枪过市，声言向提督觅生路"，众洋员皆请降。面对这样一个全军崩溃的局面，万般无奈的丁汝昌"乃令诸将候令，同时沉船。诸将不应。汝昌复议命诸舰突围出，亦不奉命。军士露刃挟汝昌，汝昌入舱仰药死"。

只敢露刃向己，不敢露刃向敌。北洋军风至此，军纪至此，不由不亡。亲历战斗全过程的洋员泰莱，对这支舰队评论如下："如大树然，虫蛀入根，观其外特一小孔耳，岂知腹已半腐。"

到底是谁打败了北洋水师？

军人生来为战胜。不错。但要战胜敌人，首先必须战胜自己！

【曾国藩与"刺马案"的瓜葛】

杨东晓

两江总督兼南洋通商大臣马新贻自同治九年（1870年）上任总督后查了不少大案，但是他绝对想不到自己也会成了一桩奇案的主角。这一发生在江宁府的"大案要案"，一直到谋刺朝廷命官的凶手张文祥被凌迟处死，也没有追出幕后指使者，尽管清廷给马新贻追封了一大堆名号，但是他的家人还是不能认可最后的判决。

即便如此，幕后的疑凶还是动不得的，朝廷要考虑的是各方面的制衡。

一刀毙命刺马

"马新贻是被一刀毙命的，显然杀手受过职业训练。"对晚清奇闻曾作过研究的中国人民大学教授张鸣说："历史上有一种说法，张文祥应该是马新贻淮军时的旧部，但马新贻也只是李鸿章组建的淮军的旁支，而不是正宗。张文祥是他收编的一股捻军。"

张鸣告诉《新世纪周刊》，刺客张文祥在很多记载中被记为"张汶祥"，左边的水是蔑视他的意思，暗指其为江洋大盗。这个说法与南京市第一中学高级教师郭东辉的说法不谋而合，郭东辉说有些记载认为张文祥早年做过海盗，因马新贻做浙江巡抚时镇压过海盗，所以他为了给兄弟们报仇，追到南京将马新贻刺死。

但是有一点是相同的，那就是张文祥手执尖刀，直刺马新贻胸膛令其一刀毙命。其时是1870年8月22日，马新贻正在校场检阅新兵射击技术训练，而张文祥冷不丁冲出人群，直取马新贻。

两堂会审张文祥

张文祥刺了朝廷命官，案子审了又审就是结不了案，舞台上已经开始唱《刺马》这出新戏了。耐人寻味的是，从那时的剧目起，杀手张文祥似乎就是一位"风萧萧兮易水寒，壮士一去兮不复还"的义士。

虽然在紫禁城同治皇帝给他的这位命官亲赐祭文、碑文，特赠太子太保，予骑都尉兼云骑尉世袭，还封了谥号"端敏"。但是对于地方上的风传却丝毫没有影响，人们还是想怎么传就怎么传，于是死者马新贻成了"渔色负友"的绯闻男主角，好像无论哪朝哪代，死者一旦有了绯闻，他的故事及其演绎就令人更加愿意相信。

马新贻死得不明不白，直到20世纪70年代，新编的各种历史剧中，他还被当做统治阶级的走狗受到批判，而张文祥则是斩杀帝王走狗的义士。郭东辉说："原始资料都不统一，江苏一家出版社出过一本晚清大案要案秘闻之类的书，还把马新贻写成统治阶级的代言人，他怎么会被当做好人记载下来呢？"

马新贻之死惊动了同治和他的母后慈禧，因此审讯力度也一步步加大，审讯过程拖了很久。刺客张文祥被江宁将军审讯过，但始终没有供出幕后指使，移给漕营总督审讯，依旧没有结果，后来又交以处事果断、为人刚直而著称的刑部尚书郑敦谨，但是由于这次是刑部尚书郑敦谨会同新任两江总督曾国藩复审，所以在曾国藩的一再阻挠下，只能维持原判，以"张文祥潜通海盗图谋报复"定案，只处死了张文祥一人。后台是谁，仍是无人知晓。

"有一种说法是，这件事由曾国荃幕后指使。江宁府是湘军的地盘，他不容外部势力插足，这个案子最后也没有一个定案，因为张文祥什么都不说。但是派系之争的可能性大一些。"张鸣说。

张文祥被处以极刑，朝廷也维护了马新贻的正面形象，但是他的家人和亲信对判决结果非常不满，因为并没有拿到幕后真凶。

"所有这一切都引起猜疑，于是戏剧表演也令人感觉到幕后有人操纵这个事件。事实上朝廷也不相信上报的结论。"郭东辉说："刑部尚书都亲审了，总不能让皇上或慈禧来审了吧。"

曾氏获利

为什么有人一定要置马新贻死地，他死后谁是受益者？

郭东辉告诉《新世纪周刊》，既然查不到元凶，那就看谁是后来的得利者，谁是审讯的阻挠者。"这个问题简直不查自明"。

马新贻1868年就任两江总督时，从这个位子上离开的是剿杀太平军的"功臣"曾国藩，而江宁府南京城是曾国藩的九弟曾国荃从李玉成的手中拿下的。

"这一事件很可能是因政治矛盾引发的，应该说湘军和曾国藩是得利者。"郭东辉说。

事实上这一矛盾并不始自曾马之间，早在马到位之前，朝廷对曾氏家族的巨大能量已心存芥蒂。

南京是湘军打下来的，曾国荃打南京用了两年时间，朝廷对他很不满，认为他打得不卖力，为此还训斥过他。然而曾国荃在1864年进了天京（太平天国时南京旧称）以后，太平天国的主要头目一个也没活捉到，洪秀全的儿子也跑掉了，而曾国藩报功心切说他们已被剿亡。左宗棠当时就提出不同意见，后来在江西果然发现了幼天王洪天贵福的踪影，最后经核实，确实是左宗棠所言不虚。为这事曾国藩和左宗棠还打过很多年官司。

郭东辉说，还有一件事令皇上不快，湘军缴获太平天国的金银和财富并没有全部上缴国库，太平天国十多年间，的确积累了不少财富，但是曾氏上报数目离想象中的巨额相差太大，而湘军打下天京后大车小车向自己家乡日夜运输也是事实，当时湖北、湖南还掀起过抢购田地的热潮。这些从军政到经济的各种消息，无不使慈禧反感和起疑。

"因此，对于湘军在此后被清廷千方百计地压制，一时间凡是与曾氏有矛盾的就能提拔，造成了矛盾的进一步激化。朝廷派马新贻任两江总督坐镇江宁府就是削弱曾氏势力的一步棋。"郭东辉说。

而马新贻还真的着手整顿社会秩序、调查财富分配，深深地触犯了湘军的利益，但他无论如何强有力的手段也无法撼动湘军多年来在两江打下的基础。张鸣说，不仅马新贻不能，孤儿寡母的同治母子也不能，于是曾国藩又回到他两江总督的位子上去，以制衡1862年从江苏巡抚起家后署理两江总督、湖广总督的重臣李鸿章等人。

【戊戌维新派为何求助袁世凯】

白云涛

关于戊戌维新时期的袁世凯，长期以来，人们都揪住其告密不放，似乎袁世凯告密导致变法失败。人们大都不去想：为什么维新派在做最后一击的时候，不去求助别人，而去求助袁世凯？因为袁世凯也是力主变法维新和支持康、梁变法维新之人。

一

甲午战败，丧师割地赔款，举世震惊，袁世凯也在其列。当袁世凯闻听李鸿章已经在日签约，又听说中国须赔偿日本两万万两白银，还要把辽东、澎、台割让给日本，不胜悲痛。袁世凯描述自己当时的心情说："大局至此，唯有痛哭而已。"为此，他于光绪二十一年四月十三日（1895 年 5 月 7 日），上书军机大臣李鸿章，痛陈战后危局，力主变法自强。

甲午战前十余年，袁世凯担任清"驻扎朝鲜总理交涉通商事宜"的全权大臣（"略其名而行其意"的监国大臣），长期处理朝鲜内政外交，直接感受世界大势之变，再经甲午战败割地赔款刺激，使他对国际交涉也有了颇有见地的认识。他说："历观中外交涉情形，万国公法，指势力相均者言之；两国条约，为承平无事者言之；强邻奥援，又为彼图自利者言之。"袁世凯的这种认识，套用现在的话，实际上就是"弱国无外交"。

甲午战争，中国因何而败？袁世凯认为原因有二：一是没有做好战争准备工作；二是"练兵诸统多未得人"，兵不精将不良，战则败，败则溃。袁世凯同时强调：甲午战败，自然令人痛心，如若朝野上下从此发奋，正是中国由弱转强的一大契机。

袁世凯始终认为日本是中国最大的敌人。他在担任驻朝通商大臣期间，在上李鸿章的《朝鲜大局论》中，主张坚决同日本力争朝鲜。他说："朝鲜近在肘腋，北则咫尺盛京根本之地，西则控扼津烟咽喉之冲，无朝鲜则无东壁也……故缅甸可容，越南可缓，而朝鲜断不可失。"袁世凯这种对朝鲜之于中国国家安全重要性的认识，深刻精到，远超时人。甲午战争后，国际形势大变，袁世凯对国家安全又有了新的认识，危机意识更强烈了。

《马关条约》签订，有些官员"嘻嘻相庆"，认为和局已定，幸免无忧了。但在袁世凯看来，中日虽然议和，但中国将来之危，实甚于未和之前。他指出：甲午战前，"倭寇与我限隔岛屿，不得不步步持重"，现日本"北控辽海，南踞澎台"，占据我国领土，使用我国资源，驯化我国民众。久而久之，被日驯化之民，与日"性情渐相通洽"，为之所用。如果我们不奋发自强，军政泄沓，数年之后，与我"酣睡同榻，咫尺相逼"的日本，"吹求衅端，突然再举"，"似不但奉、吉、闽、浙非我所有，即燕、齐各省恐亦保全无术。大局之危，必有大甚于今日者"。

这里，袁世凯已经预料到日本占据朝鲜、辽东、台澎后，下一步将是东北、华北、华南，这种忧虑与日本的大陆政策颇相吻合，也与日后日本侵略中国的步骤，首先吞并朝鲜，进而东北、华北、华南，最后向中国内地推进，大体相近。

甲午一败，丧师割地赔款，泱泱天朝上国，顿成举世公认弱国，不但日本处心积虑继续谋我，列国也虎视眈眈，阴欲瓜分。处此危难之际，中国如何自保？袁世凯提出："唯望以今此之款为喘息之计，仍即卧薪尝胆，厘庶政，修战备，决不可顷刻歇手，必须时刻存一恢复之志，务期蓄一恢复之力。""处今日之势，欲弭衅端，杜外侮，舍亟求富强之道，讵有他策？"在袁世凯看来，中国的出路，归根结底，还是要变法自强，除此之外，别无他法，而自强之道，首在练兵。

甲午战争后，时人多有反思。袁世凯把战败之因归结于军事将领无能，战争准备不足，虽然也是事实，毕竟稍嫌浮浅。以此次战败为契机，朝野发奋，由弱转强，大多数维新党人和当国朝臣也都有此思想。与众不同的，是年仅36岁的袁世凯，对甲午战败之后国家民族长远命运的忧虑。这种深沉的忧虑，不仅在当时，即使现在读来，也觉很是难得。也正是因为袁世凯有此深远忧虑，耿耿忠心可鉴，又有在朝鲜编练新军的经验，不管是当国朝臣还是封疆大吏，以致维新党人，一致举荐他主持小站练兵事宜。

应该承认，上述种种，是袁世凯主张变法自强和对康、梁等鼓吹变法持支持态度的思想基础。

二

思想是行动的基础，有其言当有其行。

1895年夏，康有为上光绪皇帝第四书遭遇尴尬，上书递送都察院、工部均遭拒绝。这时袁世凯主动协助，将上书递送到督办政务处，请与自己关系亲密的督办军务大臣荣禄，转递送给光绪皇帝。虽然荣禄拒绝，但袁世凯对上书的支持，使康有为将其引为变法维新的同道中人。

1895年8月底，康、梁等在北京发起成立强学会，袁世凯和把兄弟徐世昌（时为翰林院编修）也捐款入会，并都被列为发起人。学会每十天在松筠庵集会一次，或讨论时局，筹划变法，或举行演说大会，宣传变法维新。袁世凯经常与会，表现活跃。当议及开办图书馆和报馆时，袁世凯首先慷慨解囊，捐款500金，随后到处联系募捐。在袁世凯的大力活动下，官员认捐极为踊跃，其中直隶总督王文韶、两江总督刘坤一、湖广总督张之洞各认捐银5000两，李鸿章也表示认捐2000两，因甲午主和签约，康、梁拒绝。

此一时期，袁世凯与康、梁交往甚多。袁世凯不时前往探访康、梁，"饮酒商谈"，交流思想。袁还曾与康"坐以齿序"，称康为大哥，大赞康有"悲天悯人之心，经天纬地之才"。袁常常以在朝鲜经历，大倡变法、练兵以匡救时局，"人皆喜聆其言论，目为一世之雄"。康有为对袁世凯也很赞赏，并请侍读学士徐致靖奏荐，建议光绪帝对袁世凯"加官优奖"，同时通过谭嗣同向光绪帝递上密折，言袁编练新建陆军，手握新军，建议光绪帝"抚袁以备不测"。1896年12月，袁世凯赴天津小站练兵前，康有为特地约集众人为袁饯行，餐后观十二金牌召岳武穆剧。

在天津小站练兵时，袁世凯又与在天津的著名维新人士严复建立了密切联系。严复时任天津水师学堂总办，与同为维新人士的北洋大学堂总办王修植、教授育才馆的夏曾佑、著名学人及维新人士杭慎修等，共同创办了《国闻报》。戊戌期间，严复连续在《国闻报》上发表二三十篇鼓吹变法维新和回击顽固派攻击的文章，他在《国闻汇编》上连载的译著《天演论》，以进化论为武器，大倡变法维新，振聋发聩，影响深远。那时，几位同仁经常聚在王修植家里叙谈。据严复后来在给杭慎修所著《学易笔谈》写的序言中回忆：袁世凯每个周六都从小站赶来参加，"斗室纵横，放言狂论，靡所羁约"。当时，杭慎修还与袁世凯开过玩笑。严复记述说："时君谓项城，他日必做皇帝。项城言，我做皇帝，必首杀你。相与鼓掌笑乐。"

康有为、梁启超、严复等人既是维新党人，也是朝野文官，还是学富五车的文人学士。尤其当时的康有为、严复，无论是在国学还是西学，书法还是文章上，都堪称一代宗师。袁世凯一个武将，能够和这些文人学士的维新党人称兄道弟，相处无间，彻夜长谈，放言无忌，可见彼此是志气相投的，都是主张变法图强的。

戊戌前期，无论是在北京还是天津，袁世凯走到哪里，就和哪里的维新人士亲密接触，逢人大谈变法维新，练兵求强。同时，袁世凯也尽其所能，为康、梁、严等维新派掀起变法维新热潮做了不少协助工作。应该承认，袁世凯是真心希望变法自强的，对变法维新的宣传也是起了相当的积极作用的。

三

戊戌期间，袁世凯也留下了若干反映其变法图强思想的文献。其实，早在甲午战争后不久，36岁的袁世凯就因力主变法图强，引起了光绪皇帝的注意。

康有为上光绪帝第四书不久，1895年8月2日，光绪皇帝召见倡导变法的袁世凯，令其条陈变法事宜。仅仅过了20天，8月22日，袁世凯就将洋洋一万两千言的《遵奉面谕谨拟条陈事件呈》递上。条陈首先阐述变法的必要性和必然性，同时和康有为的《孔子改制考》一样，袁世凯也从古圣先贤寻找依据，以示变法维新"古亦有之"，驳斥顽固派"用夷变夏"的反对变法谬论。和大多数维新派一样，袁世凯也主张效法日本，变法自强。

如何变法自强？袁世凯认为，变法应该从储才、理财、练兵、交涉四个方面入手，并提出储才9条、理财9条、练兵12条、交涉4条具体变法措施。其中储才9条和交涉4条为政治改革方面内容，归纳起来主要有：一、设立馆院，罗致各地通晓中外情势之才，并聘请精通各种学问的西洋人和旅外华人入馆，令其专研西学西法，作为朝廷施政依据。二、改革八股取士制度，摒弃寻章摘句之学，选士以讲求实学为标准，使旧式八股章句之才，"尽变为经济应世之才"。为西学、新学人才开设特科，分西律、技艺、军务三途，仿照正科，按生员、举人、进士逐等考选。这里，袁世凯提出了要对新式西学人才给予进士、举人、生员等政治待遇，以便彰扬新学。三、开办新式学堂，培养理财、建造诸方面的新式人才。四、注重外交，慎选驻外使节。"必须能胜其任，素知彼国情形者，始可派以前往。"五、裁汰冗员，精简吏治，创办新法，挹用洋才。综合储才9条和交涉4条，涉及政治、军事、文化、外交等重大改革措施，基本思想是仿照西方，实行近代化变革。

袁世凯的理财9条主要是"仿照西人久著成效之新法"，振兴经济。其中第一条铸银钱。第二条设银行。第三条造纸币，为近代化的币制改革。第四条振商务，是繁兴商业，设立商会，发展近代商业。第五条修铁路，具体措施是广集商股，举借外债，以官督商办形式修筑铁路。第六条开矿藏，主张开发矿藏时鼓励商办，保护矿主。第七条办邮政，发展近代邮政。第八条造机器，鼓励、扶助开设工厂，凡是"具有良法、资本，愿设各项机器商厂者，均可查核批准，令其妥实经理"。亦即大力发展私营经济。第九条饬厘税，是以海关管理方法清理厘卡。理财9条的核心思想是发展近代工商业，推进中国近代化以自强。

袁世凯的条陈，对局势分析透彻，其改革内容十分广泛，而且大多切实可行，与时人的变法主张，甚至与闻名天下的公车上书相比，毫不逊色。短短20天的时间，袁世凯能够奏上如此内容丰富深刻，而又切实可行的变法条陈，由此可见袁世凯对变法自强是早有深刻思考的。

1897年11月德国强占胶州湾，12月俄国强占旅顺，其他列强纷纷效尤，亡国灭种迎面而来，倡导维新浪潮更劲。在维新党人不断上书要求变法维新的同时，1897年12月，主持小站练兵的袁世凯急匆匆赶到北京，也向当国的帝师翁同龢连上两个变法说帖，力促维新。在说帖中，和康有为一样，袁世凯首先痛陈民族危机："俄已俨然认东北数省入其版舆，英复隐然视大江南北在其掌握，倭饲浙闽，法图滇、桂，鹰瞵虎眈。""德人既发难于先，诸国将效尤于后，沓来纷至，群起而与我为难。"接着阐述变法之必要性："中国目前情势，舍自强不足以图存，舍变法不足以自强。一国变可保一国，一省变可保一省。"最后条陈当务之急的"用人、理财、练兵三大端"，提出应"不以文例相绳，不为浮言所动"，"仿行西法，试行变革"。如此，"不出十年，可冀自强，五洲各国，孰敢蔑视"。至于守旧的勋旧疆臣，未便摒弃，可厚禄养之，崇秩荣之。1898年3月，与康有为上书光绪帝第五书痛陈民族危机、疾言变法的同时，袁世凯又携带"瓜分中国画报"，进京面见翁同龢，"深谈时局，慷慨自誓"，向翁同龢指看画报，"切言必分必合之道，必须大变法，以图多保全数省"。

由上述袁世凯言行，我们很容易理解为什么康梁在最后的危急关头孤注一掷地去求助袁世凯。其实，读袁世凯的上述文字和读康有为的上皇帝书无甚区别，只不过老文人康有为文辞更加对仗工整，语调更加铿锵有力而已。也就是说，此一时期袁世凯和康有为变法思想的脉络大体是一致的，袁世凯是真心希望变法自强的。1901 年清末新政，菜市口戊戌六君子的血迹未干，别省官员心惊胆战，大多观望，唯有袁世凯大张旗鼓，大力推行新政，把直隶省搞成了新政模范省，变革的深度和广度远超戊戌，就是一证。因戊戌告密，就强说袁世凯的维新主张和支持维新是混进维新队伍，搞政治投机，假维新，不是实事求是的历史态度。

四

关于袁世凯告密问题，现在史学界有政变前告密出卖维新志士和政变后告密以求自保两说。港、台史家早有政变后告密以求自保的论者。1999 年，著名清史学家戴逸先生详细考证此问题并认定是后者，且随着时间的推移，认为不是袁世凯的告密导致西太后政变，而是西太后政变导致袁世凯告密的学者越来越多。

其实，政变前告密和政变后告密，对戊戌变法的失败都不起决定性作用。一个社会性大变革，不会因为一个无足轻重的人的行为而成功或失败的。我们可以列举出许多戊戌变法失败的原因，但依笔者看来，戊戌变法失败的根本原因，还是保守势力太强和帝后权力之争失衡所致。也就是说，社会变革的时机尚不成熟。慈禧太后绝对不会反对图强，也未必一定反对变法，但在她的内心中，不管怎么变法，都要保证满洲权贵的绝对统治地位，即使变法，也要慢慢来，政局不能乱。袁世凯当然也主张变法自强，但他不主张伤害既得利益集团，须"步步经理"。据他所记述的 9 月 20 日向光绪皇帝请训时所奏："如操之过急，必生流弊。且变法尤在得人，必须有真正明达时务、老成持重如张之洞等赞襄主持，方可仰达圣意。至新近诸人，固不乏明达勇猛之士，但阅历太浅，办事不能缜密，倘有疏误，累及皇上，关系极重。"

但通观整个百日维新，自 6 月 10 日请训完慈禧太后，得到准许变法的允诺后，刚刚掌政的光绪皇帝初生牛犊不怕虎，诏令一个接着一个，103 天维新，颁布 180 多道新政上谕。同时，大力提携年轻的维新党人，罢黜阻碍变法的守旧大臣。变法维新，动静太大，太过急促，农工商政，军制武备，牵一发而动全身，诏令好发，实行起来却难。尤其是取消闲散重叠机构、裁汰冗员等机构改革，废除满人寄生特权，允其自谋生计等新政，一竹竿横扫一大片，伤害方方面面的利益太广。改革也好，维新也好，很大程度上是权力和利益的重新调配。新政真的全面实行，大量守旧官员就要丢掉饭碗，八旗子弟也不再有悠闲日子可过。守旧大臣人人自危，一方面抵制诏令，你发你的上谕，我这里"置若罔闻"；一方面纷纷到"老佛爷"那里告恶状，说小皇帝和维新党人"变更成法""斥逐老成""位置党羽"，敦请"老佛爷"重新训政。而康、梁以及戊戌六君子等维新派大多是六七品的小文官（直至 9 月 5 日光绪才特别给谭嗣同、刘光第、杨锐、林旭四人以四品卿衔，担任军机章京，推行变法），一二品督抚大员以上中主张和支持变法的只有光绪帝师傅翁同龢、湖南巡抚陈宝箴、编练新军的袁世凯等寥寥数人，根本不具备实行新政的政治基础。守旧大臣一鼓噪，"老佛爷"天威震怒，回到宫中重新训政，维新派当然一触即溃，彻底失败。

所以，袁世凯告不告密，以及不管是政变前告密还是政变后告密，戊戌维新都逃脱不掉失败的命运。如果是在政变之前告密，至多加快了政变步骤，如在政变之后告密，也至多为守旧派迫害维新派提供了更大的口实。

五

有学者大胆假设历史，认为如果袁世凯按照维新党人的计划，杀荣禄，围颐和园，逼慈禧交权，可促使变法成功。这实在是假设者的一相情愿。6 月 11 日光绪颁布《明定国是诏》开始变法，老谋深算的慈禧 15 日就强迫光绪任命她的亲信荣禄为直隶总督，统率董福祥甘军、聂士成武毅军和袁世凯的新建陆军。9 月初，慈禧太后对光绪皇帝的维新变法已有不满之意，9 月上旬荣禄就已将聂士成部移驻天津陈家沟，董福祥部移驻北京长辛店，以备不测。9 月 18 日白天守旧大臣到颐和园敦请慈禧重新训政，深夜谭嗣同与袁世凯在北京密商回天津杀荣禄后提兵围园劫后，可 19 日慈禧已从颐和园回宫，21 日就重新训政了，光绪皇帝就被关起来了。就算袁世凯有为国为民不怕诛九族的政治觉悟，天津至北京 100 多公里，要求袁世凯在毫无准备的情况下，一口气也不喘，当夜返回天津，19 日杀荣禄，打开武器库装备军队，然后倾其所有，提兵所部7000 兵马，首先打败驻扎天津的清军 3 万多人，再北上打败驻扎北京的清军 6 万多人，尤其要必须打败能征善战的聂士成武毅军和董福祥甘军数万人，在 21 日之前杀入皇宫，劫持慈禧，救出光绪，也实在是不可能完成的任务。果真如此，结局无非是戊戌六君子变成七君子，菜市口多一个袁世凯的肥胖脑袋落地而已。

也有的学者言道：起兵勤王，围园劫后，行不通也就罢了，但并不能因此而告密，如不告密，慈禧不会行此大狱，维新派就有可能保留较多的元气。意思是袁世凯完全可以不起兵不告密，静观其变，让维新党人跑路。甚至还有的学者就荣禄所说"袁乃我的人"，说袁世凯可能是打入维新派内部的坐探。不告密，当然是好，也有可能多几个维新党人跑路，后来辛亥革命时多几个保皇派。但是，设身处地地想一想，谭嗣同深夜密访，劝说袁世凯立即举兵，诛杀荣禄，围园劫后，袁世凯也曾当面表示对光绪帝忠诚报效，说如光绪帝确有密诏（密诏至今未见，史家有疑），诛荣禄如杀一狗尔。这是何等的惊天大事？如果按照维新党人的计划起兵，也就算了。如果不起兵，"老佛爷"必定重新掌政。这事不主动说清楚，不管是光绪皇帝还是维新党人，万一招认出来，那就不是自己的脑袋不保，而是诛九族的灭门大罪。另外，现在我们因为把慈禧太后做了卖国贼、刽子手的政治定性，言谈话语之间，轻轻松松地劫了也就劫了，杀了也就杀了。但在当时，慈禧"老佛爷"是大清王朝高高在上的实际统治者，国家的最高决策人，办事决绝，出手狠辣，人人畏服。连27岁的光绪皇帝，面对慈禧，也就是自己的母后（虽然是过继的儿子），都战战兢兢的，时人甚至比作"羊儿虎母"，大臣们就更不敢轻举妄动了。别说劫了杀了，就是言语之中稍有不敬，都是革职甚至砍头的大罪。袁世凯纵有天大的胆子，真要"围园劫后"，动手之前也得思量思量。所以，谭嗣同密访后，袁世凯心情沉重，"反复筹思，如痴如病"，内心思想斗争很激烈。最后选择告密，当然很不光彩。但换作是读者，面临诛九族的灭门大祸，你又如何？见风使舵，顺风行船，哪块云彩有雨，奔哪块云彩而去，是官场自保的不二法门。如果袁世凯是在政变之前告密，另当别论。如果政变之后告密，大局已定，唯求自保，实在可以理解。

不管是政变前告密，还是政变后告密，事实俱在，后果已成。我们可以惋惜袁世凯未能善始善终，但不能像要求现代革命者应该具有为理想为国家抛头颅洒热血的崇高觉悟那样，去要求混迹官场十几年的旧时代的袁世凯。

六

戊戌维新失败，维新党人遭迫害自不待言。主张变法和支持维新的朝野大臣也脱不了干系，自然遭到整肃。整肃之前，慈禧太后提出"朝廷政存宽大，概不深究株连"的精神。即便如此，翁同龢、陈宝箴和在湖南协助陈推行新政的翰林院编修江标、翰林院庶吉士熊希龄等均革职永不叙用，协助康、梁创办强学会的翰林院侍讲学士文廷式、代康有为递送奏折的御史宋伯鲁、保荐林旭的礼部侍郎王锡蕃、在湖北推行新政的湖北巡抚曾鉌、多次上新政奏议的刑部主事张元济、上书请变服制的工部主事李岳瑞、任吏部主事的陈宝箴之子陈三立等也同样革职永不叙用，介绍康有为给翁同龢的户部右侍郎张荫桓、向光绪帝密荐康有为和谭嗣同的礼部尚书李端棻革职戍新疆，弹劾顽固派的礼部主事王照被下令革职严拿，王逃亡日本，但其兄王燮、其弟王焯均被革职下狱，就连追捕康有为不及的飞鹰舰舰长刘冠雄也被革职下狱。"概不深究株连"，牵涉已经如此之广，治罪已经如此之重，真要玩狠的搞"株连"，不知多少人要被砍了脑壳。

话再说回来，和袁世凯伙同维新党人"谋逆"相比，上述众人之罪实在微不足道。袁世凯如不告密自保，自己的脑壳被砍应该是必然的，实行不实行"概不深究株连"政策，诛不诛杀袁世凯的九族，就在"老佛爷"的一念之间了。另外，就袁世凯戊戌期间主张变法和支持维新的言行看，按照上述受惩人的治罪标准，即使没有"谋逆"这件事，给他来个革职发配也是绰绰有余的。当时朝廷也有人说袁世凯先与维新党人搅在一起，不清不楚，先同谋，后出首，"首鼠两端"，提出治袁世凯的罪。荣禄用身家性命担保袁世凯是"忠贞之士"，还说：袁乃我的人，无所谓首鼠两端。一力承担，保下了袁世凯。荣禄保袁世凯，不完全是因为袁是自己下属，两人关系亲密，主要的还是因为赏识袁世凯能办事，懂练兵，是个人才。

从旧式宫廷斗争的角度来看，戊戌时期是近代以来宫廷内部斗争最激烈的时期。其特点是维新与守旧之争同帝后两党争权夺利之争交织在一起，错综复杂，诡谲多变。朝臣夹在中间，个个如履薄冰。老成持重大臣，如李鸿章、张之洞、刘坤一、盛宣怀、王文韶等，未必不主张变法维新，但他们深知夹在帝后之间的凶险，总的态度是寡言少语，冷眼旁观，静候其变。前期袁世凯左右逢源，以致维新派引为同道，光绪帝依为干城，后党的荣禄视为心腹，但不期然维新党人谭嗣同深夜来访，劝其"诛杀荣禄，围园劫后"，一下子把袁世凯推进宫廷斗争的旋涡中心，凶险至极。但在最后的危急关头，尽管袁世凯采取的是很不光彩的告密形式，毕竟毫发未伤地全身而退了。现在的我们可以指责袁世凯出卖志士，卑鄙无耻，但如此凶险局势，居然化险为夷，也反映了袁世凯纵横官场之能。袁世凯的这种在各种政治势力之间纵横捭阖的本事，在辛亥期间发挥得淋漓尽致。

1914年1月，袁世凯以民国大总统的身份，以"特阐幽光，用彰先烈"为名义，对谭嗣同等戊戌六君子予以"从优奖恤"。同年9月，内务部又按照袁世凯旨意，在京师给"六君子"建立祠宇，并将六君子史事宣付清史馆立传。袁世凯的这些举动，表面上说是"用示崇德报功之意"，并"以昭激劝"民众，表示自己崇尚进步和改革，或许内心里还有着对戊戌六君子的歉疚之意。

【段祺瑞为何长跪不起】

刘新生

1926年，中国现代史上发生了"三一八惨案"。当时的北洋政府是段祺瑞执政。在官邸前镇压请愿的学生，死四十七人，伤二百多人，死难者中有一名女学生叫刘和珍，鲁迅为此写下沉痛的悼文，中国学生都是读过的。

"三一八惨案"发生后，中国知识分子和媒体表现出前所未有的社会良知，用同仇敌忾来形容，一点也不过分。周作人、林语堂、朱自清、蒋梦麟、王世杰、闻一多、梁启超（刚刚动过手术，正在住院）、许士廉、高一涵、杨振声、凌叔华等著名知识分子纷纷谴责段祺瑞政府；刘半农作词、赵元任谱曲的哀歌唱遍京城；鲁迅先生更是激愤不已，为此而终止正常创作，就此惨案连续写了七篇檄文，名垂青史的悼文《记念刘和珍君》便是其中之一。

当时，诸多媒体加入了谴责屠杀暴行的行列，如《语丝》《国民新报》《世界日报》《清华周刊》《晨报》《现代评论》等，特别是邵飘萍主持的《京报》，大篇幅地连续地发表消息和评论，广泛而深入地报道"三一八惨案"真相，在惨案发生后的十二天内，就连续发表了一百一十三篇有关"三一八惨案"的消息、评论、通电，《京报·副刊》也发表了有关文章一百零三篇。

惨案发生后，北京各高校校长、教授也纷纷谴责段祺瑞政府。时任北大校长的傅斯年在昆明见到对惨案负有直接责任的关麟征，傅斯年第一句话就是："从前我们是朋友，可是现在我们是仇敌。学生就像我的孩子，你杀害了他们，我还能沉默吗？"

1926年3月23日，北京各界人士、各社会团体、各学校齐聚北京大学大操场，为死难者举行万人公祭大会。时任北大代校长的蒋梦麟在会上沉痛地说："我任校长，使人家子弟、社会国家之人才、同学之朋友，如此牺牲，而又无法避免与挽救，此心诚不知如何悲痛。"他说到这里竟潸然泪下，引得"全场学生相向而泣，门外皆闻哭声"。

强大的民意压力也启动了形同虚设的国会和司法，曾被讥为"花瓶"的国会也破天荒地召集非常会议，通过了屠杀首犯"应听候国民处分"的决议；京师地方检察厅对惨案进行了调查取证并发表正式认定："此次集会请愿宗旨尚属正当，又无不正侵害之行为，而卫队官兵遽行枪毙死伤多人，实有触犯刑律第三百十一条之重大嫌疑。"由此可见，当时还多少有些议会政治和司法独立的味道。最后，执政府的国务院全体辞职，执政段祺瑞颁布"抚恤令"。

尽管如此，也没有最终保住民心尽失的军阀政权。在屠杀发生后不到一个月，段祺瑞执政政府就在全国上下一片抗议声中于1926年4月倒台。而国民党北伐之所以迅速成功，除了军事上获得苏联的大量支持之外，国民党相对于军阀政权在政治道义的优势，也是其取胜的重要原因之一。可以说，段祺瑞军阀政权的合法性资源，已经因"三一八惨案"而丧失殆尽。

尽管当年的北洋政府是军阀政权，段祺瑞本人也是著名军阀，其执政时期的专制和乱象颇受诟病。然而，执政段祺瑞在知道政府卫队打死请愿的学生之后，随即赶到现场，面对死者长跪不起，之后又处罚凶手，并从此终生食素，以示忏悔。

【孙中山为何要让位给袁世凯】

刘照兴

1911年10月10日，武昌楚望台的枪声一响，革命的烽火很快燃遍全国，形成燎原之势。统治中国268年的清王朝在熊熊烈火中迅速地瓦解了，"中华民国"在一片欣喜若狂的欢呼声中诞生。然而，资产阶级革命派的领袖、民国的创始人孙中山却让位于清王朝旧臣、帝国主义走狗袁世凯，这件关系辛亥革命成败的事一直让人颇费猜测，这里到底有什么玄机?

1911 年 12 月 25 日，孙中山从国外归来，1912 年 1 月 1 日孙中山在南京就任临时大总统。谁也没有料到，1912 年 4 月 1 日，任临时大总统才 3 个月的孙中山却辞去职务，把政权交给了袁世凯。当历史的幕帐徐徐落下的时候，绝大多数的资产阶级——革命派和立宪派都在为他们的这一选择而欢欣鼓舞，只有当袁世凯称帝的野心逐步昭然的时候，他们才发现自己的选择是如此的愚昧。从那时起，人们就开始进行反思：为什么当时会把民国的政权拱手让给袁世凯呢? 对这一问题许多历史学家都曾作过解释，但众说纷纭，莫衷一是。我认为，孙中山先生让位给袁世凯，不是某一个人的主观意愿，其中有着复杂深刻的社会历史背景，是历史合力作用的结果。

第一种猜测：同盟会政治上的幼稚导致的幻想

首先，南京政府的腰杆不硬，对袁世凯的个人诚信产生了幻想。辛亥革命刚取得胜利，革命营垒内部就已呈现出一派分崩离析的现象。当时，领导这次革命的中国资产阶级还没有得到充分发展，十分软弱无力，它的核心力量——同盟会政治理论上非常幼稚，组织上也松散庞杂；他们对帝国主义和封建势力都缺乏深刻的本质认识；他们同广大下层劳动群众的严重脱离，使他们在异常强大的反动势力面前感到自身缺乏力量；而地主阶级反动势力以及反对派的力量却非常强大，虚伪狡猾、拥有实权的袁世凯成了反动势力的核心力量。孙中山的"让位"就是在这样的阶级力量对比下酿成的。

武昌起义时，孙中山正在美国北部哥罗拉多州进行筹募革命经费的工作。他经过再三考虑，认为自己当前的主要工作，不在"疆场之上"，而在"樽俎（盛酒和装肉的器具，代指宴席）之间"，他希望通过外交活动，断绝清政府的后援，来一个釜底抽薪。结果，他没有立即回国。这一着棋孙中山没有走好，他没有及时给革命党人以具体领导，也没有考虑革命政权如何建设。他在国外时，就已经听到一种舆论，即如果争取到袁世凯拥护共和制度，可以让袁出任民国总统。孙中山原来对袁世凯的印象并不怎么好，觉得此人"狡猾善变"，不太靠得住。但他又希望避免流血，尽早实现革命目标，只要推翻清政府，废除帝制，即使是袁世凯出来当总统，也未尝不可。

1911 年 12 月 25 日，孙中山从国外归来，面对着第一次各省都督代表会议通过的"若袁世凯反正，当公举为临时大总统"这样的决议，他不得不承认这个既成事实。孙中山当选为临时大总统后，主张"让位"的呼声仍然笼罩着革命党人，包括孙中山身边的一些重要人物，如黄兴、汪精卫、胡汉民等人，都表示赞成让位。汪精卫曾行刺摄政王被捕而没有被砍头，袁世凯在暗中进行了一些活动，所以汪精卫从清朝监狱出来后，立即主张"南北议和"，并派人到武汉说服黎元洪和黄兴拥戴袁世凯为大总统。汪精卫甚至讽刺孙中山说："你不赞成议和，难道是舍不得总统的职位吗?"

革命党人的二号人物、担任临时政府陆军总长的黄兴，对袁既有顾虑，又存幻想。

黄兴说，袁世凯是一个奸猾狡诈、胆大妄为的人，如能满足他的欲望，他可以帮助我们推翻清朝；否则，他也可以像曾国藩替清朝出力搞垮太平天国一样来搞垮革命。只要他肯推翻清朝，我们给他一个民选的总统，任期不过几年，可以使战争早停，人民早过太平日子，岂不好吗？黄兴的这种看法，在当时革命党人中是很有代表性的，也完全符合当时孙中山的思想实际。孙中山认为清政府统治的结束就是革命的成功，而随着革命的成功就会到来一个政治民主和工商业繁荣的好时代。他只求民国的招牌早早挂起，革命的形势早早结束，好让他在"安定的秩序"下完成自己的实业救国理想。因此，应该说，"让位"是包括孙中山本人在内的大多数革命党人的意见。"让位"在当时特定的历史条件下是不可避免的，归咎于孙中山个人的失策是不公允的。

孙中山是很善于从实践中总结经验教训的。他后来终于认识到把政权拱手让给袁世凯是一个历史性的错误。他沉痛地写道："我的辞职是一个巨大的政治错误，它的政治后果正像在俄国如果让高尔察克、尤登尼奇或弗兰格尔跑到莫斯科去代替列宁而就会发生的一样。"

第二种猜测：袁世凯复杂的面孔让资产阶级产生了错觉

袁世凯在清末"新政"政绩颇著，得到了资产阶级的信任。

1905年7月2日，袁世凯在戊戌变法后第一个奏请大清国实行立宪政体："救亡非立宪不可，立宪非取法邻邦不可。"9月2日，袁世凯和张之洞联合上奏：诸立停科举，以便推广学堂，咸趋实学。已经延续千年的封建专制的科举考试，竟然在袁世凯的推动下寿终正寝。10月23日，袁世凯又有奏章呈递：请谕准大清国自造京张铁路，并保派詹天佑先行查勘。这是中国第一条自力更生建造的铁路。同时，在"新政"时他还曾编练新军，并运用这支武装力量，游刃于尖锐复杂的帝国主义和中华民族矛盾之间，并把势力渗透到朝野上下，成为中外推崇的"强人"。

他任直隶总督兼北洋大臣时，不遗余力地推行"振兴实业""奖励工商"等政策，运用政权力量建立起以一批现代企业为主干的经济基础，并在地方自治、吏治、司法、警察、兵政、教育、路矿、财政等方面进行了系统革新，客观上促成了直隶民族资本主义的发展和资产阶级的成长，洋洋大观的"北洋新政"得到了各地资产阶级的青睐。在立宪运动中，袁世凯与立宪派进一步建立了政治联盟，为宪政改革而痛切陈词于皇上，奔走策划于京津，竭力敦促清廷实行立宪改革，从而赢得了资产阶级的喝彩。在军事力量对比上，袁世凯控制着训练有素的北洋六镇7万多精兵，再加上仍然忠于清帝国的禁卫军和其他新军，总兵力达14万多人（新军总数为24.1万人）。而南京临时政府方面，号称革命的各色民军很多，绝大部分是会党乃至绿林队伍改编而成；虽然人数上远多于北方，武器装备、训练、指挥和纪律等都远逊于对方，从而成了资产阶级拉拢的对象。在经济力量对比上，南京临时政府已到了难以支撑的边缘，已走进了死胡同，但袁世凯出任清廷内阁总理后毕竟仍牢牢控制着东北和华北大部，中央财政的基础仍在，原有的征税系统没有打乱，军费比较充足。所以，与袁世凯缔结和议，以防天下大乱，成了资产阶级共同的愿望。

加之，袁世凯阴险狡诈，使革命党人无法看清他的本来面目。此人的社会政治经验远比那些年轻而天真的革命党人丰富得多。袁世凯原是北洋军阀的首领。辛亥革命时，他受命为清政府的内阁总理大臣，掌握军政大权，成为中外反动派所倚重的实力人物。武昌起义后，他知道清朝的垮台已无法拯救，而革命火焰也无法用武力来扑灭。于是，他便采取又打又拉软硬兼施的反革命两手策略：他用一只拳头来打倒清朝政府，而用另一只拳头来对付临时政府。他用来打倒清朝政府的武器是"革命"，他用来打倒革命民主派的武器是"统一"。"议和"就是袁世凯施展又打又拉的产物。

1909年袁世凯被开缺回籍后，使他在此后的阶级斗争愈演愈烈的两三年中，远离政治斗争的旋涡，受到清廷的猜疑，使得资产阶级产生袁世凯是清廷对立面的错觉。更有一部分革命党人把袁世凯视为"同种"，与"异族"的清王朝区别开来。

正是由于以上诸多原因，使得社会各阶层，包括资产阶级的各阶层，普遍产生了"非袁不可"的心理。

第三种猜测：帝国主义对袁世凯的支持，是迫使孙中山让位的重要原因

在袁世凯与孙中山之间，帝国主义与资产阶级，其选择是一致的，那就是拥袁弃孙。辛亥革命后，大多数革命党人并不认识帝国主义真面目，以为中国的积弱只是因为清政府的昏庸腐败，只要把它推翻了，中国就会逐步走上独立富强的道路，甚至天真地认为他们既然是资产阶级革命，就是以西方为榜样的，这样可能会得到西方国家的援助，所以革命起来后总是小心翼翼地避免触动帝国主义列强在中国的既得利益。他们在对外宣言中，宣布承认清政府与帝国主义间所签订的一切不平等条约，继续偿付赔款和外债，企图以此来换取帝国主义对革命的同情和对革命政府的承认，只要推翻腐朽的清王朝，中国的根本问题便可解决，殊不知那是革命党人一相情愿的事。在武昌起义的枪炮声中，清政府的统治土崩瓦解。为维护自己的侵华权益，帝国主义在"严守中立"的伪装下，一方面，不断在军事、经济、外交上向革命党人施加压力，逼迫革命党人妥协；另一方面，支持袁世凯当政，特别是在外交方面。英国外交大臣葛垒说："我们对于袁世凯怀有极友好的感情和尊敬。我们希望出现一个政府，有充足的力量可以无所偏倚地对待各国，并能维持国内秩序以及革命后发展对华贸易的有利条件。这样的政府将获得我们所能给予的一切外交援助。"他们积极策划南北和谈，提出所谓"非正式照会"，逼迫南方向袁世凯妥协。

帝国主义看中的是袁世凯，把他作为自己在中国的代理人，对袁竭力支持，而对革命党人施加压力。英、美、德、日各国军舰驶进长江，耀武扬威，俄国军队集结于

我国东北北部，日本军队在我国东北南部、内蒙古东部蠢蠢欲动；外交上，帝国主义国家不承认孙中山的南京临时政府；舆论上，帝国主义报纸颠倒黑白，对革命派横加指责；财政上，帝国主义加紧对南京政府实行经济封锁，海关税收分文不给，致使南京临时政府财政十分困难。

1911年12月20日举行的"南北议和"过程，也就是袁世凯窃取临时大总统席位的过程。这个"议和"一开始就是袁世凯与英国公使朱尔典约同德、日、俄、美五国代表密商后，由英驻汉口总领事传话，向各省都督代表提出来的。帝国主义不仅在整个议和过程中为袁世凯密谋策划，而且公开告诉革命党人，只有让袁世凯当选大总统才能得到他们的认可。为了避免帝国主义的干涉，革命党人自然只有赶紧让袁世凯出来做总统，以便尽快结束"战乱"。

孙中山"让位"于袁世凯，将政权拱手让出，使中国资产阶级民主革命遭受了严重的挫折，给革命造成极大的危害。孙中山在"让位"的过程中对袁世凯作了一些力所能及的斗争，虽然不是无益的，但所采取的防范袁世凯危害民国的措施，则无济于事。辛亥革命的果实最终被袁世凯所窃取，大地主、大资产阶级的独裁统治又在中国开始建立起来，"中华民国"成了一块空招牌。这在历史上一直被人认为是一大憾事，在令人惋惜的同时，也使人们认识到：革命不会一蹴而就，在通往民主的道路上也必将充满了坎坷和泥泞。事物的发展是前进性与曲折性的统一，需要人们进行前仆后继的努力才能成功。

【是谁放弃了南京】

阡陌原

1937年11月11日，经过空前鏖战的淞沪战场硝烟还未完全散尽，日军铁蹄就气势汹汹向300公里外的当时中华民国的首都南京三面压过来。淞沪会战，国民党军损失惨重，时任中国最高军事统帅的蒋介石为了鼓励各将领，振奋士气，同时也为了布置下一阶段的作战，在南京铁道部一个不大的会议室里召开了保卫南京的军事会议。会场气氛沉闷，悲观情绪笼罩整个会议室。何应钦、白崇禧，以及许多将领都不赞成守卫南京，事实上在上海沦陷后，南京已成为一座孤城也失去了防守的战略意义。但作为主战派的国民政府军事委员会执行部主任唐生智在会议上站出来激昂地说："南京不仅是我国的首都，而且是国父之陵所在地。如果我们不战就放弃南京，怎么对得起国父的在天之灵？如果没有人愿意守卫南京，我愿意与南京共存亡。"蒋介石当即任命唐生智为南京城防司令，负责南京保卫战。蒋在会上宣布：（一）南京是中国的首都，为了国际声誉，不能弃之而不守。（二）南京是总理陵墓所在地，我们如不守南京，总理不能瞑目于九泉之下。（三）大家要有破釜沉舟的勇气和不成功便成仁的决心。（四）南京郊区有预先做好的国防工事可利用，兵力部署要纵深有重点，紫金山、雨花台等要点不能放弃，必须坚守。（五）我已调云南卢汉等部生力军集中武汉，以备南京之围。（六）唐长官见危受命，你们应服从他的指挥。讲完之后，唐生智接着说："守南京的任务是艰巨的，在这种情形下，只有鞠躬尽瘁，死而后已。"在蒋、唐两人讲话后，到会的将领彼此看看，没有人讲话。关于南京能否守住的问题，在会前议论纷纷，内心明知南京不能守，但没有人敢在会上提出具体意见。

守卫南京的主力是刚从上海前线撤退下来的蒋介石的最精锐部队36师、87师和88师，以及由军事学院学生组成的教导总队（12000余人），一共包括8个军，15万人，其中36师、87师和88师是由德国将军亲自训练的全德式装备的王牌师，教导总队更是主力中的主力。1937年11月20日，国民政府宣布迁都重庆，蒋介石夫妇也于12月7日飞离南京。唐生智临时编成的南京卫戍部队，原本的作战任务只是进行短期固守的防御作战，并非要进行全军牺牲死守不退的决战。但是唐生智在自愿接任卫戍司令之后，却一再地对外与对内表示，他决心与南京共存亡，要求部属也要做好准备如此的牺牲。南京保卫战的计划本来就不是死守，有蒋下令如不能坚守即可撤退这个活口。然而实际执行时却变成了死守。唐下令：所有长江南岸的船（包括卫戍长官部）均交36师控制，以坚定死守的决心。城外的部队不许退入城内，城内的部队不许出城。北岸胡宗南的第一军可以射击偷渡江北的船只。不过话又说回来，这方法尽管死板，如果真能贯彻，倒也绝了大家撤退的念头，一门心思地死守。但实际情况却不是这样：唐生智的长官部偷留了条小火轮，各师均偷留了船，只有师旅长们知道，所以高级军官从一开始就给自己留好了后路。只有前线的国军士兵是真正抱定死守的决心。

1937年12月5日，南京保卫战正式打响，由上海派遣军和华中方面军第十军组成的两路日军从太湖南北两岸，同步对南京发动攻击，空军与海军加入助攻，5天之内，就势如破竹地攻到南京城外围。战至9日，外围防御阵地全部失守，本来按照蒋介石和唐生智的计划，在南京外围的作战至少应坚持半个月以上，没想到，只短短3天就转入城市作战。由于没有预备队的逆袭支持，阵地很快就出现了混乱残破的现象，大量伤患根本无人医治，通信与后勤系统更是乱成一团。这时候蒋介石意识到形势危急，12月11日，先通知第三战区司令长官顾祝同，以电话命令唐生智从南京撤退。接着蒋介石还不放心，亲自连下两道手谕，要求唐生智相机率军撤出南京，以免守军全遭覆灭。唐生智怕担负责任，没有立刻撤退，奇怪的是为什么只守了7天蒋就下令撤退？当时的大盘并没有崩溃，巷战还没有开打。据说，桂永清反对撤退：说他的左翼防区没有问题，光华门也守住了。只有中华门有危险，但我们还有紫金山北麓的预备队可调。

下令撤退时南京被攻破了吗？ 12 日南京城没有被攻破，这是南京保卫战最大的悲剧之一。12 月 12 日，日军不但没有攻进城，甚至没有控制一半以上的城外地区。12 日除中华门外，南京城防没有大危险。通信、组织都没有太大的失误。原本表态要决心死守的唐生智，在接到事关部队生死存亡的重大撤退命令之后，却没有即时地进行撤军参谋作业，一直拖到 12 日下午 5 时，才匆促召开卫戍军事会议，军情被延误了超过 24 小时。这个重大的错误，是造成南京的撤退行动出现严重混乱的主因之一。在这场临时的卫戍军事首长会议中，有些部队的指挥官，未能出席会议，唐生智突然宣布奉命撤退，在仓促的状况之下，根本难以掌握局面与行动的变化。但是在会议最后下达结论时，唐生智突然又作出表示，假如突围撤退有困难的部队，也可以设法渡江撤退，但他完全没有计算过渡江船只的运输能力。其实撤退的参谋作业要比进攻更为精细，才能顺利完成任务，因此唐生智如此拖延与草率地下令撤军，自己又率先仓皇地离开司令部，无法掌握与各个部队继续的通信，结果造成了南京守军陷入撤退的混乱之中。在宣布撤退命令之后，司令部的守军匆促与草率地破坏南京城内主要的建筑物，由于根本缺乏完整的计划，像全国最大的金陵兵工厂，中央政府的各个部会建筑，就完整地留给日军接收。12 日入夜之后，南京城内火光冲天、浓烟密布，这时候已经流言四起，出现撤退前人心涣散的乱象。此时唐生智的意志已经动摇，并没有监督设备的破坏与管制部队的撤退，就慌忙逃往下关渡江。守卫南京的部队在主帅提前失去联系的状况下，只有各自为政，有些部队还不知道已经下令撤退，有些部队则出现溃散的情况，这是撤退时最大的禁忌，没有统一、完整的计划与步骤，会造成部队退却的全面失控。因此除了 66 军（军长叶肇）仍在保持掌控下，突围而走之外，大部分的守军与逃难的人民，开始大量盲目地涌向下关。

最可恨的是部分高级军官开完会后独自悄悄逃过江，根本没有通知部队！教导总队的部分将领们逃走时，底下的团长还在指挥战斗，71 军军长王敬久、87 师师长沈发藻 12 日下午逃走时，也没有通知城外的部队，直到 12 日傍晚 261 旅发现城墙没有人防守了才明白过来。宋希濂部撤退时居然下令关城门，过江后又下令烧船，根本不管其他部队。当时的命令是各部队从正面往外突围，36 师掩护卫戍长官部从下关过江突围。实际上绝大多数部队都往下关跑，为什么？因为军长师长们都知道，那儿有他们偷偷保留的船！所以都往下关撤，部下听说长官往下关去了，自然也就跟过去了。

就这样，几万国军，无数民众便涌向了下关，可是扼江门的 36 师却不放军队通过，因为按计划，从下关撤退的只是长官部属和 36 师。于是发生枪战，部队混作一团。最后终于冲开了扼江门。但地上的尸体有好几层！多数部队开始撤退时还能保持建制，到了扼江门下就瓦解了。冲出扼江门的国军只能称为是散兵游勇，而不是部队了。这些散兵以各种形式过江，少部分成功。

需要提出的是，北岸的胡宗南并不知道撤退计划，他们奉命向江中的船只射击，直到唐生智到了对岸，方才知道撤退已经开始。

并不是所有的国军都挤向江边，叶肇的66军就是向东突出去的。教导总队的第三旅12日夜还在紫金山上和日军拼杀，"误了"时辰，等别人都撤走后，从日军间隙中冲到了皖南。可见，各部队从正面往外突围的计划是正确的。日军尽管围住了南京，但后面是空的。不过大溃散的局面已不可逆转，1937年12月13日南京沦陷。仔细分析南京保卫战的资料可以发现，国军真正在战斗中阵亡的并不多，多数却死于混乱的撤退以及日军的大屠杀中。而作为南京保卫战的主要负责人，当时南京地区实际上的最高军政长官唐生智，在最需要履行职责的时候弃城先逃，是造成守城部队总崩溃的直接导火索。

【谁藏了中国的流失国宝】

李红霞

中国是具有悠久历史的文明古国。亘古至今的历史长河中，中华民族的灿烂文明持续发展从未间断，并为后世流传下丰富多彩的历史文化遗存。文物是历史文化的载体，是中华民族传统文化的积淀和化身，也是中国历史文化的再现和见证。

中国近代史是一部中华民族的屈辱史。鸦片战争以来，由于帝国主义列强的不断入侵和清廷的日益腐败，大量珍贵文物被外国侵略者野蛮掠夺……

英国

大英博物馆　大英博物馆一向被认为是中国之外藏有中国文物最多的博物馆。1860年，英军从圆明园中劫走的文物，一部分献给了当时的维多利亚女王，另一部分被拍卖。献给女王的圆明园文物就存放在大英博物馆。大英博物馆收藏的中国文物包括青铜器、瓷器、玉器、书画、雕刻品等，共计2.3万余件，有许多是珍品、孤品。其中，清代乾隆皇帝的心爱藏品、东晋顾恺之《女史箴图》的唐代摹本，最为引人注目；而精美的商周青铜器和20世纪由斯坦因（被指"敦煌盗宝第一人"）带往英国的大批敦煌文物，也是极其重要的珍品。

书画除顾恺之《女史箴图》唐代摹本外，还有李思训《青绿山水图》、巨然《茂林叠嶂图》、李公麟《华岩变相图》、范宽《携琴访友图》、燕文贵《群峰雪霁图》、马远《山水再游图》等。青铜器有商代双羊尊，西周康侯簋、邢侯簋等。

大英图书馆 馆内藏有中国珍贵文献和古籍 6 万多种，其中有中国波罗蜜佛经最早版本、《永乐大典》45 卷及甲骨片、竹简、刻本古书、敦煌藏经（包括刻版印刷的《金刚经》）和地图。

法国

枫丹白露宫 在西方博物馆中，收藏和展览圆明园珍宝最多最好的要数法国的枫丹白露宫，宫中的中国馆可以说是圆明园在西方的再现。

枫丹白露宫中的中国馆是法国皇帝拿破仑三世的王后欧仁妮主持建造的。兴建的原因很简单，就是为了存放抢自圆明园的文物。1860 年英法联军劫毁圆明园后，侵华法军司令孟托邦把从圆明园抢劫来的所谓战利品敬献给拿破仑三世和欧仁妮王后。目前，这里收藏的中国历代名画、金银首饰、瓷器、香炉、编钟、宝石和金银器有 3 万多件。

巴黎国立图书馆 馆内目前收藏的圆明园艺术珍品主要有：由清代宫廷画师沈源和唐岱共同绘制的绢本《圆明园四十景图》、宫廷画师沈源和孙佑刻版的木刻本《圆明园四十景图》、宫廷画师伊兰泰制作的海晏堂等西洋楼铜版画 40 幅、郎世宁绘制的宣扬乾隆皇帝武功的《格登鄂拉斫营》以及《圆明园菊花迷宫图》等。

巴黎东方博物院 清末外交官薛福成在其《出使英法意比四国日记》中记述：光绪十六年（1890 年），他在巴黎东方博物院中国展室中发现"有圆明园玉印二方。一曰'保合太和'，青玉方印，稍大；一曰'圆明园印'，白玉方印，稍小"。

巴黎集美博物馆 馆里的瓷器从中国最早的原始瓷器一直到明清的青花、五彩瓷，各个朝代各大名窑的名品应有尽有，且多为精品。

馆内还收藏有圆明园艺术品珍品：郎世宁绘制的《乾隆肖像》，是乾隆皇帝 41 岁时的坐像，乾隆身旁站立两位大臣，人物极具神韵，为中国与欧洲绘画技艺相结合的佳作；乾隆百花瓷瓶，陀螺状，造型精美，画法上乘，瓶上的花卉图案种类各异，绚丽多彩，非常美观，是乾隆时代的艺术珍品。

日本

东京国立博物馆 该馆是日本最大的博物馆。馆内的九万多件藏品中，有上万件中国文物，上自新石器时代的良渚文化玉器、唐宋元瓷器，下迄清代的瓷器字画，可谓无所不包。马远的《洞山渡水图》《寒江独钓图》，梁楷的《李白行吟图》《六祖截竹图》，李迪的《红白芙蓉图》等，都是旷世名作。

此外，日本各地上千座博物馆收藏有中国文物，珍品也是数不胜数，数量估计在数十万件左右。据《日本侵华对文物的破坏》一书作者孟国翔介绍，战后日本归还了一部分战时掠夺的文物，但那只是很少的部分。

美国

纽约大都会艺术博物馆 馆内收藏的康熙玉如意，为圆明园散失的艺术珍品之一。它由一块名贵的白玉雕刻而成，长近半米，白中透绿，被雕刻成多孔真菌形状。手柄顶部有"御制"两个大字，下部刻铭文："敬愿屡丰年，天下咸如意。臣吴敬恭进。"当年它被英法联军抢走后，在巴黎拍卖，最后入藏大都会艺术博物馆。

波士顿美术博物馆 该馆以收藏东方艺术品著称于世，现藏有中国和日本绘画5000余幅。其中有相当数量的宋元时期名画，如保存完好的唐张萱《捣练图》宋代摹本、宋徽宗《五色鹦鹉图》。

克利夫兰艺术博物馆 馆内收藏的圆明园艺术品最珍贵的是：郎世宁绘制的《乾隆帝后和11位妃子肖像》，画中青年时代的乾隆皇帝英姿飒爽，栩栩如生。这幅画乾隆只看过3次，即绘制完成之时、70岁时和他退位之际。

芝加哥美术馆 该馆的东方部以收藏中国青铜器而为世人瞩目，最让人震惊的是一件战国提梁盉。

旧金山亚洲艺术博物馆 这是一座以收藏于亚洲文物尤其是中国文物为主的博物馆。其中陶瓷部有2000多件，始于新石器时代，迄于清。玉器部有1200多件，为世界上收藏中国玉器最丰富的博物馆。青铜器部约有800件。

该博物馆收藏有一座原藏圆明园的乾隆大玉山子。这是一块含有绿色和白色的玉石，能放射清冷的灰绿色光泽，在乾隆四十九年（1784年）被雕刻成一座高峰深谷的玉山。山岩下露出亭台殿阁，小路和下面的山脊上有几组浮雕人物，房前有一个百合花环绕的池塘，极为壮观而精致。在峭壁之上，还刻有乾隆皇帝御笔临摹的王羲之《兰亭集序》。

挪威

伯尔根实用艺术博物馆 该馆其中一处展厅摆放着几千件中国文物，这些文物仅出自挪威人蒙茨的捐献。1887年蒙茨来到中国，在中国海关任职，后又担任袁世凯的骑兵团长、参谋长等多个职务。蒙茨在中国生活了50多年，收集了2500多件中国文物。该馆藏品中最不寻常的是圆明园的石雕，在一层的整个陈列室中，几乎全部是雕刻精美的圆明园建筑石构件，有残断的柱础、栏杆、望柱、石像。在大厅的墙壁上还挂着一幅印在白布上的圆明园海晏堂铜版画，从上面还能认出部分石雕原来所在的位置。这座展厅被命名为"圆明园展厅"。

名人新探

【商鞅：为强秦奠基，为自己掘墓】

徐 畅

商鞅的悲剧充满了历史的浓重感和宿命感。他执掌秦国朝政19年，这才有了繁华富庶、气势如虹的强秦；才有了始皇帝"续六世之余烈，振长策而御宇内，吞二周而亡诸侯，履至尊而制六合"的统一大业；才有了历代王朝沿用的秦汉制度、霸道王道并存的治国传统。而他死于自己制定的法律下，也是以生命维护了变法的尊严。

公元前361年，商鞅入秦。这是一个年仅29岁的年轻人。然而发布"求贤令"的秦孝公比他还年轻，22岁，刚刚登基为君。此时，七国争雄，秦国只能算二流国家。

但23年后，当秦孝公和商鞅去世时，秦国已一跃成为"超级大国"。这对君臣的相遇，开启了轰轰烈烈的变法时代。如果没有他们，140年后中国历史上的第一次统一，也许难以实现。

在魏国兜售自己

商鞅是卫国公族的后裔。他所置身的战国时代，是一个饱学之士周游列国、到处兜售自己的时代，他们不需要祖国，朝思暮想的都是知遇之恩。

商鞅也不例外。他从小研读刑名之学，摸索出一套变法理论。尽管对法律、军事的研究已超出前辈吴起、李悝，但他的这套办法，在本国毫无兜售希望。

第一个机会来自魏国。魏国国相公叔痤，对商鞅的奇谋十分欣赏。不知道是商鞅的不幸，还是魏国的不幸，就在公叔痤决定向魏惠王推荐商鞅时，公叔痤已被病魔夺走了大半条命。他只能竭尽余力，告诉前来探病的魏惠王："我死之后，希望您能以举国之事，听候商鞅的调遣。"

魏惠王估计被公叔痤这句话吓到了：商鞅？他才20出头，乳臭未干！当然，他尊敬老臣，没有当面说国相老糊涂。

公叔痤非但没有老糊涂，反而姜是老的辣。他看懂了魏惠王的表情，无奈，狠了狠心说："既然您不用商鞅，那一定要杀了商鞅。"人才如战略物资，自己不用也不能资敌。

等魏惠王走后，公叔痤越想越不是滋味，一个青年才俊将因自己而死？不知是不是人之将死，其心也善，他派人叫来了商鞅，告诉他事情的经过："你赶快逃走吧。"

公叔痤的急切溢于言表。看来，他一生最后的努力就是保全商鞅的性命了。然而，面对一个垂垂老者，商鞅的表现告诉大家，姜不一定老的辣："国王既然不能听您的话而信任臣下，又怎么会听您的话杀臣下呢？"

果然，魏惠王没有杀商鞅。

既然公叔痤死了，商鞅在魏国的前景也就等于零。下一步去哪里？他把战国七雄一字儿排开，思索哪个国家会成为自己的买家。

恰在此时，秦孝公的"求贤令"发布了。

商鞅的目光越过了函谷关，他决定入秦。

三见秦孝公

商鞅见到秦孝公，是宠臣景监引荐的。

第一次见面，商鞅还弄不清秦孝公的想法。他试探性地从三皇五帝讲起，还没说完，秦孝公已经打起了瞌睡。事后，秦孝公怒斥景监："你推荐的什么朋友，就知道夸夸其谈。"

见到秦孝公的这个反应，商鞅反而高兴了："原来秦公的志向不在帝道。"第二次见面，他又从王道仁义讲起，秦孝公的兴致比前一次好点了，但还是觉得不着边际，哈欠连天。商鞅更高兴了："秦公志不在王道。"

于是，第三次见面，商鞅劈头就问："当今天下四分五裂，您难道不想开疆拓土，成就霸业吗？"

秦孝公立刻精神了，他要的就是霸道！听着听着，他不由自主地向商鞅靠拢。最后，秦孝公不再矜持，激动地握住商鞅的手："请先生教我。"

说服了秦孝公，商鞅的强国大计只是销售了一大半。秦国的重臣还对变法有所保留，甘龙、杜挚等人，就对商鞅的一套毫不买账："商鞅来自外国，他根本不了解秦国的实际情况，国君不过是被他的花言巧语迷惑而已。"

聪明的秦孝公并不急于表态，他要看看商鞅如何应付——如果你的变法政策连大臣都说服不了，还如何推行全国？商鞅站了出来，和群臣展开了一场著名的"答辩会"。甘龙说，要效仿先圣。商鞅就历数那些成败君主，凡是有作为的必有所创造，有所超越，陈陈相因导致衰亡，顺应时势才能大展宏图。一番滔滔雄辩，把对方驳斥得哑口无言。

说服了大臣，商鞅的变法政策还只在朝廷站稳了脚跟。但是，老百姓会相信你的新政策吗？商鞅想到了一个办法。

一天，商鞅亲自来到国都的南门，令人竖起一根 3 丈高的木头，百姓不知所以，纷纷前来围观。商鞅宣布，能把这个木头扛到北门，即赏 10 金。"这可是重赏啊！"人群中一阵惊叫，却没有人相信这是真的。商鞅果断地把赏金提高到 50 金。终于，有个年轻人出来试试运气了，他轻松地把木头搬到北门。众目睽睽之下，商鞅当场付款。

举国轰动了：商鞅是信守承诺的！

公元前 356 年，商鞅在秦国开始了彻底而系统的改革。土地制度变化了，开阡陌，除井田；治安管理加强了，什伍连坐，互相监督；贵族特权取消了，奖励农耕，生产的粮食多也可以立功，优秀的农民可以扬眉吐气；爵位等级秩序建立了，不分平民贵族，以战功授奖，只要立功多，就可以富甲一方。秦国的军队从此变成虎狼之师。既然杀敌取胜可以带来财富和地位，何乐而不为呢？

十几年里，"秦民大悦，道不拾遗；山无盗贼，家给人足；民勇于公战，怯于私斗，乡邑大治"。公元前 350 年，在商鞅的主持下，秦国迁都咸阳，以郡县制划分行政区域。接着，秦国夺取魏国河西之地，迫使魏国迁都大梁，甚至，那个名义上的天下共主周天子，也要如同诸侯一样向秦国祝贺。普天之下，秦国之外，已无强国。

秦孝公兑现了他在"求贤令"中的诺言："与之分土。"商鞅被封为大良造，因战功封於、商十五邑，号商君。巨大的荣誉与权力倾覆朝野，商鞅达到了人生的巅峰。

死在自己的法律下

但是，秦国的强大并不符合所有秦国人的利益，首当其冲的是旧贵族。在特权被取消之后，他们变成了商鞅的死敌。

早在变法之初，太子就指责过商鞅："新法严峻。"按照商鞅的政策，敢说新法的坏话，这还了得？罚不了太子，也要罚教导太子的两位师傅——公子虔被割了鼻子，公孙贾脸上被刺了字。

法律的权威虽然得以保障，但未来的国君却得罪了。有人劝商鞅急流勇退。但是身在权力的顶峰，又有几个人懂得退？大概商鞅以为自己仍可以逢凶化吉。他对政治的瞬息万变，对君主的自私一面，估计不足。他对平民生活，毫无兴趣。于是，在秦孝公后期，商鞅有太多的机会为自己留退路，但都被他放弃了。

公元前 338 年，秦孝公去世。这是很多人潜心等待的一个时刻——时势会因为一个人的存在与否而发生巨变。太子驷继位，为惠文王。公子虔等人终于有了报复的机会，他们告发商君谋反，发吏追捕。商鞅有口难辩，唯有逃亡。

在一个月色初上的黄昏，商鞅逃到了函谷关，关守尚不知咸阳城中的变故。但商鞅万万料想不到的是，他出逃太急，忘了带验证身份的凭证，而每一家店主都告诉他："我们商鞅大人制定的法律，留宿没有证件的旅客，店主要受连坐之罪！"

商鞅喟然叹曰："嗟乎，为法之弊，一至此哉！"自己当日颁布连坐令时，又何曾想到以亲身陷此令？商鞅走投无路，只好回到封地，仓促地组织了一支人马，起兵造反，战败。秦惠文王对他实行了严酷的车裂之刑，告诫世人"莫如商君反者"。

1000 多年后，又一位力排众议，走在时代风口浪尖的改革家王安石，在月色朦胧、清风拂面的夜晚，在隐隐半山掩映的书斋中，面对商君一生事迹，泪湿衣衫，挥笔写下诗句：

自古驱民在信诚，一言为重百金轻。

今人未可非商鞅，商鞅能令政必行。

商鞅以他的变法，开秦扫天下的先声。

【"风险投资家"吕不韦】

王 丹

公元前 265 年，秦昭王和他的大将白起吸引住了六国恐慌的目光，人们惴惴不安——谁会第一个被秦灭亡？当时没有人注意到，一个对秦统一中国至关重要的人，这时刚刚来到赵国邯郸的街头。他既非商鞅那样的改革家，也不是白起这样的常胜将军，他只是一个商人。他叫吕不韦。

潦倒的人质

吕不韦在赵国遇到了一个对他一生影响深远的人：秦昭王的孙子异人。

只怕连秦昭王自己都快忘了还有个叫异人的孙子。他的太子安国君，替他生了 20 多个孙子，异人不是长孙，生母夏姬也不是太子宠妃。继承君位的事，怎么也轮不到异人。去赵国做人质的事，倒有他的份。吕不韦来到邯郸，遇到的正是潦倒的人质异人。

身为商人，吕不韦却对政局一向关心。吕不韦非常清楚：哪里的资源和利润最丰厚？政坛。什么样的投资最容易升值？人弃我取。吕不韦一眼就看中了异人。他回家和父亲商量："耕田能获几倍的利？"

父亲答："十倍的利。"

吕不韦又问："经营珠玉能赢几倍的利？"

"百倍的利。"

吕不韦再问："帮助立一国之主，能赢几倍的利？"

"无数的利。"

既然有这么大的利可图，吕不韦决心放手一搏。于是，他专程拜访异人，游说道："我能光大您的门庭。"异人不以为然："你姑且先光大自己的门庭，再来光大我的门庭吧！"吕不韦说："您不懂啊，我的门庭要等待您的门庭光大了才能光大。"一场双赢的交易就此在两人之间展开——吕不韦辅助异人成为秦国国君，异人则承诺和吕不韦分享秦国土地。

让异人答应这场交易并不难，难在怎么让异人成为秦国合法的继承者。吕不韦把筹码押在一个女人身上——华阳夫人。

年轻貌美的华阳夫人，深受异人父亲、太子安国君的宠爱，已经被立为正夫人。一旦太子登基，她便是秦国王后。然而，华阳夫人无子，对未来的担忧成了她最大的心病。

聪明的商人和好大夫一样，都擅长对症下药。吕不韦自掏腰包，拿出500金，搜罗了珍奇玩物，来到咸阳，找到了华阳夫人的姐姐，以异人的名义进献珠宝。华阳夫人的姐姐便劝说妹妹："我听说用美色来侍奉别人的，一旦色衰，宠爱也就随之减少。现在你正受宠，不如趁早在太子的儿子中找到一个有才能而孝顺的人，立为继承人。丈夫死后，就不会失势了。否则，一旦容貌衰老，你想和太子说上一句话，都很难了。"

见华阳夫人有些动心，姐姐又继续劝道："公子异人排行居中，按次序是不能被立为继承人的，他的生母又不受宠爱，所以他才会主动依附于你，况且他有贤能，你若提拔他为继承人，一定安享尊荣。"

这一席话正中华阳夫人的下怀。不久，远在邯郸的异人改名子楚，被立为秦国继承人。

说不清的儿子

大手笔的生意正在顺利进行，吕不韦却遇到了麻烦：子楚在一次宴会上，看上了他的爱妾赵姬。给，还是不给？

最初，吕不韦十分生气。但是，他很快意识到，他已经为辅佐子楚献出了大量家财，现在正是等待盈利的关键时刻，不给，岂不浪费了前期投资？于是，赵姬改嫁子楚。有意思的是，据说赵姬改嫁时已经有孕在身，而这个孩子，整整怀胎12个月后才出生。

谁也说不清，这是谁的儿子。谁也不知道，给子楚一个"现成的儿子"是不是吕不韦设计好的投资之一。但可以肯定的是，正是这一笔投资，决定了吕不韦的终局——因为这个儿子，不是普通人，正是未来的始皇帝嬴政。

嬴政出生仅仅两年，秦昭王就发起了声势浩大的"邯郸之围"，希望一战剿灭赵国。赵国大怒，打算杀掉人质子楚。吕不韦连忙又拿出600金，买通了邯郸城的守军，把子楚送到秦军大营中。而逃不出去的赵姬和小嬴政，吕不韦也早有准备。赵姬出身于赵国的富贵家庭，有了这层身份，母子二人在赵国躲藏，并不是难事。

过了6年，秦昭王去世，安国君即位。吕不韦的好运开始降临——安国君才当了3天秦王，就一命呜呼，子楚成为国君，即秦庄襄王。庄襄王当然懂得"吕不韦"这3

个字对他一生的意义，他兑现诺言，任命吕不韦为丞相，封为文信侯，河南洛阳十万户成为吕不韦的食邑。

但庄襄王的命运仅仅比父亲好一点而已，他在即位3年后也去世了。12岁的嬴政登上了王位。吕不韦的大笔投资进入了收益期——年幼的嬴政尊重他，称他为"仲父"。

对于吕不韦来说，自己的儿子成为秦国的国王，他是应该高兴，还是忧愁？这局棋，他其实一直没有算清楚。

嬴政即位后，吕不韦和太后赵姬又恢复了早期的关系。私通太后，显然是危险的。为了自己脱身，吕不韦又下了一着棋。他找到了一个名叫嫪毐的门客，冒充宦官，献给太后。而太后竟也照单全收，和嫪毐如鱼得水，还躲到别处生下两个儿子，吕不韦很得意：他的相国之位可以保住了。

但事与愿违。9年后，太后和嫪毐东窗事发，这让已经成年的嬴政颜面扫地。嬴政把嫪毐家三族人全部杀死，又杀了太后所生的两个儿子，把太后迁到雍地居住。第二年，他又免去了吕不韦的相国职务。

后来，嬴政为了表示孝道，特地把太后迎接回咸阳，但对于吕不韦，嬴政谈不上应尽的孝道。他把吕不韦赶出京城，驱往河南的封地。

12年相国

吕不韦预想自己可能会老死在河南封地，一生的波澜即将成为往事。

从公元前249年庄襄王即位，到秦王嬴政十年即公元前238年被罢相，吕不韦作为相国把持秦国朝政12年之久，在政治、经济、军事、文化等各方面都颇有建树。吕不韦入秦之初，4年之间，秦国连丧三王，国内政局混乱，叛乱迭起，蝗灾瘟疫不断，外部还有强敌趁机猛烈进攻。面对内忧外患，吕不韦充分调动全国的物力，顺利渡过严重的自然灾害，平定了各地的叛乱，稳定了国内的政局；又有效地组织人力，击退外敌的入侵。在吕不韦居相位期间，秦国取得的土地至少有15个郡以上，占统一后全国总郡数近1/2，为秦国统一打下了很好的基础。

在文治方面，吕不韦招来文人学士，写成了一部《吕氏春秋》，共有八览、六论、十二纪，20多万字。书刻好后，他命人将书立于咸阳城门，上面悬挂着1000金的赏金：谁能增删一字，就可取走千金。《吕氏春秋》这部历史巨著，为即将诞生的封建大一统王朝，在政治理论上做好了充分的准备。

机关算尽

迁居洛阳后，吕不韦也并未赋闲，凡有事，大臣们就过来请教吕不韦，门庭若市的吕不韦让秦王嬴政对他很不放心。此外，秦王嬴政更担心的是自己身世的秘密，几乎人人都知道他是吕不韦的亲生儿子。很难说到底是担心吕不韦功高震主，还是为了表明自己与吕不韦没有血缘关系，或者两方面的原因都存在，秦王嬴政向洛阳发布了一纸命令，要他立刻举家移民到蜀地。

到这时候，吕不韦终于明白自己寿终正寝的想法无法实现了。

在秦王嬴政的书信前，吕不韦喝下毒酒自杀——这最后的结局，无论如何不在吕不韦的算计之内，他决不会想到，从他开始把风险投资投到秦国继承人身上时，他自己也成为这个庞大项目中的一粒棋子。随着这个项目的一步步推进，他的命运已经完全不掌握在自己手中了。

吕不韦作为一名由商人跃上政治舞台的政治家，他对秦统一事业的贡献是巨大的，他可以称得上是中国古代一位杰出的政治家、思想家。同时，我们今天更要承认，他也是一位杰出的"风险投资家"。

【悲剧英雄——霸王项羽】

文　雪

项羽，名籍（公元前231—前202年），字羽，祖籍下相（今江苏宿迁县）。项羽是历史上著名的悲剧英雄。他自恃武勇，"欲以力征经营天下"，弃关中而返楚，放逐义帝而自立，五年之间，竟被刘邦打败，最后落得一个霸王别姬，自刎乌江的下场。但是，项羽的叱咤英姿，磊落胸怀，却永存人间。

公元前210年冬，秦始皇出游天下，来到浙江。这次秦始皇出游，目的是镇压东南的所谓天子气，威仪整肃，十分壮观。当时年仅二十二岁的项羽也挤在人群中观看。他看到威势显赫的秦始皇，情不自禁地说："那秦始皇没什么了不起，我可取而代之。"站在他身旁的叔父项梁，连忙用手捂住他的嘴，小声呵斥说："休得胡说，这是要灭族的。"项梁嘴里这么说，心里却很高兴。他更加看重这个年少英伟的侄儿。原来，项梁早有反秦的计划。他和项羽曾经杀人，一起逃到吴中（今江苏苏州市）。吴中有大徭役或丧事，常常请项梁主办。

项梁就借机暗中用兵法教练吴中子弟，召养死士，培养军事骨干。项梁是楚名将项燕之子，项羽是项燕的孙子。项燕是在保卫楚国的战争中被秦将王翦杀死的。楚国灭亡后，贵族后裔被迁入关中。项梁叔侄为了替家国报仇，所以杀人逃避吴中的。他们叔侄逃来吴中客居，对这一带却是很熟悉，因此地方官吏及豪绅热情地保护了他们。项羽身高八尺余（今天相当于一米九左右），他身高体壮，臂粗腰圆，声如洪钟，力能扛鼎。加上年少气盛，性格粗犷，才气无双，吴中子弟都很怕他，而又亲近他。项羽直爽，好侠任武，笼络了许多同龄青年。他们受项羽影响，都爱弄枪使棒，习尚武勇。项梁起兵时整编了这样的青年有八千人，称江东子弟。这八千江东子弟，以后成为了项羽南战北战的精锐。

项羽幼年时，项梁教他认字写字，他没有耐心。项梁教他学击剑，项羽热了三天又冷了下来。项羽学文不成，习武不就，项梁大怒，把他狠狠地训斥一番。项羽却不慌不忙地回答说："学习读书写字，只不过会记姓名；学习击剑，只有匹夫之勇，我要学习兵法，指挥千军万马。"这一席豪迈之言，使项梁大为惊奇，于是悉心教导项羽学习兵法。可是项羽生性粗犷，略知其意，又不肯竟学。他只对行兵布阵很感兴趣，而对战略战术不求甚解。项羽的这一粗犷性格和他兵法没学到家，也是他后来兵败自杀成为悲剧英雄的原因之一。

公元前209年7月，陈胜、吴广揭竿而起，向暴秦发难，天下云集响应。九月，项梁和项羽也在吴中起事，杀了会稽太守殷通。项梁自任会稽郡守和将军，任用项羽为副将，分派"吴中豪杰"为军吏，分头攻下会稽各县，整编队伍，有精兵八千人。

这年12月，陈胜兵败而死。广陵人召平领兵在广陵（今江苏扬州东北）作战，他急中生智，打着陈胜王的名义，拜项梁为楚国的上柱国，催促项梁率兵北上，西击秦军。项梁安定了江东，也想借机名正言顺率军渡江，于是委项羽为先锋。这时大江南北，黄河内外，到处是起义军。这时北上的项梁军队，没有遇上秦军的抵抗，沿途却吸收了多支起义队伍。项梁渡淮，进驻下邳，已收编了六七万人。东阳陈婴，以及吕臣、黥布、蒲将军等都前来归附。当时山东境内有一支势力较大的农民军，统帅叫秦嘉，他拥立了楚后裔景驹为楚王，独树一帜，不听陈胜王的号令，也阻挡项梁北上。秦嘉驻军彭城。项梁命项羽等击败了秦嘉，杀了景驹，进军薛城。项梁会议诸将，立了楚怀王之孙熊心为楚王。这时，沛公刘邦也率军来归附。项梁十分欣赏刘邦，他命项羽与刘邦结拜为兄弟，两人并肩作战，突进中原。项梁将楚都定在盱眙城，自号武信君。这时楚军已发展到十余万人。

此后，项羽和刘邦的联军为项梁打先锋。公元前208年六月项梁立熊心为楚怀王，八月进兵东阿（今山东阳谷东北），大败秦军主力章邯。接着项梁领兵分兵追击，把章邯包围于定陶。项羽、刘邦的联军，西追秦军，攻克城阳（今山东鄄城东南）。接着又在濮阳以东大败秦军。项羽乘胜突入河南，转攻雍丘（今河南杞县），斩杀了李斯之子李由。李由为秦三川守，镇守军事重镇洛阳，李由带重兵东援章邯，被项羽斩杀。这是反秦义军诛杀的最高秦军统帅，从此项羽威名大振。

正当各支楚军节节胜利之时，由于项梁轻敌，秦将章邯在定陶经过休整和补充后，偷袭项梁军营，获得大胜，项梁军全军覆没，项梁被杀。这是反秦起义军继陈胜死后的又一次大的挫折，河南的反秦战争再次转入低潮。章邯随后移师河北，围攻赵国。在这转折关头，楚怀王熊心进驻彭城，召诸将举行会议，重新部署反秦战略。彭城会议决定集中楚兵，分为两路击秦。一路以宋义为将军率主力北上渡河救赵，项羽为裨将，范增为末将，黥布等皆受宋义节制。另一路，由沛公刘邦率领从河南西进，从武关迁回攻击秦都咸阳，乘虚进兵。项羽报仇心切，要求与沛公刘邦西征，楚怀王不许，他认为项羽"剽悍猾贼，所过无不残灭"，正好利用了这一特点以暴制暴，命项羽随宋义北上救赵，与秦军主力决战。楚怀王与诸将约，"谁先入关，谁做关中王"。明显地，这是让刘邦做关中王，项羽与楚怀王从此有了矛盾。

公元前207年10月，宋义率领楚军北上，他畏惧秦军，不敢渡河，把军队屯驻在安阳（今山东曹县东），滞留四十六日不进。当时天寒大雨，士卒又冷又饿。项羽主张立即进军河北，既解赵国之围，又求粮于河北，宋义不听，项羽一怒之下诛杀了宋义，夺取了兵权。项羽有了军权，声威显赫。他大义凛然地向全军宣称："宋义与齐国密谋造反，不北上救赵，我奉楚怀王的手令诛杀了他，现在立即渡河救赵，到那里去吃饱饭。"全军欢呼，众将军说："项家将军原本就是我们的首领，楚怀王也是项家将军拥立的。现在项家将军杀了叛将，完全应该。"于是众将拥举项羽为主帅，大军立即前进救赵。项羽挥师渡河，前进到了漳河南岸，与围困赵国的秦军隔岸相峙。这时秦军气盛，兵精粮足。包围巨鹿城的是秦将王离率领的驻守长城的精锐，秦军有二十余万。章邯所部也有二十余万，保护粮道，为王离军的后援。在战场上的秦军有五十余万。诸侯救赵的各路大军，在巨鹿外围扎下十几座营盘，每支军也有数万人，包括项羽的楚军，有四十余万。但诸侯之军互不统属，都不敢单独与秦军作战，大家都作壁上观，秦军也不侵犯诸侯之军，只集中全力攻打巨鹿城。秦军的战略是，只要攻下巨鹿，各支诸侯军将不攻自破。

巨鹿告急，赵国守将张耳派人出城督促城外的赵军与秦军作战。城外赵军为陈余率领着数万之众。陈余认为，赵军独进，好比以肉投饿虎，必将覆没。他分拨五千人试攻，一接触秦军，立刻被吞没。在这千钧一发之际，项羽没有被秦军的声威势大所吓倒。他首先派出勇将黥布率领两万人渡过漳河，占领滩头阵地。接着项羽亲率十几万楚军全军渡河，背水为战。项羽下令凿破渡船，打碎炊具，烧掉营帐，每个战士只带三天干粮，表示了勇往直前、义无反顾的决心。这就是千古流传的破釜沉舟的故事。这一仗恰似后来韩信破赵的井径之战，背水为阵，把全军置之死地而后生。十几万楚军，同仇敌忾，要杀出一条求生的血路，只有打败秦军，才能死中求活。因此，楚军斗志高昂，战士无不以一当十，奋勇杀敌，喊声震天动地。项羽在渡河的当天就发起了九次攻击，九战九胜。项羽直接打击的是攻城的王离军，留下章邯不打，属于各个击破秦军。结果楚军大胜，俘虏了秦军主帅王离，杀死了秦军副将苏角，秦军另一副将涉间自杀，王离军全军瓦解。章邯只得率领他本部二十余秦军向河南安阳方向后退，一面又派长史司马欣回秦都告急。

巨鹿大捷，全歼秦军精锐王离率领的长城军。各路诸侯的军队四十余万合兵一处，项羽的英勇善战赢得了盟主的地位。这时，项羽以四十余万大军，追击秦将章邯二十余万残兵，在军事上已处于绝对优势。巨鹿大捷奠定了灭秦的基础，但章邯是久经战阵的宿将，他率领的二十余万秦军，也是不可忽视的力量。尽管项羽不停顿地发动进攻，但都没有取得决定性的胜利。巨鹿大捷后，章邯率领的秦军仍坚守在河北，在安阳殷虚一带与项羽相持了七个月。司马欣回咸阳请救兵，没有得到一兵一卒的援助，还风闻赵高即将发动政变，并要诛杀章邯以推卸失败的责任。章邯见秦朝大势已去，要是战胜了，那功高不为赵高所容，如果战败了便要上断头台，于是在司马欣的劝说下，他向项羽投降。公元前206年7月，章邯在殷虚纣王亡国的地方投降了项羽。项羽答应，在灭秦以后，封章邯、司马欣、董翳为王。殷虚之盟，可说是反秦战争中的一次古代和平解放。

项羽接受章邯投降后，率领大军渡过黄河，然后西进，直指咸阳。诸侯之兵，在秦朝许多曾为刑徒，痛恨秦人已极，一路上虐待秦朝的降卒，使二十余万秦朝降卒人心浮动，流露不满情绪。项羽怕入关后秦卒反叛，就在新安坑杀了二十余万秦降卒，制造了血腥的杀降惨案。早在北上渡江之初，项羽进兵河南，久攻襄城，攻下襄城后对所俘的军卒均坑杀了。所以司马迁评论说："虐戾灭秦，自项氏。"项羽在反秦斗争中的这种复仇主义，虽是痛快一时，却大失人心，这是导致他成为悲剧英雄最重要的原因。

与之相反，刘邦却处处讲究策略，优待俘虏，收买人心。他入关后，封藏府库，除秦苛法，并约法三章，维护社会秩序。刘邦还展开宣传，说楚怀王有约："谁先入关谁做关中王。"于是，秦人大喜，"唯恐沛公不为秦王"。秦人争相犒赏刘邦的军队。刘邦见秦人归附，怕项羽来争关中，就派兵将函谷关把守起来。

公元前206年12月，项羽攻破函谷关，进驻鸿门。当时刘邦驻军坝上。刘、项两军相距四十里。项羽下令，全军戒备，连夜造饭，立即进攻刘邦军。刘邦军十万，没有打过大仗；项羽军四十万，是从血战中滚过来的，若两军决战，刘邦将会全军覆没。刘邦探知消息，连忙与谋士张良商议对策。张良与项羽叔父项伯是老朋友，张良救过项伯的命。此时项伯夜访张良，泄露军机，劝张良逃走。张良却趁机邀项伯见刘邦，促成两人结为兄弟和儿女亲家。就这样，项伯成了刘邦耳目和楚军内奸。项伯要刘邦明早到项羽军中谢罪，他则连夜赶回，花言巧语劝项羽设宴款待刘邦。项伯对项羽说："若不是沛公打下关中，大王怎能不费力气就入关呢？现在人家立了大功，你还去攻打他，这是不义的。明早刘邦来拜会大王，不如借机设宴款待，两家和好如初。"项羽答应了，这就是历史上有名的鸿门宴。

第二天清早，刘邦果然来到鸿门向项羽陪罪。刘邦在宴会席上十分谦虚，坐在下首，情意恳切地对项羽说："我和将军同心协力灭了秦朝，将军在河北作战，我在河南作战。没料到我先进了关中，今天能在这里见到将军，实在是万幸。不知是哪个小人拨弄是非，挑动将军与我不和。我派兵守函谷关，是防止别人入关，恰恰是迎接将军，所以把大军驻守在函谷关。"心直口快、性情爽朗的项羽，被刘邦一顿迷魂汤，灌得心花怒放。

他对刘邦说："你的左司马曹无伤派人来报告，说你要做关中王。不然，我哪能进攻你呢。"范增暗示项羽杀刘邦，项羽不理睬。范增叫来项庄舞剑，意在刺杀沛公刘邦，却又被项伯用身体挡护住了。刘邦赴会鸿门宴，有惊无险。他利用项羽缺乏政治经验，虎口脱身，避免了在不利形势下与项羽决战，保存了实力。刘邦走后，范增十分遗憾而又颓伤地说："今天放走了刘邦，日后我们都要成为他的俘虏。"

鸿门宴后，项羽进兵咸阳。他杀了秦降王子婴，火烧秦宫室，三月不绝。有人劝他建都咸阳称帝，项羽却说："富贵不还乡，好比夜里穿绣花衣，没人知晓。"项羽放弃了称帝的机会，自称西楚霸王，而大封十八诸侯王。他放过了刘邦，却掉过头来与楚怀王算账。项羽想做关中王，报命楚怀王，楚怀王回报"如约"。于是项羽攻破关中，而不做关中王。表面上他履行了誓约，其实错过机会，倒行逆施。因此韩信称他为妇人之仁。即在小事情上讲信义，大事情上糊涂，又听不进逆耳的忠言。假如项羽在鸿门宴杀了刘邦，并了汉军，登基当皇帝，谁敢不服呢。

项羽分封十八王，序列如下：一汉中王刘邦，二雍王章邯，三塞王司马欣，四翟王董翳，五西魏王魏豹，六河南王申阳，七韩王韩成，八殷王司马，九代王赵歇，十常山王张耳，十一九江王黥布，十二衡山王吴芮，十三临江王共敖，十四辽东王韩广，十五燕王臧荼，十六胶东王田，十七齐王田都，十八济北王田安。项羽自称西楚霸王，建都彭城。他尊楚怀王为义帝，后借故又把它流放到长沙郡郴县。雍王、塞王、翟王三分关中，项羽把三个秦的降将封王，目的是拒塞刘邦。

公元前206年，汉元年四月诸侯分散，各自归国。项羽认为分王诸将，从此高枕无忧了，殊不知他犯了开历史倒车的极大错误。封国林立，必然要发生兼并战争，加上项羽主观独断，封王不公，他还没有回到彭城，山东齐境就乱了套。齐王只是一个傀儡，军政权力掌握在田荣手中。田荣已据有齐境，因他没出兵援救项梁的定陶之战，项羽怀恨，用大封三齐王的办法来分裂齐国，架空田荣，当然这是行不通的。项羽又不封陈余、彭越，这两人都在河北、河南中原地区拥有实力。于是田荣、陈余、彭越三人联合起来发难。在公元前206年六月竖起了反叛项羽的大旗。项羽东征田荣，八月刘邦还定三秦，楚汉战争正式爆发。

这时田荣竖起反叛项羽的大旗，自称齐王。项羽大怒，率兵征讨。城阳一战，项羽打败田荣。田荣走保平原，平原士民杀了田荣，战争基本结束。可是残虐的项羽，又激起齐民造反，他大肆烧杀虏掠，激起了齐地人民的反抗。田荣弟田横趁机收拾民心，立田荣之子田广为齐王以对抗项羽。这时刘邦已还定三秦。刘邦积极准备出关。他让张良写了一信麻痹项羽。信中说，刘邦只是要做关中王，并不反叛项羽，而齐王才是楚国的死对头。项羽真的上了当，留在齐地镇压齐民。刘邦趁机出关，为义帝发丧，数落项羽罪责，号召天下诸侯共击项羽。刘邦派出使者联络诸侯，又以将军印赐彭越，令他在梁地造反，在楚国心脏地区开花。刘邦强大的政治攻势，迎得了诸侯归心，纷纷派兵讨伐项羽。连项羽的心腹将九江王黥布也不服从项羽调遣，坐山观虎斗。公元前205年二月，刘邦率诸侯联军56万攻破楚都彭城，项羽此时还陷在齐地。刘邦以为天下已定，收取楚宫室美人宝藏，每日摆酒宴会。项羽闻听都城已破，赶忙从齐地回救。项羽精选三万骑兵，日夜兼程，绕在彭城之西，从萧县发动出其不易的进攻，由西往东向彭城推进。刘邦占领彭城以后，把大军布防在彭城以东，阻挡项羽回救。汉军意想不到项羽用轻骑兵从西边的空虚之处杀来。在彭城东面用重兵布防的汉兵未见一兵一卒楚军，而后方彭城已乱了套，汉军被项羽打败了。在混乱中，汉兵不知楚军虚实，又正值大风沙，迎面不见人，一场混战，汉兵自相残杀，十几万人被推压在睢水中，睢水都为之不流。项羽用三万精兵，打败刘邦的五十六万大军，获得了彭城大捷。这一以少胜多的战绩其实是范增的杰作。胜利把项羽的军事生涯推向了顶峰。

项羽乘彭城大捷，追击刘邦。刘邦的杰出战将韩信，在荥阳东南京索地区打了一场漂亮的阻击战，挫败了楚军，汉军这才凭借豫西山地在荥阳、成皋一线固守，楚汉两军都陷入胶着壮态。刘邦在败逃中于下邑（今江苏砀山县东）召开军事会议，制定了持久战略。正面战场由刘邦亲自坐镇，在成皋地区阻击项羽，并把项羽吸引在坚城之下，使他欲攻不克，欲罢不能。刘邦用张良之计起用三大勇将，对项羽进行战略包围。

其一，用韩信为将，开辟北方战场，扫平河北，进入山东，迂回包围楚国。其二，用彭越在楚国后方打游击，断粮道。其三，派说客入淮南说降九江王，断项羽左臂，牵制项羽兵力，减轻正面战场的压力。刘邦策略一步步实现，项羽果然受阻成皋。

楚汉相持在成皋，汉兵众而弱，楚兵少而精。范增替项羽规划了破汉战略。集中兵力突破成皋防线，攻占洛阳，直指关中。只要楚兵打到洛阳，关中告急，刘邦的包围战略就将崩溃。彭城大捷后，诸侯又倒向项羽。

韩信平定河北需要时日。黥布降汉，威胁项羽侧翼，亟须巩固。项羽派勇将龙且打败淮南，稳固了侧翼。公元前204年4月至9月，楚汉两军发生激战。项羽贯彻范增战略，于4月猛攻荥阳，汉王刘邦突围遁走，差点被楚军活捉。楚军攻破荥阳，杀汉将纪信，随后又攻破成皋。刘邦调虎离山，南下宛叶，吸引项羽南追，然后回军又夺回成皋。6月，楚军再破成皋，刘邦逃出至河北，夺了韩信之军，驻屯修武。然后命彭越、刘贾深入楚后方，攻下外黄、睢阳等十七城。项羽回救，刘邦率河北之军渡河收复了成皋、荥阳。项羽回军，楚汉再度相持于荥阳东广武山上。9月韩信向山东进军，10月破齐历下军，11月，韩信又打败楚龙且救齐大军，稳定了齐境，完成了对楚国的战略包围。

项羽眼看就要打破汉军的成皋防线，却为何两度中了刘邦的调虎离山之计，功败垂成呢？原来在成皋吃紧之时，刘邦采用了陈平的离间计，制造流言，说范增、钟离有功不得侯，要投归汉王。项羽派使者到汉军营中，刘邦摆下丰盛的宴席款待。还未开宴，却故作惊讶，说这是款待范增使者的，而又重新摆出了粗劣食物款待楚使。项羽信用的人是诸项的子侄和妻兄弟，但他们都是庸才，识不透刘邦反间计。项羽不察，误听亲信之言，怀疑起范增、钟离。范增一气之下离开了项羽，钟离昧也被削弱了兵权。项羽身边既无谋臣，又无良将，只凭个人的血气之勇，刚愎自用，连连上当，作战便转胜为败。

公元前202年11月，项羽又一次中了刘邦的缓兵之计，签订和约，以鸿沟为界中分天下。彭越、韩信都在项羽境内。当刘、项相持广武期间，韩信、彭越都按兵不动，坐山观虎斗了。项羽引兵东归，刘邦派使者告韩信、彭越，许诺灭了项羽，把项羽的地盘分给他们为王，还装模作样地画了地图。于是韩、彭在刘邦调遣下四面逼拢，合围项羽，项羽引兵东归，尚有十万之众，但缺少粮饷，又值十二月盛寒，已经是一支十分疲困的军队了。但是，项羽由于在灭秦战争和彭城大捷中建的声威，尚能得士众心。所以在撤退中还在固陵地方打了一个大胜仗。但这时的项羽已是一支孤军，刘邦、韩信、彭越、黥布以及降汉的楚国大司马周殷，从四面八方围了上来。公元前202年12月，项羽率领的十万兵被汉将韩信指挥的三十余大军团团围困在了垓下（今安徽灵壁县东）。

项羽为了突破包围，在垓下发起了一次突围战。项羽亲率精兵向汉军猛攻。韩信诈败，拉长战线，然后用骑兵从两翼截击夹攻楚军，分段围歼，打败了项羽的突围战。项羽被困，"兵少粮尽"。夜间，汉军四面大唱楚歌，迷惑项羽。项羽惊恐不解地说："难道汉军把楚国都占领了吗？为何汉军中有这么多人唱楚歌？"其实这是韩信用的攻心战，用思乡曲来瓦解楚军斗志。连项羽也中了计。面对这将倾的大厦，项羽心烦意乱，一个劲地喝闷酒，焦虑不安地思考，为什么西楚霸王百战百胜会落到这般田地，他喝够了酒，让人牵来陪他南征北战驰骋疆场使敌人胆寒的乌骓马，对着爱妾虞姬，慷慨悲歌起来：

力拔山兮气盖世，
时不利兮骓不逝。
骓不逝兮可奈何，
虞兮虞兮奈若何！

项羽一遍又一遍地唱着，禁不住落下泪来。左右的人也一个个泣不成声，抬不起头来。夜深了，项羽决定丢下大军，率领壮士暗中突围，退回江东，图谋东山再起。他跨上乌骓马，率领八百多名壮士冲了出去。次日清晨，汉军得知项羽突围，立即命勇将灌婴率领五千骑兵追击。项羽渡过淮河，只乘下一百余骑。项羽人马迷路，向一耕田老人问路，这位老者故意指错路，让项羽陷在大泽中，被汉兵追了上来。

项羽冲出包围，来到乌江边（今安徽和县东北四十里长江北岸之乌江浦），身边只剩下了二十八骑。前有大江，后有追兵，黑压压地围了上来。英雄到了末路，但是项羽仍不服输。他对部下说："我起兵八年，身经七十余战，从没打过败仗，所以才称霸天下。今天走投无路，是天亡我，不是我不会打仗。不信，我再打一场痛快战给你们看。我要斩将、夺旗，并为你们解围。"说罢，项羽把二十八骑分为四队，面向四方，准备四面冲击。

他对部队约定了冲出以后的集合地点。一切准备停当，汉军也包围了上来。项羽一声大喊，犹如惊雷一样，汉军纷纷倒退，有的奔跑了好几里远。项羽纵马杀入重围，斩了一名汉将，杀死汉兵一百多。在约定地点清点人数，只损失了两人。这时乌江亭长摇来一只渡船，要把项羽载过江去。乌江亭长安慰项羽说："江东虽小，仍有方圆数千里，几十万老百姓，足可称王。"提起江东，项羽无限感慨。他对亭长说："我带领江东八千子弟北上打天下，现在无一人生还，即使江东父老怜惜我，我项羽哪有脸面见江东父老。难得你有一片好心，我把这匹乌骓马送给你吧！这匹战马伴我闯南走北，所向无敌，一日可行千里，我实在不忍心杀它，你好好看待它。"说完，这位叱咤风云的灭秦英雄，在江边拔剑自刎了。这时的项羽年仅三十一岁。

【换个角度看吕后】

孙　杰

曾经，那个叫娥姁的女子也是家境阔绰的大户闺秀。为躲避仇家，随父亲吕公从单父（今山东单县）南迁到沛县。如果门当户对出阁，娥姁本可以安安生生做她的贤妻良母。但一件偶然的事情改变了她的一生。在吕家举办的与当地乡绅见面宴会上，混进一个蹭吃蹭喝的二流子，他就是刘邦。

刘邦出身于本分的农家，可他本人却并不本分，既不喜读书，也不愿务农，整天呼朋唤友，喝酒泡妞。以他这样的身份，是没资格傍吕家这样的大款的。

可刘邦运气实在好。吕公有给人相面的嗜好，在他眼里，这位浪荡穷鬼的面相却是贵不可言。吕公不仅容忍刘邦白吃一顿，而且不顾老婆的强烈反对，执意要把家里的黄花大闺女娥姁白送刘邦。

娥姁，她的大名叫吕雉，嫁给刘邦以后便开始了嫁鸡随鸡、嫁狗随狗的生活。她已经不是富家的大小姐，而是地道的农妇，屋内养儿育女，户外除草种地，都是她的本分。这时的吕雉十分善良，史书记载，一天她在田里劳作时，有一个过路老人来讨水喝。吕雉不仅送喝的，而且还送老人吃的。

公元前208年，在陈胜吴广起义后，刘邦也率领沛县子弟兴兵反秦，被拥为沛公，吕雉则由一个普通农妇被尊为夫人。两年后，刘邦攻入咸阳，立为汉王，吕雉又晋级成了王后，希望来得快，绝望也跟得紧。随后，刘邦与项羽开始了长达四年的楚汉争霸，项羽在睢水大败刘邦。乱军之中，吕雉和一双儿女被冲散，她与公公刘太公一起成了项羽的俘虏。在被楚军扣押了近两年半之后，吕雉才回到了刘邦身边，这时她已经年近四旬。

吕雉就这样在充满着希望却又时常面临着绝望的境遇中活着，活得比一般女人更艰难坎坷。当她和公公成为项羽俘虏时，刘邦不仅不想办法搭救，反而成了缩头乌龟，死不出战。急性子的项羽将刘邦的爹拉到阵前，摆出一副要把他煮了的架势，想激刘邦做个血性汉子。哪知刘邦却满不在乎，说："你我是拜把子的兄弟，我的爹也是你的爹，如果你想把爹爹煮了，别忘了分我一杯羹！"在那个年代，爹的地位远比老婆高。对爹态度尚且如此，如果项羽要拿吕雉做威胁，刘邦说不定会跑过去抱柴火帮忙一块煮。

刘邦不需要贤妻，也不需要良母。当吕雉和她的儿女失散后，姐弟俩侥幸遇到了奔逃的父亲。刘邦因为追兵迫近，人多车慢，竟然将亲生儿女推下车去。这等行为连司机夏侯婴都看不过去，将姐弟俩又抱回车上。刘邦再推，夏侯婴就再抱上来。刘邦大怒，斥喝道："你竟敢违抗我的意愿吗？"又将儿女推下去。夏侯婴大吼一声，跳下车将两个孩子挟在腋下狂奔，才算救下他们的性命。

这番磨难加上与刘邦共同生活二十年的经历，使吕雉彻底明白了自己要成为一个什么样的人，不是女人，因为她已经没有了资本，而是一个政治家，一个丈夫事业上的得力帮手。吕雉的转型不仅快，而且十分成功。在刘邦夺取和稳固天子地位的过程中，吕雉（这时应该称吕后了）功不可没。

像所有帝王一样，刘邦夺取天下之后，也开始一个个收拾身边的功臣。功劳最大的三人中，谋士张良是个明白人，对主子溜须拍马处处讨好，已无威胁；能臣萧何是个老实人，只会踏踏实实做事，没有野心；只有大将韩信，不仅有历史污点——在楚汉之争中刘邦最危急的时刻讨官要官——而且一直居功自傲，让刘邦难以放心。刘邦先把韩信由齐王改封为楚王，又由楚王贬为淮阴侯，并用计谋把韩信带回京城，以便能牢牢看着他。后来，韩信真的被逼出了反叛之心，他趁刘邦外出平乱，准备在京城动手，袭击吕后和太子。谁知消息走漏，吕后和萧何将韩信骗进宫中，把他绑起来砍了脑袋。吕后杀韩信，完全是你死我活的政治斗争的需要，与他们的品德毫无关系。相反，吕后在如此危急时刻，勉力支撑局面，果断行动，表现出了超人的政治勇气和智慧。其时，她心里何尝不明白，老公早就想干掉韩信，只是怕天下人指责，才不敢动手。如今借己之手除掉后患，是对老公绝大的政治支援。所以，刘邦闻讯后的心情是："且喜且怜之"，首先是高兴，然后才有些惋惜。吕后是多么了解自己的丈夫！

公元前 195 年，刘邦去世，吕后这时是四十六七岁。她开始以更大的热情来操持打理这个"家"——在她眼里，家早已不是小家，而是国家。她先是扶持时年十六七岁的亲儿子刘盈接班。为了保证天下永远在自己人手里，她甚至把刘盈亲姐姐鲁元公主生的女儿，嫁给了刘盈，这等于是外甥女与亲舅舅成亲，不仅乱伦，而且绝不可能优生。也许是遗传规律在起作用，刘盈和他的外甥女皇后始终生不出后代。吕后只好让自己这个外孙女假装怀孕，然后把刘盈和一个嫔妃生的孩子抱过来，硬说是皇后生的，取名刘恭。而刘恭的亲妈则被吕后杀掉。

刘盈十分短命，只做了七年的皇上就病死了。年幼的刘恭即位。五十多岁的吕后以太皇太后的身份继续支撑着大汉的家业。

吕后虽然只有刘盈一子，但刘邦与其他妃妾还生了七个儿子。而刘恭又并非刘盈的嫡子。那么，刘盈死后，他的弟兄们就存在争夺皇位的可能。这显然是吕后最担心的事情。所以，在刘盈的葬礼上，吕后只干号却没有眼泪。聪明的下级当然明白主子的心思，一方面为让吕后安心，一方面为保住自己脑袋，他们纷纷向吕后建言献策，推举吕家的人担任要职。吕后顺坡下驴，不仅趁机让自己的娘家人掌握了军机大权，而且大肆为吕氏封王。

历史上一直诟病吕后扶持吕家党羽的行为，这其实是站在所谓的正统观念，也就是刘家的角度来看问题。事实上，持这种观点的人忽视了当时严重的政治危机。

刘邦是大汉的开国君主，他死时，与他一起打江山的开国功臣们大多还健在。其中很多人的出身与刘邦一样，都是农民或底层小吏。这些人没受过正统教育，缺乏道统观念，同时又功勋卓著，那可是说反就反的呀。刘邦在世还能镇得住，刘邦的亲儿子刘盈即位也还说得过去。而刘盈之后，面对这么强大的"反动势力"，一切都很难说了。

所以，在指望不上刘家人的情况下（别说帮忙，不添乱就谢天谢地了），吕后转而寻求娘家人的协助，并没有说不过去的地方。

从吕后苦心孤诣给刘盈找老婆，我们也能看出吕后是想把江山牢牢控制在纯正的刘家血统人手里的。但没想到，吕后不得已扶持的孙子刘恭却不买账。他长到七八岁时，知道了自己的身世，而且放出狠话："吕后把我亲娘杀了。当初她怎么对待我亲娘，我以后就怎么对待她！"

吕后自酿的苦果只能自己吞。她借口刘恭已经神经错乱，不能再当皇帝了，又立了新君刘弘，据称他是刘恭同父异母的兄弟，是刘盈与另外一个嫔妃生的，但也有人认为这是个冒牌货。刘恭不久之后就被吕后杀了。

如果说晚年的吕后表面上杀人如麻，一点都不过分。刘邦与其他嫔妃生的儿子刘友、刘恢、刘建，都是被她逼死的。吕后掌权期间，薄税赋、废苛政、正民风、举孝悌，尤以停行"三族罪"和"妖言令"为史称道。史书也不得不说："高后女主，制政不出闺阁，而天下晏然，刑法罕用，罪人是希，民务稼穑，衣食滋殖。"这俨然是一派盛世景象。对于吕后的评价，已经足够。

【副手中的高手】

牟丕志

萧何、张良、韩信，被称为"汉初三杰"。三人在创建汉室江山的过程中，立下了盖世功勋。令人感慨不已的是，他们三人的命运大不相同，韩信被杀，张良退隐，只有萧何做了刘邦的副手，与刘邦和平共处几十年，虽然也有过一些波折，总算有始有终，终老天年。

翻遍二十五史，一同打江山的副手大多是白忙活，最后不但没有好处，就连性命也难保。萧何能够当刘邦的副手，在官场上风光几十年，不能不说他是一个当副手的高手。

萧何是一个人才，用现在的话说，是司法专家、民政专家、后勤专家。刘邦当平民、当无赖的时候，人家萧何已经在沛县当小吏，在政绩考核中，曾名列榜首，说明他是一个很有水平、很能干的官。但萧何没有官架子，看得起平民刘邦，把他当朋友看待。这时，刘邦常常巴结人家萧何。萧何为人忠厚，待人诚恳，处处帮助刘邦，对他日后起家起到了不可低估的作用。后来，刘邦起兵造反，想到萧何，让他当县丞，这是萧何当副手的开始。

萧何是文官，负责处理财税、安抚百姓、颁布政令、为军队供应粮草等后勤工作，做得极为出色。在多次战役中，当刘邦处在最危急的时刻，多亏萧何前来支援，才使刘邦化险为夷。特别是夺取秦都咸阳后，众将都在争抢金银财宝，只有萧何保护了秦朝的文书档案、律令图书等，所以刘邦才能对全国的军事要塞、地形地貌、人口多少、经济现状了如指掌。

打下江山，萧何在评功中获得了第一名，为此，刘邦恩赐他上朝时可穿鞋带剑，不必遵循常礼。可是，萧何处处遵守礼仪，他知道，皇上可以让你放肆，那是对你的恩赐，你铭记在心就是。你要真的放肆，就是对皇上的大不敬，那是要倒霉的。所以，他把分寸掌握得极为得体，没有因为细节问题为自己惹是生非。这是萧何的明智之处。

萧何能够平安地当刘邦的副手，最重要的不是他能干，而是性格温顺，凡事听命于刘邦，有好事全让给刘邦，能够委曲求全。

所以，刘邦平定天下后，对萧何网开一面。《史记》上记载，萧何做事好请示，无论是制定法令制度，还是建宗庙、社稷、宫室、县邑，总是尽快向刘邦报告，得到同意后，他才开始实施，从不自作主张。看上去好像是没有主见，其实，这是最为高明的主见。

刘邦是个大老粗，痞子出身，对治国之道一窍不通，萧何想怎么办，他一般都会同意。

萧何凡事等刘邦同意才办，这样，效率可能低一些，但确实保险。他的这一做法使刘邦极为高兴，最后，论功行赏时，把功劳的第一名给了萧何。

在刘邦看来，这个副手既能干，又没有野心，是靠得住的，所以，刘邦破例没有铲除萧何，君臣得以相安无事几十年。

萧何老谋深算，懂得克制自己就是保护自己。他和吕后一同诛杀了韩信，又得到封赏，被拜为相国，刘邦还给他配备五百名士卒的卫队。萧何知道，表面上这是对他的赏赐，实际上刘邦已经产生了怀疑，自己得到的好处太多，刘邦觉得很不舒服。

他深知月满则亏、水满则溢的道理。于是，他果断地把全部的家产捐出来当军费。这样一来，刘邦自然十分高兴，没有任何推辞，就收下了。

可见，萧何的家产早就让刘邦惦记上了。如果萧何不主动交出来，说不定哪一天刘邦就找一个借口，抄了萧何的家。那样，大家就得撕破脸皮，肯定不会愉快。

然而，萧何再老练，也有想不到的地方。萧何的思路是全心全意为刘邦效忠，做到尽心尽力，安抚好百姓，忠于职守。可这样一来，他会深得民心，得到更多百姓的爱戴，更让皇帝害怕和担心。

此时，一个门客警告萧何："你离灭族不远了，这样孜孜不倦地做事，老百姓越来越爱戴你。皇帝多次派人询问你在干什么，其实，是害怕你占有关中地区啊。你为什么不多买一些田地，用低价赊借，败坏自己的名声呢？只有这样做，皇帝才安心。"萧何听从了门客的建议。为此，刘邦大为高兴。想想看，萧何如果不这样做，就凭刘邦心狠手辣、极爱猜疑的性格，能放过萧何吗？

萧何的一生，大部分时间是给刘邦做副手，没有大起大落，但过得十分辛苦。他忍辱负重，任劳任怨，克勤克俭，安抚天下，用心之良苦，鲜有与之比肩者。他用尽一生心思，总算"找准了位置"，在危机四伏的封建社会官场中，成为一个幸运者。

【卫青的另一面】

陈华胜

一个贫贱的人一旦际遇改变平步青云，他将会怎样看待那段贫贱的历史？在富贵了之后，怎样对待那些像自己先前那般的贫贱之人？中国人往往以此态度来评判一个人是否"忘本"。虽说我们的传统道德观总是谆谆教导并且要求我们不要"忘本"，然而，综观历史，却是忘本的人多，不忘本的人毕竟少。

司马迁的《史记·田叔列传》后面附了一段以"褚先生曰"开头的文字，是刘宋时期的博士褚少孙注疏、评点《史记》的。褚先生讲的是有关卫青与田仁、任安两个人的故事。

　　卫青这个人大名鼎鼎，乃西汉抗击匈奴的名将、武帝一朝权倾朝野的大将军。可是这位大将军发迹前的出身并不光彩：他的父亲郑季以一个小吏的身份在平阳侯曹寿家里行走服侍，与曹家的女婢卫媪私通，生下了卫青。卫媪此前已经有了卫长君、卫子夫一对子女。因为是私生子，卫青后来到郑家生活时，郑季家人都看不起他，不把他当做家庭的正式成员，整日让他像个僮仆一样地牧羊。

　　后来，卫青的同母异父姐姐卫子夫被选进宫去并且得到了汉武帝的宠幸。汉武帝当年青梅竹马、曾经还发誓要"金屋藏娇"的陈皇后大吃其醋，陈皇后之母就派人去抓了卫青来，想处死卫青替女儿间接地出口气。多亏卫青的朋友公孙敖纠集了一班人马将卫青抢了回来。这件事被汉武帝知道了，卫青运气也真好，因祸得福，汉武帝一不做二不休，索性将他召到宫中，任命他做了太中大夫。靠着裙带关系，放羊娃摇身一变成了朝廷大臣，真所谓野百合也有春天。

　　卫青的运气还不止这些。后来，匈奴犯边，武帝拜卫青为车骑将军，与李广、公孙敖等分别带兵出击。这一仗众皆无功，唯独卫青斩敌七百人，武帝龙颜大悦，当即将这个舅佬封了侯。

　　我们不得不承认，卫青除了运气好外，在军事方面也果然是个天才。他前后七击匈奴，每战皆胜，共斩获敌首级五万余，为大汉皇朝开辟了大片疆土。

　　卫青不仅功高盖世，而且平生行事几乎无可挑剔。一般来说，有本事的将领常常心高气傲，自以为是，有时甚至连皇帝国君都不买账，比如孙武子连国君的小美人儿都敢杀，比如周亚夫在细柳营里连皇帝来视察都要他下车步行，更有人口口声声"将在外，君命有所不受"。殊不知，这些正是皇帝最不愿意看到、最不愿意听到的。而卫青则不然，恭恭敬敬，规规矩矩，为人处世很有分寸。有一次引兵出征，属下将领苏建尽丧其兵，只身逃回。众人建议卫青斩苏建以明军威。卫青却说："我以皇亲的身份当上大将军，已经够威了；但我如果把此事交给天子裁决，向天下宣示人臣不可以专权，不是更好吗？"于是他令人将苏建押回京去交武帝处理。

　　大臣汲黯为人正直，同时也以固执而闻名，他对卫青不是很客气。有人劝汲黯说，卫青圣眷正隆，你应该主动向他示好。汲黯却歪了头道："以他大将军那样的身份，如果主动对我再客气一点，再礼贤下士一点，难道不更使人敬重吗？"卫青得知后，一点不怪罪汲黯的傲慢，反而真的对汲黯更加敬重了。

　　所以，当时朝野上下对这位外戚大将军都是交口称赞的。卢敦基先生评价卫青时说："如果一定要说他还有错误，就是他一生几乎不犯错误；说他还可挑剔，就是他平日太无可挑剔。"

　　如此说来，卫青这个人不是近乎圣人了？然而，在这位近圣的大将军与任安、田仁的故事当中，我们还是看到了他的另一面。

　　再来说说任安和田仁吧。

任安这个名字想必熟悉文史的朋友也不会陌生，太史公司马迁曾作《报任安书》，这封著名的信就是写给他的。他后来做到过益州刺史、北军使者护军等职；而田仁则是文景之时鲁相田叔的儿子，所以褚少孙将这则故事录于《田叔列传》之后。

田仁的父亲田叔曾担任过分封诸侯国鲁国的国相，看起来是一位两袖清风的清官，因为他死后，他的儿子田仁很贫穷。田叔不但是一位清官，也是一位颇有政绩的好官，所以鲁地的百姓自愿拿出百金来要为田叔立祠祭祀，然而田仁却拒绝了众人的好意，他说"不以百金伤先人名"。就这样，田仁为谋生计，投身到已做了大将军的卫青府里做了一名"舍人"，也就是清客之类的。当时，任安也在卫将军府里做舍人，这两个人都很有才华、很有抱负，又同样家境贫寒，所以"同心相爱"，十分要好。

诸位都知道，这卫青少时出身也十分贫贱，后来靠他姐姐卫子夫被武帝看上了，才飞黄腾达。然而根据褚先生的故事，卫青发达了后却有些"忘本"。

首先是卫将军府里的人都很势利，看不起穷人。田仁、任安因为没钱孝敬将军府的家监，那位家监就刁难他们，叫他们去养马。田仁感慨道："不知人哉家监也！"倒是任安更具批判意识，当即就接口道："将军尚不知人，何乃家监也！"他的责备是有道理的，如果卫青很礼贤下士，那么他的家监也不敢以富贵欺人。

后来，皇帝有诏，募卫青府上的舍人到朝廷做郎官，"将军取舍人中富给者，令具鞍马绛衣玉具剑，欲入奏之"。少府赵禹来拜访卫青，卫青就叫出这班准备推荐给朝廷的富贵子弟来见过赵禹，赵禹与他们分别交谈，十多个人中竟无一人有智略才华的。赵禹只好委婉地对卫青表示不满。卫青叫出将军府的百余名舍人让赵禹挑，赵禹挑来挑去，唯独青睐田仁、任安，"独此二人可耳，余无可用者"。那么卫青又是什么态度呢？《史记》真是千古良史，绝不以卫青的泼天富贵和骄人功绩而为他文过饰非："卫将军见此两人贫，意不平，赵禹去，谓两人曰：'各自具鞍马新绛衣。'两人对曰：'家贫无用具也。'"卫青当即怒道："你们两家自己贫穷，跟我什么相干？为什么说这样的话，好像是我害了你们似的！"最后，卫青不得已，还是将田仁、任安的名字报了上去。

在这里，卫青已是一副富贵骄人的嘴脸了。他再也想不起自己当年是怎么样的了。反而是富贵人家出身的人容易同情穷人家出身的人，因为他自己从未过过苦日子，看到人家生活得穷苦倒有一种天然的怜悯心；而先贫后富者之所以看不起穷人，是因为当年的穷苦生活将他的心也磨硬了，他也许是这么想的，我能够由贫而富，你们为什么不行？说明你们就是不行！活该！

幸亏田仁、任安后来被汉武帝召见，应答颇称帝意，汉武帝当即封了两人的官，使得这两人从此扬名天下。我们由此故事也看到了一代名将卫青的另一面。而唯其这样，他也更像个"人"了。不要相信什么圣人，人总是有缺点的。

【东方朔：汉朝的撒娇派教主】

郭灿金

东方朔保持了很多项个人纪录：

他是第一个以东方为姓的人。据说东方朔的父亲姓张，在他出世前就死了，母亲生下他 3 天后也去世了。因为他出生之时，东方刚亮，所以就被兄嫂命名为东方朔。因此，他是东方姓氏的第一人。

大隐隐于朝，这是后人经常挂在嘴边的一句话，但真正对这话拥有完整知识产权的也是东方朔。当时他和别人辩论，一不留神就说出了这句流传千古的经典名言。后人对这句话推崇备至，尤其是那些腆颜拿着俸禄，却又标榜自己拥有高尚情怀的人。后人甚至还将这句话延伸为："大隐隐于朝，中隐隐于市，小隐隐于野。"

"谪仙"这个名字最早也属于他，只是李白后来居上，将这个名字独占了。

…………

东方朔是以一种特别个性的方式让皇帝记住的。

他本来是齐地人，酷爱读书，为了有更大的发展，就兴冲冲地来到了首都长安。到了长安之后才知道，长安人才济济，想博个出人头地还须恶搞才行。于是，他决定直接给皇帝上书。当时汉武帝提倡读书人通过上书的方式来表现自我，所以给皇帝上书算不上多有创意的举动。东方朔的伟大之处就在于只给皇帝写了一封信就让皇帝彻底记住了。他采用的方式我们今天才明白过来，那就是恶搞。

东方朔刚到长安时，到公车府那里上书给皇帝，这封信那可是写得汪洋恣肆，轰轰烈烈，他一口气用了 3000 个木简才把这封信写完。3000 个木简是个什么概念？就是公车府的两个年轻人刚刚好抬得起来。

于是，武帝在宫内开始阅读东方朔的上书，一连读了两个月才读完。我们不知道这封需要两个月才能读完的信水平如何，反正读完了信之后，汉武帝就下令任命东方朔为郎官，让他经常在皇上身边侍奉。东方朔这人很机智，经常让汉武帝高兴得傻笑不已。他最著名的段子是对下面两个词语的"考证"。

在去甘泉宫的路上，汉武帝看到了一个红色的虫子，头目牙齿耳鼻都有，随从都不知道它是什么东西。武帝就让东方朔来辨认。东方朔回答："这虫名叫'怪哉'。从前秦朝时拘系无辜，平民百姓都愁怨不已，仰首叹息道：'怪哉！怪哉！'百姓的叹息感动了上天，上天愤怒了，就生出了这种虫子，名叫'怪哉'。此地必定是秦朝的监狱所在地。"武帝就叫人查对地图，果然。武帝又问："那怎么除去这种虫子呢？"东方朔回答："凡是忧愁得酒就解，故以酒浸这种虫子，它就会消亡。"武帝叫人把虫放在酒中，一会儿，虫子果然靡散了。

汉武帝曾到上林苑游玩，看到了一棵好树，问东方朔这是什么树。东方朔回答："这树名善哉。"汉武帝暗地里叫人识别了这棵树。几年后汉武帝又问东方朔这是什么树，可这次东方朔却回答："这树名瞿所。"汉武帝立即说："东方朔欺骗我好久了。树名前后不同，这是何故？"东方朔说："大的叫马，小的叫驹；大的叫鸡，小的叫雏；大的叫牛，小的叫犊；人小时候叫儿，长大后就叫老。这棵树过去叫它善哉，现在叫它瞿所。长少死生，万物败成，岂有定数？"

东方朔习惯于以自己奇怪的行为方式给大家惊喜。由于汉武帝时常下诏赐他御前用饭，饭后，他便把剩下的肉全都揣在怀里带走，把衣服都弄脏了。皇上屡次赐给他绸绢，他都是肩挑手提地拿走。然后，他就用这些赐来的钱财绸绢，娶长安城中年轻漂亮的少女为妻。然而，他又是一个喜新厌旧的人，娶来的美女他最多保持一年的兴趣和"性"趣，之后就再娶，因此，他的钱财和精力都用在了物色小美女、迎娶大美女、抛弃老美女的工作上，弄得同僚们半是嘲弄半是嫉妒地称呼他为"疯子"。他却反唇相讥："笨蛋，你们没有明白我这样的人是在朝廷里隐居吗？"

他喜欢撒娇，尤其是在汉武帝的背后向汉武帝撒娇。有一天，东方朔又在为自己的满腹才华自吹自擂，公开扬言在大汉王朝，学问的前三名一定是东方、东方、东方！同僚一起发难："你如果说苏秦、张仪水平高我们承认，因为他们偶然遇到了大国的君主，便能混个卿相。至于您，我们却不敢恭维，因为我们已经清清楚楚地看到您在朝廷里奋斗了数十年，官衔不过是个侍郎，这难道没有您自己的原因吗？"东方朔的回答堪称经典："不要乱说什么张仪、苏秦的往事，时代不同了，高低都一样。周朝十分衰败，诸侯王得到士人的帮助就能强大，失掉士人的帮助只能自取灭亡，所以士人可以身居高位，子孙长享荣华。那显然是非正常年代的非正常事件。在如今正常的年代，贤与不贤，凭什么来辨别呢？古书上常说：'天下无害灾，虽有圣人，无所施其才；上下和同，虽有贤者，无所立功。'我做小官本来是极平常的事情，你们有什么不理解的呢？"

这段话说得滴水不漏，既打击了他人，又抬高了自己，同时还拍了朝廷的马屁。这娇撒得绝对空前绝后，依仗自己的智力，东方朔成了隐居在朝廷中的撒娇派教主，弄得汉武帝一天不见东方，就会觉得哪里不舒服。面前无人撒娇岂不是空有江山？于是汉武帝也不时地给东方朔提供表演的舞台。

一天，建章宫后阁的双重栏杆中，有一只动物跑了出来，它的形状像麋鹿。消息传到宫中，汉武帝亲自到那里观看，问身边群臣中熟悉事物而又通晓经学的人，没有一个人知道它是什么动物。汉武帝就兴奋地下诏叫东方朔过来。

东方朔果然不孚众望，马上开始撒娇："博学如我，怎会不知道这个东西的名字，但只有让我吃好喝好之后，我才愿意说出来。"吃饱喝足之后，东方朔又开始撒娇："我知道某处有公田、鱼池和苇塘好几顷，只有陛下将这块公田赏赐给我，我才愿意说出来。"

得到汉武帝肯定的答复后，东方朔突然大叫道："恭喜皇上，恭喜皇上！我认得这种动物叫驺牙。它的出现，预示着不久的将来必然有人过来归降！"过了不长不短的一年多，匈奴浑邪王"果然"带人来归降汉朝。东方朔料事真如神！

因为料事如神，东方朔再次得到了赏赐，这些赏赐又够他娶几个美女的了。

到了晚年。东方朔临终时，规劝汉武帝说："《诗经》上说'飞来飞去的苍蝇，落在篱笆上面。慈祥善良的君子，不要听信谗言'。'谗言没有止境，四方邻国不得安宁'。希望陛下远离巧言谄媚的人，斥退他们的谗言。"汉武帝说："如今回过头来看东方朔，仅仅是善于言谈吗？"对此感到惊奇。过了不久，东方朔果然病死了。古书上说："鸟到临死时，它的叫声特别悲哀；人到临终时，它的言语非常善良。"说的就是这个意思吧。

东方朔是当之无愧的杰出人才，在专制的年代里，他学会了如何调节个人与社会的紧张关系，学会了如何最大限度地用知识换取物质利益，并学会了用这些东西去换取其他方面的享受。因此，他看透了做官的虚妄，看透了金钱的虚妄，看透了知识的虚妄，看透了人生的虚妄，于是，他利用虚妄的知识，换取虚妄的官职，换取虚妄的金钱，再用金钱换取实实在在的肉体享受，以此度过虚妄的人生。

知识就是力量，这话难道是骗我们的吗？

【诸葛亮是优秀企业家吗】

郎咸平

中国文化博大精深，我认为中国文化有一个很重要的问题，那就是智谋。

大家应该都看过《三国演义》这本书，它几乎囊括了中国文化的精髓——投机取巧。在《三国演义》里面有一位男主角——诸葛亮，扮演了很重要的角色，他最著名的演出是赤壁之战、空城计。

当然历史上不一定有这两件事，但是在这里重要的不是历史真相，而是《三国演义》对我们思维方式的影响。

三国演义怎么演绎这两段呢？赤壁之战的决战因素是什么？东风！因为当时是冬天，刮西北风，那么曹操的战船在北面，东吴的水军在南面，如果用火攻刚好逆风火烧到自己，所以得等到东南风才行。于是故事的男主角诸葛亮上场了，七星宝剑一挥，终于借来了东风，然后就简单了，孙刘联军猝然发难，这就是赤壁之战。谁看着都觉得精彩。

但如果来个逆向思维，想一个问题：万一诸葛亮没借到东风呢？如果东风没借到，浓烟滚滚的可就变成孙刘联军的大营了。那诸葛亮害得自己的主公"扑街"不说，估计曹阿瞒都会被他促成了"铜雀春深锁二乔"的好事。这是什么事件？标准的小概率事件。

第二件是空城计。诸葛亮敞开城门，偃旗息鼓在城楼上弹琴。他赌什么？赌司马懿的多心，因为司马懿就是一个多心的人，可是诸葛亮有没有想到，万一司马懿那天没有多心呢？那乐不思蜀的好戏搞不好就会换男主角了。

想这个事有没有可能？当然有。吵架是天经地义，司马懿真的把诸葛亮抓走的话，我们今天看的就是《二国演义》了。堂堂一国的宰相，怎么可能冒这种风险。什么概念？小概率事件。

中国人听得最多的就是杀鸡不用牛刀、四两拨千斤，等等，为什么中华文化不喜欢千斤拨四两呢？为什么杀鸡不用牛刀呢？回过头一想，真正有必胜把握的其实是千斤拨四两，是狮子拨兔。

上面举的两个例子都是典型的小概率事件，概率在统计学中是指在相同的条件下做大量的重复试验，一个事件出现的次数和总的试验次数之比。人们把偶然发生的重大事件称为小概率事件。小概率事件在生活中并不少见，例如彩票中奖就是一个典型的例子。小概率虽然不等于不可能，但它是一个期望值，由于其发生的可能性极小，从而风险极大。企业家在考虑风险的时候往往关注的是"风险背后的机遇"，认为及时抓住了机遇就可以取得成功，但如果判断失误，与机遇如影相随的风险很可能会给企业造成无法估量的损失。

现在很多中国企业喜欢做大做强，而且手法投机取巧，喜欢小概率事件。他们大多有世界500强的病态心理，做到一定阶段后就想做世界500强。以什么方式做到世界500强呢？收购兼并，这种想法非常值得我们关注。我想说，我们对事物本质的把握是非常不到位的。中华文化缺乏一种程序流程的概念，所有企业家都像大厨师，什么都一手包办。但它的缺点是，大厨师一走就什么都带走了。正确的做法是，要有一套工序制度留住大厨师的手艺，这一点我们做得最差。举一个例子，我们把大厨师炒菜过程分成20个阶段，第一个切葱花，第二个切肉丝，第三个倒酱油……菜不好吃重新调整有问题的工序，经过无数次调整之后总有一套工序能炒出跟大厨师一样好吃的菜。这个积累是今天企业积累必要的关键，但中国企业还停留在大厨师水平。

当企业家把目标放在大企业身上的时候，这个人不是现代意义的企业家，他还是大厨师，他永远不知道把他炒菜的技术用20道流程分解下来，而且是科学、积累式、数据式的分解。我们今天引进汽车制造商，引进他们的技术，引进他们的模型，我想问，它整套工序流程你积累了吗？没有。

中国的传统文化恰恰太强调所谓"智谋"的作用，于是整个中华文化圈有了一个神一般的诸葛亮，而最重要的问题却被我们忽视了，那就是实力。如果诸葛亮手中有百万精锐，曹操还敢来赤壁吗？司马懿有胆量到城下听一曲吗？在压倒性的实力面前，智谋的作用还值得我们如此推崇吗？

诸葛亮这位成功的 CEO 的故事只是告诉我们，如果没有正面对抗的实力，那就只能祈求上天给一点儿好运气了。就像诸葛亮所经历的，东风真的在寒冬的江面上吹过来了。

但是，好运气不是人人都有的。

【真假曹操】

易中天

曹操在历史上的形象不算太好，客气的说法是"奸雄"，不客气的就是"奸臣"，甚至"奸贼"。但鲁迅先生说他是英雄。先生在《魏晋风度及文章与药及酒之关系》一文中说："曹操是一个很有本事的人，至少是一个英雄。我虽不是曹操一党，但无论如何，总是非常佩服他。"

这就有了三种评价，也有了三个形象：英雄、奸雄、奸贼。那么，哪一种评价最准确？

其实早在晋代，对曹操的评价就开始出现分歧。王沈《魏书》和司马彪《续汉书》是比较肯定曹操的，甚至曲笔回护。孙盛《异同杂语》和吴人《曹瞒传》就不太客气，对曹操的酷虐奸诈多有披露。东晋史学家习凿齿，更是首创"篡逆"之说。由此而至南北朝和隋唐，史家都是褒贬不一，张作耀先生的《曹操评传》一书有很详尽的描述。可见对于曹操，不但"时代意见"不同，"历史意见"就很分歧，再加上每个人的"个人意见"，曹操的"真面目"就更难弄清了。

不过有一点可以肯定，就是他挨骂。

世界上没有无缘无故的爱，也没有无缘无故的恨。曹操遭人骂，自然有他的原因。什么原因呢？也很多。但说得最多的，是"奸"，比方说，篡汉，在古人看来就是奸。狡诈，在古人看来也是奸。不过，最让一般民众痛恨的，还是曹操说了"宁教我负天下人，休教天下人负我"这句话。一个人，宁肯自己对不起普天下的人，也不能让天下的人对不起自己，这个人就太坏了。

不过即便如此，毛批仍说，"此犹孟德之过人处也"，"犹不失为心口如一之小人"。为什么呢？因为如果换了别人，一定反过来，说宁肯天下人都对不起我，不可以我对不起天下人。但是实际上怎么样呢？实际上都是像曹操那样做的（试问天下人谁不有此心者），然而"谁复能开此口"呢？大家都装作正人君子，只有曹操一个人坦率地说出了这话。至少，曹操敢把奸诈的话公开地说出来。他是"真小人"，不是"伪君子"。所以毛批说，这是曹操超过其他人的地方，因为这个世界上伪君子实在太多。毛宗岗父子是不喜欢曹操的。他们都说这是曹操的过人之处，那就应该是过人之处了。

曹操如此奸诈,有没有真实的一面?有。220 年,征战了一生的曹操一病不起。这时他已 66 岁,按照"人生七十古来稀"的说法,他也算活够了岁数。曹操是个豁达的人,对于生死一类的事看得很开,对自己的功过得失似乎也无所萦怀。他留下了一份写得断断续续的《遗令》,算是最后的一个交代。然而,这个天才的杰出的政治家,却出人意料地不谈政治。对自己一生的功过得失也只说了一句话:我在军中执法,总的来说是对的。至于发的小脾气,犯的大错误,不值得效法。余下的篇幅,就是一些琐事的安排。比如婢妾和艺伎们平时都很勤劳辛苦,我死了以后让她们住铜雀台,不要亏待她们("吾婢妾与伎人皆勤苦,使著铜雀台,善待之")。余下的熏香分掉,不要用来祭祀,免得浪费。各房的女人闲着也是闲着,可以学着编丝带草鞋卖,等等,颇有些絮絮叨叨、婆婆妈妈。

这就很让后世的一些人看不起。陆机是晋人,说得还算委婉。他在《吊魏武帝文》里文绉绉地说:"系情累于外物,留曲念于闺房","惜内顾之缠绵,恨末命之微详。"苏东坡就不那么客气了。他说不管什么人,只有"临难不惧,谈笑就死",才称得上是英雄。像曹操这样,临死之前,哭哭啼啼,"留连妾妇,分香卖履",算什么事呢?因此他撇了撇嘴说:"平生奸伪,死见真性。"意思也很明显:别看曹操平时人模狗样的,装得一副英雄豪杰气派,地地道道的一个奸雄,事到临头,还是露了马脚。

但我以为这正是真实的曹操。他本来就是一个人,不是神。他本来就是一个普通人,不是(也不想做)什么超凡脱俗的"圣人",而且,以他的身份地位,居然敢于把"凡夫俗子"的一面公开暴露出来,并不遮遮掩掩、装腔作势,正是曹操的过人之处和英雄本色:我就是个俗人,你们又能怎么着?我就是想什么就说什么,爱怎么做就怎么做,你们又能怎么样?因此我以为,曹操这份《遗令》,实在比那些充满了政治口号、写满了官腔套话的"遗诏"强多了,反倒是了不起的苏东坡,多少露出了点庸人的尾巴。

曹操确实是儿女情长的人。曹操南征北战,戎马一生,享受天伦的时间不多,因此对家人的感情特别珍惜。据《三国志·后妃传》裴松之注引《魏略》,曹操在临终前还说过这样的话:我一生所作所为,没有什么可后悔的,也不觉得对不起谁,唯独不知到了九泉之下,如果子修向我要妈妈,我该怎么回答。子修就是曹昂,是曹操的长子。曹昂的生母刘夫人早逝,便由没有生育的正室丁夫人抚育,丁夫人也将他视为己出。后来曹昂阵亡,丁夫人哭得死去活来,又常常哭着骂着数落曹操:把我儿子杀了,你也不管。曹操一烦,便把她打发回了娘家,因此去世前有这样的说法。

但曹操也会翻脸不认人,比如许攸就有点自己找死。他既恃旧,又恃功,一直对曹操不那么恭敬客气,常常当着众人和曹操开玩笑,甚至直呼曹操的小名说:阿瞒呀,没有我,你就得不到冀州了。曹操表面上笑着说:是呀是呀,你说得对呀。心里却恨得咬牙切齿。后来曹操攻下邺城,许攸又指着邺城城门对曹操身边的人说:这家伙要不是有了我,就进不了这个门啦!曹操便再也不能容忍。当年在官渡,曹操危在旦夕,对许攸的放肆只好忍了又忍，这会儿可就没有这个必要了。于是曹操便毫不犹豫地要了他的性命。

其实还有更不可思议的事。

许攸是他的恩人，却被他杀了，而一些"恶毒攻击"他的人却又被他放了。官渡之战时，陈琳在袁绍手下当差，为袁绍起草檄文，对曹操破口大骂，骂得狗血淋头。这篇檄文已被裴松之注在《袁绍传》，大家不妨去看看，的确很是不堪。后来袁绍战败，陈琳被俘，曹操也只是说：骂人骂我一个就行了，怎么骂我祖宗三代呢？陈琳谢罪说，箭在弦上，不得不发。曹操也就算了，仍任命他为司空军谋祭酒。这事记载在《三国志·陈琳传》正文，不是野史，应该可信。

还有背叛他的人，也放了。魏种，原本是曹操最信任的人。张邈反叛时，许多人倒戈跟随了张邈，曹操却十分自信地说：只有魏种是不会背叛我的。谁知魏种也跟着张邈跑了，气得曹操咬牙切齿：好你个魏种！就是跑到天涯海角，我也饶不得你！但当魏种果然被俘时，曹操却叹了一口气说：魏种是个人才啊！又任命他去当河内太守。毕谌的母亲、弟弟、妻子、儿女被张邈扣押，曹操便对他说：令堂大人在张邈那里，你还是到他那里去吧！毕谌跪下磕头，说自己没有异心，感动得曹操流下眼泪。谁知毕谌一转身连招呼都没打一个，就背叛曹操投奔了张邈。后来，毕谌被俘，大家都认为他这回必死无疑。谁知曹操却说：尽孝的人能不尽忠吗？这正是我到处要找的人啊！不仅不治毕谌的罪，还让他到孔夫子的老家曲阜去做了鲁国相。这两件事，都记载在《三国志·武帝纪》正文，也应该可信。

甚至对于背叛了自己的朋友，曹操也很看重当年的情谊。陈宫和曹操有过一段不平常的交往，曹操出任兖州牧，就是陈宫的功劳。后来陈宫死心塌地地帮吕布打曹操，被俘以后，也死不肯投降。曹操便叫着他的字说：公台，你死了不要紧，你的老母亲可怎么办呀？陈宫长叹一声说：陈某听说以孝治天下者不害人之亲，老母是死是活，全在明公您了。曹操又问：你的老婆孩子又怎么办呢？陈宫又说：我听说施仁政于天下者不绝人之后，老婆孩子是死是活，也由明公看着办了。说完，头也不回，昂首就刑。曹操流着眼泪，为他送行。陈宫死后，曹操赡养了他的老母，还为他女儿出了聘，对他们家比当初是朋友时还要好。《三国志》里面，没有陈宫的传，这事是记载在《吕布传》里的。裴松之注引《典略》，则说得更详细。

看来，曹操是宽宏大量的。但是，这个宽宏大量的人却又心胸狭窄，斤斤计较，而且有仇必报，不择手段。没有什么他不敢杀的人，也没有什么他杀不了的人。据《三国志·武帝纪》裴松之注引《曹瞒传》，当年在兖州时，他就杀了鼎鼎大名的边让。边让，陈留人，博学有辩才，所著《章华台赋》传诵一时。大将军何进曾特予征召，蔡邕、孔融、王朗等名士也都极为推崇，他本人也做过九江太守，后来辞官在家。边让自己是名士，自然不大看得起曹操这个宦官养子的儿子，很可能说了些侮辱不恭的话，自以为曹操不敢把他这个大名人怎么样。谁知此时曹操还不是宰相，肚子里也还撑不了船，便悍然地把他杀了，而且还杀了他一家。沛相袁忠和沛人桓邵也看不起曹操，边让被杀后，两人逃到交州，家人却落入虎口。后来桓邵自首，跪在曹操面前求饶，曹操却恶狠狠地说：下跪就可以免死吗？当然不能，结果桓邵也被推出去斩首。

曹操干的这件事，影响极坏，当时就引发了一场叛乱，事后也一直被人们议论。前面提到的陈宫，也是因为边让之死而离开曹操投奔了吕布。有了这次教训，加上官也大了，野心也大了，慢慢学得"将军额上跑马，宰相肚里撑船"，报复起来，也就不那么直截了当。

这就是曹操。他可能是历史上性格最复杂、形象最多样的人。他聪明透顶，又愚不可及；奸诈奸猾，又坦率真诚；豁达大度，又疑神疑鬼；宽宏大量，又心胸狭窄。可以说是大家风范，小人嘴脸；英雄气派，儿女情怀；阎王脾气，菩萨心肠。看来，曹操好像有好几张脸，但又都长在他身上，一点都不矛盾，这真是一个奇迹。

实际上，曹操是真实的，也是本色的，包括他的奸诈、狡猾、残忍、暴虐，都表现得从容不迫，落落大方，真诚而坦然，这实在是一种"大气"。"惟大英雄能本色，是真名士自风流"，从这个角度看，曹操是英雄，而且是大英雄。不过，这个大英雄又是很奸诈的，因此也可以叫做"奸雄"，即"奸诈的英雄"。事实上，历史上对曹操的评价（英雄、奸雄、奸贼），总离不开"奸"和"雄"两个字。有强调奸的，有强调雄的，也有认为他既奸又雄的。所以我认为曹操是"奸雄"，不过前面要加上"可爱的"三个字。

【曹、刘、孙三家都是悲剧人物】

文 雪

三国人物和事件千百年来在百姓群众中被广泛地传颂着，人们津津乐道。三国话题常说常新。

三国时期是我国古代历史发展的一个重要时期，也是一个英雄辈出的时代。三国时期在我国历史上非常短暂，但却影响着后世直至今天。可以说三国时期在我国历史上描绘了一个波澜壮阔的画卷，这个画卷给人们带来深深的思考，充满了丰富的内涵，启迪着人们的智慧。尤其是《三国演义》所带给人们的影响之深、范围之广，超出了任何一部史书或其他文学著作。三国时期，曹操、刘备、孙权乃至诸葛亮等都有统一华夏的志愿，因此，三国的历史向人们诉说了分裂只是短暂的，中华民族统一的趋势是任何力量都阻挡不住的。

三国的产生有着深刻的历史原因。东汉后期，王朝中央政府其政治现象最突出的是宦官、外戚势力轮流控制皇权。由于皇权受到了极大的削弱，致使地方豪强——世族地主势力日益膨胀，他们兼并土地，建立部曲，掌控朝政。由于封建统治阶级的残酷剥削以及连年的自然灾害，引发了黄巾军农民起义。东汉封建王朝只能依靠豪强势力的军队去镇压起义。豪强地主们在镇压黄巾军农民起义中，借机发展自己的军事势力，扩大部曲，形成一个个封建割据的军阀。他们互相争夺，都力图控制皇权，这就引发了天下的大乱。

东汉时期，黄河流域中原地区的生产力最为发达，是成熟的农耕文化区，南方仍保留了刀耕火种和渔猎经济。中原地区的生产总值占全国生产总值的一大半三分之二以上。谁占领了中原，谁就控制了全国的经济命脉，因此，豪强之间的争斗从一开始就一直围绕着中原地区展开。由于残酷的战争，人口锐减，百姓流离失所，中原地区的生产力遭受到极大的破坏。所谓"乱世出英雄"，在军阀之间的相互争斗和残杀中，凡是运用较正确的策略的都取得了成功。北方的割据者，曹操取得胜利后要恢复经济；南方的孙权、刘备要发展经济与北方抗衡，于是形成三分鼎立，互相角力，各方的政治策略、军事策略、人才策略、经济策略等都各自发挥到淋漓尽致的地步，曹、孙、刘三家对历史都作出了卓越的贡献，于是产生了三国鼎立时代。

自秦朝以皇权为核心的中央集权的封建政治制度建立到东汉末年，已经长达四百多年。皇权已在中国的政治制度格局中占有至高无上的地位。曹操制定了"挟天子以令诸侯"的战略，控制皇权，形成了以他为首的强大的政治势力，这是他取得成功的第一要素。自西汉中期以来，儒家思想作为封建统治的精神支柱到东汉末年已历经三百年，儒家思想的首要点是维护正统。刘备打着"衣带诏"和维护汉王朝正统的旗号，得到了天下的"人和"，形成了以他为核心的儒家集团。诸葛亮投靠刘备，其中一个重要原因就是刘备曾是汉末名儒卢植的学生。东汉末年由于战乱，许多中原地区的豪强带着部曲南迁，同时也给南方进一步带来了中原地区先进的文化和生产力。孙权在父兄创业的基础上，在各军阀目光都集中在中原地区的时候，以北方南迁的豪强势力为依托，融合当地豪强势力，形成了自己的实力集团。

在曹操晚年被封为魏王后，魏国地域面积占全国三分之二，并控制着中原地区，汉王朝政府实际只剩下一个空架子。当时的魏国统治对魏境许多地区还只是一种军事占领，曹丕继位后，完成了由军事占领到政治、经济、文化实质性管理的过渡，并使魏国得到不断的强大。因此，在鼎立的三国中，魏国的经济和军事实力超过蜀汉和东吴的总和，这其中不仅因为魏国占据着中原，而且魏国前期在政治上皇权连续三代明主，即武帝曹操、文帝曹丕、明帝曹叡都是英武之君。曹操奠定立国基础，魏朝建立后连续两代继位者都励精图治，也就是说文帝和明帝这两朝皇帝得以实施自己的抱负，使魏国的实力得到不断的增长，因此具备了统一全国的条件。蜀国在刘备死后，刘禅暗弱，尽管有诸葛亮辅佐，并以汉正统自居，但由于国力太弱，经济实力无法与魏国抗衡。另外，荆州丢失后东边的出路被吴国阻挡，要想统一中原只有北出秦川一路，且道路艰险崎岖，后方支援牵扯极大，这就注定了蜀国不具备统一的条件。吴国凭借长江偏安一隅，且孙权晚年以后政治上昏聩残暴，政局不稳，也注定了吴国国运不会长久。

既然魏国具备统一华夏的各方面条件，而最后完成统一的却是魏国的司马氏集团。曹、刘、孙三家都成了悲剧人物，司马氏成了最大摘桃派。三国归一于司马氏的结局，给三国历史带来了无尽遐思的花絮。汉末的三分，其实是一曲曲的挽歌，真是引人长思。曹氏政权为何败亡，这在史学界有很多不同的观点。观其原因，最重要的有两个因素：其一，汉末形成的世族地主集团正方兴未艾，司马氏是世族地主集团的代表，而曹氏是寒族（庶族）地主集团的代表，社会基础不稳，曹丕推行九品中正制其初衷就是迎合世族地主集团，以稳固曹魏的政权；其二，曹操"挟天子以令诸侯"，他的权奸色彩使曹氏皇权基础不牢固，人心不附。司马氏以其人之道还治其人之身，以阴谋的手段夺了曹氏政权。从大环境来说，汉末三国仍处于中国封建专制的中前期，虽然从战国时代中国社会已步入封建社会，尤其是秦始皇统一中国建立封建专制制度，但奴隶制的影响几百年来并未被彻底根除，人身依附关系非常严重，皇权的统治经验不如唐宋以后完善，所以曹氏、司马氏玩弄的禅代把戏一直持续到了隋文帝。南北朝改朝换代频繁，如同皮影戏走马灯式的禅让替换，这恐怕是始作俑者曹操所始料未及的。

从中华民族的发展史来看，统一的趋势是不可阻挡的，蜀汉、曹魏都有统一华夏的志向，而分裂毕竟是短暂的。在《三国志》中，只有魏国的皇帝被列入"纪"，而刘备、孙权等蜀、吴的皇帝都被列入"传"，这一史家的正统观念也说明了在封建时期"国无二主"的思想，也间接表明了"大一统"的意识。三国人物家喻户晓，三国的话题已历经千百年，三国的研究也远无止境，这对于以史为鉴，促进中华民族文化的不断发展是有益处的。

【一代明主——魏明帝曹叡】

张大可

魏明帝曹叡，字元仲，是文帝曹丕的太子。明帝天资聪颖，从小就受到太祖曹操的宠爱，经常带在身边陪伴自己。公元 227 年到公元 239 年，明帝在位。这一时期是三国鼎立三方争战最为活跃的时期，魏蜀吴三国都处在最鼎盛的阶段，吴蜀交好，联手北伐，曹魏陷入了两线作战。魏明帝西守东攻，瓦解了吴蜀的进攻，消耗了吴蜀的国力，为三分一统奠定了基础，不失为一代明主。可惜明帝在位日浅，只有十三年，由于英年早逝，没能做出更大的贡献。

母亲受谴，险失太子位

　　明帝母亲是文帝曹丕的甄皇后，中山国无极县（今属河北）人。汉灵帝光和五年（公元182年）生。初袁绍第二子袁熙娶甄后为妻。献帝建安九年（公元204年）二月，曹操攻破冀州邺城，曹丕入袁氏后宫，见甄后长得非常漂亮，爱慕不已，曹操让曹丕娶她为妻。当时甄后二十三岁，长曹丕五岁，曹丕当年十八岁。少府孔融看不惯曹操父子的行为，写信给曹操挖苦说："周武王伐纣，把妲己赏赐给周公。"妲己是殷纣王的夫人，武王伐纣，纣王自焚，妲己上吊自杀，周武王取了妲己的人头示众。史书是这样记载的，没听说周武王把妲己赏赐给周公。由于孔融是大学问家，曹操没有意识到孔融写信是讽刺他们父子，还认为孔融读书多，有什么根据。有一天，曹操认真地问孔融典故出在什么书上。孔融回答说："我是用当今发生的事，来推测古代的事，想当然的杜撰。"曹操遭到这顿抢白，怀恨孔融。建安十三年（公元208年）曹操南下荆州，担心孔融扰乱后方，找借口把孔融杀了。

　　曹丕是一个风流人物，年少娶娇妻，志得意满，十分宠爱甄后。甄后是一个非常善良和孝顺的人。甄后在家作小姑时，她的二哥死了，二嫂带着一个孤儿守寡。甄后母亲待儿媳非常严厉。甄后劝母亲说："二嫂孤单一人抚育孤儿，很不容易。希望母亲把儿媳妇当作亲生闺女一样。"母亲非常感动，就让甄后与二嫂做伴，两人如同姐妹。甄后对丈夫曹丕的母亲卞皇后非常孝顺。卞皇后身体不适，甄后茶饭不思，悲伤流涕，卞皇后康复，甄后高兴请安，得到卞皇后的夸奖，说："这真是一个好儿媳妇。"甄后对待曹丕的众夫人很有礼仪，得到宠爱的，甄后劝她们好好珍惜；受到冷落的，甄后鼓励她们示好曹丕。自己不妒忌，还时常替嫔妃们说好话。曹丕称帝，留住许昌，这时已是姬妾成群。汉献帝把两个女儿献给曹丕做妃子，得到宠爱。还有郭贵人、李贵人都受到宠爱。曹丕和他的父亲曹操一样，也是一个好色之徒，喜新厌旧。甄后留在邺城，两地悬隔，曹丕有了新欢，忘了旧人，没有按约期派人到邺城迎接甄后，甄后免不了有怨言。于是，打小报告的人添油加醋，说了许多甄后的坏话。加上郭贵人耳边吹风，曹丕大怒，在黄初二年（公元221年）六月，派人赐死甄后，立郭贵人为皇后。甄后死后，安葬在邺城。明帝即位后，追谥为文昭皇后。

　　后生明帝和东乡公主。甄后死后，曹丕命曹叡认郭皇后为养母，曹叡很不高兴，不听父命。曹丕也动了怒，打算立徐姬生的曹礼为太子。可是明帝聪慧，是曹操属意的孙子，曹丕一时下不了决心，迟迟不立太子。

　　好汉不吃眼前亏。明帝见自己的地位不保，只好认了郭皇后为养母。郭皇后不生育，为了自己皇后的地位，也真心把明帝当作自己的亲生。明帝早晚问安，时间久了，也建立起了母子感情。曹丕还要考验，仍然迟迟不立太子。黄初七年五月，曹丕病重，临死前才正式册立明帝为太子，当月曹丕病逝，明帝即位。

三国对峙，各方战略

三国对峙，最激烈的战斗发生在魏明帝时期，蜀国有诸葛亮的六出祁山，吴国有孙权的三征合肥。三国对峙，各方战略，都为了本国的利益而形成了一套成熟的基本策略，演出了生动的话剧。吴蜀联手进攻，曹魏在两线作战中力争主动。魏明帝曹叡、蜀相诸葛亮、吴主孙权是这一时期的历史主角。

曹魏的防御战略。曹魏谋臣贾诩建言文帝曹丕，统一三分首要的条件是恢复经济，等待时机，基本国策是先文后武，建立相持战略的防御体系，以静制动，在相持中竞赛综合国力，竞赛经济恢复，拖垮吴蜀。防御战略的方针，就是在与吴蜀邻接的前沿地区，构筑纵深防线，点、线、面相结合，军力部署与经济恢复相结合。曹魏在防御中有进攻，基本方针是西守东攻，所以防御重点在东线。具体部署如下。

前沿重镇，进可攻，退可守，驻重兵防守，这是点的部署，有三大重镇，即南镇襄阳，西固祁山，东守合肥。祁山防蜀，襄阳、合肥两镇防吴。由于合肥直冲吴国心腹建业上流，又是重点中的重点，历来镇守为曹魏名将。

点、线、面的防御密切相连。曹魏把荆、扬、徐、豫四州划为一个联防的作战区，与吴国对抗。东西第一道防线，由西向东重镇为襄阳、江夏郡治安陆、西阳、合肥、居巢、广陵。襄阳南下攻吴江陵，安陆对吴夏口，合肥对吴皖城。西阳东西接应，居巢与合肥为犄角，直下吴国濡须口。夏口，即今湖北武汉，是吴江防之咽喉，濡须口在今安徽无为县南，是吴国江防之核心。曹魏第二道防线为南阳、豫州治所安城、扬州治所寿春。第二道防线与第一道防线构成三条南北纵深防线。由西向东，第一条为襄阳，向南阳、许昌纵深；第二条为江夏郡治安陆与豫州治所安城纵深；第三条为合肥与寿春纵深，徐州为后援。防区大，兵力厚，点线纵深，主次明确，名将守险，成为坚不可摧的防线。

吴国战略，构筑江防体系。鉴于曹魏之强，吴国战略也是立足于防御，伺机进攻。所以吴魏相持时期的双方攻战，多数战役都是在长江防线上进行拉锯战，少数几次的深入作战，也如同足球场上的反击战术一样，抓住机会向前突进，机会丧失又立即收缩回到自己半场固守。曹魏固守襄阳和合肥，吴国固守长江。

长江，古称江水，三国时两名并称，中国古代的南北对峙，就靠长江天堑作屏障。中国古代军事家，在长江巨流上或攻或守，演出过不少威武雄壮的战争话剧，但成功地构建江防体系，取得最大成功的，无疑是孙权。三国鼎立，南北对峙半个多世纪，吴国的长江防御体系起了巨大的作用。

吴蜀通好后，吴国无西顾之忧，孙权称帝，从武昌移都建业，把防御重点放在下游。长江从鄱阳湖折而向北，然后又东向入海，于是在长江下游形成江东、江西的地界。建业在江东。淮南合肥在江西。曹魏占有淮南，以合肥为重镇，如同刺向孙吴腹心的一把尖刀。孙权要固有腹心，必须在江西建立一条护卫长江的江北防线。赤壁战后，孙权全力经营江北防线。夺回荆州后，向西延伸到夷陵，形成整体长江防线。

孙吴的长江防线，西起三峡，东到长江口，东西绵延二千余里，有战船数千艘，水、陆兵近二十万。上游荆州督从三峡到夏口一段常备兵七八万，夏口以东，建业以西的中游地段，以江北防线为前沿护固长江，常备兵十万以上。建业以东，以京口为重镇。

吴国的江防体系是积极的防御，战略上以长江为依托，对曹魏的进攻取守势，立足于固防；战术上主动出击，顽强地在江北建立前沿阵地，伺机进攻。布防上，也是点、线、面密切配合，形成进可攻，退可守的坚固防线。

点，是指沿江的军事重镇。由西向东，在两千余里的长江两岸，大的军事重镇有十九座。江北七座，是建平（今四川巫山县）、夷陵（湖北宜昌）、江陵（湖北江陵）、蕲春（在今湖北蕲春西南长江北岸）、皖口（今安徽安庆）、皖城（今安徽潜山）、濡须口（今安徽无为东南）。江南十二座，是夷道（今湖北宜都）、乐乡（湖北松枝东北）、公安（湖北公安西北）、巴丘（今湖南岳阳）、陆口（湖北蒲圻）、夏口（湖北武汉）、武昌（湖北鄂县）、柴桑（今江西九江）、芜湖、牛诸（今安徽当涂北）、建业（江苏南京）、京口（江苏镇江）。沿江重镇三分之二在江南，这是自然的情势。最主要的重镇，江北为江陵，护长江中游，濡须口，护长江下游；江南为夏口、建业、京口。重兵设防的是江陵和濡须口，这也是曹魏南下进攻的两大目标，反之，是孙权北进的江北前沿基地。

皖口西北的皖城，既是孙权江北防线的陆上重镇，也是吴国北伐曹魏的前沿基地，庐江郡治所设此。皖城，西有蕲春，东有濡须，三点一线，是吴国防御曹魏淮南之敌的江北防线，与江南的武昌、柴桑、鄱阳、芜湖形成纵深。江防体系的纵深，江北基地具有举足轻重的战略地位。西起江陵，东到濡须，孙吴在江北推进，数十里乃至几百里，沿江形成一道护江的陆上军事带，这一纵深，有力地增强了江防系统的稳定性。曹魏南下，吴方首先在江北地面接战，容易洞察敌人意图，便于江上运动。有利则进，无利则退。也就是说，吴国的江防体系，江北陆战为第一线，江上水军为第二线。江南腹地，只是后勤支援。一旦长江被突破，江南就无法战守了。

为了协调千里防线，把诸多的点连接起来成为整体防线，孙权在重点设防的基础上，分段联防。负责某一段的将领，有权节制段内各点守备将士，或协调支援，或集中御敌。大体上，夷陵督，负责三峡段，为江陵督左翼。江陵督负责夷陵以东至蒲圻。蒲圻督负责蒲圻至武昌。濡须督负责江北防线。芜湖督负责建业以西至皖口。丹阳督负责建业以东至海口。如公元216年，贺齐拜安东将军，出镇江上，督扶州（建业西）以上至皖。公元219年，吕范拜建威将军，领丹阳太守，治建业，督扶州以下至海。这种分段防务，随着时间与战局变化，不断调整。如陆逊死后，诸葛恪代陆逊督荆州，孙权分武昌为两部，以吕岱督右部，自武昌上至蒲圻。

孙权建立的江防体系，挡住了曹魏南下江南，锁住了魏文帝的临江脚步，有力地维护了三国鼎立的局面，使孙吴政权屹立江南，促进了江南的开发。

蜀国战略，蚕食雍凉。诸葛亮出师的汉中基地是一个地形险要的盆地。这里物产丰富，交通四达，进可"蚕食雍、凉，广拓境土"，退可"固守要害，为持久之计"，是蜀汉的北大门。汉中在关中正南，中间横着一道秦岭。从汉中北出秦岭，兵下秦川可夺取关中，这是汉高祖因之以成帝业的出兵方向。从汉中西出经武兴（陕西略阳），向西北迂回祁山可断陇右。从汉中东出可直向宛、洛，或循汉水南下攻襄阳，或迂回武关取长安。但从汉中东出，被广袤的豫鄂山地所阻，道路险远，必须占领西城（陕西安康）、上庸（湖北竹山）、房陵（湖北房县）等汉水中上游的名城重镇作为前进的基地。蜀国丢失了荆州，又丧失了上庸，东出汉中的通道被阻塞，北伐取胜也就没有了可能。

从汉中北入关中，跨越秦岭，主要有三条谷道，由西向东为褒斜道、傥骆道、子午道。东道子午道最险远，有六百六十里的高山险谷。这条通道，南段叫午谷，北段叫子谷。子谷谷口在长安之南。所以子午道虽然险远，但可出其不意，直插长安。中道傥骆道最近，谷长四百二十里。蜀军出中道，可陈兵武功，对长安的威胁也很大。西道褒斜道较为宽坦，有四百七十里的山谷。南段叫褒谷，谷起褒城，在汉中郡治南郑北面。北段叫斜谷，谷口在陕西眉县西南三十里。褒斜道中段有一条西出折而向北的支道叫箕谷，往北经散关即达陈仓。蜀军出褒斜道，前据雍眉，可屏断陇右。从总的地理形胜来看，关中有八百里秦川，陈仓在川原之西，长安在川原之东，东西距离五百余里，回旋余地大；而汉中只是一个狭小的盆地，三条通道如车辐之聚于车毂。因此，由北向南攻，可诸道并出，居高临下会聚汉中，任何一条通道都无被截断之虞。曹魏的几次攻蜀都是诸道并进。反之，由汉中北伐，三条通道呈辐射状，诸道并进，出谷后因分散在秦川东西川原上不易集中，而且诸葛亮北伐的东道全线在魏境。因此，诸葛亮北出秦岭只能走中道或西道。公元228年正月，诸葛亮在汉中誓师，发动了第一次北伐。出征前，诸葛亮召开军事会议，讨论进兵策略。当时的汉中督、先锋大将魏延建议，自己领兵万人由子午谷直抵长安；诸葛亮率大军出斜谷，趋长安会师。这样可一举平定长安以西。魏延的根据是，曹魏长安守将夏侯楙是魏明帝之婿，胆怯而无谋。他率精兵五千，负粮兵五千，循子午谷十日可达长安，突然进攻，夏侯楙必然弃城而逃。曹魏发兵来争要二十天时间，诸葛亮大军也可赶到。但诸葛亮认为这样做有危险，决定稳扎稳打出陇右，先取凉州，次取关中。于是诸葛亮声东击西，扬言由斜谷取眉，而实际西出祁山，想一举夺取陇右。诸葛亮只派赵云、邓芝率领少量人马据守褒斜道中段的岔口箕谷，作为掩护大军的侧翼。此役由于马谡失街亭，蜀军败还。

诸葛亮不用魏延之策，表明蜀国战略，以弱抗强，不敢深入，而是蚕食雍凉，在边地打消耗战。蜀国丧失了仅有的一次出奇制胜的机会，此后的北伐也都劳而无功，蜀国疲困，加速了灭亡。

三方战略的得失。三国对峙，吴蜀夹攻曹魏。吴军争淮南，兵指合肥，蜀军蚕食雍凉，兵指祁山，东西悬隔数千里，起不到急迫的呼应作用。吴国控制荆州，不北出襄阳，蜀兵不直入关中，两国不靠拢作战，名为联盟，貌合神离，自私打算，战略失策，形成弱国与强国打消耗，蜀国最弱，疲困最甚。

曹魏的防御战略，始于文帝，收效于明帝。曹魏在沿边以逸待劳，消耗吴蜀。取得了极大的成功。曹魏在相持时期的几次南征，都旨在显示武力，试探进攻，或见好就收，或知难而退。公元 222 年，魏文帝曹丕怒孙权不入质子，发动三路大军征吴。公元 224 年、225 年，曹丕又两次南征，幸广陵实际是巡视江淮防线，耀武长江而已。公元 230 年，魏大司马曹真建言征蜀，九月，四路并出，众 30 万。司马懿沿汉水向西城，张郃出子午谷，曹真出斜谷，郭淮出建威，时逢大雨绵延三十余日不止，魏明帝下诏退军。实际这也只是一次扬威的行动。

曹魏的防御战略，不是消极应战，而是积极备战。曹魏在广大防区之内大开屯田，广储资粮，训练士马。江淮防区第一线淮南置有重兵，因此在淮河两岸推广军屯。江淮防区第二线，以许昌、汝南一带为重点，推广民屯。在与蜀国邻接的关中槐里、陈仓，以及凉州的上邽等地，也广置屯田。曹魏的军事防御区，农业、水利都有较快的恢复。随着时间的推移，曹魏优势日益明显。到三国后期，曹魏常备兵员有五十万，吴蜀两国合并军力仅及曹魏之半。北方统一南方的形势不可逆转。

吴魏争淮南

三国对峙，主战场在东线，即魏吴对峙是三国鼎立的主线。而魏吴对峙的主战场的在淮南。淮南争夺，大战役都是围绕合肥而展开。孙权赤壁战后在江淮抗曹，六次攻合肥不下，前三次是孙权与曹操的对抗，后三次是孙权在对峙时期的北进，尽管孙权拼尽全力，合肥仍牢牢地掌握在曹魏手中。孙权死后，诸葛恪辅政，倾全国之力发动淮南大战，仍不能得手。由此可见合肥在魏吴对峙中的战略地位。

这里只评说魏明帝时期孙权在公元 230 年、233 年、234 年的三围合肥。明帝时，曹魏的合肥守将是满宠。满宠是曹操在战阵中提拔的一位战将，他是继张辽之后扬威淮南的又一名将，孙吴将士，闻之丧胆。

满宠（公元 174—242 年），字伯宁，山阳郡昌邑县（今山东金乡县西北）人。十八岁时，任高平县代理县长。高平县豪强张苞任郡督邮，贪污受贿，枉法乱政，满宠拍案而起，收审张苞，当天将其斩首，然后辞官离任。满宠在青年时就干出了这等大事，表现了他的非凡才能。

明帝太和四年（公元 230 年），满宠任征东将军，镇守合肥。满宠巡视合肥旧城，见南临江湖，北远寿春，利于吴军进攻，不利魏军解围。公元 230 年，他在合肥旧城西三十里的险要地势上另筑新城。护军将军蒋济不同意，认为这是魏军无敌自退，示人以弱。满宠认为示敌以弱，使敌骄堕，符合孙子兵法，并请示魏明帝，获得批准。同年孙权来攻新城，不克而还。公元233年，孙权派将军全琮征六安牵制魏军，并屏断豫州之敌东援，自率大军再攻合肥新城。这时新城已坚固，又离水较远，孙权逗留二十多天不敢下船。满宠料定孙权要撤军，在撤退前将"上岸耀兵、以示有余"，暗中伏步骑六千袭击吴军。孙权果然上岸，遭满宠伏兵突袭，伤亡数百退走。

公元234年，吴蜀联合大举攻魏，诸葛亮由斜谷北进关中，孙权在东边北上，东西相应。吴兵三路北进。西路陆逊、诸葛瑾向襄阳；东路孙韶、张承向广陵、淮阳；孙权自率中路军为主力，三围合肥新城。满宠招募壮士数十人，以松树枝为火把，灌上麻油，乘夜顺风点火烧了孙权的攻城器械，又射杀了孙权的侄儿孙泰。这时魏明帝曹叡亲征，未至寿春，孙权退走。

公元235年八月，麦熟收割，满宠料定孙权江北军屯点的士兵出营割麦，可以乘虚偷袭。满宠派长史率领三军，摧破吴军江北屯田据点，焚烧麦场，得胜而还，魏明帝下诏嘉奖。

公元238年，满宠年老，征还朝廷为太尉。五年后，公元242年，满宠病卒，谥曰景侯。

魏明帝果决应变，西守东攻

明帝果决应变。魏太和二年（公元228年），蜀丞相诸葛亮率军大举北伐，关中震响，魏南安、天水、安定三郡叛魏应亮。明帝果决地做出了有力的反应。他派大将曹真为关右各军总指挥，迅速集中优势兵力入关。左将军张郃率领骑兵为先锋快速推进。张郃在街亭打败蜀将先锋马谡，诸葛亮全军败退，南安三郡全部收复。明帝随军入关，坐镇长安，魏军士气大增。魏明帝快速果决的应变，大出诸葛亮的意外。曹魏孟达反叛，诸葛亮救援孟达落在了司马懿的后头，失去了一支策应自己的友军。诸葛亮过于谨慎，见事迟疑，这是一个例证。魏明帝决策入关中，当时他只有二十五岁。

青龙二年（公元234年），吴蜀大举联合攻魏，诸葛亮进兵关中，孙权亲统大军三路北伐。曹魏合肥守将满宠上书，要求从合肥撤退到寿春，以避吴军锋芒。明帝致信满宠，要坚守合肥，他将亲征孙权，只怕大军未到，孙权就会撤走。魏明帝命司马懿抵御诸葛亮，派特使辛毗监军，严令司马懿坚壁不战，只是牵制蜀军。明帝还特地颁下诏书说："只须依据坚固的壁垒进行防守以挫折敌军锐气，使对方既前进不了，又无法和我军决战，等敌军停宿久了，耗尽军粮，只能撤走。趁其撤退，发动追击，以逸待劳，这是大获全胜的策略。"对于东线却不是这样。明帝集中优势兵力东出，御驾亲征。孙权闻讯，胆战心惊，果如明帝所料，不战退走。明帝打破吴蜀的联合进攻，高屋建瓴的决策，对全局形势的把握与发展分析，超过了在第一线作战的名将。事实生动地体现了明帝果决地执行西守东攻战略所显示的威力。孙权退走，诸葛亮孤立无援，病逝五丈原而罢兵。从此以后，吴蜀再没有大规模的联合行动。

西守东攻，打破吴蜀的联合进攻。所谓西守东攻，是指曹魏主力用于防吴，取进攻姿态，而用次要力量防御蜀国进攻，不进行主力决战。在统一步骤上是先灭吴，后灭蜀。蜀国小弱，构不成对曹魏的最大威胁，而又偏于西陲，地形险阻，易守难攻。吴国较为强大，与魏国正面相持，战线最长，吴国北进将伤及魏国腹心。所以曹魏的防御战略，西守东攻，先灭吴，后灭蜀，是必然之势。三国统一，实际进程先灭蜀，后灭吴，那是形势变化，顺势制宜的结果。

西守东攻的战略，始于魏武帝曹操汉中败还，经文帝、明帝两代逐渐完善成为一项防御战略的基本国策。公元 220 年，吴蜀发动夷陵之战，侍中刘晔向魏文帝曹丕建言与蜀并力灭吴，明确地表明了曹魏谋臣先吴后蜀的战略步骤。魏明帝曹叡即位后，仍是重点防吴。公元 229 年，在诸葛亮兴师北伐的情况下，曹叡咨问司马懿："二虏宜讨，何者为先？"司马懿明确回答用水陆两路大举伐吴。曹叡完全赞同司马懿的意见，还把司马懿从防蜀的前线关中东调屯于宛以御吴。公元 234 年，吴蜀联兵攻魏，魏明帝曹叡御驾亲征孙吴，而敕令司马懿在关中不与蜀军接战，坚壁相持。这一战略符合当时形势，吴强蜀弱，吴近蜀远，吴虽有长江之险，不如蜀国崇山之固，所以攻击战略是先吴后蜀，防御重点在东线。

公元 227 年，魏明帝新立，蜀相诸葛亮屯驻汉中，魏群臣纷纷上言要求发兵征讨。魏明帝咨问中书令孙资。孙资说："先前武皇帝兵争汉中，救出夏侯渊残部，多次说'南郑是一座天牢，去天牢途经五百里长的斜谷，这简直是一条石洞'，说的是蜀道艰险。武皇帝用兵如神，也知难而退。我们现在去讨伐诸葛亮，要用十五六万人，加上后勤转运，东方四州的防守，必定还要征发更多的人，造成天下动乱，耗费太多，这是要认真考虑的。进攻与防守，所需人力物力相差三倍。当今最好的战略就是分命大将，镇守险要，将士安睡，百姓无事，几年以后，中国力量日益增强，吴蜀两国必然衰败。"魏明帝深深赞许。公元 230 年，魏大将曹真固请伐蜀，明帝于是大举伐蜀，兵分四路，东路司马懿从宛城指向西城，西路雍州魏兵指向汉中阳平关，关中主力两路：东路张郃从子午谷进军，西路曹真从褒斜道进军。诸葛亮坐镇城固御敌，魏兵遇雨退回。此次伐蜀失利，明帝坚定的继续推行休兵息民的防御战略，养蓄国力。不久吴国鄱阳郡豪帅彭绮暴动，有众数万，请求曹魏接应。魏明帝再次咨问孙资，孙资说："彭绮举义江南，看起来响应的不少，实际上众弱寡谋，成不了大气候，我们还是以静观变为好。"魏明帝按兵不动，江南彭绮不久败亡。

三国对峙，吴蜀夹攻曹魏，但两国不靠拢作战，名为联盟，貌合神离，自私打算，战略失策，形成弱国与强国打消耗。蜀国最弱，疲困最甚。魏明帝对吴蜀两国心态的准确把握，果决地使用西守东攻的策略，打破了吴蜀的联合进攻。诸葛亮与孙权，两位英雄对这个青年后生无可奈何！

一代明主，英年早逝

明帝外御吴蜀，内修政治，发展和巩固了北方的优势。明帝优礼已废君主汉献帝。青龙二年，故汉献帝山阳公薨，明帝素服举哀，遣特使持节典护丧事。又约法省禁，减轻肉刑，下诏主管部门修改法律，减少死罪的条目。

明帝不是完人，他生活奢侈，爱好华丽，大修宫殿，妨害农时，但明帝能宽待谏臣，不妄诛一人。因此，他的过失也能得到及时的改正。

明帝曹叡即位时是一个涉世不深的青年。他的两位对手，一是蜀相诸葛亮，二是吴主孙权。诸葛亮和孙权，起于乱世，身经百战，而且又是三国时代最顶尖的政治家，又是曹叡的前辈，阅历丰富，他们联手攻魏，携手北进，给以魏明帝很大的压力。由于曹叡把握住了魏国的优势，坚持了"防御拒敌，西守东攻"的正确战略，加上个人的英明果决，挫败了吴蜀的进攻，说他是一代明主，一点也不过分。

【天生尤物——冯小怜】

远　山

冯小怜是南北朝时期北齐后主高纬的贵妃，原是皇后穆盈身边的侍女，后来才跃上枝头作凤凰，集三千宠爱于一身。她的娇媚与荒唐使北齐帝国遭到覆亡的命运。

北魏分裂为东魏西魏两国，大致沿着今天的山西与陕西两省交界的地方，以自北向南的一段黄河为界。东魏占有黄河以东以及淮水以北的土地，西魏占有黄河以西及秦岭以北的关陇地区。东魏建都邺城，也就是今天河南省临漳县。西魏定都长安，是历代帝王龙兴之地。西魏的力量远不如东魏，就是南朝的梁政权也比西魏强。

小怜得宠

北齐就是高洋夺东魏政权建立的，是实力最强的；北周是宇文觉守西魏政权建立的，力量最小。当宇文觉建北周时，南朝梁也被陈国取代。但不久之后，北齐与北周的力量渐渐持平，一方面北齐被南朝的陈国侵吞了淮南一带地区，另一方面北周越过秦岭，掠夺了汉中和四川等地。高纬就是这时成为北齐皇帝、冯小怜不久成了他妃子的。

北齐建国17年后，高纬即位，就是北齐后主。他是个标准的纨绔子弟，醇酒美人，声色犬马，过着豪奢浪漫的生活，用珍珠串掇而成晶光闪耀的罗衫，用宝石镶嵌在玉辇上，日日夜夜与后嫔宫妃厮混在一起，过着醉生梦死的生活。冯小怜本是穆皇后身边的侍女，当时高纬正宠爱弹得一手好琵琶的曹昭仪，穆皇后为了抵制曹昭仪而把冯小怜送给高纬，结果印证了中国一句有名的成语——饮鸩止渴。

冯小怜自幼便经过音乐与舞蹈的严格训练，更耳濡目染了一套蛊惑男人的手段，入宫以后更看惯了妃嫔们争宠斗娇的伎俩，于是便研究出一套崭新的狐媚手段，使得北齐后主接触到一种新鲜的奇趣，从而被弄得神魂颠倒。

冯小怜精通人体的构造及脉络系统，侍候穆皇后时，曾经试着以槌、揉、扳、担等手法，为她的女主人消除身体的疲惫，久而久之便练就了无师自通的按摩方法。后来当她以软绵绵的一双小手，上下不停地在高纬的身体上游动时，这个整天主动寻找刺激的风流皇帝，突然之间感到一种被动的奇趣与快乐。

除了这些人为的条件外，据说冯小怜更有一种天生的本钱。她的玉体曲线玲珑，凹凸有致，在冬天寒冷的季节里，软如一团棉花，暖似一团烈火；在夏天褥暑炙人的时候，则坚如玉琢，凉若冰块。或抱、或枕、或抚擦、或亲吻，无不婉转承欢，是一个天生的尤物，这是她很快便获得独一无二专宠的主要本钱。除了历朝历代常见的盖豪华宫殿，艳舞狂欢，彻夜不歇，铺张浪费之外，齐后主高纬就连与大臣们议事的时候，也常常让冯小怜腻在怀里或把她放在膝上，使议事的大臣常常羞得满脸通红，话说得语无伦次，无功而返。

惑主倾国

北周武帝即位之后，看到北齐后主高纬淫乱昏庸，于是亲自率领大军攻打平阳（今临汾）和晋阳（今太原）。北周占领平阳后，北齐高纬居然讲出这样的话来："只要冯小怜无恙，战败又有何妨！"

"独乐乐不如众乐乐"，北齐后主高纬真是天真得可以。他认为像冯小怜这样可爱的人，只有他一个人来独享她的美艳风情，未免暴殄天物，如能让天下的男人都能欣赏到她的天生丽质岂不是大大的美事。于是经过一番设计与安排，让冯小怜玉体横陈在隆基堂上，以千金一观的票价，让有钱的男人都来一览秀色，这又是一次滑天下之大稽的作为，使北周武帝匿笑不已。

笑尽管由他笑吧！高纬仍然带着冯小怜我行我素地浩浩荡荡到天池地方狩猎去了。臣下向他奏告："严冬将届，北周军队已经退回长安，正好利用此时收复平阳。"对此高纬犹豫不决。

冯小怜认为战争和狩猎一样好玩，于是怂恿高纬亲自带兵反攻平阳，高纬自然言听计从，于是冯小怜也戎装随行。北齐兵把平阳城团团围住，北齐兵为收复失地，抵御外侮个个奋勇争先，挖掘地道，架设云梯。留守平阳的北周大将梁士彦虽然率领有限的士兵拼死守城，但在北齐兵奋不顾身的冲锋下已岌岌可危。眼看高纬即将下达总攻命令，平阳即将重返北齐怀抱的时候，冯小怜却认为天色已晚，使她无法看到攻城之战的盛大场面，而要求在第二天天明以后再行攻城。第二天天昏地暗，北风怒吼，初雪飘落，大地渐渐一片银白，冯小怜又认为气候不佳，要求暂停攻城。殊不知夜暗之际或天气不佳正是军事作战进攻的最佳时机，囿于妇人之见，北齐大军竟然平白无故地丧失了两次大好时机。等到雪雾天晴，北周武帝已亲率大军赶到平阳，两军连日血战，齐军大败，退入晋阳，轰轰烈烈的平阳之战又以齐军惨败而告结束。

平阳之战结束后，北周武帝觉得将士在严寒中作战特别艰苦，准备带军队退回长安休整。梁士彦叩马苦谏，认为机不可失，应该直捣北齐重镇晋阳。北周武帝采纳了梁士彦的意见，自统大军追迫齐军，直逼晋阳城下。周武帝的行事与北齐后主高纬形成鲜明的对比，知道紧紧把握时机，并且他首先的准备休整也是出于对将士的爱护，不像高纬只是为了满足冯小怜的妇人之见。

晋阳战役开始，晋阳是北齐经营多年的北方重镇，城高壕深，守备严密，城中粮谷器械充裕，支持一年半载决无问题。周兵远来，又值严冬，要不了多少时日便会知难而退。高纬等着北周军队自动撤走。不料事出意外，北周的大军并没有撤退的迹象，也没有积极进攻的打算。于是齐后主高纬命人在城中建筑一座高耸入云的天桥，时常与冯小怜一道登桥遥望城外敌军的情况，下得桥来便躲进冯小怜为他铺排的温柔乡里。这时，冯小怜为他又挑选了一批面目姣好，身材绝佳的侍女，加以训练，很快地便组成了一个脱衣舞团，让高纬观赏她们的舞蹈，以消愁解闷。齐后主高纬也居然厚颜无耻地说：“看了能够头脑清醒，精神百倍。”有一天，木架搭成的天桥忽然垮了下来，风吹雨淋之下，这本是十分正常的事情，但冯小怜认为是不祥之兆，胆战心惊，一再要求后主放弃晋阳返回邺城。想不到高纬又一次置国家利益不顾，听从了冯小怜的劝告，回到邺城。北周轻而易举地夺得北齐重镇晋阳。

国破身亡

北周直扑邺城。高纬退守邺城尚有精兵十万，这位不爱江山爱美人的皇帝居然“病急乱投医”，一面祈求菩萨保佑，一面将皇位传给太子高恒，自己带着冯小怜自邺城往东逃奔青州，北周顺利地取得邺城。后来北齐后主高纬、太子高恒、冯小怜等人均被擒获，北齐灭亡，黄河流域再度统一。到了唐代，诗人李商隐写了两首诗《北齐》：

其一
一笑相倾国便亡，何劳荆棘始堪伤？
小怜玉体横陈夜，已报周师入晋阳。

其二
巧笑知堪敌万机，倾城最在着戎衣。
晋阳已陷休回顾，更请君王猎一围。

北齐本较北周强大，由于北齐后主宠爱冯小怜，而使朝政紊乱，民不聊生，临事又一而再，再而三地坐失战胜的契机，终至一蹶不振，而遭亡国之痛，北齐自高洋开国到高纬被擒，才28年的时间。

高纬被解往长安，受尽屈辱后终于被杀，冯小怜被北周皇帝的弟弟宇文达所得，不久宇文达被杨坚所杀，她又做了武将李询的偏房，受尽了大妻的折磨，舂米、劈柴、烧饭、洗衣等繁重工作之外，还不时地遭到叱责和鞭打。冯小怜哪里经得起这样的摧残，最终自缢而死，那晚天很蓝，月很圆。

【天下谁人识君】

米奇诺娃

命运最是神奇，最是奈何不得。早年，杨忠帮助宇文氏建立了北周政权，立下赫赫战功，儿子杨坚却夺了宇文氏的帝位，即隋文帝。若干年后，杨坚的儿子杨广又在第三次巡游江南时被宇文化及活活勒死。历史在这里转了个弯，谁也不欠谁的了。

细细想来，隋炀帝杨广不是一般的冤屈。他只下了三次江南，就被后世多少代多少人说成骄奢淫逸，祸国殃民；而七下江南的乾隆皇帝却是风流倜傥的楷模，留下无数逸闻故事娱乐民间，更是影视作品的大热门，且屡演屡赢，屡赢屡演。当初，秦始皇和杨广都担着骂名，不惜一切地给后人留下了一样举世闻名的礼物。秦始皇留下了万里长城，杨广留下了京杭大运河。万里长城至今只有观赏作用，京杭大运河却一直在纵贯南北漕运，一刻也没停止过它繁忙的运输功能。人们上得岸来却口无遮拦、不遗余力地痛骂杨广，似乎不骂几句，就忠奸不辨。对于失败的皇帝，世人没有给予应有的理性认知，历史的公正常常是被道德或伪道德的标准埋葬了。

杨广开凿运河，是在修建洛阳的同一年。他先后开凿疏浚了四条主要河渠，南北连通，蜿蜒五千多里，成为水运大动脉，不仅加强了隋王朝对南方的军事与政治统治，而且使南方上好的棉丝和稻粟能够顺利地到达洛阳和长安，南北文化也得到很好的交流。不仅如此，大运河还对以后中国的历史产生了深远影响。以后的元朝、明朝和清朝之所以建都北京，从经济上来看，不能不说和大运河的物资供应有关系。那么从历史的角度来看，杨广则是具有远见卓识的战略家，是千古功臣。

在杨广的众多罪状当中，最严重的一条要数他的弑父杀兄。他本是二皇子，与宝座无缘，可是他心狠手辣地把病中的父亲和哥哥杀死，踏着血腥之路坐上了梦寐以求的皇帝宝座。其实这并不比李世民更过分，他们的事迹大同小异，只是人们给了李世民太多的理解和支持，因为他是成功的皇帝。

李世民与杨广相同的罪状被人轻描淡写一笔略过，杨广与李世民相同的盖世武功也被史学家有意遮掩，原因是他虽有过人的文武才能，但是太纨绔，太喜欢虚荣和寻欢作乐，连父亲宠幸的宣华夫人陈氏也敢调戏，摸了两把屁股，又亲了一下，可谓胆大妄为。这也怨不得杨广，隋朝毕竟在宋朝之前，没有经过朱熹的严规肃矩，孔子的纲常之道也鞭长莫及，怎会有那么多的拘束？也因此才有了后来李治宠幸父皇的武才人、李隆基抢来儿媳杨玉环受用。唐朝这两位皇帝可不仅仅是调戏，都是真刀真枪玩了命了，直到送了江山，下了宝座。这在当时不足为奇。相比之下，杨广的罪是很轻的，却被数罪并罚判了死刑。

回头再说杨广的奢靡。杨广虽然三下江南，也只是把当时只有六七米宽的瘦西湖作为自己的专用水道。到了唐朝，扬州人把瘦西湖开凿成护城河，为扬州历史上最辉煌的时刻显足气派。而到了清朝乾隆年间，扬州的阿谀盐商给皇帝献上了一份大礼，把护城河扩展成几十米宽的瘦西湖。"两堤花柳全依水，一路楼台直到山"，奢靡到了极限。于是清诗人汪沆有诗云：

垂杨不断接残芜，雁齿虹桥俨画图。
也是销金一锅子，故应唤作瘦西湖。

作为一个失败皇帝，杨广不仅不得好死，死后还被人折腾了好几次，先是埋在宫内，后改殡于扬州吴公台下。620 年，唐高祖李渊以帝王礼遇把杨广葬在扬州西北 7 公里处的雷塘，墓地年久荒芜。1983 年后才陆续修葺，周围林木葱郁，游人方纷至沓来。

李渊是隋文帝杨坚的外甥，和隋炀帝杨广是两姨表兄弟，并在杨广在位时做过刺史、太守和大将军。隋末农民起义军此起彼伏，共有 200 多支队伍。李渊领兵一一击败起义军，实力大增，索性推翻隋朝，自己坐了天下。从公从私，他都不得不厚葬表哥杨广。从公说，他抢了人家的江山，还不得给人家几亩葬身之地？从私说，血毕竟浓于水吧。

【狄仁杰：唐室功臣外衣下的"官油子"】

郭灿金

狄仁杰生于 630 年，卒于 700 年；字怀英，唐代并州太原（今山西太原）人；经历了唐高宗与武则天两个时代；历任并州都督府法曹、大理丞、侍御史、宁州刺史、豫州刺史、地官侍郎等职。

中国有个成语叫做"唾面自干"，这个成语是说，别人往自己脸上吐唾沫，不能擦掉，而应该让它自己风干。人们往往用这个成语来形容一个人受了侮辱却能极度隐忍，从来不加以反抗。

不要以为这个成语是凭空捏造、文人虚构的，这个成语和一个人有关，这个人就是娄师德。

娄师德（630—699），字宗仁，郑州原武（今河南原阳西南）人，唐朝大臣、名将、曾任宰相。娄师德最大的特点是事事讲究忍让。据《新唐书》记载，娄师德的弟弟被任命为代州（今山西代县）刺史后，兴致勃勃地来向哥哥辞行。在兄弟二人就要分手的时候，弟弟问哥哥还有没有什么要交代的。娄师德语重心长地询问道："我坐在宰相的位置上，你现在又要去当州官，我们兄弟二人可以算得上是这个时代的佼佼者了。但是，我们荣宠过盛，必定有人暗自忌恨我们，对此你有什么对策吗？"听到哥哥这样问，弟弟马上跪在地上说："我是这样打算的，假如现在有人往我脸上吐唾沫，我一定会自己擦干净，决不为此和人计较。请哥哥指点，这样做行不行？"听完兄弟的话，娄师德神色忧虑地说："你的做法正是我所忧虑的！"弟弟本来想哥哥会表扬他几句，没想到哥哥竟不以为然，一下子不好意思起来："那应该怎么办呢？""怎么办？我的意思是不擦！你想啊，别人好不容易把唾沫吐在了你的脸上，你却一擦了之，别人的快感还从何而来？别人没有了快感，那他一定还会继续忌恨你的。我建议，别人往你脸上吐唾沫，你不应该自己擦掉，而应该等待自然风干。在这个过程中，你还应该保持微笑！"

娄师德到底做没做到唾面自干，我们不得而知，因为他贵为一朝宰相，敢往他脸上吐唾沫的人估计不会太多。但是娄师德的谦让却是出了名的，除了谦让，娄师德的度量大也被广泛传颂，以至于后人经常说他是"宰相肚里能撑船"。

说了这么多，其实只是为了引出狄仁杰来。

那么娄师德和狄仁杰有什么关系呢？表面看起来很简单，娄师德和狄仁杰是同事——两个人一同做相国。

尽管同为相国，但两个人的能力却有差别。狄仁杰出类拔萃，而娄师德却显得有些平庸。尽管娄师德是个谦谦君子，从来不会和任何人发生矛盾，但盛气凌人的狄仁杰就是看不惯娄师德和自己平起平坐，因此，平时挤对起娄师德来，狄仁杰都是不遗余力。

但是，娄师德是个信奉唾面自干的人，任凭狄仁杰怎么欺负，他似乎都不放在心上，而且似乎也没什么怨言。这样一来，反而让外人都看不过去了，他们认为狄仁杰连老娄都不放过是不是有些太过火了。但大家都知道狄仁杰向来自高自大的秉性，所以也没有一个人敢出来调解此事。最后，连武则天也看不下去了，她只好亲自出面做狄仁杰的工作。

武则天是当时的最高统治者，掌握的材料当然比任何人都多。同时，武则天也特别善于做思想工作。

有一天，散朝的时候，武则天留下狄仁杰，聊了几句，武则天单刀直入地问狄仁杰："我这么重用你，你知道这是为什么吗？"狄仁杰答得也很干脆："我是一个从来不知道依靠别人的人，而皇上您最后居然重用了我，我想一定是因为我的文章出色外加品行端方。"尽管这样的回答在武则天意料之中，但是狄仁杰的口气还是令她有些小小的不快，她呷了一口茶，又咽了一口唾沫，尽量用平静的语气说道："狄先生啊，这你就只知其一，不知其二了。当年，我对你其实一点了解也没有，为什么想起来提拔你啊，全仗有人在我面前推荐你。"这次轮到狄仁杰吃惊了："真的啊？我怎么想不起来会是谁推荐了我呢？""给你三次机会，你猜一下吧？但我想，就是给你十次机会你也猜不出来！"狄仁杰是个聪明人，见皇上这么说，就顺口答道："那就请皇上您直接告诉我好了。""告诉你吧，你能有今天，靠的不是别人，而是娄师德，就是他在我面前三番五次地推荐你！"武则天似乎看出来了狄仁杰的惊诧和难以置信，她随即让侍从取来档案柜，笑着对狄仁杰说："你自己去打开看一下里面的东西吧。"档案柜打开了，十几封写给皇上的推荐信一一呈现在狄仁杰面前，这些推荐信的主题只有一个，那就是推荐狄仁杰担任重要职务。十几封推荐信的作者也只有一个，那就是娄师德。这一下轮到狄仁杰无地自容了，原来自己能有今天，靠的全是娄师德当年的大力推荐。自己不领情也就罢了，谁知自己还时时打击娄师德。而更令他惭愧的是，娄师德居然从来不居功自傲，居然一直默默承受冷嘲热讽而不作任何解释！

这件事对狄仁杰是个不大不小的讽刺，让他不由得反思自己走过来的岁月。

狄仁杰虽然时下升到了高位，但他的家世却一点也不显赫，狄仁杰的父亲也只是做过夔州（今重庆奉节）长史而已。狄仁杰本人早年似乎也没什么出众之处，因为他仅仅是以明经出道。在唐朝以明经出道的人往往会很受人歧视。家庭背景一般，加上明经出身，似乎注定了狄仁杰很难出人头地。

但狄仁杰却是一个有真功夫的人，唐高宗仪凤年间，狄仁杰升任大理丞。在任期间，他曾创造了一个不可思议的纪录：一年中判决了大量积压案件，涉及17000人，但是却没有一人喊冤。一时间，狄仁杰成为世人推崇的神探。

在唐高宗的时候，狄仁杰就是著名的"反对派"，他敢于反对一切他看不顺眼的事，对抗一切他看不顺眼的人。

譬如，唐高宗要到汾阳宫去视察，当地的长官为了讨好皇上，决定新开一条御道，但在狄仁杰的坚决反对之下，御道修建计划被迫中止。

譬如，左司郎中王本立恃宠用事，朝中大臣都很怕他。可是狄仁杰却不以为然，经常抓住机会弹劾王本立，即使唐高宗有意偏袒，狄仁杰也不为所动。最后，他还真把王本立给扳了下来，一时朝廷肃然。

武则天当政时，久经江湖的狄仁杰已经慢慢变得老辣起来，即使心狠手毒的来俊臣也不是他的对手。

狄仁杰官居宰相，在朝廷慢慢走红之时，也正是阴谋家武承嗣踌躇满志之日。满朝之中，武承嗣谁也没放在眼内，他唯一顾忌的就是狄仁杰。他认为狄仁杰将来一定会成为自己被立为皇嗣的最大障碍。因此，他就指示酷吏来俊臣诬告狄仁杰等人谋反，并随即将狄仁杰逮捕下狱。当时法律中有一项条款："一问即承反者例得减死。"意即如果一个人主动承认自己有谋反罪可以减轻罪行。来俊臣逼迫狄仁杰承认"谋反"，狄仁杰随即予以完全承认："谋反是事实！"得到了狄仁杰的口供，来俊臣满心欢喜，也就放松了对狄仁杰的警惕。

谁知，老辣的狄仁杰只是用这招儿来麻痹来俊臣的。其后，狄仁杰趁狱吏不备，偷偷写下了上诉材料，悄悄放在了自己的棉衣之中，并请狱吏转告家人将棉衣取走。最后，狄仁杰的儿子将上诉材料转到了武则天的手中。于是，武则天亲自召见狄仁杰，并当面询问他："你当初为什么主动承认谋反？"狄仁杰平静地回答："假如我不承认谋反，估计我早就死在来俊臣的皮鞭之下了，又怎么能再见到皇上呢？"狄仁杰以自己的机智逃过了一劫，但从此他也就和武承嗣成了死对头。

为了和武承嗣斗争，狄仁杰利用武则天对自己的信任，在立储的过程中，发挥了独特而有决定性的作用。

在狄仁杰为相的几年中，武则天对他的信任令其他人望尘莫及。譬如，武则天常称狄仁杰为"国老"，而很少直呼其名。对于老年的狄仁杰，武则天更是显示出了温情的一面：朝堂之上，武则天特许狄仁杰不用跪拜；武则天还曾多次告诫朝中官吏："非军国大事，勿以烦公（指狄仁杰）。"对狄仁杰可谓优渥有加。在武则天的朝堂里，狄仁杰地位之崇高，无人可出其右。这让狄仁杰有机会对武则天之后的继任者作出从容安排。

武承嗣是武则天的侄子，一直渴望成为太子，而武则天则犹豫不决。狄仁杰抓住机会，以亲情打动武则天。

狄仁杰对武则天说，立太子之事，事关重大，有很多因素应该考虑进去，但第一要考虑的是自己。无疑，人都是要死的，因此，我们才需要选定接班人。如果接班人选得好，自己的路线方针政策将被执行，自己的灵位也能被后人供奉；如果接班人选得不好，那么自己生前所做的一切都有可能被推翻，自己将来的灵位也会被人抛弃。也是从这个意义上说，选择接班人首先应该选择在血缘上和自己最近的人——只有血缘最可靠。最现实的方法就是，您应该立您的亲生儿子为太子。如果您立了您的儿子，将来您就是皇帝的母亲，配享太庙也是理所当然；而您要是立了武氏的后人为太子，那么将来您只能是未来皇帝的姑母，让侄子为姑母立庙，这事似乎有些悬！很显然，狄仁杰的话对于武承嗣很有杀伤力，但最终也打动了武则天。她决定立自己的儿子为太子，武承嗣最终失去了继承武则天皇位的可能。

这就从体制上保证了狄仁杰不会被武承嗣清算，作为副产品，李唐王朝也借此完成了复辟。

为了确保自己死后武承嗣不会死灰复燃，狄仁杰生前还精心挑选了自己的接班人，此人就是张柬之。

有一天，武则天向狄仁杰征求宰相人选，狄仁杰毫不犹豫地说："荆州长史张柬之是个难得的人选，这个人虽然老了些，但却是真正的宰相之才。这个人一辈子没被人发现，如果您用他做宰相，他一定会为国家鞠躬尽瘁。"于是，武则天将张柬之的官职由长史升为司马。过了一段，武则天又让狄仁杰推荐宰相人选，狄仁杰笑了一下，说道："我以前曾经推荐过张柬之，到现在也没见您用这个人啊。"武则天说道："怎么没用啊？我早就把他升为司马了。"狄仁杰不慌不忙地说："我给你推荐的是宰相人选，您却让他去做司马，当然算没有任用。"后来，张柬之果然被任命为宰相。

随着岁月的流逝，武则天已经是风烛残年，她已很难有效地控制局势，客观上看，李唐复辟的时机已经成熟。狄仁杰大力推荐的宰相张柬之果然没有辜负狄仁杰的期望，在国家生死存亡的危急关头，张柬之毅然决定起事，仅仅用了半个时辰，政变就宣告胜利。取得胜利后的张柬之，手里提着武则天所宠爱的两个面首——张宗昌、张易之的人头来见武则天，此时，武则天已经无力回天了。

不知当时的武则天，在盯着张柬之发呆的时候，有没有想起来张柬之的推荐人狄仁杰来。

其实，武则天想起想不起狄仁杰已经无关紧要了。因为，不久之后，唐中宗又要登上皇帝宝座，李氏将重掌乾坤。等这一切尘埃落定之时，狄仁杰生前所作的安排也被郑重表彰。狄仁杰先是被追封为司空，后又被追封为梁国公，也就在情理之中了。

【史上第一阴谋家李林甫】

汕头大王

中国古代每朝每代都有忠臣良相，也都有奸佞小人。这一干奸臣贼子，到头来无一不遭到万人唾骂，青史遗臭。他们为害的程度不同，丑恶的面目有别，手段高低也不一样，其中有一个奸相，虽然"名气"没有赵高、秦桧大，但他几乎用尽了奸臣所能想到的卑劣手段，几乎集中了小人所有丑恶表演于一身，可称历史上第一阴谋家。他就是唐玄宗年间的宰相李林甫。

李林甫（？—752），小字哥奴，与大唐皇帝一脉相承，是唐高祖李渊的祖父李虎的第五代孙。若论其辈分，李林甫还比唐玄宗李隆基高出一辈。但李林甫的家世并不很显赫，仅有的向上爬的资本是身为秘书监的舅父姜皎。李林甫正是充分利用了这层关系才步入仕途，从基层禁卫军官一直爬到了宰相位置，一做就做了19年。

《旧唐书·李林甫传》说他"无学术，仅能秉笔"，说话"陋鄙，闻者窃笑"，但就是这样一个基本素质极差的人，居然能平步青云，久居要津，不能不令人佩服他那惯耍阴谋伎俩的本领。他最拿手的就是伪装术，"面柔令，初若可亲"，而内心却是"性阴密，忍诛杀，不见喜怒"，"好似甘言啖人，而阴中伤之，不露辞色"。"口蜜腹剑"这个成语就是从他身上得来的。

攀亲认贵向上爬

李林甫进入宫廷禁卫军时，只是个千牛直长，唐玄宗开元初年，"迁太子中允"。这个小官自然不能满足野心勃勃的李林甫，但苦于"无学术"，不能走登科入仕的途径，于是就想到了他舅舅姜皎。当时的当朝侍中是源乾曜，和姜皎有联姻关系。李林甫便利用这层关系，巴结源乾曜的儿子源洁，通过源洁向其父代求司门郎中，也就是相府中的办事员。哪知源乾曜却看不上李林甫，认为李林甫不是当司门郎中的料。但人情难却，他还是安排李林甫为东宫谕德，主管规谏太子，继而又迁国子司业（也就是国学中的行政事务官）。李林甫还是不满足，继续向上钻营。开元十四年（726年），李林甫攀上了御史中丞宇文融这棵大树，受他引荐，"拜御史中丞"，由此进入朝廷权力中心。从此李林甫成了演员，使出了浑身解数，演出了一幕幕世人为之切齿的闹剧。

李林甫继续利用宇文融这个靠山。当时宇文融和右宰相张说不合，李林甫为了讨宇文融欢心，便追随宇文融合伙弹劾右宰相张说。后来弹劾成功，张说被罢相。李林甫和宇文融做了这个交易以后，就没再追随宇文融，他需要摆脱宇文融的朋党牵连，追寻更大的靠山。他一头钻营进尚书省，历任刑部、吏部侍郎。

李林甫到吏部后，就把它看成买官卖官的交易所，因为吏部就是选拔官吏的机构。开元初年，吏部设"长名榜"，选派官员。一次，玄宗皇帝的哥哥宁王李宪私下会见李林甫，给他10个人的名单，要他优先考虑选派这些人做官。李林甫一口应允，毫不犹豫，但对宁王提出一个交换条件，"愿绌一人以示众"。于是在发榜之日，李林甫从中选出一人，宣布此人行为不正，曾托宁王讲情，判此人留待下次冬选。李林甫的这套手法实在高明：不但骗取了公正的美誉，为自己赢得了声望，又满足了宁王的要求，趁机巴结了朝中权贵。

李林甫深知光是巴结权贵是不够的，对于权贵的夫人，他也费尽心思地讨她们欢心。李林甫选中了侍中裴光庭的夫人，暗中往来，并与其勾搭成奸。李林甫看中她是因为她是武则天的侄儿武三思之女，当时正得宠的宦官高力士正是出自武三思家。这一招"曲线救国"果然奏效，开元二十一年，李林甫求裴氏去高力士面前进言，引荐他当宰相。裴氏还真替他向高力士说了不少好话；高力士虽没有直接替李林甫在唐玄宗跟前说情，却把皇上要任用韩休为相的准确消息告诉了李林甫。李林甫脑筋一转，马上向皇上奏本，推荐韩休为相。这种以退为进、收买人心的手法起到了效果，唐玄宗本就想拜韩休为相，这下不但坚定了自己的看法，还认为李林甫看人眼光也不错，而且举贤有功；这边的韩休当上宰相后，念及李林甫大力推荐之功，对李林甫非常感激，于是向玄宗推荐李林甫，说他也可以出任宰相。李林甫这一石二鸟之策算是成功了。

李林甫不但巴结朝中权贵，还十分重视后宫力量。当时，杨玉环还没有入宫，宫中掌权的是武惠妃。武惠妃的两个儿子寿王和盛王也因为母亲受宠的缘故很讨皇上喜欢，而皇太子李瑛却渐渐不被皇上看重。李林甫知道此情后，走了一着险棋：他冒着得罪太子的危险向武惠妃表露拥护寿王的决心。武惠妃觉得此人可靠，就时常在唐玄宗面前吹枕头风，给李林甫说好话。有了这些庇护和抬举，李林甫后来真的飞黄腾达，连升几级，直到官拜礼部尚书，同中书门下三品，成为朝中三宰相之一。

排挤良相揽大权

当时朝中的另外两相是张九龄和裴耀卿。张九龄是唐朝有名的大诗人、大学者，学识渊博，裴耀卿也是朝廷重臣，而李林甫资历浅，又没什么治国安邦的真本领，在3人中他显得很无能。再加上张九龄在玄宗准备任命李林甫时，曾直言劝阻，因此李林甫对这两人是又妒又恨。不过张九龄"以才鉴见推"，"林甫虽恨，犹曲意事之"。当时对李林甫唯一有利的是，玄宗在位已久，萌生了享受奢侈的意愿，对政事不怎么关心了。但张、裴二人都忠心事主，每逢商议政事，两人都与皇上据理力争，惹得玄宗有些不高兴。惯于察言观色的李林甫看在眼里，记在心头，开始寻找机会，排挤张、裴二相。

李林甫先是使出拿手的拍马本领，取得玄宗信任。开元二十四年，唐玄宗巡游东都洛阳后，准备返回西京长安。张、裴二人都劝谏说此时正是农忙时节，皇上如果此时返驾，沿途各地一接待，必将影响秋收农忙，提议到了冬天再返京师。李林甫并没有附和二相，等告退时，李林甫装作脚疼，落在二相的后面。玄宗问他怎么了，李林甫忙说自己并非脚疼，而是有话想单独跟皇上说："长安、洛阳，陛下东西宫耳。往来行幸，何更择时？"并说假使为了不妨碍农事，只需恩准免除所经过地方的租赋不就可以了吗？玄宗听了，深觉受用，马上起驾。李林甫这几句话真是比张、裴的直言相谏来得高明。

李林甫后来又借玄宗欲废太子而张九龄执意劝谏的机会，说了张九龄一番坏话，引起玄宗对张九龄的不满，接着再借封赏牛仙客的时机，使玄宗更加疏远张九龄。当时朔方节度使牛仙客在边庭的政绩不错，很得唐玄宗赏识，玄宗准备给牛仙客予以封赏，但遭到张九龄当面的激烈反对，事先答应要与张九龄一起劝谏的李林甫却不发一言。此后，李林甫暗地里又把张九龄在皇上面前说的话告诉了牛仙客。牛仙客第二天求见唐玄宗，痛哭流涕要求辞职。唐玄宗觉得自己的话快到不管用的地步了，很是气恼，索性要立牛仙客为宰相。张九龄当然又是极力反对，玄宗对张九龄的反感更加深了一层。李林甫趁机上奏："但有才识，何必辞学。天子用人，和有不可？"两句话说到了玄宗爱听的地方，李林甫又指责"九龄文吏，拘古义，失大体"，点出了张九龄的"迂腐、多事"。玄宗听后深觉有理,就加封牛仙客为陇西县公。李林甫这套两面三刀的做法,既让玄宗觉得他李林甫不专权,有荐贤度量,又使张九龄的形象在玄宗面前一落千丈。

在围绕萧炅的任免一事上,李林甫彻底战胜了张、裴。萧炅当时任户部侍郎,属李林甫一派。萧炅比之李林甫还要不学无术,有一次在与中书侍郎严挺之"同行庆吊"时,竟将《礼记》中的"蒸尝伏腊"读作"蒸尝伏猎"。严挺之故意又问了一遍,萧炅仍旧读错,严挺之将此事告诉了张九龄,说朝中竟然有"伏猎侍郎"这号人物。耿直的张九龄就以此为由弹劾萧炅,将其贬为岐州(今陕西岐山)刺史。李林甫恨严挺之至极,暗中寻找机会,准备陷害他。正巧,此时蔚州(今河北蔚县)刺史王元琰获罪入狱,严挺之准备设法救他出来。李林甫见时机难得,便暗中禀告玄宗,说严挺之袒护王元琰,该一同治罪。张九龄觉得严挺之无辜,帮严说了几句好话,但玄宗这次再也不听他的了。张九龄又托裴耀卿救严挺之,此时已对张、裴二相很不满意的玄宗就以私结朋党为由,将张、裴二人"罢知政事"。

两个"眼中钉"被去除,大快李林甫之心。他在朝堂上目送二人离去,众臣都敢怒而不敢言。唐玄宗命李林甫"代九龄为中书"。后来李林甫又找了个机会,参了张九龄一本,玄宗又贬张九龄为荆州长史。至此,李林甫独揽大权,开始了他更加阴险丑恶的行径。

上欺君王下妒臣

李林甫深知,自己若想为所欲为,必须蒙蔽住玄宗,不能让他知道自己的真面目。为了防止群臣中有人参奏他,他坚决地"杜绝言路,掩蔽聪明,以成其奸"。

他先是明目张胆地召集朝中所有谏官,威胁他们不要"乱说话"。朝野有耿直之人,如咸宁太守赵奉璋,不畏其淫威,上书告其罪,结果被李林甫知晓,诬陷其罪,"杖杀之"。从此无人再敢进言。朝中百官的威胁解除了,但还有刚入仕途的新官,李林甫也怕他们嘴巴不严,在皇帝面前走漏风声。于是他施计把持了取仕之途,使入选之人皆为自己的党羽。李林甫很重视"养君欲"。将玄宗伺候得很美,根本不想接见其他大臣。李林甫投玄宗所好,在美女、花销方面极力满足玄宗的穷奢极欲,麻醉玄宗的神经。玄宗曾满意地说:"朕不出长安近十年,天下无亨。朕欲高居无为,悉以政事委林甫。"有了玄宗的充分信任,李林甫更加地大胆妄为,搜刮民脂民膏,以致"利尽上腴""车马衣服侈靡"。

对于下面的文武百官,李林甫"妒贤嫉能,排抑胜己,以保其位"。有一天,玄宗突然想起了被贬的原中书侍郎严挺之,问李林甫严挺之现在何处,似乎还有重用他的打算。李林甫马上召严挺之的胞弟严损之来"叙故",貌作亲密状对严损之说皇上很惦念他兄的近况,"须作一计,入城对见,当有大用"。按照李林甫的授意,严损之替兄写了一张奏折,"奏称风疾,求还京师就医"。严损之很感激,以为李林甫是在为他们兄弟出力。哪知李林甫拿着奏折对玄宗说："挺之年高，近患风，且须授其闲官就医。"玄宗听了，只有嗟叹，重用此人的计划只好作罢。

李林甫用同样的伎俩，又对付了卢绚这个潜在的对手。他为了阻止卢绚被玄宗重用，就把卢绚的儿子招来，告诉他皇上想委托他父亲去管理交、广两州的事务，如果他父亲害怕路途远，最好先去告老还乡。卢绚确实怕远行，果真就上书说自己年老不堪重用，结果被贬任华州刺史。不久李林甫又"诬其有疾，州事不理"，将卢绚贬至太子员外詹事这个闲职。从此，卢绚也不会惹李林甫费心了。

牛仙客病逝后，刑部尚书李适之升任左相。李适之是唐太宗的曾孙，精明强干，"昼决公务，庭无留事"，成了李林甫的又一个强劲对手。李林甫就暗中寻找对付他的办法，终于心生一计。李林甫告诉李适之，华山有座金矿，开采出来可以大大增加国家财富，皇上还不知道此事。李适之也没多想，就将此事奏知玄宗。玄宗很高兴，又问李林甫怎么看。李林甫却说："臣知之久矣，然华山陛下本命，王气所在，不可穿凿，臣故不敢上言。"玄宗听了，觉得李林甫真是忠心一片，考虑问题周到，而李适之就太马虎草率了，因此下令："自今奏事，宜先与林甫议之……适之由是束手。"后来李适之终于知道了李林甫的真面目，为了保住性命，索性辞去相位。李林甫便引荐门下侍郎、崇玄馆大学士陈希烈为左相、同平章事。李林甫知道陈希烈没有真本事，遇事只会唯唯诺诺，所以引为同列。从此，军国机务都由李林甫一人决策。

李林甫在对待竞争对手的策略上，不仅设圈套，阳奉阴违，还会利用他人之间的矛盾以达到自己的目的。户部尚书裴宽，一直为玄宗所器重，李林甫怕他一朝得势，因此总是防着他。李林甫又看到刑部尚书裴敦复立功颇多，受玄宗表彰，心里也不舒服。随后李林甫发现二裴之间有矛盾，便趁势挑拨，使二裴水火不容。后来李林甫用计谋使二裴相继被贬，将两个威胁"各个击破"。

李林甫除了关注京城百官的动向外，还对边帅紧密防范。唐建国以来，历朝都用名臣忠良做节度使镇守边关。这些名臣因为军功往往会从节度使直接升任宰相，即所谓"出将入相"。这可是李林甫不想看到的。天宝六载，他向玄宗进奏："文臣为将，怯当矢石，不若用寒族胡人；胡人则勇决习战，寒族则孤立无党。陛下诚以恩洽其心，彼必能为朝廷尽死。"玄宗准奏。这可称了李林甫的心，因为少数民族将领不识汉字，即使功劳再大也不可能入朝拜相，李林甫就可以更好地控制朝廷。这下，胡将安禄山得以重用，将精兵强将集中在北方，从而造成后来的"安史之乱"。因此，史学家有这种共识："禄山倾覆天下，皆出于林甫专宠固位之谋也。"

李林甫除了耍手腕外，在打击政敌的凶狠程度上，也在逐渐加强，渐渐地凶性毕露、野心膨胀、为所欲为。他在家中特别设立了一个专用厅堂，形如弯月，称为"月堂"。每当他要陷害某位大臣，就住进"月堂"，费尽心思琢磨害人的法子，"若喜而出，则其家碎矣"。

李林甫为了更好地陷害打击异己，还特意豢养了许多治狱吏，充当他的帮凶。他聘用了吉温和罗希奭这两个亡命之徒作为心腹打手。在李林甫的授意下，二人制造了许多冤案。李林甫的政敌中凡是落入吉、罗二人之手的，没有一个能逃脱厄运，时人称之为"罗钳吉网"。其中比较大的冤案就有"李适之案""韦坚案"和"杨慎矜案"等。

恶贯满盈终遭报

李林甫作恶多端，自己心里非常清楚，总是担心遭刺客暗杀。于是，他改了先前宰相"驺从不过数人"的旧制，而"先驱百步，传呼何卫，金吾为清道，公卿辟易趋走"。晚上睡觉心里也不踏实，"居则重关复壁，以石甃地，墙中置板，如防大敌。一夕屡徙床，虽家人莫知其处"。李林甫甚至连家人都防范，其内心恐慌到了极点。

就连他的儿子将军监李岫也对他这位父亲很有看法。一天他陪李林甫到后花园散步，看见一个拉着重东西的下人，李岫指着此人对李林甫说："人久处钧轴，怨仇满天下，一朝祸至，欲比此人得乎！"李林甫虽不高兴，却也无从辩驳。

这真是草木皆兵，众叛亲离。可有意思的是，首先出卖他的正是他的亲信——户部郎中吉温。吉温属于"墙头草"类型，见安禄山深受宠幸、势力渐大，便弃李林甫而依附安禄山，并和安结为兄弟。吉温告诉安禄山："李右丞相虽以时事亲三兄，必不肯以兄为相；温虽蒙驱使，终不得超擢。兄若荐温于上，温即奏兄堪大任，共排林甫出之，为相必矣。"羽翼渐丰的杨国忠更是与李林甫势不两立，他瞅准机会，状告李林甫与番将阿布思有异谋。而当初被李林甫认为容易对付的陈希烈也作证，玄宗"由是疏林甫"。李林甫"时已有疾，忧懑不知所为"。天宝十一载，李林甫罪恶的一生画上了句号。他死后，玄宗才终于认清了他的面目，斥责李林甫"妒贤嫉能，举无比者"，还"制削林甫官爵；子孙有官者除名流岭南及黔中"，并且还劈开李林甫的棺材，挖取其含在口内的珠玉，剥下金紫朝服，另外用小棺按庶人的仪式埋葬。恶贯满盈的李林甫，终于落了个死后也难逃惩罚的下场。

200多年以后，宋朝的文学家欧阳修主修《新唐书》时，把李林甫列入《奸臣传》中，并且评价道："木将坏，虫实生之；国将亡，妖实产之。故三宰啸凶牝夺辰，林甫将蕃黄屋奔，鬼质败谋兴元蹙，崔、柳倒持李宗覆。呜呼，有国家者，可不戒哉！"司马光在《资治通鉴》中这样写道："凡在相位一十九年，养成天下之乱，而上之不寤也。"

李林甫虽已经死去1200余年，但直到今天，他还引起我们太多的思考。一个不学无术、只会争权夺势的小人，何以宰相一当就是19年，并且深受宠信、备受重用呢？这里面固然有李林甫善于权术，大搞阴谋的原因，但是"君王从此不早朝"的唐玄宗姑息养奸，他才应该是主要的肇事者吧？

【最是无趣王安石】

王一苇

王安石一生的兴趣好像只在施展政治抱负，可惜了他作为诗人的才气和灵性。他很清廉，家里过得清贫，对女色也兴趣缺乏。这两条就非常阻碍了他精神境界的提高，不会享受不会爱的人能做出什么风流韵事？读王安石的诗歌，要注意创作年代，以及此前他所经历的政治事件和政治抱负落空时的心情，千万别在他的诗里找爱情的影子。

王安石的改革是比较典型的书生革命，考虑问题不全面，利想得多，弊想得少，缺乏实践经验，还不肯在实践中及时纠正错误。光看反对他的那些人的名单就知道他捅了多大的娄子：司马光、欧阳修、程颐、吕公著、富弼、文彦博、范仲淹、苏轼、苏辙、范祖禹、晁补之、黄庭坚、秦观、王安国……

王安石选择的改革合作者就很差劲，不死的几乎全成了日后的奸臣。有次王安石在家里和小人吕惠卿等密谈时，他的弟弟王安国竟然在窗外吹箫，吵得王安石没法说话。王安石对着弟弟说："停此郑声如何？"王安国回答："远此佞人如何？"

王安石的改革方案推广之前，没有进行广泛的可行性研究，推广后也没有及时修正缺陷。林语堂在《苏东坡传》中归纳的王安石变法是我看到的论述中最搞笑的："王安石变法有九项制度，其中三项国营企业、三种新税和三项管制人民的登记制度。"他的改革措施中的商业计划是把皇家的东西摆出来卖，让皇帝觉得没面子给否决了。

王安石变法最根本的错误是利用皇权推行新政，而缺少法律手段保障弱势群体的权益。尤其是中国文化历来轻商，使中国商业不发达，缺少有效的贸易管理模式和资金流通渠道，也没有经济法，根本不可能确保交易双方的利益。这样一来，改革的结果就是培养出大量官商垄断市场、物资，并控制资金流向。平民百姓只有任人宰割的份儿。

王安石政策水平低可以原谅，可他不应该迫害与自己观点不同的人。司马光这么温和的人，在反对新政无效后还找王安石沟通数次无望，才宣布和他决裂。

王安石的言行成了儿子的好榜样。儿子听说有人反对改革，轻描淡写地比画出"杀"字！此时他没有管教儿子，却在儿子重病后强令儿子和儿媳分居。儿子思念妻子，又不敢违抗老子的决定，只好写诗遣怀。《眼儿媚》的词句写得如此哀怨：

杨柳丝丝弄轻柔，烟缕织成愁，海棠未雨，梨花先雪，一半春休。

而今往事难重省，归梦绕秦楼。相思只在，丁香枝上，豆蔻梢头。

纤秀柔弱如女子的男子满怀思恋写下的《眼儿媚》，没能打动亲生父亲，含恨而逝。他死后，妻子改嫁。可见王安石的心多冷漠，多缺乏人味儿。直至儿子死了，他才后悔辞官。

【萧皇后：半世"女俘"】

张继合

小时候听评书，迷上了单田芳的《隋唐演义》。瓦岗寨的草莽英雄就是要推翻荒淫残暴的隋炀帝。那个衣冠禽兽，竟然娶了一位花容月貌的老婆——萧美娘。一对狗男女有商有量地祸国殃民，老百姓对这两口子恨之入骨，评书判词也"败坏"了萧美娘在民间的声誉。虽然她很美，却极坏，就像《西游记》里的白骨夫人，或者《聊斋》里披着画皮的恶鬼。

评书，把隋唐风云脸谱化，将萧皇后妖魔化。历史真实和艺术夸张走得越来越远，甚至到了互相不认识的地步。显然，评书版的萧美娘，和史书中的萧皇后，绝不是一个人。萧美娘这一辈子，大富大贵、大起大落，在那些胜利者手上，她是妖艳的猎物、恭顺的玩物；在没有一丝伪装的背后，她又是见证朝代兴替的明眸、顾影自怜的长叹……

捡来一方"红盖头"

关于萧皇后的出身，《北史》和《隋书》都有记载。《北史》提到了一个身份特殊的人物：萧皇后的父亲——萧岿。

萧岿，字仁远。他根正苗红，爷爷是梁朝著名的文学家、英年早逝的昭明太子——萧统。可惜，传到他这一辈时，梁朝已经散了。萧岿依旧打着"梁"的旗号称王，把荆州、襄阳当做根据地，史称西梁（又称后梁）。同时，萧岿还是个才华横溢的文化人，喜欢读书，愿意编书，他一口气写成了《孝经》《周易义记》《大小乘幽微》等14部作品。拿到现在，这也算高产作家了。文人治国，往往手软，何况群雄并起的时代，玩的就是弱肉强食。小小的西梁只得找一座"硬靠山"，于是萧岿经常率领装满贵重礼品的车队，奔波在荆襄与长安之间的土路上。

长安的局势也有变化，581年，年幼的周静帝被迫将皇位"禅让"给外公杨坚。新登基的大隋皇帝，还挺待见萧岿，他坦率地表示，希望次子杨广能迎娶一位西梁公主。这可是打着灯笼都撞不着的好事啊！两家结亲，一喜；自身安全，又一喜。喜鹊当头叫，萧家那3位公主兴冲冲地走上了政治婚姻的"T形台"——备选。

很遗憾，虽然姐儿仨如花似玉，但是竟然没一个被相中。这究竟是为什么呢？原来，杨坚的"内当家"独孤皇后相当厉害，后宫里大事小情都得由她做主。给儿子相媳妇，独孤皇后的眼睛自然更挑剔、更毒辣。况且，杨广的确是个招人喜欢的帅小伙儿，不管他登基之后怎么样，至少成婚之前，还是人见人爱。《隋书》里写道："上（杨广）美姿仪，少敏慧，高祖及后于诸子中特所钟爱""开皇元年，立为晋王，拜柱国、并州总管，时年十三。"替这样出色的孩子选妃，当然要过完筛子再过箩。算卦先生一张嘴，萧家姐儿仨竟被悉数拿下，理由很简单：生辰八字不合。

正当萧岿为此而搔破头皮的时候，有人提醒他：是否请四公主试一试？若非这句话，萧岿早把那个倒霉丫头抛到九霄云外去了。四公主就是后来的萧皇后，姐姐们闹着相亲时，她居然没守在父母身边，而是被寄养在民间，衣衫褴褛，正吃糠咽菜哩。还用问吗？家里嫌弃她，狠心把可怜的姑娘扔出去了。

细究起来，还是生辰八字惹的祸。据《隋书·后妃列传》记载："江南风俗，二月生子者不举。后以二月生，由是季父岌收而养之。未几，岌夫妻俱死，转养舅张轲家。然轲甚贫窭，后躬亲劳苦……"2月出生，就是"原罪"，纵使金枝玉叶也得掰断。襁褓中的女婴，被帝王之家粗暴地推出门外。随后，这孩子又从叔叔家转到了舅舅那儿——活着，算你捡条命；死了，活该！

萧家四姑娘，像所有贫苦的乡下女孩儿一样，穿布衣、嚼菜根，一笔一笔地认字，一寸一寸地窥探人生。民间朴素的智慧，乡野淳朴的性情，和她与生俱来的贵族气质，不着痕迹地嫁接在一起。这个冰清玉洁的花季少女，自然与众不同，《隋书》里称赞她："性婉顺，有智识，好学解属文，颇知占候。"难为她舅舅，一个穷光蛋居然能把外甥女培养成一流人品！如今，姑娘不再是随手丢弃的破烂儿，或许能变成父母手上的"金棋子"，赶紧，沐浴更衣，接回王宫！

就要离开舅舅了，外甥女泪流满面，依依惜别。老迈的舅舅扶起苦命的孩子，强作欢颜，说："走吧，回家就能过上好日子了。"

什么叫好日子？就是住得好、穿得好、吃得好吗？一跨进西梁宫廷，好日子果然来了。"岿迎后于舅氏，令使者占之，曰：'吉！'于是，遂策为王妃。"就这么简单。算卦先生干干脆脆一个"吉"字，奠定了大隋一桩极其重大的政治婚姻，甚至改变了中国历史的走向。

萧氏王廷，终于攀上了至尊至贵好亲戚。萧家四姑娘，伸出冰凉、白皙的手指，捡起了那方险些失落的红盖头。鞭炮齐鸣，鼓乐喧天，杨广拨亮花烛，笑吟吟地端详着光彩照人的晋王妃。此时，恰逢开皇二年，也就是582年。新郎13岁，新娘12岁。

夹着尾巴

少年夫妻，享不尽的柔情蜜意。萧妃虽未长在深宫，却从民间学会了谨言慎行、恪守妇道。她斯文地夹着尾巴过日子，丈夫就是"天"，她温顺地崇拜，无条件地服从。这样的夫妻生活，怎么会不和谐呢？晋王伉俪简直就是朝野瞩目的"金童玉女"。杨坚和独孤皇后更是看在眼里，喜上眉梢。小儿子越是招人喜欢，独孤皇后就越腻味大儿子杨勇，她总想找碴儿把杨勇从太子的尊位上拽下来。废了杨勇，再立谁呢？当然是众望所归的杨广。而萧妃呢，闭门家中坐，却被卷入了一场你死我活的权力斗争——这出戏的总导演是独孤皇后，总策划当属少年老成的晋王千岁杨广。

杨广韬光养晦的手段的确是千古少有。后世的历史典籍，储存了杨广为老爹特制的"迷魂汤"。他装傻充愣，模仿父亲，取悦母亲。你俩喜欢什么，我就做什么；你俩讨厌反感什么，我就远离什么。杨广把赌注全部押在了"装孙子"的策略上。杨坚和独孤氏做梦都想不到，杨广窥伺皇位，如此用心。其十年如一日的矫饰和伪装，使天下人丧失了起码的判断能力。为了挤垮太子，杨广悄无声息地挖胞兄的墙脚。灯影深处，萧妃睁大了眼睛，惊愕地打量同床共枕的丈夫——这个举止优雅、风度翩翩的男人，心机重重，权谋老到。老婆能怎么样？絮絮叨叨地指责，还是循循善诱？想必最佳的选择，就是跟在丈夫的屁股后边，打打下手罢了。

《隋书·后妃列传》也为萧妃开脱，史官认为："萧后初归藩邸，有辅佐君子之心。炀帝得不以道，便谓人无忠信。父子之间，尚怀猜阻，夫妇之际，其何有焉！"其实，对一个疯狂的丈夫，再有头脑的妻子也往往束手无策。

夫贵妻荣，蚂蚱拴在一根绳上，只能彼此配合。杨广假惺惺地装扮仁德君子，萧妃也跟着过了几年苦日子。日子虽清苦，但总比舅舅家的生活宽绰，更何况"君子杨广"也留给萧妃一点情感余存：首先，一夫一妻，身边绝没有争风吃醋的女人；其次，清心寡欲，家里很少牵扯不三不四的事。虽说杨广和萧妃天天夹着尾巴过活，甚至连做梦都动心眼儿，但争夺储君之位这出韬光养晦的好戏，是夫妻二人联袂演出才得以成功的。

《资治通鉴·隋纪》记载了杨广、杨勇哥儿俩"斗法"的过程。杨勇不像在争宠，倒像是故意和父母斗气儿：爹娘腻味什么，他就干什么。本来好好的太子当着，折腾了几个回合，手头上的政治资本就输得一干二净。

杨勇"多内宠"，老婆刚刚病死，他就迫不及待地跟小老婆鬼混——独孤皇后最恨这种无情无义的行径。此外，杨勇还在大庭广众之下，"自比倡优，进淫声，秽视听"。整个儿一个花花公子，哪有东宫储君的堂堂威仪！把大隋朝的未来交到这种人手上，谁能服气？谁能放心？

杨广恰恰是另外一副姿态，他像个技艺超群的演员，"弥自矫饰，唯与萧妃居处，后庭有子皆不育，后由是数称广贤……上与后尝幸其第，广悉屏匿美姬于别室，唯留老丑者，衣以缦彩，给事左右；屏帐改用缣素；故绝乐器之弦，不令拂去尘埃。上见之，以为不好声色。还宫，以语侍臣，意甚喜"。

有比较，才有差别，这就是最有力的竞争。杨勇未必是荒淫无耻之徒，然而他不听规劝，自毁形象，最终落下个"进淫声，秽视听"的臭名。杨广则蓄意收敛，老老实实地守着一个老婆，甚至拿丑女人、破幔帐装点门面。其实，杨广原本是个多才多艺的主儿，但他家的乐器竟然落满了灰尘。这需要多大的毅力来长年累月压抑自己的性情、阉割生活的乐趣呀！在待人接物方面，兄弟俩的悬殊就更大了。杨勇非常牛气，一副"我是太子我怕谁"的嘴脸；杨广却极为和气，没有不拜的庙，没有不烧的香，即使奴婢侍从也从不得罪。《资治通鉴》里描绘道："上及后每遣左右至广所，无贵贱，广必与萧妃迎门接引，为设美馔，申以厚礼；婢仆往来者，无不称其仁孝……"

能叫上上下下都竖大拇指，还不厉害吗？凡夫俗子，谁能做得到？杨广和萧妃酷似一对受气包儿，"矫情饰行，以钓虚名"。两口子小心翼翼地应酬鸡毛蒜皮，战战兢兢地迎合里里外外。肯下本儿，才可能有回报，两口子笑容可掬地引导着舆论、点头哈腰地塑造了声望。如果说杨广富有奸雄之才，那么，萧妃忠诚的陪伴则纯属女性的隐忍和耐力。谁能断定，今天装孙子，明天就一定能变成爷爷？或许，要这样屈辱地混一辈子，做一条永远也不能翻身的夹尾巴狗。寻常女人，哪个能丢开虚荣，甚至抛弃对未来的幻想，跟一个整天做戏的男人往前奔呢？萧妃就能！与杨广不同，萧妃随和的表情绝非装出来的，而是本性的流露。她小时候与人为善，逆来顺受，习惯了。说来也是"糟糠之妻"，难怪后来杨广从不颠覆萧氏的皇后地位。

有萧妃默契的配合、温柔的抚慰，杨广彻底赢了。隋开皇二十年，也就是600年，31岁的杨广如愿以偿地做上了东宫太子。他喜形于色地告诉萧妃：等着吧，好日子说话就来！萧妃莞尔一笑，却不知新太子的许诺，究竟在什么地方。她犹如一片落红，随着命运的河流沉浮、漂泊……

靠边儿站

大业元年（605年），35岁的萧妃晋升为萧皇后。这是她和杨广苦守了23年的酬劳。当初，杨广许诺的好日子终于来了。想不到，好日子只属于皇上自己，等待皇后的，是漫无边际的噩梦。当杨广号令天下、为所欲为的时候，萧皇后不得不乖乖地闭嘴，甚至靠边儿站。而当大隋树倒猢狲散的时候，萧皇后依然平静地陪伴在杨广左右。

婚后23年，杨广的确是位模范丈夫：待人和善，不笑不说话；艰苦朴素，吃穿用度活像个平民；用情专一，只挽着萧妃出双入对，绝不张罗什么歌女、小妾——唯一叫人担心的就是，想法太多，心思太重。按说，嫁这么好个人儿，今生足矣。可令萧皇后不安的是，人一阔，脸就变，即便两口子，也难免这种下场。

仁寿四年，亦即604年，杨坚卧病仁寿宫，居然诡异地死了。当天晚上，杨广就火急火燎地逼父亲的小老婆——宣华夫人跟自己睡觉。大隋朝的新皇帝，性压抑太久了，一旦当家做主，欲望的火山便势不可当，喷涌而出。萧妃痛苦地摇头：好端端的仁德君子，怎么一下子变成了"双足野兽"？

虽说天下美女尽入股掌，但杨广表面上依然疼爱原配。于是萧氏便更死心塌地过日子、无怨无悔地追随丈夫。时光居然没有在这女人俊俏的脸上留下丝毫痕迹，她妖媚的眼里贮满柔情，鲜亮的唇间衔着微笑——上天怜惜女性，尽量叫这朵"阴柔之花"多开一夜。

杨广颁诏，慷慨地称赞自己的原配："妃萧氏，凤禀成训，妇道克修，宜正位轩闱，式弘柔教，可立为皇后。"皇帝口惠实至，无论到哪儿，不管干什么，都捎上萧皇后。尽管其真心宠幸谁，别人不得而知，但杨广对萧皇后的表面文章还是做得非常漂亮。聪明过人的萧皇后也相当知趣，她一步一步地退让，直到靠边儿站。人老珠黄，色衰爱弛，何必搬个醋坛子，招皇帝腻味呢？尽管萧皇后仍俯首帖耳地服侍在杨广左右，但其心境却大不如前了。

《隋书·后妃列传》写道："后见帝失德，心知不可，不敢厝言。"感情危机恰恰潜伏在这种客客气气的情态之下：两口子不再交心，甚至连吵架的兴趣都没了。说话看脸色，言语找尺寸。尽管睡一张床，也不过是在勉强维持。萧皇后顶着华美的冠冕，默认了这种情态。皇帝纵情淫乐，好大喜功，把隋文帝攒下的家底挥霍得一干二净；官府横征暴敛，民间盗贼蜂起；挖掘运河的民工，天天都在哀号、死亡……隋朝恢宏的大厦，摇摇欲坠，随时可能土崩瓦解。

萧皇后惶恐地注视着朝野风云，实在插不上手。憋不住了，就拐弯抹角地劝两句吧。她提笔写就一篇长长的《述志赋》，文章低声细语，把好话都说绝了："愿立志于恭俭，私自竞于诚盈。孰有念于知足，苟无希于滥名。唯至德之弘深，情不迩于声色。感怀旧之余恩，求故剑于宸极……"

很不幸，皇帝盐水不进。他像一匹脱缰的野马，一头钻进了江都行宫里。既然天下失控了，索性"大撒把"，不理国事，不问祸福，只顾毁灭性地享乐。据说，宫外火光四起，他也懒得搭理，近臣说什么他信什么。他竟然告诉萧皇后："贵贱苦乐，更迭为之。"他变成了一个醉生梦死的老浑蛋。为什么呢？还不是逃避现实，自己骗自己吗？

扬州明月，照着忧心忡忡的萧皇后。她知道，夫妻亲情再也唤不回皇帝这只断线的风筝了。杨广曾顾影自怜，跟皇后吹牛说："好头颈，谁当斫之？"一副死猪不怕开水烫的嘴脸。萧皇后不得不丢开最后一丝幻想，陪伴及时行乐的皇帝"蹚浑水"。

《北史·后妃传》记载了萧皇后内心的痛苦，有人禀告，宫外马上要造反了，请示皇后怎么办。萧氏摆了摆手，怅叹道："天下事一朝至此，势去已然，无可救也。何用言，徒令帝忧烦耳。"翻译成俗话，就是混过一天算一天。

女战俘，最怕男人过手

有一首著名的《箜篌引》，妻子哀悼固执任性、落水而死的丈夫："公无渡河，公竟渡河。堕河而死，当奈公何。"这才叫"良言难劝该死鬼"，谁也没办法。虽说杨广自诩的"好头颈"没人来砍，然而在618年春天，他却被叛臣用一条裤腰带给活活地勒死了。

萧皇后亲自收尸，手边什么也没有，只能拆几块床板，草草地拼了一副薄棺材。50岁的杨广倒在地上。他曾亲亲热热地挽着萧氏，情愿"执子之手，与子偕老"；他们互相搀扶着过了23年苦日子，也曾相视而笑，守着欢蹦乱跳的小儿女……人间富贵，已成云烟。昔日枕边人，死得像个叫花子。恩恩怨怨，就这么了啦？就这么了啦……

刚得势的弄臣宇文化及，从头到脚打量这位"女战俘"——大隋的正宫娘娘，天下男人，谁不神往？宇文化及意味深长地笑了。

有种说法，萧皇后和宇文化及私通，但《北史》《隋书》都没有类似记录。人们宁愿相信，萧皇后从一而终；可惜，美丽的"女战俘"一旦落到男人手里，就不再是人了，而是一件任由推来搡去的家当、一个寻欢作乐的玩物，甚至像个小玩意儿那样，被随便转让。隋炀帝死了，也就无所谓"萧皇后"了，"战俘"萧氏粉颈低垂，默然无语。老天爷给什么，她就接受什么。

《隋书·宇文化及传》交代得非常艺术："化及于是入据六宫，其自奉养，一如炀帝故事。"胜利者霸占六宫，和隋炀帝生前一模一样。萧氏的处境可想而知，俘虏还能怎么样？这个仪态万方的女人定然成了宇文化及的囊中之物。

常说"男人四十一枝花"，而女人到了这个岁数，就开始走下坡路了。从二八妙龄起，十多年就能消耗她们一大半青春。只有非常奇特的女性例外。萧氏就是这种奇女子，步入中年，仍旧端庄、俊美。宇文化及从这位大美人身上，获取了帝王的幻觉。619年，他居然跑到魏县（今河北大名西南），关起门来当皇帝。

皇帝，永远是天下的"头彩"，除非足够强大，否则谁觊觎，谁挨揍。宇文化及的狂妄行为，马上招来灭顶之灾——争头彩的窦建德杀上门来。窦建德是农民义军的领袖，如今兵强马壮，腰杆儿粗得很呢。他自称"大夏王"，口口声声说是为死去的杨广报仇。聊城（今山东聊城东北）一战，窦建德动用抛石头的"撞车"，四面攻城。这种原始土炮，杀伤力强大，聊城随即失陷。

萧氏再次面临当俘虏的噩运。这回，她想死了。既不哆嗦，也不哭闹，面无表情地等待死亡。所幸，抢救及时，而且碰上了"忠于大隋"的窦建德，战胜者居然对她非常"礼遇"。《旧唐书·窦建德传》里说："建德入城，先谒隋萧皇后，与语称臣。"尽管没上绳索，未遭关押，窦建德还毕恭毕敬地给她施君臣大礼，萧氏依然未获自由。与其说她被解救，还不如说被"接管"。一个徒有虚名的前朝皇后，有什么资格在义军营寨里养尊处优呢？

传闻，窦建德霸占了萧氏，惜乎尚未见到过硬的文献。不过凭《旧唐书》的记载，也能猜个大概，"建德每平城破阵，所得资财，并散赏诸将，一无所取。又不啖肉，常食惟有菜蔬、脱粟之饭。其妻曹氏不衣纨绮，所使婢妾才十数人。至此，得宫人以千数，并有容色，应时放散"。有理由相信，在窦建德那儿，萧氏似未受辱。这是义军的政治需要，也受周围条件的制约。其一，窦建德人品正派，还未堕落到霸占女俘的地步；其二，窦建德身边蹲着一只"母老虎"，老婆曹氏几乎寸步不离，看得很紧；其三，萧氏留驻时间并不长，约莫两三个月后，就被突厥人接走了。

突厥，野蛮的胡俗令中原人心惊肉跳。在没有血缘关系的前提下，儿子可以继承父辈的女人，弟弟能够再娶兄长的妻妾。胡俗当头，女性就更像牲口了。

突厥的义成公主，从窦建德手上要走了萧氏。20年前，杨坚把这位宗室之女（义成公主），嫁给了启明可汗。后来，丈夫死了，义成公主便改嫁"儿子辈"的始毕可汗、处罗可汗和颉利可汗。从杨广那儿论，义成公主得叫萧氏一声"嫂子"。姑嫂重逢，也算有了依靠。

《隋书》对此一笔带过："突厥处罗可汗遣使迎后于洺州（今河北广平），建德不敢留，遂入于虏庭。"不管情愿不情愿，萧氏就这么身不由己地走了。一个孤苦伶仃的落难寡妇，没有挑拣的权力，命把你推到哪儿，就落到哪儿。谁都能猜到，可汗身边的女人必须无条件地"从其胡俗"，萧氏和义成公主共同被纳入了处罗可汗的寝帐。后来，处罗可汗死了，姑嫂两个又顺理成章地嫁给他的弟弟——颉利可汗……

萧氏早就断了重返长安的念头。既然已经国破家亡，江南春雨、中原杏花对自己还有什么意义呢？不如在这荒蛮的塞外了此残生吧。所幸，还有个小孙子杨正道做伴儿。杨门骨血，是她最后的一点儿安慰了。

曾几何时，长安城里、江都月下，那个光彩照人的国色女子，已被命运流放了。这具风韵犹存的躯体，随着突厥兴衰，在草原牧场、大漠野风中，失魂落魄地游荡……

我还是皇后吗？

寡妇门前是非多，多得后人都难以承受。630年，年届花甲的萧氏，含泪回到长安。此时，突厥大败，义成公主死了，颉利可汗遭擒。按理说，萧氏仍属"战俘"，但她特殊的身份，居然赢得了大唐的礼遇。更令人想不到的是，归唐之后，她竟把李世民卷进了是非旋涡。

《旧唐书，太宗本纪》载："四年春正月乙亥，定襄道行军总管李靖大破突厥，获隋皇后萧氏及炀帝之孙正道，送至京师。"萧氏归来，李世民给足了面子。一来，两家"亲上亲"，杨广是李世民的亲表叔，李世民还娶了杨广的女儿大杨妃，从哪儿论，萧氏也算长辈；其二，李世民的智囊萧瑀，是萧氏的亲弟弟，给臣子一个天大的面子，有什么不好呢？《北史》里说："（萧氏）归于京师，赐宅于兴道里。"看来，李唐很愿意奉养这位前朝皇后。

坊间文人，更愿就此说风凉话，很多笔记都收录了相似的典故：李世民破格举行了一场盛宴，为萧氏接风。以贞观时代的标准，那种规格，连皇帝都觉得有些铺张。李世民笑呵呵地问萧氏："您以为眼前的排场比隋宫如何呢？"

这个档次，压根儿不能和隋宫相比。当年夜宴，廊下悬挂着上百颗硕大的夜明珠；殿前篝火几十堆，烧的尽是上好的檀香木，据说每晚都要烧檀香木200车……萧氏不动声色地答道："陛下乃开基立业之君，怎可与亡国之君相比！"这句话，贞观天子非常受用，由此李世民更加善待这个饱经沧桑的贵妇人。

所谓是非旋涡，还不是男男女女的风流事儿？据传，李世民倾慕萧氏，曾公开纳作小妾，封为昭容。这又是一件捕风捉影的花边故事。首先，以唐朝的开化之风，即便李世民娶了萧氏，也没什么了不起。他连亲弟弟李元吉的老婆都要，何况前朝废后呢？假设他果真纳萧氏为昭容，那《旧唐书》和《新唐书》绝不会只字不提。相关记载呢，没见着。其次，萧氏归唐，都什么岁数了？整整六十！刚届而立之年的大唐皇帝，要什么女人不好，非跟一个老婆子勾勾搭搭？至多，李世民曾倾慕过传说中的萧皇后，"恨不相逢未嫁时"——仅此而已吧。

说实话，萧氏最在乎的还是杨广。俩人最宝贵的青春拴在一起——23年，那可是一段刻骨铭心的黄金岁月呀！如今，国亡了，家破了，丈夫被杀了，儿女也不在了。旧时堂榭，物是人非，活着还有什么滋味？长安城里的萧氏，深居简出，又孤独地生活了18年。鬓边白发，迎风而起，她浑浊的眼里，一遍一遍地闪过纯情时代的影子。偶尔，唇边也泛起一丝苍凉的笑容……

"（贞观二十二年）庚子，隋萧后卒。诏复其位号，谥曰愍；使三品护葬，备卤簿仪卫，送至江都，与炀帝合葬。"《资治通鉴·唐纪》如是说。萧氏，还惦记着臭名昭著的丈夫，怀念他们相濡以沫的日日夜夜。终于，她顶着"皇后"的哀荣走了。扬州，葬下一段千古风流，升起一轮皎皎明月。

【宋徽宗的另类解读】

李亚平

意外登极

1100年，即哲宗元符三年正月，宋徽宗的哥哥宋哲宗病死。此时，宋哲宗只有24岁，应该正是生龙活虎的年龄。他的死，很有可能与放纵的两性关系有关。有证据显示，这位皇帝14岁时，就有大臣上书，劝谏皇帝不要过多地陶醉在女色之中。据说，当时皇帝已经大量征集民间适龄女子进宫，每天要有10位年龄在20岁左右的美貌女子，侍奉这位尚未婚娶、没有皇后的少年皇帝，这使得大臣们十分烦恼，也使皇帝的祖母，当时统摄国政的宣仁太后相当烦恼。

根据现代生理学和现代医学的研究成果，成年男子具有生殖能力的精子，需要36

个小时以上才能发育成熟。过度的性生活，很有可能是导致这位青年皇帝正当盛年死去和没有子嗣的重要原因。

然而，不管怎么样，宋哲宗的死，无疑为宋徽宗登上帝位扫除了最大的障碍。

历史记载显示，宋哲宗死前，并没有安排好皇位的继承事宜。只能由皇帝的母亲、宋神宗的正宫娘娘向太后，召集几位朝廷重臣讨论选择即位新君这一重大问题。这位向太后是河内人，就是今天河南沁阳人。她出身名门，是宋真宗朝名相向敏中的曾孙女，与宋神宗结为夫妻后，二人感情极好。1085 年，即神宗元丰八年，宋神宗崩于福宁殿。向皇后与神宗的生母宣仁太后一起，册立赵煦为帝，就是宋哲宗。后来，宣仁太后命人修缮庆寿宫给向太后居住，向太后坚决拒绝。原因是庆寿宫在宣仁太后住所的东面。按照帝国的习俗，东面为上。向太后不肯乱了婆媳上下之分。哲宗即位后，挑选皇后，并为诸弟娶妻。向太后告诫向氏家族的女子，不要汲汲于富贵，不得参与其间。家族中有求官者，也一概拒之门外，不肯通融。因此，这位正直而贤淑的太后，在朝野上下臣民之中相当有威望。此时，向太后认准了端王赵佶仁孝端正，且有福寿之相，因而坚决主张由赵佶就是后来的宋徽宗即位。谁知，向太后的主张，遭到了宰相章惇的抵制。这位后来名声很糟、被认为是奸臣的宰相认为：赵佶太轻佻，不适合做皇帝君临天下。正在此时，宰相的反对派知枢密院事曾布当场厉声指责宰相："所发议论，令人惊骇，不知居心何在？"言外之意是说他目无尊上，别有用心，居心叵测。搞得这位宰相乖乖闭上了嘴。

就这样，后来证明绝不仅仅是"行为轻佻"的赵佶，变成了宋徽宗。于是，我们很快就有机会看到，那位被认为是奸臣的宰相章惇，不幸而言中——赵佶不光是不适合做皇帝。那些自以为不是别有用心的人们，包括当时人们很尊敬的向太后，和后来同样被列入宋朝奸臣行列的曾布，为帝国选择的根本就是灾难与死亡。所谓轻佻云云，显然太看轻了这位皇帝祸国殃民的本事。

翰林天子

宋徽宗或许是中国帝王中艺术天分最高的皇帝。如果没有坐上皇帝宝座的话，他可能会成为中国历史上一个相当完美甚至伟大的艺术家。至少在中国书法史和中国美术史上，他都会享有无可争辩的崇高地位。

这位皇帝独创的瘦金体书法独步天下，据说直到今天也没有人能够超越；这种瘦金体书法，挺拔秀丽、飘逸犀利，即便是完全不懂书法的人，看过后也会感觉极佳。他的楷书作品《秾芳依翠萼诗帖》亦堪称楷书杰作，其笔法犀利遒劲，铁画银钩，赵佶的草书书法炉火纯青，用大师称呼不算过分；人们甚至认为其水平丝毫不亚于盛唐时期的草书书圣张旭与怀素，可见其功力之深。

此人作了不少诗词，不过似乎没有达到他书画的水平，他的词读起来虽然还算过得去，但显得过分雕琢，能让人传诵的显然不算很多。

徽宗皇帝与书法家交往的故事，为历代文人骚客津津乐道。比如，他与大书法家米芾的交往就很有意思。

米芾与徽宗一样酷爱石头，曾经在一块怪石面前纳头便拜，尊称此石为兄，人称"米癫"，就是米疯子的意思。有一次，徽宗令人在瑶林殿张挂两丈长的画绢，摆上极珍贵的笔砚墨镇纸等，召米芾写字。米芾上蹿下跳、笔走龙蛇，并大呼："奇绝陛下！"皇帝一高兴，把所有眼前宝物全部赏赐给了米芾。有一次在崇政殿奏事，米芾手执书札，皇帝让他放在椅子上，他大叫："皇帝叫内侍，要唾壶！"也不知是要皇帝用，还是自己用。大约是一种抗议自己受了慢待的意思。管宫廷风纪的官儿要治他的不尊之罪，皇帝制止说："对俊逸之士，不要用礼法拘束他。"米芾曾经为皇帝书写过屏风，几天后，皇帝派宦官赏赐给他白银十八笏，十八笏为九百，当时的人们以九百为傻，和我们今天骂人二百五是一个意思。米芾兴高采烈地对来者说："知臣莫若君，皇帝真了解我。"皇帝听说后大笑。某宫修完后，徽宗命米芾去写字，当时米芾已经身兼书画两学博士，他用完皇帝御用的一块珍贵砚台后，一本正经地说："这块砚台被臣濡染过，已经不堪再让皇帝使用了。"宋徽宗放声大笑，将砚台赏了他。他怕皇帝反悔，抱着砚台就跑，结果弄得满身墨汁淋漓。

在绘画领域，宋徽宗也当之无愧地可以跻身于中国历史上最优秀的大画家之列。他的丹青造诣堪称登峰造极，蔚为大家。据说，龙德宫建成后，徽宗召来各路著名画家作画。作画者都是一时之选，徽宗看后无一句夸赞之词，偏偏对一位并无名气的新近画家所画的斜枝月季大加赞赏，并特赐该人服绯。当时，只有官居六品方可穿绯色袍服。徽宗的理由是：月季花四时朝暮的花叶均不相同，极其难画；而此人画的是春天正午时分的月季，一丝不差。所以重赏。出自宋徽宗手笔的山水画杰作《雪江归棹图》，意境清奇高远，不同凡俗，一般的山水画作品，根本无法望其项背。

按照现代心理学的解释，像宋徽宗这样才华横溢、具有高度灵气和素养的艺术天才，很有可能也是一个充满诗人气质和浪漫情怀的人。通常情况下，这种人不认为蔑视传统价值观念和世俗行为规范有什么不对；他们只服从自己内心感受的召唤，按照自己的喜怒好恶行事；他们不知冷静、理智、理性为何物，为人处世冲动而情绪化，具有极为浓厚的感性色彩。假如再加上皇权帝制所赋予他的无上权力的话，我们就应该比较容易明白发生在宋徽宗身上的许多故事了。

从现有资料上看，宋徽宗赵佶并不是个纨绔子弟，这从他的勤奋好学、多才多艺与诸多艺术成果上可以看出；他也并不昏庸。从他当政之初的情形判断，的确称得上出手不凡，"粲然可观"。当时，他大刀阔斧地整顿朝纲，平反冤狱，贬窜奸佞，提拔贤良，一时间，很有除旧布新的气象。他曾经发布一份诏书，相当谦恭地希望天下人能够畅所欲言地品评朝政，其诚恳平和、推心置腹在历代帝王诏书中十分少见。从这份诏书中，可以清楚地看到一位青年天子涉世未深的坦诚、带有理想化浪漫气息的良好愿望，读来很是感人。

宋哲宗在位时，也曾经发布过一份让天下人上书言事的诏书，献言者数以千计。结果，章惇做宰相后，断章取义地摘录这些上书，凭只言片语来整治上书者，搞得人们怨声载道。宋徽宗为了解除人们的顾虑，索性下令撤销了这个专门从事罗织的"编类臣僚章疏局"，这显然是一个极为开明，大受欢迎的举措。

大臣之问

在徽宗初政中，已经在哲宗朝当了6年宰相、在徽宗朝继续当了9个月宰相的章惇遭遇了重大打击。

这位章惇是苏东坡的老朋友，年轻时以富有才华，豪爽大方出名，属于和苏东坡很对脾气的一种人。他们两人曾经一起结伴外出远游。在前往芦关的深山老林里，马上就要到达黑水谷的时候，他们碰到一处万丈深渊，下面急流咆哮，上面只有一架独木窄桥。章惇提议两人过到对面的峭壁上去题字留念，苏东坡不肯，章惇若无其事地走过深渊上的独木桥，然后把长袍掖在腰间，抓住一根老藤荡到急流对岸，在峭壁上写下"苏轼、章惇游此"6个大字，然后从容回到此间岸上。苏东坡对此的反应是，拍着对方的肩头说："今后你这家伙会杀人不眨眼。"章惇问："何来此说？"苏东坡回答："不在乎自己性命的人，肯定不会拿别人的性命当回事儿。"

以王安石变法为契机，章惇渐次成为变法派的主力战将，苏东坡则立即加入到反对变法的阵营，并以自己如日中天的文名与官声，成为令变法派特别难受的主要对立面之一。哲宗亲政的时间，掐头去尾只有6年多一点时间，这位章惇就做了6年宰相。他果然以无情地不给任何人包括他自己留退路，证明了苏东坡当年的判断不错。当初，为了推行自己的政治理想，王安石也曾经放逐过政敌；如今与章惇所做的一切比较起来，我们马上会发现王安石已经可以用温柔敦厚来形容了。在章惇那里，人们才终于明白，什么叫政治迫害，什么叫政治谋杀。

于是，这位以不择手段地打击反对派著称的宰相，也就理所当然地成了徽宗初政的第一个被清算对象。以往的时日里，章惇整治过的人实在太多，现在就有几乎同样多的人要求惩处他。最后，他终于被流放到了雷州岛。在那里，章惇遇到了可能是他一生中最后一次自己给自己招徕的屈辱：当初，他将自己的老朋友苏东坡及其弟弟贬到这里时，曾经立了一个新规矩：下令不许他们居住公家的宿舍；于是苏东坡的弟弟、曾经担任过副宰相的苏辙只好租赁民房居住。谁知，宰相依然不依不饶，愣说苏辙强夺民居，命令地方政府官员给予惩治。逼得苏辙只好拿出租赁合同对簿公堂，才算躲过此一劫。如今，这位曾经不可一世的前任宰相也被贬到此地，当他按照自己立下的规矩去租赁民房时，得到的回答是：当初苏相公来租房，章宰相差一点要了我们的命；

我们已经没有人敢租房子给你了。我们无法揣摩他此时此刻的心境，想必是不会好过。这位前宰相从此再也没能返回京城，悄无声息地死在了贬居之地。

与此同时，深受这位宰相赏识与提拔的蔡京兄弟二人也成为众矢之的，被贬黜出了京城。蔡京被夺职，令在杭州居住。

在此期间，宋徽宗做了两件颇有象征意义的事儿，一件是将被贬到永州的老宰相范纯仁请回京城；另一件则是赦免苏东坡，实际上是为他平反昭雪，并恢复官职。与他同期被贬的30多位官员也恢复了名誉与原有官职。可惜，其中的大部分人已经不在人世；而此时的苏东坡也贫病交加，不久，就病死在江苏常州。

范纯仁是北宋名相范仲淹的儿子。他的官位也当到了宰相，享有很高的名望。本来老先生是可以退休林下，在京城安度晚年的。但是，当时有另外一位70多岁的老臣被章惇宰相流放在外，满朝文武没有人敢为他说句公道话。同样年近古稀的范纯仁不顾全家人的阻拦，挺身而出，结果得罪了当道者，也被章惇流放出去。就这样，一家人跟着老人走上流放的道路。每当子女痛骂章惇时，老先生总要制止他们。一次，翻了船，老人被救上来，他抖着湿淋淋的衣服问子女们："这次翻船也赖章惇吗？"在这位老人身上，让人不由自主地想起他父亲范仲淹的千古名句："先天下之忧而忧，后天下之乐而乐。"范纯仁返回京城后，双目失明，已经是风烛残年。宋徽宗不得已让他颐养天年，并且感慨万端地说："像范纯仁这样的人，能够见一面认识一下，就已经令人感到十分满足了。"令人遗憾的是，范纯仁和苏东坡的逝去，似乎成为一个时代消逝的象征，从此以后，我们所能看到的就将完全是另外一种景象了。

除旧布新

徽宗执政之初，虚怀若谷地听取各种不同意见，相当令人赞叹。宰相张商英劝告他要克勤克俭，防止奢华，不要大兴土木，抑制侥幸取宠的小人。他表示完全接受。有一次，他让人整修升平楼，还特意告诫工头：如果张宰相经过这里，须速把工人们藏到楼里去，不要让他看到。曾经有一个很敢说话的臣子，抨击童贯等宦官胡作非为，引经据典，侃侃而谈，一直谈到暮云四合时分。徽宗饥肠辘辘，饿得受不了了，他站起来边走边说：今天先到这儿，我饿坏了，找机会再听你说吧。谁知，这位愣头青上前一把拉住皇帝的衣服，不让他走，以至于把衣服都撕坏了。徽宗大叫道："有话好好说，我的衣服被你撕碎啦。"这位大臣立即回答："陛下不惜衣服撕碎，臣子我何惜粉身碎骨报答陛下！"徽宗相当感动，说："有这样的臣子，我还有什么可忧虑的。"皇帝的侍从过来为他换衣服，他说："给我好好保留起来，将来用它表彰正直有节操的大臣。"

此时的徽宗，表现得似乎特别喜欢廉洁正直的大臣。有一次，一个为政清廉的县官被推荐给他，他把这个人召来谈话，发现此人确实不错，就破格提拔他做了殿中侍御史，并且对他说："方今士大夫寡廉鲜耻，你懂得义理，这就是我特别召你来的原因。"有一位中书舍人，为人坦率耿直，徽宗对他说："我每次听这帮臣僚们谈话，总觉得不是内含奸诈，就是马屁扑鼻；而你耿直正派，我只能倚赖你这样的人。"

登极之后，徽宗曾经觉得皇宫建筑过于豪华，容易让人沉沦丧志，对宰相说："仁宗皇帝制作了一个宝座，觉得太华丽了，于是放到大相国寺去，自己不用。今非昔比；外人哪里会知道宫中如此过分的情形呢？"种种资料显示，这位青年皇帝聪明、敏锐，很有一股子锐意进取的勃勃生气。

1100年，即元符三年十月，徽宗向全国发布诏书，表示自己对于元丰、元祐没有成见，一切只看对国家是否有好处。任何伤害国家利益者，不论是元丰还是元祐，必与国人共同唾弃之。一个月后，徽宗又一次下令，"欲以大公至正，消释朋党，遂改元为建中靖国"。表示出一种不偏不党、除旧布新的气魄。

徽宗初年，气象万千；青年皇帝，奋发有为。给人留下了深刻印象和无穷希望。这一切是怎样发生变化的？又如何变化得面目全非，走上了完全相反的道路？宋徽宗赵佶为什么在未来的岁月里整个变了一个人？与登极之初的他比较，怎么会变得让人根本就无法辨认？这实在是一个相当令人困惑的问题。

470年以后，一位大明天子万历皇帝也曾经发生过类似的变化。但是，万历皇帝的变化有明显的踪迹可以追寻。当时的首辅张居正死后，万历皇帝突然发现，自己一向崇敬甚至敬畏的"师相"张居正，原来过着两面人的生活：在公众面前和私下里、当面所说的和背后所做的二者之间，有着巨大的差距。于是，这位性格相当单纯，而且也还算富有才华的皇帝大受刺激，导致他由一个好学上进的青年，一步步变成中国历史上最糟糕的荒怠加贪婪的帝王之一。

然而，在我们面前的徽宗皇帝身上，却无论如何也找不到这样变化的理由。找来找去，我们相当无奈地发现：只能把这种变化的原因，归结于这位皇帝身上天生的轻佻、艺术家气质和后来蔡京等人的影响。正是这些因素杂糅在一起，彼此强化着发生效力，遂使这位皇帝变成了后来人们心目中的那副模样。

【杨门女将：一段美丽的"假历史"】

张志君

许多传说非常美丽，比如有关杨门女将的一切，千百年来一直吸引着大家的兴趣，以至于我们对这段历史深信不疑。

但历史也常常跟我们开玩笑，往往我们深信不疑的"事实"，其实不过是几百年来被不断充实的一段美丽传说，并非真实的历史——杨门女将的故事就是这样一段美丽的"假历史"。

在人们的传统印象中，杨家将的谱系是这样的：

第一代，金刀令公杨继业，继业有8个儿子，其中第六个儿子名杨延昭，又名杨六郎，六郎生子名宗保，宗保之子名文广，文广生子名怀玉。这些印象都可靠吗？

我们的看法是：

一、杨继业历史上真有其人，但民间盛传的他与潘仁美（潘美）之间的恩恩怨怨却大多是假的。

杨业与潘美（小说家笔下作"潘仁美"）并非有仇。陈家谷口逼杨业进军，后又将接应部队撤走的人是王侁而非潘美。按《宋史·王侁传》，王侁字秘权，开封浚仪人，其父王朴，曾任后周枢密使，因上筹边之策而名噪一时。王侁虽系名门之后，本人也有战功，但其为人"性刚愎"，"以语激杨业，业因力战，陷于阵，侁坐除名，配隶金州"。

那位在小说家笔下坏透了顶的潘仁美并没有那么坏，至少，他在陈家谷口并没有算计杨业，更没有像通俗小说或电视剧里所描写的那样，按兵不动，射杀杨七郎。倘若说他在这次战役中有什么过失的话，那也仅是因为他误信了王侁之言而已。

唯其如此，所以，宋太宗赵光义在事后处理参战人员时，仅把潘美降三级使用，而对负有主要责任的监军王侁则"除名，隶金州"，刘文裕"除名，隶登州"。

二、杨业共有7个儿子，而不是8个。

小说《杨家将》和电视剧《杨家将》中，杨业共有8个儿子，这也不完全对。

据《宋史》记载，杨业共有7个儿子，他们是：杨延朗、杨延浦、杨延训、杨延环、杨延贵、杨延彬、杨延玉。

其中杨延玉随乃父征战，于陈家谷口一战殉国，其余6子，延朗为崇仪副使，延浦、延训并为供奉官，延环、延贵、延彬并为殿直（官名）。这7个儿子除杨延玉战死外，余皆善终，并无流落番邦、身死奸臣之手一说。

三、杨六郎应为杨大郎，杨宗保应为杨文广。

在"杨家将"的传记中，杨府男性主角，除了老令公杨继业以外，最有名的就是杨六郎和杨宗保这父子二人了。这两个人物也非历史之本貌。

杨六郎者，杨大郎之谓也。他是杨业的儿子杨延朗（后改名为杨延昭），这没错，但他却并非杨业的第六个儿子，而是长子。

他卒于北宋真宗大中祥符七年（1014年），《宋史》上说他："智勇善战。所得赏赐悉犒军。未尝问家事。出入骑从如小校。号令严明，与士卒同甘苦。通敌必身先行阵。克捷推功于下，故人乐为用。在边防二十余年，契丹惮之。"

杨宗保，应为杨文广。

《宋史》记载，文广系杨延昭之子。他字仲容，"以班行讨贼张海有功，授殿直"，北宋赫赫有名的范仲淹宣抚陕西时"与语奇之"，曾把他收为部下，后又随狄青南征，最后官至定州路副都总管，迁步军都虞侯。

"杨家将"既然半真半假，扑朔迷离，那么"杨门女将"呢？

十分遗憾的是，在小说和电视剧里轰轰烈烈的"杨门女将"，正史中却一点影子都没有。

《宋史·杨业传》中只收录杨业及其子延昭等7人，和其孙文广一人，并无一字提及女眷。倘若杨门女将确曾有过的话，那么，专收"义妇节妇"之事迹的《烈女传》也会记载。

但我们仔细地查找了《宋史·烈女传》，该传共收近40名"奇女子"，她们没有一个人出自杨门。

"杨门女将"纯属子虚乌有这一事实告诉我们，千万莫把文学当成历史。

【这个叛臣不合格】

李万刚

1127年的春节，该是中国历史上最为悲凉、冷清的一个春节，经营一百六十七年的繁华东京陷落，宋钦宗、宋徽宗、文武百官以及满城百姓，成为金国的俘虏。赵宋皇帝被废为平民，将作为人质远押至金国的大后方。金人立足未稳，对统治偌大的宋地没有信心，决定从宋朝大臣中推出一人，先建立傀儡政权。

2月11日，金军劫持百官，威吓如选不出人，就要屠城。于是前一年担任过两个月宰相、一向主张对金和议的张邦昌，"有幸"被选上，官员、僧道、耆老等被迫同意。秦桧等人稍有异议，即被逮捕到金营。张邦昌一共当了三十二天傀儡皇帝，并因此成为《宋史》中"叛臣传"的第一名。

可惜，张邦昌是不合格的叛臣。当金人要让他当皇帝时，张邦昌刚开始准备自杀，结果有人劝他："相公不前死城外，今欲涂炭一城耶？"意思是，金军攻城的时候不壮烈牺牲，现在不当的话，是要让满城百姓一起被屠杀吗？

张邦昌既不愿意与敌人合作，又没有勇气自杀，在国土沦陷的时代，这样的人是大多数。他们是节操不够，但忠诚意识不泯的软弱的大多数。

所以，3月7日，在金国统帅拿着刀，为张邦昌举行册封大典时，他一再痛哭，表示自己不愿叛立。有金人撑腰的张邦昌虽然即位，僭号大楚，但是他却低调得很，根本不把自己当皇帝。

皇帝都是"南面而坐"，"邦昌但东面拱立"；皇帝自称"朕"、发"诏书"，张邦昌见百官称"予"，手诏曰"手书"；皇帝在正殿办公，张邦昌避而不去；不接受群臣山呼万岁；不许称自己为"陛下"，他只许别人称他"相公"；皇帝必有年号，他不立；大内宫门都贴上"臣张邦昌谨封"的封条；给臣子封官时，前面还一律要加上"权"……

四月初一，华北平原该已经变暖了吧。这一天，金军押着北宋两帝和他们所有的皇后、妃嫔、皇太子、亲王、公主、宗室以及秦桧等"忠臣"，离开东京。临行前，金人表示给张邦昌留一些军队作为支持，张邦昌婉言谢绝，他的手下对金人说："天生南北风习不同，北兵在南不习水土，且少留兵无济于用，多留兵反而不便。"本来准备留兵实行长期占领、监卫的金军全部撤离。

等金军一走，张邦昌马上接因废居私邸幸免于难的宋徽宗嫂嫂、即宋哲宗的妻子元祐皇后，入居延福宫，并遣使寻找赵宋皇室在靖康之变中唯一的"漏网之鱼"康王赵构，劝他当皇帝。很快，请元祐皇后垂帘听政，张邦昌以太宰退处内东门资善堂。

张邦昌在金军的威逼下，当了三十二天的"代理皇帝"，所谓的大楚也由此结束，东京顺利回到了赵宋手中，由著名的将领宗泽留守。然后，张邦昌南下找赵构负荆请罪，到了南京，"伏地恸哭请死"。有人向赵构表示："邦昌罪在不贷，然为金人所胁，今已自归，唯陛下谅而处之。"赵构似乎并不想杀他，"王抚慰之"，还封张邦昌为同安郡王。

但是，6月1日，坚决的爱国抗金派将领李纲被任命为右相，他到任后即"上书极论"："邦昌已僭逆，岂可留之朝廷？"其"建邦四十余日，等到金人退后，才自我改过认罪。应该陈尸于市，以为乱臣贼子之戒"。高宗乃降御批曰："邦昌僭逆，理合诛夷，原其初心，出于迫胁，可特与免贷，责授昭化军节度副使，潭州安置。"不久，张邦昌被赐死潭州。

张邦昌扭扭捏捏当了三十二天皇帝，到底是出于人性的软弱，还是为了保护汴京官民免于屠杀，已经难以分辨。但无论如何，他不是一个合格的为虎作伥、有意出卖国家的叛臣。与后来金兵大举南侵，被册立为"齐帝"的前宋朝济南知府刘豫，迥然有别。

张邦昌的叛国罪，有胁迫下被迫为之的现实因素，并有"悔罪"和"投案自首"表现，本该"减刑"的。但中国历史的道德传统，如同要求女子对男人的贞节一样，丝毫瑕疵皆为失节。这种忽视细节差别的道德法庭，在张扬大义的同时，却像规定偷盗与杀人同样被判死刑一样，不仅有失公平，也让爱国、忠诚成了少数人的事业。南宋时就有史家王称说："邦昌之僭，良有胁迫。"李纲"正典刑"的主张虽然大义凛然，但过于严苛，那些迫于情势而暂时委曲求全的多数人，也因此被拒绝，丧失了改过自新的资格。

所以，等到三年后的1130年，金兵再次南下，扶植建立了第二个傀儡政权，就再没有了张邦昌式痛哭请罪的故事发生,刘豫们也就一心一意为金国卖命,与故国为敌了,一直到八年后被金国废弃。

【正眼瞧一下"洪武爷"】

付俊良

明代开国之君朱元璋的诸多传奇在民间广为流传。比如洪武爷骑白马的故事,是说元帝夜梦有神人相告,将来夺取他的江山的是明日一个路过某城门、骑着尾巴缠有红布的白马,且打着绿色华盖的人。帝遂诏告四方,令全国的守城官见到这样的人一律诛杀。一天过去了,各处均报没有见到皇帝说的那种人,只有某城告说黄昏之时,有一个裆下夹了一根尾部系一条红线的白色麻秸秆、头顶一片荷叶的顽童跑过城门。帝立即命令捕杀这个小孩,但遍寻不着。

小时候,在那些传奇故事的影响下,朱元璋在我的心中是个神奇的人物。后来从小说、演义里知道了他虽然善于用人,富于谋略,但暴戾残忍,滥杀无辜,尤其是他对功臣的残杀,更让人不齿。从那以后,我对朱元璋就再也没有好感。

再后来,因为详细读了明代的一些史料和书籍,知道朱元璋并不完全像小说演义里描述的那样凶神恶煞,也有可以令人称道的地方。比如,从攻城夺地的战乱起,他就开始注意加强"法制建设"了。元顺帝至正十八年(1358年),朱元璋占领婺州(今浙江金华一带),由于缺粮,他发布了"禁酒令",没想手下将领胡大海的儿子胡三舍却首先犯令,朱元璋下令将其处死。当时,胡大海正统兵在越地(今绍兴)征战,有人劝说不要杀,以免胡大海变心,而朱元璋却说"宁可使大海叛我,不可使我法不行",随即亲手杀了人犯(《明史·胡大海传》)。如果说手刃胡大海之子纯属"杀鸡儆猴"、笼络人心的作秀之举的话,那么后来他以七十岁高龄将自己的女婿欧阳伦赐死,则表明他的确是"执法不避亲"。欧阳伦身为驸马都尉,却屡犯私运茶叶的禁令,其家奴周保更是气焰嚣张,路过关卡的时候不但不接受检查,还辱骂甚至殴打执法的官员。朱元璋得知此事后,非常生气,当即赐欧阳伦死,家奴周保也被"绳之以法"。(《明史·公主传》)由此两例,朱元璋"违法必究"的严厉可见一斑。

最能让人刮目相看的是朱元璋对农民的态度。贫民出身的朱元璋十分理解农民的艰难,他曾经对大臣们说过:四民之中,农民最劳最苦。春天,鸡一叫他们就得起床,赶牛下田耕种。插下秧苗后,要除草施肥,在火热的太阳下面晒得汗流浃背,劳碌得不成样子。庄稼好不容易收割了,但交完公粮纳完税之后,所剩的就不多了。万一碰上水旱虫蝗之类的灾荒,一家人只能干着急,毫无办法。而国家的赋税全是农民出的。因此必须让农民安居乐业,这样才有可能使国家富强。这一段对"农民问题"的论述,即使放在今天，仍有现实意义。其实，早在夺取江山之前，朱元璋就以农民从军造成农业生产凋敝为由，开始着手"农业问题"了，他任用营田使，专门主抓农事。这种举措，别说张士诚、陈友谅之流，就连元朝政府都没有重视过。由此看来，他取得天下也是顺理成章的事情了。

因为生于农村，又经历过贫苦生活，所以朱元璋深知物力艰难，一生都奉行节俭，车舆服用诸物该用金饰的，均用铜代替。有一次，潞州的地方官进贡人参，朱元璋说，采集人参十分艰难，岂不劳民，命以后不必进贡。他不光自己带头节俭，同时也要求下属不得奢侈。一日退朝，朱元璋看见两个太监穿着靴子走在雨中，因之责怪他们说："靴子虽然不起眼，但都是出自于民力，人们造它的时候，费时费力，你们为何不知爱惜呢？真是暴珍天物！"命人杖他们以示警示（余继登《典故经闻》）。他死的时候也没有忘记节约，在遗诏里强调在办理他的丧事的时候"丧祭仪物，勿用金玉"。作为一名开国君主、封建帝王，能做到这一点确实难能可贵。仅此一点，对于今天我们所极力倡导的建设节约型社会而言，又何尝没有借鉴意义呢？

【重读海瑞】

才　媛

海瑞可比比干，但我却不是纣王

提起明代，不得不说说大名鼎鼎的海瑞。

海瑞，《明史》有传。"字汝贤，琼山人。""生平为学，以刚为主，因自号刚峰，天下称刚峰先生。"生于明武宗正德九年（1514 年），明神宗万历十五年（1587 年）卒于任上。

海瑞出生于一个没落的地主阶级家庭，祖父是举人，做过知县。父亲是廪生，不大念书也不事生产，在海瑞 4 岁时就去世了。孤儿寡母靠着祖上留下的十多亩田地，相依为命地过活。海瑞之母 28 岁死了丈夫，但终生未改嫁，一心一意抚育孤儿。在海瑞没有投师就读以前，海母对他口授经书，待海瑞长大，又尽心为他寻觅严厉通达的先生。

明嘉靖三十二年（1553 年），海瑞出任南平教谕，从此走上仕途。在明代，教谕是县一级的学政官员，工作清闲，收入微薄，大多数人都在混日子，但是海瑞却认认真真地做起了他的教谕。他严格遵守礼制的规定，制定了《教约》，要求学生严格奉行。

嘉靖三十七年（1558 年），海瑞升任浙江省严州府淳安县知县。淳安为三省往来之孔道，交通发达，但山多地少，地方穷苦。地主兼并土地，逃避差税，再加上应付过境官员所需的食物、马匹和船轿挑夫等一干费用，弄得"小民不胜，憔悴日甚"。上任伊始，海瑞就进行了大刀阔斧的改革，不但革除了种种弊政，还进行清丈均徭，根据实有土地面积，重新规定赋役，减轻了农民的负担。由于在淳安知县任上政绩突出，海瑞一度被调升嘉兴府通判，但因曾经拿办总督胡宗宪的公子，并挡了巡盐御史鄢懋卿的驾，终被排挤。嘉靖四十一年（1562年），改调兴国知县。嘉靖四十三年，海瑞在颇为欣赏他的老上司朱衡的推荐下，出任户部云南司主事，做了京官。不久，命运安排他遇见了生命中最重要的一个人——明世宗嘉靖皇帝。

当时的嘉靖皇帝已御宇40多年，拒绝上朝也已经有20余年，他的主要兴趣在于向神仙祈祷和觅取道家的长生秘方。海瑞经过慎重考虑（包括安排自己的后事，如托养老母、购买棺材等），于嘉靖四十四年（1565年）慨然上《治安疏》，即闻名天下的《直言天下第一事疏》。海瑞的奏疏将矛头直指嘉靖本人。海瑞批评皇帝迷信道教，妄想长生，"二十余年不视朝，纲纪弛矣"，甚至连皇帝的私生活也没放过，"二王不相见，人以为薄于父子"，"乐西苑而不返宫，人以为薄于夫妇"。而且还批评嘉靖自以为是，拒绝批评，弄得君道不正，臣职不明，吏贪将弱，民不聊生。海瑞告诉皇帝，老百姓们是这样解释他的年号的："嘉靖者，言家家皆净而无财用也。"并告诫皇帝"天下之人不直陛下久矣"！

嘉靖皇帝读罢奏疏，狠摔于地，异常震怒。宦官黄锦却说，此人"素有痴名"，早已置备棺木，与家人诀别，且遣散了仆人，所以他是不会逃跑的。嘉靖听罢，拾起奏折又读了一遍，也许是自觉海瑞说中了要害，长叹道，海瑞可比比干，但我却不是纣王呀。

嘉靖皇帝将奏章留中不发，把海瑞下了诏狱，但是并没有下令如何处置。忽然有一天，狱中设酒肴相待，海瑞以为这是临死前的最后一餐，神色不变，饮食如常。但是提牢主事告诉他，皇帝业已驾崩，新君不日即位，海大人您离出狱的日子不远啦。不料海瑞听罢，痛哭失声，号哭之余，将食物全部呕吐了出来。虽然他对嘉靖的作为有所不满，但这并不代表不爱他的君主。"爱之深，责之切"呀。

"律法治国"的苍凉

1567年明穆宗隆庆皇帝即位，立即释放海瑞并官复原职。不久之后，他又获得了升迁。但从海瑞出狱后的安置来看，似乎颇让文渊阁大学士和吏部尚书们伤脑筋。此时，海瑞的声望如日中天，但是他极端廉洁和诚实的个性确实给同事们带来了困扰。海瑞对这种不需要负实际责任的升迁并不满意。

隆庆三年（1569年），海瑞升任右佥都御史，钦差总督粮道巡抚应天十府，开始了他的另一段人生传奇。上任伊始，海瑞制定并公布《督抚条约》。该条约是为了规范政府官吏的行政行为而采取的措施，目的在于禁止奢靡、杜绝贪贿、提高行政效率、防止骚扰百姓。从应天转驻苏州后，海瑞针对所发现的新问题，另行制定《续行条约》。两部地方条例一脉相承，其规定严明细密，具体而微，易于操作施行，具有实际意义。

这一年，江南遭受严重水灾，粮价陡涨，民不聊生。海瑞果断地采取了"以工代赈"的办法，在救灾赈济的同时治理水患。海瑞招募大量灾民开浚吴淞江，并亲自巡视督工。由于参加治水有饭吃，而且工程搞好可以解决水患，变害为利，所以灾民热情高涨，进度很快，不到一个月就完工了。之后，海瑞又把常熟的白茆河也疏浚了，彻底治理了当地水患。

海瑞明白，农民困苦的根本原因并不在于水灾，是大量的土地兼并导致了"天下之大，无小民立锥之地"的局面，最重要也是最困难的工作就是地主退田，清丈均徭，推行一条鞭法。从接受小民要求退田的申请开始，海瑞走上了江南土地改革的艰难道路。

江南是当时中国最为富庶的地区，乡官富豪势力庞大，各种关系盘根错节，牵一发而动全身。他们联手朝廷中的在职官员，甚至走太监的门路，群起攻之，交章弹劾，说海瑞"卵翼小民""鱼肉缙绅"。内外夹攻之下，海瑞终于结束了 8 个月的巡抚生涯，解职归乡。

海瑞去职两年之后，明神宗万历皇帝登基，张居正出任首辅。张居正死后遭到清算，朝廷中的人事又发生了一次大地震。张居正生前认为海瑞轻率冒进。海瑞虽不反对张居正，但却为张居正所不喜，因而得以在反张风潮中东山复起。万历十三年（1585年），72 岁高龄的海瑞结束长达 15 年的清苦闲居生活，被召为南京都察院右佥都御史，赴任途中接到新的任命，改为南京吏部右侍郎。

再度出山的海瑞，言行一如既往。万历十五年（1587 年），海瑞卒于任上，"赠太子太保，谥忠介"。他的灵枢启程还乡那天，南京城里万人空巷，商者罢市，农者辍耕，大众夹道送殡，哭奠者百里不绝。

【李贽：明朝第一思想犯】

彭 勇

明朝这一代，有趣得很。皇帝们嗜好奇特，大臣们倒声名卓著，就连思想界的"异端邪说"也令人瞠目结舌。若是走在明朝晚期的大街上，随口提到李贽这个名字，别说儒林学士了，就是贩夫走卒，都会双眼放光："李贽又出畅销书了？还是上讲坛品孔子了？"热烈之情溢于言表，连顾炎武都有点酸溜溜的，说是"一境如狂"啊。

思想家做到这个份上，成大众偶像了，肯定得受点争议。不过，李贽惹的争议实在太大，他一竿子捅到底，把深宫里的皇帝给惊动了。万历皇帝调来他的案子一看，出身没问题，履历很简单：先做官，后做和尚。正准备放他回老家算了，没料到李贽用一把剃刀在喉咙上轻轻一割，揭开了他狂放思想中最后的答案：做自由烈士。

做个傲慢清官又何妨

不管李贽是多么"离经叛道"，有何等"异端邪说"，他找到的第一份工作，还是做官。

李贽祖上跟朝廷颇有渊源，曾奉命下西洋经商，虽不像郑和混得有头有脸，但总算富甲一方。可惜犟小子李贽1527年初冬在福建泉州出生时，明王朝已进入了嘉靖皇帝的第六个年头，"海禁"已起，家道中落。迫于生活压力，只好另谋出路，希望靠读书闯出一片天地。天才儿童李贽一鸣惊人，12岁就写出《老农老圃论》，把孔子视种田人为"小人"的言论大大挖苦了一番，轰动乡里。这下好了，特长一栏既然填上"写作"二字，只好锦绣文章卖于帝王家。很快，26岁的李贽考中举人；4年以后，谋得河南共城（今辉县）教谕之职，成为养家糊口的主力军。

他做官所具有的两个特点：一是傲慢，二是清贫。

首先来看看李贽怎么个傲慢法。第一，他非但不像范进中举一样，给左邻右舍来点喜剧，反而坚决不再考进士。所以打这以后，举人李贽，只能在八九品小官上接受锻炼，国子监博士、礼部司务、刑部员外郎……通通俸禄微薄，公务不多。第二，从当官第一天起，他就不齿于官场暗规则，更鄙视自己为五斗米而折腰，于是履行完公务就"闭门自若"，摆明了不与同事打交道。第三，他闭门是在钻研学问，一个12岁就敢把矛头指向孔子的人，那种天才般燃烧的自由思想、个人情怀日益成熟，处理公务自然处处与上级唱反调，典型的"刺头"一个。

长期的傲慢让李贽的工资单很难跟上明朝经济发展的形势。混自己的饭虽然够了，但他早不是一人吃饱全家不饿的单身贵族，他把家养得很不妙，未达到温饱水平。甚至在1564年，好不容易靠着祖父病故收了笔"赙仪"钱（赙仪是指长辈去世时，上司和同僚送的银两，是明代官场惯例），扣除自己奔丧的费用，其余留给妻女买了田地，他满心以为能过上安稳日子了。谁知从泉州回来一看：大旱，颗粒无收，两个女儿饿死了……

不过，傲慢和清贫绝不影响李贽做个好官。51岁时他得到一个正四品实职，云南姚安知府。这实在不是个美差，西部待遇不好，姚安又是少数民族聚居区，但这丝毫没有妨碍他建功立业。他迅速摸清民情，采用无为而治的方式，对民族纠纷，"无人告发，即可装聋作哑"，从不扩大事态；对民族上层人士，以礼待之，输以至诚。三年任期下来，民族工作抓得有声有色，令云南巡按御史刘维刮目相看，要向朝廷举荐他。

按说，这该是一辈子颠沛流离的李贽官场生涯的转折点。哪知道李贽听到消息，拔腿就跑，逃进了滇西鸡足山里。天上掉下的馅饼他愣是不要，定要刘维替他交了辞职信，才肯从山里出来。25年的官场生涯啊，他实在累了，可他李贽，是永远熬不灭心里那把自由火、身上那股执拗劲的！

于是，李贽离姚安，士民拥车，遮道相送，车马不能前也。

"学术和尚"也疯狂

辞了官的李贽心里非常难过。首先，他没有完成养家糊口的最低奋斗目标；其次，他还为生计丢掉了最高奋斗目标——学术。他还记得多年以前，在北京补了礼部司务的缺，有人嘲笑他说，等了几年捞到一个穷得要命的闲职。他自己是怎么回答的："我心目中的穷，同一般人说的穷不一样。我觉得最穷是听不到真理，最快乐是过自己感兴趣的生活。十几年来我奔走南北，只是为了生活，把追求真理的念头遗忘了，如今我到了京师这种地方，能找到博学的人请教，就是快乐。"

言犹在耳，可岁月已蹉跎。你看那女儿坟茔旧，你看那老妻红颜改，你看我这一把老骨头还能做学问吗？

当然能。

李贽想到做到。55岁的他携妻从云南直奔湖北黄安的天台书院，白天讲学论道，夜宿好友耿定理家中，主业是门客，兼职是家庭教师。

不幸的是，他招收女弟子以及个性要解放、个人要自由的"异端邪说"，与耿定理的哥哥、刑部左侍郎耿定向的正统观点激烈冲突，双方水火不容。耿家门人也分成了两派，彼此用拳脚来解决真理问题。耿定理一去世，李贽就从耿家搬出来，迁往麻城，投靠另一位知己周思敬，开始了孤寂的学术流浪。

这一回，李贽似乎吸取了教训，不住朋友家，住寺院。第一站，住维摩庵，算是半僧半俗的"流寓"生活；第二站，住龙湖芝佛院，在周思敬资助下读书参禅。

李贽一定想不到，他与寺院结下"孽缘"，顿时让耿定向得意地笑起来："小样！总算逮着你的把柄了。"李贽还以为得来全不费工夫，清净了，于是把妻子、女儿、女婿送回泉州老家，"既无家累，又断俗缘"，正式登记为芝佛院的常住客户。书写到高兴处，索性剃发留须，故意摆出一副"异端"面目，俨然是个搞学术的老和尚，如此便是10年。

结果，李贽火了！举国上下，满城尽是李贽"粉丝"。工部尚书刘东星亲自接他去山东写作；历史学家焦竑替他主持新书发布会；文坛巨子袁氏三兄弟跑到龙湖陪他一住三个月；意大利传教士利玛窦和他进行了三次友好的宗教交流。李贽一开坛讲学，管你是哪座寺庙，在什么深山老林，和尚、樵夫、农民，甚至连女子也勇敢地推开羞答答的闺门，几乎满城空巷，都跑来听李贽讲课。这下子，李贽成了横扫儒、释、民的学术明星，明朝竟出了个前所未有的大众偶像。

李贽学说，哪来如此魅力？

答案是不言而喻的。他流浪各地，对社会中下层生活深有体会；他执政多年，和学术精英有过思想的碰撞。两方面的经历，最大限度地激发了他自幼的反叛精神和个性思想，在几千年来"三纲五常"的"无我"教条下，喊出了人人皆圣人、可以有自我的心声。就冲着这一点，能不得到饱受压抑的儒学士子、平民百姓的欢迎吗？

剃刀下的亡魂才自由

表面上看起来，李贽生活形势大好。当然，这不是说他的物质生活。在物质上，李贽依然一贫如洗，而且脾病严重，身体日渐衰老；过分燃烧的思想也像水蛭一样，吸食了他虚弱的体力。但是，他的学术成就让他觉得，幸福像花儿一样。

可是，李贽晚年的生活环境迅速恶化。

友人越是倾力相助，民众越是趋之若鹜，敌人就越是磨刀霍霍。

万历二十八年（1603年），76岁高龄的李贽回到了龙湖，打算结束多年流浪的生活，终老在此。此时，老对头耿定向终于发难了，而且，是一个李贽做梦都想不到的罪名：僧尼宣淫。

顽固的正统思想卫道士，指责李贽作为一个僧人，不节欲，倡乱伦，有伤风化，怂恿黄安、麻城一带的士大夫"逐游僧、毁淫寺"。顽固的地方官吏，以"维护风化"为名，指使歹徒烧毁李贽寄寓的龙湖芝佛院，毁坏墓塔，搜捕李贽。

老头李贽，只好再次出逃，躲到河南商城县的黄檗山中。他终于意识到生活小节上的狂放不羁，也能带来百口莫辩的后果。其实，李贽剃发颇有苦衷，头一条，天热头痒，又写书无暇，干脆不梳不洗，剃掉省事；再一条，做官20多年，约束受够了，如今辞职做学术，竟然又被家人约束，不是催他回去，就是前来找他，还是没有自由，不如剃发明志：我就是不回家了；又一条，好不容易学问有成了，社会上又冒出许多闲人，指责他是"异端奇人"，还是不自由。说来说去，青丝诚可贵，长发蓄多年。若为自由故，为何不能剃？李贽剃发，表明了他对世俗的厌倦胜过了同情，他实在想让自己快乐一点。

但是，剃发虽真，出家却假。李贽从来没有受过戒、拜过师。佛祖门下，简直是平白无故多了个荣誉弟子。至于说李贽"宣淫"，已是"欲加之罪，何患无辞"，76岁垂老之人怎能在龙湖芝佛院"挟妓女""勾引士人妻女"？

其实，在中国历代王朝，畏惧思想者思想的火花，却又不敢以思想的名义逮捕，这种事情并不少见。皇帝们总是害怕，一旦思想的罪名写进诏书公告天下，那不是让老百姓都知道有种叫"星星之火"的东西？那还了得，他们一学会，立即可以烧掉这金灿灿的宫殿。于是，各位大臣、众位卿家，快快替朕想个可治其罪的罪名来。

万历皇帝的大臣们想出来了：桃色新闻。

大臣们声泪俱下地控诉着和尚与尼姑、妓女、淑女的故事，万历皇帝听得很满意，他在逮捕令上作出了批示："李贽敢倡乱道，惑世诬民。令下诏狱治罪。他的著作不论出版与否，一概查抄烧毁，凡收藏、保留者，严罚不贷！"

逮捕过程非常顺利。当时李贽就在北京通州的好友马经纶家里，他是应邀到此著书讲学的。听说抓他的锦衣卫到了，身体已经很羸弱的李贽竟快步走出来，大声道："是来逮捕我的吧，快给我抬来门板，让我躺上去。"锦衣卫目瞪口呆，只好按照吩咐，把他抬进了监狱。

对死，李贽无所谓得很："今年不死，明年不死，年年等死，等不来死，反等出祸。"然而，万历皇帝并不打算让他死，思想的传播已经扼杀，桃色新闻又不是什么死罪，皇恩浩荡其实也很容易。于是，李贽既没受什么刑，又可以读书写字，牢狱条件不可谓不好。最终的判决书下来了，李贽一看：送回老家，地方看管。他顿时失望了：一个自由的斗士，怎么能够被看管？

万历三十年（1602年）三月十六日，李贽静坐于北京皇城监狱，一名侍者为他剃头。剃好以后，李贽抢过剃刀，朝自己的脖子割去，顿时鲜血淋漓。侍者大急，问年老的犯人："和尚痛否？"李贽不能出声，以指在侍者手心写："不痛。"侍者又问："和尚为何自割？"李贽写："七十老翁何所求？"辗转两日，终于断气……

他用一把剃刀追求到了他的自由。

从此，宣告了明末思想界的沉寂，宣告了自由时代的遥遥无期，也宣告了对封建朝廷无声的蔑视。

【崇祯：一个破产的帝王】

李洁非

围绕崇祯皇帝的末日，历来还有两个悬疑，值得说一说。一是崇祯之亡，是不是亡于吝啬？二是崇祯何以在煤山上吊殉国，除这结局，他有没有别的选择？如果有，为何竟不践行？

我们先说第一个。

亡于吝啬之说也算是源远流长了。在一些明遗民中间即已有此议论，杨士聪《甲申核真略》称，李自成攻下北京后，从宫中搜得3700万两银子。他感叹："呜呼！三千七百万！捐其奇零，即可代二年加派。"崇祯宁愿藏着这笔巨款，也舍不得拿出来用于剿讨，"其亦可悲也矣"。其实，杨士聪也是得自道听途说，但仍有很多人乐于相信。近世西方的明代研究者，则从他们的角度提供了一些材料，也增加了通往这种想象的可能性。例如美国人弗兰克在其名著《白银资本》中说，16世纪中叶到17世纪中叶，经欧亚贸易而流入中国的白银约占当时世界白银总产量三分之一，达7000吨至1万吨之多，置换成中国概念，略等于2.3亿两至3.2亿两白银。此论一出，明廷无法不给人以富得流油的印象。

有没有根据呢？有一点。应该说，万历年间，国库是相当充盈的。一则，张居正十年当政，经济搞得不错；二则，万历皇帝是有史以来最大财迷之一，爱钱如命，攫取无餍。然而，随后的天启七载，魏阉肆虐，政治坏极。崇祯接手时，国家已是一个烂摊子。不独如是，内乱外患也如影随形而至，且日甚一日，终崇祯朝的十几年，从头至尾同时在打内、外两场战争，国力再强也经不起这么折腾（且不说还有满朝上下蠹虫硕鼠之流或蛀或偷），只要这么折腾，钱没有不花得流水似的。我们不妨借清朝作为一个镜鉴。康雍乾时代，清朝也是强盛至极，然而道光、咸丰之后，连续遭遇外侵内乱，不过20来年工夫，便由鼎盛跌至衰落边缘，而若论自身的政治腐败程度，其实尚未达到明末水平。所以完全可依常理推想，以那情势，崇祯无富可藏，无财可吝。万历时代国家的腰包很鼓，确有其事；万历皇帝出了名的周扒皮加葛朗台式风格，令人记忆深刻，在大家脑中造成了宫内必定金银成堆的猜想，也可以理解。但问题是，没有人去计算一番，打了十几年的内外两场战争将耗费多少，极其严重而普遍的贪污侵吞又将减损多少。

闯军西归携去的3000余万两银子，当系对百官富绅大肆拷逼的结果；限于篇幅，对此暂不细说。重要的是没人相信崇祯皇帝——一位泱泱大国之君，几乎是一个破产的光棍。然而，也许这才是真相。

崇祯十六年十二月八日，一个年轻人奉调来京。他叫赵士锦，隆庆、万历间名臣赵用贤之孙。他由工部尚书范景文推荐，补工部营缮司员外郎一职，因此赶上了历史巨变一幕，在此后一百二三十天内，历经曲折，翌年四月中旬逃脱闯军控制，辗转南归。后来他将这离奇经历写成《甲申纪事》及《北归记》两篇文字，句句目击，不啻为描述1644年甲申之变的报告文学杰作。这里我们着重自其笔下了解朱由检最后时日的财政状况。

赵士锦到任后，先被分派去守阜成门，三月六日接到通知，接管国库之一、工部所属的节慎库，三月十五日——城破前三天——办理交割。他在《甲申纪事》和《北归记》重复录述了清点之后的库藏。

十五日，予以缮部员外郎管节慎库。主事缪沅、工科高翔汉、御史熊世懿同交盘……新库中只二千三百余金。老库中只贮籍没史家资，金带犀衣服之类，只千余金；沅为予言，此项已准作巩驸马家公主造坟之用，待他具领状来，即应发去。外只有锦衣卫解来加纳校尉银六百两，宝元局易钱银三百两，贮书办处，为守城之用。（《甲申纪事》）

库藏只有二千三百余金。外有加纳校尉铱六百两、易钱银三百两，贮吴书办处；同年缪君沅云："此项应存外，为军兴之用。"子如是言。（《北归记》）

多年守卫国库的老军，对赵士锦说：万历年时，老库满，另置新库。新库复满，库厅及两廊俱贮足。今不及四千金。赵士锦感慨："国家之贫至此！"此即城破之前赵士锦以目击提供的证言。

以这点钱，不必说打仗，就算放放烟火，怕也不够。关键在于，皇帝与其臣民之间完全失去信任。崇祯到处跟人讲国家已经无钱，所有人的理解，都是皇帝哭穷和敲诈。三月十日，最后关头，崇祯派太监徐高到周皇后之父、国丈周奎家劝捐助饷，先晋其爵为侯，然后才开口要钱，周奎死活不掏钱，徐高悲愤之下质问道："老皇亲如此鄙吝，大势去矣，广蓄多产何益？"徐高的问号，也是读这段历史的所有人的问号。周奎究竟何种心态？简直不可理喻。唯一可能的原因，就是他大概也和别人一样，认定崇祯自己藏着大把金银不用，还到处伸手索取。如果他并不怀疑内帑已尽之说，想必应该比较爽快地捐一些钱，让女婿拿去抵挡农民军的，否则，朝廷完蛋，他显然不会有好下场，这笔账他不至于算不过来。归根结底，他根本不信崇祯没钱打仗。

自二月中旬起，崇祯下达捐饷令，号召大臣、勋戚、缙绅以及各衙门各地方捐款应急，共赴国难。"以三万为上等"，但居然没有任何个人和地方捐款达到此数，最高一笔只二万，大多数"不过几百几十而已"，纯属敷衍。又谕每一大臣从故乡举出一位有能力捐款的富人，只有南直隶和浙江各举一人，"余省未及举也"。大家多半不觉得皇帝缺钱。

然而，不相信皇帝没钱，只是"信任危机"较为表层的一面；在最深层，不是钱的问题，是社会凝聚力出了大问题。危急时刻，若社会凝聚力还在，再大的难关仍有可能挺过。

一个政权，如果长久地虐害它的人民，那么在这样的国度中，爱国主义是不存在的。爱国主义并非空洞的道德情怀，而是基于自豪和认同的现实感受，否则，就会像甲申年的明朝这样，在国家生死存亡之际，最需要爱国主义、同心同德之际，现实却无情地显示：根本没有人爱这个国家，这个国家的沉沦似乎跟任何人都没有关系，面对它的死亡每个人都无动于衷——不仅仅是那些被损害者，也包括曾经利用不公平和黑暗的现实捞取过大量好处的人。

崇祯所面对的，正是这种处境。当他向勋戚、宦官、大臣和富人们求援时，全部碰了软钉子，他们想尽办法不去帮助这个快要完蛋的政权，搪塞、撒谎、漠然，好像这政权的崩溃符合他们的利益，好像这政权不是曾经让他们飞黄腾达，反而最深地伤害过他们。

一再催迫下，国丈周奎抠抠索索捐了1万两，崇祯认为不够，让他再加1万两，周奎竟然恬不知耻地向女儿求援。周皇后把自己多年积攒的5000两私房钱，暗暗交给父亲，后者却从中扣了2000两，只拿3000两当做自己的捐款上交崇祯。旬日之后，闯军拷逼的结果，周奎共献出家财计银子52万两、其他珍宝折合数10万两！

大太监王之心（东厂提督，受贿大户）如出一辙。捐饷时只肯出2万两，后经闯军用刑，从他嘴里掏出了现银15万两以及与此价值相当的金银器玩。

捐饷令响应者寥寥，崇祯改以实物代替现钱，让前三门一带富商豪门输粮前线，或给士兵家属提供口粮，以为较易推行，但同样被消极对待，不了了之。

我们并不明白，这些巨室留着万贯家财打算做什么。但有一种内心活动他们却表达得明白无误，即：无论如何，他们不想为拯救明王朝出力。

连这群人都毫不惋惜明王朝的灭亡，遑论历来被盘剥、被压迫的百姓？

【金圣叹：从"问题学生"到"问题人士"】

刘诚龙

金圣叹（1608—1661），名采，字若采，明亡后改名人瑞，字圣叹。一说本姓张，名喟。江苏吴县人。清初文学家、文学批评家。金圣叹幼年生活优裕，后父母早逝，家道中落。他富有正义感，痛恨贪官污吏；为人狂放不羁，能文善诗，但绝意仕进，以读书著述为乐。金圣叹博览群籍，好谈《易》，亦好讲佛，常以佛诠释儒、道，论文喜附会禅理。他评点古书甚多，批注的小说极富学术价值，被后人视为珍品并广为流传。可没想到这个大名鼎鼎的金圣叹先生曾经也是一个"问题学生"……

从小看大，三岁看老，真是不错的，"问题人士"金圣叹之所以一直是"问题人士"，是因为他从小就是一个"问题少年"，读书时是个"问题学生"，没有教育过来，此后，更是没有改变。

顽皮——挑战老师的智慧

打小的时候就别说了，刚出娘胎，谁都制造过一大堆麻烦事。读书三年知礼仪，父母把孩子往学校里一塞，忠孝礼义信，天天把孔老夫子的话"学而时习之"放在嘴边，是头牛也教育过来了。又加上老师那舞起来呼呼响的戒尺一敲桌子，谁都老实了。但"问题学生"就不同，怎么教育都是问题成堆，要不怎么叫做"问题学生"呢。金圣叹读书不认真，老师在场不在场都一个样——顽皮呗。不是东张西望，就是交头接耳，还与同学传字条，好在那时没女孩儿上学，不然，不知会闹出什么乱子来。当然，金圣叹脑瓜子还是灵活的，不是"双差生"，在校表现差，但成绩还是好的，是"单差生"。

金圣叹读书时最大的问题是不"代圣人立言"，还经常与老师抬杠，有时甚至挑战老师的智慧，与老师过不去。比方说吧，那次老师出了一个带点儿"科幻"味道的作文，题目是"如此则动心否乎？"老师的意思是，人到中年万事休，老师恰好到了40岁，他就想叫学生"代老师立言"。老师说，如果你到了40岁，设想碰到某个场景，你还是否动心？

作文的这当口，金圣叹还是小小少年，要设想40岁的情景，对于少年来讲，当然有点儿科幻，但对金圣叹来说，这事就不算什么啦，他就写啦："空山穷谷之中，黄金万两；露白葭苍之外，有美一人。试问夫子动心否？曰：动动动动动动动动动动动动动动动动动动动动动动动动动动动动动动动动动。"他这作文的意思是，在野外，空旷无一人，看到地上掉了万两黄金，谁不"拾金就昧"？在芦苇荡里，站着一个漂亮姑娘，四周无人，谁不大唱"大姑娘美，大姑娘浪"，一把抱着"大姑娘走进青纱帐"。好家伙，金圣叹一连写了39个"动"，这是什么思想意识？文学水平再高，思想不对，打"零"分。老师给金圣叹吃了个大鸭蛋，金圣叹不服，还去找老师理论：老师，您的"材料作文"说的是"四十不动心"，我完全符合题旨，思想也正确的。老师差点抽戒尺了，金圣叹说：我是三十九"动"，到了四十就不动啦。老师一个一个地数啊数，确实只有39个"动"字，差点儿背气。

"高考"——"白卷英雄"

最要命的是"高考"。如果要考证"白卷英雄"的祖师爷是谁，那一定是金圣叹。这家伙参加"全国统考"，作文题目是"孟子将朝王"，他怎么做的？在试卷的四角各写了一个"吁"就交卷了，还不是白卷？老师敲了他几脑壳，问他这是什么态度？他说我作文啊。老师你看：孟子是圣人，谁都知道的，哪用得着我说？朝王有梁惠王、有齐宣王，都是朝王，亦不必做，要做的是一个"将"字。舞台演戏，王将视朝，先有四太监，左右立而发"吁"声，我在卷子四角各书了"吁"字，不是把"将"这个意思表达出来了吗？我的文章出万古之新，独步众生，应该给我高分。

老师一听，气晕了：还给你高分啊，你蔑视科举，该当何罪？你小子运气好，千古以来，你这种情况是第一回出现，法律还来不及制定律条，而且考虑你是学生，学生以教育为主，要不会将你定死罪了。

好发怪论——"问题人士"

金圣叹不好好读书，科举高考又是这样交白卷，在神圣的科举上搞恶作剧，这"问题学生"就这样落榜了，从此"流入社会"，成了"问题人士"。这"问题人士"第一桩罪是不在"体制内"生活。本来呢，要你参加科举，国家制定这个根本制度，就是要把你引进套子里来，要你规规矩矩过体制生活的。金圣叹天生反骨，像孙悟空一样"跳出三界外，不在五行中"，这是最大的"问题"所在。

第二桩呢，你不过体制生活你就不过吧，你别搞破坏，别来添乱子。但金圣叹既然是"问题人士"，自然就常出"问题"。偷鸡摸狗，倒也算了；甚至偷香窃玉，也可算了；这金圣叹啊，怎么说呢，经常弄杂文，好发奇谈怪论，扰乱人民思想。比方说，仇富心理特别强，看到城中巨富死了，拍掌大笑："晨起，闻城中第一有心计富人死了，不亦快哉。"比方说宋江被招安，改邪归正，重新回到"体制内"生活。这是体制制定者们最高兴的，但金圣叹不准。他把《水浒》宋江招安一节全砍掉了，金圣叹本来呢，也是把宋江当皇朝敌人的，但他不准宋江浪子回头，只让宋江们造反到底。金圣叹的本来意思是，对宋江这号人不能给"出路"，只能给"死路"。这也说明，金圣叹是"人民"，最多是皇朝的"问题人士"，不是皇朝的"敌人"。但他的思想不与皇朝保持一致，这不是煽动乱臣贼子死心塌地造反吗？金圣叹的热脸就这样贴到冷屁股上了。

清朝有大制度，不准聚众讲学，金圣叹却经常在其住所经堂中，设高座，招高徒，发自以为高的谬论，这不存心"制造问题"吗？佛是忌讳狗肉的，他说是好佛，天天谈佛经。但每谈，一边厢打坐谈佛，一边厢大啖狗脚："如遇酒人，则曼卿轰饮；遇诗人，则摩诘沉吟；遇剑客，则猿公舞跃；遇棋客，则鸠摩布算；遇道士，则鹤气横天；遇释子，则莲花绕座；遇辩士，则珠玉生风；遇静人，则木讷终日；遇老人，则为之婆娑；遇孩赤，则啼笑宛然。"总之是坐没坐相，站没站相，没个人样。他的好朋友王斫山看到他穷，有心扶他的贫，借他3000两银子，说利息不要，本钱还我。他三五天把本钱花了个精光，跑到王斫山那里，说："银子在你家，徒增你守财奴的名声，我给你花掉了，替你长名。"他以为是"政府扶贫"，钱是人家个人的啊，可是碰上这个"烂豆子"，有什么办法，王斫山笑笑算了。这粒铜豌豆啊，大错误不犯，小问题不断，真是个问题。但是，那富人死了，是天杀的，又不是他杀的；他不准宋江招安，他又没造反；皇朝有心要办他，却一时还真拿他"切不烂煮不熟"。

狗咬耗子——出大问题啦

金圣叹终于出大问题啦，我皇皇清朝"不亦快哉"。顺治十七年底，酷吏任维初担任吴县县令，他上任啊，看到这里的老百姓几乎都犯了罪，根子上的罪是：犯了"穷困"罪。大家都富了，你们都还这么穷，讨打。把柄上的罪是：犯了"抗税罪"。租也不交，税也不交，这怎么得了？任县长于是"严格执法"，拿他们一个一个暴打一顿，打得他们鲜血淋漓震天哀号，乱世出重典，要下重手才让他们长点儿记性。

这事本来跟金圣叹没关系，但他就是狗咬耗子，多管闲事。这点儿，是"问题人士"尤其是金圣叹这类"问题人士"的本质特征。金圣叹这类"问题人士"，专挖制度墙脚，专代被牧者与牧民者过不去，这就非同小可。

金圣叹为此伙同吴县那些"问题人士"搞"集体上访"，说任县长不但"对民暴政"，而且贪贿，监守自盗，曾经偷卖公粮一千石。访了好多回，看上访没有成效，"问题人士"金圣叹们就打算来个更有影响力的。恰好这时顺治驾崩，举国默哀。金圣叹们先约好大伙儿到孔庙里造声势，搞一个"集体哭泣"；然后浩浩荡荡找巡抚大人朱国治去"集体请愿"，请求驱逐县长。鞭民的事是"朱巡抚"下的令；卖粮的事"朱巡抚"吃了大头，这怎么了得？搞到老子头上来了？罪是现成的，这不是有组织有预谋的造反吗？朱不管三七二十一，给金圣叹他们定以"震惊先帝、聚众倡乱、情同谋反"之罪上报朝廷。朝廷于是大怒，下了批示："杀无赦！"

超然世外——刑场教子

刚逾知天命之年的金圣叹，虽然即将告别相伴一生心爱的笔砚，可他泰然自若，临刑不惧，昂然地向监斩官索酒酣然畅饮，边酌边说："割头，痛事也；饮酒，快事也；割头而先饮酒，痛快痛快！"

心爱的儿子风风火火、呼天抢地地赶到了刑场，与慈父诀别。爱子泪流满面，痛不欲生。

他看到儿子哭得泪人似的，劝慰道："别哭了，告诉我今天是什么日子？"儿子哽咽着说："八月十五日，中秋。"听到"中秋"二字，金圣叹突然仰天大笑，高兴地说："有了！有了……"

此时他超然世外，神驰遐想。舞文弄墨了大半生的金圣叹，到此即将告别人世的临危之时，仍惦念着一段未了的文字缘——原来，3年前，刚刚批点完了《水浒传》《西厢记》的金圣叹，走进报国寺信步小憩。一天夜里，已批书成癖的他，躺在床上辗转反侧，到了半夜仍毫无睡意。于是就披衣秉烛去见寺内方丈，想借佛经予以批点。鹤发童颜、长须飘飘的老方丈得知其来意后，慢条斯理地说道："我有一条件在先，我出一上联，你如能对出下联，我即刻取出佛经让你批点，否则恕老僧不开面了。"当时正值半夜子时，忽听外面"笃笃"几声梆子响，老方丈灵机一动，脱口咏出"半夜二更半"。可金圣叹冥思苦想，绞尽脑汁，怎么也对不出下联来，只得抱憾而归，佛经自然没能到手。

今天，他在断头台上，看到城内张灯结彩，百姓欢度中秋。他突发奇想，灵感闪现，大呼一声："中秋八月中。"并要儿子马上去寺院告诉老方丈，他对上了下联。

刑场上，刽子手磨刀霍霍，手执寒光闪闪的鬼头刀，令人毛骨悚然，不寒而栗。眼看行刑时刻即到，儿子望着即将永别的慈父，更加悲戚，泪如泉涌。金圣叹虽心中难过，可他从容不迫，文思更如泉涌。为了安抚儿子，他泰然自若地说道："哭有何用，来，我出个对联你来对，上联是'莲子心中苦'。"儿子跪在地上哭得气咽喉干肝胆欲裂，悲恸欲绝，哪有心思对对联。他稍加思索，说："起来吧，别哭了，我替你对下联。下联可对'梨儿腹内酸'。"

旁听者黯然神伤，不禁为之动容。上联的"莲"与"怜"谐音，意为他看到儿子悲戚恸哭之状深感可怜；下联的"梨"与"离"谐音，意即离别儿子心中酸楚难忍。这一副绝对，可谓对仗严谨，字字珠玑，出神入化，动人心魄。

"死"时"死"际——又弄出问题

就在皇朝准备从肉体"彻底解决""问题人士"金圣叹的时刻，这家伙仍死不悔改，死到临头了，还要弄些问题来。具体来说，就是"死"时"死"际，他还要戏弄官员们。"上路"的路上，他写了一封家书给儿子："字与大儿看，酸菜与黄豆同吃，大有胡桃滋味,此法一传,我无遗憾矣。"你看看,死到临头还这么吊儿郎当,这么油嘴滑舌,这么满不在乎,这一点就足可证明他是一个"有问题的人士"。

跟金圣叹一块儿被正法的有十多个人,这么一排人站在那里,挨个挨刀子,真吓死人。你想啊,一刀抢下去,那血喷得丈把高,那黑糊糊血糊糊的头在地上滚,谁都吓得不敢死了。看到人家头被砍,想到自己被砍头,那惨状谁敢看啊?于是金圣叹就向"刽子手"招手:"来来来,我这里有二百两,我事事都喜欢争第一的,你先砍我头,让我第一个到阎王那里报到,我这二百两就给你。"刽子手忙不迭地问:"真的吗?真的吗?咱们一言为定。"

"不骗你不骗你,我要死了的人还骗你干吗?"于是,刽子手首先就从金圣叹头上"开刀"。刀起头落,看到那头往地上滚,刽子手赶紧去扳开手掌——空空如也,哪里有什么金子银子?刽子手气得要死,给他又补了一刀:"你以为我们个个都是贪官啊?"刽子手向上级汇报说:"金圣叹死尤侮人。"

就这样,这位"问题人士",一代才华横溢的饱学之士、文坛巨星过早地陨落了。

【和珅是一头圈养的兽】

刘诚龙

开国之君打仗,守成之君打猎,恐怕是皇帝们最爱玩的两种游戏。打仗不是人人都玩得起,而打猎却个个都可玩,所以几乎每个皇上都喜欢玩几把。兵荒马乱时节,都去人食人了,顾不上吃野兽,所以野兽放肆生息繁衍,极好打猎却没人去打,人都打不清,哪有机会去打猎?到了皇皇盛世呢,不好意思人食人了,因此爱上了山珍海味那一口,把天上飞的、海里游的、地上爬的都吃光了,哪来野兽?没有野兽,可是皇上又要享受捕猎的快感,怎么办呢?那就养些家兽吧,养得肥肥的胖胖的,然后放出来,直待皇帝盘马弓刀,亲射虎。

譬如乾隆皇帝,就养了和珅这头家兽,供其儿子嘉庆玩上一把。

大家都知道,乾隆皇帝是历史上"少见的明君",据说是非常"英明干练"的。大家也都知道,和珅是历史上最大的贪官,据说贪起来是非常"明目张胆"的。和珅为乾隆朝第一权臣,骄横跋扈,天下皆知,岂以高宗之英明老练,而反不觉其奸。和珅建的是高堂大厦,穿的是绫罗绸缎,家里堆的是金,砌的是银,"衣服、车马,皆有逾制之处"。乾隆那双碌碌"龙眼"看不到吗?

地球人都知道了谁说乾隆不知道?乾隆什么都知道,只是没谁知道乾隆!"吾与汝有宿缘,故能如是,后之人将不容汝也。"这话是相当诡异的,一是说,放心吧,有我在,我会养肥你的;二是说,我死后,你恐怕得为我家作点贡献,作点牺牲。什么"牺牲"？猪牛马的"牺牲"嘛。

这里看来，乾隆是特地安排和珅作其崽正式"登基"的"祭礼"的，要不，以和珅之聪明与正受宠的良机，还不赶快叫乾隆颁布一条"保护老臣"的法律？和珅听了乾隆那话，没有生命的危机感吗？不会未雨绸缪吗？没用的！这是乾隆的安排，是乾隆特地给崽留下做打猎用的"猎物"的。乾隆心里是这么计算的：你贪吧，贪吧，反正你也吃不完，得留在那里，国门朕都是锁着的，围猎场的篱笆朕扎得铁紧。和珅这么贪，确实是在挖乾隆家的家产，乾隆知道。这家产给和珅，还是给崽？英明的乾隆皇帝对这事情绝对是不糊涂的，绝对是分得清的，但是，先放在和珅家里与放在国库里几乎没什么两样，随时可以把它弄到国库里来嘛。乾隆养和珅，就是替崽养肥猪。果然，"和珅跌倒，嘉庆吃饱"。把和珅那财产从和珅家里再搬到国库里，好家伙，可用 20 年啦。乾隆给嘉庆的物质遗产真是够丰厚的啊。

和珅仅是乾隆给嘉庆的物质遗产吗？非也，更是政治遗产。据说，如果没有天敌，老虎也会退化成猫。也真是，看历代开国之君，都猛如恶虎，而到了末代之帝，几乎都如病猫。聪明的老皇上培养接班人，就是这样，要培养一些家兽，放到围猎场去，供崽试刀试锋试胆量试身手。嘉庆没有经历过战争的历练，也没有官场的"残酷斗争"，能不能看守住江山？人家乾隆是"打猎世家"出身，深深懂得打猎能够培养"战斗力"，他更深深地懂得，放纵真正的野兽，那是相当难对付的，也是相当危险的。但培养个把家兽供接班人"练练手脚"，以防真正的"野兽"来袭，是安全的，也是十分必要的。这样，乾隆就养了和珅这头家兽。这样我们也就不难理解，为什么乾隆刚死，尸骨未寒，嘉庆马上就下手了。乾隆一命呜呼，嘉庆第二天就给和珅办了，而且给办了个妥帖。乾隆死了，这是"举国悲痛"的"国葬"啊！放下老爸的丧事不办，先拿办老爸最爱的宠臣，这岂不是打老爸的"热耳巴子"吗？岂不是大不孝吗？合理的解释是：乾隆在要死的时节，给崽做了一个"政治交代"：崽啊，我送个政治礼物给你吧，爹给你养了一头大肥猪，一只大老虎，趁这机会给猎杀了吧。这样，你就不愧是咱们猎手的后代。所以嘉庆把"国葬"放一边，先办"国事"。

历史上的大腐败分子，在位时大腐大败，那是活得异常快活潇洒，过得异常招摇无忌，而最后被"反腐败"给反了，其中有一个"规律性"的东西在起作用，那就是家天下"交班之际"，比如宋之蔡京，在宋徽宗那里养肥，被宋钦宗宰杀；比如清之鳌拜，在顺治那里圈养，被康熙围猎。有人说，皇帝崽杀皇帝爸的功臣大臣，这是一朝天子一朝人使然，上一朝天子与下一朝天子不是外人，都是一家人，干吗这么过不去？当然，在权力面前，有可能爹不认崽，崽也不认爹，但是更多的是爹为崽着想的，家天下要一世二世乃至万世而为君啊。皇帝爹把贪官养大，是给皇帝崽留下一份政治遗产，由皇帝崽来处置，其实啊，就是开国之君打仗，守成之君打猎。

可惜农民出身的朱元璋不太懂，最聪明的朱元璋犯了一件最蠢的事情，就是他在位时节，把贪官都杀尽了，他想，杀尽了贪官，子子孙孙可以高枕无忧睡大觉了，结果呢，其子孙没什么可试刀，就真的睡大觉去了。

【李鸿章：夹缝中的政治家】

老末

"吾敬李鸿章之才，吾惜李鸿章之识，吾悲李鸿章之遇。"

——梁启超

翻开中国近代史，李鸿章是最绕不过去的人物之一，又是争议最大的人物之一。身处危机四伏、矛盾深重的时代，他的性格特征也不可避免地呈现出复杂的矛盾性和多样性。

血性与忠诚

梁启超认为李鸿章"有才气而无学识，有阅历而无血性"，同他一样，许多人也都只看到李鸿章中年之后的窝窝囊囊，而不知道他年少时的血性喷张。李鸿章以书生带兵，留下的是"专以浪战为能"的记录。他敢爱敢恨、敢作敢为，曾因恩师曾国藩待友李元度不公而毅然脱离曾府，也曾因常胜军统领戈登不服管治而力除其军权。

但这样一种血性，慢慢地就被恩师曾国藩以儒学精神化解和消磨了。而曾国藩的利器只有一个字："诚"。如李爱睡懒觉，曾则每日清晨必等幕僚到齐后方肯用餐，逼李早起；又李好讲虚夸大言以哗众取宠，曾多次正言相诫。最为典型的是有一次曾国藩问李鸿章怎样与洋人交涉，李回答不管洋人说什么，只同他打"痞子腔"（就是说大话，先声夺人的意思）。曾沉默了很久说："依我看来，还是在于一个'诚'字。诚能动人，洋人也是人，只要以诚相待，也一定会受感化的。"李鸿章顿表衷心接受，此后严加奉行。

如果说血性意味着对于自我、自身个性的忠诚，是"第一种忠诚"的话，那么曾国藩所说的"诚"，更多地意味着对于朝廷、群体和他人的忠诚，不妨视为"第二种忠诚"。李鸿章对清廷的忠心耿耿，自不待言；他还特别讲义气，"李一生中对于朋友的忠诚几乎具有传奇色彩"（英国学者福尔索姆语）；而对于洋人，李鸿章仍然是"诚"字当先。例如，李鸿章在任北洋大臣时，一位德国海军将领到访天津，邀请他参观军舰，李鸿章欣然同意。不巧参观那天刮大风，海上航行不便，那位将领就建议取消约会。不料李鸿章为显诚意，毅然只带一名翻译登上小艇到达德舰，令那位德国将领感动不已。李鸿章的种种表现曾获得西方列强的广泛赞扬，美国南北战争中的名将、后来曾任总统的格兰特对李鸿章更是惺惺相惜，称他为"远东第一名相"。

在李鸿章身上，随着"第二种忠诚"取代了"第一种忠诚"，他逐渐丧失了血性和个性，成为庞大的政治机器上的一个忠实的零件，尽管这是一个最大最重要的零件。他是一个日薄西山的帝国谨小慎微的看门人；而在列强眼里，他诚信、可靠，甚至有几分迂腐——这样"温柔敦厚"的对手夫复何求？

重任与琐屑

李鸿章是有大抱负的，他曾留下这样的雄奇诗句："胸中自命真千古，世外浮沉只一沤。""一万年来谁著史？三千里外觅封侯。"现在读来，我们仍然会被其中充溢的豪情壮志所感染。可以说，这样的诗句放到龚自珍、李贺甚至李白的集子里，也毫不逊色。

李鸿章又是敢于担当的，福尔索姆指出："鉴于大多数中国官员逃避责任，李似乎是追求责任，他从不逃避不愉快的任务，并总能指望他采取主动。"从青年时代的投笔从戎，一直到年近半百之际接替曾国藩主持晚清对外军事、外交和经济大政，李鸿章每每"于危难之时显身手"，这显然是"天将降大任于斯人"的强大内驱力使然。在义和团运动时期，一名外国记者告诉李鸿章，普遍认为在中国他是唯一能对付这种局面的人，他回答说："我相信自己。"当仁不让之意溢于言表。

树大招风，李鸿章还要时刻面对官场的倾轧和仕途的险恶，"受尽天下百官气，养就胸中一段春"，正是他的自我写照。李鸿章有度量、有涵养，拥有比一般的封建官吏更为饱满、更为充沛的政治情怀；同时他也深谙官场权术，有相当的政治手腕，尽管在宦海中几度沉浮，但基本上可以看做是一个"不倒翁"。

蒋廷黻有言："一看李之全集，只见其做事，不见其为人。"但李鸿章的精力和才华，也都消耗在那些繁复的事务性工作中去了。这一方面是由于封建体制的"制度性内耗"，另一方面也由于他本身才干有余而见识不足。他一生做了无数的事，可那些最重要或最闪光的大事，却似乎都是别人做的。例如，镇压太平天国的事，主要是曾国藩做的；开办重工业和民用工业的事，主要是张之洞做的；收复新疆的事，则是左宗棠做的。有人甚至毫不留情地指出："凡是只要阅读过李鸿章的奏稿、家书、朋僚信函达三十份以上的人，基本上就可以判断出李鸿章这个人实际上只具备典型的'小公务员'素质……他的所有文稿几乎都表达出他非常在乎具体事件的拉杂算计和工于小心计，始终透出了一种对上和对外的个人猥琐人格气质。"话虽说得刻薄，但恰好是梁启超所谓"有才气而无学识"的注脚，也是对李鸿章本人巨大抱负和高昂责任感的强烈反讽。

改造与裱糊

李鸿章自有其因循守旧的一面，但他绝不是腐儒，他趋新求变，虚心向洋人学习，积极操办洋务，成为中国近代化的先行者之一。在推动中国经济与外交的近代化过程中，他既有想法，更有办法，是个身体力行的实干家。

曾国藩评价李鸿章"才大心细"，恰好可以用来形容他在对待西方文化上的双重性。在军事、经济、文教等方面，李鸿章敢于拿来，敢于创新，显示了"才大"的特点；在政治方面则显示了"心细"的特点，比较保守。李鸿章一向是西方器物文明的崇拜者，直到自己的风烛残年，才意识到西方制度文明的重要性，但此时留给他的时间已经不多了。况且，即便他倾慕西方政治，他所能接受的极限也不过是半吊子的君主立宪而已。如果我们把对一个社会形态的变革分为革命、改革、改良、修补四种层次的话，那么他所认同的只比修补高一点，还没达到改良的层次。

正如他自己所说，终其一生，他"只是一个裱糊匠，面对一个破屋只知修葺却不能改造"。既不能，也不愿，更不敢。

李鸿章这艘航船曾迎着朝阳，豪情万丈地张开风帆，但在处处受制、时时碰壁后，只好满怀惆怅地驶向夕阳，留下了孤独而凄凉的背影……

但艰难的航程中，毕竟留下了他务实的脚印。美国人曾这样评价李鸿章的事功："以文人来说，他是卓越的；以军人来说，他在重要的战役中为国家作了有价值的贡献；以从政来说，他为这个地球上最古老、人口最多的国家的人民提供了公认的优良设施；以一个外交家来说，他的成就使他成为外交史上名列前茅的人。"

艰难的航程中，更留下了太多的悲情。李鸿章生逢大清国最黑暗、最动荡的年代，他的每一次"出场"无不是在国家存亡危急之时，清廷要他承担的无不是"人情所最难堪"之事。这样一个人物，一辈子在夹缝中生存，委曲求全，忍辱负重。中国政治文化和伦理文化历来推举忍辱负重者，甚至超过了那些决绝抗争者，所以，李鸿章也由此赢得了后人的同情和敬重。

李鸿章去世后 2 个月，梁启超即写出皇皇大作《李鸿章传》，其中说他"敬李鸿章之才，惜李鸿章之识，悲李鸿章之遇"。这句话，至今仍是许多人的共同心声。

【陆徵祥：从"卖国贼"到洋和尚】

鸿 霏

避世隐居修道院

陆徵祥，字子欣，1871 年生于上海。从上海广方言馆和北京同文馆（两馆都是清廷总理衙门主办，旨在培养外语人才）毕业后，随清朝驻俄、德、奥、荷四国钦差大臣许景澄在驻俄使馆任翻译，此后即一直在外交界服务，成为中国第一代职业外交家。1912 年，他出任袁世凯政府国务总理和外交总长，后又多次任北洋政府外交总长。他吸取西方外交事务管理经验，组建民国外交部，革除时弊，创建了中国外交人才培养体系，对近代中国外交工作的现代化功不可没。

在他的外交生涯里，最令他痛心的还是签署"二十一条"，以及巴黎会议期间北洋政府不断施压要他在《凡尔赛和约》上签字。

陆徵祥刚进入外交界时，正逢清政府签订耻辱的《马关条约》。他的恩师许景澄痛心地对他说：子欣，子欣，不可忘了马关，日后当努力洗尽国耻，收我失地。出任外长后，陆徵祥请人写了"不忘马关"几个字挂在办公室，提醒自己勿忘国耻。可是，1915年，袁世凯为了穿龙袍，竟要在野的陆徵祥再次出任外交总长，代表中国与日本就"二十一条"进行谈判，并命他签字。

签订这样不平等的条约，他实在不情愿，可外有日本以武力相逼，内有袁世凯强令当头，他只有硬着头皮接下这任务。作为外交官，陆徵祥当然知道"二十一条"的分量。签字前夕，他对袁世凯说："从此我陆徵祥千秋万代被人唾骂！""二十一条"披露后，举国上下群情激奋，人们游行示威，声讨外交次长曹汝霖和当时的驻日公使陆宗舆，而主持谈判的外交总长陆徵祥，反不在风口浪尖上。说明当时社会上很多人也都明白陆徵祥是被临时推出主仪的，是被迫签的字。但良知的折磨仍使陆徵祥感到身心俱悴，终身为此痛悔不已。

一战结束后，陆徵祥率中国代表团赴巴黎参加和会。中国是战胜国之一，按理可在盟国帮助下收回被德国占领的山东半岛，哪知列强早已沆瀣一气，把山东当成礼物送给了日本人。这次，陆徵祥和中国代表团的其他成员硬顶住北洋政府的压力，他们坚定地表示：宁辞职而不签字，不卖国。

回国后，陆徵祥虽继续担任外交总长，但巴黎和会使陆徵祥的外交报国理想彻底破灭。他深感"强国无公义，弱国无外交"。到1920年，国内的南北之争尚未结束，直皖之间又大动干戈，国家再次陷入剧烈的动荡之中。在这种情况下，还有什么外交可言？他考虑再三，觉得前景渺茫，便于同年12月毅然辞去外交总长之职。

签署"二十一条"后产生的负罪感，对北洋政府内外政策的绝望，再加上比利时籍妻子去世所带来的打击，使陆徵祥最终选择放弃尘世，出家清修。

陆夫人名叫培德·博斐，是比利时人。其祖父是将军，父亲为陆军上校。两人在圣彼得堡相识——培德小姐是比利时驻俄公使的一个亲戚。她比陆徵祥年龄大很多，身材高大，而陆徵祥则比较清瘦，个头不高。培德小姐才貌出众，见识高远，谈吐风雅，令陆一见倾心。当时中国驻俄使馆上下包括大使许景澄都十分反对这门婚事，理由是德国"铁血宰相"俾斯麦不主张外交官娶外国太太，而且按照中国传统观念，洋媳妇与生下的混血儿既不能进家族祠堂，也不能入祖坟。因此，许景澄再三警告陆徵祥，可陆徵祥与比利时姑娘难斩情丝，许大使只能"放行"，但幽了一默："子欣，你学外国学得很彻底，连太太都娶了外国的。将来假若没有儿孙，你太太又先你过世，希望你能进修道院去，这是外国的习惯。"没想到一语成谶，在陆徵祥晚年，这句玩笑话竟变成了事实！

1899年，陆徵祥在圣彼得堡的一座天主教堂里与培德正式结婚。以后他俩相亲相爱，同甘共苦20多年。在他任驻外公使时，培德帮他与各国外交官员联络周旋；他回国后，培德也恪守中国习俗不出门，不入社交。由于培德深居简出，许多人都以为陆徵祥的太太不愿来中国而留在国外了。陆徵祥素来喜欢散步，但那时中国的良家女子是不在外面走动的，培德入乡随俗，陆徵祥就只好一个人转悠。他回忆说，当时北京人看到他散步就说："陆总长想老婆了，想得吃不下饭，整天在外转悠。"

那个年代，这种涉外婚姻本就罕见，他们竟能和美融洽，更是令人称奇。他们婚后一直无子女。在陆徵祥心目中，夫人的地位跟父母和恩师同等重要，生我者父母，助我者夫人，教育以栽成我者吾师也，三者缺一不可。这种思想在当时可算离经叛道。有一次他绘了一幅三友图，三友者，一为其父，一为其师，一为其妻。并请同治年间状元、溥仪的师傅陆润庠为图题跋。陆润庠怒斥之曰："焉有父师而可与妻并称三友者？"

培德夫人在1922年患病后长期卧床。1925年，陆徵祥为了减轻夫人的病痛，到罗马去朝圣，请求教皇为夫人祝福。教皇当即满足了这一请求。

尽管陆徵祥作了最大努力，仍然无济于事，1926年4月16日，培德夫人还是永远离开了心爱的丈夫。

培德下葬后，陆徵祥的红尘生活也结束了。他认为进入修道院便可在精神上与夫人朝夕相处，永不分离。用他自己的话来说就是：死亡把我们分开了，修会生活又使我俩重新团圆，团圆而不可再分。

1927年10月4日，比利时西北古老城市布鲁日的天主教本笃会圣安德隐修院，一位56岁的中国老人在大厅里行更衣礼，正式成为隐修院的修士。他脱下穿惯了的西装革履，穿上宽松的修士青袍，昔日向上翘的菱角胡和向下飘的诗人须都不见了，真可谓六根清净。甚至名字也改了，叫天士比德，以后人们不再叫他陆徵祥，而称他比德兄弟。

心系中国

圣安德隐修院的生活十分清苦。陆徵祥不仅变得一文不名，而且一切得从头学起，真可谓洗心革面，重新做人。1929年1月，初学期满，他行立誓发三愿：绝财、绝色、绝意。到1932年1月，他又立誓：终身永留本笃会院中。

世俗的一切似乎都离他远去了。

然而当1937年日本发动全面侵华战争后，远在欧洲的陆徵祥再也无法心如止水。他之所以成为修士，原因之一是遵循恩师许景澄的遗训。许景澄曾教导他说："欧洲的力量不在于它的武力，亦不在于它的科学，而在于它的宗教。在你的外交官生涯中，你将有机会观察天主教。料将来有朝一日，你结束了外交生涯后，可能有机会进入这教会，成为这教会的入门弟子，遵守教会的内心生活，从而掌握其中的奥秘。当你掌握天主教会的核心力量后，你要带回给中国。"陆徵祥一直牢记恩师的教诲，并未忘记多灾多难的祖国。

他主编了《益世报海外通讯》，并以"木兰"为笔名撰写文章，向欧洲介绍中国人民浴血反抗侵略者的情况，揭露日本侵略者的暴行，呼吁世界人民支持中国的抗战。他写道："我们中国为求自己生存而战，也为保存文化和文明而战，我们中国是在为全世界的公义和利益而战。"他呼吁道："不要间接地帮助日本空军杀害我们……你们为孩子买日本玩具，但你付出的钱马上就会变成上千上万的炸弹落在我们国土上，使我们幼小的孩子惨遭杀害……"

1940年5月，纳粹德国占领了比利时，圣安德隐修院被充作德军的军营，修士们全被赶了出去。在艰苦的环境里，陆徵祥经常组织人们一起祷告，借此与大家互相鼓励，通报消息；坚持在比利时各地演说，给深受战乱之苦的比利时人民带去心灵慰藉。

由于陆徵祥频繁进行反纳粹宣传，盖世太保盯上了他，派人将他抓了起来，并警告他"不许公开集会，否则将被视为破坏分子送往波兰"。但获释后的陆徵祥没有退缩，更积极地以自己的方式反抗侵略者。结果，陆徵祥被盖世太保列入了黑名单，幸亏曾担任过蒋介石军事顾问的纳粹总督冯·法肯豪森极力阻止，他才没被押往设在波兰的死亡集中营。

盟军解放比利时后，陆徵祥回到了阔别已久的圣安德隐修院。为了嘉奖陆徵祥虔诚的宗教信仰和不畏纳粹强权的精神，罗马教皇亲自任命他为比利时圣伯多禄隐修院名誉院长。

1945年8月，两位中国记者由一对比利时皇族小姐引路，探访这位已经出家17年的洋和尚。由于这所隐修院不允许女性进入，他们就在火车站附近的咖啡店里等候。出现在记者面前的，是一位头上有两条受戒线、鬓发略显斑白、嘴瘪腰弯的老人，戴着金丝近视眼镜，全身黑色道服。

在采访中，陆徵祥对早年贪恋权位、违心地签署"二十一条"的事，向中国人民表示忏悔："30年来，我一直为此深深负疚。因此，从不愿和人提起这件事。即使被问到，我也礼貌地拒绝回答。二位先生不远万里而来探候，无以为报，乃简述往事。总归一句话：'弱国无外交。'"他对中国取得抗战的胜利异常兴奋，感慨地说："我初涉外交之时，正值中国被迫签订《马关条约》，今天我高兴地看到被日本践踏的祖国领土主权一一收回。"

17年来，他除了修习基督教经典，就是学外文。本来他就精通英、法、俄文，尤其是法文，现在又学通了外国人以为中国人很难学会的拉丁文。他对中外哲学进行比较研究，得出了孔子不亚于苏格拉底、柏拉图的结论。他表示自己20多年未看到祖国了，非常思念，希望能回国看看。陆徵祥还期望中国的当权者能以抗战胜利为契机，大力发展国力。

1949 年 1 月，陆徵祥病重。当隐修院院长到医院看望他时，他用力说出了"中国"二字。院长说："中国占去了你一半的心。"陆无力说话，但伸出三根手指，院长明白了："中国占去了你四分之三的心！"他疲倦地笑了。

1 月 15 日，陆徵祥病逝，终年 78 岁。尽管遗嘱丧事从简，但丧礼仍然颇为隆重。罗马教廷、中国与比利时的代表、圣安德隐修院全体成员及培德夫人家属共 500 余人参加葬礼。按本笃会规定，修士死后不得摆放花圈挽联，故陆徵祥的追思礼拜上灵前无他物，仅有比利时国王送的花圈，还是隐修院破例收下的。

中国清末民初的外交家，就这样安息在圣安德隐修院的墓园里了。

【"泥菩萨"黎元洪的另一面】

冯远理

1913 年 12 月 11 日，在武汉就任中华民国副总统兼参谋总长的黎元洪不情愿地登上了北去的专列来到了北京。一代枭雄袁世凯以当初接待孙中山的最高礼仪接待了这位武昌首义的功臣和副总统。就黎元洪来说，也不想进京之初就和袁世凯的关系搞得很僵，于是宾主把酒言欢，极尽欢愉。这道政治风景，给了那个时代的人们不少希望。有谁不希望自己国家的一二把手精诚团结？所以当时就有不少报纸把二人的会晤比喻为巴拿马运河开通，太平洋和大西洋忽然聚合的奇观。然而，宴会结束，他竟被送至瀛台下榻。黎元洪到此心中雪亮：他已成为慈禧手中的光绪。

袁世凯为顺利称帝，对黎元洪极尽拉拢之能事，他甚至让自己的儿子给黎家当了女婿，但黎元洪不为所动。当袁世凯为称帝之事亲自去瀛台拜访他时，他义正词严地对袁世凯说道："辛亥革命为推翻帝制、建立共和，死者何止千万。如今大总统回头再做皇帝，如何对得起这些先烈？"弄得宾主不欢而散。在袁世凯控制的参政院会议上，他对帝制党的论调反唇相讥，为此他多次遭到帝制党喝倒彩和谩骂。他不堪忍受，坚决要求辞去副总统和参谋总长的职务。当时，副总统的薪金加参政院的补贴每月 5 万元。民国初年的 1 元，约等于现在的 100 元，也就是说，黎元洪当时的工资是一个天文数字，他完全可以装聋作哑。然而，黎元洪不要这一切，他要的是"共和"的理想和独立的人格。他在湖北时，有人就预料袁世凯将来要称帝，劝他加入反袁阵线。黎元洪不愿国家重燃战火，就对这些人说："目前国情，以统一及安定民生为主。若全国统一，国会告成，顶城如有野心，变更国体，即为违反约法，为国民公敌，不啻自掘坟墓。我当追随国人之后，誓死反对。即使我毁家灭身，继起者也必大有人在，中华民国断不至于灭亡。"

　　1915 年 12 月 13 日，袁世凯正式接受百官朝贺，就任皇帝，改元"洪宪"。两天后，他发布的第一道敕令就是册封黎元洪为"武义亲王"，以表彰他武昌首义、恢复华夏汉土之功。黎元洪这时的地位仍是一人之下，万人之上。这对黎元洪来说是一个极大的考验。他召集智囊前来商量对策。有人劝他明哲保身接受王位，也有人坚决反对。黎元洪最后作出决定说："我意已定，宁死不受。"随后国务卿陆徵祥来黎府祝贺，黎元洪当面表示不接受爵位后，拂袖入内。袁世凯不久又派裁缝来量做亲王制服，黎元洪下了逐客令。袁世凯以为黎元洪最终会接受，于是在 12 月 19 日再次颁布敕令，并命令九门提督江朝宗来黎府宣封。黎元洪这次干脆见也不见江朝宗。江朝宗只好耍赖，长跪高呼："请王爷受封！"黎元洪大怒，从房间疾步而出，指着江朝宗的鼻子大骂："江朝宗，你怎么这么不要脸，快快给我滚出去！"但江朝宗仍然长跪不起，捧诏高呼："请王爷受封！"黎元洪于是命令左右将其架出。袁世凯闻讯，仍不死心，又派长子袁克定和其他人前往黎府送礼，均被拒收。当帝制的积极拥护者和策划者梁士诒前来道贺时，黎元洪指着客厅中的一根石柱对梁士诒说："你们如果再逼我，我就撞死给你们看！"由于黎元洪众所周知的反对帝制的鲜明态度，护国将军蔡锷出京前特地秘密拜访了黎元洪，并请黎元洪静候佳音。当蔡将军打响了反帝制第一枪后，黎元洪击节赞赏道："松坡不愧英雄本色！"

　　黎元洪在武昌起义的最初三天半的时间内，的确与革命党人采取了不合作的态度。但这是一个一旦认定理想和目标就百折不回的人。在他年轻的时候，绝大多数读书人仍把科举进第作为人生最高理想的时候，他义无反顾地报考了当时的天津水师学堂，一心要"效命疆场，为国捐躯"。1894 年的甲午海战，五品二管轮黎元洪和十几名海军战士凿船自沉，誓死报国。黎元洪不会游泳，穿了一件救生衣，与风浪搏斗了几个小时才游到岸边。他虽然没有出国留过学，仅仅受张之洞派遣到日本考察过 3 次，但他刻苦好学，明了世界大势，坚信共和、民主是拯救国家于危难中的最好政体。他虽然是一个温柔敦厚之人，素有"泥菩萨"之称，但遇到原则问题绝不退让。也是这一认识，使他能够在非常时期坚持自己的观点，把个人利益置之脑后。

【蔡元培先生的另一面】

魏剑美

用演说代替闹洞房

　　蔡元培在做中西学堂监督时，结发妻子王氏去世。说媒者一时蜂拥而至，蔡元培明确提出五条件：一，女子须不缠足者；二，须识字者；三，男子不娶妾；四，男死后，女可再嫁；五，夫妻如不相合，可离婚。在当时的人们看来这些条件实在惊世骇俗。尤其是最后两条，甚至被认为荒诞。

直到一年后，才由人撮合与合乎条件的黄世振（字仲玉）女士订婚。行婚礼那天，治新学的蔡元培出人意料地挂出大书"孔子"二字的红幛子。他还别出心裁地进行结婚演说，说是代替闹洞房的陋俗。

反对邹容盲目排满

清朝末年，"排满"成为日益流行的革命口号，包括孙中山先生在内的革命人士公开喊出"驱逐鞑虏"的口号。以《革命军》一书而名重一时的邹容更是决绝地提出"杀尽胡人"的极端主张。对此，蔡元培顶着"革命潮流"公开在《苏报》发表《释仇满》一文，指出："满人之血统，久已与汉族混合。其语言及文字，亦已为汉语汉文所淘汰。所可为满人标志者，唯其世袭爵位，及不营实业而坐食之特权耳。苟满人自觉，能放弃其特权，则汉人决无杀尽满人之必要。"

招收女生的理由

蔡元培 1917 年开始任北京大学校长，1920 年有女学生要求进入北京大学读书，一向重视新事物、培育新风气的蔡校长非常高兴，但因为当时考期已过，蔡元培就先录取女生为旁听生。等到暑假招考，就正式录取了第一批女生。

当时有守旧人士责问蔡元培说："兼收女生是新法，为什么不先请教育部核准？"

蔡元培不卑不亢地回答："教育部的大学令，并没有专收男生的规定。从前女生不来要求，所以没有女生，现在女生来要求，而程度又够得上，大学就没有拒绝的理。"结果责难的人哑口无言。从此后，各大学都以北大为榜样，陆续开始招收女生。

现代学生的标准

蔡元培曾经对"现代学生"提出三个标准：一是具有狮子般的体力；二是具有猴子般的敏捷；三是具有骆驼般的精神。他认为中国要摆脱贫穷落后的现状，学生的责任重大，包括对于学术的责任、对于国家的责任和对于社会的责任，所以中国的学生尤其需要学着"骆驼的精神"，才能任重致远。

对流氓无产者的批评

社会主义学说流入中国时，蔡元培和很多进步知识分子一样对之"深信之"。但也有一些流氓无产阶级借此机会不肯工作，只想着攫取他人的钱财用以挥霍，还振振有词地说："这本就是公物。"甚还凭借"废婚姻"的名义，引诱女子，争风吃醋。引来不少人嘲笑这样的"共产主义者"。

蔡元培对此愤然慨叹："必有一介不苟取之义，而后可以言共产；必有坐怀不乱之操，而后可以言废婚姻。"真是一针见血，入木三分。

组织暗杀团

很多人难以想象，以教育家闻名于世的蔡元培先生居然曾经是暗杀团的骨干成员。早在《辛丑条约》签订后蔡元培就萌生了反清志向。鉴于孙中山领导的起义一次又一次遭到失败，蔡元培决心改变反清的斗争手段。1904 年春，由他发起在东京留日学生中成立了秘密暗杀团，图谋从暗杀入手，推进反清革命。

蔡元培认为：暗杀需要自制方便、秘密、快速而且容易伪装隐蔽的武器，他决心自制化学毒药。要自制化学毒药就需要有懂化学的人，他马上将爱国女校的化学教员钟宪畅、俞子夷吸收入团。俞子夷配制出氰酸，蔡元培叫工友弄来一只猫，强令服了几滴，猫即中毒而死。后来蔡元培又认为液体毒药使用还不太方便，易被人发觉，如能改成固体粉末更好，于是急去书店买了一批药物学、生药学和法医学书籍，亲自领导研究。不久，蔡元培觉得还是用炸药更好一些，随即转向研究炸药。他带领研制小组日夜攻关，终于自制出了一种体积小、威力大的炸药。另外，蔡元培认为女子去实行暗杀比男子更隐蔽些，因而他在爱国女校特别注重化学课的讲授，以便培养暗杀种子。此后，由蔡元培研制的炸药，不断由暗杀团团员带回国内，清廷上层官员频频遭到暗算。

不当不自由的校长

蔡元培一生辞职无数次，其中仅在北大校长任上就先后多次辞职。他 1917 年 1 月 4 日到北大就职，在北大发表热情洋溢的就职演说的余热未散。7 月 3 日就向黎元洪总统提出辞职，抗议张勋复辟。1918 年 5 月 22 日，为抗议"中日防敌军事协定"，又向大总统提出辞呈。1919 年"五四"运动爆发后，为抗议逮捕学生，于 5 月 8 日提交了辞呈，9 日悄然离京，这次辞职引发广大师生挽蔡大行动，北京各大专学校校长于 5 月 13 日齐上辞呈。而在 1923 年 1 月 17 日，蔡元培再度愤而辞职，次日他在《晨报》刊发了辞去北大校长职务声明："元培为保持人格起见，不能与主张干涉司法独立、蹂躏人权之教育当局再生关系，业已呈请总统辞去国立北京大学校长之职，自本日起，不再到校办事，特此声明。"

蔡元培的几次辞职，诞生了两篇杰出的宣言：《关于不合作宣言》和《不愿再任北京大学校长的宣言》，前者为了正义，后者为了自由。1919 年 6 月 15 日发布的《不愿再任北京大学校长的宣言》中他说："我绝对不能再做不自由的大学校长；思想自由，是世界大学的通例。德意志帝政时代，是世界著名专制的国家，他的大学何等自由。那美、法等国，更不必说了。北京大学，向来受旧思想的拘束，是很不自由的。我进去了，想稍稍开点风气，请了几个比较的有点新思想的人，提倡点新的学理，发布点新的印刷品，用世界的新思想来比较，用我的理想来批评，还算是半新的。在新的一方面偶有点儿沾沾自喜的，我还觉得好笑。哪知道旧的一方面，看了这点半新的，就算'洪水猛兽'一样了。又不能用正当的辩论法来辩论，鬼鬼祟祟，想借着强权来干涉。于是教育部来干涉了，国务院来干涉了，甚而什么参议院也来干涉了，世界有这种不自由的大学吗？还要我去充这种大学的校长吗？"

严责傅斯年

很多北大的教师、学生对于蔡元培的印象都是从不随便夸奖人，也不严厉责备人。但据其学生、后来还做过北大代理校长的傅斯年回忆，蔡先生有时候责人也是十分严格的。

当时傅斯年的班上有一个同学因为长成一副官僚面孔，做事也很不讨人喜欢，于是有人贴出"讨伐"告示，对该同学加以讽刺挖苦，结果引来更多的匿名帖子，一起攻击该同学。当时，大家都很得意，以为痛快淋漓。没想到蔡元培在一次大会上严词批评，指出大家对同学的不满可以进行规劝，才是同学之谊，如果不可规劝也该对校方反映。现在用揭帖的方式，受之者即使有过错也决不会改悔了，对揭帖的人自己，则已是丧失品性的开端。这次训话后，北大的匿名壁报基本上绝迹了。

还有一次，北伐取得胜利，很多学生在蔡元培先生家里吃饭，大家兴高采烈，喝了不少酒，蔡先生自己也喝多了。傅斯年借着酒劲说起狂话来了，他说以后我们国家强大了不但要消灭日本小鬼，就是西洋鬼子也要赶出苏伊士运河以西，天下统统"郡县之"。没想到蔡元培先生怫然变色，声色俱厉地说："这除非你做大将！"即便是酒后，蔡元培也绝对不能允许学生有己所不欲施于他人的狂妄之语。傅斯年先生此后每想起就感到羞愧不已。

【中国近代史上最爱国的反动军阀】

刘秉光

他既是一个穷兵黩武、滥杀无辜、臭名昭著的反动军阀，又是一位一腔热血、忠肝义胆、誓死反抗日本侵略者的爱国将领。他究竟是谁？有着什么样的传奇经历？

他，当年在对付湘派军阀时，曾下令掘开湖北簰州的长江大堤，致使数以万计的无辜百姓葬身鱼腹、无家可归；他，当年排斥异己，到处调兵遣将，挑起军阀之间的连年混战，导致生灵涂炭、民不聊生；他，当年为阻挠和破坏京汉铁路工人罢工，一手制造了震惊中外的"二七惨案"，致使大批工人、共产党员惨遭镇压，血流成河。这个肆意践踏无辜百姓生命，双手沾满共产党员鲜血的反动军阀，因其凶狠残暴、荼毒生灵而犯下的滔天大罪，历来被追求和平、自由的人们所痛恨和唾骂，就连历史教科书中也把他定性为"反面人物"来批判和谴责。他，就是当年曾经叱咤风云、飞扬跋扈、显赫一时的直系军阀：吴佩孚。

然而，就是这样一位对芸芸众生不屑一顾、嗜杀成性、浑身沾满血腥的反动军阀，在国家受到外族侵略、主权遭受列强挑衅的危急时刻，却能出人意料地挺身而出，首当其冲，振臂高呼，尤其是在"抗日救国"问题上，他更是坚韧不拔，义无反顾，严守立场，奋不顾身，谱写了一曲弘扬民族气节，坚持民族独立，捍卫民族尊严的惊人篇章，堪称中国近代史上最爱国的反动军阀。

吴佩孚的爱国思想和抗日情结并非一时兴起或心血来潮，而是从他热血男儿般的骨子里真切迸发出来的。童年时的吴佩孚就被戚继光抗击外族入侵的爱国壮举所震撼，被文天祥的"人生自古谁无死，留取丹心照汗青"、顾炎武的"国家兴亡，匹夫有责"的爱国思想所激励，在幼小年纪就坚定了爱国主义的思想。从手握重兵的军阀首领沦落为大势已去的空头将军，从"五四"运动延续到抗日战争，吴佩孚的爱国主义思想都以不同形式向世人展现着，且终生不渝，至死不休。

反对《凡尔赛条约》，反抗日本染指山东

巴黎凡尔赛"和平会议"上，如果没有吴佩孚等爱国将领在国内的坚决支持，就没有中国代表团拒绝在耻辱和约上签字的国际壮举。"五四"运动中，如果没有吴佩孚对北洋政府义正词严的大声疾呼和激烈声讨，不知道会有多少爱国群众和青年学生惨遭毒手，不知道会有多少个青岛拱手让予日本。

吴佩孚绝非一介武夫，他对日本觊觎中国已久的侵略野心和强占动机也早已洞悉明了。在给北洋政府的电文中，他冷静地提出了"日人此次争执青岛，其意不止青岛，其将来有希望大于青岛数万倍者"的看法，一针见血地揭露了日本企图以青岛为跳板侵略中国全部领土的狼子野心。后来发生的"九一八事变"和"七七事变"，无不证实了吴佩孚对日本侵略欲望的远见卓识。

对山东垂涎已久、志在必得的日本侵略者，企图通过向北洋政府外交部提出《山东问题交涉案》，并发正式通牒，逼北洋政府就范。国难当头的危急时刻，又是吴佩孚力排众议、挺身而出，首当抗日先锋。鉴于北洋政府在山东问题上的优柔寡断、唯唯诺诺，吴佩孚多次公开表示"谨励戎行，敬待后命，急难有用，敢效前驱"，不惜以武力与日本干上一仗。他上书总统徐世昌，请他完全拒绝日本关于《鲁案》直接交

涉的照会和阴谋。他还呈文国务总理靳云鹏，请其"拒绝直接交涉，驳还日牒，以释群疑，而定人心"。由于吴佩孚的坚决抗争，北洋政府最终未敢就山东问题直接与日本交涉。

吴佩孚的爱国思想和爱国激情，并没有因为他的数次兵败、大势已去而出现滑坡和低落，反而变得更加坚定，更加激昂。虽然实力大减、一败涂地，可吴佩孚不像其他下台的军阀政客那样，腰缠万贯出洋"考察"或跑到租界去寻求外国人保护，而是不肯离开自己心爱的祖国，仍坚持在国内辗转流亡。

拒绝日本拉拢，誓死不当汉奸

"九一八事变"后，蒋介石实行"不抵抗"政策，致使日本迅速占领我东三省。身在成都的吴佩孚"闻报，一夕不寝"。之所以彻夜不眠，是因为他对日军的侵略行径愤怒，对东北几千万同胞的命运担忧，更是对国民党政府"攘外必先安内"错误路线的否定。他发电"抗议倭庭速返关东之地"，随即返回北京"率师周旋"，同时他还在天津《大公报》振笔直书："和内攘外。"这种为了国家利益、民族大义而公然与国民党政府唱反调的爱国壮举，有力地支持和促进了"一致对外""全力抗日"运动的蓬勃发展，一时间"逼蒋抗日"的呼声高涨。

他不但致电反对末代皇帝溥仪担任"满洲国"皇帝，充当替日本侵略者奴役东北同胞的傀儡，而且还身体力行地向国人表达了自己决不当汉奸的决心。"七七事变"后，日本侵略者为了统治和奴役中国人民，准备在江南江北分别设立亲日政权，并美其名曰"自治"。在南面，日本侵略者找到了汪精卫；在北面，他们则把眼光盯在了"中国第一流人物"吴佩孚身上。为了把吴佩孚拉下水，日本人用尽了威逼利诱、收买策反、恐吓造谣等软硬兼施的下流手段，均被吴佩孚以"自治者，自乱也"和"如要出山，请贵国人等一概退出，连东北也在内"一概拒绝。为了表明自己宁死不当汉奸的决心，吴佩孚还命人把自己的棺材摆在院子里"陈棺言志"，让那些对吴佩孚"出山"还抱有幻想的日使、汉奸们心存敬畏、望而却步。

吴佩孚的这种不顾个人安危、不肯屈从于日本人的做法，不仅展示了他那坚定而又强硬的爱国骨气，同时还影响了一大批良心未泯的中国军人。北洋各派军阀中，除了齐燮元等个别将领投靠日本做了汉奸外，大部分将领都积极投身于抗日爱国的运动中去，就连当年凭借"贿选"当上总统的曹锟，也断然拒绝了日本人让其出山的要求，发誓不做汉奸。

为了逼迫吴佩孚就范，日本侵略者在一次中外记者招待会，强迫吴佩孚公开表明对"日中议和"的态度。会上，早已把生死置之度外的吴佩孚把日军事先为他准备好的"发言稿"扔到一边，赫然讲道："本人认为今天要讲中日和平，唯有三个先决条件。一、日本无条件地全面撤兵。二、中华民国应保持领土和主权的完整。三、日本应以现在重庆的国民政府为全面议和的交涉对象。"不仅如此，吴佩孚还命人把自己的话原原本本地翻译给所有人，并且"断乎不能更改一字"！吴佩孚铿锵有力的发言和坚定果决的态度，犹如两记响亮的耳光，扎扎实实地扇在了日本侵略者的脸上。

"甲午耻，犹未雪，民国恨，何时灭。驾长车，踏破扶桑魔窟。壮志饥餐岛夷肉，笑谈渴饮倭奴血。待重头收拾旧山河，朝天阙！"这半阕经吴佩孚改过的《满江红》，是他临死前交给朋友曾琦的赠物，虽然看起来有些蹩脚，但字里行间所澎湃着的爱国热情和抗日决心，却丝毫不比当年岳飞"精忠报国"的豪情壮志逊色。"抗战必胜，日人必败！"这不仅是吴佩孚送给部下的寄语，更是他一天到晚挂在嘴边、至死也不停止的对日本侵略者的诅咒。

日本侵略者对吴佩孚彻底失去了信心，更失去了耐心。为了除掉这块在他们眼里"又臭又硬"的铁骨头，1939年12月4日，穷凶极恶的日本侵略者派出特务强行进入吴佩孚在北京的寓所，借为吴佩孚治疗牙痛病之机，残忍地将其杀害，享年66岁。

吴佩孚的一生，是罪恶与光环同在，遗臭与流芳一身，反动与爱国并存的一生，是富有传奇色彩而又极具争议的一生。作为北洋军阀中继袁世凯、段祺瑞之后的中心人物，吴佩孚与其他军阀一样，为了抢夺地盘、扩张势力而穷兵黩武，镇压革命，难免存在着那个特定时代、特殊阶段的反动烙印，具有明显的时代和阶级的局限性。但作为一个炎黄子孙，他的身上却体现着中华民族最优良的品质——爱国主义。这种爱国主义思想，才是坚定国人抗战必胜信念，激励国人不屈不挠斗志，树立国人自立自强信心，维护国家独立自主尊严，和最终实现中华民族伟大复兴的强大动力。

一个虽然在人生历程上有黑点、有瑕疵、有错误，但同时又积极抗日爱国的反动军阀，必定会得到国人原谅和肯定的。吴佩孚逝世后，蒋介石发唁电吊丧，表彰其"精忠许国""正气长存""大义炳耀"。最高国防委员会追赠吴佩孚为"一级上将"。重庆的报纸上，赞誉吴佩孚为"中国军人的典范"。最难得的是，治丧期间，自发到吴佩孚寓所吊祭的人竟多达数千之众；出殡之时更是万人空巷，哭声震天。人们用这种特殊的方式，表达了对吴佩孚这位中国近代史上最爱国的反动军阀的祭奠和怀念。

第六篇
韵事追踪

【西施与范蠡】

朱大可

与杨贵妃、王昭君、貂蝉并列为中国四大美女的西施，早在先秦就已经声名昭著。许多著述对她的美貌赞不绝口，可见不是个虚构的传说人物。但西施与吴越争霸战争的关系，实在是疑窦丛生，充满了难以捉摸的玄机。

西施与范蠡的隐秘爱情

当年吴国大兵侵入，即将灭绝越国时，越王勾践感到了深深的绝望，他本打算杀死妻子，焚毁财宝，然后用兵器自杀成仁。据官方的《史记·越王勾践世家》记载，大夫文种劝阻了他的自毁之举，并且劝告说："吴国的太宰伯嚭贪婪成性，不妨诱之以利。"勾践看见一线政治生机，便备下美女和大量珍宝，派文种带去交结伯嚭，结果吴王在伯嚭的劝说下收兵回国，给了越国休养生息、卷土重来的契机。司马迁的著述虽然提到了美女，却无姓无名，跟范蠡和夫差也没有直接关联。《越绝书》沿袭史记的说法，也认为献美是文种所为，但却明确指出了被献者的姓名："越乃饰美女西施、郑旦，使大夫种献之于吴王。"

而东汉民间史学家赵晔的《吴越春秋》，其观点则与此截然不同，它暗示越国的相国范蠡才是该事件的主谋。他下令让两位村姑穿上罗缎锦衣，学习优雅步态和歌舞技巧，以期把她们改造成合乎宫廷礼仪的贵妇。但它也刻意疏漏了一个重大细节：在此期间曾经发生过一段危险的插曲，那就是主持训练的范蠡本人，不仅偷偷爱上西施，而且违反朝纲，擅自与之私通，两人双双坠入情网，差点酿成惊天大祸。

范蠡先是在"土城"和"都巷"两处宫台开设训练课程，对西施和郑旦进行"素质教育"，继而奉命把她们送往吴国。为了延宕日期，范蠡借口要对她们作进一步培训，大胆放慢了行程。据说从会稽到苏州，短短两三百里的路途，美女护送队竟然走了整整三年，却始终没有到达目的地。《汉唐地理书钞》所辑《吴地记》甚至揭露说，他们在路上还生了个儿子，到达现今嘉兴南部一百里处时，这个婴儿刚满周岁，能够开口说话，于是路边的亭子被当地民众叫做"语儿亭"，以见证这个秘密爱情的结晶。

范蠡与西施的私情无疑是在极度机密的情况下展开的。一旦走漏风声，他们将同时面临来自吴越两个方面的杀身之祸。在这段长达三年的浪漫时光里，范蠡的焦虑想必在与日俱增。他必须承受一个无法规避的事实——把心爱的女人献给仇敌夫差。他在最后期限的逼近中感到了绞索的抽紧。他的无奈和愁苦隐藏在历史的深处，仿佛在为这场雪耻复国的游戏增加价值筹码。

范蠡和西施的爱情终于走到了尽头。三年之后，在吴国的都城，范蠡隐忍着巨大的痛楚，心如刀割、面带微笑地把西施和郑旦一起交给夫差，美人西施心中也一样充满了生离死别的哀伤。她是一件美丽而轻盈的礼物，被国际外交阴谋和间谍战推到了前台。她的悲惨命运，从与范蠡相遇的那刻就已经注定。

夫差不顾伍子胥的警告和反对，狂喜地接受了这两个来自于越国的尤物，并且发出了心满意足的赞扬：越国进献这样的美女，是勾践对吴国尽忠的表现（《吴越春秋·勾践阴谋外传》）。他开始尽其可能地宠幸她们，表现出对女色的狂热爱好。所有这一切都没有出乎越国领导人的意料。当然，吴国最后被越国所灭，美人计并不是唯一主要的因素。

西施的生死之谜

吴国被灭之后，西施重新回到范蠡身边，两人一起泛舟五湖而去。这个以喜剧告终的传说，比较符合中国民众的心愿，因此成为蔓延最广的传说，飘浮在优美的历史风景之中。

西施的真切下落，应当与范蠡有密切关系。反观他的踪迹，倒是相当清晰，没有多少可怀疑的地方。《史记·越王勾践世家》记载，范蠡认为勾践的为人，可与之同赴患难，却无法共享安乐，因此向勾践辞职，在遭拒之后便收拾细软悄然逃走，乘舟浮海前往齐国领地，同时更改姓名，自称"鸱夷子皮"，在齐国海边开垦耕地，艰苦创业，父子俩治下大宗产业，没有多少时间，就积贮了数十万银两。接着，他又拒绝齐国人的高官厚禄，散尽家财，随身携带少量珍稀宝物，悠闲自在地离去，在一个叫做"陶"的地方定居下来，自号"陶朱公"，过上了闲云野鹤的生活。但司马迁的叙述，只字未提包括西施在内的任何女人。人们只能假定西施就隐藏在他身后，成了他的空气和呼吸。

勾践后悔未能及时下手放走了相国范蠡，便立即下令捕杀大夫文种，以免夜长梦多，由此彻底剪除了越国的两大功臣。而另一方面，他又在远郊封了一块名叫"苦竹城"的狭长土地，赐给流亡者范蠡的儿子，借此向世人摆出"公正无私"的姿态。勾践的伪善和心机，远在吴王夫差之上。

然而，随着疑古风气的蔓延，"西施被杀说"近年来变得甚嚣尘上。一些学者援引《吴越春秋》的记载"吴亡后，越浮西施于江，令随鸱夷以终"，来证明西施的悲剧下场。这里的"鸱夷"，指的是一种皮革制成的袋子，整句话的意思是，吴国灭亡后，越王把西施投入江里，让她随着装她的皮囊一起漂浮着消失。西施在吴亡后被自己的祖国所杀，乃是民间史学家的基本判断。

西施被杀害的情形，与伍子胥之死有着惊人的相似。《吴越春秋·夫差内传》记载说，吴王夫差赐死伍子胥之后，又"取子胥尸，盛以鸱夷之器，投之于江中"。所以民间给伍子胥起了一个"鸱夷子"的别名，借此暗示他的悲剧性归宿。

我们不知道范蠡此时所持的立场。我们只能假定他满腹隐衷而无法言说，无力为西施公开抗辩，更不敢动用权力展开营救，只好眼睁睁看着越国女英雄、自己的秘密情人惨遭杀害。有人认为范蠡之所以自号"鸱夷子皮"，乃是为了纪念壮烈蒙难的西施，的确是一种合乎情理的推断，而"子皮"很可能就是西施的真正本名，"皮囊里的子皮"这个名字，隐含着范蠡的无限伤痛和恨憾。在逃出勾践的势力范围之后，他才有了公开悼念西施的凛然勇气。

在西施被杀的铁幕后面

尽管西施被杀已经成为世人的共识，但对杀她的原因，却很少有人问津。而这才是本文需要探查的真正核心。

《越绝卷第十二》记载，早在范蠡进献西施和郑旦的时刻，伍子胥就向吴王发出严厉警告，说万万不能接受这样的礼物，这两个女人就是危及社稷的妖女，与妺喜、妲己和褒姒一脉相承，必定会给国家带来严重危害。而好色的夫差对此置若罔闻。

许多年后，越王反攻获胜，在余杭山逮捕了吴王及其部属，不无讽刺地当面数落夫差的三大过失，说他不该放越国一条生路，更不该杀害伍子胥，并听信"谗谀之徒"的鬼话，说完便赐宝剑给夫差，逼迫其在十天后刎颈自裁。耐人寻味的是，为了向世人表明自己憎恨一切"谗谀之徒"，勾践下令杀掉了曾经为他立下汗马功劳的伯嚭。基于同样的逻辑，我们可以这样推断，勾践秉承伍子胥的观点，认为西施是亡国妖姬，所以尽管她功勋卓著，仍须坚决执行死刑，彻底终结其生命，以免越国步了吴国的后尘。

这无疑是杀害西施的最冠冕堂皇的理由。但勾践之所以大开杀戒，还有一个更为隐秘的原因，那就是他可能已经得到范蠡与西施私通的情报，并且为此妒恨交集。西施之死是勾践向其旧部的一次血腥挑衅：虽然你已经逃走，但我可以轻易地杀掉你的女人！

与西施同时代的墨子，为此在《墨子·亲士》一文里发出了深切的感慨："西施之沈，其美也。"意思是说，西施之所以被淹死，只是因为她的美丽啊。墨子言犹未尽，在"美"的感叹背后隐藏着某种深长的意味。是的，这个为国捐躯的美人，第一次捐出了美艳的情色，第二次捐出了美艳的生命。她是男权专制主义的最美丽的祭品。

作为一位沉鱼落雁般的美人，西施生前是国家的工具和玩物，而后又被人以国家利益的名义处死，但死亡消解了一切道德难题。她在死后成了众口皆碑的人物。她的容貌掩盖了幕后的政治阴谋。在关于西施的叙事中，既没有关于她的悲剧，也没有关于她的喜剧。她的生命被世人抽空，成了一个纯粹的符码，高悬于中国大众美学的潮流之上，仿佛是一面超越了所有意识形态的旗帜。

西施的"战友"郑旦，其下场或许更为可悲，除了一个似是而非的名字，没有留下任何可资查询的档案。我们只知道她跟西施一起被发现、训练和改造，并一起被送进姑苏台，成为越王的间谍和吴王的宠妃。她一直低调地生活在西施的阴影里。在这场波澜起伏的政治戏剧中，她扮演了一个卑微的配角，用以衬托西施的悲壮与伟大，但她的结局却可能跟西施完全一样。尽管功勋卓著，却无法摆脱死亡的命运。她在西施叙事里的作用，应当跟小青在白蛇传里的作用相似，却比小青更加微小和卑贱。

中国第一美人及其女伴的传奇，就此拉上了沉重的帷幕。

【刘备婚姻探秘】

华浊水

白手起家，事业生活两不误

刘备少年孤独贫困，与母亲以贩鞋子、织草席为生。他所住的草屋东南角篱笆边有一棵高五丈的桑树，遥望像个车盖，往来的人都奇怪此树非凡的姿态，有的就说此地当出贵人。刘备小时候与其他的小孩子在树下游戏时说："我将来必定乘这样的羽葆盖车。"羽葆盖车是皇帝才可以乘坐的，叔父刘子敬告诫刘备说："你这样胡说难道要灭我们全家吗？"

刘备才不理会别人的鼠目寸光，乡里的少年都依附他。他也自称是汉景帝儿子中山靖王刘胜的后代，他自己反复这么说，见人就说，于是史书上也这么说了，至于真假没有人知道。我们十分熟悉刘备的那句开场白："在下刘备，中山靖王刘胜之后。"根本就没人问他是谁的后代，仔细一想刘备的举动，他应该是早就有所谋算了。中山大商人张世平、苏双可能被"中山靖王刘胜之后"的话打动，觉得刘备不同寻常，便给了他许多金银财宝，这样刘备召买了一批人马，开始实现他夺取天下的计划。

三国时代是个英雄辈出的年代，但刘备特殊之处就在于白手起家，不像曹操与孙权倚靠先辈打下的坚实的基础——众多的部曲与经济实力。他所倚靠的只是一个虚无缥缈的"中山靖王刘胜"。他后来能打下江山，自是了不得的人物，史书上都有记载。但孟子说过，"食、色性也"，意思是食和色都是人的本能，刘备也不例外，在婚姻上我们能够见到刘备更真实的另一面。

新人、旧人刘备一个不落

刘备的夫人沛国人甘氏是三国时代著名的美女之一。刘备起兵后在豫州小沛纳甘氏为妾。刘备好几个嫡妻先后丧生，甘夫人便以嫡妻的身份摄掌内事。后来随刘备到了荆州依附刘表，生下儿子阿斗（后来的蜀后主刘禅）。

曹操大军在当阳长阪追到刘备一行，刘备摆脱曹军的追兵后与老婆孩子又离散了，多亏赵云的保护，甘夫人才幸免于难。据说桃园结义的时候张飞与关羽都杀了自己的妻子跟随刘备，那句有名的"朋友如手足，妻子如衣服"的话就是刘备说的。可见在他眼里妻子不过是随时脱随时换的衣服鞋子一类的东西，所以此时抛下夫人一个人逃命，符合刘备的性格。这也说明在封建时代女人社会的低下。

在中原混战时，刘备从陶谦手里接管了徐州之后，用麋竺、陈登为辅佐。袁术自接邻的扬州起兵与刘备争夺徐州。建安元年吕布袭取徐州的治所下邳，守将张飞嗜酒误事，刘备的家眷都陷落在城里。刘备溃退到广陵收集败兵散卒，以图后举。麋竺与陈登辗转找到了刘备，麋竺原来是一个商人，家产十分丰厚。麋竺在广陵遇到刘备，刘备问及自己的家眷，麋竺说还在下邳城里。刘备丢了城池失去了甘夫人，弄得两手空空，无奈只有叹息一番。

麋竺有一个年已及笄（及笄指古代女子一般到十五岁以后，就把头发盘起来，并用簪子绾住，表示已经成年，可以出嫁了）的妹妹，长得很美艳。为了安慰刘备，他便将妹妹送给了刘备，并将家产倾囊而出充作军资。刘备正是穷困潦倒的时候，好像天下掉下一个馅饼，不仅使危军复振，而且还得到一个美女相伴。他写信给吕布请他送还家眷，互释嫌疑。吕布只是为了得到徐州的地盘，与刘备本来没有什么个人恩怨，便得做个人情，将家眷送还了刘备，并且还格外开恩，让没有地方安身的刘备驻扎在徐州的小沛。

甘夫人回来后，却发现刘备战场失意情场得意，又娶了一个小妾。不过她没有表现出不快的神情，古代男子三妻四妾本来是很平常的。甘夫人与麋夫人相见后寒暄了一番，然后暗中彼此偷偷打量对方，再将自己与对方作了一番比较。不过这是妻妾心中的小波澜，外人不得而知。

做刘备的女人不容易

虽然吕布归还了甘夫人，但是刘备与吕布已经互生嫌怨。建安三年春，吕布派人去河内买马，半路上被刘备将马匹都抢走了，吕布正好没有借口，便遣部将高顺、张辽率兵攻打小沛。刘备知道自己力量不支，飞书向许都的曹操求救。曹操立刻派遣夏侯惇领兵往援小沛。

夏侯惇来到小沛还没来得及安营，被高顺部下的锐骑冲得四散，急得他脚忙手乱。夏侯惇左目中了一箭，鲜血直流，多亏亲兵救护才逃出险境。刘备带着关羽、张飞前来接应夏侯惇，刘备正与高顺相遇，不料被张辽袭击背后，刘备全军陷落。他前后都没有了去路，不得已跑往梁地。小沛里只有孙乾、糜竺等几个文士，甘糜二位夫人被吕布劫去。看来当刘备的老婆真是不容易，三天两头被人家抢走。

刘备跑到了梁地，正仓皇穷蹙的时候，曹操亲自督兵前来救他。救刘备是假，夺取地盘是真。曹军首先攻下了彭城，并将彭城的守兵平民全部杀戮一空，然后再引军进攻下邳。吕布作战失利，听信妻子严氏的话，又怀疑属下的谋士将领，导致将士离心，被部下侯成、宋宪、魏续出卖给曹操。这样刘备又找回了妻妾甘糜二位夫人。

建安五年曹操打败了刘备，甘糜二位夫人再一次被抢走，关羽也被擒。后来关羽听说了刘备流落到袁绍那里，遂带着二位夫人离开曹操回到刘备的身边。

曹操南取荆州以后，刘备从襄城跑到江陵。荆襄士民见刘备仁慈，害怕曹操的杀戮，便都携儿带女随刘备同行。到了当阳的时候，士民多到十余万，辎重也有好几千辆。走得速度很慢，每天只能走十余里。刘备每次大败的时候，妻子家眷都顾之不及，此时庇护十万百姓纯属沽名钓誉。这明显的是置百姓于死地，使对手得到恶名，可见其内心之残忍，实为三国狡诈第一人。曹操亲率大军长驱直追，刘备让张飞断后，赵云保护家眷。

曹军五千轻骑日夜追杀刘备，一日一夜行三百多里，在当阳长阪追到了张飞的断后部队。张飞兵少抵挡不住，甘、糜二夫人被乱兵冲散不知去向。赵云不见了二位夫人，急忙持枪又从乱军中杀进一条血路，好容易才找到了甘夫人，将她带到长阪。张飞见到赵云便问及婴儿阿斗，才知道阿斗被糜夫人抱着，却不知道糜夫人在什么地方。赵云只好又一次冲进曹军阵中救出了糜夫人。此时糜夫人身体已受重伤，她奄奄一息地抱住阿斗。见了赵云后，为了让阿斗脱身，不连累赵云，她一跃跳入井中而死。赵云悲伤之余，推倒土墙掩盖水井，以免糜夫人的尸体受辱。

刘备见到赵云救回甘氏母子心里大喜，听到糜夫人已死又不禁大悲，一时间百感交集，又落下许多泪。甘夫人因为受惊成疾，一年后二十二岁的她也离开了人世。可怜甘糜二位夫人一生跟随刘备东奔西走，被人抢来抢去，几乎没享过什么福。

敢给刘备颜色看的孙夫人

荆州地处西川与东吴之间，是历来的兵家必争之地。当初刘备没有立足的地方，向东吴借荆州暂时栖身，约定以后归还。赤壁之战后孙权想讨回荆州，刘备以各种理由再三推托，而且鲁肃一提起归还荆州的事，刘备就放声大哭。周瑜劝孙权将妹妹嫁给刘备，以婚姻关系羁绊住他。孙权实在没有办法，就想趁刘备丧妻之机会，以其妹孙尚香送给刘备作继室为诱饵，借口吴国太夫人特别疼爱这个最小的女儿，不愿意远嫁，所以请刘备去东吴完成婚礼。名为东吴与刘备连亲，实则趁刘备过江之机加以拘禁，好逼诸葛亮拿荆州换回刘备。刘备有意联吴，便遵从了东吴的婚议，建安十四年冬天由赵云、孙乾陪同进入吴境。

不想孙权反弄巧成拙，吴国太是丈母娘看女婿，越看越喜欢，就真的招他为婿。结婚时刘备已年过半百，孙尚香也就二十来岁。结婚的那一天，一百多个侍婢簇拥着一位珠围翠绕的袅娜佳人与刘备参拜天地。待到入了洞房刘备不禁吃了一惊，洞房里面刀枪剑戟杀气腾腾，侍婢都佩剑侍立在一旁，好像要出兵打仗的样子。刘备忙哆嗦着问："这是做什么？"侍婢说："我们郡主从小喜欢练武，一向是随身不离兵器。"刘备说："今夜是洞房花烛的好日子，还是将这些暂时拿开的好。"孙夫人撇嘴说："你打打杀杀了大半生，难道还怕兵器吗？"

不满归不满，孙夫人还是脱下戎装，丢下兵器。这时刘备仔细端详，这个孙夫人神采奕奕，长得也很端正，于是紧张害怕的心情也消失了一大半。孙夫人横眉立目的时候确实吓人，但温柔起来也是惊天动地的销魂。于是二人携手进入帷帐。

刘备一连住一个多月，这才从温柔乡中醒过来想起了荆州的部下。他对孙权说曹操眈视荆州不能不回去。孙权不好说不放的话，况且刘备早将吴国太哄得团团转。另外他也想让刘备在荆州作为曹魏和东吴之间的缓冲。等到刘备携孙夫人回到了荆州以后，周瑜从江陵来见孙权，问起孙权为何放刘备回去，孙权说是防备曹操。周瑜只好无奈叹息。他给孙权分析了形势，孙权也很后悔，真是"赔了夫人又折兵"。

刘备取得益州后根本不想归还荆州，孙权便趁刘备西征入川的时候，悄悄给妹妹写信谎称吴国太病重，想将孙夫人和阿斗骗到东吴，然后用阿斗换回荆州。孙夫人不辨真伪，匆匆携阿斗登船回吴国，诸葛亮派赵云勒兵断江留住了阿斗，只放孙夫人一人回东吴。孙夫人到了东吴后才知吴国太根本没有病。从此以后，孙夫人留在了东吴，被迫还是自愿不得而知，只是与刘备再也没有见面，他们的夫妻生活大约就持续了三年。

当初孙夫人虽然也有温存的一面，但日常倚仗兄长的势力不把刘备放在眼里，一向说一不二，不仅左右大将都怕她三分，刘备也不敢违忤。而且孙夫人从东吴带来一批吏卒，在蜀地纵横不法，谁都无法约束，好像是闺中的敌国，还必须时刻防备孙夫人手中的刀剑。等孙夫人回到了东吴，刘备回想起的只有那些提心吊胆的感觉，所以也不派使者去东吴迎接孙夫人。

夫妻一场，刘备最念是谁

刘备最后一位夫人吴氏是陈留人，少年时失去双亲，她的父亲一向与益州牧刘焉有旧交，因此举家随刘焉进入蜀地。刘焉心有异志，他听看相者说吴氏以后会大贵，便想纳吴氏为妾，但是苦于自己与吴氏的父亲是莫逆之交，与吴氏的辈分不相当，就只好让自己的儿子刘瑁娶了吴氏。刘瑁死后吴氏寡居。公元214年夏天刘备取得益州城，群臣劝刘备聘娶吴氏。刘备心疑自己与刘瑁同族在礼法上不妥。法正说："若论起亲疏，您与刘瑁比得上晋文公与子圉的关系吗？"于是刘备决定纳吴氏为夫人。吴氏虽然寡居再嫁，但艳丽不减当年，刘备重新领略了空旷已久的温柔滋味。

建安二十四年，刘备称汉中王，立吴夫人为汉中王后。章武元年夏五月，刘备称帝立吴后为皇后。

孙权难以收回荆州，又想与关羽结为儿女亲家，但关羽不仅拒绝了孙权，还以"虎女焉配犬子"的话来鄙夷孙权。孙权出离愤怒，派吕蒙攻打荆州。关羽大意失荆州败走麦城，以至于身首异处。

刘备一心要为关羽报仇，不顾诸葛亮等大臣的劝阻，倾全蜀的二十万兵力连营七百里进攻东吴。孙权提出"归还荆州，送还夫人"的讲和条件，孙夫人也附密札，叙述夫妻之情与相思之苦，都被报仇心切的刘备一口回绝了。东吴大将陆逊用计火烧刘备的连营，刘备与剩下的不到1万士兵溃逃回白帝城。在彝陵之战刘备被东吴一把火烧了连营之后，孙尚香听到传言以为刘备已经死了，她在长江边祭奠完刘备后投江殉情而死。

刘备听到噩耗不禁又想起了孙夫人的好处，加上这一仗使勤苦半生建立起来的蜀国元气大伤，于是他恹恹成病。六十三岁的刘备自知不起，将阿斗托付给诸葛亮等五个大臣后离开了人世。刘禅即位，谥刘备为汉昭烈皇帝，秋八月葬于惠陵。

【丞相陈平前程从"富婆"开始】

郭灿金

说起陈平，无外乎两件事：英俊加聪明。说起他的外貌，短短一篇《陈丞相世家》，提到他英俊的就不下五次。要是这样，应该是奉行"出名要趁早"不甘寂寞的主儿。他的出身倒是平凡，但很快就遇上了贵人。

陈平之婚：建立良好的经济基础

陈平的成功也是以计谋取胜的。他的一切辉煌都和他早年的婚姻有关。

陈平年轻时有四个特点闻名于十里八乡，四个特点中有两个是缺点：一是陈平家庭困难；二是陈平好逸恶劳。还有两个是优点：一是陈平的美貌天下无双；二是陈平酷爱读书。这四点结合在一起，就导致了严重的后果，使得陈平类似于一个社会的多余人。到他该恋爱结婚之时，这个问题显得更为严重：富有的人家没有谁肯把女儿嫁给他，娶穷人家的媳妇陈平又感到羞耻。

时光飞逝，陈平已经到了等不起的年龄。就在这时，一个富婆引起了陈平的注意。富婆姓张，家里甚有资财。张富婆是个传奇人物，因为在陈平注意到她之前，她已经结了五次婚，五次婚姻同一个结果，那就是，谁做了富婆的丈夫谁就要死去。因此，富婆在当地成了一个克夫的象征，已经没有人再敢打富婆的主意。陈平却不为所动，铁了心想娶她。听说美男陈平对自己很有想法，富婆当然心跳如鼓，特意委托爷爷对陈平进行考察。

经过初步磋商，考察的地点定在了一个要办丧事的人家，富婆认为一个人的公关能力可以在这里表现出来，如果能处理好丧事，那么这个人一定可以处理好生存的事情。

富婆的爷爷作为全权考察特使出现了。陈平以丧事的帮忙者身份出现，为了让特使考察得充分一些，陈平干得很卖力，一直忙到很晚才离开。陈平的风度举止让特使过目不忘，在那些庸庸碌碌的人群中，陈平鹤立鸡群，卓尔不凡。

接下来就该实地考察陈平的房产了。还是富婆的爷爷全权代理。他偷偷来到陈平靠近外城城墙的偏僻小巷子里的家，陈平家徒四壁，绳床瓦牖，令特使大失所望。但是，特使的伟大之处在于，他特别注重细节。他在陈平家的门前发现了很多车辙，由于车辙太多，以至于陈平家门口的空地上都快变成小广场了。特使是个有心人，他善于通过表象看到事物的本质。他想，一贫如洗的陈平，家门口居然有这么多车辙，只能说明一个问题，那就是陈平朋友众多，因此陈平一定是个交友广泛、志向非凡的有为青年，这是典型的潜力股啊。回家之后，他就成了陈平的坚实拥趸。结果可想而知，富婆很快就和陈平开始约会了。

娶了富婆之后，陈平很快就过上了好日子，从困顿一下子变为小康，也可以不时地吃点西餐喝点洋酒了。

富在深山有远亲，有了良好的经济基础，陈平的交友更是越来越广泛，人气指数当然也是迅速飙升，成为当地响当当的名人。更为令人称颂的是，陈平没有重蹈富婆前五任丈夫的覆辙，反而越活越滋润。

慢慢地，陈平走出了故乡，走向了全国。

陈平之功：献奇计所向披靡

陈平，这样一个有头有脸的帅哥自然是不靠力气吃饭的。他傍上富婆，就像随便得到的一颗过河的棋子。他要的成功不是那点银子可以满足的，自从苦读那天开始就学会了用脑子。

他从来都是作为智囊出现的：在楚汉对峙时期，他根据项羽为人猜忌的弱点，施用反间计。

他带了很多黄金在楚军中四处煽风点火，在众将中扬言钟离昧等人作为项王的将领，功劳很多，但始终不能划地封王，他们打算跟汉王联合起来，消灭项王，瓜分楚国的土地，各自为王。项羽果然中计，对自己的手下狐疑起来，不再信任钟离昧等人。陈平见到自己的离间达到了初步效果，后续手法马上跟进。

中了招的项羽为了弄清真相就派使者到汉军那里打探情况，陈平的计策更是滴水不漏。陈平是这样愚弄项羽的使者的：先是备下丰盛的酒宴，命人端进，刘邦也做出了准备热情招待的样子。见到项羽的使者后，刘邦故作吃惊地说："我本来还以为你们是范增先生派来的呢，没想到你们居然是项羽的使者。既是项羽的使者，那就对不起了，你们不配享用这么好的饭菜！"刘邦说到做到，立马让手下人将酒肴撤走，直接换上了粗劣的下等饭菜。项羽的使者回去以后，将自己在汉营中的遭遇作了如实的汇报，头脑简单的项羽果然更进一步地怀疑起了亚父范增。范增想急速攻下荥阳，击溃刘邦，项羽就是不肯听从。范增闻知项王居然连自己都怀疑，气不打一处来，他恼怒地对项羽说："在我看来，胜负的大局已定，我要告老还乡了，以后的事情您就好自为之吧！"满怀悲愤的范增涕泪交流，告别了项羽，独自踏上了归途，没走多远，失望加伤心的他就因背上的毒疮发作而客死他乡。

无疑，范增是令人同情的，但这也在另外一个侧面显示出了陈平的技高一筹。一个计谋居然让对方阵营的重要谋士受到伤害！其实，从范增决意离开项羽之时，项羽失败的命运就已经注定。而改写项羽命运的人就是陈平。

陈平之计：化解白登之围

陈平另一个为后人所津津乐道的成功案例是献美女图化解白登之围。

汉朝新建，刘邦将主要精力用于安抚国内，无暇他顾。于是匈奴就乘机南下，长驱直入，直接威胁到了帝国的生存。危急关头，刘邦御驾亲征，统率三十万大军抗敌。然而出师不利，当刘邦向北行进到平城（今山西大同市东北）之东的白登山时，他已被冒顿单于的四十万精锐骑兵团团围困。

面对巨大的危机，陈平想到了化解之道。

陈平了解到冒顿单于对新得的阏氏十分宠爱，已经达到了如胶似漆、朝夕不离的程度。陈平决计在阏氏身上打开缺口。主意既定，陈平派遣使臣乘月黑风高下山。使者来到匈奴的军营之外，花重金托人向阏氏表达敬仰之意，让阏氏的虚荣心得到了巨大满足，她破例召见汉使。

汉使向阏氏献上了数不清的金银珠宝，说这是大汉皇帝特意送给她的，阏氏心花怒放，体会到了作为匈奴第一夫人的妙处。之后，汉使又郑重地献上一幅图画，说这是大汉皇帝特意献给冒顿单于的，请阏氏一定转达。阏氏打开图画，只见画上绘着一个绝色美女，忙问："这幅美人图是干什么用的？"汉使很有表演天赋，他看似虔诚地答道："我们的皇上被单于包围，非常愿意罢兵言和。之所以送您重金，就是想通过您的渠道向单于求情，可是我们的皇上又怕单于不肯答应，因此，准备把我国第一美人献给单于。因为这个美人现在不在军中，所以先把她的画像呈上。"刚刚体会到作为匈奴第一夫人好处的阏氏此时感受到了来自图画上那个美女的莫名威胁，她面露愠怒。汉使察言观色，继续滔滔不绝："说句良心话，汉帝也不愿意把自己的美女拱手送人，从另外一个角度来说，这个美人来到之后，说不定也会夺了单于对您的宠爱。可是事出无奈，汉帝也只好如此。然而，如果您能解了我们的围，那我们当然也就用不着把美人献给单于了，如果真能这样，我们还愿意再多付些金银。这样，我们岂不双赢？"

就这样，陈平的"统战"手段打动了阏氏，一幅虚拟美女图就让阏氏不知不觉地站在了汉军的一边，成了汉军的宣传员。单于最亲近的阏氏对单于展开了攻心战，并最终影响到了单于的决策，让单于下达了撤军的指令。陈平因功先后受封为户牖侯和曲逆侯。

如此看来，陈平这样一个聪明的人，他的人生就从娶富婆那刻起彻底发生了变化。那天十里八村的一场热闹的嫁娶注定了他脱离了穷人的圈子，攀上了上流，在政治这条路上是长风当歌，越走越远了……

【武则天三招俘获高宗心】

蒙 曼

病榻偷情

《唐会要》记载说："时，上在东宫，因入侍，悦之。"这是讲武则天和唐高宗二人初步建立关系的一段经典史料。"上在东宫"，表明是在李治当太子时期，"因入侍"，是说侍奉病中的唐太宗。有了这段史料，我们就能够把唐高宗李治和武则天建立感情联系的时间段给确定下来。因为唐太宗是贞观二十年得病，贞观二十三年去世，所以太子李治伺候唐太宗于病榻前，确定肯定是在这3年之间。"悦"是喜欢，但是放在男女之情上，就不是一般的喜欢，而是爱慕了。也就是说，在唐太宗的病榻之前，太子李治不可救药地爱上武则天了。

李治性格如此，武则天又是一个什么样的人呢？武则天坚强、独立、有表现欲。这样的两种性格有明显的互补性。所以李治一看到武则天英姿飒爽的形象，马上被深深地吸引住了。这就是史料中所说的"悦之"，一见钟情。那么，武则天怎么处理和太子之间的感情呢？必须注意到，太子喜欢武则天的时候，唐太宗已步入晚年了。武则天明白，皇帝行将就木，要为自己的前途打算了。可以肯定，以武则天的性格，她必定会积极促成这段感情进一步向前发展，主动去迎合太子，追求太子，把浅浅的"悦之"变成深深的两情相许。这样，武则天在进入感业寺之前已经走过了她和李治感情三步曲的第一步，我们可以称为"病榻偷情"。在唐太宗的病榻之前和太子偷情，这需要怎样的勇气啊，武则天做到了。

尼寺传情

但是，仅仅依靠感情特别是君主的感情是很不牢靠的。李治和武则天在唐太宗的病榻之前虽然就两情相悦了，但是，李治即位后，并没有对武则天作什么特殊安排，他还要忙着处理军国大事呢。因为是青年登位，面对整个大唐帝国，他很紧张，怕自己办不好，所以他父亲是三天一上朝，他是一天一上朝，每天都接见文武大臣，访查民情，想要当一个好皇帝。可以说，在皇帝的心里头，江山总比美人更重要一些。所以，他没有特殊照顾武则天，还是让她和别的妃嫔一起到感业寺去了。但是，武则天的非凡之处在于，她即使身处逆境，也不放弃希望，而且，她也有足够的能力让希望变为现实。在感业寺中，武则天努力维持着不绝如缕的感情，让它继续牵动着李治的心。

有什么材料可以证明她在感业寺中还不甘寂寞，继续让高宗李治为她魂牵梦绕呢？这可是大内秘事，史料中确实不会留下记载，但是武则天创作的一首情诗，透露了一些重要信息。这首诗名字叫做《如意娘》：

> 看朱成碧思纷纷，憔悴支离为忆君。
> 不信比来常下泪，开箱验取石榴裙。

诗的大意是说：我心绪纷乱，精神恍惚，把红的都看成绿的了，要闯红灯了。为什么我如此憔悴呢？就是因为整天想着你。如果你不相信我每天因为思念你而默默落泪的话，你就打开箱子看看我的石榴红裙吧，那上面可是洒满了我斑驳的泪迹呢。这首诗写得情真意切，据说后来的大诗人李白看到之后，也不由得爽然若失，觉得自己不如武则天。

怎么能够证明，这首诗就是武则天在感业寺的时候写给李治的呢？武则天一生分为有限的几段。太宗才人，高宗皇后，大周皇帝。那么，这诗有没有可能是武则天当才人的时候写给唐太宗的呢？不会。为什么呢？作为才人，武则天天天围绕在太宗身边，掌管照料他的起居，她没有理由思念太宗，因为思念的产生需要距离。再说，我们也看不出这对老男少女之间还有这么强烈的爱情。有没有可能是武则天当皇后时写的呢？也不会。武则天和唐高宗形影不离，更没有思念的机会，而武则天在高宗时代私生活很检点，没有思念别人的可能。还有没有可能是在高宗死后，武则天写给那些面首的呢？也没有可能。因为无论是薛怀义还是张易之兄弟，武则天都可以招之即来，挥之即去，用不着思念，武则天对他们也不会有这么深的感情。这首诗所体现出的痛苦、恍惚的感情只能存在于武则天当尼姑的时候。尽管前途渺茫，但还存在着一线希望，这希望就是她和李治那段旧情。她把赌注全都押在李治身上，所以相思成疾，以至于看朱成碧了。

这首诗写了之后是怎么处理的呢？是不是和石榴裙一起压箱底了呢？不可能。对于武则天来说，这还不是一封普通的情书，而是扣开李治心扉，也是扣开她自己命运之门的敲门砖。她怎么可能让敲门砖躺在箱子里呢？她必定得通过什么渠道把它交给李治，让他知道，此地有一个尼姑，过去和你有着那样一段感情，她现在还在每时每刻思念着你，真是"一寸相思一寸灰"啊。唐高宗面对这样的真挚告白，想想当日的心心相印，他还能放得下武则天吗？这就是武则天感情三步曲的第二步，我管它叫"尼寺传情"。

执手激情

我们为什么说这首诗或者其他类似的诗文一定发出去了呢？因为李治终于被打动，决定来看她了。永徽元年（650年）五月二十六日，唐太宗周年忌这天，李治到感业寺行香来了。忌日行香，是唐朝社会的风俗。自从北朝以来，佛教流行，深深地影响了人们的日常行为，某些仪式后来又上升为国家礼典。根据当时的礼仪制度，皇帝死后的周年，继嗣的皇帝要到寺院上香，为先帝祈福，同时表达自己的思念之情。行香是固定仪式，但到哪个寺院行香就由皇帝决定了。李治放着长安城里那么多的名寺不去，偏偏选择武则天所在的感业寺，显然，他没有忘记她。进入感业寺后，两人干了些什么事情呢？根据《唐会要》记载："上因忌日行香见之，武氏泣，上亦潸然。"两个人面对面，潸然泪下。见一面不容易，那真是望眼欲穿啊。下次相逢，又不知是何年何月，怎不叫人泪眼婆娑呢？现代许多学者不太相信《唐会要》的记载，他们的理由是，忌日行香是国家礼典，李治的随员肯定不少，感业寺的尼姑当然也不止武则天一个。他们怎么可能在这样的场合激情对泣呢？但是我认为，这件事必定发生过，理由有三：

第一，文本的理由。《唐会要》是一本经得起推敲的史书，保存了唐朝大量的经济、政治等方面的原始资料，它和现在街头小报不一样，不是专讲绯闻的，没有必要制造这么一个谣言出来。

第二，人情的理由。武则天在感业寺待了一年，她盼什么？她就盼李治来呀，盼星星盼月亮，盼得深山出太阳，这太阳就是李治。现在李治真的来了，她怎么能不张开双臂拥抱光明？再说了，君心难测，他今年想着你，明年可能就想着别人了，所以皇帝好不容易来这么一次，怎么能不抓住这个千载难逢的机会？

第三，性格的理由。武则天是一个敢于冒险的人。她的父亲武士彟当年就肯冒身家性命之险，追随李渊造反，武则天本人在唐太宗时代也有过出位之举。她不怕赌博，愿意赌上一把。所以这个时候，她是纵使身边有千军万马，我的心中只有你。两个人就这么执手相看泪眼，竟无语凝噎了。

这件事是武则天和李治感情三步曲的第三步，我管它叫"执手激情"。李治是一个温柔多情、有浪漫气质的青年，经过这么一番激情表演，李治的心被彻底俘虏了。

到此为止，武则天经过病榻偷情、尼寺传情、执手激情，已经走完了她和李治的感情三部曲，可以说是"万紫千红安排就，只待春雷第一声"了。

【诗仙李白身边的女人】

黄玉峰

一个人对待婚姻的态度也可以反映出他的思想、追求，甚至性格特点。

李白的婚姻情况到底如何？他结过婚吗？结过几次婚？他的妻子是谁？夫妻关系怎么样？生了几个孩子？孩子的情况如何？这都是我们了解李白思想性格的重要方面。

可惜，关于这方面的记载实在太少，除了李白诗歌，见诸文字的很少。还好，李白有个追星族，一位叫魏颢的人写的《李翰林集序》中有记载。魏颢又名魏万，曾到处追踪李白几个月，相遇后李白就赞他前途无量，说他将来必得大名，还对他说，你得大名后你大发后，不要忘了我和我的儿子。后来此人果然中进士。他在为李白编的集子中有这样一段话：

白始娶于许，生一女，一男曰明月奴，女既嫁而卒，又合于刘，刘诀，次合于鲁一妇人，生子曰颇黎。终娶于宗。

魏万是李白同时代人，李白又托他编集子，对李白的了解应该比其他人更真实，他的这段话是关于李白婚姻和子女权威性的记录。

从这段记录中，我们获得许多重要信息：李白结过四次婚，两次是正式的，用一个"娶"字，两次是一般的同居，用一个"合"字。

不过魏万的话也有误导，从他的话中，我们只看到李白是"娶"了老婆，而事实并非如此。李白的两次正式婚姻都不是"娶"，而是"赘"，"入赘"。

魏万故意避讳了这个"赘"字，笼统地说"娶"，这是因为敬重李白之故，为尊者讳。可是，李白在自己的文章中却不避讳，大大方方地说自己是入赘，他在给安州裴长史的信中，说："许相公家见招，妻以孙女，便憩迹于此，至日移三霜焉。"他用的是"见招"两字，"见招"就是"入赘"。这个招字说得很明白，说明李白对"见招"没有什么心理障碍，不以为羞耻。

那么，李白为什么会不在乎做招女婿，而且大大方方地讲出来呢？

这与他的观念有关，在他看来，这没什么了不起，这又与他的出身和文化背景有关，李白从小生活在胡人中，对中原文化中这样的习俗没有切身的感受。在男女婚姻关系上，李白是很开放很现代很平等的，而且，李白从偏远的四川来到中原地区，举目无亲，要升迁、发达，在李白看来只要有机会让他一展才华，实现他的济苍生安社稷的理想，招女婿又有什么关系。有时，李白也是很灵活，很庸俗的。

李白与许氏是开元十五年（公元 727 年）在安陆成亲的，成亲以后，李白过了一段相对稳定的生活，就是他自己所说的"酒隐安陆，蹉跎十年"，也就是共同生活了十多年。这十多年中，他基本上生活在湖北安陆，虽然绝大部分时间仍在"名山游"，但还算是"常回家看看"的。

许家小姐倒是一个有才有貌、有很高文化修养的大家闺秀。不愧为相门之女，婚后有好多关于他们夫妻的故事。据宋长白的《柳亭诗话》记载，有一次李白写了一首《长相思》给夫人看，最后一句诗是："不信妾断肠，归来看取明镜前。"这位相门小姐看了微微一笑，说你听读过武后的诗吗？我背给你听："不信比来常下泪，开箱看取石榴裙。"李白听了好没面子，本来想在夫人面前炫耀一下自己的才华，现在反被看出自己模仿的痕迹。可见这位相门之女非同寻常，由此也可见，他们的夫妇关系，还是颇恩爱的。

他与许氏生了一女一男。女的叫平阳，出嫁后不久便死了。男的叫明月奴，郭沫若在《李白与杜甫》中认为，这个名字怪，不像男孩名，应该是平阳的小名，于是认为这句话有漏字，应该是："娶于许，生一女，一男，女曰明月奴。"这是主观臆断的，解释不通就说漏字。其实，要知道西域人取名与汉人不同，李白是"华侨"，受西域文化影响，取名自然不同。明月奴意思是像月亮一样明亮的小家伙（奴是昵称），明月奴，名伯禽，他姐姐叫平阳，平阳是汉武帝姐姐的名，嫁后寡，后嫁大将军卫青，能歌善舞。李白也不在乎她是个寡妇，同样用这个名。他只是希望自己的孩子，长得像平阳公主那么漂亮，能歌善舞。这也与中原汉人不同。对寡妇名字也不忌。他小儿子名字颇黎也是怪怪的，其实就是"玻璃"，就是要孩子像水晶那么明亮，从起名也可知李白受西域影响之大。

许夫人大概死于开元二十八年（740 年），当时李白四十岁，还正在南阳游玩。

李白最后一任妻子宗氏，是前宰相宗楚客的孙女，这个女子是李白五十岁左右结合的，也跟了李白好多年，后来跟李白上庐山，李白入狱流放时，她还与家人极力营救。李白被赦后，可能又见过一面，后来李白又想去参加李光弼的军队，从此再没见面。

另外，李白的两个妾，那个姓刘的女人，据说是不守妇道，"不贤"把李白给蹬了。因为李白长年不回家，就说你再不回家，就与你李白离异。

李白很气愤，写了一首《雪谗诗赠友人》斥骂这个女人，说：

"彼妇人之猖狂，不如鹊之疆疆；彼妇人之淫昏，不如鹑之奔奔，坦荡君子，无悦簧言。"

这样斥骂自己妻子的诗，大概在我国诗坛上，也是独一无二的。

然而，作为丈夫，李白自己也说过，他不是一个好丈夫，他自己说：

"三百六十日，日日醉如泥，嫁与李白妇，何如太常妻。"（《赠内》）

嫁给这个没钱又整年整年不见人影的李白，已经很委屈了，还要挨这样的毒骂，这实在不公平了。

不过，李白有时似乎也会换位思考，对她的行为也有所理解，他想象她"落花寂寂入青苔"，生活很寂寞，难怪她有怨言。

他用"去妇"的口吻写了《去妇吟》，为这位大胆离去的人妇的行为辩护：

"古来有弃妇，弃妇有归处，今日妾辞君，辞君遣何去？本家零落尽，恸哭来时路……幽闺多怨思，盛色无十年，相思若循环，枕席生流泉……及此见君归，君归妾已老，物情恶衰贱，新宠方妍好……岁华逐霜霰，贱妾何能久……余身欲何寄，谁肯相牵攀……"

他站在女方的立场说话：你不回家，我也有权利走。从这里倒也可以看出李白有男女关系较为平等的观念。看到女方也应该有自己的生理与感情需求，不是一味指责谩骂。

更令人感动的是，李白还进行自我反省，他在诗的最后写道：

"忆昔初嫁君，小姑方倚床，今日妾辞君，小姑如妾长，回头语小姑，莫嫁如兄夫。"

他站在对方的立场上，模拟去妇的口吻对小姑说："今后你嫁人，可千万不要嫁给像你哥哥那样的人啊。"

如果说那位挨骂的"去妇"还有个姓氏，我们还知道她姓刘，那么，李白在山东的那位妾，就连一个姓都不知道了。这位"鲁一妇人"，为李白生了一个儿子，就是颇黎（玻璃），取其纯净闪亮之意，又有个小名叫天然，希望他自由自在地成长。李白给自己的孩子取名，就像他的诗句，是很有个性的。可惜，李白不久就又远走高飞，与家人天各一方，一门散百草，从此再也没有相见。颇黎（玻璃）的命运，也成了一个永久的谜。

【陆游终生牵挂的女人】

饶忠祥

陆游（1125—1210），字务观，号放翁。他一生主张驱逐金人，收复失地。其爱国主义思想情感在他的诗篇里熠熠生辉。一谈起陆游的爱国诗篇，我们会不由自主地想起"夜阑卧听风吹雨，铁马冰河入梦来"的豪情壮志；我们会清晰地记得"死去原知万事空，但悲不见九州同。王师北定中原日，家祭无忘告乃翁"的殷殷期望。

其实，陆游不仅有铮铮的爱国誓言，他的万般柔情也同样感天地泣鬼神。他用自己的亲身经历，给后世演绎了一段凄婉动人、感人肺腑的爱情故事：那就是他终生牵挂着一位女人——唐琬。

两小无猜　比翼双飞

陆游的父亲陆宰做临安知府，为人刚正。陆母是北宋名臣唐介的孙女，出身于名门。陆氏在当时是一个显赫的家族。陆游从小就生活在父母严格的要求和殷切的期望之下。

唐琬是陆游的母舅唐诚的女儿，字蕙仙，自幼文静秀美，聪慧而才华横溢。二人青梅竹马，情意相投。花前月下，笑语盈盈；吟诗作赋，互相唱答。风华正茂的陆游与唐琬常借诗词表达对彼此的倾慕和对未来的憧憬。他们宛如一对翩跹于花丛中的彩蝶，翩飞于无忧无虑的蓝天之下，眉宇间洋溢着快乐与幸福。两个纯真的少年相伴着度过了一段纯洁无瑕的美好时光。

花开花落间，时间已悄悄地流逝。随着年龄的增长，陆游从一个懵懂少年变成一个风流倜傥的青年；唐琬也从一个天真少女变成一个亭亭玉立的姑娘。两家父母和众亲朋，看在眼中乐在心头，都认为他们是天设的一对，地造的一双。于是，在一个春和景明、阳光灿烂的日子里，陆家就以一只精美别致的家传凤钗作信物，订下了唐家这门亲上加亲的婚事。宋高宗绍兴十四年（1145 年），陆游二十岁，唐琬十七岁，这对青梅竹马、两小无猜的表兄妹在"钟鼓乐之"中结为伉俪，一对有情人终成眷属。

山盟虽在　锦书难托

新婚燕尔的陆游沉醉于温柔乡里，"两耳不闻窗外事"，把应试功课早已抛置于九霄云外。陆游的母亲一向对儿子要求严格，希望他刻苦攻读，通过应试来光耀门楣。但是，陆游与唐琬的缠绵，深深地刺痛了陆母——如此下去岂不断送了儿子的前程。于是，她要陆游休了妻子唐琬。陆游回天无力，只好忍痛与唐琬分离。目送着自己心爱的女人走出家门，陆游的心好痛；虽然希望表妹能有一个好的归宿，但看到唐琬真的走进赵家，走进别人的怀抱时，陆游的心彻底地碎了。

陆游曾一度消沉，随后，渐渐地从悲愤、无奈中苏醒过来，但得到的却是会试失利（成绩因高于秦桧的孙子而遭罢黜）的结果。是年三月五日，心情沮丧的陆游到越州山阴城南禹迹寺旁的沈园游玩。陆游正徘徊在沈园的溪桥之上，与唐琬不期而遇。四目相望，惊讶之余，泪眼蒙眬。陆游看着憔悴而黯然的表妹和站在她身旁的夫婿赵士程，万般滋味不禁涌上心头。

陆游目送着表妹走到一处凉亭下，看着她与夫婿把盏的情景，惆怅万般。唐琬征得丈夫的同意派人送来一些酒菜，以示关怀。陆游感伤至极，在沈园斑驳的粉墙之上奋笔写下《钗头凤》这一哀怨千古的爱情悲歌：

红酥手，黄滕酒，满城春色宫墙柳；东风恶，欢情薄，一怀愁绪，几年离索，错、错、错。

春如旧，人空瘦，泪痕红浥鲛绡透；桃花落，闲池阁，山盟虽在，锦书难托，莫、莫、莫。

独倚斜栏　随风逝去

唐琬走出陆府后，在宽厚重情的赵士程的同情与谅解下，饱受到创伤的心灵已渐渐愈合。三月五日与陆游的不期而遇，无疑将唐琬已经冰封的心灵又重新打开。

第二年春天，唐琬怀着一种莫名的感觉，不由自主地又来到沈园，徘徊在曲径回廊之间，踱步于溪桥之上，多想再回到从前。忽然瞥见粉墙之上陆游的题词，唐琬孤零零地站在那里，反复吟诵，想起往日二人耳鬓厮磨、诗词唱和的情景，不由得心潮起伏，泪流满面。提笔和词一首《钗头凤·世情薄》：

世情恶，人情薄，雨送黄昏花易落；晓风干，泪痕残，欲笺心事，独倚斜栏，难、难、难。

人成个，已非昨，病魂常似秋千索；角声寒，夜阑珊，怕人询问，咽泪装欢，瞒、瞒、瞒。

知心的人已经分离，现在已非昨日，我的伤感就像秋千绳子晃来荡去。角声悠悠让我心寒，长夜寂寞难以安眠。生怕别人寻问，只好咽下眼泪装出一副笑脸。我的苦衷，我的思念，只能隐藏在心中，只能隐瞒！

追忆似水的往昔，叹惜无奈的世事，感情的烈火煎熬着唐琬，使她日渐憔悴，郁闷成病。以后不久，唐琬在秋意萧瑟的季节就像一片落叶悄悄随风逝去，愁怨而死，只留下一阕多情的《钗头凤·世情薄》，令后人为之唏嘘叹息。

凭吊遗踪　难舍沈园

秦桧死后，朝中重新召用陆游，陆游奉命出任宁德县主簿，远远离开了故乡山阴。随后，北上抗金，又转川蜀任职。四十年后的一天，陆游重游沈园，看到当年题《钗头凤》的半面墙壁已残损不堪。园中景色依然，但已物是人非，面对着荒草丛生略显破旧的沈园，他不禁泪落沾襟，六十七岁的陆游再次题诗以托情怀。诗中小序曰："禹迹寺南有沈氏小园，四十年前尝题小阕壁间，偶复一到，而园主已三易其主，读之怅然。"

枫叶初丹楠叶黄，河阳愁鬓怯新霜。

林亭感旧空回首，泉路凭谁说断肠？

坏壁醉题尘漠漠，断云幽梦事茫茫。

年来妄念消除尽，回向禅龛一炷香。

春去春又来，花开花又落。七十五岁的陆游第三次来到了沈园，久久徘徊在与唐琬第一次相逢的那座小桥上，迟迟不肯离去。于是又题下两首《沈园怀旧》诗：

其一

梦断香消四十年，沈园柳老不飞绵。
此身行作稽山土，犹吊遗踪一泫然。

其二

城上斜阳画角哀，沈园无复旧池台。
伤心桥下春波绿，疑是惊鸿照影来。

对唐琬的一往情深和无限思念，致使陆游在八十一岁老态龙钟、步履难移之际，仍时刻不忘与唐琬的情感，时时不忘与唐琬最后一次相见的沈园。陆游又写下了两首《十二月二日梦游沈氏园亭》诗：

其一

路近城南已怕行，沈家园里更伤情。
香穿客袖梅花在，绿蘸寺桥春水生。

其二

南城小陌又逢春，只见梅花不见人。
玉骨久成泉下土，墨痕犹锁壁间尘。

一年之后，八十二岁的陆游又作《城南》诗一首：

城南亭榭锁闲坊，孤鹤归来只自伤。
尘渍苔侵数行墨，尔来谁为指颓墙。

陆游八十五岁春日的一天，忽然感觉到身心爽适、轻快无比。原准备上山采药，因为体力不支就折往沈园。经过一番整理，景物大致恢复旧貌，陆游满怀深情地写下了最后一首沈园情诗：

沈家园里花如锦，半是当年识放翁。
也信美人终作土，不堪幽梦太匆匆。

这是一种深挚无告、令人窒息的爱情，听者伤心，闻者垂泪。六十年的情感与思念，六十年的无奈与愧疚，始终让陆游牵挂的美人已随沈园的落花作古于土下，只可叹幽梦太匆匆。作此诗后不久，陆游就在一生的牵挂与追恋中溘然长逝了。

【有情人终成悲剧——朱见深和万贞儿的忘年恋】

王冲霄

一

公元 1466 年（明成化二年）夏天，北京城格外溽热。一个男婴在母亲万贞儿的怀里渐渐冰冷，他年轻的父亲——成化皇帝朱见深，偎依在万贞儿身侧，悲伤而无助。他比那个死去的孩子，更需要温暖。万贞儿的母爱，随着那个幼小的灵魂缠绕盘旋，然后一股脑地投注在这个小她十七岁的丈夫身上。

万贞儿原本是朱见深的祖母孙太后的侍女。她四岁入宫，在玄机重重的后宫里，身体和心机都一天天丰腴起来。十九岁那年，她接受了一个特殊的使命，去照顾刚刚被立为太子的朱见深。那一年，朱见深才两岁，根本不知道自己为何被匆匆立为太子，更无法预见到，身边这个温润的阿姨会是自己钟爱一生的对象。

朱见深是明英宗的长子，经过"土木之变"，他的父皇被俘，叔父监国。祖母孙太后为防万一，立其为太子。三年后，赖在龙椅上不愿下来的叔父，不仅把英宗软禁在南宫，也顺手废了朱见深的太子身份，赶出紫禁城。人生大起大落，竟要这个五岁的孩子品尝。还好，在孤苦伶仃的日子里，万阿姨和他在一起。万贞儿不仅与朱见深共同品尝生命的苦果，在这个孩子稍稍长大后，还给了他一枚甜蜜的禁果。男孩变成了男人。

10 岁的时候，朱见深的命运随着父亲明英宗"夺门之变"复位成功，再次发生改变，他又成了大明帝国的皇太子。几年后，他到了大婚的年龄。明英宗为儿子选了十二位美人，最后留下了吴氏、王氏、柏氏三人。公元 1464 年，英宗驾崩，朱见深继位，年号成化。吴氏升格为皇后，王氏、柏氏为妃。

二

吴皇后生于京城，这个风华正茂、知书达理的才女，满心以为会与年轻的皇帝相悦承欢，谁知情况完全出乎意料。每夜坤宁宫的孤灯，始终等不来帝王的温存。

成化皇帝去了哪里呢？

吴皇后等不来皇帝，王妃、柏妃同样等不来皇帝。红纱灯只为万贞儿起落闪烁。

朱见深登基时十八岁，而万贞儿已经三十五岁，并开始发福。《明史·后妃传》说她"机警，善迎帝意"，但关于她的容貌是否美丽，没有任何记载。皇帝的母亲周太后难以理解儿子如此专注的爱情，不禁发问："彼有何美，而承恩多？"儿子回答：

"彼抚摩吾安之，不在貌也。"年轻貌美的吴皇后也无法理解，更无法容忍这种爱情。她抓住万贞儿一个小小的过错，借题发挥，结结实实地打了万贞儿一顿板子。这顿板子在空中划了一圈，最后落回到吴皇后自己头上，皇后的凤冠被打落在地，废置别宫。

按朱见深本意，皇后非万贞儿不可，但在皇帝婚姻大事上真正具有话语权的皇太后，是绝不会让一个宫女出身、年老色衰的人母仪天下的。于是，王氏低眉顺目地做了继任皇后。这位新皇后深知自己的位置其实不过是替万贞儿坐的，所以无声无息地守起活寡。

吴皇后被废，自然不能继续住在内廷。明代宫中有病或有罪的宫女都被安置在北海西侧的羊房夹道（今国图旧馆原址），任其自生自灭。吴皇后被抛到这里，这个地方，有一个动听而又不祥的名字——安乐堂。

三

吴皇后被废的第二年，成化二年（1466年）正月，万贞儿以三十七岁的高龄，产下一子，第一次做了父亲的朱见深大喜过望，派太监大祀山河。万贞儿也因此获得了仅次于皇后的名分——贵妃。

万贞儿从最底层的侍女做起，三十多年苦苦挣扎，终于以皇长子母亲的身份，晋级贵妃，可谓实至名归。除了皇帝随时可能生变的爱情，这个皇长子，就是万贵妃一张最可靠的护身符。

谁知这张护身符比爱情还要脆弱。孩子未满周岁，连个正式名字都没有就夭折了。幸好朱见深的爱一如既往。

然而，皇帝的家事就是国事。帝国无后，皇帝不急大臣急。大学士彭时劝导朱见深："今嫔嫱众多，维熊（生子）无兆，必陛下爱有所专、而专宠者已过生育之期故也。望均恩爱，为宗社大计。"

皇帝一句话就给顶了回去："内事也，朕自主之。"言外之意很明显：你们管得着吗？

话虽如此，爱情与江山各自的分量，朱见深还是要掂量掂量的，并且，"均恩爱"似乎更合乎男人本性。这次不愉快的君臣对话过了一年后，柏妃为皇帝生下了第二个儿子。两岁时，这个男孩被册立为皇太子。然而，死神再次降临。

关于孩子的死因，宫中传言直指万贵妃。真是其所为，还是遭人嫁祸？反正死了儿子的父亲，没有流露出悲痛欲绝、追查到底的决心。

四

万贵妃的勇气，像她的体重一样，不可一世地膨胀起来。朱见深每一次临幸其他妃嫔宫女，都有人记录在案；宫中一旦有女人怀上龙种，都有人及时报告给万贵妃。于是，这个还没有成形的胎儿，就被一杯堕胎药结束了生命。"掖廷御幸有身，饮药伤坠者无数"。

看看自己深爱的女人，一天天变成嗜血的杀手，朱见深没有阻止。他只是更多地留宿在其他妃嫔的宫院，而对一般的宫女，兴致所及也不再有什么顾忌。皇帝的精子和万贵妃的毒药，展开了一场不动声色的竞赛。

成化十一年（1475 年），在这场竞赛中显然处于下风的朱见深一觉醒来，面对铜镜，叹息道："老将至而无子。"其时，朱见深二十九岁，华发早生。伺候皇帝梳头的太监张敏，就势跪倒："老奴死罪！老奴欺君，万岁已有子也。"《明史·后妃传》接着写道：帝愕然，问安在。对曰："奴言即死，万岁当为皇子（做）主。"

这个太监已经清醒地预见到自己的悲惨命运，同时也委婉地质疑皇帝保护骨肉的决心和能力。

朱见深还是将信将疑，于是在一旁地位更高的司礼太监怀恩顿首曰："敏言是。皇子潜养西内，今已六岁矣，匿不敢闻。"朱见深大喜，急忙派人去迎接从未谋面的儿子。

五

这个孩子的母亲，就是那个在部族屠杀中侥幸不死，被强征入宫，并被误记为"纪妙善"的女人。以她悲惨而低贱的出身，起初只能充当最下等的宫女。然而，她的美丽和聪慧不会永远被湮没，很快她被晋升为管理内廷书库的女官，而内廷书库又是皇帝常常驾临的地方。终于在一次愉悦的对话后，皇帝临幸了纪氏。

纪氏顺理成章地怀孕，万贵妃顺理成章地送来了堕胎药，朱见深顺理成章地保持了沉默。然而，这个未成形的孩子并未顺理成章地死去。纪氏的小腹一天天隆起，太监张敏向万贵妃解释说：那是一种怪病。于是，纪氏也被送到了北海西侧的安乐堂。

在那里，孩子降生。母亲抱着儿子彻夜未眠，然后，对着赶来探望的太监张敏说："把孩子抱走，溺死。"张敏说："皇帝还没有儿子，怎么能就这样丢弃呢？"不久，又一个女人加入了这场极度危险的游戏。几年前被废居此的吴皇后，在这个孩子身上看到了一丝希望。两个未曾绝望的女人哺育孩子一天天长大，在暗无天日的房间里，这个孩子连哭泣都成了奢望。

父子相见的那一天，朱见深抱起孩子看了很久，流泪说："是我的儿子，像我，像我……"

六

纪氏死了，在儿子得见天日的一个月后。这本是纪氏灾难重重的一生中，最美好的一个月。她和儿子被接回紫禁城，朱见深时常看望他们母子，与她牵手叙旧，共饮美酒。皇帝为她挑选的住所位于西六宫最南端，这里是距离皇帝寝宫乾清宫最近的一处院落，明初叫做长乐宫，后来才易名永寿宫。

　　然而，纪氏在这里，既没能长乐，更没有永寿。关于她的死因，《明史》这样写道："或曰（万）贵妃致之死，或曰自缢也。"差不多同时，太监张敏也吞金自杀了。没有什么意外，他们早已清醒地预言了自己的死亡。

　　在皇帝父子相认的那一天，紫禁城欢声雷动，只有万贞儿几近崩溃，她不停地哭喊着："群小骗我，群小骗我……"一个月后，那些骗她的"群小"接连暴亡。

　　小皇子的生命变得岌岌可危。这时，祖母周太后将这个可怜的孩子拉进自己的怀里。偌大紫禁城，恐怕只有周太后的臂弯，才可以挡得住万贞儿的杀手。

　　万贞儿五十八岁的时候死了。当时她正在鞭打一个犯错的奴婢，"怒极，气咽痰涌不复苏"。万氏一死，宫中女人们长出一口气，而成化皇帝朱见深却一下子失了元气，哀叹："万侍长去了，我亦将去矣。"几个月后，他抑郁而终，时年四十岁。

第七篇

海外纵横

【最可怕的堕落】

何玉兴

纳粹期间的德国，大部分教授公开表态支持纳粹政府。大师级的哲学家海德格尔在发表校长就职演讲时说："任何教条和思想，将不再是你们生活的法则。元首本人，而且只有他，才是德国现在和未来的现实中的法则。"爱因斯坦认为，"德国知识分子——作为一个集体来看——他们的行为并不见得比暴徒好多少"。思想知识界的这种普遍放弃、逃逸、堕落的行为，带给一个民族的影响是致命的。

萨特的《恶心》，再现了沦陷时期巴黎知识分子群的丑恶表演，实在恶心得读不下去。在保罗·约翰逊的《知识分子》中，知识分子们成了世俗道德的违背者，他们行为怪癖，心肠更硬，撒谎、虚伪、自私自利到了极点。拉塞尔·雅克比《最后的知识分子》，表达了对美国知识界的更深的忧虑，即真正的危机是知识分子这一群体正在消失，它被专业化程度过高、狭隘的学院专家们取代，如今的专家们的意见只有少数的同行可以理解。哈耶克说，知识分子的真正陷阱是沦入过度专业化与技术化的陷阱，失去了对更广阔世界的好奇心。

还有一种情形，那就是丹尼尔·贝尔在《资本主义文化矛盾》中描述的：宫廷乐师、行吟诗人与修道院的僧侣如今变成广告撰稿人、专栏作家与公共形象设计者。葛兰西在《狱中札记》中独创的"有机知识分子"一词，勉强把他们归属于知识分子行列，其实他们已不是真正意义上的知识分子。

克拉芒斯是加缪《堕落》中的主人公，也是"二战"后巴黎知识界的典型。他一直过着双重生活：表面上道貌岸然，实际上男盗女娼；表面上气壮如牛，实际上胆小如鼠；表面上乐善好施，实际上刻薄寡恩；表面上豪侠仗义，实际上见死不救；表面上夸夸其谈，实际上蝇营狗苟；表面上宽宏大量，实际上睚眦必报；表面上是忏悔者，实际上是法官……

费振钟的《堕落时代》，与其说它是一本关于晚明文人的书，不如说它是一部旨在揭露文人的劣根性的书。走近晚明的文人，让我们嗅到了"堕落时代"的酒气，让我们看到了"堕落时代"酒色过度后的回光返照。他们酒后佯狂，装疯卖傻，倚疯为邪的病态成为常态。而晚明文人的病，绝不仅仅属于晚明的文人。

何玉兴把知识分子分为三类：一是被包养的"二奶"，如战国时食有鱼、出有车的士；二是被抛弃的或嫁不出去的"怨妇"；三是持独身主义的"尼姑"，但出家前大多受过刺激。

一棵被当地居民视为地标的树，多少年来，人们行走在旷野中，凭借它找到自己的家。树死了，许多人从此再也找不到家园。

费希特在《论学者的使命》中说："基督教创始人对他的门徒的嘱咐，实际上也完全适用于学者：你们都是最优秀的分子，如果最优秀的分子丧失了自己的力量，那又用什么去感召呢？如果出类拔萃的人都腐化了，那还到哪里去寻找道德善良呢？"

最绝望的腐败并不是官僚，而是知识分子。官僚的腐败只能误一个党派、一个朝代，而知识分子的腐败却误国误民，流弊深远。最可怕的堕落也并不是土匪盗痞，而是知识分子。土匪盗痞的堕落都只能贻害一方百姓，坏一家之风气，而知识分子的堕落却败坏的是整个文化，是思想，是道德，是一个民族最宝贵的精神操守。知识分子的堕落才是一个社会和一个民族彻底的和最后的堕落。其他人的堕落好比大江大河局部的浑浊，而知识分子的堕落，则是水源浑了。

【历史上真实的埃及艳后】

水　月

"埃及艳后"克丽奥佩特拉生于公元前 69 年，是亚历山大大帝征服埃及后托勒密王朝册封的君主之一。她的父亲托勒密十二世指定他的长子托勒密和她共同执政，统治埃及。公元前 51 年，克丽奥佩特拉登上王位。

克丽奥佩特拉在古埃及是一位焦点人物，在后人的记述里，这位埃及绝世佳人凭借其倾国倾城的姿色，不但暂时保全了一个王朝，而且使强大的罗马帝国的君王纷纷拜倒在其石榴裙下，心甘情愿地为其效力卖命。但丁的《地狱》、莎士比亚的《恺撒大帝》等，都将这位传奇女人描述为"旷世的肉感妖妇"，而萧伯纳也称她为"一个任性而不专情的女性"。

传闻塑造了一个美艳绝伦的艳后形象，她的神秘与手段自然成为世人关注的焦点。虽说野史、传说和文学作品总能见到这位"埃及艳后"神秘的影子，但有关她本人的文献资料却是少之又少。历史上真实的克丽奥佩特拉究竟是一个什么样的女人？她真的貌若天仙吗？这个问题的答案最好还是到从她那个年代流传至今的雕像中去寻找。可是，保存至今的雕像实在是凤毛麟角，好在德国柏林博物馆尚有一尊据称是全世界保存最好最完整的埃及艳后的雕像。

这尊雕像所展示的埃及艳后并不美艳，看上去她就是一个平平常常的女人，头发只是简简单单地打个髻，风格朴实，这样的装扮显然无法俘获罗马将领的爱情。她的鼻子应该属于鹰钩鼻，但她的嘴并不性感。她也不饰戴任何珠宝，没有耳环，没有项链。

如果说保存在柏林博物馆里的这尊雕像说服力尚嫌不够的话，伦敦大英博物馆举行的"埃及艳后"展览则彻底揭开了这位传奇女人的面纱。这次展览同时展出了11座克丽奥佩特拉的雕像，而这批雕像过去一直被误认为是其他王后。从这些雕像看，女王不过是个长相一般、脸上轮廓分明、看起来较为严厉的女人。她的个头矮小，身高只有1.5米，身材明显偏胖。她的衣着也相当朴素，甚至脖子上有很明显的赘肉，牙齿长得毫无美感。这就是所谓的"埃及艳后"。

难道这就是那位让恺撒大帝和安东尼神魂颠倒的女人？答案是肯定的，但恺撒大帝和安东尼之所以拜倒在她的石榴裙下，与克丽奥佩特拉的姿色并没有直接联系。这是英国一位学者的最新发现：其实在中世纪阿拉伯学者眼中，"埃及艳后"不是靠美色而是凭卓越的思想和学识征服人心的。

克丽奥佩特拉在阿拉伯世界是备受尊崇的大学问家，她对炼金术、哲学以至数学和城市规划无一不晓。她聪明、诙谐、迷人，而且她还具有惊人的毅力。克丽奥佩特拉精通多种语言，她的第一语言是希腊语，但她也会说拉丁语、希伯来语、亚拉姆语和埃及语。

英国伦敦大学学院埃及古物学者奥卡萨·艾尔·达利在一批从未被披露过的中世纪阿拉伯文献中发现，克丽奥佩特拉并不像希腊传记中描写的那样只是一个美艳妖娆的风流女子，她可能是一个富有才华的数学家、化学家和哲学家。克丽奥佩特拉写过好几本关于科学的书，她的宫廷也绝非淫荡之所，而是知识分子聚会的地方，克丽奥佩特拉经常和一些科学家开会讨论科学难题。

至于克丽奥佩特拉的相貌，中世纪的阿拉伯学者从未提及，更没有提及她是靠美色将恺撒和安东尼搞得神魂颠倒。艾尔·达利表示："他们（阿拉伯学者）赞美她的学识和管理能力。"达利具体解释说，人们之所以只将埃及艳后看做是一个风流女王，是因为后人对她的认知全都来自于她的敌人。我们当前所有有关埃及艳后的了解，全都是来自于她当年的敌人——罗马人。罗马人对她相当轻视，将她描绘成一个性感亡国的尤物。

达利在《埃及古物学：迷失世纪》一书中写道："阿拉伯人经常将克丽奥佩特拉称作'善良的学者'，经常引用她的科学著述。"她甚至是一个伟大的建筑师，将尼罗河的水引到亚历山大城，就是她的功劳。像艾尔·巴克里、亚库特等阿拉伯学者都曾在文章中谈到过埃及艳后克丽奥佩特拉，称克丽奥佩特拉当年在亚历山大城设计的建筑计划"史无前例的庞大"。

埃及远古史学家阿兰鲍曼在分析了近年来的考古发现后也表示："'埃及艳后'绝非只凭美色来保家卫国，捍卫王位，她运用的技巧跟我们现在处理国际关系时的做法并没有什么两样。这才是'埃及艳后'美丽与智慧的真正体现。"埃及哈勒旺大学的吉哈宰克教授也说，尽管克丽奥佩特拉不像她与罗马将军的爱情故事中描写的那么漂亮，但他确信她是极聪明的，她应付罗马用的不是美人计。埃及亚历山大希腊罗马博物馆馆长艾哈迈德博士持同样的观点：克丽奥佩特拉在 17 岁时就继承父位当政，她统治埃及是凭聪慧和丰厚的文化底蕴，她与罗马将领们相处的 3 件武器是泼辣、聪慧和温柔。

在克丽奥佩特拉执政期间发生了历史上有名的"亚历山大图书馆大火案"，这座当时世界首屈一指的图书馆毁于一旦。亚里士多德和柏拉图的手稿估计就在其中，有一个房间里放的全是荷马的作品，珍贵的《圣经旧约》的早期文稿也在这次大火中遗失。身为推崇科学的"埃及艳后"，克丽奥佩特拉的悲伤是不难想象的。不幸中的万幸是她最后找回了 20 万册文稿。克丽奥佩特拉以美貌董声当今天下，而智慧才是她最值得称道的资产。

【 1964，日本睁开双眼 】

李美云

东京奥运会是日本的一个转折点，其对于日本的最大意义并不在于对经济的促进，而在于帮助日本人与全世界进行了沟通。"1964 年的奥运会让日本人睁开双眼去看世界！"

赛场的记忆

1964 年 10 月 10 日，明治神宫外苑对面的国立竞技场，在 7 万多个座位的衬托之下，主火炬台显得是那么的渺小。黑色的主火炬呈圆筒状，简洁、朴素。正是这个小小的火炬台，在那天成为世界的焦点。

那一天，高中生河野一郎守在学校里的彩色电视机前面观看开幕式："我看到喷气式飞机在晴朗的天空中喷出了五环的图案，最让我印象深刻的，就是主火炬被点燃的那一刻！"相比之下，另一名高中生竹田恒和则要幸运得多——他去了开幕式现场，看到 19 岁的大学生板井义则跨过 163 层台阶，将奥运圣火点燃。为什么不像往届奥运会那样，让一位知名运动员来点燃圣火，而是选择了这个名不见经传的年轻人？

东京奥组委之所以选择板井义则，完全是因为他的出生日期——1945 年 8 月 6

日——广岛原子弹爆炸的那天。

竹田恒和当时已经参与了学校里的马术训练，是障碍赛项目的一名队员："在那个时候，我就树立了自己的梦想，我要参加奥运会比赛！"他最终代表日本参加了1972年慕尼黑奥运会和1976年蒙特利尔奥运会的马术项目。"东京奥运会改变了我的思想，也改变了我的人生。"

43年之后，当年那两个普通的高中生，都已经成为日本体育界最有影响力的人物。竹田恒和是日本奥委会的现任总裁，而河野一郎则是东京2016年奥申委的主席兼CEO。他们希望在2016年再次把奥运会带回东京。

大时代下的转折

"二战"之前，东京就获得了1940年奥运会的举办权，然而战争迫使日本失去了那届奥运会。1951年，美国结束对日本的占领期，恢复了国家主权。在此之后，日本开始通过一系列措施，谋求经济和政治上的国际地位。

在当时很多外国人的眼中，日本还是战后的一片废墟，日本制造也往往与"价格低、质量差"联系在一起。索尼的盛田昭夫在50年代访问德国杜塞尔多夫的时候，一个服务员指着饮料上的小阳伞说："我知道日本，这个小玩意就是你们生产的。"

当时，日本强烈地意识到，必须改变国外的成见，而举办奥运会就是他们选择的宣言方式。"二战"刚结束不久，日本就希望获得国际奥委会的允许，继续参与奥运会比赛。他们的请求在1950年获得国际奥委会的同意。1952年，东京正式宣布申办1960年的第17届奥运会，不过在最后竞标中败于罗马。

东京又宣布继续申办1964年奥运会。1959年5月29日，东京成功地在最后的角逐中拿到了56张选票中的34张。

20世纪60年代是一个国际局势激荡的年代，更是一个变革的年代。日本产业经济研究所的大野健一教授在其著作《解密日本经济发展之路》中描述了20世纪60年代日本社会的变化："二战"之前日本人的常见食物是大米、酱汤和泡菜，穿的是和服与木屐，住的是传统的木结构房屋，睡的是榻榻米。然而20世纪60年代，面包、咖啡与西餐逐渐占领了日本人的餐桌，钢筋水泥造的公寓取代了木结构房屋，除了在日本新年和某些特殊场合，已经很难看到穿和服的人。

河野一郎认为，东京奥运会对于日本的最大意义不在于对经济的促进，而在于帮助日本人与全世界进行沟通，去了解世界各国的文化。之前人们对于世界的认知仅仅来源于报纸和书本，而奥运会提供了很多与外国人直接交流的机会。

"伊扎那岐景气"

河野一郎说："我觉得奥运会是日本的一个转折点，日本经济就是在那个时段开始起飞的，新干线的开通就是最明显的一个标志。"

1964年7月25日，全长515.8公里的东海道宽轨高速铁路竣工，成为东京与大阪之间的交通大动脉，列车最高时速达到200公里。它在1964年东京奥运会举办期间正式启用。为了与传统铁路相区别，这一段高速铁路被称为"东海道新干线"。"新干线"随后成为所有宽轨高速铁路的统称。

"新干线的开通，让我们感觉到日本变小了。"有人说。然而与日本宏观经济的变化和各个产业的发展相比，新干线的开通只能算是冰山一角。

从1956年东京再次申奥，到1964年东京奥运会成功举办，日本的经济结构发生了巨大的变化。以工业为主导的第二产业，在日本经济中的地位越来越重，这也导致了就业结构的变化，农业人口开始向工业和服务业转移。

随着经济的增长，日本的消费结构在这一时期也出现了明显的变化。数据显示，1953年日本的恩格尔系数高达55.9%，远远高于欧美国家（恩格尔系数是指饮食消费在家庭最终消费中所占的比重。因格尔系数越低，表明生活水平越高）。到1963年，日本的恩格尔系数已经降低为39.3%，虽然离美国的23.4%还有很大差距，但已经非常接近于英、德、法三国的数值。

竹田恒和还记得奥运前后日本经济的变化："东京奥运会之前，拥有电视机的家庭很少。而在奥运会之后，所有人都想要买电视机，而且他们也开始能够承受电视机的价格，人们的收入在那段时间内增长了很多。"越来越多的家用电器开始进入到普通日本人的生活之中。

总之，1964年东京奥运会开启了日本"二战"后最大的经济增长期。从1965年到1970年，日本经济持续增长57个月，这一时期被称为"伊扎那岐景气"。在这段时间内，日本经济整体增长122.8%，工资上涨幅度达到了114.8%。

日本企业的国际步伐

对于很多日本企业而言，1964年的东京奥运会，给了已经开始探索国际化扩张道路的他们一个与世界接触的机会。

在日本汽车业的三大巨头之中，本田汽车可以说是年轻的"后起之秀"。东京奥运会举办前后，生产摩托车起家的本田宗一郎刚开始进入汽车领域。1963年，他推出了自己的第一辆汽车"S500"赛车，而微型货车"T360"也在当年问世。这一切并不是巧合，在日本筹备东京奥运会的那段时间，正是日本汽车产业快速发展的时期，汽车产量急剧上升。

20世纪60年代，精工已经成为日本钟表业的领袖，但与瑞士那些坐拥数百年历史的钟表业豪门相比，精工仍然只是一个小公司。正是1964年的东京奥运会，给精工带来了机会。当时精工承担东京奥运会的官方计时工作——精工是第一家赢得这项工作的非瑞士公司。它为东京奥运会特别研制了便携式石英计时钟，首次使世界纪录精确到百分之一秒。通过东京奥运会，精工首次在国际上打响了自己的名号。

精工东亚区市场总监梅本宏彦说："在1964年东京奥运会上，很多运动员都购买了我们的手表，精工表的品牌也随着这些运动员传播到了世界各地。"借助开发便携式石英钟的经验，精工继续探索生产石英表的可能性，并最终在1969年推出了世界上第一块石英表，最终引领全球钟表业告别机械表时代。

正是由于日本开始睁开眼睛看世界，把竞争舞台搬到了国际上，使这个时段内的日本企业一举开创了全球最为核心的发展潮流。

【被误读的新加坡】

蔡定剑

新加坡以其高度的经济发展水平、廉洁高效的政府和优美整洁的环境，赢得世界的普遍赞誉。这个华人占总人口3/4的岛国，其领导人时不时提及东亚价值观和儒家文化。然而，在相当长的时间里，由于信息渠道和专业知识的局限，"新加坡经验"往往被误解——权威体制、高薪养廉、严刑峻法、国有资产的经营管理模式等，不仅令普通民众，甚至也让专家学者深感困惑：这是真实的新加坡吗？

被曲解的新加坡经验

国内对于新加坡经验的报道，问题出在哪里？这些直接或者间接的报道，大都是断章取义的，多年来，使得人们只知道一面，而没有了解另一面。

就拿"高薪养廉"来说，这么多年来，被我们说得有鼻子有眼。确实，新加坡高级领导人的收入，表面上看差不多是世界上最高的。但是，有两点我们没注意：一是这些拿100万元以上高薪的人比重很小，估计也就30人左右；二是这是政府给他们的全部收入，部长（包括总理）都没有配公车和专职司机，上班开自己的车，有大型公务活动，政府才会派车。他们需要纳税，而且没有政府提供的退休金和医疗保险，要自己缴商业养老费和医疗保险费。

如果一位部长在大选中落选，那他什么也没有了。部长薪金看起来很多，但这是全部收入，再没有其他收入，也没有其他任何特殊待遇，连住房都得和普通市民一样，到市场上购买。

另外，新加坡的政府中公私分得很清楚。有一件事对我震撼很大。一位新加坡部长应邀来北京办公务，有点空闲时间，想看看北京有特色的景点，我介绍了一处。部长一行4人要打车过来，我说，还是我开车去接吧。我跟部长开玩笑说，能给部长开车，对我是不可想象的事。

相对于新加坡的整体富裕程度来说，如果以中国作为参照系，新加坡的官员从自己岗位上获得的利益并不算高。

还有一点值得我们注意，新加坡的官员并不是借助政府权力和关系网才变得身价倍增。通常，他们在进入政府之前就已经是富人，能够获得很高的薪酬。比如，一个原来能在企业得到300万元年薪的人，进入政府获得100万元年薪，对他而言，这只能算是一个比较体面的收入，而不能算是高收入。这些人该有的都有了，本来就是社会公认的精英，进入政府的初衷，往往就是为了回报社会。

被忽略的先进执政理念

新加坡确实是权威主义，但他们的权威主义和我们想象的完全不一样。

新加坡的新闻界不敢随便批评政府，但他们的政府并不会直接干预新闻运作，而是通过事后法律起诉，比如告人家诽谤罪，以公开答辩的方式来解决问题。另外，当媒体公开批评政府官员时，政府往往不采取封杀措施，而是主动曝光，向社会全面披露，有问题就主动检讨、严肃处理，没问题也向社会作详细解释。

前些年，据说李显龙买了一处房子，是用折扣价买的，坊间议论得沸沸扬扬。新加坡民众对这方面非常敏感，很多人觉得里面肯定有猫腻，是地产商对李显龙的隐性贿赂。结果，新加坡政府积极调查，主动向公众坦白，李显龙买的房接受了大约10%的折扣。老百姓一听，觉得这样的折扣处于商家促销的合理范围，就理解了。还有一个部长被怀疑在工程中收受贿赂，公众中传闻很多，政府主动对他进行调查，虽然没有掌握能够判刑的证据，但还是让他辞职了。

很多去过人民行动党总部考察的人，都对人民行动党总部的小楼表示惊讶。这个执政40年、成就辉煌的党，总部坐落在偏僻的机场路边，仅是许多居民组屋中间一座再普通不过的二层小楼。办公室和会议室设备简陋，党总部只有11个工作人员，没有太多的"党产"。

人民行动党多年来保持高度的自律，这和它的高层领导人的率先垂范分不开。如果以李光耀为代表的领导人，不公开自己和家族的财产，透明地接受人民的监督，全党上下保持廉洁估计会很难。

缔造奇迹是靠儒家传统吗

对于新加坡的成就，有两种观点，一种归功于儒家传统和"东亚价值观"，一种则认为是因为"经济透明和法制严明"。

我觉得，还是西方价值观发挥的作用比较关键。它的完全英国式的议会民主制度、法治传统和公务员制度，发挥了最基础的作用。虽然他们标榜一套融合儒家和法家思想的治国理念，核心的东西却是和西方接轨的。

新加坡的政府官员往往都受过西方高等教育，他们的领导人多出身资产阶级，并且大多是受过剑桥教育的大学生。在新加坡，下层人一般说中国话，比如你坐出租车，或者在小摊上吃馄饨，你和老板用华语交流完全没有问题；但你到政府办事，大家说的都是英语，好像一下子切换到另一个系统，你似乎在和一帮黄皮肤的欧洲人打交道。

儒家传统和价值观当然也发挥了部分作用。"选贤与能"可以算是儒家的。人民行动党标榜自己是一个由精英分子组成的政党，包括李光耀在内的领导人，也确实是一批受过西方系统教育和熏陶的精英，所以，能够成为人民行动党党员，在新加坡代表一定的社会地位。

据说，在新加坡，你只要有一定的成就，而且社会声望比较高，人民行动党就会主动发展你入党。他们也特别留意一些没有政府工作经验的优秀人才。他们会举行一些茶会，邀请大家来交流，同时暗地里观察你，如果你让他们满意，并且表现出服务社会的热情，他们很可能再约你专门出来喝茶，邀请你入党、加入政府。

新加坡也有教训

我曾问过新加坡人，他们认为自己的社会有什么问题？有人说，最突出的就是，政府包揽了几乎一切，导致人民思维不活跃。一个社会的创造力被扼杀，人们过于循规蹈矩，按部就班。在这样的环境中成长起来的人，缺乏创新精神。新加坡在学术方面非常落后，虽然国家投入了大笔资金，但是在科技上一直没有什么竞争力。这一点让新加坡的知识分子非常忧虑，他们觉得，新加坡这样下去，将会有问题。中国现在要塑造创新社会，新加坡这个教训值得吸取。

【历史的经验不值得注意】

林子明

历史的经验值得注意，也可以不注意，宁愿不注意。希特勒军队入侵苏联时，苏联的犹太人没有意识到大难已经临头。如果他们一开始抓紧时间向后方逃亡，是可以逃脱纳粹的魔掌的。要命的是犹太人对德国军队抱有好感。根据历史的经验，十月革命后那些"入侵俄国的外国干涉军中，德军的军纪算是好的"。上了年纪的犹太人还记得当年白军头目彼得留拉在乌克兰屠犹，哀鸿遍野，血流成河；幸亏德国军队进驻，才制止了彼得留拉的屠犹。如今德国人会怎样对待犹太人呢？难道还会坏过彼得留拉？尽管苏联政府于战争爆发后不断宣传纳粹残暴，犹太人主动随苏军后撤的却不多。这造成了惨痛的后果，1941 年至 1944 年，德国党卫军屠杀了 90 万苏联犹太人。

再说犹太人。波兰与丹麦是两个居住有犹太人的国家，两国的国情差别很大。波兰人是苦难民族，几个世纪以来一直遭受列强欺凌，国家四次被瓜分，卡廷森林惨案是世界史上重大悲剧之一。丹麦人是幸运民族，几个世纪以来生活富裕，国泰民安。波兰民族被纳粹视为劣等种族，处境只比犹太人好一点。丹麦是北欧国家，按法西斯标准，属高等种族。

"二战"爆发，波兰、丹麦相继沦陷，两国的犹太人同时沦入纳粹之手。根据一般判断，波兰人可能会对犹太人伸出援助之手，而丹麦人却可能成为德国人迫害犹太人的帮凶。理由很简单，波兰民族与犹太人同属苦难民族，天下受苦人一条心。丹麦人被纳粹列为"高等种族"，饱汉怎知饿汉饥？事实上德国占领丹麦后一直对丹麦采取亲善政策，包括不在丹麦设立占领机构，允许丹麦保持军队和原政府机构，鼓励两族通婚，等等。党卫军在丹麦屠杀犹太人，丹麦人即使不配合，起码可以睁一只眼闭一只眼。

与人们预料的完全相反，波兰人在整个战争期间两次屠杀犹太人，一次在1941年，一次在1945年。丹麦人在战争期间上至国王、高官，下至警察、平民，开展了一场全民族营救犹太人的运动，个别人甚至为此献出了生命。

波兰人第一次屠犹极其没道理，1941年，纳粹连屠杀波兰犹太人的计划都还没有制订，波兰东北部耶德瓦布内镇的波兰居民突然发生了暴动。暴动的目标是针对比自己更苦的犹太人。7月10日，"镇上几乎所有的犹太人（大概有1600人）惨遭杀害。有的人是在街道和墓地被人用棍棒、钉子鞭、砍刀、石头打死的，有的人是被赶到木制仓库里用火活活烧死的……幸免于难者屈指可数。"杀害犹太人的是普通波兰人，有些犹太人死于自己邻居手里。

波兰人第二次屠犹更加没有道理。1945年法西斯德国覆亡，美军解放了奥斯威辛集中营，少得可怜的犹太人幸存者被释放了，但当他们回到被洗劫一空的家中时，发现等待他们的是死亡。波兰用一场大屠杀来庆祝赶走纳粹，在这场大屠杀中有350名犹太人遇害。过去总把耶德瓦布内惨案挂在德军的账上。2002军波兰国内战争罪行调查组公布了调查结论，证实"没有发现任何有德国军人在场的证据"。2001年3月，波兰政府下令将耶德瓦布内惨案纪念碑（碑上写着："德国法西斯在这里杀害了犹太同胞"）移走。波兰总统、总理、大主教发表公开声明，"不同程度上承认了波兰人杀害犹太人的罪行"。4月9日，波兰总统克瓦希涅夫斯基发表书面谈话，"代表波兰人民向犹太兄弟和以色列人民道歉"。

反之看丹麦人。德国占领丹麦后曾勒令全体犹太人佩戴六角星标志，丹麦国王克里斯蒂安十世说，如果犹太人必须佩戴六角星，那我们也佩戴。在国王的带领下，结果全体丹麦人都戴上了六角星。1943年，因丹麦出现了抵抗运动，德国和丹麦的关系骤然恶化，8月，德军开驻丹麦首都，软禁了国王并迫使丹麦政府辞职。接着纳粹决定遣送犹太人出境，这意味着丹麦所有犹太人将要被送入灭绝营。得知这一消息后，丹麦全国上下行动起来，开展了一场全民性的救援行动。他们设法通知犹太人，德国人即将开始大搜捕。在丹麦人的帮助下，犹太人全部隐藏了起来。与此同时，丹麦人克服重重障碍与瑞典政府取得了联系，瑞典政府也伸出援救之手，表示愿意在几个指定的港口接收有组织出逃的犹太人。在丹麦地下组织的精心安排下，人们在夜间用小船把一批批犹太人送到瑞典避难。两个月后，德军在丹麦全境大搜捕，只抓到500多老弱病残犹太人。丹麦人英勇的救援行动还有一个令人感动的尾声，犹太人逃亡之后，他们在丹麦的住房、财产等都被当地的丹麦人妥善地照看守护，"二战"后这些财产全部归还了犹太人。

谁能回答，历史的经验何以如此被颠覆？

【十二月党人的妻子们：风雪中那美丽的坚守】

刘利民

十二月党人和他们的妻子们的故事，对我们绝大多数人来说，是那样陌生和遥远。但无论如何，这段发生在异域的往事，却演绎了人类历史上最崇高的情感故事。

坚贞不渝的爱情使生命得到了升华

1825年12月，趁着俄皇亚历山大一世突然逝世、继承者尼古拉一世尚未登基的空当，一批深受法国启蒙思想影响的俄罗斯贵族知识分子先后在圣彼得堡和乌克兰举行武装起义，试图推翻沙皇统治，实行君主立宪。但由于没有发动广大的劳苦大众，势单力薄，两地的起义很快就被镇压下去了。1826年，彼斯捷尔等五位起义领导人被沙皇尼古拉一世处以绞刑，121人遭到流放。十二月党人发动的武装起义虽然失败了，但这次起义，却唤醒了饱受沙皇蹂躏的俄罗斯大众，在广袤的俄罗斯大地播撒了民主和自由的种子！

十二月党人起义失败后，沙皇尼古拉一世命令他们的妻子与"罪犯丈夫"断绝关系，为此他还专门修改了沙皇法律中不准贵族离婚的条文：只要哪一位贵妇提出离婚，法院立即给予批准。出人意料的是，绝大多数十二月党人的妻子坚决要求随同丈夫一起流放西伯利亚！迫于情势，尼古拉一世不得不答应了她们的要求。但政府紧接着又颁布了一项紧急法令，对她们作出了限制：凡愿意跟随丈夫流放西伯利亚的妻子，将不得携带子女，不得再返回家乡城市，并永久取消贵族特权。这一法令的颁行，无异于釜底抽薪，这就意味着：这些端庄、雍容、高贵的女性将永远离开金碧辉煌的宫殿，离开襁褓中的孩子和亲人，告别昔日的富足与优裕！

　　叶尤杰琳娜·伊万诺夫娜·特鲁别茨卡娅是她们中第一个在西伯利亚监狱里与丈夫相会的。当她在前往西伯利亚的路上途经莫斯科时，人们为她举行了盛大的送行宴会，曾经深深地爱慕过她的普希金也在场。两年后，他将长诗《波尔塔瓦》献给特鲁别茨卡娅公爵夫人：

> 西伯利亚凄凉的荒原，
> 你的话语的最后声音，
> 便是我唯一的珍宝、圣物，
> 我心头唯一爱恋的幻梦。

　　后来，在著名的《致西伯利亚的囚徒》中，普希金饱含感情地歌颂十二月党人和他们的妻子：

> 在西伯利亚矿坑的深处，
> 望你们保持高傲的容忍，
> 你们悲惨的劳动，
> 崇高的志向不会消泯。
> 不幸的忠实姐妹——希望，
> 在阴暗的地窖之中，
> 会唤起锐气和欢欣，
> 憧憬的时辰即将来临。
> 穿过阴暗的牢门，
> 爱情和友谊会达到你们身边，
> 正像我那自由的声音，
> 来到你们苦役的洞穴一般。
> 沉重的镣铐会掉下，
> 牢狱会覆亡——而自由，
> 会愉快地在门口迎接你们，
> 弟兄们会把利剑交到你们手中。

　　是的，这些血统高贵、风流倜傥的贵族，因为理想而抗争、因为理想而流放，却因为坚贞不渝的爱情而使生命得到了升华！

亲吻镣铐的女性成为俄罗斯爱情的象征

　　特鲁别茨卡娅在后来的回忆中是这样描述她和丈夫相会时的情景："谢尔盖向我扑来，他衣衫褴褛，蓬头垢面，一阵脚镣的叮当响声使我惊呆了！他那双高贵的脚竟然上了镣铐！这种严酷的监禁使我立刻理解了他的痛苦、屈辱的程度。当时，谢尔盖的镣铐如此激动了我，以致我先跪下来吻他的镣铐，而后才吻他的身体……"这深深感动了俄罗斯另一位著名诗人涅克拉索夫，他写道：

我在他的面前不禁双膝跪倒，
在拥抱我的丈夫以前，
我首先把镣铐贴近我的唇边！……
一霎时，便听不见谈话声和干活的轰隆声，
所有的动作也仿佛戛然停顿，
无论是外人还是自己——眼里都饱含着热泪，
四周围站着的人们，
是那么苍白、严肃，是那么激动。
…………
好像这儿的每个人都同我们一起，
分享着我们会见的幸福和苦痛！
神圣的、神圣的寂静啊！
它充满着何等的忧伤，
它又洋溢着多么庄严的思想……

从此，亲吻镣铐的女性成为俄罗斯爱情的象征！人类爱情因为这冷酷、冰凉的镣铐而更加圣洁！

穆拉维约娃：第一个牺牲者

亚历山大拉·格利戈里耶芙娜·穆拉维约娃是在整整斗争了一个月，才争取到流放机会的。她的丈夫尼基塔·穆拉维约夫在从狱中寄给她的信中写道："亲爱的，自我们结婚以来，我没有向你隐瞒任何事情，唯有这次起义之事。我曾多次想对你说出这个不祥的秘密，可是我真怕你为我终日担惊受怕……现在，我给你带来了痛苦和惊吓，我的天使，我愿双膝跪在你的脚下，请饶恕我。"

美丽娇柔的穆拉维约娃虽然当时年仅21岁，但她已是两个孩子的母亲，并且正怀着第3个孩子。收到丈夫的信后，她悲痛欲绝，但她强忍痛苦，立即回信："亲爱的，请别对我说这样的话，这使我心碎。你没有什么可请求我宽恕的。亲爱的，我嫁给你将近3年时间，我觉得自己好像生活在天堂里，幸福无比。然而，幸福不可能是永恒的。爱情中有天堂，也有地狱。别悲伤、绝望，这是懦弱的表现。也别为我担忧，我能够经受住一切。你责备自己将我变成了罪犯的妻子，而我却认为自己是女人中最幸福的……请等着我。你的泪水和微笑，我都有权分享一半。把我的一份给我吧，我是你的妻。"

当尼基塔·穆拉维约夫在监狱里会见从莫斯科赶来的妻子时，他惊诧地发现，经历了千辛万苦的妻子依然略施粉黛，衣饰华贵，美丽娇艳，文雅雍容的仪态，飘逸温柔的举止，为她增添了些许矜持的神采。一朵象征纯洁爱情的白色星形小花别在她的头发上，更为她平添了几分妩媚。此情此景，令尼基塔眼中的泪水夺眶而出："我对不起你。你还是回莫斯科吧，我不愿你与我一同身受饥寒之苦。""为了我们的爱情，我要永远跟随你。让我失去一切吧：名誉、地位、富贵甚至生命！"说到这里，淡淡的红晕已浮上穆拉维约娃那苍白的面颊。

穆拉维约娃命途多舛，就在她刚到达西伯利亚几个月，便传来了儿子夭折的噩耗，此后不久母亲也去世了，3年后父亲又离开了人间。她在西伯利亚生下的两个孩子，也因气候恶劣而体弱多病。更使她伤心的是，留在莫斯科的两个女儿也患了慢性病，她时常为自己不能亲手照料远在莫斯科的女儿而悲伤啜泣。她在给婆母的信中写道："亲爱的妈妈，我老了。我再也不是从前您'甜蜜的小姑娘'啦，您老人家简直想象不出我有多少白发。"她死后，36岁的丈夫一夜之间白发苍苍。

最勇敢、最温柔的穆拉维约娃成了第一个牺牲者。她临死前非常悲惨：她躺在病床上，先是为丈夫和孩子做祈祷，眼泪沿着苍白的脸颊滚下。最后，她又吻别了熟睡的女儿，才依依不舍地离去。在安葬穆拉维约娃和她的两个孩子的墓上，人们竖起了墓碑，装饰了电灯祭坛。灯亮了数十年，祭坛至今仍保存完好。

那些法兰西女性的浪漫和细腻

大约是许多十二月党人曾经有过在法国留学的经历，在这些流放在西伯利亚的十二月党人的妻子中，有许多法国女性。她们用义薄云天的壮举，她们用法兰西女性的浪漫和细腻，浇开了荒蛮的西伯利亚原野上绚烂的爱情之花！

法国姑娘唐狄在巴黎一听说昔日的情人伊瓦谢夫被判刑流放到西伯利亚去的消息，立刻以最快的速度赶到俄罗斯，并向当局要求批准她到西伯利亚去与情人结婚。有关官员不敢做主，将此事报告给沙皇。沙皇尼古拉一世叫人向她讲明她将会因此失去一切，甚至不能与别的到西伯利亚陪伴丈夫的十二月党人妻子那样享受某种宽大待遇。可她依然要追寻着爱人的足迹来到西伯利亚。她在到处是流放犯人的小镇上打听爱人的消息。据说她曾遇见过一个流放的强盗，这个强盗也为她的精神所感动，答应替这对忠贞的爱人传递书信，不顾风雪，不顾疲倦。终于，唐狄得到了许可证，他们结了婚，面对漫长而暗无天日的苦役犯生活，她始终没有后悔，也没有怨言。几年后，苦役改为永久流放，虽然处境稍好了些，可恶劣的气候和苦难的生活沉重地压垮了唐狄，她倒了下去。一年后，她的丈夫随她而去。一对异国情侣就这样长眠在西伯利亚的千古荒原！

法国女时装师波利娜·盖勃里的婚礼是在后贝加尔地区的监狱里举行的。她的丈夫伊万·安宁科夫被捕之前曾是一名前途辉煌的贵族军官。当伊万·安宁科夫入狱后，波利娜上呈沙皇尼古拉一世，要赴西伯利亚完婚。也许是当时沙皇尼古拉一世心绪很好，也许考虑到她是法国公民，很快就批准了她的请求！

十二月党人的妻子们，早已成为一座雕像，永远屹立在苍凉的西伯利亚大地。

【"猴"的胜利——苏德军工思路大比拼】

令 羽

快速消费品 VS 耐用消费品

快速消费品、耐用消费品，从某种意义上，这两个商业名词完全可以看作是"二战"中甚至是战后苏联和德国（战后特指西德）两国军工——或者说兵器生产思路的缩影。

美军的"血胆将军"乔治·巴顿上将，曾有这样一句名言："在双方的兵力和装备相等的情况下，谁也别想打赢这些该死的德国佬！"一语道破了"二战"中德国军事机器的两大玄机：一方面，这些20世纪的条顿骑士们，在军事素质上几乎让其他国家的军人都难望其项背；但另一方面，自身有限的资源和近乎无节制的扩张欲望之间，必然爆发的冲突，又让德国军队不得不时刻做好和比自己更有潜力和更有规模优势的对手作战的准备。这些客观条件上的限制，反映在德军的建军方针和作战原则上，就是大家都耳熟能详的"质量建军""以质胜量"，以及"速战速决""闪电战""总体战"等名词。

德军对于"质量建军"的强调尽人皆知。"二战"中的德军装甲兵，有这样一条不成文的规定：一名坦克手在负伤归队后，必须返回其原车组。在德军看来，这种长期并肩作战而产生的默契，是提高坦克车组战斗技能的一个关键要素。而这种强调质量的思维，映射到兵器生产上时，就是力争要生产出各项性能都出类拔萃的精锐兵器，德军的兵器必须是"耐用消费品"。因此德军手中的武器必须比对手的同类兵器有更好的作战能力，以赢得尽可能高的战场交换比。为此，要在兵器的研制和生产过程中尽量采用多种"高、精、尖"的新技术，不断改进甚至换代升级，这种思维模式佐以德国人的严谨和喜爱精密仪器的民族性，其直接产物就是包括Bf-109战斗机、MP38冲锋枪以及著名的"鲁格"手枪等，一系列像艺术品多于像杀人利器的"德式"兵器。

与德国不同，尽管经过十余年大规模工业化建设积累了一定的家底，但苏联的军工体系在技术水平和总体生产能力上都逊于德方，而且战争初期的严重损失又使其技术兵器的装备数量急速降低。在这种状况下，苏联明智地将己方的军工生产模式定位为——生产"快速消费品"，即在尽可能保证主要战斗性能的前提下，压缩工序，简化生产步骤，以适用的质量标准和较大的生产数量来抵消德国的质量优势，最终达到"以量胜质"的目的，用持久战和消耗战拖垮德军！为达成这一目标，苏联的军工部门甚至不惜放弃新技术。以著名的 T-34 系列坦克为例，除了人们熟悉的 T-34/76 和 T-34/85 两种车型外，还有一个记载不多的小兄弟——T-34/57，这种装备有新式 57 毫米长身管高速炮的车型，其反坦克能力甚至优于主炮口径更大的 T-34/76。不过这种优势是有代价的，T-34/57 使用的 57 毫米长身管炮的生产工时要明显高于 76 毫米炮，且产能不足。为此，苏联决定全面停产 T-34/57，把所有的人力和资源都集中到 T-34/76 上。十分明了——既然 T-34/76 能和德军的各型坦克相抗衡，那就完全没必要用更复杂的 T-34/57！

"不降低核心战斗性能"是当时苏联简化兵器生产步骤的底线。因此，尽管 T-34 的生产步骤被一再简化，但其关键的装甲、火力却得到不断强化。然而即便是这些具体的改进过程中，也同样体现了"以量胜质"的指导思想，所有的技术和设备能用现成的绝不去重新研制，比如 T-34/85，该坦克上装备的炮塔直接取自 KV-85。

同样的思路也体现在其他武器的生产上——斯大林-2 号重型坦克，为了简化生产干脆放弃了最合适的 100 毫米炮，转用原有的 122 毫米榴弹炮，为此不惜牺牲弹药携带量和战斗射速。西方对于苏联"二战"战斗机的评价大抵是——设备简陋，机体还以木材为主，发动机寿命竟然只有 200 小时，等等，不一而足。但这些人似乎忽略了这样一个现实：这个"200 小时使用寿命的发动机"和木制机体，其实是苏联红军认真评估和慎重选择的结果——前线的实战纪录统计表明，1 架红军战机在被击落前的最长飞行时间基本不超过 200 小时，那就完全可以把发动机的寿命降到这个数字，因为这样才可能生产出更多的发动机！至于木制机体——苏联没有足够生产全金属飞机的设备、技术和熟练工人，但生产木制飞机却轻车熟路，而且，这些"斧头砍出来的飞机"，在实战中和精锐的 Bf-109 等相比并未表现出绝对的代差，而源源不断的供应和大量消耗的战法，无疑耗尽了德国空军的元气。

对一个国家而言，军工生产无疑是国防切身相关的关键因素之一，为此不同的国家往往会选择不同的军工生产思路。客观讲，苏德两国当时的军工生产思路都是其最佳选择，但综合比较，苏联更胜一筹。以双方最优秀的中型坦克"黑豹"和 T-34/85 的正面对决为例，对"黑豹"而言，它追求的是消灭尽可能多的 T-34/85，而对后者而言，它只要在被击毁前干掉 1 辆"黑豹"就足够了。毕竟生产 1 辆 T-34/85 所需的工时，只有"黑豹"的 5/1，也就是说，即使德苏双方的交换比达到 1：4，最后赢得胜利的也还是 T-34/85。随着战争推进，苏方数量优势更明显，而德国"以质胜量"的模式几近走火入魔。到战争后期，德国先后推出了包括 E 系列坦克、喷气式飞机、制导炸弹、防空导弹、弹道导弹和巡航导弹等新锐兵器，和大量今天看来都让人匪夷所思的方案。这些新锐兵器固然战斗力惊人，但对于前线的德军将士而言，他们需要的仅仅是足够数量和对手一搏的坦克，而不是那些威力惊人，却无法满足最基本数量需要的"划时代的产物"！

战后克隆出"猴"型武器

"二战"残酷的洗礼后，苏联军工生产思路彻底成型，其中最重要的一个特征就是传说中的"猴"型武器。在大多数人看来，"猴"就是低档出口品，但对立足于大规模战争的苏军而言，"猴"型武器还有另外一层含义：那就是在前线消耗过大时，能在保证基本作战性能的前提下，提供必需的装备数量。

冷战期间，苏军一直立足于在欧洲与北约进行一场大规模、高强度、持续的全面战争。按苏军推算，在这样一场战争的头1个月，双方就将损失掉战前装备总数50%以上的技术兵器！如此之高的损耗，即使苏联的军工企业全速运转，也难以在短期内补齐消耗，因此最好的办法就是——简化！以BMP-1型步兵战车为例，其"猴"型与标准型相比，简化部分多达63处。这就意味着，当北约联军和苏军的一线装备都损耗甚巨时，苏联还可以源源不断向前线作战部队补充各种虽经过简化，却可以保证装备数量的技术兵器。也正是依靠这种独具匠心的兵工生产思路，苏军在维持对北约战略均势的同时，还形成了让对手胆寒的战争潜力。

如果从这个角度审视，也算得上是"猴"的一种胜利吧！尽管"二战"和冷战的历史都已远去，但苏德两国的军工发展思路，其现实借鉴意义何止一二。

【斯大林在苏德战争前的失误】

文 / 康斯坦丁·普列沙科夫   译 / 王立平   王世华

斯大林不相信情报人员的话

1941年春天的头几个星期里，斯大林一直颇为苦恼。

斯大林拥有世界上最好的情报机构，那些情报人员不是为钱，而是为了理想从事着情报工作的。然而，他们报告说，德国正在谋划大举进攻苏联。

斯大林不相信情报人员的话。就像任何人都会背叛自己的上司一样，斯大林坚信，别人也同样会背叛自己，特别是这些以"撒谎"为职业的间谍。从客观角度出发，他的这种不信任也是有道理的：情报人员们几个月前就一直在报告德国要入侵苏联，但每一次警告都没有得到证实。

4月3日，英国首相丘吉尔送给斯大林一份秘密情报，提醒斯大林，德国即将入侵苏联。丘吉尔对自己的绅士风度颇为自豪，然而，这个警告却是有百害而无一益。过去的20多年来，丘吉尔一直是一个立场坚定的反共分子。自然，他的警告更让人怀疑其动机。斯大林同样也怀疑来自其他西方国家的警告。所有这些人都有他们自己的小算盘，斯大林最不想做的事，就是在他没有准备好之前，与德国发生战争。

斯大林没有任何可以信赖的人来讨论这些事。自从妻子死后，再没有女人能在他的生活中占有一席之地。他没有朋友，至于同事都像他一直希望的那样，平平庸庸。经过1937年的大清洗，苏联的外交队伍几乎分崩离析。作为外交事务的掌门人，莫洛托夫也只有两年的外交经验。他不懂一门外语，也没有从事外交的特长。虽然贝利亚掌管的国外间谍网发展很快，但在大清洗前，他只是一个地区的警察头目，并不知道如何运行一个国际间谍网。更重要的是，不知道如何解读和评估所得到的情报。能够帮助莫洛托夫和贝利亚的那些人，虽然受过良好教育，有丰富的经验，但他们都已经躺在了监狱大院的墓地里。

6月的清洗

6月的清洗是斯大林一系列最不明智的行动之一。正值战备时期，却大肆逮捕高级军官，这种行为就更显得愚蠢。大约300人被捕，其中有20人是苏联最高军事奖章——苏联英雄金星奖章的获得者。

深受多疑症折磨的斯大林，怀疑他的军事将领正在把军事机密出卖给德国人，还怀疑有人要阴谋发动军事政变。斯大林非常关注这场清洗运动。所有官员都吓破了胆。

与此同时，一份份情报被送到斯大林的办公桌上，情报声称，德国即将入侵苏联。代号"宙斯"的情报员潜伏在保加利亚的索菲亚，5月14日，"宙斯"报告，德军将其摩托化师集结在苏联边境线一带。5月19日，情报员"多拉"从瑞士苏黎世发来的密报称，德国入侵苏联的计划已确定。5月20日，代号"走读生"的情报员从芬兰赫尔辛基发来的密电也证实了这个消息。5月28日，代号"ABC"、潜伏在罗马尼亚首都布加勒斯特的情报员证实，德国将在6月15日入侵苏联。代号"火星"、潜伏在匈牙利首都布达佩斯的间谍也报告了这个日期。代号"Ramzai"的情报员从日本东京的来电也称，这一天德军将入侵苏联。知道斯大林根本不相信这些警告，情报分析人员只好把来自"Ramzai"的密电归入"可疑和误导"一类的情报档案中。潜伏在德国空军司令部的苏联情报人员发来一份备忘录，声称战争随时就要爆发。在收到这份情报后，斯大林在报告旁边批示："或许我们应该告诉这个情报员'滚他妈的蛋'。他提供的不是情报，而是谎言。"

但每天报告德军在边境行为异常的不仅是这些情报员，红军边防部队也有类似的报告。德军飞机经常侵犯苏联领空。6月10—19日，德军侵犯苏联领空不下86次；6月20—21日，德军侵犯苏联领空达55次。每一次，德军飞机都要深入苏联领空20~30英里。

奴性十足的贝利亚也是一个机会主义分子，通常他总是告诉斯大林一些他喜欢听的情报。而此时，甚至连他也向斯大林报告，德国向白俄罗斯、乌克兰和立陶宛派遣了许多破坏分子。这些破坏分子或者是一个人，或者是一组人，他们携带无线电发报机、武器、现金和苏联护照。其中的一些破坏分子是前白俄军官，20年前，他们曾在同一地方和红军打过仗。5月，边防兵抓获353人，他们想偷越边境。6月初，抓获108人。还不清楚到底有多少破坏分子偷越了边境而未被抓获。

6月11日，贝利亚的手下在桑河河底发现电话线，德军一直在监听红军的电话。每当斯大林听到这类消息时，有时会被激怒，有时也勉强装出一副冷静的神态。他会说："希特勒和他的将军们不会愚蠢到要在东西两线作战。"一战"中，德国人就是这样被扭断了脖子。希特勒才不会冒这个险。"

然而，斯大林也感觉到，他和希特勒现在都陷入了一场紧张的竞赛之中。谁能首先集结足够的兵力，谁就一定能赢得战争的胜利。斯大林只是在几个星期前才加速备战的。

在长达数月的时间里，斯大林都在犹豫不决，苏联到底要打一场什么样的战争，他都一直不能下定决心。

要想大规模地进攻俄国，必须在春末或夏初开战，然后在冬季来临前结束战争。这几乎成了规律。1812年，拿破仑进攻俄国时，就是在6月24日发起攻击的。

5月底，斯大林告诉朱可夫和铁木辛哥，德国政府请求苏联准许其派人在苏境内寻找"一战"时期战死的德军士兵坟墓。"要确保不要让他们进入边境太深，"他指示道，"告诉各军区，要和我们的边防哨兵保持密切的联系。赶快给边防哨兵下命令"。

铁木辛哥和朱可夫看上去明显很吃惊。"德国人想搞清他们计划进攻的地方，"朱可夫说道，"至于找坟墓，只不过是个骗人的借口而已"。

铁木辛哥补充道："德国人最近一直在频繁地侵犯我国领空，并且还深入到内地，朱可夫和我都认为我们应该把德国飞机打下来。"

斯大林断然否决了这个想法："德国大使已经解释过了，他们空军的许多年轻飞行员还没有受过训练，总会迷航。大使已要求我们不要理会这些迷航的飞机。"

斯大林的行为越来越古怪。斯大林对希特勒有一种不可思议的信任，他相信希特勒的弥天大谎。

6月中旬，德国外交官和其家属开始撤离莫斯科。德军还在令人不安地在边境地区集结重兵，斯大林还是拒绝给红军下达战备命令，苏联的列车还在源源不断地向德国运送战略物资。

6月13日，铁木辛哥和朱可夫从铁木辛哥的办公室给斯大林打电话。他们两人信守友谊之约，不要斯大林离间他们，他们也尽了自己最大的努力来劝说斯大林——希特勒要抢先动手。那天，他们都特别焦虑。连续两天，斯大林不接见任何人。现在他们正式要求斯大林下达战备命令。朱可夫听不到斯大林的答复，在铁木辛哥放下电话听筒后，他问道："怎么样？""斯大林要我看看明天的报纸，"铁木辛哥非常气愤，出于一种极度的绝望，他说道："还是让我们去吃晚饭吧。"6月14日，《真理报》确实刊发了一篇著名的政府声明。就像5月份的那份声明一样，这次主要针对苏德之间即将发生的战争传言。声明说，德国从未向苏联提出过领土要求，德国正在严格履行《苏德互不侵犯条约》，苏联也在认真遵守这个条约，一些苏联军事单位只是出于训练目的而移驻边境地区。

铁木辛哥和朱可夫都很吃惊。不管这是一种外交的、宣传的手段，还是一种愚蠢行为，它都会对红军产生极其恶劣的影响。当政府正在告诉世界，德国仍然是苏联最好的朋友时，怎么可能让指挥官来鼓动战士的士气？

从斯大林的日程判断，他几乎隐藏了起来。

朱可夫和铁木辛哥不知道斯大林为什么要躲着他们。或许斯大林对他们两人的唠叨生气了，或许他觉得一切都很正常，或许他一直在计划要逮捕他们。朱可夫越来越忧虑，因为在6月的清洗中，被捕的几个将军都是他的部下。焦虑和恐惧之中的朱可夫和铁木辛哥决定要坚持自己的立场。只要有机会见到斯大林，他们就再次要求，部队要进入战备状态。斯大林发火了，说这意味着战争。同时，斯大林也勉强承认，到现在为止，形势变得越来越不利了。出于对边境地区空军安全的担忧，斯大林下令，在7月20日前，所有的飞机都要涂上暗淡的伪装颜色，跑道也要伪装起来。然而，这都不过是些权宜之计罢了。

斯大林不相信希特勒会孤注一掷

6月19日，斯大林再次匆匆离开了他的办公室。他已经有43个小时没有办公了。直到6月20日，星期五，20时他才回到办公室。这次，他再次收到警告性的情报。他的老搭档、主管外贸的米高扬告诉他，德国的一支拥有25条货船的船队，没有装卸完货物，就匆匆离开了里加港。

斯大林说，他们有权这么做。但他也感觉好像要发生什么事。斯大林给莫斯科军区防空司令伊万·秋列涅夫将军打电话，命令他："局势有些反常，提高防空等级。"然而，他没有给铁木辛哥和朱可夫打电话。他不想刺激德国人，所以不想让边境部队进入战备状态。

6月21日，斯大林意识到还有更多的事要做。直觉告诉他，无所作为是危险的。

他采取的第一个措施具有很大的象征意义。斯大林召集了许多著名诗人，下令让他们谱写反纳粹的战斗歌曲。第二个措施倒很实际。他指示苏联驻柏林的外交官立即会见德国外交部长里宾特洛甫，要求他解释为什么德国在边境集结重兵。德国外交部答复，里宾特洛甫不在柏林。这一天所有的质问，得到的都是同样的答复。直到这时，斯大林才开始真正警觉起来。他下令召开紧急会议。

会议持续了 75 分钟。会议记录已无从查起，很有可能的是，斯大林下达了先发制人的打击命令，或许在几天内，或许在一周内开战。

20 点，会议仍在进行中，朱可夫打来电话报告，一个德军士兵越过边境，告诉红军军官，德军将在 6 月 22 日黎明入侵苏联，换句话说，离战争爆发只有 6—8 小时了。

20 点 50 分，将军们来到斯大林在克里姆林宫的书房。一反往日的镇静，斯大林显得特别不安。他问道，这次警告是不是德国的挑衅。铁木辛哥和朱可夫回答，绝对不是。他们可以肯定，这个德国士兵说了实话。他们坚持要让西部边境的部队立即进入战备状态，斯大林似乎不为所动。

尤其让他不悦的是，铁木辛哥和朱可夫在起草战备命令。对斯大林来说，这是好斗的表现。他不相信希特勒会孤注一掷。因此，必须等到他亲自下令才可以。几个小时后，各部队指挥官将会被通知，德军可能要"挑衅"苏军，然后在 6 月 22 日或 23 日入侵苏联。各部队要谨慎应对挑衅，以阻止德军"更大的阴谋"，换句话说就是战争。

除在斯大林书房参加会议的 9 个军政要员外，还没有人知道这道命令。

22 点 20 分，铁木辛哥和朱可夫被要求退出会场，他们静静地离开了。两人接受的这道命令将会制造一场灾难，它注定要让边境的将军们感到困惑。没有人能知道，哪些行为是挑衅，哪些行为是战争，更不要说下令开火了。

在会上，两位将军小心翼翼地要求斯大林对这道命令作必要的说明。更糟的是，这道命令是他们两人签发的，而不是斯大林。所以，他们两人要为以后注定要发生的混乱状态负责任。

大约午夜时分，德军第 74 步兵师的一位士兵，悄悄趟过界河，跑到苏联一方，他报告，凌晨 4 时德军将发起攻击。

基辅军区司令基尔波诺斯将军把这个消息报告了朱可夫。零点 30 分，朱可夫给斯大林打电话。

"你把指令传达给各军区了吗？"斯大林问道。

朱可夫给了肯定的答复。随后，电话就被挂断了。

1941 年 6 月 22 日，未等斯大林制订好先发制人的打击计划，希特勒已经动手，德军取得了快速出击的胜利，几百架苏联飞机被炸毁。

【马岛之战阿根廷输在哪里】

杜东冬　陈　刚

25 年前的夏天，阿根廷与英国之间爆发的马岛之战以阿根廷的惨败而告终。在纪念马岛之战 25 周年之际，军史专家们审视这次战役的全过程，发现阿根廷本来占据道义和军事上的两大优势，但失败的恰恰正是阿根廷，这里究竟有什么奥秘呢？身为拉美第二大国的阿根廷当年雄心万丈、豪情满怀，到头来却守不住家门口的几个小岛，个中缘由发人深省。

一相情愿收失土，没有准备的战争

"夫运筹帷幄之中，决胜千里之外。"任何一场战争的胜负走向往往从战前的决策就开始了。战前，阿根廷国防部部长认为，英国全面出兵"根本不可能"，"马岛距英国 7000 多海里，在马岛附近也没有基地可用，英国军队仅靠漫长的海上补给线能支持一场大规模的现代战争吗？"基于此判断，阿根廷甚至连计划都没有制订，其盲目乐观至此。不幸的是，这样的预测全错了：4 月 2 日，英国在获悉马岛被阿根廷攻占的情报后，立即宣布与阿断交，成立战时内阁；此日英国国会即以全票通过武力收复马岛的决议，任命伍德沃德海军少将为特混舰队司令，72 小时内完成编队集结、进入临战训练。加尔铁里不得不承认："做梦都没有想到英国会为了一个荒芜的岛屿派遣如此庞大的特遣舰队，万里迢迢到南大西洋来。"

在对待美国在开战后的态度上，加尔铁里自恃自己是美国在拉美地区的铁杆盟友，以为"美国将以不偏不倚的中立态度行事"，甚至还天真地将美国视为"赢得这场战争最有分量的筹码"，幻想着战争开始后，"只要美国从中调停，根据美国和我们以及英国的关系，很可能达成既使我保有马岛主权，又使英国能体面下台以解决冲突的办法，那么，我们的目的就达到了"。然而，恰恰是美国第一个撕下调停的面纱，对阿根廷悍然实施经济制裁，并同时给予英国"无微不至"的帮助。

战略的失误是致命的失误。从 4 月 5 日英军特混舰队出发，到 4 月 28 日英国海军对马岛周围海域完成封锁，在将近一个月的时间里，沉浸在喜悦中的阿根廷人对即将到来的战争基本没有警觉，不管从物质还是从决心任何一个方面来看，都没有为这场战争作好充分准备。

第一，明明知道自己没有独立的国防工业，阿军在战前却未储备足够的武器弹药（主要是指先进的导弹等阿不能生产的大型武器），等到战事一开，美国、欧共体和英联邦国家均对阿根廷实行严厉制裁时，布宜诺斯艾利斯的武器来源彻底断绝，作战消耗得不到补充，以致后继乏力，对阿军持续作战构成了严重削弱。看看后来战场上的那一幕吧：阿根廷人用进口的几枚"飞鱼"导弹接连击沉英舰，打得对手心惊胆战，但导弹用光后，武器禁运却使阿军连一枚"飞鱼"也得不到，阿空军酣畅淋漓的攻势不得不缓慢下来。

第二，阿根廷的大部分空军基地到马岛的距离都超过了500公里。倘若战前设法扩建马岛上的斯坦利机场，阿空军的主力战斗机"幻影"和"天鹰"完全可以从马岛就近起飞，摆脱作战半径的限制。但阿根廷却基于对手不会大举出兵的误判，认为斯坦利机场能够起降运输机已经足够，无须再多费力气进行扩建。结果，以本土为基地的阿根廷空军到达马岛空域后仅有几分钟滞空时间，等于是带着镣铐同对手的"鹞"式战斗机作战，战机性能发挥严重受限。

第三，驻守马岛的阿军战备水平太差。驻岛部队大多由各地部队抽调而来。不少来自阿根廷北部亚热带地区的阿军士兵根本不习惯在马岛高纬度严寒气候下作战。驻岛守军中服役不满4个月的新兵占总兵力的60%，缺乏严格的战前训练，岛上的野战工事也极不完善。更严重的问题是，在如何抵抗英国人大规模登陆的问题上，马岛守军并没有一份完整的作战方案。

踢足球行，打仗却没有韧劲

热情奔放是阿根廷人的一大民族性格特性，其足球运动也素来以自由洒脱著称于世，曾多次获世界杯足球赛冠亚军。如果是阿根廷足球队与英国人在球场上狭路相逢，鹿死谁手还真难料，问题在于，马岛是战场而非球场——会踢球的不一定会打仗。

以4月25日的南乔治亚岛之战为标志，阿根廷军队开始与万里以外赶来的英国人面对面地交手：4月25日，阿海军"圣菲"号潜艇被英军击沉；4月26日，英军兵不血刃攻占南乔治亚岛；5月1日，英国的"火神"式轰炸机和"海鹞"战斗机空袭马岛；5月2日，阿海军"贝尔格拉诺将军"号巡洋舰被击沉。一系列连续攻势压得阿根廷人几乎喘不过气来。

马岛战争初期，最令人无法容忍的是阿根廷军人的懦弱和天真。南乔治亚岛一战，137人的以逸待劳的阿根廷守军面对区区75人的英军尖兵小分队，未作丝毫抵抗就举手投降，战斗精神之弱简直令人不可思议。据说英军从头到尾只开了两次火，一次是用反坦克导弹对付一块可疑的铁板，另一次则是把海豹当成敌人而开枪。4月29日，阿根廷海军分3路开往马岛南部海域作战。次日英国人宣布凡闯入200海里封锁区的所有阿军舰艇都将被击沉后，阿海军立刻对敌人的战场规则予以默认。3支海上编队始终在英军封锁区的边缘徘徊，不越雷池一步——如果说这是在等着对手懈怠后好狠插一刀的话，那也太低估老牌帝国主义的智商了——老谋深算的英国人对这种小把戏洞若观火：真以为在 200 海里之外就不打你了？卧榻之侧岂容他人酣睡！5 月 2 日，伍德沃德经战时内阁同意后，立即下令击沉封锁区外的"贝尔格拉诺将军"号巡洋舰。当日 19 时左右，潜伏在海底的英军"征服者"号核潜艇对来回游荡的"贝"舰发射鱼雷，当时舰上的大多数阿军还在酣然午睡，居然连个监视哨都没留。45 分钟后该舰中雷沉没。按理说，为"贝尔格拉诺将军"号护航的两艘阿军驱逐舰此时理应展开反潜作业，搜索消灭英军核潜艇，为战友报仇雪恨。然而，两舰却惊慌失措，不但没有进行反潜攻击，反而连落水的 1000 多名战友都不管，只顾开足马力逃离战场，以致 200 多名阿军官兵溺亡，而且自"贝尔格拉诺将军"号被击沉后，阿海军龟缩回港，从此闭门不出，坐视对手一战轻易赢得制海权。战斗至此，阿根廷海军已无胜利指望。

时有亮点，却无法改变战争结局

并非所有的阿根廷军种都和其海军一样，阿空军就是阿根廷人勇敢的象征。他们的飞行员曾经接受过美、法等国教官的严格训练，技术高超，骁勇果敢，作战攻击力强。从 5 月 4 日开始，英国人切身感受到阿根廷空军的威力：5 月 4 日上午，3 架阿空军"超军旗"飞机低空逼近英国特混舰队，发射法制"飞鱼"反舰导弹，一举击沉英军"谢菲尔德"号驱逐舰，英军被迫后撤，并采取各种措施防范阿军导弹的攻击；5 月 21 日，阿军出动各型飞机 70 多架次，击沉英军"热心"号护卫舰，击伤驱逐舰一艘、护卫舰两艘、辅助舰一艘；5 月 22—25 日 3 天，阿根廷空军攻势凌厉、高潮迭起，先后将英军"羚羊"号护卫舰、"考文垂"号驱逐舰和"大西洋运送者"号大型运输船葬送海底，击伤英军驱逐舰、护卫舰各一艘；5 月 30 日，阿军出动 1 架"超级军旗"和 4 架"天鹰"战机直奔英军旗舰"无敌"号航母杀去，力图百万军中取上将首级，虽未成功（另有说法是击伤，但英国人否认），却也把英国人吓出一身冷汗；6 月 8 日，阿军出动大批飞机空袭英军，击沉登陆舰一艘……战果累累。

综观后阶段作战，从 5 月 4 日至 6 月 11 日战争结束，马岛战场上演了开战以来最为激烈的战况。英阿双方就像两个终极 PK 的剑客一样浴血搏杀。阿军中唯一唱主角的是空军，唯一在马岛战争中创造不俗战绩的也是空军。当海军避战、陆军疲软时，阿根廷空军挺身而上，使英国人受创不轻。其空军飞行员的精湛战技和决死精神在战争中可圈可点，连英国随军记者都不得不承认："阿根廷空军飞行员超低空飞行掠过海面，以熟练的战术动作规避防空火力，难以置信地穿过火网实施攻击，令人胆战心惊。"

遗憾的是，单一兵种的出色表现并不能改变战争的结局。6 月 14 日，英军迫使阿根廷守军投降。马岛战争结束。

不少人将阿军战败归因于其劣势装备和综合国力的差距，其实并非如此，阿军的不少装备都来自美、英、法等军事强国，与对手相比相差并不悬殊，况且，从阿根廷人击沉"谢菲尔德"号驱逐舰那天起，不管阿军冒死投下的炸弹有多少未能爆炸，全世界都从阿根廷空军身上看到了这个民族决死一胜的战争决心。然而，面对当代战争，仅有英勇是远远不够的。

英军登陆马岛前后，阿根廷人尚有不少扭转乾坤反败为胜的机遇，但他们通通错过了。譬如，登陆前，面对英军脆弱而漫长的海上补给线，阿军如果思想积极一点、战术灵活一些，集中一部分优势航空兵力专门攻击英军防卫能力薄弱的后勤船只，势必造成对手补给不畅，远离本土的英国人恐怕很难在马岛战区站稳脚跟。连一位英国评论员都说："假如像'堪培拉'那样的运兵船被击中，撒切尔夫人的运气早就随击沉的残骸一同葬送了。"实战中阿军在进攻航母时无心插柳地击沉"大西洋运输者"号运输舰，也造成了英军最大的损失（舰上载有供5000人使用的帐篷、3架"支努干"直升机、6架"威塞克斯"直升机和1架"山猫"直升机以及包括"海鹞"战斗机备件、海水淡化设备等在内的大量补给品），充分证明了这种战术有最佳效应。可阿根廷人偏偏像被激怒的公牛一样，把主要攻击目标放在英军护卫舰队这块诱人的红布上，看似前赴后继、勇敢顽强，实则以虚击实，正中敌方下怀。一个第三世界国家愣是这样天天和强大的对手死打硬拼，终于耗尽最后一滴血……